21世纪高等院校电子商务精品教材

Elaborate Textbooks on E—Business for Higher Education

U0648618

Electronic
Payment and Settlement

5th Edition

电子支付与结算

第五版

帅青红 李晓林 王宇 李忠俊 张赟 主编

东北财经大学出版社

Dongbei University of Finance & Economics Press

大 连

图书在版编目（CIP）数据

电子支付与结算 / 帅青红等主编 . —5版 . —大连 : 东北财经大学出版社，2024.9 . —（21世纪高等院校电子商务精品教材）. —ISBN 978-7-5654-5362-5

Ⅰ . F713.361.3

中国国家版本馆CIP数据核字第2024DM9557号

东北财经大学出版社出版

（大连市黑石礁尖山街217号　邮政编码　116025）

网　　　址：http://www.dufep.cn

读者信箱：dufep@dufe.edu.cn

大连天骄彩色印刷有限公司印刷　　东北财经大学出版社发行

幅面尺寸：185mm×260mm　字数：558千字　印张：25.25　插页：1

2024年9月第5版　　　　　　　　2024年9月第1次印刷

责任编辑：石真珍　刘晓彤　　　　　责任校对：赵　楠

封面设计：张智波　　　　　　　　版式设计：原　皓

定价：59.00元

编写委员会

主任：
帅青红

副主任：
李晓林　王　宇　李忠俊　张　赟

成员（排名不分先后）：
邓婉秋　张露月　黄若璇　刘　佼　吴敬花　丘甲贤
李志刚　马啸天　郑应松　亢晶浩　朱　鹏　马　轶
刘　潼　刘　映

第五版前言

随着现代信息技术、网络技术的发展，特别是近些年大数据、人工智能、区块链技术的推广与应用，传统的工业经济逐渐让位于以知识、信息、共享为主的数字经济，现代信息技术被广泛应用到社会经济与工商业实践中，影响了人们的生产、生活、学习、娱乐等，特别是ChatGPT、OpenAI、AIGC的应用，更是给传统行业带来了巨大的挑战。这些对世界各国的高等教育提出了新的发展要求：将信息技术引入高等教育领域，加强各类专业与信息技术的融合，开设新兴、交叉、复合型学科（专业）。为此，教育部于2001年批准开设了电子商务专业。截至2022年底，全国开设电子商务专业的本科院校有630余所、高职专科院校有1 500余所。党的二十大报告提出，加快发展数字经济，促进数字经济和实体经济深度融合，打造具有国际竞争力的数字产业集群。电子商务作为数字经济中规模最大、表现最活跃、发展势头最好的新业态、新动能，是新发展格局蓝图中非常重要的一环，也是利用AI赋能反应最快的行业之一。作为电子商务核心的资金流，长期以来电子支付利用新一代信息技术快速发展，尤其是电子支付专业人才需要适应社会发展需求，为此，从事电子商务教育、研究与实践的专家纷纷期盼有关电子支付的专业教材出版与及时更新。

当前，网上支付、移动支付、二维码支付等新兴支付方式逐渐普及，数字人民币应运而生，以银联云闪付、支付宝、微信支付为代表的中国移动支付平台的规模与影响力走在了世界前列，特别是银行卡产业迅猛发展，产生了基于银行账户的各种支付应用与服务，支付渠道、支付方式、支付介质的多元化趋势日益明显，各种卡基类电子支付应用广泛，构建了全面的金融环境下的新型支付应用与服务。银行以及其他金融机构是支付的基础与核心支持力量；第三方支付作为新兴的支付平台，是银行支付服务不可或缺的支持与补充，对于实现资金的安全转移和支付服务的高效、便捷具有重要意义。近年来，第三方支付的发展十分迅猛，自2011年起，中国人民银行共发放了八批271张支付牌照，但从2015年8月开始，牌照的发放就已基本停止。截至2023年9月底，持有"支付业务许可证"的机构有186家，已注销的机构达到85家，这在促进了电子支付产业健康发展以及电子支付与相关行业融合的同时，也更好地保证了支付安全。为此，需要专业教材对电子支付进行全面的分析与阐述。

《电子支付与结算》是编者们基于多年的教学、研究以及电子商务实践经验，在归纳、总结笔者已出版的《网上支付与电子银行》《网上支付与结算》《网络支付与结算》《网络金融与电子支付》《网上支付与安全》等相关教材并吸收前人成果的基础上编写而成的。编者们力求在理论上分析电子支付的基本原理，在实践应用上尽可能多地举出实际已在使用的各种电子支付形式，让读者能够做到举一反三。本书并不只注重对电子支付流程的描述和支付过程的实现，同时对移动支付、网上支付、支付工具、支付方式及第三方支付等也做了详细的阐述。

2010年以来，教育部高等学校电子商务专业教学指导委员会在西安交通大学、厦门大学、西南财经大学、南京财经大学等高校开办了电子商务师资培训班，包括此后几年，笔者在培训班上为受训老师讲授了"电子支付"课程。根据老师们的意见，我们对本书内容做了修改与完善。重庆大学、云南大学、成都信息工程大学、四川师范大学、西华大学、四川农业大学、成都理工大学等院校派遣老师前来学习，并定期与我们进行讨论与交流，使我们受益匪浅。

本书的编写得到了金融界不少专家以及支付行业同仁们的大力支持与帮助，他们提供了部分材料，同时，与他们的交流也使我们深受启发，在此表示衷心感谢！他们是西安交通大学的李琪老师，厦门大学的彭丽芳老师，易宝支付的唐彬先生、白川先生，摩宝支付的李园先生、余梦女士等。与中国人民银行四川分行支付结算处、反洗钱处，中国银联股份有限公司四川分公司，银联商务有限公司四川分公司，中国银行四川省分行，中国工商银行四川省分行，中国农业银行四川省分行，中国民生银行成都分行，兴业银行成都分行，华夏银行成都分行，阿里巴巴集团支付宝公司以及腾讯财付通公司的朋友和同仁们的交流，也使我们收获颇丰。特别感谢四川支付清算协会以及马欧先生提供的支持与帮助。非常感谢所有关心、支持和帮助过我们朋友和同事们，特别感谢多年来给予我无私关爱的妻儿以及至亲好友们。

本书系教育部、财政部（教重〔2011〕1号）"金融学科群985优势学科创新平台（西南财经大学建设）"子项目"金融智能与支付管理"的建设成果，同时受西南财经大学"211工程"三期项目资助。本书的修订得到了西南财经大学数字经济与交叉科学创新研究院（财经科技创新平台）的支持，尤其是"数智商务与数实融合创新研究团队"的大力帮助。在编写过程中，本书得到了互联网金融千人会（IFC1000）、中国银联股份有限公司四川分公司、中国民生银行成都分行、中国农业银行四川省分行、西南财经大学互联网金融与支付研究所、四川省金融智能与金融工程重点实验室、西南财经大学经济管理实验中心（国家级）的大力支持。在此，我们表示衷心的感谢！同时，感谢东北财经大学出版社的领导及相关工作人员在本书出版过程中所做的耐心细致的工作。

本书自第一版问世以来，凭借鲜明的内容特色和一定的参考价值，得到了兄弟院校和同行们的肯定，先后四次再版、多次重印。本次修订，以习近平新时代中国特色社会主义思想和党的二十大精神为指引，根据电子支付与结算领域的最新发展增加了部分章节的理论知识，更新了大部分章节的导入案例和课后分析案例，将所有的统计数字更新至能够获得的最近年份的数据，设立了思政案例，力求使专业课与思想政治理论课同向同行，形成协同效应，使全书内容更具代表性、前沿性与时效性。为方便教学，本书配有电子课件和课后习题参考答案，使用本书的任课教师可登录东北财经大学出版社网站（www.dufep.cn）查询或下载。

本书第五版由帅青红、李晓林、王宇、李忠俊、张赟担任主编，由帅青红拟定提纲、统筹协调各章节内容并负责大部分写作，各位编委以及笔者的研究生等参与了本书的讨论、修改与完善。参与本次修订工作的人员有：第一章，马楠；第二章，逯堂林；第三章，廖梓严；第四章，黄若璇、钟清华；第五章，叶观爱；第六章，李思怡；第七章，黄才艳；第八章，李国瑞；第九章，刘佼；第十章，刘佼；附录案例，刘东平；参考文献、各章节内容汇总及完善，张露月。本书可作为高等院校电子商务专业、金融学专业及其他相关专业的教学和参考用书，也可供金融和电子商务领域的研究人员和从业人员参考。

在本书的编写过程中，我们参考、借鉴了大量国内外的出版物与网上资料，或者由于文中体例限制而未一一注明，或者在参考文献中没有完全列出，在此谨向诸多学者、同仁表示由衷的敬意与感谢。由于编写水平有限和这门新兴交叉课程的特殊性，书中难免有不如意和错误的地方，真诚地希望读者提出宝贵意见，也希望得到同行专家的批评与指正，以利于今后修改和订正，使之更加完善。编者的联系邮箱：3035216254@qq.com。

帅青红

2024 年 6 月

帅青红和他的团队：
战斗在山沟沟里的西财"电商扶贫"小分队

目　录

第1章

电子支付概述

@ 教学目标与要求

1.掌握支付的基本概念和过程；

2.了解清算和结算的区别和联系；

3.了解支付活动的构成和应遵循的基本原理；

4.掌握支付体系的概念和构成；

5.掌握电子支付的含义和分类；

6.了解电子支付系统的构成；

7.理解党的二十大报告中对数字中国建设作出的新部署、提出的新要求。

@ 知识架构

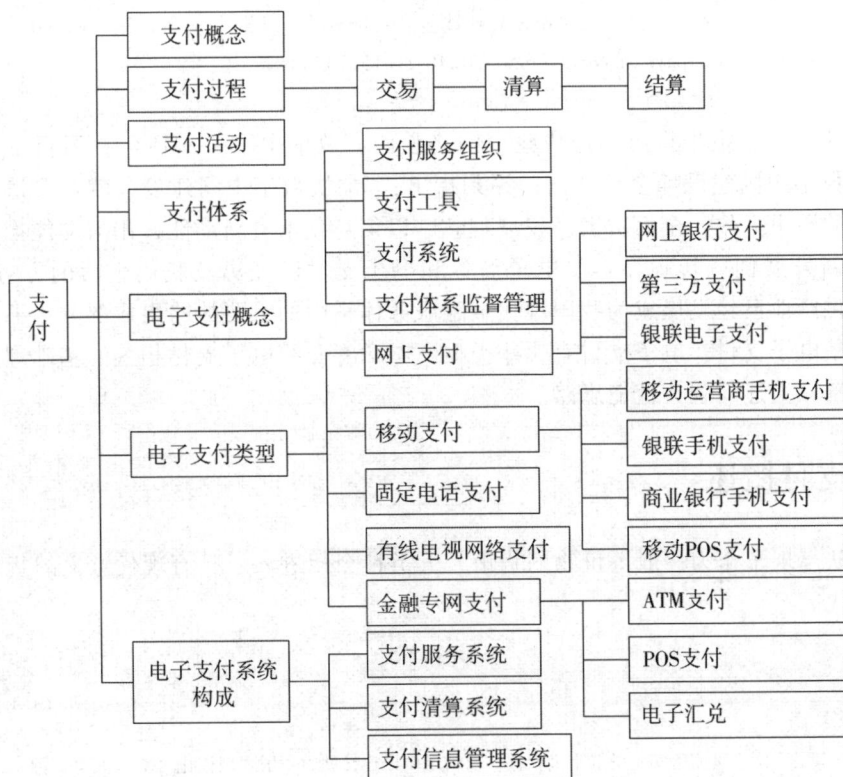

导入案例　　　　　　　　电子支付　中国风景独好

2024年4月，我国首个数字人民币SIM硬钱包"智能锁定"支付新应用在苏州轨道交通落地，并支持在多个数字人民币运营单位之间的跨机构结算。

相关地铁站内，无论是售票机具还是闸机口，都可使用NFC（近场通信）支付数字人民币。如果使用数字人民币SIM卡硬钱包，还可实现无网无电状态下乘客"碰一碰"快速过闸。苏州轨道交通运营有限公司清分票务部副总经理吴超表示，SIM卡硬钱包是将数字人民币软钱包关联至电信运营商发行的超级SIM卡，使得SIM卡具备数字人民币支付功能。

"智能锁定"是一种个性化支付技术手段，可方便用户预先锁定支付额度，在刷手机时按实际消费金额扣款，能够在无网无电状态下结算。本次SIM硬钱包落地的新功能还包含跨数字人民币运营机构结算，即收款和支付可在不同的金融机构之间进行，突破以往收款和支付必须为同一家金融机构的限制。为了拓展SIM硬钱包应用范畴，江苏移动苏州公司与江苏移动产品运营中心、中移金科、中国工商银行成立联合项目组，以中国人民银行数字人民币研究所的最新标准为指导，深入开展研发及测试工作，通过平台及流程设计、应用开发、内部封闭验证、上线测试四大阶段，完成支付功能建设。目前，苏州已开通的6条地铁线路的所有站点均支持数字人民币SIM硬钱包无网无电支付，票款可从支付端中国工商银行自动划转至结算端中国银行，无须再通过后端进行跨行结算。

资料来源　佚名. 首个数字人民币SIM硬钱包"智能锁定"支付新应用落地［EB/OL］.［2024-04-24］. https://www.mpaypass.com.cn/news/202404/18152753.html.

党的二十大报告指出，加快建设网络强国、数字中国。2018年，习近平总书记向首届数字中国建设峰会致贺信，深刻指出："加快数字中国建设，就是要适应我国发展新的历史方位，全面贯彻新发展理念，以信息化培育新动能，用新动能推动新发展，以新发展创造新辉煌。"①电子商务和电子支付已经惠及我们生活的方方面面，电子支付产业已经发展成为我国现代金融服务体系中的重要战略组成部分。那么，究竟什么是电子支付？电子支付有哪些类型？本章将介绍电子支付相关的基础理论，以便初步解答上述问题，理清思路。

1.1　支付概述

自从出现了作为一般等价物的货币，人类社会便进入了具有现代意义的货币结算支付时代。

---

① 庄荣文. 深入贯彻落实党的二十大精神　以数字中国建设助力中国式现代化［N］. 人民日报，2023-03-03（10）.

1.1.1 支付的概念与分类

党的二十大报告指出，新一轮科技革命和产业变革深入发展，国际力量对比深刻调整，我国发展面临新的战略机遇。习近平总书记多次强调，信息化为我国抢占新一轮发展制高点、构筑国际竞争新优势提供了有利契机，为中华民族带来了千载难逢的机遇。当前，数字技术日益成为创新驱动发展的先导力量，开启了一次具有全局性、战略性、革命性意义的数字化转型，带动了人类社会生产方式变革、生产关系再造、经济结构重组、生活方式巨变。[①]为了满足生活需求，我们需要购买生活用品，为了进行生产经营，企业需要购买原材料，如此等等，所有这些活动（或者说交易）都需要支付，可以说，支付活动在我们的生活中无处不在。

1.支付的基本概念

那么，究竟什么是支付？支付就是社会经济活动引起的债权债务清偿及货币转移行为。它包含两个层次的内容：①"支付"是付款人向收款人转移可以接受的货币债权的行为；②"支付"不仅包括现金支付，还包括转账支付。

通过上述定义，我们可以分析推导出"支付"涉及的一系列概念，例如，支付的主体、支付的货币形态、支付的工具、支付的渠道、支付的目的、支付的过程、支付结算系统、支付应遵循的规则及监管政策等。随着社会的发展，上述概念不断发展变化，特别是支付工具和支付形式的变革，使得支付的方方面面都发生了很大变化，甚至是质的飞跃：从支付形式看，从传统的面对面的方式向非面对面的方式转变；从支付工具看，从传统的现金支付、票据支付向银行卡支付、储值卡支付、虚拟卡支付转变；从支付渠道看，从直接支付向通过网络等间接支付方式转变。总体而言，目前我们已经从传统支付时代走向现代支付（电子支付）时代。

2.支付的分类

掌握支付的基本概念后，根据银行业务可以将支付分为两大类：借记支付、贷记支付。

按照美国《统一商法典》的定义，借记支付是收款方发起的支付过程，贷记支付是付款方发起的支付过程。我们可以将借记支付理解为被动支付，将贷记支付理解为主动支付。

借记卡、贷记卡两种卡片本身并没有差别，其差别在于对应账户的支付操作方式不同。借记卡指其卡号所对应的账户的支付操作方式是减少账户存款（或者称为减少借方）；而贷记卡指其卡号所对应的账户的支付操作方式是增加账户支出（或者称为增加贷方）。银行卡支付，无论是借记卡还是贷记卡，都是贷记支付，属于主动支付，是持卡人发起的支付指令。客户使用网上银行支付，也属于贷记支付。

常见的借记支付有支票、电话费自动代扣、水电费或燃气费代扣等，属于被动支付，是银行发起的支付指令，持卡人属于被动地完成了支付。

利用支票支付时，付款人将支票交给收款人，但这并不意味着支付过程的启动，

---

① 庄荣文.深入贯彻落实党的二十大精神 以数字中国建设助力中国式现代化［N］.人民日报，2023-03-03（10）.

只有当收款人到自己的开户行存入支票时，支付过程才正式启动，付款人的款项转到收款人账户的流程才开始。而利用银行卡支付，是付款人自己通过付款终端（POS或ATM）启动支付过程的。

1.1.2　支付过程

"支付"包括交易、清算和结算三个过程。

1.交易

"交易"过程确保支付指令的生成、确认和传输，主要包括以下步骤：①确认各当事人的身份；②确认支付工具；③查证支付能力；④付款人和收款人金融机构对资金转账授权；⑤付款人金融机构向收款人金融机构通报信息；⑥交易处理。

上述步骤因为支付工具的不同会有所不同，以便优化支付流程。

2.清算

清算主要指发生在银行同业之间的货币收付，用以清讫双边或多边债权债务的过程和方法。"清算"这一用语还常见于政府之间的协定记账贸易，但其在范围及程序上有别于中央银行参与的银行同业之间的清算活动。清算活动包括国内清算与国际清算。

"清算"过程是在结算之前对支付指令进行发送、核对以及在某些情况下进行确认的过程，可能包括指令轧差和最终结算头寸的建立。

"清算"过程的主要职能包括以下两项：

小知识　头寸

（1）在付款人金融机构和收款人金融机构之间交换支付工具或相关支付信息。支付工具或相关支付信息的交换包括以下步骤：交易的撮合；交易的清分；数据的收集；数据的汇总；相关数据的发送。以上过程因为支付工具的不同而有所变化。

（2）计算结算债权。计算结算债权的过程包括以下两个步骤：计算总债权；计算待结算的净额或汇总债权。

"清算"过程的结果是全面处理从付款人到收款人的支付交易和收、付款人金融机构的有效债权。

3.结算

结算是清偿双方或多方当事人之间资金债务的一种行为。

"结算"过程是将"清算"过程产生的待结算债权债务在收、付款人金融机构之间进行相应的账簿记录、处理，完成货币资金最终转移并通知有关各方的过程。

"结算"过程的主要步骤如下：①待结算债权的收集和完整性检查；②确保结算资金的可用性；③结算金融机构之间的债权；④记录和向有关各方通告结算。

通常，结算可以通过两类资金账户办理过账：一是通过金融机构相互开立的代理账户进行债权结算；二是通过开立在结算银行（绝大多数情况下是中央银行）的账户进行金融机构之间的债权结算。

在金属及信用货币问世之前，当物物交换作为维系人类生存的基本手段时，远古时期的社会即已存在原始的结算行为。作为一般等价物的货币问世以后，结算以商品、货币经济为实施条件，是货币发挥流通手段和支付手段职能的具体体现。

在以信用货币作为结算货币的条件下，从结算主体及结算工具等角度，可将结算分为不同类型，如现金结算与转账结算、直接结算与间接结算、传统结算与信息化结算、国内结算与国际结算。

除了现金的实物转移外，不同银行之间的存款余额形式的资金转账需要经过支付基础设施的具体安排，以确保交易、清算和结算过程的最终完成。

4.支付过程分析

根据支付过程的组成部分，可将支付活动分为三类，如图1-1所示。

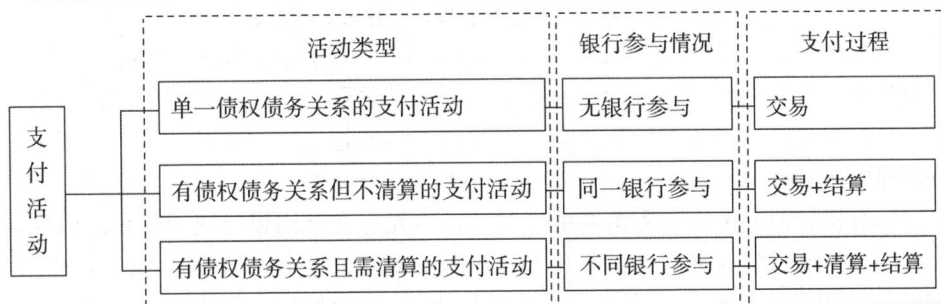

支付活动	活动类型	银行参与情况	支付过程
	单一债权债务关系的支付活动	无银行参与	交易
	有债权债务关系但不清算的支付活动	同一银行参与	交易+结算
	有债权债务关系且需清算的支付活动	不同银行参与	交易+清算+结算

图1-1　支付活动的分类

（1）单一债权债务关系的支付活动。单一债权债务关系的支付活动，如图1-2所示。此类支付活动多出现在没有银行参与的面对面的交易活动中。买家使用货币的支付形式购买商品，而卖家则出卖商品获得货币资金。支付实现了货币资金从买家到卖家的转移，而这种转移既完成了交易的过程，也完成了由于商品买卖所形成的单一债权债务关系的清偿。

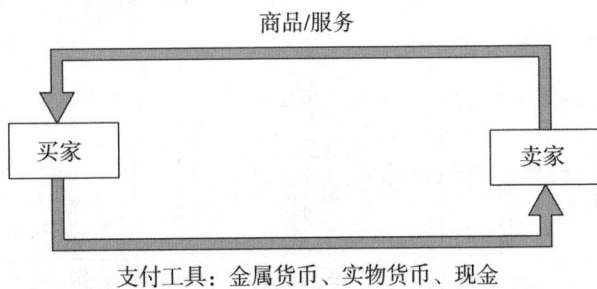

商品/服务

买家　　　　　　　　　卖家

支付工具：金属货币、实物货币、现金

图1-2　单一债权债务关系的支付活动

（2）有债权债务关系但不清算的支付活动。银行等金融服务机构的产生，使采用现金支付的债权债务清偿关系变为银行账户之间划拨的一种支付结算关系。账户之间的划拨是现代信用社会支付最为普遍和基本的方式。由于银行业务的差异性以及交易双方开户的地域和银行可能不同，形成了两种不同的支付结算体系：发生在同一银行内的有债权债务关系但不清算的支付活动（如图1-3所示）和发生在不同银行之间的有债权债务关系且需清算的支付活动。

图1-3中，账户之间的划转是在同一银行内进行的，买家利用银行发放的支付工具进行支付，卖家获得货币资金就需要与银行建立关系，银行从买家的资金账户存款

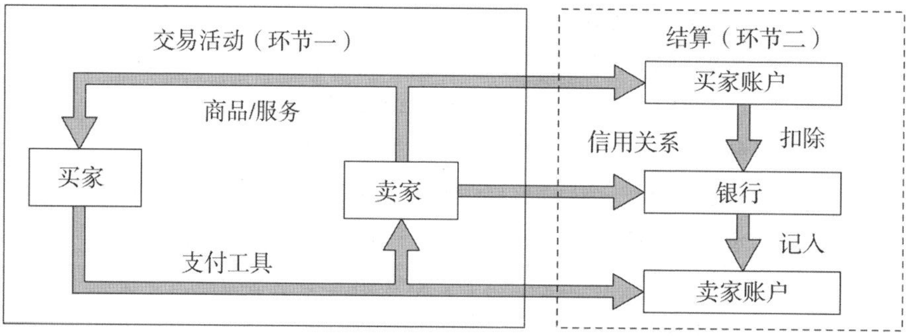

图1-3　有债权债务关系但不清算的支付活动

资料来源　张宽海. 网上支付与结算［M］. 2版. 北京：高等教育出版社，2014.

数额中扣除商品的货币价值金额，并记入卖家的存款账户，卖家就获得了存款的货币资金。总体来说，这种支付过程分为两个环节：①购物过程的交易环节；②资金账户划转过程的结算环节。

（3）有债权债务关系且需清算的支付活动。发生在不同银行资金账户之间并使用银行支付工具支付的商务活动过程比上述过程要多一个环节，即银行之间资金账户的清算环节，如图1-4所示。从社会宏观环境来看，这种商务活动的完成涉及三个环节，即支付的完整过程包括交易、清算和结算三个步骤，第二个环节和第三个环节是紧密相联的，只有清算完成了，结算才能最终完成。结算是清偿商务活动中债权债务的最终结果；清算是结清银行之间资金账户往来债权债务关系最终结果的一个过程。在我国，由于中国人民银行的支付清算系统一直处在不断发展过程之中，并且随着金融电子化建设的推进，支付方式、支付工具等发生了重大变化，所以，清算系统也处在不断演变和发展过程之中，在单一央行清算系统的基础上增加了第三方支付机构和独立金融机构，如中国银联等。

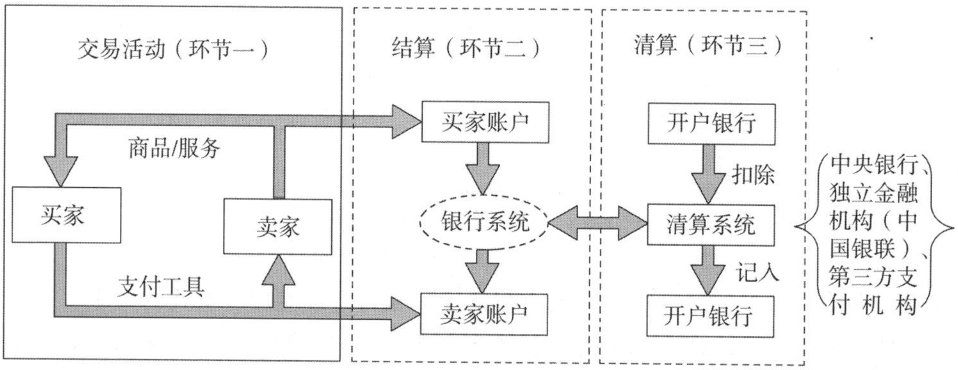

图1-4　有债权债务关系且需清算的支付活动

5.清算与结算的区别和联系

在市场经济中，银行已经成为社会资金流转的渠道和中转站，所以，经济体系中的货币结算基本上是银行结算。

通过上述对支付过程的分析，我们知道清算与结算均是实现债权债务清偿的经济手段，而且二者密切相关，在需要清算的支付活动中，只有清算完成了，结算才能最终完成。另外,清算与结算是支付过程中两个不同的处理过程,二者在支付活动的范围及参与者等方面都有着明显差异。

(1)结算与清算的参与者不同。结算是货币行使流通手段和支付手段职能的综合体现,其参与者可以是各种行为的当事人,所以,结算具有广泛的社会性,每个人均与结算行为有着这样或那样的联系;而清算则更加专门化,其参与者主要是提供结算服务的银行及清算机构。

(2)结算与清算在支付过程中的层次不同。从商业银行的结算业务流程来看,商业银行除需采用相应的结算工具、结算方式以外,还需借助同业银行的协作,才能最终实现客户委办的结算业务。另外,出于自身需要,银行会与其他金融机构发生大量的业务往来,银行同业之间也会产生债权债务的清偿和资金的划转,为此,需要通过一定的清算组织和支付系统进行清算(支付指令的发送与接收、对账与确认、收付数额的统计轧差、全额或净额的结清等一系列程序)。清算只是达到结清银行之间资金账户往来债权债务关系最终结果的一个过程。

(3)结算与清算在支付活动中的范围不同。在有银行等金融服务机构参与的支付活动中,结算是一个必需的环节,而清算只有在涉及不同银行账户之间的支付时才是必需的。清算是在银行问世以后才开始行使的支付中介职能,没有银行介入的结算领域基本上无须清算。

1.1.3 支付活动

支付活动是参与支付的各方采用某种方式进行债务清偿的过程。

1.支付活动的构成要素

支付活动主要包括以下几个要素:参与主体、市场行为方式、债权债务关系和支付环境。因此,支付活动也可以理解为在市场或社会环境下参与主体之间由于其各自的市场行为而发生的一种经济关系(债权债务关系),这种关系需要采用支付活动的某种方式加以解除。在经济活动中,支付活动可以表现为买卖行为的支付、借贷行为的支付、捐赠行为的支付和国家财政分配的转移支付。

(1)参与主体。支付活动的参与主体根据其经济活动性质的不同而有所不同,具体见表1-1。

表1-1 支付活动的参与主体

支付活动的性质	参与主体	参与主体之间的关系
商务活动	商家和消费者	商品买卖
借贷活动	借贷双方,特别是金融服务中介机构和服务对象	金融信用
馈赠活动	馈赠双方	让渡转移
政府财政分配活动	政府部门	划拨转移

①商务活动的参与主体。支付活动的商务性质决定了参与主体之间是一种属于交易的买卖关系,因此,参与主体为商家和消费者,支付活动就是通过买卖行为而清

偿债务、完成交易和终结这种在市场经济活动中所建立的债权债务关系。

②借贷活动的参与主体。随着市场交易的发展和商业信用的出现与建立，支付活动参与主体之间在长期形成的稳固交易过程中，产生了一种新型的信用关系，即借贷关系。支付发生在借贷行为之后，参与主体之间是一种金融关系。最初的信用形式是交易活动中参与主体之间的赊销和赊购行为，交易主体为借贷双方；而后产生了专门提供金融服务的中介机构（如银行、信托、担保、租赁等金融服务机构），参与主体之间形成了一种依靠信用维持的金融关系，参与主体为金融服务中介机构和服务对象。

③馈赠活动的参与主体。支付活动参与主体之间的关系不仅表现为交易和信用关系，也表现为促进社会公益事业的捐赠关系。这种非营利性社会行为的参与主体之间虽然存在采用某种支付方式的资金转移，但它们之间属于无偿让渡的转移关系。

④政府财政分配活动的参与主体。政府利用税收获得社会资金，并进行分配，以实现社会资金占有的公平性和社会事业、国民经济的发展。各级政府部门的财政资金的转移支付和分配是一种不带任何经济、营利目的的资金划拨转移关系，是一种政府行为。

（2）市场行为方式。根据经济活动的性质，支付活动的行为方式可以表现为商品买卖行为、金融借贷行为、公益捐赠行为、政府资金划拨行为。

（3）债权债务关系。债权债务关系指在经济活动参与方之间形成的、能用货币价值度量的，一方具有索赔权利、另一方具有偿还义务的一种法定经济关系。它是在出现商品买卖活动以后产生的，并且随着商品经济的发展、建立和完善而不断演变和发展。

（4）支付环境。支付环境主要指支付体系，是为实现和完成各类支付活动所作的一系列法规制度性安排和相关基础设施安排。

2.支付活动的特点

支付活动主体的参与方式决定了它们的市场行为方式，这种市场行为方式又决定了它们之间的债权债务关系，而债权债务关系的解除又与采用的支付方式有关。具体来说，支付活动具有以下特点：

（1）支付活动的方式随参与主体的不同而不同。通过上述的分析，我们已经知道不同性质支付活动的参与主体不同，不同的参与主体又决定了不同的市场行为，也形成了不同的关系，支付活动也就呈现出不同的方式和特点。

（2）支付活动的方式随参与主体选择的市场行为方式不同而不同。如果支付活动的参与主体选择的市场行为是借贷行为，就产生了与银行或其他金融机构的金融借贷关系，其债权债务关系的解除则要遵循金融行业规定的程序和方式。不同的市场行为方式决定了支付具有不同的特点。

（3）支付活动的方式随债权债务关系的不同而不同。在市场经济条件下，不同的债权债务关系在不同支付环境下的解除方式不同，使用的支付工具不同，支付活动也就呈现出不同的方式和特点。例如，在长期的经济活动中，参与主体之间建立了良好的信誉并相互信任，从而出现了经济上的信用关系，即在交易活动中出现了先拿货后付款的赊销现象。

（4）支付活动的方式随支付方式的不同而不同。目前的支付方式主要有现金支付、票据支付、网上银行直接转账、第三方支付、移动支付等。不同支付方式的支付流程不同，支付的时效性不同，针对的市场行为也不同。例如，现金支付作为即时清偿债务的支付行为，适用于商家和消费者之间是买卖关系的情况。

3.支付活动应遵循的基本原理

商务活动、借贷活动、馈赠活动等经济活动产生了经济主体之间的债权债务关系，而这种债权债务关系需要债务人采取支付的手段清偿债务来解除，这就是支付产生的根本原因。

支付是经济活动中的一种方式和手段，其目的是解除债权债务关系，而支付在经济活动中所体现出来的基本特性，即为支付原理。

支付活动应遵循以下基本原理：①债务的清偿性；②支付方式的社会接受性；③采取手段的便利性；④支付的安全性；⑤支付信用的可靠性；⑥法律制度的保证性。

1.2 支付体系概述

支付体系是国家重要的金融基础设施和金融体系的重要组成部分。随着我国经济、金融的改革和发展，支付体系在金融体系中的地位和作用日益突出，在促进金融工具创新、提升金融服务水平、提高资源配置效率、稳定金融秩序等方面发挥着重要作用。

1.2.1 支付体系的概念

支付体系是指为实现和完成各类支付活动所作的一系列法规制度安排和相关基础设施安排的有机整体。其包括传达支付指令的支付工具和支持支付工具运用的支付系统，以及确保货币资金流通的一系列法规制度安排和相关基础设施安排。

支付体系是一国金融市场的核心基础设施，其将一国货币市场、债券市场、股票市场、外汇市场和离岸市场等金融市场的各个组成部分紧密联结起来。支付体系通过严谨的法规制度安排，向银行业和社会提供资金运行的工具和通道，提供快捷、高效、安全的支付结算服务，满足金融活动和社会经济活动的需要。因此，安全、高效的支付体系对于促进货币政策的畅通传导、加强各金融市场的有机联系、维护金融稳定、推动金融工具创新、提高资源配置效率等具有十分重要的意义。

1.2.2 支付体系的构成

支付体系主要由支付服务组织、支付工具、支付系统、支付体系监督管理等要素组成，如图 1-5 所示。

1.支付服务组织

支付服务组织是指向客户提供支付账户、支付工具和支付服务的金融机构，以及

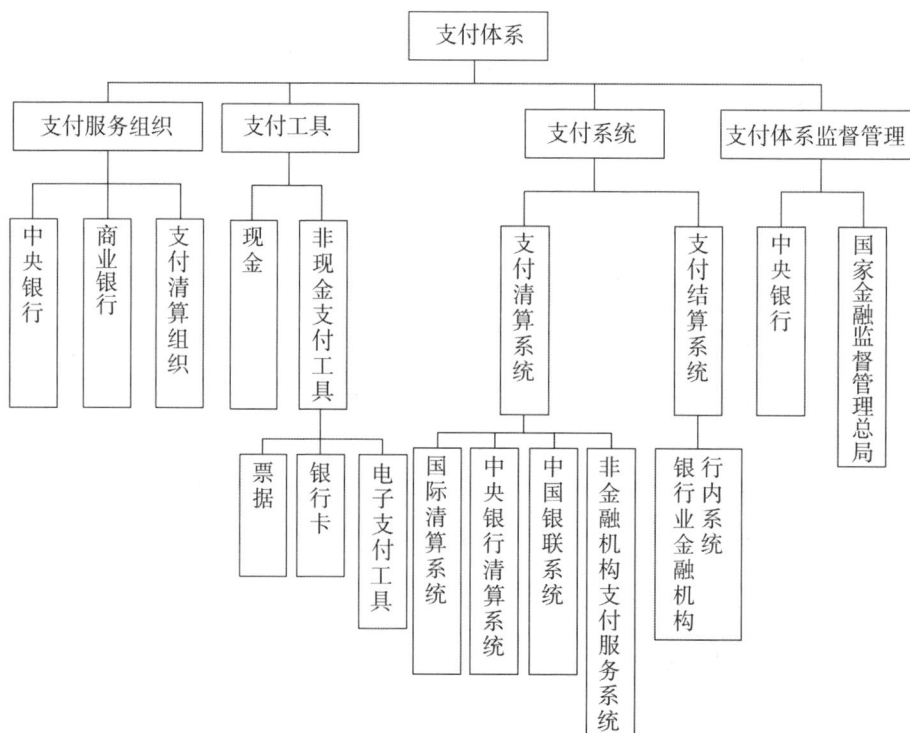

图1-5 支付体系的构成

为这些机构提供清算和结算网络服务的支付清算组织。支付服务组织是提供支付服务的市场主体，包括中央银行、商业银行和支付清算组织等。

中央银行是银行之间资金转移等支付服务的法定提供者，商业银行等金融机构之间发生的资金往来或应收、应付款项，通常通过其开立在中央银行的结算账户办理划拨转账。中央银行除了提供银行之间的结算服务外，还制定与支付结算业务相关的规章制度，并维护支付结算秩序。

商业银行是支付服务组织的主体，是社会公众和企事业单位支付服务的主要提供者，直接面向客户提供各类支付服务，是连接单位和个人经济活动及货币资金运动的纽带。

支付清算组织是指提供支付信息转接和交换以及数据清分和汇总服务的非银行金融机构或非金融机构，包括票据交换所、邮政汇兑服务机构、从事银行卡数据交换的网络公司或第三方服务商、从事证券交易或外汇交易数据清分交换的机构等。支付清算组织是支付服务市场重要的补充力量，在推动支付服务市场技术进步、服务创新方面发挥着积极作用。

2.支付工具

支付工具是传达债权人或债务人的支付指令，实现债权债务清偿和货币资金转移的载体。收款人或付款人的支付指令通过支付工具传达至其开立资金账户的金融机构，开户金融机构按照支付指令的要求办理资金转账。

支付工具可以分为现金和非现金两种，其中，非现金支付工具主要有票据、银行卡和电子支付工具（联名卡、储值卡、虚拟卡等）。支付工具的选择取决于多种因素，其中比较重要的有交易金额、交易习惯、交易风险、交易价格等。

目前，经济的发展使电子支付工具成为实现货币债权转移的重要手段，支付工具的流动性和便利性在很大程度上影响着货币流通速度。另外，一些信用支付工具并不只是货币转移媒介，还是货币市场中非常重要的金融产品，它们在货币市场上发挥着优化资金配置、增强流动性管理的灵活性和促进货币政策畅通传导等重要作用。

3.支付系统

支付系统是支撑各种支付工具应用、实现资金清算并完成资金最终转移的通道。各种支付工具的支付信息、业务流程和数据信息标准贯穿于支付系统处理的全过程，因此，支付信息传输和资金结算需要得到支付系统的有效支持。同时，重要的支付系统通常是金融市场和经济运行的核心基础设施，能够实现各个金融市场的有机连接，为金融市场提供高效、安全的资金清算和结算服务，有效支持金融市场的发展和货币政策的实施。

支付系统可以分为支付清算系统与支付结算系统。国际上著名的清算系统有SWIFT系统、CHIPS系统、FEDWIRE系统和TARGET系统；我国的清算系统主要有中央银行清算系统、中国银联系统以及其他的非金融机构支付服务系统。结算系统主要指银行业金融机构行内系统，包括核心业务系统、综合前置系统以及电子渠道系统。

目前，我国已经建成以中国人民银行大额实时支付系统、小额批量支付系统为中枢，银行业金融机构行内业务系统为基础，票据支付系统、银行卡支付系统、证券结算系统和境内外币支付系统为重要组成部分，行业清算组织和互联网支付服务组织业务系统为补充的支付清算网络体系，对加快社会资金周转、降低支付风险、提高支付清算效率、促进国民经济又好又快发展发挥越来越重要的作用。

4.支付体系监督管理

支付体系监督管理是在一系列相关法规制度约束下，综合运用经济、法律和行政手段对支付结算活动实施监督管理的行为。这些法规制度主要包括立法机构、管理机构制定的规范，关于支付程序和支付行为的法律法规、规章制度和标准，以及关于支付工具和支付服务的定价方式、市场惯例、合同安排和规则等。

中央银行承担着对支付市场、支付服务组织和支付业务的监督管理职能。国际上各国中央银行对支付结算的监督管理，一般由以下三个层次组成：

① 法律依据。通常，各国立法机构会通过立法明确规定中央银行在支付体系中的地位和作用，明确中央银行是支付体系的运营者、监管者和支付体系发展的促进者。

② 中央银行实施支付结算监督管理的法规与政策。中央银行会同相关的立法机构制定有关支付程序和支付行为的法律规定，以规范支付结算行为。中央银行一般也会根据本国实际情况制定监督管理规定，如确定对支付体系各要素的具体监管范围和标准等。

③ 支付市场和支付服务组织在长期的发展过程中形成的约定俗成的规则和惯例。支付市场参与者之间会自愿签署并遵守相关协议和规则，从而形成相对合理的支付市

场秩序。

小知识　国家金融
　　　　监督管理总局

在我国，负责支付监督管理的机构除了中国人民银行外，还包括国家金融监督管理总局。从职能分工来看，国家金融监督管理总局主要负责对支付结算业务的日常管理和对具体违法行为的处罚；中国人民银行负责支付结算规则的制定、支付结算市场的准入，以及作为清算系统的组织者为金融机构提供支付清算服务和对金融机构之间的资金清算行为进行监管。

支付工具、支付系统和支付服务组织属于支付体系中的基础设施安排，而支付体系监督管理则属于对支付体系前三个要素的整体制度性保障。支付体系的四个组成部分是密不可分、相辅相成的有机整体。支付工具是支付的载体；支付工具的交换和传递贯穿于支付系统处理的全过程，其清算与结算通过支付系统进行；支付服务组织是支付工具和支付系统的提供者；支付体系监督管理是防范支付风险、保障支付过程的安全性和效率、维护整个金融体系安全稳定之必需。支付体系这四个部分的有机结合和平稳运行为一国经济金融的健康发展奠定了基础。

1.3　电子支付概述

1.3.1　电子支付与传统支付

1.支付方式变革

（1）从传统支付到电子支付。自人类诞生以来，随着货币的演变发展，支付工具越来越多样化，支付方式越来越丰富。从原始社会的物物交换到一般等价物的产生，再到贝壳等实物成为货币，然后出现金属货币，最后出现纸币，货币经历了几千年的洗礼，在人类支付结算活动中扮演了重要的角色。

1985年，中国银行发行了第一张银行卡，这标志着我国的货币正式进入了一个新的发展阶段。现金和银行卡成为人们经济生活中最重要的支付工具。

票据的产生，为企业与企业之间的支付结算提供了一条捷径。现金支付、银行卡支付、票据支付作为传统支付结算方式，在很长一段时间内都是主要的支付结算方式。

1999年，招商银行全面启动国内首家网上银行——"一网通"，建立由网上企业银行、网上个人银行、网上证券、网上商城、网上支付组成的较为完善的网络银行服务体系，由此，电子支付在我国浮出水面，而支付方式也开始从传统支付方式向电子支付方式过渡。电子支付在发展初期主要是网上银行支付方式。我国的互联网用户随着互联网的快速发展而快速增长，从而推动了网上银行用户的增长。

2003年，我国进入"信用卡元年"，标准贷记卡从零起步，很快呈现快速增长态势。银行卡产品的发展自然推动了销售点终端（point of sale，POS）交易和自动柜员机（automatic teller machine，ATM）交易的增长，电子支付在我国起步并发展。在这个时期，银行完全主导电子支付，大型企业用户与银行建立支付接口是最主要的支付模式。随着中小商户支付需求的不断增加和多样化，第三方支付也开始介入电子支付领域，充当商户和银行之间的桥梁。在 POS 交易和 ATM 交易方面，发卡市场发展较快，借记卡市场已具相当规模，信用卡市场也在加速发展。2005 年，中国银联披露的数据显示，我国银行卡总量超过美国，我国成为世界上银行卡数量最多的国家。

2005 年，我国进入"电子支付元年"，网上银行支付被越来越多的商家和消费者认识和接受，日渐成为消费者的首选付款方式。与此同时，电话支付、手机支付、第三方支付等全新的电子支付概念层出不穷，这预示着我国开始进入真正的电子支付时代。

2006 年，电子支付进入"1.0"时代，电子支付产业快速增长，网上银行支付、移动支付、电话支付等支付方式继续发展，但此时，电子支付迅速进入以价格战为代表的行业恶性竞争阶段。2003 年，第三方支付起步，到 2005 年，第三方支付公司达到 50 多家，到 2006 年，第三方支付已经具有一定的影响力，商家和消费者都开始接受这种新的支付方式。2006 年，计世资讯（CCW Research）的数据显示，有 80.5% 的网民正在使用或愿意接受网上支付。网上支付的对象和结构也产生了变化，为传统行业提供的支付服务额度越来越高。在网上支付中，纯粹的互联网业务的比例在降低，电子客票、代收费等业务所占的比例在逐步提高。2006 年，虽然电子支付行业风云变幻，但此时，我国银行业正在经历类似电信产业的变革，商业银行衍生出多样化的增值业务，而这些增值业务模式的产生意味着巨大的商业机会。

由于市场需求觉醒并逐渐多元化，在政策法规和市场发展趋势的双重作用下，电子支付已经从以纯支付网关为业务特色的"1.0"时代逐渐进入以多元化平台和按需支付为业务特征，并且能够提供完整的支付解决方案乃至电子商务解决方案的全新电子支付产业时代，即电子支付"2.0"时代。电子支付工具层出不穷，电子支付方式种类繁多，支付平台和支付渠道处于激烈的"圈地"运动中。这个时期的电子支付公司主要着力于差异化竞争。

2010 年 8 月 18 日，汇付天下有限公司总裁周晔在中国互联网大会高层年会上表示，随着互联网的高速发展，尤其是 3G 网络的发展，电子支付行业进入"3.0"时代。这个时期最鲜明的一个特征是电子支付进入成熟模式，人们可以运用电子支付进行大额交易，它不再是仅满足简单的 B2C、C2C 的应用，还可以满足 B2B 甚至是理财业务的应用，帮助人们足不出户就能从事生活、工作和理财。

从 2015 年起，我国的跨境支付服务公司开始涌现，这些公司通过创新的产品和专业的服务，迅速在跨境出口电商市场中崛起。跨境电商基础设施服务的逐步完善，得益于成熟的底层技术架构和强大的资源网络铺设，跨境支付服务成本显著降低。截至 2023 年，原本依托跨境贸易市场发展的跨境支付服务公司已经开始进行反向赋能，不断进行前瞻性的产品创新。在提供完备的基础设施服务的基础上，这些公司已经衍生出丰富的"支付+"服务。这些服务不仅解决了支付问题，而且涵盖了供应链金融、风险管理、数据分析等多个方面，为我国企业"放心在全球卖货"提供了有力支持。

2017 年 9 月，中国电子商务研究中心主任曹磊在接受金羊网记者采访时表示，刷脸支付可能开启支付领域的"4.0"时代。彼时一些将其投入应用的企业仍处于尝试阶段，但不可忽视该技术已经形成的颠覆性作用。随着智能手机厂商陆续推出人脸识别功能，刷脸支付开始在我国大面积使用，其渗透到零售商超、餐饮等生活主要场景，行业呈现高速增长态势。2019年11月，艾媒咨询发布的数据显示，预计2022年我国刷脸支付用户将突破7.6亿人。

2019年底，数字人民币相继在深圳、苏州、雄安新区、成都以及北京冬奥会场景启动试点测试。截至2021年10月，我国数字人民币试点场景已经超过350万个，累计开立试点场景1.4亿个，数字人民币累计交易金额接近620亿元，进一步完善了数字人民币生态体系。截至2021年12月31日，数字人民币试点场景超过808.51万个，开通个人钱包2.61亿个，交易额突破875.65亿元。截至2023年底，数字人民币试点范围已经扩展至17个省市的26个地区。数字人民币应用场景已经从个人消费场景延展到薪资发放、普惠贷款、绿色金融等对公企业服务，以及财政、税收、公用事业、电子政务、助农扶贫等政务服务场景。

2020年，5G技术改变了支付的商业和技术模式。低成本的连接和对超智能服务的实时访问改变了数字体验和物理体验上的差异。除了加速过去20年的趋势并创造盈利和创新的新赛道外，5G还将带来新的机会。随着软件和基于云计算的POS机解决方案越来越多地被部署在平板电脑和智能手机上，数字支付得以加速发展。另外，随着连接和整体技术成本的下降，更多的设备和物体将拥有收单能力。

2021年1月20日，中国人民银行发布了《非银行支付机构条例（征求意见稿）》，正式面向社会公开征求意见。该意见稿从主体、经营、市场等各方面强化了对非银行支付机构的监管，严格控制其设立与投资人准入，变革其业务经营规则，将给第三方支付行业的发展带来深远影响。相应地，与非银行支付机构相关的投资并购决策、方案等亦将受到较大影响。

2023年，继刷脸支付之后，刷掌支付成为新的支付方式，并被行业内外热议。经过前期多处试点之后，北京地铁于2023年5月开始支持刷掌支付。此后，在零售、园区等多个领域，刷掌支付开始推行。

（2）支付方式的演变规律。从现金支付、票据支付、银行卡支付到网上银行支付、电话支付、手机支付，每一种支付方式都有其存在的合理性和价值。从支付方式演变的过程，可以归纳出支付方式演变的一般规律，即任何一种支付方式只有具备以下这些性质时，其才有存在的合理性，才会被大众所接受，最终成为受欢迎和不可替代的支付方式：

① 匿名保护性。任何一个消费者都不希望自己的个人信息被泄露，成为"透明人"，因此，任何一种支付方式都应该为消费者提供匿名保护，否则，消费者将不会信任和采纳这种支付方式。

② 安全性。除了不透露消费者的个人隐私外，确保整个支付流程中支付信息的安全也是非常重要的。试想一下：在支付过程中，如果消费者的银行卡信息被未授权的第三方盗取，然后消费者发现自己卡上的资金减少了，消费者会作何反应？如果一种支付方式不能提供令消费者满意的安全解决方案，相信他们是永远不会采取这种支付方式的。

③ 便捷性。消费者之所以进行网上购物，就是看中了电子商务的便捷性，而如果支付方式滞后，将会阻碍其发展。例如，手机支付兴起，消费者动一下手指便可完成支付，不再需要到银行汇款，而且支付越快，卖家发货越快，也就能够越快完成购物流程，消费者当然愿意使用。

④ 交易费用低。消费者选择一种支付方式时，也会考虑交易费用，比如电汇、邮汇等，由于交易成本高，逐渐被人们摒弃。

⑤ 规范性。消费者会选择法律、法规已经有了明确规定的支付方式，这样他们会觉得放心。目前，我国针对部分支付方式还没有法律规定，这也造成有些支付方式始终得不到消费者的大力支持。例如，2020年，为规范人脸识别线下支付（以下简称刷脸支付）应用创新，防范刷脸支付安全风险，中国支付清算协会组织制定了《人脸识别线下支付行业自律公约（试行）》。但是，该公约主要适用于线下刷脸支付场景。相较于线下场景，线上场景的信息泄露风险、假体攻击风险与非授权支付风险更大，或者容易形成多种风险的叠加效应，因而消费者会慎重选择在线上场景进行刷脸支付。

2.电子支付与传统支付的比较

电子支付就是在网络上的货币支付或资金流动，通过计算机网络系统以电子信息传递形式实现流通与支付。与传统的支付方式相比，电子支付具有以下特征：

（1）电子支付是采用先进的技术通过数字流转来完成信息传输的，其各种支付方式都是采用数字化的方式进行款项支付的；传统的支付方式则是通过现金的流转、票据的转让及银行的汇兑等物理实体的流转来完成款项支付的。

（2）电子支付的工作环境基于一个开放的系统平台（互联网），而传统支付则在较为封闭的系统中运作。

（3）电子支付使用的是先进的通信手段，如 Internet、Extranet，而传统支付使用的是传统的通信媒介。电子支付对软、硬件设施的要求很高，需要联网的终端、相关的软件及其他的一些配套设施，而传统支付没有这么高的要求。

（4）电子支付具有方便、快捷、高效、经济的优势。用户只要拥有一台上网的设备（PC、PAD、智能手机等），便可足不出户，在很短的时间内完成整个支付过程。其支付费用仅相当于传统支付的几十分之一，甚至几百分之一。

1.3.2 电子支付的类型

随着电子商务的发展，特别是网上购物、网上订票、网上缴费的流行，电子支付越来越受到消费者的欢迎。

由中国社会科学院金融研究所支付清算研究中心（国家金融与发展实验室支付清算研究中心）发布的《中国支付清算发展报告（2023）》显示，2022年，银行业金融机构处理电子支付业务2 789.65亿笔，金额3 110.13万亿元，与2021年相比，分别增长1.45%和4.50%，增速有所下降。非银行支付机构发生网络支付业务10 241.81亿笔，金额337.87万亿元，较2021年分别下降0.40%和4.95%。与此同时，业务交易金额变动的季节模式也出现了明显变化。2016—2019年，移动支付业务交易金额都是第一季度较高，第二季度较低，之后的第三、四季度渐次回升。2020年，移动支付业务第一季度的交易金额由于当时疫情冲击而成为全年最低，偏离了上述模式，但到2021年则重新恢复为之前的季节模式。2022年，移动支付业务第四季度的交易金额成为全年最低，再次偏离了上述模式。网上支付交易金额在2015—2019年间也存在类似的季节模式，但2020年之后这一模式则完全消失。2022年，网联清算平台处理业务7 713.49亿笔，金额450.50万亿元，分别占支付系统业务总量的72.77%和4.14%。值得注意的是，2022年，网联清算平台的交易金额较2021年下降2.37%，这也是其创立以来年度交易金额的首次下降。在平均交易规模上，2022年，网联清算平台为584.04元/笔，较2021年的675.87元/笔大幅下降。自2019年开始，网联清算平台业务量有了明显的季节模式，无论是交易笔数还是交易金额，都是第一季度最低，之后各季度逐渐上升；而平均交易规模则是第一季度最高，之后各季度逐渐下降。其中，例外出现在2020年，由于第三、四季度交易金额回升比交易笔数更快，其平均交易规模超过了第二季度。然而，2022年，网联清算平台业务无论是交易金额还是平均交易规模，都偏离了上述的季节模式，不仅第二季度的交易金额显著低于第一季度，而且第四季度的平均交易规模也超过了第二季度和第三季度。

（1）网上支付。网上支付是电子支付的一种形式，是目前我国应用最为广泛的电子支付形式。通过网上支付，消费者足不出户就可以完成资金转移，实现支付。消费者和商家之间可以采用信用卡、电子钱包、电子支票和电子现金等方式进行网上支付。采用网上支付的方式，还可以节省交易的费用。

① 网上银行支付。网上银行（internet bank）又称网络银行、在线银行（online bank），是金融机构利用计算机和互联网技术在互联网上开设的银行，是一种不受时间、空间限制的银行客户服务系统。用户首先向自己所拥有的借记卡、信用卡的发卡银行申请开通网上支付功能；在网上消费时，通过网站提供的接口，将消费金额直接转入商家对应银行的账户；商家确认收款后，将用户购买的商品发送给用户。

② 第三方支付。第三方支付是具备一定实力和信誉保障的独立机构，采用与各大银行签约的方式，提供与银行支付结算系统接口的交易支持平台的网络支付模式。在第三方支付模式中，买方选购商品后，使用第三方平台提供的账户进行货款支付，并由第三方通知卖家货款到账、要求发货；买方收到货物并检验、确认后，就可以通知第三方付款给卖家，此时，第三方再将款项划转至卖家账户（详见第8章"第三方支付"）。

③ 银联电子支付。银联电子支付服务有限公司（简称ChinaPay）是中国银联控股的银行卡专业服务公司，拥有面向全国的统一支付平台，主要从事以互联网等新兴渠道为基础的网上支付、企业B2B账户支付、电话支付、网上跨行转账、网上基金交易、企业公对私资金代付、自助终端支付等银行卡网上支付及增值业务，是中国银联旗下的网络方面军。

（2）移动支付。移动支付是移动运营商和金融机构共同推出的能够实现远程在线支付的移动增值业务。移动支付在狭义上是指使用手机作为支付终端，而在广义上是指交易双方为了某种货物或者服务，以移动终端设备为载体，通过移动通信网络实现的商业交易。移动支付所使用的移动终端可以是手机、平板电脑、PDA（personal digital assistant，掌上电脑）、移动 PC（personal computer，个人电脑）等，其支付手段包括手机短信、互动式语音应答（基于手机的无线语音增值业务的统称）、二维码、无线应用协议（wireless application protocol，WAP）等。

具体来说，移动支付就是将移动网络与金融系统结合起来，将移动通信网络作为实现移动支付的工具和载体，为客户提供商品交易、缴费、银行账号管理等金融服务。它利用手机等作为支付载体，移动支付系统为每个手机客户建立一个与手机号码绑定的支付账户，客户通过手机即可进行现金的划转和支付。

在移动支付产业中，其整个系统是由消费者、商业机构、支付平台运营商、银行、移动运营商等多个环节组成的。移动支付的主要原理是在移动运营支撑平台上构建一个移动数据增值业务，将移动客户的手机号码作为关联支付账户，使移动客户可以通过手机进行身份确认和交易活动。目前，移动支付主要有移动运营商手机支付、银联手机支付、商业银行手机支付、移动 POS 支付等类型。

在移动支付的春风下，各大机构纷纷开始自己的移动支付之旅。从各大银行、中国银联到支付宝、微信，再到京东、百度等，各家机构纷纷推出了自己的移动支付产品，原先简洁的商户收银台被一个又一个的二维码所占据。然而，问题也随之出现：在众多的二维码面前，消费者不知道该扫哪一个，有些商户收银员也不知道哪个平台收到了钱，晚上结账时，不是这里少一笔，就是那里多一笔，不胜其烦。支付方式过多，成为大量商户和消费者的痛点。这让人不禁想起，早在 20 世纪 90 年代，由于收单银行众多，商户的收银台上被密密麻麻的 POS 机堆满，一柜多机问题一时间成为令商户最头疼的难题，直到中国银联的出现，实现了联网通用，才终于结束了商户一柜多机的时代。在这样的大背景下，为了解决商户收银台贴满二维码、消费者不知道该扫哪一个的痛点，一个在美国被称为集成支付的模式被引入我国，它就是我们现在所说的聚合支付。①

"聚合支付"来源于央行文件的官方描述，即"收单机构运用安全、有效的技术手段，集成银行卡支付和基于近场通信、远程通信、图像识别等技术的互联网、移动支付方式，对采用不同交互方式、具有不同支付功能或者对应不同支付服务品牌的多个支付渠道统一实施系统对接和技术整合，并为特约商户提供一点式接入和一站式资金结算、对账服务"。简而言之，聚合支付就是支付通道的整合。具体而言，聚合支付主要通过两种业务模式对支付通道进行整合：一是平台租用模式，这种模式也被称为软件即服务模式，其特点就是由专门的厂商搭建一个平台，通过为商户提供支付软件实现对多种支付方式的聚合，而聚合支付厂商根据 API（数据接口）调用量来向商户收取费用。二是流量分成模式，这种模式也被称为支付代理商模式，其特点是聚合支付通过为支付机构提供支付统一接口，为商户提供支付平台系统，根据商户交易的流水进行支付手续费分成，但是其与资金流环节无关。根据聚合支付提供解决方案和

---

① 江瀚. 聚合支付 未来支付的前哨站 [J]. 金融博览（财富），2017（8）：65-67.

应用场景的不同，其提供服务的类型可分为四种：垂直行业的"支付+行业"解决方案；线下二维码台卡收款服务；智能POS服务；聚合SDK（软件开发工具包）服务。[①]

（3）固定电话支付。各大商业银行很早以前就推出了自己的电话银行，如中国工商银行95588、中国民生银行95568、招商银行95555等。相较于互联网交互性强、具有发散性的特点，电话支付是独立、封闭的语音系统，同时，电话是专线系统，是点对点的数据传输，其安全性更有保证。消费者通过商家网站（在线下单）或打电话（商家帮助用户下单）订购商品和服务，然后通过银行的电话银行系统，按照自动语音提示完成支付；待商家确认收款（实时到款通知）后，给用户配送商品或提供服务。

（4）有线电视网络支付[②]。有线电视网络支付主要指用户在机顶盒终端实现相关业务的在线缴费。其特点是采用端到端的加密方式和终端（机顶盒）实名控制，交易方式最为安全。目前在机顶盒上尚未实现类似互联网的网上银行支付形式，其中有技术、效益等方面的原因，国内还没有具体的实施案例。

（5）金融专网支付。金融专网支付是通过金融专网实现的支付活动的总称，主要包括以下几种类型：

① ATM支付。ATM是由计算机控制的持卡人自我服务型的金融专用设备。ATM可以向持卡人提供取款、存款、查询余额、更改密码等功能。ATM不仅能够接受本行本地卡，还可以通过网络功能接受异地卡、他行卡，同时为持卡人提供每天24小时服务。ATM还具有维护、测试、事件报告、监控和管理等多种功能。中国银联于2015年6月8日宣布，ATM跨行转账业务已在全国所有银行开通，持卡人可在任意银行ATM上，用任何一张银联卡向其他银联卡跨行转账，限额是每天5万元。目前大部分银行的ATM跨行转账收费标准比柜台转账略低，但比网银、手机银行转账收费要高。

作为一种向顾客自动提供服务的终端设备，ATM通常有三种安装方式：第一种方式是安装在银行、商店、宾馆等营业场所内，被称为大堂式。第二种方式是安装在银行营业厅外，诸如银行门外以及商店、车站、医院等场所的临街墙面上，被称为穿墙式。由于安装地点不同，穿墙式比大堂式采取了更为严密的安全防范措施，如加装防尘、防爆装置等。第三种方式是安装于室外，例如，便于车辆驾驶员不下车就可以进行操作的驾驶员式ATM。由于ATM既可以安装于银行内，也可以安装于远离银行的购物中心、机场、工厂和其他公共场所，因此，ATM系统是银行柜台存取款系统的延伸。

② POS支付。POS是一种多功能终端，将其安装在信用卡的特约商户和受理网点中并与计算机联成网络，就能实现电子资金自动转账。它具有支持消费、预授权、余额查询和转账等功能，使用起来安全、快捷、可靠。POS系统使银行、商场、客户三方的交易都能在较短时间内迅速完成，给三方带来了较大的经济效

---

① 李涛. 聚合支付发展的风险及监管对策研究［J］. 金融科技时代，2017（12）：67-70.
② 张乃光，姚颖颖，张思维，等. 有线电视boss系统两种支付方式的实现［J］. 广播电视信息，2009（5）：54-57.

益和社会效益。

③电子汇兑。电子汇兑是银行受理汇款人委托，通过电子汇兑系统将其款项汇给异地收款人的一种电子化资金汇划结算方式。它能够满足客户异地结算款项的需要，既可以办理转账汇款，也可以办理现金汇款，快捷、方便，24 小时内即可到账。使用电子汇兑方式，汇款人需要购买电汇凭证并详细填写凭证内容；银行审核凭证无误并收妥客户资金后，进行相应的账务处理。

1.3.3 电子支付系统

1.电子支付系统概述

电子支付系统是指利用计算机技术进行交割、转账、记账等一系列的金融服务活动的系统。它由支付服务系统、支付清算系统和支付信息管理系统三个层次构成。支付服务系统主要指银行与客户之间的电子自助服务系统，其典型代表有 ATM/POS 系统、企业银行系统、家庭银行系统以及网上银行系统；支付清算系统主要完成金融机构之间的支付与清算活动，主要指电子汇兑等大额支付系统。

美国早在 1918 年就建立了专用的资金传送网，后经多次改进，于 20 世纪 60 年代组建了电子资金转账系统（EFT）。随后，英国和德国也相继研制了自己的电子资金传输系统。到 1985 年，电子数据交换（electronic data interchange，EDI）技术出现并在电子支付中得到广泛应用，而且在国际金融活动中有着重要地位。随着各种 EFT 的广泛应用，产生了各种各样的电子支付系统：在零售服务方面，如银行卡授权支付体系和自动清算所以及后来发展起来的网上支付体系等小额支付系统；在批发业务方面，企业银行系统与金融机构之间的电子汇兑系统等大额支付系统也迅速发展。

电子支付系统的发展是与电子银行业务（electronic banking）的发展密切相关的。从历史的角度来看，电子支付系统经历了以下五个发展阶段：

第一阶段，银行内部电子管理系统与其他金融机构的电子系统连接起来，如利用计算机处理银行之间的货币汇划、结算等业务。

第二阶段，银行计算机与其他机构的计算机之间汇划资金，如代发工资等。

第三阶段，通过网络终端向客户提供各项自助银行服务，如 ATM 系统。

第四阶段，利用网络技术为普通大众在商户消费时提供自动扣款服务，如 POS 系统。

第五阶段，网上支付方式发展，电子货币可以随时随地通过 Internet 直接转账、结算，形成电子商务环境。

目前，EFT 是银行同其客户进行数据通信的一种有力工具，通过 EFT，银行可以将支付系统延伸到社会的各个角落，如零售商店、超级市场、企事业单位以及家庭，从而为客户进行支付账单、申请信贷、转账、咨询、缴纳税金、房地产经营等金融活动提供方便、快捷的服务。

在网络时代，EFT 的应用已经发展成为一个集 Intranet、Extranet 和 Internet 于一体的广泛的电子支付网络系统（如图 1-6 所示）。

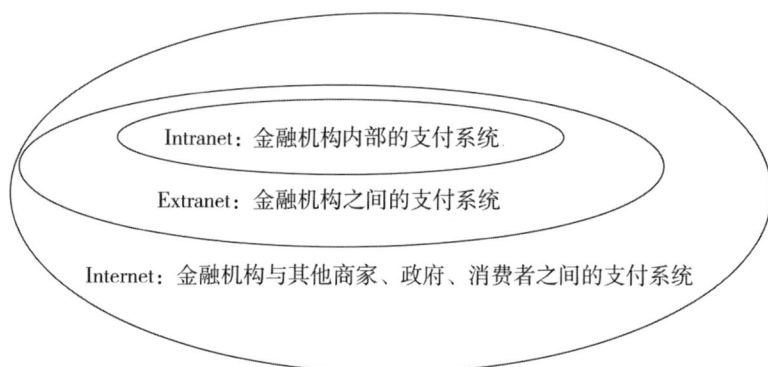

图1-6　EFT系统的构成

2.电子支付系统构成

（1）电子支付系统的层次。一个国家的电子支付系统一般由支付服务系统、支付清算系统和支付信息管理系统三个层次组成。

① 支付服务系统。支付服务系统主要指完成银行与客户之间的支付与结算的系统，也就是联机采用分布式数据库的综合业务处理系统。该系统一般在银行的柜台上完成，是银行为客户提供金融服务的窗口，其特点是账户多、业务量大，涉及客户与银行双方的权益，是支付系统的基础，也是金融信息系统的数据源点。依据我国金融电子化40多年的实践，支付服务系统在我国具体包括公司业务系统、储蓄业务系统和新型电子化服务系统三类。

② 支付清算系统。支付清算系统是一种跨行业务与资金清算系统，是国民经济资金运动的大动脉，社会经济活动大多需要通过清算系统才能最终完成。该系统一般由政府授权的中央银行组织建设、运营和管理，各家商业银行和其他金融机构共同参与。这类系统几乎涉及一个国家或地区的所有金融机构，庞大而复杂。

③ 支付信息管理系统。支付信息管理系统也就是通常所说的广义的金融管理信息系统，是连接金融综合业务的处理系统，对各子系统所产生的基础数据进行收集、加工、分析和处理，为管理者提供及时、准确、全面的信息及信息分析工具的核心系统。这类系统的建设和完善对提高金融业的经营管理水平具有重要作用，是防范和化解金融风险的必由之路，也是金融现代化的重要标志。

通过上述三种支付系统，可以完成金融支付体系的所有支付活动。在金融实际业务中，支付服务系统主要完成客户与商业银行之间的资金支付与结算活动；支付清算系统主要完成中央银行与商业银行之间的资金支付与清算活动；支付信息管理系统体现的是金融系统的增值服务与监管方面的内容，其建立在支付服务系统与支付清算系统的基础之上。下面主要讲述前两个层次的支付系统的具体应用。

（2）客户和银行之间的电子支付服务系统。在这一层次，银行要完成支付与结算活动，必须以客户为中心，提供完善的电子自助服务，其通常包括ATM、家庭银行（home banking，HB）等银行卡授权支付系统，自动清算所（ACH）等支票支付结算系统，POS等商业支付系统，企业银行（CB）系统以及近些年发展起来的网上支付系统等。

① ATM系统。ATM系统是持卡人利用银行卡在自动柜员机上执行存取款和转账等金融交易的自助银行系统。

② 家庭银行系统。家庭银行系统是消费者在家中通过电话、计算机、电视屏幕等设施和相应的软件进行现金管理、资金划拨以及支付账单等操作的系统。通常，其使用银行卡账户进行支付。

③ POS系统。POS系统是持卡人在银行签约商户消费后，通过位于商业网点的POS机和专用网或公共数据通信网，与银行主机相连完成电子转账工作的系统。其整个过程包含商品交易、资金支付、转账和清算等内容。

④ 自动清算所。自动清算所是适用于金融机构的支付处理系统，一般用于周期性的小额支付，如工资、抵押贷款、汽车贷款、社会保险等的支付，主要有信用交易和借贷交易两种形式。

⑤ 企业银行系统。企业银行系统的服务对象是包括大中型企业和政府机构在内的具有法人身份的组织，其与电子汇兑系统相结合，为企业提供诸如资金管理、财务管理、商务管理等金融交易和信息增值服务。

⑥ 网上支付系统。网上支付系统是由互联网与电子银行专用网等构成的开放式支付系统。网上支付是电子商务发展的核心，其根据不同的网络货币产生了三种支付系统，即网上支票支付系统、网上信用卡支付系统以及网上现金支付系统。

（3）金融机构之间的电子支付清算系统。这是电子支付体系的高层，也是银行完成客户服务活动的基础。其用于完成往来银行与其他金融机构之间、中央银行与商业银行之间的支付与结算活动。该层支付体系主要由自动清算所、电子汇兑系统以及外汇交易结算系统等构成。下面介绍几种主要的电子支付系统。

① 环球同业银行金融电信协会（SWIFT）。环球同业银行金融电信协会是一种电子汇兑系统，是一个全球金融机构之间交换支付及其他财务信息的网络，也是银行之间的国际结算系统。它在全球范围内将金融机构成员串联起来，传送与汇兑相关的各种金融信息，并支持各类金融活动的各种需要：成员机构收到信息后，将信号传送到相关的资金调拨或清算系统内，最终完成各种资金的转账处理。

② 纽约清算所银行同业支付系统（CHIPS）。纽约清算所银行同业支付系统是世界性的资金调拨系统，完成全世界90%的外汇交易，主要用于与外汇交易有关的美元、欧元的支付，是国际贸易资金清算的桥梁。

③ 美国联邦电子资金转账系统（FEDWIRE）。美国联邦电子资金转账系统是美国第一个支付网络，隶属于美国联邦储备系统（简称美联储），是美国国家级的支付系统，其实时处理大额资金的划拨业务，并逐笔清算资金。

④ 证券清算与结算支付系统。证券清算与结算支付系统用于完成证券经营机构、银行与交易所等之间的清算和结算工作。例如，美国国家证券清算公司（NSCC）是为美国各大证券交易所服务的清算系统，负责美国98%的债券与股票的清算和结算工作，其中，FEDWIRE负责其债券交易活动。

⑤ 期货清算与结算支付系统。期货清算与结算支付系统的参与者包括交易所、清算组织、清算成员和结算银行，如美国芝加哥商品交易所（CME）和芝加哥期货交

易所结算公司（BOTCC）。

⑥ 外汇交易结算系统。一般而言，大型金融机构可以为进行国际贸易的客户提供外汇交易服务。常用的双边清算系统有SWIFT提供的ACCORD服务系统，由英国12家银行建设的自动支付清算系统（CHAPS）等。

我国的电子支付系统主要包括同城清算所、全国电子联行系统、电子资金汇兑系统、银行卡支付系统、网上支付系统、邮政储蓄汇兑系统、国家支付系统，以及由上海银行牵头组建的城市商业银行资金清算中心。

@ 本章小结

支付就是社会经济活动引起的债权债务清偿及货币转移行为，包括交易、清算和结算三个过程。支付活动有四个构成要件：参与主体、市场行为方式、债权债务关系和支付环境。前三个要件决定了支付活动所表现出来的各种特点。根据支付是否具有交易、清算、结算等环节，可以将支付活动分为三类：单一债权债务关系的支付活动、有债权债务关系但不清算的支付活动、有债权债务关系且需清算的支付活动。

支付体系作为国家重要的金融基础设施和金融体系的重要组成部分，主要由支付服务组织、支付工具、支付系统、支付体系监督管理等部分组成，各个组成部分之间相辅相成，发挥着各自的作用。

电子支付即在网络上的货币支付或资金流动，通过计算机网络系统以电子信息传递形式实现流通与支付。电子支付形式主要包括网上支付、移动支付、固定电话支付、有线电视网络支付和金融专网支付。

电子支付系统是利用计算机技术进行交割、转账、记账等一系列的金融服务活动的系统。它由支付服务系统、支付清算系统和支付信息管理系统三个层次构成。

@ 关键术语

支付；支付体系；电子支付；电子支付系统

@ 习题

一、选择题

1.下列不属于支付活动组成要素的是（　　）。

A.参与主体　　　　　　　　　　B.市场行为方式

C.债权债务关系　　　　　　　　D.金融机构

2.下列不属于支付服务组织的是（　　）。

A.中央银行　　　　　　　　　　B.商业银行

C.支付清算组织　　　　　　　　D.国家金融监督管理总局

3.下列不属于电子支付系统组成要素的是（　　）。

A.支付服务系统　　　　　　　　B.支付清算系统

C.网上支付系统　　　　　　　　D.支付信息管理系统

4.通过拨打中国工商银行95588电话进行的支付，属于（　　）方式。

A.电话银行支付 　　　　　　　　B.移动支付

C.第三方支付 　　　　　　　　　D.网上银行支付

5.下列不属于客户与银行之间的支付系统的是（　　　）。

A.POS系统 　　　　　　　　　　B.ATM系统

C.家庭银行（HB）系统 　　　　　D.FEDWIRE系统

二、简答题

1.什么是支付？支付的过程是什么？

2.阐述支付体系的构成以及各构成部分之间的关系。

3.通过现实中的实例来说明各种电子支付方式的应用。

4.简述电子支付与传统支付的不同。

三、讨论题

登录淘宝网（http：//www.taobao.com）、当当网（http：//www.dangdang.com）、京东商城（https：//www.jd.com），通过各网站提供的帮助中心了解各网站支持的支付方式，特别是网上支付方式，思考网上支付的发展趋势。

@ 案例分析

"效率"和"可信"　才是数字人民币真正的撒手锏

自数字人民币试点以来，试点范围和应用场景都在不断扩大发展，普通消费者也开始对其有了一定的认识。数字人民币是中国人民银行发行的数字形式的法定货币。除了数字形式之外，数字人民币和纸币、硬币等实物人民币一样，具有同等的价值和功能，而微信、支付宝等第三方支付软件相当于"钱包"。数字人民币具有七个特性，包括兼具账户和价值特征、不计付利息、低成本、支付即结算、可控匿名、安全性、可编程性等。这些特点的设计能够使数字人民币兼顾实物人民币和电子支付工具的优势，既具有实物人民币的支付即结算、匿名性等特点，又具有电子支付工具的成本低、便携性强、效率高、不易伪造等特点。

为什么要推行数字人民币？中国人民银行在《中国数字人民币的研发进展白皮书》（以下简称《白皮书》）中介绍了数字人民币的研发背景，主要说明了四点内容：一是数字经济发展需要建设适应时代要求、安全普惠的新型零售支付基础设施；二是现金的功能和使用环境正在发生深刻变化；三是加密货币特别是全球性稳定币发展迅速；四是国际社会高度关注并开展央行数字货币研发。这四点内容可以说非常明晰地概括了我国研发数字人民币的必要性，即"内忧外患"的局势，一方面电子支付虽然足够发达，但无法替代法定货币的部分功能，数字经济的发展需要数字法币；另一方面加密货币等数字资产试图发挥货币职能，开始威胁金融安全和社会稳定，同时，全球对于央行数字货币的研究步伐逐渐加快。

数字人民币相对于传统电子支付的优势在哪里？虽然在零售支付场景下，普通消费者在电子支付体验下能够享受到"实时"的支付和结算，但是，对商户和企业而言，"支付即结算"的改变将会是巨大的。这意味着，数字人民币完全不同于银行货币，它是24小时运行的，没有隔夜问题，实时记录入账，实时结算，基于此未来的财务活动或也将数字化。

《白皮书》中提到，随着数字技术及电子支付的发展，现金在零售支付领域的使用日益减少，但央行作为公共部门有义务维持公众直接获取法定货币的渠道，并通过现金的数字化来保障数字经济条件下记账单位的统一性。数字人民币支付完成后实时到账，商户和企业无须等待账期即可收款，提高资金周转效率，其带来的是实实在在的支付和结算"效率"的提升。可以说，"支付即结算"是数字人民币有别于传统支付体系的关键，也是提升企业数字化能力的关键。

尽管目前数字人民币是一种零售型央行数字货币，主要用于满足国内零售支付需求，但是，随着央行数字货币研究和应用的发展，未来延伸至大额的批发支付领域并不是完全不可能的事情，数字人民币带来的"效率"提升并不仅限于零售领域。

数字人民币通过加载不影响货币功能的智能合约实现可编程性，使数字人民币在确保安全与合规的前提下，可以根据交易双方商定的条件、规则进行自动支付交易，促进业务模式创新。如果说"支付即结算"带来的是整个支付系统"效率"的提升，那么，"智能合约"便是数字人民币技术创新上的着力点，带来的则是在多角色、多场景、多时效等不同环境和关系下，交易如何实时有效、安全可信地完成。

在双层运营架构下，中国人民银行负责搭建数字人民币智能合约生态服务平台，并制定下发配套的业务规范、技术标准；各运营机构搭建合约运行环境，通过与中国人民银行对接，为生态各方提供参与者准入、合约产品部署、合约模板等智能合约基础服务能力；智能合约商业服务平台通过与运营机构、银行对接，为企业和消费者提供智能合约商业服务，共建智能合约生态。

资料来源　佘云峰."效率"和"可信"　才是数字人民币真正的撒手锏［EB/OL］.［2024-04-02］. https://www.mpaypass.com.cn/news/202404/02100344.html.

问题：

根据案例，谈一谈电子支付与传统转账交易的区别。目前，我们使用电子支付手段可以完成哪些交易？电子支付给我们的生活带来了哪些便利？

第2章

支付工具与支付方式

@ 教学目标与要求

1.掌握支付工具的概念和分类；

2.了解三种票据的使用范围和支付过程；

3.掌握常用卡基支付工具的特点，了解电子支付工具的使用现状；

4.了解传统支付结算方式的特点、应用现状与未来发展趋势；

5.掌握电子支付结算方式的类型，了解其应用现状与未来发展趋势；

6.掌握电子货币和电子钱包的基本情况。

@ 知识架构

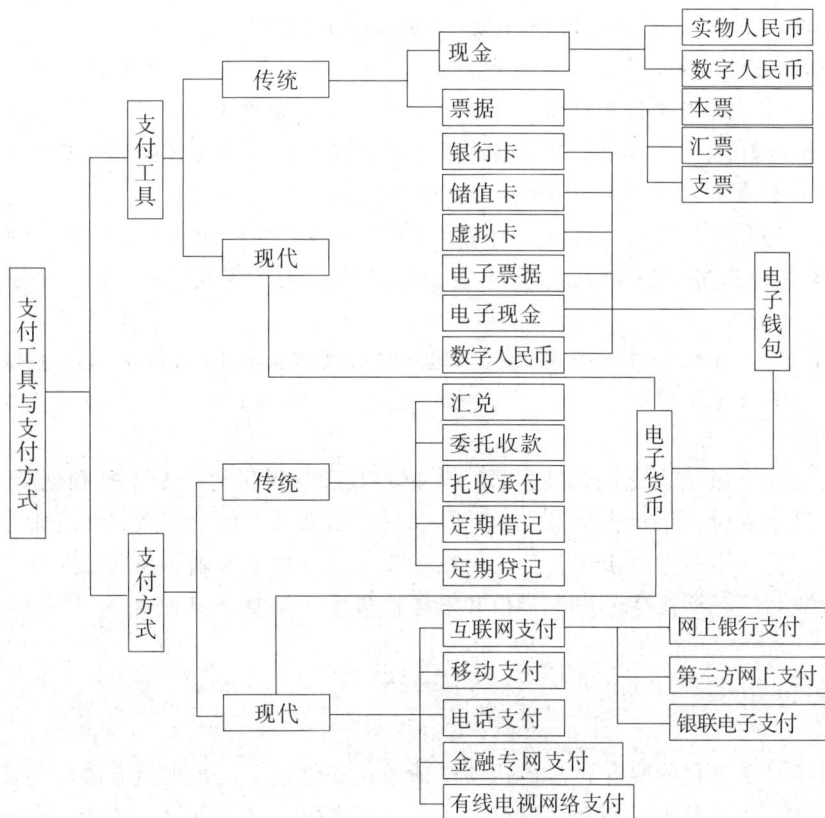

@ **导入案例**   2023年全国支付体系运行平稳 非现金支付业务量等总体保持增长

2024年3月28日，中国人民银行公布的《2023年支付体系运行总体情况》显示，全国支付体系运行平稳，银行账户数量、非现金支付业务量、支付系统业务量等总体保持增长。

银行账户方面，整体数量小幅增长。截至2023年末，全国共开立银行账户144.65亿户，同比增长2.11%。其中，单位银行账户数量增长较快，截至2023年末，全国共开立单位银行账户1.02亿户，同比增长10.68%。个人银行账户数量小幅增长，截至2023年末，全国共开立个人银行账户143.63亿户，同比增长2.05%。

非现金支付业务方面，2023年，全国银行共办理非现金支付业务5 425.89亿笔，金额5 251.30万亿元，同比分别增长17.28%和9.27%。

具体来看，银行卡总量小幅增长，截至2023年末，全国共开立银行卡97.87亿张，同比增长3.26%。银行卡交易业务量也有所增长，2023年，全国共发生银行卡交易5 310.87亿笔，金额1 085.07万亿元，同比分别增长17.51%和7.23%。银行卡授信规模数据显示，截至2023年末，银行卡授信总额22.66万亿元，同比增长2.35%。

票据业务量总体下降，商业汇票业务量有所增长。2023年，全国共发生票据业务9 354.44万笔，金额97.27万亿元，同比分别下降7.15%和0.89%。同时，电子商业汇票系统业务量有所增长。2023年，上海票据交易所电子商业汇票系统承兑2 809.21万笔，金额31.27万亿元，同比分别增长2.97%和14.59%。

贷记转账等其他结算业务量有所增长。2023年，全国共发生贷记转账、直接借记、托收承付以及国内信用证结算业务114.08亿笔，金额4 068.97万亿元，同比分别增长7.59%和10.10%。其中，贷记转账业务110.25亿笔，金额3 948.89万亿元。

电子支付业务量总体小幅增长。2023年，银行共处理电子支付业务2 961.63亿笔，金额3 395.27万亿元，同比分别增长6.17%和9.17%。2023年，非银行支付机构处理网络支付业务1.23万亿笔，金额340.25万亿元，按可比口径同比分别增长17.02%和11.46%。

资料来源 马梅若. 2023年全国支付体系运行平稳 非现金支付业务量等总体保持增长 ［N］. 金融时报，2024-03-29（1）.

随着我国金融信息化的快速发展，支付工具和支付渠道不断丰富和创新，票据、银行卡、网上支付、手机支付等支付工具和渠道越来越方便、高效，在日常生活中的应用日益广泛。本章主要讲述各种支付工具和支付方式的基础知识，并对基于电子支付方式和支付工具而产生的电子货币和电子钱包进行简要介绍。

2.1 支付工具

支付工具是支付的媒介，是传达债权债务人支付指令、实现债务清偿和货币资金转移的载体，我们熟悉的现金、银行卡等都属于支付工具。方便、快捷、安全的支付工具是加快资金周转、提高资金使用效率的保障。按照发展过程，支付工具可以分为传统支付工具和现代支付工具（电子支付工具）。

2.1.1 传统支付工具

传统支付工具主要包括现金和票据，票据又包括支票、汇票和本票三类，见表2-1。在实践中，伴随移动支付的快速发展，现金作为支付工具逐渐被非现金支付工具代替，但现金和非现金支付的有机共存可以使社会总交易费用更低，两者之间虽然存在竞争关系，但本质上是互补关系，而非替代关系。

表 2-1　　　　　　　　　　　　　　传统支付工具说明

支付工具	一般分类	使用范围	结算系统	当事人
现金	实物人民币 数字人民币	相关法规规定的使用范围	—	付款人和收款人
银行汇票	—	单位或个人进行异地结算	各商业银行行内汇兑系统	出票人和收款人
商业汇票	商业承兑汇票 银行承兑汇票	单位进行同城或异地结算	电子商业汇票系统	出票人、付款人和收款人
银行本票	不定额本票 定额本票	单位和个人进行同城或异地结算	小额支付系统	出票人和收款人
支票	现金支票 转账支票 普通支票 划线支票	单位或个人进行同城或异地结算	全国支票影像交换系统	出票人、付款人和收款人

1.现金

在我国，现金是由中国人民银行依法发行流通的人民币，是我国的法定货币，包含实物人民币与数字人民币两部分。实物人民币主要指流通中的现钞，截至目前，我国已经发行五套人民币，形成纸币与金属币、普通纪念币与贵金属纪念币等多品种、多系列的货币体系。数字人民币是由中国人民银行发行的数字形式的法定货币，与纸钞和硬币等价，其利用了区块链技术的特性确保交易的快捷性、安全性和可追溯性。从2022年12月起，中国人民银行对数字人民币和实物人民币一并统计，即"流通中货币（M0）"含流通中数字人民币，即数字人民币是现金的一种，但数字人民币是一种现代支付工具。

目前，社会信用流通中的实物人民币主要是第五套人民币，共8种面额：100元、50元、20元、10元、5元、1元、5角、1角。现金基本上分布在城乡居民个人和企事业单位中，只有极少部分现金流通到国外。

数字人民币采用双层运营体系，中央银行不直接对公众发行或者兑换央行数字货币，而是先将数字人民币兑换给指定的运营机构，再由机构将其兑换给公众，运营机构需要缴纳100%的准备金，这种发行模式与纸钞发行类似，不会出现货币增发带来的通货膨胀。

从总体来说，现金支付具有支付简捷、容易实施的优点，不存在付款人的流动性风险和信用风险，有利于促进商品交易的完成和商品交换的发展，特别是零售商品经济的发展。

中央银行发行货币进入流通领域形成现金流通，或者现金退出社会流通，都经过了两次发行或回笼，首先是中央银行向银行机构发行，其次是银行机构向社会公众发行；现金回笼则反之。为此，银行机构承担了现金二次发行和现金首次回笼的巨大成本。

现金支付也存在一定的劣势：①现金需要保管、携带、运送、验点等，可能存在假币、失窃、损毁、传播病菌等问题；②不能保留资金流通的来龙去脉，经济活动的交易透明度不高，不便于审计跟踪；③加大了银行机构的营运成本。

当前，随着移动支付与第三方支付的蓬勃发展，现金支付比例已经大幅降低。但由于"数字鸿沟"的存在，过度"去现金化"会引发新的金融排斥，偏离普惠金融的初衷。现金支付对于实现金融普惠和保护金融消费者权益具有重要意义，可以保障消费者的自主选择权、公平交易权、信息安全权和财产安全权等基本权利。我国的老年人、农民、低收入人群以及境外游客、未成年人、视障人士、批发零售等行业的小微商户、进城务工人员等群体较为依赖现金，消费者在一些场合使用现金有助于保护个人信息和财产安全，保留现金使用符合人民群众的切身利益。①

2.支票

《中华人民共和国票据法》（以下简称《票据法》）第八十一条规定："支票是出票人签发的，委托办理支票存款业务的银行或者其他金融机构在见票时无条件支付确定的金额给收款人或者持票人的票据。"也就是说，支票是由出票人签发给收款人，并且委托办理支票存款业务的银行（或者经过主管部门批准开办这种业务的其他金融机构，如信用社等）在收到持票人送来的支票提示付款时，无条件立即按支票上记载的数额付款的一种票据。出票人签发支票，必须在办理支票存款业务的金融机构开立支票存款账户，具有可靠的资信，并存入一定的资金。支票是一种成本低廉、使用便捷、流通性强的信用支付工具，为我国各企事业单位所广泛使用，个人支票的使用也逐渐增多。

（1）支票的类型。我国的支票分为普通支票、现金支票和转账支票三种。支票上印有"现金"字样的为现金支票，现金支票只能用于支取现金。支票上印有"转账"字样的为转账支票，转账支票只能用于转账。支票上未印有"现金"或"转账"字样的为普通支票，普通支票可以用于支取现金，也可以用于转账。在普通支票左上角划两条平行线的，为划线支票，划线支票只能用于转账，不得支取现金。

（2）支票的常用票据行为。一切以使票据关系发生、变更或消灭为目的而实施的

① 中国人民银行金融消费权益保护局课题组. 现阶段保留现金使用的必要性研究——基于普惠金融和消费者保护视角 [EB/OL]. [2024-07-19]. http://www.pbc.gov.cn/redianzhuanti/118742/4122386/4122510/4145170/2020121616331544682.pdf.

法律行为都可以称作票据行为。支票的常用票据行为包括：出票、背书、付款。

支票的出票是指出票人填制支票并将其交付给他人的票据行为。出票人签发支票时，需要在空白支票票面的指定位置填写收款人名称、确定的金额、出票日期，并且签章。收受支票的人，一般是支票上记载的"收款人"，但出票人在填写支票时，也可以不填写收款人的名称，而是授权收受支票的人填写，这时，收受支票的人可以称为"持票人"。出票人签发现金支票或用于支取现金的普通支票，必须符合国家关于现金管理的规定。

支票的背书是指以转让支票权利为目的，或者以将支票权利授予他人行使为目的，在支票背面或者粘单上记载有关事项并签章的票据行为。背书主要有两类：以转让票据权利为目的的"转让背书"和不以转让票据权利为目的而只是将部分票据权利授予他人行使的"非转让背书"。"转让背书"可以采用记名或不记名的方式进行（此处的记名是指记录被背书人的名称）。"非转让背书"根据背书目的又可以分为"质押背书"和"委托收款背书"两种。在实践中，很多支票持票人通过"委托收款背书"委托自己的开户银行向出票人的开户银行收款。

支票的背书应当注意以下事项：

① 背书日期没有记载的，视为在支票到期日前背书。

② 支票转让中，转让支票的背书人与受让支票的被背书人在支票上的签章应该依次前后衔接（背书连续），如果背书不连续，支票付款人可以拒绝付款。

③ 支票背书转让后，背书人应当承担保证支票得到付款的责任，背书人在支票得不到付款时，应当向支票的持票人清偿支票金额以及相关费用。

④ 支票的背书人可以在支票上记载"不得转让""委托收款""质押"字样限制支票的使用。

⑤ 支票的背书不得附有条件，背书时附有条件的，所附条件不具有效力。

⑥ 不得将支票金额部分转让或将支票转让给二人以上。

⑦ 支票到期请求付款被拒绝或者持票人超过提示付款期限时，不得再背书转让支票。

⑧ 用于支取现金的支票不得背书转让，支票限于在其票据交换区域内背书转让。关于支票的交换区域范围，可以向开户银行咨询。

支票的付款有狭义和广义之分。狭义的付款是指支票的付款人（出票人的开户银行或其他金融机构）支付支票金额并收回票据的行为。广义的付款是指一切支票债务人（包括出票人、经过背书转让的支票的持票人的全部前手，但不包括支票上记载的付款人）依照支票文义支付支票金额的法律行为。付款人付款时，应当审查支票形式上的合法性，并审查提示付款人的合法身份证明或者有效证件。

支票的付款应当注意以下事项：

① 支票的持票人应当自出票日起10日内提示付款，超过提示付款期限的，付款人可以不予付款。

② 支票限于"见票即付"，不得另行记载付款日期。

③ 支票收款人（持票人）委托开户银行通过票据交换系统向付款人提示付款的，

视同持票人提示付款。用于支取现金的支票，仅限于收款人向付款人提示付款。

④ 付款人恶意付款或者有重大过失付款的，应当自行承担责任。

⑤ 支票金额为外币的，按照提示付款日的市场汇价，以人民币支付，支票当事人对支票支付的货币种类另有约定的，从其约定。

（3）支票的基本支付流程。支票的基本当事人有三个：出票人、付款人和收款人。支票的基本支付流程，如图2-1所示。

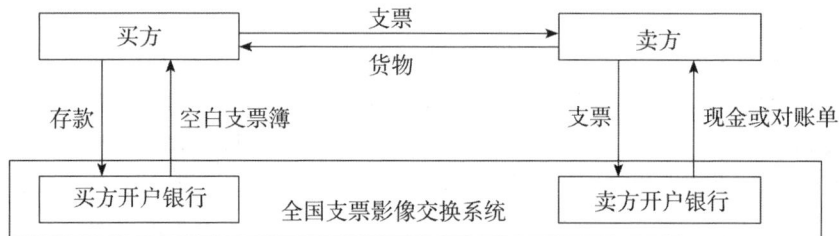

图2-1　支票的基本支付流程

支票的基本支付流程如下：

① 买方将一定数额的存款存放在开户银行，获取空白支票簿，并预留印鉴。

② 在进行支付时，买方作为出票人出票给卖方，卖方发送货物给买方。

③ 卖方持支票到买方开户银行取现或转账，或者以"委托收款背书"方式委托自己的开户银行向出票人的开户银行收款。对于后者，持票人委托开户银行收款时，开户银行将所有委托收款的支票通过全国支票影像交换系统提交给出票人开户银行；出票人开户银行审核无误后付款；收款人开户银行将款项转入收款人账户内。

（4）支票结算系统。2007年7月以前，由于受到业务和技术条件的制约，我国支票基本上只在同一城市范围内使用，不能适应区域经济发展和人们日益增长的多样化支付的需要。中国人民银行根据我国支票使用现状及发展趋势，借鉴国际支票截留的先进经验，于2007年6月25日建成全国支票影像交换系统，实现了支票在全国范围内的互通使用，企事业单位和个人持任何一家银行的支票均可在我国境内所有地区办理支付。2009年，中国人民银行出台了《全国支票影像交换系统运行管理办法（试行）》《全国支票影像交换系统业务处理办法（试行）》《全国支票影像交换系统业务处理手续（试行）》等文件，对全国支票影像交换系统的运行进行规范与指导。

小知识　全国支票影像交换系统

通过全国支票影像交换系统，支票成为新的异地结算工具，异地使用支票款项最快可在2～3小时内到账，一般在银行受理支票之日起3个工作日内均可到账。为防范支付风险，异地使用支票的单笔金额上限为50万元。对于超过规定限额的支付，收、付款人可以约定采用其他支付方式。银行之间的支票资金清算由原来的通过同城票据交换系统完成转为通过小额支付系统完成，这样有效控制了流动性风险和信用风险，极大地提高了支票清算的安全性和效率。

（5）支票的风险管理。为加强支票的风险管理，中国人民银行规定在下列情形下银行将对支票进行退票，甚至对出票人进行相应的处罚：

• 空头支票。

• 出票人签章与预留印鉴不符的支票。

• 欠缺法定必要记载事项或者不符合法定格式的支票。

• 超过票据权利时效的支票，主要表现为超过提示付款期限的支票。

• 远期支票。

• 人民法院作出的除权判决已经发生法律效力的支票。

• 以背书方式取得的但背书不连续的支票。

• 票据权利人已经挂失止付的支票。

• 出票人账户被冻结、出票人支票存款账户已销户的支票。

• 大小写金额不符、交换票据未盖交换章，其上字迹、签章模糊不清的支票。

小知识　空头支票

• 金额超出规定上限的支票。

（6）支票的使用现状和未来。中国人民银行发布的支付业务统计数据显示，2023年，全国共发生票据业务9 354.44万笔，金额97.27万亿元，同比分别下降7.15%和0.89%。其中，支票业务6 402.57万笔，金额66.32万亿元，同比分别下降11.48%和9.83%。总体来看，支票业务量和金额虽然有所下降，但在票据业务中占据绝对主导地位，或者说，支票是使用最广泛的票据种类。但是，受个人使用现金的偏好、社会信用环境和宣传推广力度等多方面因素的影响，目前，我国个人使用支票的业务量并不大。

为扩大转账结算业务规模，减少现金使用，方便和服务经济活动，中国人民银行鼓励个人使用支票结算。从发展趋势看，支票的使用仍将保持在较高的水平上，特别是个人支票的推广使用，将会改变支票的结构，使其成为支票中富有生命力的品种。

3.汇票

汇票是出票人签发的，委托付款人在见票时或者在指定日期无条件支付确定的金额给收款人或者持票人的票据。按照出票人的不同，汇票分为银行汇票和商业汇票。由银行签发的汇票为银行汇票，由银行以外的企业单位等签发的汇票为商业汇票。

（1）银行汇票。银行汇票是银行应汇款人的请求，在汇款人按规定履行手续并交足保证金后，签发给汇款人由其交付收款人的一种汇票。银行汇票的基本当事人只有两个，即出票银行和收款人，银行既是出票人，又是付款人。

银行汇票是由企业单位或个人将款项交存银行，由银行签发给其持往异地办理转账结算或支取现金的票据。银行汇票具有票随人到、方便灵活、兑付性强的特点，因此，银行汇票深受广大企事业单位、个体工商户和个人的欢迎，其使用范围广泛，使用量大，对方便异地采购起到了积极的作用。

银行汇票是以纸张汇票形式发出的。汇票解付后，出票行与代理付款行之间的资金清算是通过各商业银行行内电子汇兑系统处理的。

为扩大票据的使用范围，增强中小金融机构的结算功能，畅通汇路，中国人民银行于2000年发布了《支付结算业务代理办法》，规定部分因分支机构少，兑付汇票难的中小金融机构可以实行代理制。其主要做法有两种：一是采用签发本行银行汇票并委托他行代理兑付的方式;二是采取由他行代理签发银行汇票的方式。从2004年4月1日起,中国人民银行停止办理股份制商业银行签发的跨系统银行汇票的代理兑付业务,汇票的代理兑付业务由商业银行按照《支付结算业务代理办法》的有关规定相互代理。

(2)商业汇票。商业汇票是企事业单位签发的,委托付款人在付款日期无条件支付确定金额给收款人或持票人的一种汇票。商业汇票一般有三个当事人,即出票人、付款人和收款人。

按照承兑人的不同,商业汇票分为商业承兑汇票和银行承兑汇票。由银行承兑的汇票为银行承兑汇票,由银行以外的企事业单位等承兑的汇票为商业承兑汇票。商业汇票适用于企业单位先发货后付款或双方约定延期付款的商品交易。这种汇票经过购货单位或银行承诺付款,承兑人负有到期无条件支付票款的责任,对付款人具有较强的约束力。购销双方根据需要可以商定不超过6个月的付款期限。购货单位在资金暂时不足的情况下,可凭承兑的汇票购买商品。销货单位急需资金时,可持承兑的汇票向银行申请贴现。销货单位也可以在汇票背面背书后转让给第三者,以支付货款。

目前,流通中的商业汇票大多是银行承兑汇票,商业承兑汇票使用得比较少。

根据中国人民银行发布的支付业务统计数据,2023年,全国共发生银行汇票业务13.37万笔,同比增长2.52%,金额1 033.80亿元,同比下降6.54%;实际结算商业汇票业务2 924.27万笔,金额30.61万亿元,同比分别增长3.98%和26.36%。

4.本票

本票是出票人向收款人签发,承诺在见票后或一定日期无条件付给收款人一定金额的票据。它只涉及出票人和收款人两方。

(1)本票的类型。根据签发人的不同,本票分为期票和银行本票。由商业企业签发的定期本票称为期票。申请人将款项交存银行,由银行签发,承诺自己或代理付款银行在见票时无条件支付确定的金额给收款人或者持票人的票据称为银行本票。单位和个人在商品交易、劳务供应或其他需要支付各种款项的情况下,都可以使用银行本票。银行本票实行见票即付,银行即时将银行本票资金转入客户账户,即使是跨行转账,也可以即时实现"票款两清"。如果银行本票遗失,收款人可以通过挂失等方式挽回损失。

银行本票又分为转账银行本票和现金银行本票。

(2)本票的常用票据行为。本票的常用票据行为包括:出票、背书和付款。

银行本票出票时必须记载下列事项:确定的金额、收款人名称、签发日期、付款日期、利息或利率(如带息)、付款地点(如不指定则以出票人所在地点为付款地点)、出票人签章等。欠缺上列记载事项之一的,银行本票无效。

申请人和收款人均为个人的,银行可以为其签发现金银行本票;申请人或收款人为单位的,银行不得为其签发现金银行本票。

本票经指定的收款人在其背面签章(背书)后,可以转让给他人。转账银行本票背书应连续,背书人签章应符合规定,背书使用粘单的,应按规定由第一个使用粘单的背书人加盖骑缝章。

银行本票自出票日起，付款期限最长不超过两个月。

（3）本票的结算系统和风险管理。目前，我国银行本票主要通过小额支付系统进行结算。为控制银行本票支付风险，各省（自治区、直辖市）均制定了相应的银行本票管理办法。银行本票有一定的提示付款期限（一般为两个月），客户在接受银行本票付款时，要准确计算银行本票是否在提示付款期限内，并确保在提示付款期限内向开户银行提示付款。

（4）银行本票与支票和汇票的主要区别。

① 本票是自付（约定本人付款）证券；汇票是委付（委托他人付款）证券；支票也是委付证券，但受托人只限于银行或其他法定金融机构。

② 本票付款期为两个月，逾期兑付银行不予受理；汇票必须承兑，承兑到期，持票人方能兑付；支票付款期为 10 天。

③ 本票通过小额支付系统结算；支票通过全国支票影像交换系统结算；汇票则通过电子商业汇票系统结算。

（5）本票的使用现状。目前，我国流通并使用的本票只有银行本票一种，而且在一些经济比较发达的城市和小商品市场比较发达的地区使用得比较多。根据中国人民银行发布的支付业务统计数据，2023 年，全国共发生银行本票业务 14.23 万笔，金额 2 306.83 亿元，同比分别下降 14.23% 和 9.07%。

2.1.2 现代（电子）支付工具

现代（电子）支付工具是在电子信息技术发展到一定阶段后产生的新兴金融业务所使用的支付工具，多数依存于非纸质电磁介质而存在，大量使用安全认证、密码等复杂电子信息技术。电子支付工具从其基本形态上看是电子数据，其通过计算机网络系统以传输电子信息的方式实现支付功能。目前，电子支付工具包括银行卡、储值卡、虚拟卡以及电子票据等。

1.银行卡

银行卡是经中央银行批准的金融机构发行的卡基支付工具，也是目前使用最广泛的非现金结算工具。根据中国人民银行发布的支付业务统计数据，截至 2023 年末，全国共开立银行卡 97.87 亿张，同比增长 3.26%。其中，借记卡 90.20 亿张，同比增长 3.92%；信用卡和借贷合一卡 7.67 亿张，同比下降 3.89%。全国人均持有银行卡 6.93 张。随着银行卡受理环境的不断改善，银行卡作为我国居民使用最广泛的非现金支付工具，其发卡量还将保持增长趋势，但受银行卡存量逐渐饱和及监管力度加强的影响，银行卡发卡量增长速度总体将延续下降的趋势。

银行卡可以按照多种方式进行分类：按是否能够提供信用透支功能，可分为贷记卡和借记卡；按发卡对象的不同，可分为单位卡（商务卡）和个人卡；按使用范围的不同，可分为国际卡、国内卡和地区卡；按持卡人的从属关系，可分为主卡和附属卡；按清算币种的不同，可分为人民币卡、外币卡和双币种卡；按卡片信息的存储方式，可分为磁条卡、IC 卡和复合金融卡。

（1）借记卡。借记卡是指由商业银行向社会发行的具有消费信用、转账结算、存取现金等全部或部分功能的支付工具。借记卡不能透支，必须依托于持卡人的存款账户，具有电子存折的性质，在一定程度上是支票的替代品。按功能的不同，借记卡又分为转账卡（包括储蓄卡）、专用卡和储值卡。

转账卡可以进行转账结算，具有存取现金和消费功能；专用卡是具有特殊用途（除百货、餐饮、住宿及娱乐行业之外的用途）、在特定区域内使用的借记卡；储值卡是发卡银行根据持卡人要求将资金储存在卡内，交易时直接从卡内扣款的借记卡。

借记卡对应的存款账户包括银行结算账户和活期储蓄账户。个人活期储蓄账户只能办理现金存取业务，而个人银行结算账户除了可以办理现金存取业务外，还可以办理汇款、票据、银行卡等转账收付业务。个人银行结算账户涵盖了个人活期储蓄账户的功能。2007年以前，个人活期储蓄账户转为个人银行结算账户，需到银行办理签订账户协议等确认手续。为优化个人银行账户服务，便利个人通过储蓄账户办理各类转账结算，中国人民银行于2007年5月11日颁布的《中国人民银行关于改进个人支付结算服务的通知》中规定：客户通过个人活期储蓄账户办理第一笔转账支付业务时，在相关凭证上的签章即为确认将该账户转为个人银行结算账户，无须个人再办理其他手续。

借记卡的特点是"先存款、后消费"，不允许透支。我国各商业银行对借记卡对应的账户存款余额按活期存款计息。在功能上，借记卡除提供存取现金、转账、消费等功能外，还提供诸如购买基金、股票等众多理财增值服务。

目前，凭借记卡可以通过ATM、POS、互联网、电话、手机等移动设备的多种渠道进行支付转账。截至2023年末，全国共开立借记卡90.20亿张，同比增长3.92%。

（2）贷记卡。贷记卡即我们平常所说的信用卡，是指持卡人无须存款，发卡银行给予持卡人一定的信用额度，持卡人可在信用额度内先消费、后还款的银行卡。信用卡既是发卡机构发放循环信贷和提供相关服务的凭证，也是持卡人信誉的标志。信用卡消费的手续费、透支利息等是银行发行信用卡的主要收入来源。信用卡具有信用消费、转账结算、存取现金等功能。

① 信用卡的外观。如图2-2所示，信用卡的正面一般包括以下内容：信用卡的注册商标图案和卡组织标识；信用卡的专用标志或防伪标志；发卡银行（或者公司）的识别码、信用卡号码、持卡人姓名拼音、有效期限等内容。信用卡的背面则一般有以下内容：磁条，其上面记录有持卡人的账号、可用金额、个人密码等信息资料；信用卡持卡人签名栏；卡号末4位号码；CVV2码，即签名栏上紧跟在卡号末4位号码后的3位数字，用作安全认证；发卡银行的简单声明；24小时客户服务热线及网址。

② 信用卡的常用类型。目前，几乎所有的商业银行都发行了各自的信用卡，如中国工商银行的牡丹卡、中国农业银行的金穗卡、中国银行的长城卡、中国建设银行的龙卡、交通银行的太平洋卡等。为了更好地为客户提供个性化的服务，吸引更多的潜在客户，各家银行除了提供普通信用卡外，还提供联名卡（如汽车卡、旅游卡、餐饮卡、购物卡等，有关联名卡的说明参见本节下面的内容）、面向特定客户的信用卡（如钻石卡、白金卡、学生卡、女士卡）等多种信用卡产品。

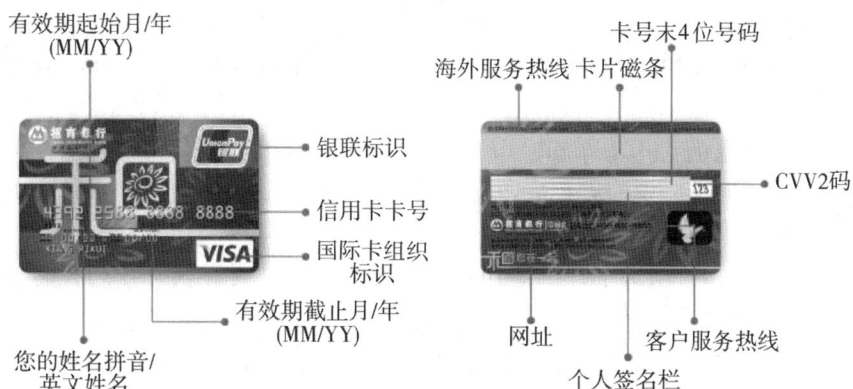

图2-2 信用卡的外观举例

另外，根据信用卡的使用权限不同，信用卡分为主卡和附属卡。主卡和附属卡共享一个信用卡账户，一个信用卡账户对应一个主卡和若干附属卡。附属卡持卡人使用信用卡所发生的一切债务均由主卡持卡人承担，由主卡持卡人直接向发卡机构或特约单位偿付债务；主卡持卡人有权决定增加或取消附属卡、设定附属卡可以使用的信用额度等。信用卡使用权限的详情参考各大银行的信用卡章程。

根据信用卡的客户性质不同，信用卡分为单位卡和个人卡。根据信息载体的不同，信用卡分为磁条卡和IC卡（芯片卡）。

2016年6月，中国人民银行发布特急通知——《中国人民银行关于进一步加强银行卡风险管理的通知》，其中明确指出：自2017年5月1日起，全面关闭芯片磁条复合卡的磁条交易。各商业银行应采取换卡不换号、实时发卡等措施加快存量磁条卡更换为金融IC卡的进度。纯磁条的银行卡可以继续使用，不受影响。关闭复合卡的磁条交易后，金融IC卡的安全性将进一步提升，有效防范磁道信息被侧录后的伪卡欺诈风险。芯片卡和磁条卡外观上的区别，如图2-3所示。

图2-3 芯片卡和磁条卡的外观区别

③ 信用卡的申领。为了控制信用卡的风险，任何单位或个人申领信用卡都需要具备一定的条件，提供相关证明，并通过审核。

一般而言，具有完全民事行为能力和偿还能力的自然人，可凭本人有效身份证件和相关证明文件申领个人卡主卡，还可为其他具有完全民事行为能力的自然人或限制民事行为能力的自然人（必须得到其法定代理人的许可）申领附属卡。在我国境内金融机构开立基本存款账户并具有偿还能力的机关、团体、部队、企业、事业单位和其他组织（以下统称单位），可凭经中国人民银行核准的基本存款账户开户登记证明和相关证明文件申领单位卡。单位卡持卡人须由单位法定代表人（负责人）或其授权代理人书面指定。各持卡人的所有交易款项均记入该单位信用卡账户内，由单位承担还款责任。

各大银行都有自己的信用卡章程，申请人必须同意遵守其章程，并正确、完整、真实地填写申请表，提供要求的有关证明材料，由银行进行审核。银行根据申请人的资信情况等核定其信用额度。

④ 信用卡的使用。信用卡卡片一般用挂号信寄送，申请人收到卡片后，需要开卡才能使用。持卡人按信封内材料的指导通过电话、短信、微信等方式开卡。一般开卡成功即可消费；持卡人设置交易密码并开通取现功能就可以预借现金（提现）。一般情况下，拿到新卡（包括新办卡、毁损补卡、挂失补卡、自动换卡、提前换卡）后，持卡人应立即在卡片背面签名栏内签字，该签字应与信用卡申请表中的"常用签名"一致。

为了保障信用卡持卡人的利益，在信用卡的使用过程中，持卡人应该仔细阅读发卡行的信用卡章程及用卡指南，特别是明确以下术语或概念：

· 信用额度。根据信用卡申请人的基本信息，银行会为其核定一定的信用额度，持卡人只能在该额度内签账消费或提取现金。附属卡持卡人可与主卡持卡人共享信用总额，也可由主卡持卡人为附属卡设定额度。信用额度将由银行定期进行调整，但持卡人可以主动提供相关的财力证明要求调高信用额度。此外，持卡人由于出国旅游等需要在一段时间内临时调高额度时，也可向银行主动申请调高临时信用额度。

· 账单日。发卡银行每月定期对持卡人的信用卡账户当期（上一个账单日到本月账单日）发生的各项交易、费用等进行汇总结算，并结计利息，计算持卡人当期应还的款项，这个日期称为账单日。

· 到期还款日。发卡银行规定的持卡人应该偿还其全部应还款额或最低还款额的最后日期。

· 免息还款期。对于消费类交易，银行记账日至该账单到期还款日期间为免息还款期，银行对在此期间发生的信用卡透支消费不收取利息。例如，每月25日是账单日，下月13日是到期还款日。如果持卡人在9月30日刷卡消费，30日为银行记账日，则该笔账单在10月25日寄送，11月13日为最后还款日，免息还款期为43天。一般来说，如果在账单日的当天消费，则享有最短免息还款期；如果在账单日的次日消费，则享有最长免息还款期。

· 循环信用、循环利息、最低还款额和滞纳金。循环信用是一种按日计息的小额、无担保贷款。持卡人可以依据自身的财务状况，每月在信用卡当期账单的到期还款日前，自行决定还款金额的多少。如果还款金额等于或大于当期账单的最低还款额，但低于本期应还金额，则剩余的延后还款金额即为循环信用余额。如果持卡人使用循环信用，则当期不能享受免息还款期的优惠，从银行记账日开始，直到还清为止，"未还清部分"每天支付5‰的循环利息。如果在到期还款日实际还款额低于最低还款额，最低还款额未还清部分需要支付滞纳金。具体规定参见各行的用卡指南。

最低还款额的计算公式如下：

最低还款额=当期消费额的10%+预借现金+前期延后还款额+费用和利息

⑤ 信用卡结算与信用卡组织。利用信用卡购物、支付的交易流程如下：

- 持卡人用卡消费并在签购单上签字或网上购物通过网上银行转账支付。
- 商户向持卡人提供商品或劳务。
- 商户向发卡银行提交签购单（有签购单时）。
- 发卡银行向商户付款。
- 发卡银行在账单日后向持卡人发送电子账单。
- 持卡人向发卡银行还款。

在刷卡消费过程中，如果客户的发卡行和商户的收单行不是同一银行，则发卡行和收单行需要进行清算和结算。这种清算和结算服务，一般由信用卡组织来提供。

信用卡组织负责建设和运营全球或区域统一的支付卡信息交换网络，负责支付卡和交易的信息转换与资金清算，负责经营管理信用卡组织自身的标识和品牌，负责制定并推行支付卡跨行交易业务规范和技术标准。

常见的国际信用卡组织有 Visa（维萨）、MasterCard（万事达卡）、American Express（美国运通）、中国银联（China UnionPay）、JCB（Japan Credit Bureau，日本信用卡公司）、Diners Club（大来卡）。在各地区还有一些区域性的信用卡组织，如欧洲的 Europay（已被万事达收购）等。

中国银联是经国务院同意、中国人民银行批准设立的中国银行卡联合组织，成立于2002年3月，总部设于上海，并于3个月后加入 Visa，成为其签约收单机构。截至2022年底，中国银联共设有36家分公司，50家境外分支机构，银联国际、上海联银创投等全资子公司，以及银联商务、银联数据、北京银联金卡科技、中金金融认证中心等控股子公司。中国银联受理网络已经延伸至全球181个国家和地区，境内外成员机构超过2 500家。

小知识　银联"闪付"

作为我国的银行卡联合组织，中国银联处于我国银行卡产业的核心和枢纽地位，对我国银行卡产业的发展发挥着基础性作用，各银行通过银联跨行交易清算系统实现系统之间的互联互通，进而使银行卡得以跨银行、跨地区和跨境使用。在建设和运营银联跨行交易清算系统、实现银行卡联网通用的基础上，中国银联积极联合商业银行等产业各方推广统一的银联卡标准规范，创建银行卡自主品牌，推动银行卡的发展和应用，维护银行卡受理市场秩序，防范银行卡风险。

中国银联的快速发展引起了 Visa 的不满。Visa 要求，从2010年8月1日起，凡是在中国大陆境外受理带 Visa 标识的双币种信用卡时，不得走中国银联的清算通道，否则 Visa 将重罚收单银行，一次将罚款5万美元。如果再犯，每月将罚款2.5万美元。2016年12月，中国人民银行召集商业银行及银行卡组织召开会议并宣布，双标银行卡今后将不再发行，正在使用的双标卡可以正常使用，到期后以外币单标卡替代。这意味着，在我国发行、流通了14年的双标银行卡将逐步退出历史舞台。

⑥ 信用卡的使用现状。在美国等西方国家，信用卡的普及率相当高。早在 2004 年，美国信用卡的普及率就达到了 84%，持卡人在网络上购物且利用信用卡结算的比率也达到了 80%，信用卡早已成为大众化的网络结算工具。在我国，随着电子商务的发展，银行卡已经从传统的支付工具过渡为电子支付工具。和借记卡一样，人们凭借信用卡可以通过 ATM、POS、互联网、电话、手机等移动设备实现多渠道的支付转账。根据中国人民银行发布的《2023 年支付体系运行总体情况》，截至 2023 年末，全国共开立信用卡和借贷合一卡 7.67 亿张，同比下降 3.89%。全国人均持有银行卡 6.93 张，其中，人均持有信用卡和借贷合一卡 0.54 张。银行卡授信总额为 22.66 万亿元，同比增长 2.35%；银行卡应偿信贷余额为 8.69 万亿元，同比下降 0.03%。银行卡卡均授信额度为 2.96 万元，授信使用率为 38.34%。信用卡逾期半年未偿信贷总额为 981.35 亿元，占信用卡应偿信贷余额的 1.13%。

（3）联名卡。联名卡是指商业银行与营利机构（如航空公司、商场、旅游公司、酒店、电信运营商等）以某一特定客户群为对象联合发行的银行卡。联名卡的卡片上加印联名机构的名称或标识，持卡人用卡时除了享有一般的银行卡服务外，还在该联名机构内部享有特殊服务。联名卡既可以由一家商业银行与单个联名单位或团体（如航空公司、酒店、电信运营商）发行，也可以由一家商业银行与多个联名单位或团体（如零售商、快餐店、加油站等）发行。

联名卡首先具有银行卡的全部特点，即存取现金、刷卡消费、转账等，其次根据银行与商家的规定附加一些新的功能，能够让持卡人、发卡银行和商家三方受益。

与其他形式发行的信用卡相比，联名信用卡具有以下主要特点：

• 申请要求相对较低。银行利用联名卡合作伙伴的现有数据库，在短期内可以快速提高信用卡发卡量，对于申请人来说，其要求的标准也相对较低。

• 联名卡可以享受双重优惠。持卡人既可以使用普通信用卡透支、免息分期等常见功能，还可以在联名商户享受和会员卡类似的优惠。这种优惠主要表现在积分、打折和增值服务（如赠送保险、汽车免费保养、俱乐部会员身份等）三个方面。

2.储值卡

近年来，随着电子支付的发展，基于储值卡的支付也在不断地发展和创新。储值卡作为一种支付工具，其发展迅速，使用领域也越来越广。

（1）储值卡的概念。储值卡是一种电子支付卡片，发行机构接受客户预先交付的一定货币金额，并将该金额存入卡中，持卡人以卡中存入的全部或部分金额支付该机构提供的商品或服务费用。所以，储值卡也称预付卡或现金卡。储值卡一般以 IC 卡和磁条卡作为介质，目前以 IC 卡作为介质的居多。

（2）储值卡的发行。储值卡的发行主体大部分为企业，也有部分银行与企业联合发行。按照银行是否参与，可以将储值卡的发行分为两种类型：

① 有银行参与的储值卡发行。这类储值卡中的电子货币的发行主体通常会在银行开设一个临时账户，而使用者购买储值卡货币时并不直接将现金交给发行者，而是要求银行将自己的存款划转一部分到发行主体在银行开设的临时账户中，此时，这笔

资金已经归发行主体所有，然后发行主体给使用者储值卡货币。使用者获得储值卡货币后，就可以到任何接受此种储值卡的地方刷卡消费。

② 无银行参与的储值卡发行。这类储值卡的发行主体不仅发行电子货币，而且本身提供用其电子货币消费的商品或服务。这类储值卡货币已经和银行完全脱离关系，而与发行主体提供的商品或服务紧紧地联系在一起，因为这种储值卡货币除了用于购买发行主体提供或指定的商品或服务外，不能用于购买任何其他的商品或服务。

利用法定货币购买这类货币的本质，就是利用法定货币购买商家商品或服务的一个凭证，只是分次消费而已。最常见的这类储值卡有电话卡、学校食堂的就餐卡、乘坐公交车的公交卡等。这类储值卡的发行没有银行参与，只涉及发行主体与客户之间的资金流动。

（3）储值卡的应用类型。按应用方式，储值卡主要分为两类：一类是代表消费者价值符号的卡，消费者向提供商品或服务的发卡主体预交款项购买消费价值单位，并在封闭的系统和范围内使用，如电话卡、公交卡等；另一类是在一定区域内代表货币价值量的卡，消费者向发卡主体预交款项以货币价值量储存和消费，其特性可以界定为不确定消费者对象或商品，如校园卡、商店发行的电子购物卡等。总体来说，目前主要的储值卡有：

① 公共事业单位发行的储值卡。公共事业单位发行的储值卡大多属于单一用途卡，主要用于支付固定的费用，主要有：公交公司发行的公交IC卡，公安管理部门发行的停车收费卡，公共事业单位发行的天然气费卡、水费卡、电费卡，以及医疗卡、社保卡等。

② 电信部门发行的储值卡。电信部门发行的储值卡一般由总公司制作，委托分支机构或经销商销售，典型的如IC电话卡、移动电话充值卡等。

③ 商业或服务业网点发行的储值卡。此类储值卡主要由商家发行，并在本商家的经营场所内消费使用，主要有商场、超市发行的购物卡、优惠卡，健身中心发行的消费卡，宾馆、俱乐部、酒吧、餐厅等发行的会员卡，石油、石化公司发行的IC加油卡等。

④ 校园卡。校园卡主要应用射频技术，是一种射频卡。它主要是在校园内部如食堂、商店、澡堂等专用的射频机具上刷卡支付，主要有饭卡、洗衣卡等。目前，各个高校基本上实现了校园一卡通。

由非金融机构发行的储值卡作为一种电子支付工具，是对传统支付方式的补充，对方便公众使用、减少现金携带、培养用卡习惯和观念具有十分积极的作用。

（4）储值卡目前存在的问题。储值卡目前存在的问题主要表现在两个方面：一方面，发行机构对储值卡的发行计划、清算规则、管理模式以及风险控制等没有进行充分的考虑，储值卡的质量及安全措施较差；另一方面，非金融机构通过发行大量的储值卡积聚了大量的资金，而且这些资金没有受到监管，如果商家倒闭或者恶意逃避应兑现的款项，不仅会损害消费者权益，而且会引发公众信用危机。

3.虚拟卡

近些年，网上出现了各种各样的"网络虚拟货币"，几乎每家知名的网络服务商都推出了自己的网络货币，如腾讯的 Q 币、百度的百度币、新浪的微币等。用户使用网络虚拟货币，可以在指定的范围内购买产品和服务，实现只有法定货币才有的购买力。

随着网络虚拟货币的产生，虚拟卡作为网络虚拟货币的载体成为电子商务中重要的网络支付工具。

（1）虚拟卡的性质。虚拟卡是互联网服务提供商为方便消费者网上购物（包括实体购物和增值服务）而设立的虚拟账户，其本质是各种网络虚拟货币的载体，是电子商务中一种重要的电子支付工具。消费者通过这种载体形式，使用其账户内的网络虚拟货币进行网上消费，如利用 Q 币卡对 Q 币账户进行充值，然后利用 Q 币购买腾讯提供的各种增值服务，如 QQ 游戏、QQ 秀等。

（2）虚拟卡的分类。按照虚拟卡发行主体的业务类型，虚拟卡可以分为 B2C 型虚拟卡和 C2C 型虚拟卡。按照虚拟卡的使用范围，虚拟卡可以分为封闭式虚拟卡和开放式虚拟卡。

① B2C 型虚拟卡。B2C 型虚拟卡的发行主体为 B2C 服务提供商，如腾讯、盛大、新浪、网易等。这类虚拟卡主要解决企业在网络上销售其商品或服务时消费者的支付问题，以支付的便捷性来促进其商品的销售。因此，B2C 型虚拟卡目前基本上属于封闭式，局限于各企业内部使用，相互之间未形成正式的交换机制。但是，由于用户通常使用多家公司的服务，因此，用户对不同类型 B2C 型虚拟卡的互通有着较强的需求。

B2C 型企业既可以向用户提供各类互联网增值服务，如玩网络游戏、网上收听音乐、下载正版电影、看网络小说、购买各类虚拟产品等，也可以向用户销售各种实体商品，如音像图书类商品等。现阶段，B2C 型虚拟卡主要是互联网增值服务提供商发行的各类虚拟卡。

目前，B2C 型虚拟卡的充值途径主要分为两类：一类是传统途径，如在便利店、报亭等商店用现金购买实体卡充值；另一类是电子途径，如通过网上银行转账、电信营业厅缴费、网吧支付、网上支付代理等途径充值。

B2C 型虚拟卡具有很多共性，例如，主要用于小额支付，充值频率较高，适合网上交易，虚拟产品标准化程度较高，买卖双方在产品规格、质量等方面不会发生分歧。

② C2C 型虚拟卡。C2C 型虚拟卡的发行机构为 C2C 服务提供商，如淘宝网、PayPal等。这类虚拟卡主要解决消费者之间在其平台上交易时的支付问题，以支付的便捷性和安全性来提高其平台的竞争力。

目前，C2C 型虚拟卡的充值途径只有一种，就是通过网银给虚拟卡充值，如支付宝可以通过中国工商银行、中国农业银行、招商银行等多家银行的网上银行进行充值。

（3）虚拟卡的发展现状及发展趋势。随着电子商务的发展，在线支付的需求不断扩大，发行虚拟卡的企业也越来越多。在 C2C 方面，支付宝占据了 C2C 型虚拟卡最大的市场份额。同时，随着市场竞争的加剧，虚拟卡公司开始关注其他的新型支付领域，如 PayPal 在加拿大推出了手机支付。在 B2C 方面，网络游戏虚拟卡市场发展迅速。《2023 年中国游戏产业报告》显示，2023 年，我国国内游戏市场实际销售收入 3 029.64 亿元，同比增长 13.95%，首次突破 3 000 亿元关口；用户规模 6.68 亿人，同比增长 0.61%，为历史新高点。

总体来看，虚拟卡市场将呈现以下发展趋势：

首先，虚拟卡发卡机构数量逐步增大。越来越多的组织进入虚拟卡市场，如旅行社、税务局、电信公司、保险公司、邮政公司。携程旅行、同程旅行、美团等旅游网站都为自己的客户提供了虚拟账户。为了方便纳税人缴纳税款和投保人缴纳保费，税务局和保险公司也相继在网上提供了虚拟卡。

其次，B2C 型虚拟卡与 C2C 型虚拟卡融合。随着电子商务中 B2C 业务与 C2C 业务的不断融合，B2C 型虚拟卡与 C2C 型虚拟卡之间正在相互渗透，如腾讯的财付通账户已经实现了内部 B2C 领域与 C2C 领域的通用。B2C 与 C2C 在业务上的日益融合必然导致虚拟卡功能及应用范围的扩大，今后可以在 B2C 领域和 C2C 领域同时使用的虚拟卡将会越来越多。

最后，随着相关法律法规的出台，虚拟卡交易也将逐步规范。2009 年 6 月 26 日，文化部、商务部联合下发《关于网络游戏虚拟货币交易管理工作的通知》，第一次对虚拟货币的定义作出了明确界定，并对虚拟货币的发行和交易提出了一系列限制性要求，例如，同一企业不能同时经营虚拟货币的发行与交易业务，并且虚拟货币不得用于购买实物，防止网络游戏虚拟货币对现实金融秩序可能产生的冲击。2017 年 9 月，中国人民银行等七部委联合发布《关于防范代币发行融资风险的公告》，明确指出，任何组织和个人不得非法从事代币发行融资活动，任何所谓的代币融资交易平台不得从事法定货币与代币、虚拟货币相互之间的兑换业务，不得买卖或作为中央对手方买卖代币或虚拟货币，不得为代币或虚拟货币提供定价、信息中介等服务。2018 年 3 月 29 日，中央银行表示，2018 年开展对各类虚拟货币的整顿清理。事实上，国内虚拟货币交易虽然已被下了"清退"令，但仍存在传销币、空气币等诸多乱象。2021 年 5 月 18 日，针对虚拟货币交易炒作活动有所反弹，严重侵害人民群众财产安全，扰乱经济金融正常秩序的问题，中国互联网金融协会、中国银行业协会、中国支付清算协会联合发布公告，要求有关机构不得开展与虚拟货币相关的业务。2021 年 7 月 6 日，中国人民银行营业管理部发布公告称，辖内相关机构不得为虚拟货币相关业务活动提供经营场所、商业展示、营销宣传、付费导流等服务；辖内金融机构、支付机构不得直接或间接为客户提供虚拟货币相关服务。

4. 电子票据

电子票据是以数据电文形式签发、流转，并以电子签名取代实体签章的票据。与纸质票据相比，电子票据具有流转高效、操作简便、安全性好、交易方式多、业务成本低和存续期限长等特点。

电子票据是传统纸质票据的继承和发展，电子票据以数据电文形式替代原有纸质实物票据，以电子签名取代实体签章，以网络传输取代人工传递，以计算机录入代替手工书写，实现了出票、流转、兑付等票据业务过程的完全电子化。与传统票据相对应，电子票据包括电子支票、电子汇票和电子本票三种，但从世界范围来看，目前使用比较广泛的是电子支票。

电子票据与传统票据的不同，具体表现在以下几个方面[①]：

① 关系主体。传统票据的关系主体包括出票人、付款人、收款人、受让人、背书人和保证人等；电子票据的关系主体则增加了票据提出行、票据提入行和电子票据交换所。

② 载体。传统票据的权利载体是纸质票据本身；电子票据的权利载体则是以电子等手段生成的数据电文。

③ 书面形式。传统票据要求严格的"形式主义"规则；电子票据则以数据电文（无纸化）形式表现。

④ 原件。传统票据是一种有价书面证券，票据可经背书或交付方式转让给他人；电子票据以电子方式进行，无真正实体原件。

⑤ 签名。传统票据要求当事人必须亲（手）笔签名；电子票据采取电子签名方式，并受《中华人民共和国电子签名法》（以下简称《电子签名法》）约束。

⑥ 环境。传统票据的传递一般是在较为封闭的系统中运行；电子票据的工作环境基于一个开放的系统平台（互联网）。

⑦ 通信手段。传统票据通过传统媒介传递；电子票据则使用更为先进的通信手段，对软、硬件设施要求极高。

电子票据消除了传统纸质票据常见的真伪、保管、传递、诈骗等风险和问题，票据安全性和交易效率得到了极大提升，但同时增加了电子票据处理系统的安全风险问题，如数据文件丢失、系统运行瘫痪、网络遭遇攻击、各种病毒入侵等。

近年来，随着我国金融电子化水平的不断提高和金融基础设施的不断完善，在银行票据业务方面，银行汇票、本票和支票都不同程度地实现了电子化。2007年，全国支票影像交换系统建立，实现了纸质支票处理的部分电子化；2008年，银行本票和华东三省一市银行汇票的业务通过小额支付系统进行清算，实现了电子化处理。2008年6月，电子商业汇票系统（ECDS）正式立项建设，并于2009年10月28日建成投入运行。2017年10月9日，上海票据交易所顺利完成电子商业汇票系统（ECDS）移交切换工作，310家ECDS接入点机构（含2 722家法人机构、90 038家系统参与者）全部切换至上海票据交易所，电子商业汇票相关的出票、承兑、贴现、转贴现等所有业务顺利开展。

（1）电子支票。电子支票（electronic check）是客户向收款人签发的无条件的数字化支付指令。它可以通过互联网或无线接入设备来完成传统支票的所有功能。目前，在欧美发达国家，电子支票应用相对成熟，典型的电子支票系统有NetCheque、FSTC、NetBill、E-check等。我国的全国支票影像交换系统还处于将纸质支票电子化的阶段，同时，直接签发的功能也在日趋完善。2016年1月，中国人民银行办公厅发布《关于印发全国支票影像交换系统业务处理及系统运行有关管理规定的通知》。该通知指出，影像交换系统是指运用影像技术将实物支票转换为支票影像信息，通过计算机及网络将支票影像信息传递至出票人开户银行提示付款的业务处理系统。

---

① 凌冰. 我国电子票据法律问题的研究［J］. 中小企业管理与科技，2009（27）：178.

电子支票的一般业务流程如下：

① 客户到银行开设支票存款账户，存入存款，申请电子支票的使用权。

② 客户开户行审核申请人资信状况（如存款是否充足、有无欺诈记录等），决定是否给予其使用电子支票的权利。如果审核通过，则向客户发放开户行专用或多家银行通用的电子支票生成软件和授权证明文件。

③ 客户网上购物，填写订单，使用电子支票生成器和开户行发放的授权证明文件生成此笔交易的电子支票，一同发往商家。

④ 商家将电子支票信息通过支付网关发往收单行请求验证，收单行将通过金融网络验证后的信息传回商家。

⑤ 支票有效，商家则确认客户的购货行为，并组织送货。

⑥ 在支票到期日前，商家向支票收单行背书提示，请求兑付。

小知识　世界上第一张电子支票

⑦ 持有多张不同开户行的电子支票的收单行与开户行之间选择固定的时间经票据交换所进行支票的清算，轧出应收应付的金额，据此记账。

（2）电子汇票。电子汇票是纸质汇票的继承和发展，是纸质汇票的电子化，其发行、存储、传递、清算等都是电子化的，其所体现的票据权利义务关系与纸质汇票相同。

2009 年 10 月 28 日，我国电子商业汇票系统开始试点，并于 2010 年 6 月 28 日在全国范围内全面推广上线运行。中国人民银行的数据显示，2013 年电子汇票在整体出票量中的占比为 8.30%，2014 年达到 16.20%，2015 年上半年达到 28.40%，2016 年上半年达到

小知识　电子商业汇票系统

62.05%。根据中国人民银行的规定，自 2017 年 1 月 1 日起，单张出票金额在 300 万元以上的商业汇票应当全部通过电票办理；自 2018 年 1 月 1 日起，原则上单张出票金额在 100 万元以上的商业汇票应当全部通过电票办理。商业汇票的结算管理，按照中国人民银行颁布的《电子商业汇票系统管理办法》进行。

2023 年，上海票据交易所电子商业汇票系统承兑 2 809.21 万笔，金额 31.27 万亿元，同比分别增长 2.97% 和 14.59%；贴现 1 211.99 万笔，金额 23.81 万亿元，同比分别增长 9.18% 和 22.42%；转贴现 2 034.48 万笔，金额 73.38 万亿元，同比分别增长 6.63% 和 26.08%；质押式回购 480.48 万笔，金额 29.74 万亿元，同比分别增长 25.36% 和 7.08%；买断式回购 29.50 万笔，金额 1.76 万亿元，同比分别下降 33.39% 和 17.54%。

（3）电子银行本票。电子银行本票指银行本票的电子化，通过电子化方式实现银行本票的发行、存储、传递、清算等活动。

5. 电子现金

电子现金（E-cash 或 E-money）也称数字现金（digital-cash），简单来说，就是以电子方式存在的货币现金，或者说是纸质现金的电子化，其以数字信息形式存在，通过互联网流通。

电子现金将传统现金的数值转换成一系列的加密序列数，通过这些序列数来表示

现实中各种金额的币值。与传统纸币上的序列号一样，电子现金的序列号各不相同，每个号码分别由某家银行发行并表示某一特定数目的真实货币。

利用电子现金服务，客户可以通过他们的信用卡或银行账户购买电子现金。使用电子现金像传统纸币一样不具名，能够保护顾客的隐私，而且可以重复使用，更加方便高效，因此在电子商务领域至关重要。电子现金多用于小额支付。

（1）电子现金的性质。理想的电子现金应当具备以下性质，但在目前使用的多种电子现金系统解决方案中，这些性质并非都能完全保证：

① 独立性：电子现金的使用不依赖特定的计算机系统，其安全性不能只靠物理上的安全来保证，而必须通过电子现金自身使用的各项安全技术来保证。

② 匿名性：使用电子现金的行为不可追踪，即使银行和商家相互勾结也不能跟踪电子现金的使用，从而隐蔽电子现金用户的购买历史。

③ 可迁移性（或可传递性）：电子现金能够像普通现金一样在用户之间任意转让，且不被跟踪。

④ 可分性：电子现金不仅能够作为整体使用，还能够被分为更小的部分多次使用，只要各部分的面额之和与原电子现金面额相等，就可以进行任意金额的支付。

⑤ 不可重复使用性：电子现金只能使用一次，重复使用很容易被检查出来。

⑥ 不可伪造性：只有银行有权发行合法的电子现金，即使用户和商家恶意串通也不能凭空制造或者根据有效的电子现金制造更多的电子现金。

电子现金的匿名性保护了用户的隐私，但也不利于对违法用户（如贪污、敲诈勒索、洗钱等犯罪行为人）的追踪（警方即便拿到赃款，也无法抓捕犯罪分子），同时给不可重复使用性带来了一定的检测困难。因此，合理的电子现金系统中的匿名性应该是不完全的或可撤销的。可分性使用户可以进行多次合法的精确支付，减少提款次数，从而可以降低网络通信量，提高系统效率，但同样给不可重复使用性带来了一定的检测困难。为了实现电子现金的这些性质，人们在电子现金系统中采用了盲数字签名、分割选择、零知识证明等多种技术，而且对这些技术不断进行改进和完善。

（2）电子现金的使用过程。电子现金在使用过程中涉及用户、商家和银行三方实体，典型的使用流程包括开户（或初始化）、提取、支付和存款四个过程，每个过程执行不同的协议。

第一个过程，用户与电子现金发行银行执行开户协议，用户标识自己的身份，开立电子现金账号，并用预先存入的现金购买电子现金证书，这些电子现金被分为若干成包的"硬币"。

第二个过程，用户与银行执行提取协议，用户从银行提取一定数量的电子现金。

第三个过程，用户与同意接收电子现金的商家签订订货合同，执行支付协议，向商家支付电子现金。

第四个过程，商家与银行执行存款协议，商家将交易所获得的电子现金存入银行。

在此过程中，由于在一个国家或地区具有电子现金发行能力的银行不止一家，因而多家银行形成一个群体，其受国家的中央银行管理，每个银行都可以发行电子现金。

（3）电子现金系统的分类。自1982年大卫·乔姆（David Chaum）发表了第一篇关于电子现金系统的论文，并提出盲签名和电子现金的概念以来，国内外学者在现代密码学理论的指导下提出了许多电子现金方案。

小知识　主要的电子现金支付系统

根据电子现金在花费时商家是否需要与银行进行联机验证，电子现金系统可以分为联机电子现金系统和脱机电子现金系统。根据是否支持电子现金的可分性，电子现金系统可以分为可分电子现金系统和不可分电子现金系统。根据交易的载体，电子现金系统可以分为基于账户的电子现金系统和基于代金券的电子现金系统。

6. 数字人民币

数字人民币（e-CNY）也称数字货币电子支付（digital currency electronic payment，DC/EP），是中国人民银行发行的法定数字货币，主要用于流通中现金（M0），由指定运营机构参与运营并向公众兑换，货币以电子形式支付，价值与人民币的纸钞和硬币同等，以广义账户体系为基础，支持银行账户松耦合功能，与实物人民币等价，具有价值特征和法偿性。截至2024年2月，数字人民币试点范围已经扩展至17个省市的26个试点地区，在惠企便民方面展现出颇多亮点和潜力。[①]

（1）数字人民币的发展。自2014年开始，中国人民银行成立了一个研究小组来探索发行法定数字货币的可能性。这个阶段主要涉及对发行框架、关键技术、发行流通环境及相关国际经验的研究。2016年，央行数字货币研究所成立，并完成了央行数字货币第一代原型系统的搭建。2017年末，经国务院批准，中国人民银行开始组织商业机构共同开展数字人民币的研发。2019年末以来，中国人民银行在深圳、苏州、雄安新区、成都等地区以及北京冬奥会场景开展了数字人民币的试点测试。2020年11月，又新增上海、海南、长沙、西安、青岛、大连作为试点地区。

2021年，中国人民银行发表《中国数字人民币的研发进展白皮书》，指出数字钱包是数字人民币的载体和触达用户的媒介。在数字人民币中心化管理、统一认知、实现防伪的前提下，由中国人民银行制定相关规则，各指定运营机构采用共建、共享方式打造移动终端APP，对钱包进行管理并对数字人民币进行验真；开发钱包生态平台，实现各自视觉体系和特色功能，实现数字人民币线上线下全场景应用，满足用户多主体、多层次、多类别、多形态的差异化需求，确保数字钱包具有普惠性，避免因"数字鸿沟"带来的使用障碍。

（2）数字人民币钱包。根据不同的维度划分，数字人民币钱包有各种不同的类型，比如分级限额的不同等级钱包、不同主体开立的个人和对公钱包、不同载体的软硬件钱包、不同权属划分的子母钱包等。中国人民银行和指定运营机构及社会各相关机构一同按照共建、共有、共享原则建设数字人民币钱包生态平台。按照以上不同的维度，形成了数字人民币的钱包矩阵体系[②]，具体见表2-2。

① 李昱佑. 数字人民币试点扩围至17省26地 惠企便民亮点多［N］. 经济参考报，2024-01-16（2）.
② 金融界. 央行数字货币研究所穆长春详解数字人民币的钱包矩阵体系［EB/OL］.［2024-07-17］. https://baijiahao.baidu.com/s? id=1702263626765404942&wfr=spider&for=pc.

表 2-2   数字人民币钱包矩阵体系

划分维度	钱包类型			
	一类钱包	二类钱包	三类钱包	四类钱包
客户身份识别强度	无限额	单笔 5 万元 余额 50 万元	单笔 5 000 元 余额 2 万元	单笔 2 000 元 余额 1 万元
开设主体	个人钱包		对公钱包	
	自然人和个体工商户（根据客户识别强度采用分类交易和余额限额管理）		其他法人和非法人机构（根据临柜开立或远程开立确定交易和余额限额，并支持用户需求定制）	
钱包载体	软钱包		硬钱包	
	APP、SDK 等		IC 卡、可穿戴设备、物联网设备等	
权限归属	母钱包		子钱包	
	主要钱包，类似于钱箱子		次要钱包，在母钱包下开设，类似于钱袋子。个人子钱包支持限额支付、条件支付、个人隐私保护等功能；企业子钱包支持资金归集和分发、会计处理、财务管理等功能	

① 按照客户身份识别强度分为不同等级的钱包。运营机构对客户进行身份识别，并根据客户身份识别强度对数字人民币钱包进行分层管理，根据实名强弱程度赋予各类钱包不同的每笔及每日交易限额和余额限额。

② 按照开立主体分为个人钱包和对公钱包。自然人和个体工商户可以开立个人钱包，按照相应客户身份识别强度采用分类交易和余额限额管理；其他法人和非法人机构可以开立对公钱包，按照临柜开立或远程开立确定交易和余额限额，钱包功能可以依据用户需求定制。

③ 按照钱包载体分为软钱包和硬钱包。软钱包有移动支付 APP 和软件开发工具包（SDK）提供的服务；硬钱包有 IC 卡、可穿戴设备、物联网设备等。比如，面向老年人推出加载健康提示功能的硬钱包产品，提供安全便捷支付功能的同时，还可以便利老年人的日常出行。

④ 按照权限归属分为母钱包和子钱包。钱包持有主体可将主要的钱包设为母钱包，并可在母钱包下开设若干子钱包。个人可以通过子钱包实现支付场景的限额支付、条件支付和个人隐私保护等功能，比如说若想藏个私房钱，也可以进行亲属赠予功能的管理；企业和机构可以通过子钱包实现资金归集和分发、会计处理、财务管理等功能。

（3）数字人民币与电子现金的区别。两者的区别主要体现在以下几个方面：

① 发行机构和控制权不同。数字人民币是由中国人民银行发行，具有国家信用背书，是法定货币的数字化形态；电子现金则通常由金融机构（如银行）发行和控

制，其价值以法定货币为基础。

② 匿名性和隐私保护不同。数字人民币支持可控匿名，有利于保护个人隐私及用户信息安全；电子现金的使用一般需要进行身份验证，账户持有人的交易历史和信息可能会被金融机构记录和监控。

③ 技术基础不同。数字人民币基于密码学和分布式账本技术，如区块链或其他共享账本技术；电子现金主要依赖于传统金融体系的电子支付系统，如银行间清算系统、第三方支付平台等。

④ 交易方式不同。数字人民币是通过双层运营体系进行发行和兑换，先兑换给指定的运营机构，再由这些机构兑换给公众；电子现金是通过电子设备（如银行卡、手机支付等）进行存储、传输和交换。

⑤ 市场价值和流通范围不同。数字人民币的价值主要由市场供需和投资者信任决定，可以在全球范围内使用和流通；电子现金一般以法定货币为基准，其价值与发行国家或地区的经济政策和市场需求相关。

⑥ 物理形态不同。数字人民币可以是电子形式，也可以是实体形式，如硬件钱包、纸质钱包等；电子现金在物理形态上不存在实体，通常是数字化的表示形式，其存储在电子媒介（如银行数据库、电子钱包等）中。

我国数字人民币的发展现状具有试点范围不断扩大、应用场景不断丰富、用户规模不断增长、跨境应用不断深化等特点。截至 2024 年 4 月，我国数字人民币仍处于试点阶段。数字人民币是一种新兴的货币形态，是我国金融创新和发展的重要成果，也是我国参与和引领国际货币体系和国际金融秩序的重要手段。数字人民币的发展现状显示了其在国内和国际上的巨大潜力和价值，但也存在一些挑战和问题，需要我们不断地进行创新和完善，以适应数字经济时代的需求和变化。

2.2　支付方式

支付方式是使用支付工具完成支付的渠道。支付方式往往依托于支付工具。根据依托的支付工具的种类不同，可以将支付方式分为传统支付方式和现代（电子）支付方式。

2.2.1　传统支付方式

传统支付方式主要有汇兑、委托收款、托收承付、定期借记和定期贷记五种。

1.汇兑

汇兑是汇款人委托银行将其款项支付给收款人的结算方式。这种方式便于汇款人向异地收款人主动付款，使用范围十分广泛。

汇兑一般分为信汇和电汇两种。信汇是以邮寄方式将汇款凭证转发给外地收款人指定的汇入行；电汇是以电报方式将汇款凭证转发给收款人指定的汇入行。一般来说，电汇的速度要比信汇的速度快，收费也更贵一点。

图 2-4 以企业 A 通过汇兑方式向企业 B 付款为例说明了汇兑的流程。

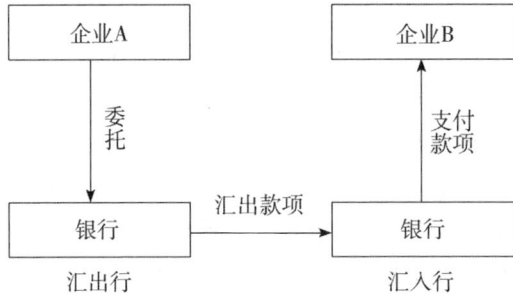

图2-4 汇兑流程图

2.委托收款

委托收款是收款人委托银行向付款人收取款项的结算方式。单位和个人凭已承兑的商业汇票、债券、存单等付款人债务证明办理款项的结算，均可以使用委托收款结算方式。这种方式便于收款人主动收款，无论是同城还是异地都可以使用，既适用于在银行开立账户的单位和个体经营户办理各种款项的结算，也适用于水电费、电话费等款项的结算。

另外，在同城范围内，收款人收取公共事业费等费用或根据有关规定，可以使用同城特约委托收款。这是收付款单位双方事先签订经济合同，收款单位委托银行收款时，由付款人向开户银行授权，银行从付款单位账户主动付款转入收款人账户的一种结算方式。

根据划款方式的不同，款项的划回分为邮寄和电报两种，收款人可以根据需要选用。

委托收款的流程，如图2-5所示。

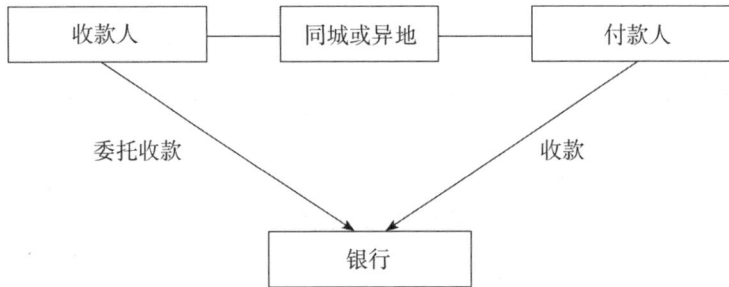

图2-5 委托收款流程图

3.托收承付

托收承付又称异地托收承付，是指根据购销合同由收款人（销货单位）发货后委托银行向异地付款人（购货单位）收取款项，由付款人（购货单位）向银行承认付款的结算方式。

托收承付结算款项的划回分为邮寄和电报两种，由收款人选用。邮寄和电报两种结算凭证均为一式五联。第一联为回单，是收款人开户行给收款人的回单；第二联为委托凭证，是收款人委托开户行办理托收款项后的收款凭证；第三联为支款凭证，是付款人向开户行支付货款的支款凭证；第四联为收款通知，是收款人开户行在款项收妥后给收款人的收款通知；第五联为承付（支款）通知，是付款人开户行通知付款人按期承付货款的承付（支款）通知。

托收承付结算方式只适用于异地订立经济合同的商品交易及相关劳务款项的结算。代销、寄销、赊销商品的款项，不得办理异地托收承付结算。

托收承付的流程，如图2-6所示。

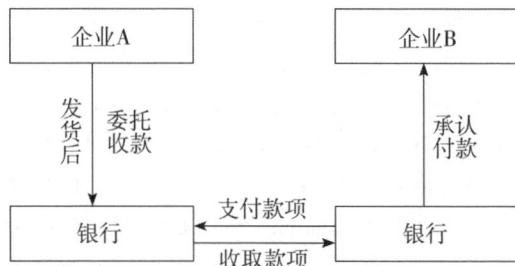

图2-6　托收承付流程图

4.定期借记与定期贷记

定期借记是指收款银行依据当事各方事先签订的协议，定期向指定付款银行发起的批量收款业务。其一般包括下列业务：①代收水、电、煤气、有线电视等公共事业费业务；②国库批量扣税业务；③中国人民银行规定的其他定期借记支付业务。

定期贷记是指付款银行依据当事各方事先签订的协议，定期向指定收款银行发起的批量付款业务。其一般包括下列业务：①代付工资业务；②代付保险金、养老金等业务；③中国人民银行规定的其他定期贷记支付业务。

2.2.2　现代（电子）支付方式

随着电子商务的发展，特别是网上购物、网上订票、网上缴费的流行，电子支付方式越来越受到消费者的欢迎。

按照支付渠道划分，现代（电子）支付方式包括：基于互联网的支付、基于移动网络的支付、基于电话网络的支付、基于有线电视网络的支付和基于金融专网的支付。

《2023年支付体系运行总体情况》显示，2023年，银行共处理移动支付业务1 851.47亿笔，金额555.33万亿元，同比分别增长16.81%和11.15%。同期，非银行支付机构处理网络支付业务也获得较快增长，共处理1.23万亿笔，金额340.25万亿元，按可比口径同比分别增长17.02%和11.46%。

相对于传统的支付方式，电子支付方式显现出充分的优势，但是，电子支付过程中也存在不少问题，最明显的就是资金安全问题。因此，电子支付的安全性是目前各方都非常重视的一个方面。

1.互联网支付

互联网支付又称网上支付，是指人们通过互联网完成支付的方式，具体包括网上银行在线支付、第三方网上支付和银联电子支付。在网上支付方式中，银行需要建立支付网关和网上银行系统，在银行后台处理网上支付指令，并通过支付系统完成跨行交易的清算和结算。

（1）网上银行在线支付。网上银行通过Internet向客户提供开户、销户、查询、对账、行内与跨行转账、信贷、网上证券、投资理财等服务，使客户足不出户就能够安全便捷地管理各种存款、支票、银行卡及个人投资等，相当于银行在Internet上的虚拟柜台。因其不受时空限制、可自助服务的特点，网上银行又被称为"3A（anytime，anywhere，anyhow）银行"。

网上银行发展的模式有以下两种：一种是没有实际物理柜台作为支持的完全依赖于互联网的虚拟银行，这种网上银行一般只有一个办公地址，没有分支机构，也没有营业网点。例如，美国安全第一网络银行（Security First Network Bank，SFNB）是在美国成立的第一家无营业网点的虚拟网上银行，其成立于1995年10月，它的营业厅就是网页画面。当时该银行的员工只有19人，其主要的工作就是对网络进行维护和管理。另一种是在现有的传统银行基础上，利用互联网开展传统银行业务，同时提供某些增值服务。也就是说，传统银行利用互联网作为新的服务手段为客户提供在线服务和增值服务，实际上其是传统银行服务在互联网上的延伸。这是目前网上银行存在的主要形式，也是绝大多数商业银行采取的网上银行发展模式。

网上银行在线支付是目前我国应用最为广泛的电子支付方式。用户首先向自己所拥有的银行卡的发卡银行申请开通网上支付功能；在网上购物或消费时，通过网站提供的接口，将消费金额直接转入商家对应银行的账户；商家确认订单和收款后，将用户购买的商品发送给用户。

（2）第三方网上支付。随着电子商务的发展，一些具备一定实力和信誉保障的第三方独立机构和国内外各大银行签约，提供集成网上银行、电话、手机、虚拟账户等支付方式的网上交易支付平台，通过这个平台进行的支付称为第三方网上支付。这类平台有支付宝、财付通等。第三方网上支付有两种业务模式：

① 支付网关模式。第三方支付网关是指完全独立于电子商务网站，由第三方投资机构为网上签约商户提供围绕订单和支付的多种增值服务的共享平台。这类平台仅提供支付产品和支付系统解决方案，平台前端提供各种支付方法让网上商户和消费者选择，平台后端连接众多的银行。平台负责与各银行之间的账务清算，同时提供商户的订单管理及账户查询等功能。这种模式以首信易支付为典型代表。

② 账户支付模式。买家和卖家在同一支付平台上开设账户，买方选购商品后，通过平台在各个银行的接口将货款转入平台账户，支付平台在收到银行到款通知后，通知卖家货款到达并组织发货，买家确认货物后通知平台付款给卖家，支付平台将货款转入卖家账户。这种模式应用比较成熟的典型代表有支付宝、PayPal（贝宝）等。例如，支付宝向注册用户提供虚拟账户，所有虚拟账户实际上都是支付宝大账户下的子账户。支付宝有两种支付方式：一是买方用支付宝虚拟账户支付，"付款"可以通过买方和卖方两个虚拟账户的借记和贷记来完成，不需要银行进行资金清算，交易支付完全在支付宝内部循环；二是用银行卡支付，买方资金先进入支付宝的大账户，再进入卖方的虚拟账户。无论哪种方式，在买方收到商品之前，资金都先冻结在支付宝的大账户内。

（3）银联电子支付。银联电子支付（ChinaPay）平台是中国银联旗下的银联电子支付服务有限公司提供的支付平台。它主要从事以互联网等渠道为基础的网上支付、企业 B2B 账户支付、电话支付、网上跨行转账、网上基金交易、企业公对私资金代付、自助终端支付等银行卡网上支付及增值业务。由于中国银联地位的特殊性，银联电子支付也可以看作特殊的第三方支付。

小案例2-1　　央行：目前我国移动支付普及率达到86%，居全球第一

2023 年 12 月 28 日下午，国务院新闻办公室举行国务院政策例行吹风会，介绍《非银行支付机构监督管理条例》有关情况，并答记者问。

近日，《非银行支付机构监督管理条例》（以下简称《条例》）已公开发布，对此，中国人民银行副行长张青松介绍，《条例》是中央金融工作会议之后出台的金融领域首部行政法规，是贯彻落实中央金融工作会议精神的具体举措，对于推动支付行业高质量发展具有里程碑意义。

支付行业在服务实体经济和民生需求方面一直发挥着基础性作用。经过数十年的发展，我国已经建立了以中央银行支付清算系统为中心，商业银行、清算机构、非银行支付机构等共同参与的广泛覆盖、安全高效的支付清算体系。目前，4 000 多家商业银行、180 多家支付机构，有效满足了 1.6 亿个经营主体和亿万消费者的支付需求。我国个人银行账户拥有率已超过 95%，高于中高收入经济体平均水平，移动支付普及率达到 86%，居全球第一。

快捷、安全、普惠的现代金融体系，是我国金融服务的特色亮点和重要标识之一。支付服务过去以商业银行为主，随着非银行支付服务的快速发展，逐渐呈现出商业银行提供大额、对公支付服务，支付机构聚焦小额、便民支付服务，二者既有竞争，也有分工合作的新格局。

在支付行业发展过程中，中国人民银行始终践行"支付为民"理念，坚持统筹发展和安全，全力维护支付行业良好秩序。我们将防范化解风险摆在突出位置，断开支付机构与银行直接连接，实施客户备付金集中存管，依法严肃查处各类违法违规行为，切实保障用户合法权益，取得积极成效。

加快支付领域法规制度建设是推进支付行业治理体系和治理能力建设的一项重要内容。2018 年以来，司法部、中国人民银行在深入调研、充分论证的基础上，起草形成了《非银行支付机构监督管理条例》草案。2023 年 11 月 24 日，国务院常务会议审议通过了《条例》，将于 2024 年 5 月 1 日起正式施行。《条例》的出台，进一步厘清了支付产业各方权利义务和责任边界，赋予监管部门依法行政权力，有力夯实行业规范健康发展的法治基础，标志着支付行业发展进入崭新阶段。

下一步，中国人民银行、司法部将加强政策宣传解读，指导支付机构落实好《条例》规定。同时，我们还将抓紧制定《条例》实施细则，做好非银行支付领域现有规章、规范性文件的修改和清理等工作。

资料来源　佚名．央行：目前我国移动支付普及率达到86%，居全球第一［EB/OL］．［2024-07-20］．https://news.cnr.cn/native/gd/20231228/t20231228_526538199.shtml.

2.移动支付

移动支付是指交易双方为了某种商品或服务而通过移动设备交换金融价值的过程。这里的移动设备包括手机、PDA、移动 PC 等。手机是目前移动支付中使用最普遍的移动设备，利用手机进行支付的方式通常称为手机支付。另外，类似公交卡、校园卡等能够"刷卡"支付的方式，也属于移动支付范畴。

移动支付的主要原理是在移动运营支撑平台上构建移动数据增值业务，把客户的手机等移动设备当作支付卡的载体或将手机号码关联至支付账户，使客户可以通过手机等移动设备进行身份确认和交易活动。目前，移动支付主要有以下几种模式：

（1）手机银行。借助手机的移动上网功能，通过浏览器或 APP 访问特定的支付页面实现支付，如各商业银行的手机银行。

（2）电子钱包。通过公交卡、一卡通等形式的智能储值卡功能进行的小额支付是电子钱包的一种类型。移动运营商与各地的市政相关机构、第三方行业卡公司、金融机构等合作，将各地的市政卡（市民卡、公交卡、一卡通）、行业卡或银行卡功能集成到手机卡中，将这种电子钱包与手机融合，用户刷手机就可以乘坐公交车、地铁、出租车等交通工具，还可以进行公共事业缴费、超市购物、门诊缴费、社保缴费等功能的应用。

（3）后台账户（包括话费账户）支付。移动支付系统为每个手机客户建立一个与手机号码绑定的后台支付账户，用户为该账户充值后，即可在合作商户使用该账户，通过 Web、短信、语音等方式进行支付。运营商将客户消费的金额从支付账户中扣除，服务提供方则通过与移动运营商的结算来获得收益。

（4）银行卡绑定模式。这是一种移动用户通过手机号码和银行卡业务密码进行缴费和消费的业务模式。这种模式要求移动用户将银行卡与手机号码事先绑定，在移动支付过程中，手机号码代替了定制关系对应的银行卡，用户只需要输入银行卡业务密码就可以了。中国银联和大多数的第三方移动支付服务提供商采用的都是这类业务模式。

（5）虚拟账户模式。用户在手机上安装第三方机构推出的具有第三方支付接口的手机客户端，通过在该第三方机构开立的虚拟账户完成支付，如支付宝的手机安全支付。

小案例 2-2　　　　移动支付对银行卡、现金等传统支付形成替代

——营造包容多元支付环境

移动支付快速发展

中国支付清算协会的数据显示，2013 年至 2022 年，全国移动支付业务笔数从54.51 亿笔增长至 11 412.97 亿笔，增长了 208 倍，交易金额从 10.83 万亿元增长至816.95 万亿元，增长了 74 倍。移动支付多领域、广覆盖，形成了全球领先的示范效应。

移动支付打破了时空的约束，使得消费不再局限于"面对面"。在移动支付的助推下，我国已经连续 11 年保持全球规模最大的网络零售市场地位。2023 年，全国网

上零售额达到 15.4 万亿元，连续 11 年稳居全球第一。

信用卡总量由升转降

从中国人民银行公布的支付体系运行总体情况看，近年来，信用卡数量由升转降。2021 年末，信用卡和借贷合一卡共计 8 亿张，同比增长 2.85%；2022 年末，这一趋势发生逆转，信用卡和借贷合一卡降至 7.98 亿张，同比下降 0.28%；2023 年，降幅进一步扩大。

截至 2023 年末，全国共开立银行卡 97.87 亿张，同比增长 3.26%。其中，借记卡 90.20 亿张，同比增长 3.92%；信用卡和借贷合一卡 7.67 亿张，同比下降 3.89%。

信用卡数量变化是否和移动支付的替代效应有关？

在业内人士看来，2023 年信用卡总量下降的主要原因是监管层对相关业务的规范管理。招联金融首席研究员董希淼认为，2022 年 7 月，两部门发布《关于进一步促进信用卡业务规范健康发展的通知》，信用卡业务从"跑马圈地"的粗放发展阶段迈入专业精细的新阶段，这也推动了相关机构调整信用卡业务。该通知落地以来，各大银行集中开展信用卡相关业务规范管理工作，主要围绕清理睡眠卡、限制单一持卡人持超量信用卡等问题，开展销户、减少持卡数量等工作。

研究人士指出，过去银行在发行信用卡时，存在"重拉新、轻留存"的现象，往往会形成大量的睡眠信用卡。2022 年以来，随着各家银行清理睡眠信用卡，再加上存量信用卡自然到期后，部分持卡人续办的意愿不强，造成 2023 年信用卡数据"水落石出"。

解决支付痛点难点

随着移动支付的高速发展，一些消费场景和消费群体产生了新的问题和堵点，商户境外银行卡受理终端（POS 机）覆盖率不足、现金使用"找零难"、现金"购票难"及"出行难"等问题客观存在，支付服务包容性有待提升。

2024 年 3 月 7 日，国务院办公厅印发《关于进一步优化支付服务提升支付便利性的意见》，提出了进一步优化支付服务、提升支付便利性的六大重点任务。近期，北京、深圳、广州已经召开了优化支付服务推进会。各地、各部门、各行业协同合作，指导督促金融机构加大工作力度，共同推动优化支付服务工作。其中，北京明确，2024 年 12 月底前，基本解决老年人、外籍来京人员等群体支付痛点难点问题。

提高支付便利性和包容性是一项系统工程，还要拓展各类支付场景，拓宽银行卡和现金在各种场景中的使用。

资料来源 佚名. 移动支付对银行卡、现金等传统支付形成替代——营造包容多元支付环境 [EB/OL]. [2024-04-06]. http://www.xinhuanet.com/fortune/20240406/2684bbb02cb34469acc12a46889c2bb1/c.html.

3. 电话支付

相对于互联网交互性强、具有发散性的特点，电话是独立、封闭的语音系统，也是专线系统，是点对点的数据传输，因此，电话支付的安全性更有保证。电话支付主要有两种模式：一种是消费者订购商品或服务后，通过电话拨打发卡银行的电话银行号码，按照自动语音提示完成支付。目前几乎所有的商业银行都推出了自己的电话银行，如中国工商银行的95588、中国民生银行的95568、招商银行的95555等。另一种是采用智能刷卡电话支付。智能刷卡电话的外观与一般电话一样，只是多了一道刷卡槽。除了通话功能外，它还具有除提取现金之外的所有ATM和POS机的功能。《2023年支付体系运行总体情况》显示，2023年，银行处理电话支付业务2.13亿笔，金额8.99万亿元，同比分别下降12.95%和13.07%。

4.金融专网支付

金融专网支付是较早被广大消费者接受的电子支付方式，并已经在大中城市普及。金融专网支付主要包括各商业银行的自助银行系统和销售场所的POS系统。自助银行借助ATM等现代化的自助服务设备为客户提供方便、高效的支付、转账等金融服务。POS系统则实现了人们现场购物的"刷卡"支付，用银行卡代替了现金，避免了验钞、找零等麻烦，使购物支付更为方便、安全。

5.有线电视网络支付

有线电视网络支付主要指通过IP机顶盒支付。IP机顶盒是一种视频解码终端，相当于一台自带嵌入式操作系统的计算机。IP机顶盒一端通过DSL或以太网方式接入IPTV（internet protocol television，交互式网络电视）网络，另一端将通过网络传输过来的媒体流等信息转换成模拟视音频输出至电视，由此在电视上实现视频点播、网页浏览、游戏等功能。它具备计算机的数据交换等基本功能，可以通过遥控器或PC直接操作。通过IP机顶盒支付，人们足不出户就可以缴纳水、电、煤气等各项生活费用。

依托在机顶盒终端或遥控器安装金融刷卡装置实现在线支付成为金融系统和网络运营商双方均认可的方式，其特点是采用端到端的加密方式和终端（机顶盒）实名控制，交易方式最为安全。这种方式虽然需要专用刷卡终端，但终端成本低廉，易于规模化推广。下面介绍一种采用银联金融IC卡进行的有线电视网络支付方式：该系统主要包括终端机顶盒（包含金融IC卡槽），BOSS在线支付接口，第三方支付系统设备如数据加密机、PSAM卡池、TSP服务器与PPP服务器。机顶盒安置在用户家中，作为自动缴费的支付工具；BOSS在线支付接口机位于网络公司机房，主要实现机顶盒身份认证、用户信息、交易信息验证、业务开通、对账等（与TSP服务器相互调用程序以及传送数据）；TSP服务器位于网络公司机房，完成用户交互、付费扣款、BOSS信息交互、传送消费信息至PPP服务器等任务；PPP服务器位于银联机房，负责接收TSP服务器的消费信息、对账，通过终端、BOSS系统接口机和第三方支付系统三方设备的数据交换完成自助在线缴费。

2.3 电子货币与电子钱包

随着电子支付工具和电子支付方式的产生和广泛应用，电子货币、电子钱包等在支付领域兴起。

2.3.1 电子货币

随着信息技术和电子商务的飞速发展，作为电子商务核心流程的电子支付应用越来越广泛，与此相应的货币新形式——电子货币——日益受到人们的关注，并且逐渐在多个领域替代传统纸币成为重要的货币形态。

1.电子货币的概念

目前，电子货币这个词语应用非常普遍，虽然很多学者、专家提出了自己对这个概念的理解，但尚没有明确而统一的定义。

巴塞尔银行监管委员会于 1998 年发布了关于电子货币的定义：电子货币是指在零售支付机制中，通过销售终端，在不同的电子设备之间以及在公开网络（如 Internet）上执行支付的"储值"和"预付支付机制"。

"储值"是指保存在物理介质（硬件或卡介质）中可以用来支付的价值，如智能卡、多功能信用卡等。"预付支付机制"是指存在于特定软件或网络中的一组可以传输并用于支付的电子数据。

从上述概念可以得出以下三个结论：

一是电子货币有以卡类为基础和以软件或计算机网络为基础两种存在形式。

二是电子货币的应用领域主要是零售支付。

三是电子货币是储值和预付支付机制，即电子货币的使用者必须向发行人预付实体货币以购买电子货币。

经过十几年的发展，电子货币在实际应用中已不再局限于零售支付机制，而是广泛应用于社会的各个领域，但其存在形式、流通方式、储值和预付支付机制基本没有改变。因此，我们可以这样理解电子货币：

电子货币是以电子信息技术为手段，以网络和电子设备为基础，以电子机具为媒介，以电子数据（二进制数据）为存储和传递形式，以信息流代替实体价值进行流通和支付的货币形式。电子货币具有以下三种基本特征[①]：

（1）电子货币以电子信息技术为手段，以电子机具为媒介。

（2）电子货币的流通实质上是电子信息流代替实体价值进行流通，这正如纸币的流通实质上是纸质凭证代替金属实体价值进行流通。

（3）电子货币仍然属于信用货币。电子货币仍然体现了债权人和债务人之间的信用关系，电子货币的发行体现的也是发行人对持有人的一种负债，其同纸币的发行一样可以给发行人带来铸币收入。

2.电子货币的类型

按照应用方式划分，电子货币主要有以下四种类型：

（1）储值卡型电子货币和虚拟货币。该类电子货币以储值卡或虚拟卡为载体。发行主体在预收客户资金后，发行储值卡或虚拟卡，使储值卡或虚拟卡成为独立于银行存款之外的新的"存款账户"。同时，储值卡或虚拟卡在客户消费时以扣减方式支付

---

① 龚晓莺，钟纪友. 试论电子货币的界定 [J]. 金卡工程，2009（9）：12-14.

费用，也就相当于从存款账户中支付货币。

（2）信用卡应用型电子货币。该类电子货币指商业银行或信用卡公司等发行主体发行的贷记卡。

（3）存款利用型电子货币。该类电子货币主要有借记卡和电子支票等电子票据，可用于对银行存款以电子化方式支取现金、转账结算、划拨资金。

（4）现金模拟型电子货币。该类电子货币主要指基于Internet网络环境使用的代替实体现金进行支付的二进制数据，通常称为电子现金（或数字现金），其一般保存在计算机硬盘内。该类电子货币具有匿名性，可用于个人之间支付，并可多次转手。

根据电子货币的发行主体，电子货币可以分为三类，如图2-7所示。

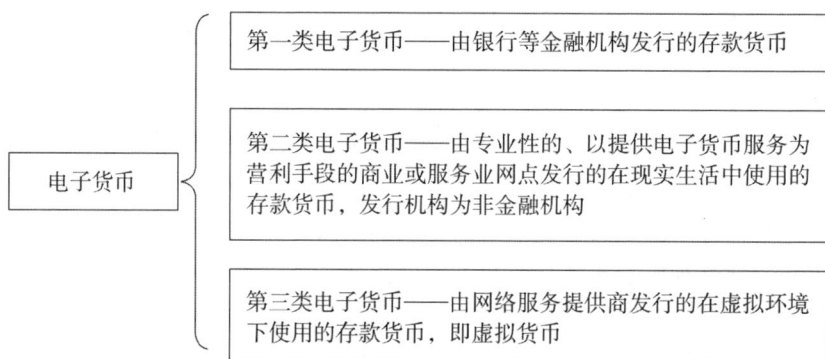

电子货币
- 第一类电子货币——由银行等金融机构发行的存款货币
- 第二类电子货币——由专业性的、以提供电子货币服务为营利手段的商业或服务业网点发行的在现实生活中使用的存款货币，发行机构为非金融机构
- 第三类电子货币——由网络服务提供商发行的在虚拟环境下使用的存款货币，即虚拟货币

图2-7　电子货币根据发行主体的分类

第一类电子货币本质上就是纸币在银行的存储形式，即存款货币，它的发行者是银行等金融机构，信息技术只是使其以电子形式表现出来。当我们在账户之间划拨资金时，实质上只是资金信息的传递。这类电子货币体现的是银行信用。商业银行开展的网上银行、电话银行、手机银行等业务，就是这类存款货币的典型应用。

第二类电子货币具有独立的发行主体，这个发行主体不仅发行电子货币，而且负责赎回所有其发行的电子货币，是整个电子货币方案的提供者和设计者。这类发行主体通常是专业性的，并以提供电子货币服务为营利手段，它们可以是商业或服务业网点，也可以是公共事业单位如煤气公司等。发行者会在银行开设一个临时账户，而使用者购买电子货币时将自己在银行的存款划转一部分到发行主体在银行开设的临时账户内。使用者持有电子货币，可以在任何接受这种电子货币的商家消费。这类电子货币体现的是商家信用，最常见的有电话卡、学校食堂的饭卡、公交卡等。

第三类电子货币的发行主体不仅发行电子货币，而且本身还提供用其电子货币消费的商品或服务。这类电子货币已经和银行完全脱离关系，并且只能用于购买发行主体提供的商品或服务。这类电子货币也称为虚拟货币，其发行主体一般为网络服务提供商，如大型商务网站、大型游戏网站等。用户需要通过其他支付方式购买虚拟货币，购买行为完成后，用户的资金已经向商户交付完成，而以后的消费支付只是双方交易的确认，并不发生资金的转移。目前，我国的网络虚拟货币主要有腾讯的Q币、新浪的微币、百度的百度币、网易的POPO币、猫扑的MM币、搜狐的狐币、联众的联众币、盛大的盛大点券、网易魔兽世界的金币，以及支付宝、贝宝、快钱等第三方支付账户中的网络货币等。此外，还有如比特币（BTC）、莱特币（LTC）等的数字货币。比特币是一种由开源的 P2P 软件产生的电子货币，也有人将比特币译为"比特金"，它是一种网络虚拟货币，主要用于互联网金融投资，也可以作为新式货币直接在生活中使用。2017 年 9 月 4 日，中国人民银行等七部委联合发布《关于防范代币发行融资风险的公告》，规定禁止从事代币发行融资活动（ICO），交易平台不得从事法定货币与代币、"虚拟货币"相互之间的兑换业务，不得买卖或作为中央对手方买卖代币或"虚拟货币"，不得为代币或"虚拟货币"提供定价、信息中介等服务。2021年 6 月 21 日，中国人民银行有关部门就银行和支付机构为虚拟货币交易炒作提供服务问题，约谈了多家银行和支付机构，禁止使用机构服务开展虚拟货币交易。

3.电子货币与传统货币的主要差别

电子货币是在传统货币基础上伴随着信息技术的发展而逐步发展起来的，其与传统货币在职能与作用等方面均存在许多共同之处。同时，作为一种全新的货币形式，电子货币与传统货币之间也存在十分明显的差别。

（1）发行机制不同。电子货币是不同发行主体自行开发、设计、发行的产品，其被接受程度和使用范围与发行者的信誉与实力、可使用的物理设备、相关协议等密切相关；其发行机制需要针对不同商户、不同产品进行调整，而且发行效力不具有强制性。传统货币则由中央银行垄断发行，并被强制接受、流通和使用，中央银行承担其发行的成本与收益，发行机制由中央银行独立设计、管理与控制。

（2）发行主体不同。电子货币的发行者是多元化的，可以是银行、非银行金融机构，也可以是公共事业单位、商业或服务业网点、网络服务提供商等企业组织。传统货币只能由中央银行垄断发行，而且为中央银行获得铸币税收入、行使基本职能和保持独立性奠定了基础。

（3）传递方式和流通地域范围不同。电子货币利用网络和通信技术进行电子化传递，传递的只是数字信息，不存在大量现金的转移，因而打破了时间和地域的限制，既快捷、方便，又安全、高效。传统货币传递时需要随身携带，或需要运钞车和保安人员进行押送，不仅传递时间长，而且传递数量和地域范围也相对有限。

（4）币值可分性不同。电子货币作为一种虚拟货币，不具有物理形态，其币值具有无限可分割性，可以满足任何小单位的交易支付。传统货币具有物理形态，其币值是固定的，不可无限分割。

（5）货币真伪辨别技术不同。电子货币的防伪只能通过加密算法或认证系统等安全技术来实现，而且需要随着安全技术的发展及时更新。传统货币的防伪主要依赖于物理手段。

（6）交易方式不同。电子货币基本上不需要面对面进行交易，交易双方不见面、不接触是电子货币的重要特点。传统货币通常需要面对面进行交易。

（7）存储空间不同。电子货币作为数字信息所占的空间极小。传统货币需要钱箱、保险箱或金库等存储设备，占用空间大。

数字人民币不是电子货币，因为其是货币本身，具有实体价值，而不仅仅是信息流。数字人民币是由中国人民银行发行的数字形式的法定货币，具有价值特征和法偿性。其与纸钞和硬币等价,主要定位于现金类支付凭证(M0),将与实物人民币长期并存,数字人民币支持双离线支付,主要用于满足公众对数字形态现金的需求,助力普惠金融。

2.3.2 电子钱包

随着信息技术和网络技术的广泛应用,电子商务及其核心环节——电子支付——迅速发展,在此过程中,电子钱包在小额支付领域应运而生,使人们可以方便地在线上线下购物、支付款项,避免了携带现金所带来的一切不便。

电子钱包是客户用来进行非现金小额支付,并且储存交易记录的特殊计算机软件或硬件设备。与一般的钱包用于存放现金、支付卡类似,在电子钱包内可以存放电子货币,如电子现金、电子信用卡等。目前,电子钱包在小额支付领域的使用非常普遍。

电子钱包主要有两种类型:基于储值卡的电子钱包和基于计算机软件的网上支付电子钱包。

1.基于储值卡的电子钱包

这类电子钱包是由专门的发行机构发行的,用于小额支付,不设密码、预先存入现金的卡片(如交通卡、校园卡、购物卡等)。持卡人在特约商户选购商品后,将电子钱包出示给商户,通过刷卡完成支付,另外还可以实现充值、查询、安全认证等,既可以进行联机支付,也可以进行脱机支付。

(1)储值卡式电子钱包的特点。

① 预先储值、不计息。该类电子钱包是预付费卡,在申请卡片时即预付资金,或者在需要时进行充值,这些资金不计息,为发行者带来大量沉淀资金,同时为持卡人带来一定风险。

② 不记名、不挂失。为了减少电子钱包的维护成本、简化交易机制和加快交易速度,大部分电子钱包都是不记名、不挂失的。支付时不需要进行身份认证,也不需要打印交易单据并签名确认,使用方便快速。这同时也带来了安全问题,例如,卡片丢失时无法挂失,卡中余额无法取回,非法持有他人卡片进行消费等。因此,持卡人能够接受的电子钱包内的资金额度是有限的,这也决定了电子钱包只能用于小额支付领域。

③ 脱机支付。出于对成本控制和交易速度的考虑,大部分的该类电子钱包选择使用脱机支付方式。这种方式不需要铺设通信系统将特约商户的刷卡设备同发卡机构相连,减少了通信系统初期投资与维护费用。

④ 使用环境相对封闭。由于电子钱包不是法定货币,其使用的范围与发卡机构的营销手段及受理环境的建设密切相关,一般在小范围、相对封闭的环境中应用,如公交系统、校园内等。

⑤ 小额支付。该类电子钱包的不记名、不挂失特性决定了其安全性较差,客户只会用于小额支付。同时,银行卡不能满足小额支付领域对离线支付和交易处理速度的需求,这为电子钱包在小额支付领域提供了良好的生存空间。

（2）储值卡式电子钱包系统的构成。储值卡式电子钱包系统由以下各方共同构成：

① 发卡机构。电子钱包发行的过程是持卡人向电子钱包发卡机构预付资金的过程，持卡人使用电子钱包在特约商户消费后，发卡机构才会将相应的金额划给特约商户。因此，发卡机构掌握了数目庞大、无须付息的沉淀资金。

② 持卡人。电子钱包给持卡人带来的主要利益是支付便利、不用找零、购物方便。如果发卡机构设置了奖励计划，那么持卡人还可以获得奖励。

③ 特约商户。电子钱包可以使特约商户避免现金交易的不足，提高支付效率，但需要在用卡环境方面进行一定的投资，并且支付一定的费用给发卡机构。

④ 充值机构。充值机构主要完成电子钱包的充值，能够获取一定的代理手续费。

⑤ 清算机构。正如银行卡的支付需要银联一样，如果多个发卡机构发行的电子钱包相互通用，就需要一个类似银联的清算机构负责资金清算。

（3）国外主要电子钱包标准。目前，世界上开放式电子钱包标准主要有四种：Visa Cash、Mondex、Proton 和 CEPS。详细内容参见第 5 章 "移动支付"。

Visa Cash 电子钱包卡有三种类型：一次性 Visa Cash 电子钱包卡、可充值的专用 Visa Cash 电子钱包卡以及与其他应用共存于同一张银行卡上的电子钱包卡。

Mondex 是一种灵活的电子现金卡，其最大的特点是可以方便地实现卡与卡之间资金无追踪地划拨，从而充分保证持卡人的支付隐私。

Proton 主要应用于比利时，将电子钱包复合在借记卡上，通过在 POS 机产品中集成 Proton 技术实现在任何一台 ATM 上为这种电子钱包储值。借记卡的持卡人使用电子钱包之前，需要到银行申请开通。它与 Mondex 电子钱包最大的区别是其每笔交易都可以被追踪审计。

CEPS 是一种通用电子钱包规范（common electronic purse specification），很多电子钱包发行商都表示支持 CEPS，Visa Cash 的新标准已经符合 CEPS 的标准，Proton 也表示其最终将会被 CEPS 应用方案取代。

小知识　国内首张 "电子钱包"银行 IC 卡

（4）储值卡式电子钱包系统的发展趋势。

① 标准趋向统一。统一标准带来的通用效果使得不同的电子钱包受理终端可以低成本共享，这是电子钱包跨行业、跨地区发展的重要前提。中国人民银行制定了接触式 IC 卡电子钱包标准，在非接触式射频卡领域亦取得了跨越式的进展，已经基本上实现非接触式射频卡的应用。

② 一卡多用。将电子钱包应用与银行卡、身份卡及其他智能卡应用相结合，实现一卡多用是电子钱包的一大发展趋势。中国香港的八达通卡就是一个成功的例子。

③ 与手机等移动设备融合。手机、钱包、钥匙几乎是每个人出门都要携带的东西，将电子钱包与手机融合，实现手机、电子钱包、身份识别等功能的统一，将是未来的一个发展趋势。目前，手机与电子钱包融合形成的手机电子钱包已经在我国运行。

2.基于计算机软件的网上支付电子钱包

这类电子钱包以软件的形式存在，主要用于网上消费和账户管理，通常与银行账户连接在一起。客户在使用之前，必须先在计算机或智能手机上安装符合安全标准的电子钱包软件，或者通过互联网直接使用与自己银行账户相连接的电子商务系统服务器上的电子钱包软件，这些软件通常是免费提供的。

这类电子钱包可以装入电子现金、电子信用卡、网络货币等电子货币。用户在使用电子钱包时，需要先通过电子钱包软件系统将相应的电子货币装入，支付时只需要在电子钱包软件中点击相应的电子货币项目即可完成。这类电子钱包一般需要身份认证，具有如下功能：

（1）安全可靠的加密措施和密码保护功能。用户可以修改保密口令和方式。

（2）安全的电子交易。用户信息及支付指令可以通过电子钱包软件进行加密传送和有效性验证。

（3）交易记录的保存。用户可以通过电子钱包软件查看自己银行账户上的收付往来账目和清单，自己以往的交易清单，并可以将相关结果打印出来。

目前，随着智能手机的普及，手机电子钱包软件因其方便性得到广泛应用，这些软件多因智能手机品牌、类型的不同而有所不同，多种多样，如SPB Software Wallet、Code Wallet Pro for PPC、PocketMoney、eWallet、PhoneWallet等。

@ 本章小结

支付工具是支付的媒介，是传达债权债务人支付指令，实现债务清偿和货币资金转移的载体。根据其发展历程，支付工具可以分为传统支付工具和现代（电子）支付工具。前者包括现金、票据等；后者包括银行卡、储值卡、虚拟卡、电子票据、电子现金、数字人民币等。

支付方式是使用支付工具完成支付的渠道。经历了一系列的变革后，支付方式由传统支付方式，经过初期网上银行支付方式，逐步发展到多种电子支付方式并存且相互补充的现代支付方式格局。传统支付方式包括现金支付、票据支付、汇兑、委托收款、托收承付、定期借记与定期贷记；电子支付方式主要包括互联网支付、移动支付、电话支付、金融专网支付、有线电视网络支付等。

支付工具、支付方式和货币形态之间存在一定的对应关系。随着电子支付工具和电子支付方式的产生和广泛应用，电子货币开始在支付领域兴起。电子货币按照发行机构分为三类：由银行等金融机构发行的电子货币；由专业性的、以提供电子货币服务为营利手段的非金融机构发行的电子货币；由网络服务提供商发行的在虚拟环境下使用的虚拟货币。按照应用方式划分，电子货币主要分为四种类型：储值卡型电子货币和虚拟货币、信用卡应用型电子货币、存款利用型电子货币以及现金模拟型电子货币。电子货币在发行主体、发行机制、传递方式和流通地域范围、币值可分性、货币真伪辨别技术、交易方式和存储空间等方面与传统货币都有明显的差别和优势。

电子钱包是储存电子货币，进行非现金小额支付，并且储存交易记录的特殊计算机软件或硬件设备。电子钱包目前主要有两种类型：基于储值卡的电子钱包和基于计算机软件的网上支付电子钱包。其中，前者在交通、校园、购物等行业和领域的应用较为广泛，后者与智能手机的融合应用发展迅速。

@ 关键术语

支付工具；贷记卡；借记卡；联名卡；储值卡；支付方式；汇兑；托收承付；委托收款；定期借记；定期贷记；电子现金；电子货币；数字人民币；电子票据；电子钱包

@ 习题

一、判断题

1. 汇兑是一种有效的支付工具。 （　　）
2. 我国目前多个城市使用的公交一卡通实质上就是一种电子钱包。 （　　）
3. 传统支付方式实质上就是银行的柜台支付方式。 （　　）
4. 银行代发工资是银行的定期借记支付方式。 （　　）
5. 信用卡是借记卡的一种。 （　　）

二、选择题

1. 校园卡属于（　　）。
A. 储蓄卡　　　　　B. 虚拟卡　　　　　C. 联名卡　　　　　D. 储值卡

2. 电子现金的特点是（　　）。
A. 独立性　　　　　B. 匿名性　　　　　C. 可迁移性　　　　D. 可分性
E. 安全性

3. 通过中国工商银行手机 APP 进行的支付属于（　　）。
A. 电话银行支付　　B. 移动支付　　　　C. 第三方支付　　　D. 网上银行支付

4. 利用支付宝支付属于（　　）。
A. 网上银行支付　　B. 电话支付　　　　C. 银联电子支付　　D. 第三方支付

5. 以下支付工具中，（　　）对应的不是电子货币。
A. 银行卡　　　　　B. 支票　　　　　　C. 储值卡　　　　　D. 虚拟卡

三、简答题

1. 简述支票的交易流程。
2. 简单比较支票、汇票、本票三者的主要区别。
3. 大家常说的贷记卡、借记卡、储值卡，它们之间有何区别？
4. 简述电子支付方式的主要类型。
5. 简述电子货币及其分类。
6. 简述储值卡式电子钱包的特点。

四、讨论题

1. 登录上海票据交易所网站（www.shcpe.com.cn），熟悉其中的票据信息，了解票据的相关政策及解读。
2. 登录中国人民银行网站（www.pbc.gov.cn），了解中国支付体系运行状况，特别是各种支付工具和支付方式的使用情况，了解支付相关法律法规及管理办法等信息。

3.你认为企业支付领域和个人支付领域支付工具的未来发展方向是什么？

@ 案例分析

数字人民币：一种全新的支付方式

中国人民银行从2014年启动数字人民币研究工作，到2019年开始试点工作，实际上数字人民币已经经历了很长时间的应用。目前，我国在数字人民币领域的研发、试点工作，已经处于全球央行数字货币（CBDC）领先位置。

我国研发数字人民币体系，旨在创建一种以满足数字经济条件下公众现金需求为目的、数字形式的新型人民币，配以支持零售支付领域可靠稳健、快速高效、持续创新、开放竞争的金融基础设施，支撑中国数字经济发展，提升普惠金融发展水平，提高货币及支付体系运行效率。

什么是数字人民币？

数字人民币是由中国人民银行发行的数字形式的法定货币，由指定运营机构参与运营并向公众兑换，以广义账户体系为基础，与实物人民币1比1兑换，共同构成法定货币体系。

数字人民币与纸币有什么区别？

尽管数字人民币与纸币都是人民币，但其本质上是两种不同的支付方式。具有以下几个方面的区别：

使用场景：纸币主要用于线下交易，而数字货币可以在线上和线下使用。

持有方式：纸币需要持有实体物品，而数字货币则是通过数字钱包进行持有和管理。

交易效率：数字货币交易更加高效，尤其是跨境支付，因为传统银行转账需要经过多个中间环节，耗时较长，而数字货币则可以实现实时交易。

防伪能力：数字货币采用了先进的密码学技术，具有更强的防伪能力。

数字人民币和微信、支付宝有什么区别？

数字人民币和微信、支付宝虽然都是一种支付工具，但其本质上存在较大差别。

发行主体不同：微信、支付宝是由第三方支付机构发行的电子支付工具，而数字人民币是由中国人民银行发行的国家数字货币。

货币属性不同：微信、支付宝是支付工具，没有货币属性，尚不具备作为储蓄或投资的功能，而数字人民币是一种数字化的法定货币，具备储蓄、投资等多种货币属性。

安全性不同：微信、支付宝的安全性取决于第三方支付平台的技术和管理水平，存在一定风险，而数字人民币采取了现代密码学技术和分布式账本技术等多重防护措施，更加安全可靠。

使用场景不同：微信、支付宝主要用于线上和线下的购物、转账等支付场景，而数字人民币也可以在线上和线下使用。

监管标准不同：微信、支付宝属于非银行支付机构，受到《非银行支付机构监督管理条例》等法规的监管，而数字人民币是由中国人民银行发行和管理的，受到更为严格的金融监管。

什么场景下可以使用数字人民币？

数字人民币可以在零售消费、交通出行、文化旅游、政务、校园、医养、商圈、金融等多个场景下使用，甚至还有部分行政机关单位实行工资全额数字人民币发放。未来，数字人民币的应用场景还将进一步扩展，比如电子票据、跨境支付等领域。

数字人民币安全吗？

数字人民币采用了多种安全技术，包括加密算法、分布式账本技术、智能合约等，以确保交易的安全和隐私。尽管如此，任何一种新技术都存在一定的风险，数字货币也不例外。我国政府对数字人民币的设计和运营进行了严格的监管和管理，以确保数字货币的安全性和稳定性。因此，数字人民币是相对安全的支付方式，用户可以放心使用。

收款方可以拒收数字人民币吗？

数字人民币是法定基础货币，收款方不得拒绝收受，就像不得拒绝收受纸质人民币一样。未来，数字人民币会有更多的用途和场景。相信随着数字经济的飞速发展，数字人民币也将成为推动我国经济创新升级、构建新型金融体系的一股重要力量。

资料来源　佚名. 数字人民币：一种全新的支付方式［EB/OL］.［2024-07-19］. http：//www.news.cn/money/20240129/daac3170dc484dcc90510088d2f52386/c.html.

问题：

数字人民币的定位是什么？数字人民币与微信、支付宝的区别是什么？如何促进数字人民币更广泛的使用？

第3章

网上银行支付

@ **教学目标与要求**

1.掌握网上银行与电子银行的区别；

2.了解网上银行的特点；

3.了解网上银行的功能；

4.掌握网上银行支付的主要流程；

5.了解我国典型网上银行的功能、流程；

6.了解网上银行常用的安全保障技术。

@ **知识架构**

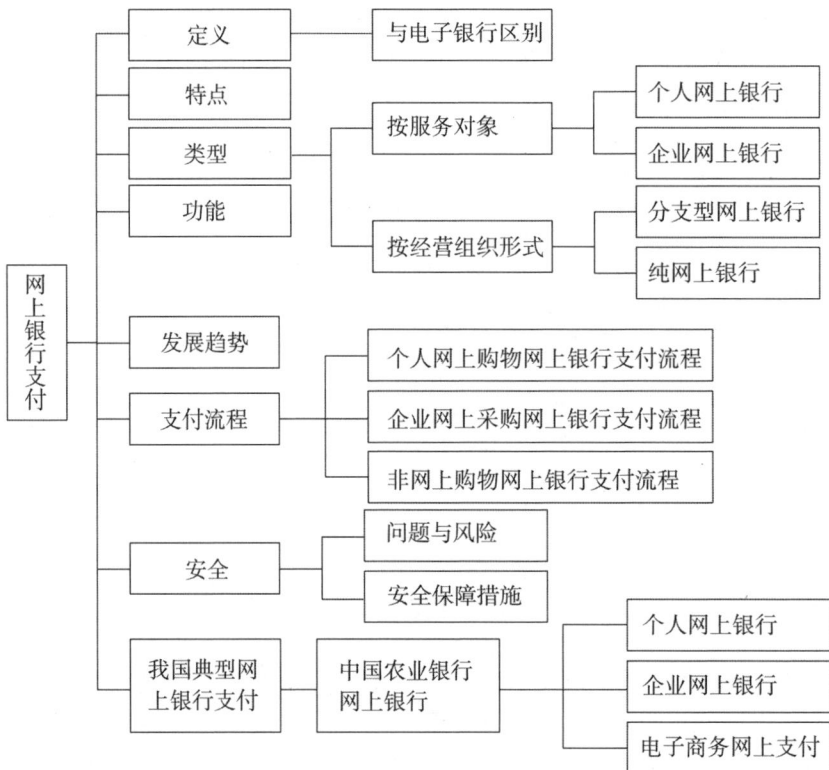

@ 导入案例　　2023年银行业金融机构离柜交易总额达2 363.82万亿元

我国互联网金融迅猛发展,中国银行业协会发布的《2023年中国银行业服务报告》显示,2023年,中国银行业积极主动开拓创新,围绕提升客户体验、增强数字化经营能力等方面,聚焦服务痛点,扎实推进营业网点、自助服务、线上服务和客户服务中心等全渠道建设管理和渠道间一体协同。利用社会经济发展及人口分布地理位置大数据信息,不断优化城乡网点布局,将金融服务覆盖到百姓金融需求的"最后一公里"。

银行业金融机构持续加大金融科技投入,以网上银行、手机银行为主阵地,进一步搭建功能齐全、场景完备、移动智能的线上渠道,不断提高业务办理效率,改善客户服务体验。据不完全统计,2023年,银行业金融机构离柜交易笔数达4 914.39亿笔,同比增长9%;离柜交易总额达2 363.82万亿元;行业平均电子渠道分流率为93.86%。截至2023年末,银行业金融机构客服从业人员4.17万人,全年人工处理来电7.23亿人次。

可以看出,网上银行作为银行业务的一个重要组成部分,在提供便捷服务的同时,也促进了银行业的整体发展。此外,其也反映了消费者对数字化金融服务接受程度的提高和对网上银行服务依赖程度的增加。银行业金融机构通过不断优化和创新网上银行服务,提高了用户体验,使得更多的交易能够通过网上银行渠道完成,从而推动了整个银行业的数字化转型。

资料来源　罗知之. 中国银行业协会发布《2023年中国银行业服务报告》[EB/OL].［2024-07-20］. http://finance.people.com.cn/n1/2024/0314/c1004-40195867.html.

目前,我国网上银行的普及率已经达到了一个新的高度,它在人们的日常生活中发挥重要的作用。网上银行的流程是怎样的?建设状况如何?已经采取了哪些安全防范措施?发展趋势如何?本章将为大家解答上述问题。

3.1　网上银行概述

Internet的迅猛发展和网民数量的急剧增加极大地促进了电子商务的发展,而网上银行正是银行业为满足不断发展的电子商务活动对在线支付需求、吸引更多客户、努力获取市场竞争优势所取得的创新成果。

3.1.1　网上银行的定义

与网上银行容易混淆的另一个概念是电子银行(E-bank)。电子银行是指商业银行利用计算机技术和网络通信技术,通过语音或其他自动化设备,以人工辅助或自助形式,向客户提供方便快捷的金融服务。呼叫中心(call center)、ATM、POS、自动存款机(cash deposit machine,CDM)、无人银行等多种多样的金融服务形式都在电子银行的范畴之内,而网上银行则主要指金融机构基于Internet平台所提供的各种金融服务。

目前，网上银行还没有一个最终的科学、规范而准确的定义，为了便于对网上银行进行管理和研究，许多机构对网上银行的定义进行了表述。以下是几个权威监管机构的定义：

1.巴塞尔银行监管委员会关于网上银行的表述

1998年，巴塞尔银行监管委员会（Basel Committee on Banking Supervision，BCBS）发表了题为《电子银行与电子货币活动风险管理》的报告。在这份报告中，网上银行被定义为："那些通过电子通道，提供零售与小额产品和服务的银行。"这些产品和服务包括：存货、账户管理、银行顾问、电子账务以及其他一些诸如电子货币等电子支付的产品和服务。

一般认为，这是国际银行机构首次以书面和正式文件的形式对网上银行作出的定义。这个定义的最大贡献在于，其将网上银行的活动与传统银行的活动分成了两个相对独立的层面，使网上银行的研究摆脱了具体技术和业务方面的局限性。这个定义将网上银行界定为"提供零售与小额产品和服务的银行"，隐含了网上银行是传统银行营销业务的辅助手段的含义。2000年10月，巴塞尔银行监管委员会又发布了《电子银行集团活动白皮书》，对网上银行的定义进行了一些补充。新的定义指出："这种银行服务既包括零售业务，也包括批发和大额业务。"按照新的定义，网上银行具有与传统银行对等的业务职能，这使网上银行具有了相对独立的地位。

2.美联储对网上银行的定义

美联储于2000年提出了一个内部使用的定义："网上银行是利用互联网作为其产品、服务和信息的业务渠道，向其他零售和公司客户提供服务的银行。"

3.美国货币监理署关于网上银行的表述

美国货币监理署（Office of Comptroller of Currency，OCC）于1999年发表了《网上银行检查手册》，总结了过去对网上银行的各种说法，给出了一个用于监管的定义：网上银行是指一些系统，利用这些系统，银行客户通过个人电脑或其他的智能化装置进入银行账户，获得一般银行产品和服务信息。

OCC的定义是目前网上银行定义中最为全面的一个定义。OCC提出的"系统"概念，实质上表明了网上银行作为一个独立组织存在和运行的方式，避免了人们将网上银行活动与营销宣传活动简单等同。同时，它将网上银行的业务扩展到"一般银行产品和服务信息"，也扩展了网上银行的外延。

4.欧洲银行标准委员会对网上银行的定义

欧洲银行标准委员会在其1999年发布的《电子银行》公告中，将网上银行定义为：那些利用网络为通过使用计算机、机顶盒及其他一些个人数字设备连接上网的消费者和中小企业提供银行产品和服务的银行。

这一定义主要是从银行客户的角度概括网上银行的活动，也有一定的局限性。随着网上银行在欧洲的发展，特别是在2000年后，欧洲中央银行在实际工作中已将网上银行的活动范围扩展到了所有客户。

5.英国金融服务监管局对网上银行的定义

英国金融服务监管局在其2000年4月公布的《储蓄广告条例》中，以附录的形式，对网上银行提出了一个笼统的表述。按照这种表述，网上银行可以定义为："通过网络设备和其他电子手段，为客户提供信息、银行产品和服务的银行。"

以上这些定义可以分为广义定义和狭义定义两种：广义的网上银行所涵盖的"网络"和"银行业务"的范围较广，"网上银行"一词中"网上"的含义，不仅指局域网（LAN）、互联网等开放型电子网络，还包括各类银行内部网络、资金转移网络、支付清算网络，甚至电信网络；网上银行包括了POS、电话银行、PC银行、家庭银行（home banking）、互联网银行等，涵盖了银行信息化的各个过程。狭义的网上银行中的"网络"和"银行服务"指向比较明确，是指在开放型网络上开展一类或几类银行实质性业务，这里的"开放型网络"主要指互联网。

通过上述介绍，我们可以认为广义的网上银行是指电子银行，而本书所说的网上银行，除非特指，都是狭义的概念。网上银行就是指采用Internet数字通信技术，以Internet作为基础交易平台和服务渠道，在线为公众提供办理结算、信贷服务的商业银行或金融机构服务系统，也可以理解为Internet上的虚拟银行柜台。

3.1.2　网上银行的特点

网上银行是电子商务迅速发展、银行业竞争加剧、人们生活需求提高、金融不断创新的结果。它源自传统银行并逐步得到了扩展与延伸。相对于传统银行，网上银行在其发展中表现出了以下几方面的特点：

1.服务方便、快捷、高效

通过网上银行，用户可以享受到方便、快捷、高效和可靠的全方位服务，在任何需要的时候都可以使用网上银行的服务，不受时间、地域的限制，即实现"3A"服务。

2.成本低廉

相对于传统银行，网上银行具有一定的成本优势。首先，网上银行的创设费用较低，无须铺设物理的营业网点，无须昂贵的装修费用；其次，网上银行可以节省日常经营所需的费用，如水电费、办公用品费用以及人员工资支出费用；最后，网上银行利用互联网的优势，摆脱了地域限制，实现了业务的自动化处理，大大降低了单笔业务的交易费用。

3.服务更标准、更规范

网上银行具有标准、规范的业务处理流程，与营业网点相比，避免了因工作人员业务素质高低以及情绪好坏不同所带来的客户满意度的差异，并且网上银行还能够利用其低成本的优势为客户提供一对一的专业服务，让客户根据自身的需求自行挑选网上银行所提供的多样化金融服务，形成对客户的差异化服务，从而提高客户的满意度与忠诚度。

4.私密性强

网上银行通过对称与非对称两种加密系统对客户信息进行加密保护，具有很强的私密性。用户足不出户就可以办理绝大部分银行业务，避免了在传统银行柜台办理业务时与柜员交流、输入密码、打印回执单等环节中隐私被泄露的可能性。

3.1.3　网上银行的类型

按照不同的标准，网上银行可以分为不同的类型。

1.企业网上银行和个人网上银行

按服务对象不同，网上银行可以分为企业网上银行和个人网上银行。

（1）企业网上银行。企业网上银行主要针对企事业单位、政府机关等组织客户。组织客户可以通过企业网上银行服务实时了解组织的财务运作情况，及时在组织内部调配资金，轻松处理大批量的网上支付和工资发放业务，并可处理信用证相关业务。例如，中国工商银行企业网上银行是中国工商银行为企业客户提供的网上自助金融服务，其受到企业界的广泛关注。

（2）个人网上银行。个人网上银行主要适用于个人与家庭的日常消费支付与转账。客户可以通过个人网上银行服务完成实时查询、转账、网络支付和汇款功能。个人网上银行服务的出现，标志着银行的业务触角直接伸展到个人客户的 PC 桌面上，方便实用，真正体现了家庭银行的风采。例如，中国工商银行个人网上银行是中国工商银行为个人客户提供的网上自助金融服务，近年来在广大个人客户群体中的影响日益加大，越来越多的个人客户成为中国工商银行个人网上银行的注册客户。

2.分支型网上银行和纯网上银行

按经营组织形式不同，网上银行可以分为分支型网上银行和纯网上银行。

（1）分支型网上银行。分支型网上银行是指现有的传统银行将互联网作为新的服务平台，建立网上银行站点，提供在线金融服务。它类似于该银行的其他物理分支机构或柜台，是原有银行业务与网络信息技术相结合的结果，相当于银行的一个特殊分支机构或营业点，因而又被称为"网上分行""网上柜台""网上分理处"等。

分支型网上银行一般既可单独开展业务，又可为其他非网上分支机构提供辅助服务。早期的单独业务主要集中在账务查询、转账、在线支付等一些不涉及资金实物转移和书面文件需求的领域。随着网络技术和电子商务的发展以及客户对网上银行和电子支付工具的日渐熟悉，现在的分支型网上银行已经能够独立开展各类银行业务，包括网上开户、网上贷款、电子支票或账单提交、资产或证券交易等。

对于分支型网上银行，大部分银行沿用其现有银行的名称和品牌，也有部分银行从战略的角度考虑，使用了新的名称。

分支型网上银行的优点在于：其可以利用银行已有的技术、人员和客户资源，有效地帮助主体银行改善银行形象和客户服务手段，迅速开发新的银行服务产品，扩展市场空间和渠道，满足客户需求，降低成本，提高效率。

（2）纯网上银行。纯网上银行又称虚拟银行（virtual bank），起源于 1995 年成立的美国安全第一网络银行。纯网上银行是为专门提供在线银行服务而成立的独立银行，因而也被称为"只有一个站点的银行"。纯网上银行一般只设有一个办公地址，既无分支机构，又无营业网点，几乎所有业务都通过网络进行。

处于不同发展阶段的纯网上银行，其主要业务亦不相同。在初级阶段，纯网上银行一般不提供信用评定和贷款业务；在成熟阶段，纯网上银行几乎具有传统银行所有的产品和服务，但在现金的收付上仍需依赖现有的 ATM 系统或邮政系统。

纯网上银行可以树立自己的品牌，以极低廉的交易费用实时处理各种交易，提供更优惠的存贷款利率，提供一系列投资、抵押和保险综合服务。与传统银行相比，纯网上银行也存在一些缺陷。例如，无法收付现金，以致加重了对第三方机构的依赖；需要法律和客户方面的确认；需要培养银行客户的信任度和忠诚度等。近年来，美国纯网上银行的经营业绩并不尽如人意。

纯网上银行与传统银行在多个方面存在区别。在运营模式上，纯网上银行完全依赖于互联网进行所有业务操作，没有实体分支机构；而传统银行通常拥有实体网点，提供面对面的服务。在客户体验上，纯网上银行提供 24/7 的在线服务，客户可以随时随地通过互联网访问银行服务，具有"3A"（anytime，anywhere，anyhow）特点；而传统银行的服务受限于营业时间及地理位置。在成本结构上，纯网上银行由于缺乏实体网点，其经营成本相对较低；而传统银行需要维护实体网点，会带来更高的运营成本。在产品与服务上，纯网上银行提供更加灵活和创新的金融产品；而传统银行的产品和服务更加标准化，创新速度相对较慢。在市场定位上，纯网上银行更侧重于特定市场细分或特定服务，如小微企业贷款或个人消费贷款；而传统银行通常提供全面的金融服务，覆盖个人、企业以及投资银行等多个领域。

目前，我国挂牌的纯网上银行共有 6 家，分别是微众银行、网商银行、新网银行、众邦银行、苏商银行和百信银行。

微众银行是由腾讯公司及百业源集团、立业集团等知名民营企业发起设立的，总部位于深圳，2014 年 12 月经监管机构批准开业，是国内首家民营银行和互联网银行。其注册资本达 30 亿元人民币，由腾讯公司、百业源集团、立业集团作为主发起人，其中腾讯公司认购该行总股本 30% 的股份，为最大股东。

网商银行是由蚂蚁金服作为大股东发起设立的我国第一家核心系统基于云计算架构的商业银行。其作为银保监会（现为国家金融监督管理总局）批准的中国首批 5 家民营银行之一，于 2015 年 6 月 25 日正式开业。

新网银行是四川省首家民营银行，于 2016 年 12 月 28 日正式成立。其定位为新一代互联网银行，致力于通过互联网技术为广大消费者和小微企业提供定制化的金融服务。这意味着，新网银行成为继微众银行、网商银行之后全国第三家同时也是中西部首家互联网银行。

众邦银行是专注服务小微大众的互联网交易银行。其作为银保监会（现为国家金融监督管理总局）批准成立的全国第 11 家民营银行，也是湖北省首家民营银行，于 2017 年 5 月 18 日正式开业，初始注册资本为 20 亿元，2020 年完成增资扩股，注册资本达到 40 亿元。

苏商银行成立于 2017 年 6 月，原名为苏宁银行，由江苏省多家大型民营企业共同发起，注册资本为40亿元，是银保监会（现为国家金融监督管理总局）批准成立的一家商业银行，也是江苏省首家民营银行、江苏省首家数字银行。2024年3月，苏宁银行变更名称为苏商银行。

百信银行是国内首家独立法人直销银行，也是首家国有控股的互联网银行，于2017年由中信银行和百度联合发起成立。其市场定位是"为百姓理财，为大众融资"，推出了消费金融、小微金融和财富管理三大核心业务。

从资产端分析，发放贷款及垫款为纯网上银行资产端主要配置方向。根据2022年银行财报的数据显示，截至2022年末，微众银行的资产总额为4 738.62亿元，较上年末增长8%；网商银行的资产总额为4 410.89亿元，较上年末增长3.58%；众邦银行的资产总额为1 077.88亿元，较上年末增长23.72%；苏商银行的资产总额为1 042.89亿元，较上年末增长3.03%；百信银行的资产总额为969.22亿元，同比增长22.06%；新网银行的资产总额为848.20亿元，同比增长48.50%。

从负债端分析，纯网上银行负债端主要由吸收存款和同业负债组成。由于成立时间较短，融资渠道尚未拓宽，又受到"一行一店"监管要求外加互联网银行无实体网点的限制，导致存款获客十分受限，因此，大多数网上银行早期除了依靠自有资本展业外，主要依赖同业负债。根据银行财报的数据显示，截至2022年末，微众银行的负债总额为4 374.48亿元；网商银行的负债总额为4 195.92亿元；苏商银行的负债总额为1 248.34亿元；众邦银行的负债总额为1 027.27亿元；百信银行的负债总额为894.87亿元；新网银行的负债总额为783.86亿元。

3.1.4 网上银行的功能

随着Internet技术的不断发展创新，网上银行提供的服务种类、服务深度不断丰富、提高。从总体上讲，网上银行提供的服务一般包括两类：一类是传统商业银行业务的网上实现。这类业务基本上在网上银行建设的初期占据了主导地位，传统商业银行将网上银行作为自身业务品种的一个新兴的分销渠道。另一类是完全针对互联网的多媒体互动特性设计提供的创新性业务品种。这类业务在组织机构和业务管理模式方面从根本上打破了传统商业银行的各种条条框框，打造了真正意义上的网上银行。

从业务品种细分的角度来看，网上银行一般包括以下几方面的功能：

1.发布公共信息

网上银行通过Internet发布的公共信息一般包括银行的历史背景、经营范围、机构设置、网点分布、业务品种、利率和外汇牌价、金融法规、经营状况、招聘信息以及国内外金融新闻等。通过公共信息的发布，网上银行向客户提供了有价值的金融信息，同时进行了广告宣传；客户可以很方便地认识银行、了解银行的业务品种情况以及业务运行规则，为进一步办理各项业务提供了方便。

2.受理客户咨询、投诉

网上银行一般以E-mail、BBS为主要手段，向客户提供业务疑难咨询以及投诉服务，并以此为基础建立网上银行的市场动态分析反馈系统。网上银行通过收集、整理、归纳、分析客户的各式各样的问题和意见以及客户结构，及时地了解客户关注的焦点以及市场的需求走向，为决策层提供了决策依据，便于及时调整已有业务及经营模式或设计创造新的经营方式和业务品种，更加体贴周到地为客户服务，并进一步扩大市场份额，获取更大收益。

3. 账务查询

网上银行可以充分利用一对一服务的特点，向企事业单位和个人客户提供其账户状态、账户余额、账户一段时间内的交易明细清单等事项的查询功能，同时，为企业集团提供所属单位的跨地区多账户的账务查询功能。这类服务的特点主要是客户通过查询来获得银行账户的信息，以及与银行业务有直接关系的金融信息，而不涉及客户的资金交易或账务变动。

4. 申请和挂失

这项功能主要包括存款账户、信用卡开户，电子现金、空白支票申领，企业财务报表、国际收支申报单报送，各种贷款、信用证申请，预约服务申请，账户挂失，预约服务撤销等。客户通过网上银行可以清楚地了解有关业务的章程条款，并在线直接填写、提交各种银行表格，简化了手续，提高了效率。

5. 网上支付

网上支付功能主要向客户提供互联网上的资金实时结算功能，是保证电子商务正常开展的关键性的基础功能，也是网上银行的一个标志性功能。没有网上支付功能的银行站点，充其量只能作为一个金融信息网站，或称为"上网银行"。网上支付按交易双方客户的性质分为 B to B（business to business，也写作 B2B）、B to C（business to consumer，也写作 B2C）、C to C（consumer to consumer，也写作 C2C）等交易模式。

（1）内部转账功能。为了方便客户灵活运用资金和进行账户管理，网上银行允许客户在自己名下的各个账户之间进行资金划转，如定期转活期、活期转定期、汇兑、外汇买卖等不同币种、不同期限资金之间的转换。

（2）转账和支付中介业务。客户可以根据自身需要，在网上银行办理网上转账、网上汇款等资金实时划转业务。该业务为网上各项交易的实现提供了支付平台。客户可以办理转账结算、缴纳公共事业费（煤气、水、电、电话、有线电视等费用）、发放工资、银证转账、证券资金清算等；通过网上支付，也可以完成 B2C 和 C2C 商务模式下的购物、订票、证券买卖等零售交易，以及 B2B 商务模式下的网上采购等批发交易。这类服务真正地实现了不同客户之间的资金收付划转功能。

（3）金融创新。基于 Internet 多媒体信息传递的全面性、迅速性和互动性，网上银行可以针对不同客户的需求开辟更多便捷的智能化、个性化的服务，提供传统商业银行在传统业务模式下难以实现的功能。比如，企业集团客户通过网上银行可以查询各子公司的账户余额和交易信息，并在签订多边协议的基础上实现集团内部的资金调度与划拨，提高集团整体的资金使用效益，为客户改善内部经营管理、财务管理提供有力的支持。

在提供金融信息咨询服务的基础上，网上银行以资金托管、账户托管为手段为客户提供专业化理财建议和顾问方案；采取信用证等业务操作方式为客户之间的商务交易提供信用支付的中介服务，从而在信用体制不尽完善、合理的情况下，积极促进商务贸易的正常开展；建立健全企业和个人的信用等级评定制度，实现社会资源的共享；根据存贷款的期限，向客户提前发送转存、还贷或归还信用卡透支金额等提示信息。

3.1.5　我国网上银行的发展趋势

网上银行是现代银行业的发展方向，指引着银行未来的发展趋势。网上银行的发展趋势将主要呈现以下几方面的特征：

1.个性化

一方面，传统银行提供服务的成本相对较高，渠道较少，掌握的人力资源和客户信息有限，很难做到有针对性地为不同客户提供不同特色的服务；另一方面，银行提供的金融产品和服务不断增多，客户对这些产品和服务缺乏足够的了解，面对诸多的选择无从下手，这既不能满足客户的需要，也不利于银行产品和服务的推广。随着网上银行的快速发展，信息的收集、传递、保存、分析工作简便快捷，人机交互实时方便，加深了银行和客户的相互了解，人们更希望按照自己的需求获得个性化的产品和服务。为了提高竞争力，吸引更多的新客户，提高客户的忠诚度，各大银行越来越重视个性化产品和服务的经营。

2.合规与标准化

网上银行以虚拟化方式方便快捷地为客户提供丰富的金融产品和服务。与传统银行的传统业务相比，网上银行具有新渠道、新产品、新特性，但也面临新问题、新风险、新环境。过去制定的相关法律法规、流程规则已经不能满足需要，制定和完善适宜的行业标准、业务流程、法律法规，采用标准的网络和软硬件平台与工具将是网上银行的一大发展方向。

3.强化安全性与风险管理

安全问题是网上银行的一个基本问题，也是一个突出问题。机密交易资料被盗用或改变、客户账户密码被窃取或非法篡改、账户资金被挪用等情况时有发生，诸如此类的安全问题已经成为网上银行风险防范的重点。目前，各大银行虽然都采取了各种安全手段，如设立防火墙，采用数字证书等加强身份识别，使用密码数字键盘、验证码、加密狗等加强信息传输安全，但是安全事故仍无法杜绝。因此，采取诸如高复杂度加解密算法、指纹识别等更加安全的技术措施和风险管理方案，进一步加强安全风险监控，仍将是网上银行的重要关注点。

3.2　网上银行支付流程与安全

网上银行作为一种全新的事物出现在人们面前，颠覆了传统银行的操作概念，客户通过互联网与银行直接相连，动动手指并轻点鼠标即可完成支付任务。在整个支付过程中，对于支付指令与资金传递等环节，人们都无法直观感受到，而且其中存在诸多安全隐患，必须通过一定的技术手段、管理规则和法律法规来保障支付各方的合法权益。

3.2.1　网上银行的网上支付模式

电子商务按照不同的分类标准，有着不同的划分方式。按照服务对象的不同，电子商务可以分为六类：B2B、B2C、C2C、B2G（business to government）、G2C（government to consumer）和 G2G（government to government）。其中，我们接触比较多的是 B2B、B2C 和 C2C。在我国，网上银行按照服务对象的不同分为个人网上银行和企业网上银行。一般来说，个人网上银行可以满足 B2C、C2C 网上支付的需求，企业网上银行可以满足 B2B 网上支付的需求。这样，可以将网上银行的支付模式概括为个人网上银行的网上支付模式和企业网上银行的网上支付模式。

1. 个人网上银行的网上支付模式

国际上，个人网上银行的支付通常是采用信用卡账号进行的。在我国，大多数情况下使用借记卡账号进行支付，但使用信用卡的比例呈现不断增加的趋势。无论是使用信用卡还是使用借记卡，个人网上银行的支付都是通过客户的账号进行的。

根据美国金融科技服务商 FIS 旗下的 Worldpay 发布的《2023 年全球支付报告》（Global Payments Report 2023），疫情防控常态化背景下，我国线上消费快速发展并持续催生出一系列多样化生态模式。作为中国消费者的主流购物渠道，我国市场的电子商务交易额在 2021 年至 2022 年间实现了 10% 的增长。我国电子商务市场预计到 2026 年将继续以 9% 的复合年均增长率稳定增长，预估交易额将达 3.2 万亿美元。该报告显示，2022 年，数字钱包支付在电子商务交易中的占比达到 81%，在销售点（POS）的占比达到 56%，并且根据报告分析预测，数字钱包在我国的增长趋势不会放缓，预计到 2026 年其在销售点（POS）的交易额占比将达到 66%。同时，信用卡、借记卡和现金的份额则会受到影响。随着数字钱包的大幅增长和数字人民币的日益普及，现金在销售点（POS）的交易额占比预计到 2026 年将下降到 5%。[①]

2. 企业网上银行的网上支付模式

企业网上银行的网上支付模式与个人网上银行采用账号进行支付的过程比较类似，但企业网上银行除了可以采用借记卡进行支付外，通常还可利用电子支票来完成支付。由于企业的网上支付通常涉及大规模的资金转移，因此其采取的安全防护手段更为先进。

企业网上银行的网上支付模式在客户前台是基于 Internet，采用数字签名、数字证书等相关安全技术，以保证支付信息的真实性与有效性；在银行后台则是基于金融专用网络，类似于电子汇兑系统的后台处理方式。

---

① 佚名. FIS 2023 年全球支付报告：中国先买后付快速增长，数字钱包占主导［EB/OL］.［2023-04-23］. https://new.qq.com/rain/a/20230423A09PDE00.

3.2.2　网上银行的网上支付流程

1.应用个人网上银行进行网上购物的支付流程

应用个人网上银行进行网上购物的支付流程，如图3-1所示。

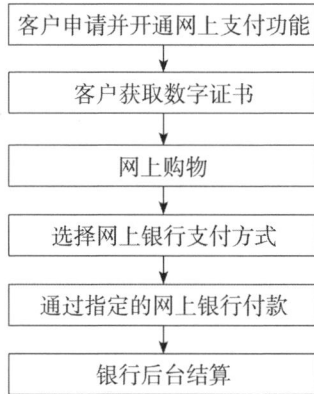

```
客户申请并开通网上支付功能
        ↓
客户获取数字证书
        ↓
网上购物
        ↓
选择网上银行支付方式
        ↓
通过指定的网上银行付款
        ↓
银行后台结算
```

图3-1　应用个人网上银行进行网上购物的支付流程

（1）客户申请并开通网上支付功能。客户在个人网上银行开设个人账户，并向其中存入一定金额的现金；也可以凭借自己的信用卡或借记卡，开通网上支付功能。

（2）客户获取数字证书。客户到认证中心申请一个数字证书，并将其安装在个人计算机上。

（3）网上购物。在网上商店进行购物，并检验商家服务器证书，验证商家身份。

（4）选择网上银行支付方式。挑选好商品后，选择网上银行支付方式，自动进入网银支付页面，客户利用之前申请的账户进行支付。

（5）通过指定的网上银行付款。在支付页面中输入客户支付卡号和密码，系统将付款资料传入银行网络完成验证并反馈回来，如果成功，则支付款项已经从客户账户中扣除，商家则可以组织发货。

（6）银行后台结算。通常，银行从客户账户中扣除的货款并不是实时划转到商家的账户上，而是采取批量处理方式，进行批量金额划转。

这样，一次完整的网上购物就完成了。值得注意的是，这只是网上银行一次纯粹的在线直接转账形式。对于网上银行来说，它的网上支付功能很强大，除了这种直接与消费者、商家接触的支付方式外，其还是其他支付平台的支撑，如利用第三方支付平台进行支付的时候也需要通过网上银行完成支付。

2.应用企业网上银行进行网上采购的支付流程

企业网上银行支付一般分为四个阶段，即准备阶段、买方购物阶段、买方支付阶段以及银行后台清算兑付阶段。具体来说，有以下一些基本流程（如图3-2所示）：

客户申请并开通网上银行支付功能

↓

安装并配置客户端软件，获取数字证书

↓

网上采购

↓

选择网上银行支付方式

↓

通过指定的企业网上银行付款，得到支付状态信息

↓

银行后台清算兑付

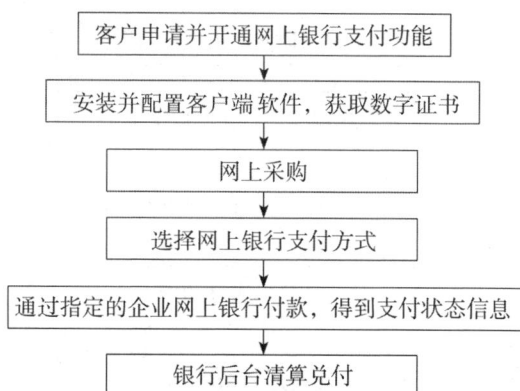

图3-2 应用企业网上银行进行网上采购的支付流程

（1）客户申请并开通网上银行支付功能。

（2）安装并配置客户端软件，获取数字证书。

（3）网上采购。买方浏览网上商品→与卖方达成购物意向→签订电子合同→选择使用企业网上银行进行支付→进入支付页面。

（4）选择网上银行支付方式。

（5）通过指定的企业网上银行付款，得到支付状态信息。系统会自动启动企业网上银行的应用页面，客户在登录窗口中输入账号和密码，进入网上银行支付表单。这时，表单中已有买方支付账号以及企业的相关信息，在表单中按要求填入信息，然后就可以确认支付了。网上银行支付表单直接提交给买方开户行，银行确认真实有效后，直接在后台利用电子汇兑系统进行资金转账处理。确认支付的过程就是将相应的支付表单借助相关安全手段提交给买方开户行，同时给卖方发送一个付款通知。不论支付成功与否，客户都可以看到网上银行或商家返回的提示信息。

（6）银行后台清算兑付。企业网上银行收到买方提交的支付表单后，通过 CA 中心对买方身份、支付表单内容的真实性与有效性进行认证，如果验证不能通过，则发送买方拒绝处理消息；如果通过，则企业网上银行向买方发出支付表单确认通知，利用后台系统，向卖方开户行划出相应资金金额。卖方开户行确认资金到账后，向买方企业网上银行发送确认消息，同时向卖方发出到款通知。买方企业网上银行收到卖方开户行的收款通知后，向买方发出付款通知。

至此，整个支付流程结束。现实中，企业网上银行在业务流程、技术应用、法律保护等方面需要进一步的规范，从而更好地保证企业网上采购的安全、便捷。

3.非网上购物交易的网上银行支付流程

如果要利用网上银行完成非网上购物交易的支付，如电子转账、缴费、理财等，大体需要如图 3-3 所示的几个过程，详细内容参考本章最后一节。

3.2.3 网上银行支付存在的安全问题及技术保障

在了解网上银行的支付流程后，人们最为关心的莫过于网上银行支付的安全问题。常有不法分子通过钓鱼网站、服务器攻击、域欺骗（DNS 缓存投毒或域名劫持）、

```
┌─────────────────────────────────────┐
│  客户申请并开通网上银行支付功能       │
└─────────────────────────────────────┘
                 │
┌─────────────────────────────────────┐
│   安装客户端软件，获取数字证书        │
└─────────────────────────────────────┘
                 │
┌─────────────────────────────────────┐
│  登录网上银行服务系统，通过安全认证   │
└─────────────────────────────────────┘
                 │
┌─────────────────────────────────────┐
│        执行需要的服务功能             │
└─────────────────────────────────────┘
                 │
┌─────────────────────────────────────┐
│         银行后台结算                  │
└─────────────────────────────────────┘
```

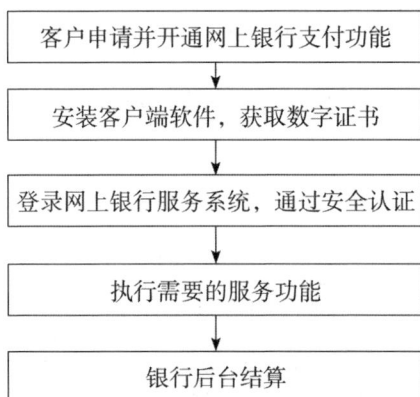

图3-3　非网上购物交易的网上银行支付流程

木马程序等黑客手段盗取客户的账号、密码、证书等资料，以达到冒充身份、实施盗窃的目的。从上述网上银行支付流程可知，网银交易的安全保障主要包括如何进行用户合法身份的确认，如何保证账户资料和交易信息在保存和传输过程中不被窃取或更改。另外，还应该考虑到如何阻止黑客非法侵入银行主机和核心资料系统，盗取或篡改客户账户信息和交易支付信息等。各大银行都对此采取了一定的防范措施，如建立权威的认证中心（certificate authority，CA）、采用数字证书技术、建设安全的网关、采用或制定特定的通信协议、完善信息加密技术等。

下面我们从银行和客户（包括消费者与商家）的角度分别阐述存在的安全问题，以及银行采取的主要安全保障措施。

1.网上银行支付中银行面临的风险和安全问题

站在银行的立场上，银行的业务数据多数是与储户账户相关的敏感数据，如储户的账户号码、账户密码、账户中的存款余额等，而互联网是一个开放的公共网络，面临诸多不安全因素。因此，网上银行业务给银行带来了各种各样的风险，特别是操作风险、战略风险、信誉风险和法律风险等。

（1）网上银行系统面临的安全威胁。因为网上支付过程是在一个开放的公共网络中进行的，一般来说，网上银行系统在运行过程中受到的安全威胁主要来自如下几个方面：

① 假冒用户身份。攻击者盗用合法用户的身份信息，以假冒的身份与他人进行通信，这是最常见的网络攻击方式。

② 窃取、篡改网络上的信息。攻击者在网络的传输链路上，通过物理或逻辑的手段，对数据进行非法截获与监听，从而得到通信中的敏感信息；系统中的用户及外来者未经授权窥视他人的电文内容以获取商业秘密，或者篡改其内容，损害他人的经济利益。

③ 抵赖。某些用户会恶意否认自己曾发出的信息，如否认自己发出的转账信息等，易造成银行的经济损失。

④ 重发信息或丢失信息。攻击者在截获网络上的密文信息后，有可能将这些数据包恶意重复多次发送或删除；安全措施不当，也会导致电文丢失。

⑤ 拒绝服务。有些原因可能会导致银行系统停止工作或不能对外服务，即所谓的拒绝服务。

（2）网上银行业务面临的风险。正是因为网上银行系统存在上述诸多安全威胁，网上银行业务也就难免面临一些风险。

① 安全性风险。如上所述的各种安全问题都会造成安全性风险，攻击可能来自外部，也可能来自内部。与外部攻击相比，内部攻击潜藏着更大的安全性风险。因此，银行制定一套有效的内部管理机制是十分必要的。

② 操作风险。操作风险可能源于系统的可靠性或完整性严重不足，也可能源于客户的误操作或系统设计、实施中的缺陷。

系统设计或实施不完善、对外部服务提供商存在依赖等都将给银行带来操作风险。信息技术的快速发展也会造成网上银行系统过时的风险。网上银行业务改变了银行传统的业务模式，这也给银行造成了较大的操作风险，因此，银行必须对内部组织和管理方式进行变革，制定一套有效的、严格的内控机制。

网上银行操作风险主要集中在个人网上银行。由于个人客户多而分散，素质参差不齐，难于管理，再加上网上银行具有"3A"特性，客户操作时间、地点、金额、方式都较随意，难以统一，个人网上银行操作流程由个人独立完成，无须他人协助和监督，因而，尽管网上银行设置了多道风险防范机制，但个人习惯、风险意识、安全常识、综合素质、操作失误等多方面因素导致个人网上银行操作风险不可避免。相反地，企业网上银行完成一笔交易需要多个操作员参与，且每个操作员只能操作自己的交易环节，同时，对于同一业务流程设置多级复核，每笔操作需要主管人员负责授权审批，相互制约，相互监督，因此，在没有内部合谋作案动机的情况下，企业网上银行一般不会发生案件。同时，企业网上银行一般在企业内部处理，环境固定而安全，即便企业内部因金额、用途等错误引起操作风险，也完全可以在银行的配合下追回损失。

③ 战略风险。如果网上银行业务的决策和实施与该银行的总体业务目标不一致，那么将给银行造成战略风险。为了控制战略风险，银行应该考虑其总体业务环境，包括高级管理层与技术人员的知识和技能、可用的资源、对技术的理解和支持能力、网上银行系统的预期生命周期等。

④ 信誉风险。信誉风险是指负面的公众舆论而导致资金或客户流失的风险。产生信誉风险的因素有很多，比如公众对网上银行运行情况产生负面印象而损害了银行与客户之间的关系，网上银行系统的安全性出现问题而损害了客户对银行的信心，客户在网上银行服务中碰到了问题而银行没能给出恰当的解决方案等。其他风险（特别是操作风险）的增加也将直接导致信誉风险的增加。

⑤ 运行风险。运行风险包括支付风险和安全认证风险。

支付风险也称流动性风险，例如，客户对外付款、对外转账等网上支付指令的发生具有随机性，付款频率和金额均不易掌控，易造成实际头寸不足、中央银行结算账户透支，进而使银行被罚款甚至停止清算业务等。

安全认证风险即安全认证方式和认证机制方面存在的风险。银行使用的认证方式有两种：一种是商业银行自建认证系统；另一种是采用第三方认证。

电子商务、电子政务对网络安全的要求，不仅推动了互联网交易秩序和交易环境的建设，也带来了巨大的商业利润。1999年8月3日，我国成立了第一家认证中心——中国电信CA安全认证系统。到2010年，我国已有140多家认证机构，但大多不具备合法身份。2004年8月28日，《电子签名法》颁布以后，经信息产业部（现为工业和信息化部）审批的合法认证机构有22家。一些行业建成了自己的一套CA体系，如中国金融认证中心（CFCA）、中国电信CA安全认证系统（CTCA）等，还有一些地区建立了区域性的CA体系，如北京数字证书认证中心（BJCA）、上海市数字证书认证中心（SHECA）、广东省电子商务认证中心（CNCA）等。根据工业和信息化部的统计数据，截至2022年7月22日，经依法审批设立的电子认证服务机构共有55家。[①]

为了保证网上银行支付的安全性，必须确认交易双方的身份，如果不能正确使用安全认证方式，那么，客户的密码及账户信息等极有可能被盗取或篡改，从而影响资金安全。

⑥法律风险。法律风险是指违反有关法律、法规，或者未能很好地约定各方在法律上的权利和义务而造成的风险。

随着《电子签名法》和《电子认证服务管理办法》的出台，我国电子商务的发展环境得到了一定的改善。《电子签名法》是为了规范电子签名行为，确立电子签名的法律效力，维护有关各方的合法权益而制定的法律，被称为"中国首部真正意义上的信息化法律"。至此，电子签名与传统手写签名和盖章具有同等的法律效力。《电子签名法》的实施是我国推进电子商务发展、扫除电子商务发展障碍的重要步骤。虽然舆论普遍认为《电子签名法》将会极大地促进电子商务在我国的快速发展，但在网络交易安全、相关法律衔接等"拦路虎"面前，有关专家认为，现阶段《电子签名法》的标志意义大于实际意义。《电子签名法》由2019年4月23日第十三届全国人民代表大会常务委员会第十次会议修正。

2.网上银行支付中客户面临的风险和安全问题

个人客户在使用网上银行进行支付时，可能遇到以下的安全问题：

（1）客户卡号和密码被盗。客户安全意识薄弱是影响网上银行交易安全的一个重要原因，不少网上银行客户设置密码过于简单，容易被不法分子恶意破解，或所设网上银行密码与其他网站的用户密码相同，而其他网站由于缺乏严密的安全控制机制，容易导致用户密码数据库被攻破或泄露并殃及网上银行密码。部分网上银行客户还会在公共计算机上使用网上银行服务，从而极易被隐藏在公共计算机中的病毒、木马程序等通过键盘记录盗取密码。同时，我国金融企业的域名管理尚欠规范，因此，单纯从网址或网站名称上不易判断出网站的真假，不法分子利用这一点，制作与真正网上银行极为类似的假登录页面、假支付页面等"网络钓鱼"形式的网站，利用部分客户安全意识薄弱的特点，诱使客户填写个人银行资料信息，骗取客户网上银行登录账号和交易密码。

（2）客户误操作。使用网上银行，需要客户具备一定的操作技能和严谨的态度，

---

① 根据工业和信息化部办公厅关于开展电子认证服务合规性专项整治工作的通知（工信厅信发函〔2022〕183号）整理得到。

如果客户操作不当或麻痹大意，就可能造成不可挽回的损失，如转账时输错转入账号或转账金额等。

（3）双方身份确认出现问题。在互联网上，银行和客户之间需要双向的身份识别和确认。对于客户来说，在互联网上存在一些假冒的银行网站，客户需要小心甄别登录的银行网站，一旦登录恶意网站，客户发送的所有信息就可能被非法截获和利用。另外，银行要正确识别和确认客户身份，但确认客户身份的方式有的比较安全，而有的仅靠账号和密码，这些信息一旦被盗取，银行的计算机将无法识别出非法客户。

（4）用户计算机被攻击。互联网是一个开放的网络，病毒、黑客攻击时刻都对网上银行交易造成威胁，稍有不慎，用户的计算机就可能被植入木马程序或被黑客控制，导致身份信息被盗，身份被冒用。

3.网上银行支付的安全技术

虽然与网上银行安全相关的事件时有发生，但是不可否认各银行为保证网上银行支付的安全性已经费尽心思，采取了较为周密的安全技术措施，如公开密钥体系PKI、身份识别与CA认证、SSL数据加密协议和安全超文本传输协议HTTPS等。随着安全措施的不断增强，我们可以相信此类安全事件会越来越少。下面仅就目前我国商业银行网上银行所采用的有关身份识别的安全技术进行简单介绍，更多内容参见本书第9章"支付安全技术"。

（1）数字证书。数字证书是由CA发行的一种具有权威性的电子文档，其作用类似于司机的驾驶执照或居民的身份证，人们可以在互联网交易中用其来识别对方的身份。

数字证书分为浏览器数字证书和移动数字证书。

① 浏览器数字证书。浏览器数字证书又称个人证书，是指由CA颁发的、安装在客户浏览器端使用的个人证书。在客户端不需要安装驱动程序（但需要下载安装最新的签名控件），而且无须付费。浏览器数字证书比较适合有固定上网地点的客户。

浏览器数字证书需要妥善保管和使用。浏览器数字证书直接保存在电脑的特定区域中，重装机器后证书信息会被删除，因此，证书下载后一般需要将其导出，以文件形式来备份。在不同的机器上使用时需要将备份的证书文件导入，并且使用完后需要及时删除。

各个商业银行的网上银行都提供了浏览器数字证书的使用说明。客户在使用浏览器数字证书前，需要到各个商业银行的网上银行的相关下载区下载并安装。

② 移动数字证书。目前，我们所接触的移动数字证书是指USB Key数字证书。USB Key是一种智能存储设备，可用于存放网上银行数字证书，内置智能芯片，可进行数字签名和签名验证的运算，外形小巧，容易携带，可插在电脑的USB接口上使用。USB Key证书私钥不能导出，因此备份的文件无法使用，其安全性高于浏览器数字证书。客户使用时需要安装USB Key驱动程序，需要缴纳一定的成本费用。USB Key证书比较适合无固定上网地点的客户。

目前，我国不同的商业银行推出的移动数字证书名称不同，但功能基本相似，如中国农业银行的"K宝"、中国工商银行的"U盾"、中国建设银行的"网银盾"和招商银行的"优Key"等。它们的使用方法大致相同：客户登录网上银行系统时，在电脑上插入 USB Key，然后输入 PIN 码，如果验证通过，则可以进行相关交易。

（2）动态口令卡（也称电子口令卡）。为了有效防范假网站和木马病毒窃取网上银行密码所带来的风险，我国多家商业银行纷纷推出了动态口令卡，如中国工商银行推出的电子银行口令卡、中国农业银行推出的动态口令卡。

动态口令卡相当于一种动态的网银密码，其大小类似于银行卡，卡上一般以矩阵形式印有若干字符串，刚申领的新卡有专用覆膜保护。用户在使用网上银行进行对外转账、网上购物、缴费等支付交易时，网上银行系统就会随机给出一组口令卡坐标，用户可以根据坐标从卡片中找到口令组合并输入到网上银行系统。只有当口令组合输入正确时，用户才能完成相关交易。这种口令组合是动态变化的，使用者每次使用时输入的密码都不一样，交易结束后即刻失效，从而杜绝了不法分子通过窃取客户密码盗窃资金的现象，保障了网上银行的安全，而且动态口令卡无须安装驱动程序，也不需要记忆密码，使用十分简单。某些银行的动态口令卡可能有使用次数的限制，次数使用完后客户如果还想继续使用，则必须到银行更换。

（3）手机短信密码。银行利用手机短信的形式提示客户银行卡存取款以及消费额情况的做法已经很常见，这也确实给客户带来了很多好处。为了进一步提升网上银行认证的安全性，银行推出了短信认证业务。手机短信认证是指客户在使用身份确认工具进行交易确认的过程中，利用手机短信配合验证的一种交易确认方式。

网上银行采用手机短信密码来认证账户使用者合法身份的步骤是：用户到柜台申请开通网上银行后，留下个人的手机号码，银行工作人员将手机号码与银行账户进行绑定；用户在登录网上银行时，手机将收到一条显示六位数字的随机动态密码的短信，这条随机密码和原来用户个人设置的网上查询密码一同用于确认用户的合法身份。从某种程度上讲，手机短信密码是对目前数字证书功能的一个扩充，以实现更高级别的认证，使网上银行的支付更加安全可靠。

（4）其他身份确认相关安全技术。为防止木马、"网银大盗"等黑客程序窃取客户的银行卡密码等重要交易信息，除了采用如上所述的安全技术外，一些网上银行还推出了安全控件、图形码、密码键盘等技术来保证客户信息的安全。

① 图形码。在客户输入重要信息时采用图形码技术，可以避免恶意程序扫描到客户的关键信息。客户在登录网上银行系统时，在图形验证码栏的下方有一张有底纹并包含若干位数字或字母的图片，客户必须按图片上显示的内容正确输入，才能够通过验证。

② 密码键盘。目前，大多数网上银行在客户输入重要信息时采用了动态密码键盘技术。在所有需要输入口令的地方，系统将提供随机布局的密码软键盘，客户根据软键盘上的实际数字位置使用鼠标点击输入密码。这样，可以避免各种木马病毒通过键盘记录窃取客户的密码信息。

③ 安全控件。安全控件实质上是一种程序，由各网站依据需要自行编写，在客户从登录到注销的整个过程中，通过对关键数据进行 SSL 加密，防止账号密码被木马程序或病毒窃取。当用户首次登录网上银行时，自动下载安全控件，以后每次登录时，安全控件则会自动发挥作用。

3.3 网上银行举例

下面详细介绍中国农业银行的网上银行情况。

中国农业银行（以下简称农行）网上银行的登录网址为"http：//www.95599.cn"。农行针对不同类型的客户分别提供了个人网上银行和企业网上银行，同时对 B2B、B2C 电子商务客户提供了专门的网上支付功能。

为保障网上银行交易和支付的安全，农行采取了以下保障措施：①客户申请开通网上银行服务需要到网点柜面刷卡注册；②在客户交易和支付时，通过密码设置、K宝移动数字证书、浏览器数字证书和动态口令卡等技术确认客户身份；③允许客户设置消费限额等。

3.3.1 中国农业银行个人网上银行

1.个人网上银行客户

农行网上银行个人客户分为证书客户和非证书客户。

证书客户指需要申请电子证书的客户，这些客户需要到农行网点办理注册，提交相应客户信息，与农行签署服务协议。

非证书客户只要持有金穗卡，无须申请即可使用个人网上银行公共功能。

2.个人网上银行功能

不同类型的个人网上银行客户，其享有的网上银行服务不尽相同。证书客户享受的服务更丰富，包括账户查询、转账汇款、信用卡还款、网上缴费、投资理财、信息管理等服务。具体服务功能，参见表 3-1。

表 3-1 　　　　　　　农行个人网上银行对证书客户提供的服务列表

一级功能	二级功能	三级功能	四级功能	功能描述
我的账户	账户查询			查看网银所有注册账户的基本信息，包括账户余额、交易明细等
	账户服务	账户挂失		通过网银对注册账户进行口头挂失，解挂需去网点办理
		账户隐藏		隐藏网银中的注册账户，使其不在各交易的账户下拉选项中显示
		别名设置		对网银注册账户进行别名设置
		密码修改		修改网银注册账户的查询密码或支付密码
	追加网银账户			将本人非网银注册账户自行添加到网上银行
	对账单			查询网银注册账户的对账单，并提供下载和打印功能

一级功能	二级功能	三级功能	四级功能	功能描述
我的账户	电子工资单			查询单位为个人发放的工资单信息
	网银交易查询			查询通过网银进行的转账交易和重要操作记录
转账汇款	快捷转账			客户可以保存常用转账信息，并进行快速转账
	网银账户互转			进行个人网银注册账户之间的转账
	单笔转账			使用注册账户对外转账，包括本行转账和跨行转账
	批量转账	自选批量转账		向已维护的收款方账户组合进行批量转账，一次最多60个收款方账户
		批量转账结果查询		通过日期或者批次号查询批量转账结果
	收款方名册	收款方管理		维护收款人账户信息用于转账交易
		款项用途维护		维护转账时的用途输入项
	漫游汇款	汇出		汇款人无须指定汇入行，自行设定兑付密码，获取漫游汇款号
		退汇		将尚未兑付的漫游款退回指定的注册账户
		兑付		取款人凭漫游汇款号和兑付密码在网银上兑付本人账户
		明细查询		查询漫游汇款的明细信息
缴费支付	网上缴费	网上缴费		缴纳已维护的电话费、电费、水费等
		缴费查询		查询已维护的电话费、电费、水费等应缴费信息
		缴费信息维护		维护在网银上缴纳的电话费、电费、水费等缴费类型及缴费号码信息
	账单支付	申请账单		关联出账单位电子账单
		支付账单		对已关联的电子账单进行支付
		维护账单		对已申请电子账单的关联信息进行修改

续表

一级功能	二级功能	三级功能	四级功能	功能描述
缴费支付	账单支付	查询账单		查询已支付电子账单的详细信息
	网上支付交易查询			查询 B2C 网上支付交易记录
信用卡	账户查询	账户信息查询		查询信用卡各个币种的信用额度、账户余额、当期账单等信息
		账单查询		查询客户本人信用卡近 3 个月的账单
		交易明细查询		查询客户登记的信用卡的交易明细，并显示当页汇总信息
	信用卡还款	信用卡自助还款		归还信用卡中人民币欠款，选择全额还款、最小额还款及其他金额
		约定还款设置		设定约定还款账户及还款额度，包括申请、更改、撤销
		购汇还款		使用人民币账户购汇偿还外币欠款
	信用卡管理	信用卡激活		在线激活信用卡（到期换卡后的信用卡）
		查询密码修改		在线修改已登记的信用卡的查询密码
		挂失补卡		在线挂失信用卡，同时自动补卡
	积分管理	积分查询		在线查询信用卡积分详情以及礼品兑换
		礼品搜索		搜索提供积分兑换的礼品并进行兑换
	信用卡登记			登记、删除本人或者他人信用卡，对已登记信用卡的详细信息进行查询及修改
个人贷款	自助借款	自助循环贷款借款		个人注册客户进行个人自助循环贷款借款
		农户小额贷款借款		个人注册客户进行农户小额贷款借款
		自助循环贷款还款		个人注册客户选择有借款余额的贷款并主动进行还款
		农户小额贷款还款		选择有借款余额的农户小额贷款并主动进行还款

一级功能	二级功能	三级功能	四级功能	功能描述
个人贷款	贷款计算器	普通贷款计算器		对有借款余额的贷款进行试算
		自助循环贷款计算器		进行循环贷款试算
		农户小额贷款计算器		进行农户小额贷款试算
	贷款查询	普通贷款查询		选择本人名下的某笔贷款进行查询,包括房贷、消费贷款、生产经营贷款等
		自助循环贷款查询		循环贷款的相关查询交易
		农户小额贷款查询		农户小额贷款的相关查询交易
投资理财	基金	我的基金	持有基金	查看当前持有的基金情况,并进行设置分红方式、赎回或转换操作
			关注基金	新增、删除关注的基金,并对关注的基金进行申购或认购操作
			当日委托	查看当前基金委托挂单情况
		基金交易	基金申购	购买我行代理的处于申购期的基金
			基金认购	购买我行代理的处于认购期的基金
			基金赎回	赎回当前持有的基金
			基金转换	对当前持有的基金进行转换,转换为同一基金公司下的不同基金品种
			基金撤单	对当日提交的申购、赎回、转换交易(包括预约的申购、赎回交易申请)进行撤销操作
			定期定额申请	约定基金的定投年限,每次申购/赎回时间、金额、份额,以便在约定的期限内根据约定的内容完成基金定期定额申购、赎回业务
			定期定额维护	对已进行定期定额申购的基金进行修改或终止

续表

一级功能	二级功能	三级功能	四级功能	功能描述
投资理财	基金	基金交易	设置分红方式	设置目前持有基金的分红方式，包括现金分红、红利再投资
		交易查询	历史委托查询	按照日期、基金产品等条件来组合查询全部的基金交易委托明细信息
			历史成交查询	按照日期、基金产品等条件来组合查询基金交易历史成交明细信息
			当日委托查询	查询当日基金委托挂单情况
		签约与账户管理	基金签约/解约	开通或取消网银渠道或者全部渠道的基金业务
			基金公司开户	开立基金公司账户
			基金公司销户	撤销已开立的基金公司账户
			基金账户信息查询	查询基金账户的详细信息
			基金换卡	变更网上银行指定的基金交易卡账户
			风险承受能力测评	测试客户的风险承受能力类型
		基金行情		查看我行代销基金的最新行情
	第三方存管	证券交易账户指定		将已在柜台签约第三方存管业务的借记卡账户开通网银交易渠道
		银行转证券		将借记卡账户资金转入证券资金账户，调增银行存管账户资金台账
		证券转银行		将证券资金账户资金实时转入该网银签约借记卡账户
		证券资金账户余额查询		查询已签约的证券公司证券资金账户余额信息
		银行存管账户余额查询		查询银行存管账户余额

续表

一级功能	二级功能	三级功能	四级功能	功能描述
投资理财	第三方存管	银行存管账户明细查询		查询银行存管账户资金变动历史明细
	银期转账	期货交易账户指定		将已在柜台或其他渠道签约银期转账业务的借记卡开通网银渠道
		入金		将借记卡账户的资金转入期货公司期货资金账户
		出金		将期货资金账户资金转入银行借记卡账户
		期货资金账户余额查询		查询签约指定的期货公司的期货资金账户余额信息
	外汇宝	签约/解约		外汇宝业务的签约和解约（网银渠道及其他渠道）
		外汇交易	市价交易	按当时我行公布的报价即时进行交易
			委托交易	按指定价格委托我行进行外汇交易
			多重委托交易	一次将同一笔资金对多个币种委托我行进行交易，分别指定委托价格
			连环委托交易	将两笔存在关联性的交易委托我行进行交易
		交易查询撤单		查询所有外汇宝交易信息，并撤销已委托但尚未成交的交易
		我的外汇宝		显示外汇宝交易卡下的外汇子账户信息，也可进行定活互转交易
		银行牌价定制		显示我行实时外汇牌价信息，可指定在页面显示所需的外汇交易牌价
		更换交易卡		更换外汇宝交易的借记卡
	记账式债券	签约/解约		开通或关闭记账式债券的买卖
		我的债券		查询目前持有的记账式债券信息
		购买债券		购买我行代理的记账式债券
		卖出债券		卖出所持有的记账式债券

续表

一级功能	二级功能	三级功能	四级功能	功能描述
投资理财	记账式债券	交易明细查询		查看记账式债券交易明细信息
		债券详情查询		查询债券详细情况，包括净价、应计利息、记账式债券状态等
		债券换卡		客户在网上银行变更债券交易指定的借记卡账户
		债券行情查询		查询债券的行情信息
	双利丰	签约		进行"双利丰"通知存款业务签约，约定个人通知存款自动转存和本外币活期存款与个人通知存款之间自动转存
		查询		查询"双利丰"账户信息
	通知存款	开立通知存款		同一借记卡内活期存款主账户资金通过转账开立通知存款子账户
		通知存款查询		查询借记卡账户的通知存款子账户的详细信息和建立通知的信息
		建立通知		建立通知存款通知
		取消通知		取消通知存款通知
		通知存款支取		将通知存款子账户中的部分或全部资金支取并转入相应币种和钞汇标志的活期主账户
	定活通	活期转定期		同一借记卡内活期存款主账户资金转账开立整存整取子账户
		定期转活期		同一借记卡整存整取子账户内资金转入同币种钞汇活期存款主账户
		活期转活期		同一借记卡内活期存款账户之间的资金互转
客户支持	常见问题解答			网银使用中的常见问题解答
	基本信息维护			查询及修改本人信息资料
	网银个性化服务	快捷菜单设置		按照客户使用习惯设置快捷菜单

一级功能	二级功能	三级功能	四级功能	功能描述
客户支持	网银安全管理	证书介质状态查询		查询证书到期时间以及关于K宝、动态口令卡等介质信息
		证书更新		更新本人证书
		动态口令卡管理	查询	查询动态口令卡的状态、有效日期、使用次数、剩余次数等信息
			停用	动态口令卡丢失后，通过此功能停用口令卡
	电子银行渠道管理	电子银行密码管理		进行电子银行密码的初始化或挂失
	信息服务			开通、维护或关闭动账短信通知服务

非证书客户可享受账户余额、明细查询，漫游汇款兑付，电子工资单查询等服务。具体服务功能，参见表3-2。

表3-2　　　　　农行个人网上银行对非证书客户提供的服务列表

业务功能	功能子项	功能概述
信息查询	账户余额查询	查询登记的金穗借记卡、金穗贷记卡、活期存折、活期一本通账户余额
	账户明细查询	查询登记的金穗借记卡、金穗贷记卡、活期存折、活期一本通账户交易明细
	网上交易记录查询	查询通过网上银行进行的交易流水信息
	网上支付消费交易查询	查询电子支付卡的历史交易信息
	电子工资单查询	查询单位为个人发放的工资单信息
定活通	活期转定期	金穗借记卡内活期存款转为整存整取定期存款的理财服务
	定期转活期	金穗借记卡内整存整取定期存款转为活期存款的理财服务
	活期转活期	金穗借记卡内活期主账户与活期子账户之间、各活期子账户之间进行资金互转
漫游汇款	漫游汇款	漫游汇款人无须指定汇入行，自行设定兑付密码，获取漫游汇款号
	漫游汇款兑付	取款人可凭漫游汇款号和兑付密码在网上兑付
	漫游汇款明细查询	查询漫游汇款的历史交易信息，如汇款账号、漫游汇款号、收款人姓名等
	漫游汇款退汇	将尚未兑付的漫游款退回指定的注册账户上
	漫游汇款超期查询	查询超过两个月的通过注册账户汇出且未兑付的漫游汇款明细信息

3.个人网上银行服务特点

农行个人网上银行服务具有以下特点：

（1）全面账户管理。客户可以将金穗借记卡、金穗贷记卡、活期存折、活期一本通四类农行账户注册到其对应的网银客户号下，只需轻点鼠标就能轻松管理各类账户。

（2）资金任我调度。农行全国银行卡账户之间汇款实时到账，通达全国，突破时间、空间的限制，真正实现资金划拨"零在途"。

（3）全方位安全保障。不仅在技术上采用国际高标准的PKI公钥体系结构、128位SSL安全通信协议、图形码、动态密码键盘和无法复制的K宝电子证书，而且在业务流程、运行管理等方面提供全方位的安全保障体系，从根本上保证客户资金安全。

（4）外汇轻松理财。客户可以轻松进行金钥匙外汇宝（个人实盘外汇买卖）的各种交易。外汇频道为客户提供最新、最全面的外汇资讯及专业的外汇交易分析工具，让客户的外汇理财更轻松。

（5）便捷新体验。特别制作了全自动智能安装包，让客户轻松开始网上银行之旅。

4.个人网上银行使用流程

中国农业银行个人网上银行使用流程，如图3-4所示。

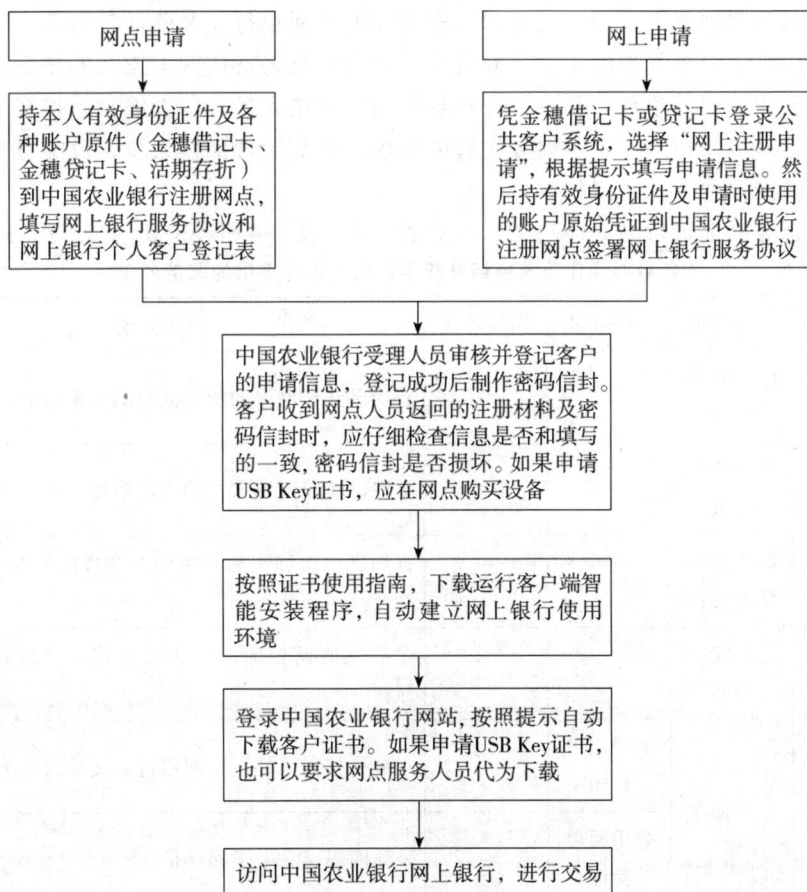

图3-4　中国农业银行个人网上银行使用流程

3.3.2 中国农业银行企业网上银行

1.企业网上银行客户

农行企业网上银行客户为在农行开立有结算账户的企业组织。这些企业可以由单位经办人持申请材料到原开户银行办理开通企业网上银行的手续，也可以和农行客户经理联系，由客户经理协助进行申请。集团企业还可以申请开通集团理财业务，集团企业母公司和子公司（或集团总公司和分公司、财务结算中心和上下级行政事业单位等）需要各自到原开户银行申请注册并进行账户授权。

2.企业网上银行功能

通过企业网上银行，客户可以强化企业的财务管理，缩短日常业务办理时间，提高企业资金营运效率，节约企业运营成本，实现企业财富的不断增值。

农行企业网上银行分为标准版和体验版两个版本。标准版企业网上银行为企业客户提供了包括账户管理、收款、付款、集团理财、现金管理、投资理财、自助循环贷款、票据预约、外币业务、个性化定制等丰富全面的在线金融服务；体验版企业网上银行大大降低了网银的使用门槛，客户仅需简单的注册即可享受到便捷的企业账户余额查询、账户明细查询、网上交易状态查询和电子回单打印及验证等服务。

为适应企业财务管理的需要，农行企业网上银行将操作网上银行的相关人员分为管理员和操作员两种角色。其中，操作员相当于出纳人员，负责编制、提交电子交易指令，而管理员则相当于企业财务主管的角色，负责管理操作人员，设定每个操作人员所负责的网银业务及账户权限。

农行企业网上银行的具体功能，参见表3-3、表3-4和表3-5。

表3-3　　　　　农行针对操作员角色标准版企业网上银行提供的服务列表

一级功能	二级功能	三级功能	四级功能	功能描述
账户管理	账户余额查询			查询已注册网银的所有账户的资金余额
	账户明细查询			查询已注册网银账户的交易明细
	网上交易状态查询			查询已注册网银账户在网上办理的所有金融性交易及其当前状态
	网银账户互转			在已注册网银的人民币结算账户之间进行资金互转
	电子回单	电子回单打印		查询和打印（补打）网银付款交易的电子回单
		电子回单验证		验证网银交易电子回单信息

续表

一级功能	二级功能	三级功能	四级功能	功能描述
付款业务	转账	单笔转账		可进行对公、对私账户付款，默认可单笔提交，并支持多笔交易录入一次提交
	财务支付	单笔支付		通过已注册网银并签订代付协议的企业活期结算账户或者卡账户，单笔对个人账户付款
		批量支付		通过已注册网银并签订代付协议的企业活期结算账户或者卡账户，批量对个人账户付款
	代发工资	电子工资单	电子工资单上传	上传电子工资单文件，使员工可以登录个人网银查看工资单
			电子工资单查询	对已上传的电子工资单进行管理，包括查看、删除、打印、下载等操作
			设置电子工资单格式	设置电子工资单格式，上传的 txt 工资单文件须和该格式完全一致
		上传工资文件格式定义		自定义工资文件格式，可添加或修改工资项目
		上传工资文件		上传工资文件，从而完成代发工资交易
		代发工资查询		查询成功、失败等七种状态的代发工资交易
		年度工资额度查询		查询本企业年度工资总额度的使用情况
	收款方管理	收款方信息维护		对收款方信息进行有序管理，根据需要查询、添加、修改、删除收款方信息
		收款方分组管理		对收款方信息进行分组管理，同时还可添加新组、修改组名以及将组内收款方导入导出
	款项用途维护			对款项用途名称进行有序管理，根据需要新增、修改和删除款项用途名称
收款业务	代收文件上传			收款交易在网银系统进行，可实现授权限额内任意金额的收款
	代收结果查询			查询本操作员上传的批量代收文件处理结果，以及对应的详细清单
	代收授权账号查询			查询在柜面企业网银注册系统内已登记的授权账号

续表

一级功能	二级功能	三级功能	四级功能	功能描述
收款业务	个人资金归集	资金归集关系维护	修改资金归集关系	修改归集关系的起付金额、取整单位、扣款方式、付费方式、入账方式
			个人资金归集解约	归集主账户删除其与所有归集子账户之间的归集关系，并解除归集合约
			暂停/恢复资金归集	归集主账户暂停/恢复其与所有归集子账户或任一归集子账户的归集关系
		资金归集查询	查询账户签约信息	归集主账户查询与所有归集子账户建立的归集关系
			查询账户资金归集金额	归集主账户查询指定时间段内对所有归集子账户的批量归集资金总额、直接扣款资金总额、手续费支出总额
			查询账户暂停/恢复资金归集交易明细	归集主账户查询其对子账户暂停/恢复归集关系的交易明细
			查询账户资金归集交易明细	归集主账户查询指定时间段内对所有归集子账户或任一归集子账户的资金归集交易明细
		直接扣款录入		用于归集主账户对归集子账户发起的直接扣款的录入
投资理财	定活互转	活期存款转定期		将单位结算账户中的活期存款转为定期存款
		定期存款转活期		将未打印单位定期存款开户证实书的定期存款转为活期存款
		定期存款账户查询		查询定期存款账户信息
	通知存款	活期存款转通知		将指定金额的活期存款转存为通知存款
		建立通知		对无凭证通知存款建立通知
		通知存款转活期		支取无凭证通知存款
		取消通知		撤销在网银建立的无凭证通知
		查询通知存款		查询企业所有在网银建立的通知存款信息

续表

一级功能	二级功能	三级功能	四级功能	功能描述
投资理财	期交所电子出入金	入金申请		通过本功能，在交易所交易时间内，可以实时将资金从保证金账户划转至交易所专用结算账户
		出金申请		通过本功能，在交易所交易时间内，可以实时将资金从交易所专用结算账户划转至保证金账户
		出入金明细查询		通过本功能，客户在任何时间均可查询其网银端发起的出入金交易流水及出入金处理状态
	保险超市			通过本功能，可以购买企业保险产品
	债市宝			通过本功能，可以进行债券买入、卖出、质押融资等操作
	其他			介绍可以在网银办理的所有投资理财业务
外币业务	托收业务	跟单进口代收查询		查看跟单进口代收信息
		跟单出口托收查询		查看跟单出口托收信息
		光票托收查询		查看光票托收信息
	外币汇款业务	外币汇出汇款查询		查看汇出汇款信息
		外币汇入汇款查询		查看汇入汇款信息
	结售汇	结汇申请		申请外币兑换人民币
		售汇申请		申请人民币兑换外币
		结售汇交易查询		查看结售汇交易处理信息
	信用证业务	进口开证查询		查看进口开证详情
		进口信用证来单查询		查看进口信用证来单详情
		出口信用证查询		查看出口信用证详情

一级功能	二级功能	三级功能	四级功能	功能描述
外币业务	信用证业务	出口信用证交单查询		查看出口信用证交单详情
	对公跨境人民币汇款业务			通过国外代理行或清算行将人民币资金付给收款人
集团理财	信息查询	分公司账户余额查询		总公司查询已授权的分公司账户余额
		分公司账户明细查询		总公司查询已授权的分公司账户明细，支持对多个账户同时进行查询
		分公司账户授权信息查询		总公司查询所有已授权的分公司账户信息及相应的授权级别
		查询上划、下拨资金金额		总公司查询指定时间段通过网银发起的，从分公司账户上划的汇总资金金额、向分公司账户下拨的汇总资金金额
		查询上划、下拨明细		总公司查询指定时间段通过网银发起的，从分公司账户上划的资金明细、向分公司账户下拨的资金明细
		约定划拨资金查询		总公司查询通过网银设置约定划拨后系统自动划拨的信息
	集团划拨	从分公司上划		将一个或多个已授权分公司账户上的资金上划到某个总公司账户，包括自由金额上划、定额上划、全额上划、留定额上划、零头以上整体上划、按百分比上划
		向分公司下拨		将某个总公司账户上的资金下拨给一个或多个分公司账户，下拨类型包括自由金额下拨、定额下拨、按百分比下拨
		分公司之间内部调拨		在各个授权分公司账户之间进行资金的调拨

续表

一级功能	二级功能	三级功能	四级功能	功能描述
集团理财	集团划拨	约定上划		进行分公司账户自动上划的约定设置，设定后系统按约定实现自动上划
		约定下拨		进行分公司账户自动下拨的约定设置，设定后系统按约定实现自动下拨
	用分公司账户对外支付			用授权分公司账户进行对外支付
现金管理	资金归集	现金管理账户余额查询		查询在网银系统登记开通的现金管理账户的资金余额
		现金管理账户明细查询		查询在网银系统登记开通的现金管理账户的明细信息
		资金归集关系查询		查询在网银系统登记并授权给本集团内部进行资金归集的现金管理账户的归集参数
		上存资金余额查询		查询一个或多个选定账户向上级账户上存资金的余额
		下级上存资金余额查询		查询选定账户下所有下级账户上存资金的余额合计
贷款业务	自助循环贷款	自助循环贷款开通		在网点办理完自助循环贷款合约签订交易之后，通过此功能进行网上银行渠道登记，可在网银进行查询、借款和还款等
		借款		在授信额度范围内通过网银借款
		还款		已在网点办理自助循环贷款合约签订交易的网银注册客户，通过网银系统自助归还贷款资金
		合约查询		查询客户自助循环贷款各合约的合约额度、总可用额度、自助可用额度、额度有效期、合约签订时间和合约状态等信息
		贷款明细查询		查询客户自助循环贷款各合约下的所有贷款详细信息及贷款交易明细

一级功能	二级功能	三级功能	四级功能	功能描述
贷款业务	自助循环贷款	还款试算		用于对客户自助循环贷款合约下未结清的某笔贷款进行利息试算
		贷款交易流水查询		查询本操作员指定期间内录入、复核的自助循环贷款交易记录
票据预约业务	预签汇票			提前预约汇票的申请
	预签本票			提前预约本票的申请
	预约提现			提前预约提现的申请
	电子票据	电子票据申请		出票、提示收票、撤票、背书转让、贴现、质押、提示付款等的申请
		电子票据撤销		票据当事人通过电子商业汇票系统作出行为申请，行为接收方未签收且未驳回的，票据当事人可通过该功能撤销该行为申请
		电子票据回复		通过该功能进行各种业务交易回复，网上银行只显示需要客户签章回复的业务交易
		电子票据通知		通过该交易可以查询业务发送结果、系统业务通知及到期待付款电子票据信息
		电子票据查询		电子票据交易、电子票据信息、支付信用信息的查询
		电子票据复核		对电子票据相关申请的复核
		电子票据发送		电子票据申请、撤销、回复的发送
		电子票据在线贴现		对电子票据进行汇票贴现
	纸质票据	纸票出票申请		通过该功能进行纸质银行承兑汇票的出票预登记。登记完成，客户还需到柜台办理正式的出票
		纸票出票复核		对已录入未复核的纸票出票申请交易进行复核
		纸票出票发送		对已复核未发送的纸票出票申请交易进行发送
		承兑查询		查看已托管的银行承兑汇票的结清情况

续表

一级功能	二级功能	三级功能	四级功能	功能描述
票据预约业务	纸质票据	托管查询		查看已托管的票据信息
		信息提示		提醒纸质商业汇票中，在本机构所维护的天数内到期的票据。业务提示分为四种：承兑到期提示、托管票据（包括"到期委托收款票据"和"到期不委托收款票据"）到期提示、质押到期提示和挂失止付提示
复核发送	复核情况概览			显示客户所有待复核的交易
	网银账户互转复核			对已录入未复核的所有网银账户互转交易进行复核
	付款业务复核			对已录入未复核的所有付款交易进行复核
	贷款业务复核			对已录入未复核的所有贷款交易进行复核
	收款业务复核			对已录入未复核的所有收款交易进行复核
	外币业务复核			对已录入未复核的所有外币交易进行复核
	集团理财复核			对已录入未复核的所有集团理财交易进行复核
	票据预约业务复核			对已录入未复核的所有票据预约交易进行复核
	投资理财业务复核			对已录入未复核的所有投资理财交易进行复核
	交易发送			对已复核未发送的所有交易进行发送
客户服务	客户信息维护	企业信息维护		维护企业客户的电话、邮件、联系方式等信息
	网银操作日志			查询本操作员历史操作信息
	转授权登录			代替其他操作员进行网银操作

续表

一级功能	二级功能	三级功能	四级功能	功能描述
客户服务	票据状态查询			查看票据处理情况
	注册账号管理			对注册账号分组或设置别名
	下载			提供客户端工具软件和相关资料的下载
	个性化定制	快捷功能设定		建立快捷菜单

表3-4　　　　农行针对管理员角色标准版企业网上银行提供的服务列表

一级功能	二级功能	三级功能	功能描述
系统配置	操作员基本信息维护		修改操作员联系电话号码
	操作员冻结		冻结操作员证书，使之不能登录网银
	操作员解冻		解冻被冻结的操作员证书
	操作员转授权维护		将某一操作员的操作权限授予另一操作员
	操作员功能权限管理		对操作员分配功能菜单
	操作员账户权限管理		授予操作员对账户的查询、转账、发送、复核等权限
	业务属性维护		对动账类交易实行不同的组合控制
	款项用途维护		对动账类交易的用途进行预先维护
	授权书修改		在分公司授予的级别内调整账户级别
	收款方管理	收款方维护	对企业收款方信息进行维护
		收款方分组管理	对企业收款方信息进行分组管理
	操作员权限查询		查询操作员的账户权限
	操作员历史交易查询		查询操作员的历史操作记录
	转授权历史记录查询		查询操作员之间的转授权历史记录
	管理员复核		双管理员模式下，另一管理员对关键性的设置进行复核

一级功能	二级功能	三级功能	功能描述
账户分层分组设置	分公司账户层次定义		定义分公司账户的层次
	分公司账户组别定义		定义分公司账户的组别
	分公司账户分层分组		设置分公司账户的所属层次或组别
信息查询	账户余额查询		查询已注册网银的所有账户的资金余额
	账户明细查询		查询已注册网银账户的交易明细
	网上交易状态查询		查询已注册网银账户在网上办理的所有金融性交易及其当前状态
	网银操作日志		查询本人或者操作员在网上的操作
	票据状态查询		查看票据处理情况
	电子回单	电子回单打印	查询和打印（补打）网银付款交易的电子回单
		电子回单验证	验证网银交易电子回单信息
投资理财	查询定期存款账户		查询定期存款账户信息
	查询通知存款		查询企业所有在网银建立的通知存款信息
	其他		介绍可在网银办理的所有投资理财业务
集团理财	分公司账户余额查询		总公司查询已授权分公司账户的余额
	分公司账户明细查询		总公司查询已授权分公司账户的明细，支持对多个账户同时进行查询
	分公司账户授权信息查询		总公司查询所有已授权的分公司账户信息及相应的授权级别
	查询上划、下拨资金金额		总公司查询指定时间段通过网银发起的，从分公司账户上划的汇总资金金额、向分公司账户下拨的汇总资金金额
	查询上划、下拨明细		总公司查询指定时间段通过网银发起的，从分公司账户上划的资金明细、向分公司账户下拨的资金明细
	约定划拨资金查询		总公司查询通过网银设置约定划拨后系统自动划拨的信息

一级功能	二级功能	三级功能	功能描述
贷款业务	自助循环贷款	合约查询	查询客户自助循环贷款各合约的合约额度、总可用额度、自助可用额度、额度有效期、合约签订时间和合约状态等信息
		贷款明细查询	查询客户自助循环贷款各合约下的所有贷款详细信息及贷款交易明细
		还款试算	用于对客户自助循环贷款合约下未结清的某笔贷款进行利息试算
		贷款交易流水查询	查询本操作员指定期间内录入、复核的自助循环贷款交易记录

表3-5 农行体验版企业网上银行提供的服务列表

一级功能	二级功能	三级功能	功能描述
信息查询	账户余额查询		查询所有网银注册账户的余额,包括本外币,并独立结算汇总余额
	账户明细查询		查询网银注册账户的交易明细,支持本外币账户查询
	网上交易状态查询		查询网银注册账户在网银进行的所有金融性交易及其当前状态
	电子回单	电子回单打印	查询和打印(补打)网银付款交易的电子回单
		电子回单验证	验证网银交易电子回单信息
管理	密码修改		修改体验版操作员的登录密码

3.企业网上银行服务特点

(1)平台统一。企业在进行各项金融操作时,无论是资金管理、账户管理、贷款服务还是国际结算,都可以在同一平台上完成,无须切换不同系统。这大大提升了操作的便利性和效率,减少了企业在不同平台之间切换所需浪费的时间,同时降低了操作错误的风险。

（2）产品丰富。系统提供了丰富的产品线，满足不同企业在不同发展阶段的需求。从基础的账户管理和现金管理，到复杂的供应链融资、外汇交易和投资产品，应有尽有，帮助企业优化资金结构，增强财务健康。

（3）体验良好。注重用户体验，平台界面友好、操作简便。系统提供了全天候服务，确保企业能够随时进行金融操作，不受地点和时间的限制。同时，银行还不断优化用户交互设计，增加新功能，提升网速和系统稳定性，确保业务操作流畅无阻。

（4）服务定制化。无论是小微企业还是大型集团，都可以根据自身的业务需求和发展阶段，选择合适的金融产品和服务。

4.企业网上银行使用流程

中国农业银行企业网上银行使用流程，如图3-5所示。

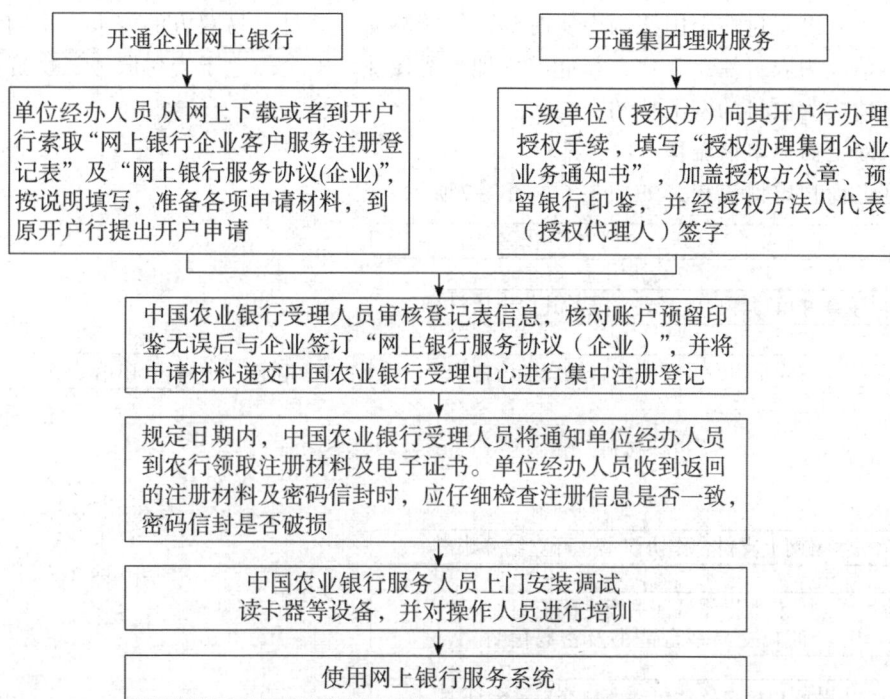

图3-5 中国农业银行企业网上银行使用流程

3.3.3 中国农业银行电子商务网上支付

个人客户、企业客户在网上特约商户的交易网站购物时，农行可以提供实时的资金结算服务，使客户足不出户就可以完成"安全、方便、快捷"的网上购物。

1.网上客户支付方式

农行电子商务系统支持B2C、B2B两种模式的网上购物。

B2C网上支付为个人客户提供电子支付卡支付和注册客户支付两种方式。农行个人注册客户无须申请即可使用注册的网银账户进行网上支付。电子支付卡支付方式适用于非证书客户，只要客户持有农行金穗借记卡、金穗贷记卡，就可以凭银行卡卡号、查询密码自助申请电子支付卡。

电子支付卡是农行金穗借记卡和金穗贷记卡（通称金穗卡）客户通过网银申请的虚拟卡号，其与金穗卡之间建立一一对应关系，并只能用于网上支付。电子支付卡的密码与金穗卡交易密码相同。为了更好地保障电子支付卡的使用安全，客户可以自行注销、停用电子支付卡，并设置每日单笔最高交易限额、每日最高交易限额、每日交易笔数、有效期、使用次数。每张银行卡只能申请一张电子支付卡。客户自行注销电子支付卡后，可以重新申请电子支付卡。如果电子支付卡对应的金穗卡到期，在换卡后客户还可以重新申请电子支付卡。客户如果忘记电子支付卡卡号，则可以登录电子支付卡系统，选择"查询电子支付卡资料"，系统将返回显示当前银行卡对应的电子支付卡卡号及其他资料。

B2B网上支付能够为企业客户开展电子商务提供强有力的资金结算保障。农行已经实现了B2B支付在全国范围内实时到账，能够充分满足交易双方的需求。采购方只需要申请成为农行注册客户，就能够立即享受便捷、安全的电子支付服务，供货方则可以申请成为农行的网上特约商户。

2.网上商户申请流程

网上商户申请流程，如图3-6、图3-7所示。

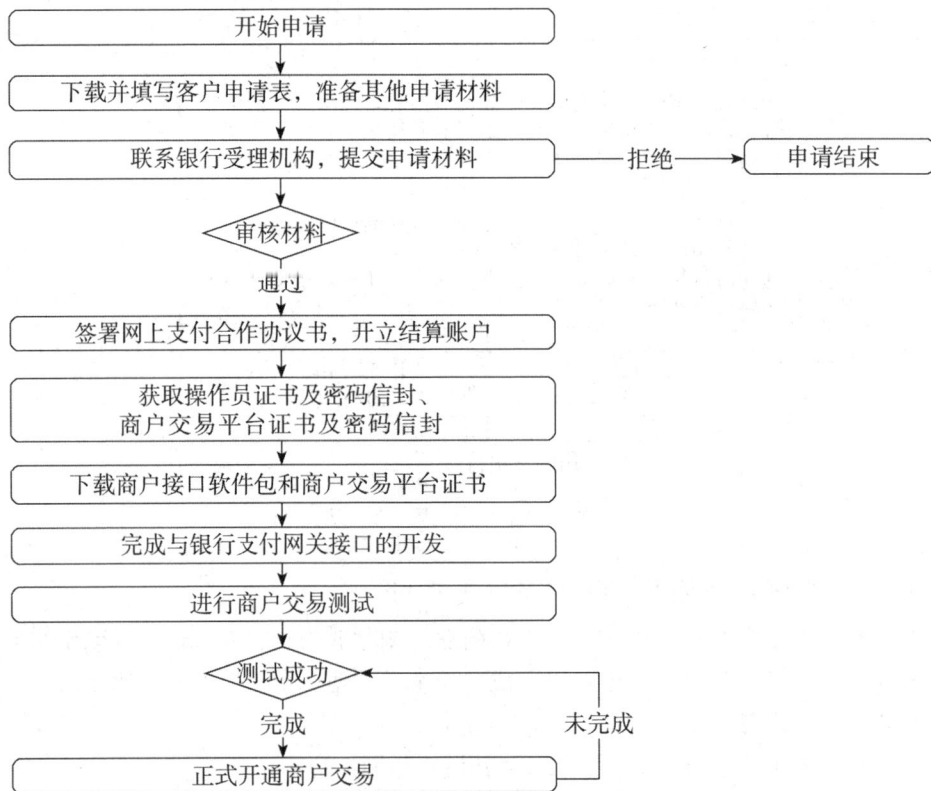

图3-6　B2C网上商户申请流程

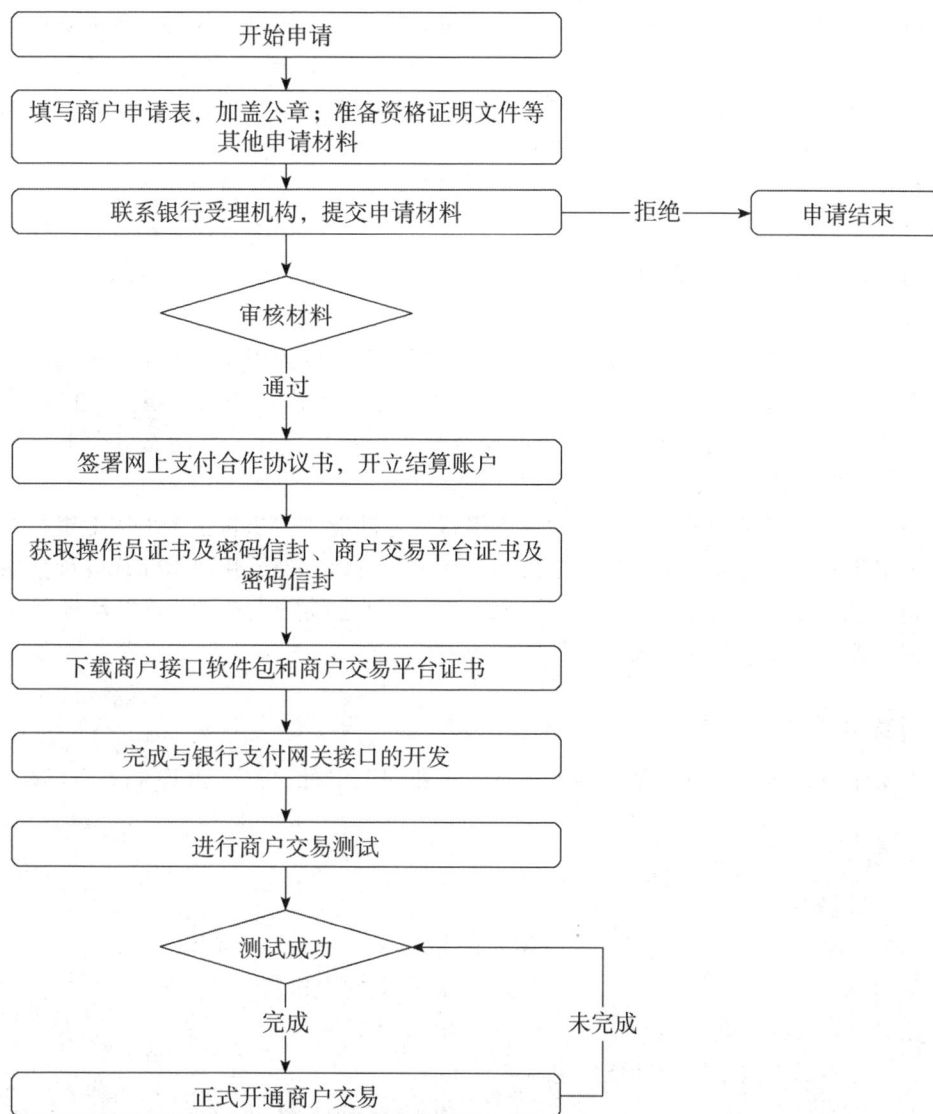

图3-7 B2B网上商户申请流程

本章小结

　　本章从界定网上银行的定义入手，介绍了网上银行的基本概念、特点、基本功能、支付流程、存在的安全问题及采取的技术保障措施，并以中国农业银行网上银行为典型介绍了网上银行的类型、功能、特点、使用流程等。

　　网上银行就是指采用Internet数字通信技术，以Internet作为基础的交易平台和服务渠道，在线为公众提供办理结算、信贷服务的商业银行或金融机构，也可以理解为Internet上的虚拟银行柜台。

　　根据不同的分类标准，可以将网上银行分为不同的类型：按服务对象，可以分为个人网上银行和企业网上银行；按经营组织形式，可以分为分支型网上银行和纯网上银行。

网上银行的主要功能包括：发布公共信息，受理客户咨询、投诉，账务查询，申请和挂失，网上支付等。

网上银行的一个非常重要的问题是风险和安全问题。在网上银行支付中银行面临的安全威胁主要包括：假冒用户身份，窃取、篡改网络上的信息，抵赖，重发信息或丢失信息，拒绝服务等。这些问题导致银行面临一定的安全性风险、操作风险、战略风险、信誉风险、运行风险和法律风险。在网上银行支付中客户面临的风险和安全问题主要包括：客户卡号和密码被盗、客户误操作、双方身份确认出现问题和用户计算机被攻击等。

各大银行为保证网上银行支付的安全性，都采取了较为周密的安全技术措施，如公开密钥体系PKI、身份识别与CA认证、SSL数据加密协议和安全超文本传输协议HTTPS等。在身份识别方面主要采用的安全技术包括数字证书、动态口令卡、手机短信密码、图形码、密码键盘、安全控制等。

中国农业银行提供了比较完善的网上银行服务功能，主要包括个人网上银行、企业网上银行和电子商务网上支付，个人和企业客户可以方便、快捷地完成各种金融业务和电子商务交易的支付。在身份识别方面农行网上银行支持"K宝"移动数字证书、浏览器数字证书和动态口令卡等安全技术。

@ 关键术语

网上银行；电子银行；个人网上银行；企业网上银行；数字证书

@ 习题

一、选择题

1.个人通过Internet查询其在招商银行的储蓄卡余额，需要使用（　　）实现。

A.电话银行　　　　　　　　B.企业网上银行

C.第三方支付机构　　　　　　D.个人网上银行

2.下列不属于网上银行功能的是（　　）。

A.发布公共信息　　　　　　B.账务查询

C.网上支付　　　　　　　　D.存折补登

3.企业网上银行支付一般分为四个阶段：准备阶段、买方购物阶段、买方支付阶段以及（　　）阶段。

A.卖方发布信息　　　　　　B.银行后台清算兑付

C.卖方确认收款　　　　　　D.买方确认收货

4.下列（　　）不属于网上银行系统在运行过程中受到的安全威胁。

A.假冒用户身份　　　　　　B.抵赖

C.拨打欺骗电话　　　　　　D.丢失信息

5.中国农业银行的"K宝"、中国工商银行的"U盾"、中国建设银行的"网银盾"属于网上银行的（　　）类安全技术措施。

A.数字证书　　　B.数据加密协议　　　C.动态口令卡　　　D.安全控件

二、简答题

1. 网上银行有哪些类型？

2. 结合党的二十大精神，阐述你对网上银行在服务实体经济和促进高质量发展中的作用以及网上银行与电子银行之间关系的理解。

3. 根据党的二十大报告中关于科技创新和网络安全的要求，描述我国网上银行采用的主要身份认证安全技术及其在保障金融交易安全中的应用。

4. 结合自己网上银行支付的经历，谈谈你所使用的网上银行具有哪些功能，采取了哪些安全技术，网上支付的大体流程是什么。

三、讨论题

在推动高质量发展、推进中国式现代化的新征程中，金融业肩负着时代所赋予的新的历史使命。因此，银行业要坚持金融服务实体经济的宗旨，践行"金融报国"使命，与服务国家发展同频共振。请你任选中国工商银行、中国银行、中国建设银行、招商银行、兴业银行之一，登录其网上银行主页，并查看相关资料，描述开通网上银行的流程、费用，网上银行的功能、安全措施，以及需要具备的条件。

@ 案例分析

提防：网银"黑手"盗钱财

不用到银行柜台排队，不受营业时间限制，还可以给手机充值、给信用卡还款、网上购买基金……便捷、高效的网上银行吸引了越来越多的用户，其安全性也越来越受到关注。网上支付漏洞和网银盗窃案被曝光后，不少消费者纷纷质疑网银的安全性。

2021年4月8日，魏某在家中接到一个陌生人的来电，对方自称某公安局工作人员，并称魏某在西安市办理的一张中国工商银行的银行卡涉嫌洗黑钱行为，要对其抓捕。魏某一听是公安局，便相信了对方。对方让她添加QQ号码（昵称：平安西安）进行语音联系，并告诉她在西安市办理的这张银行卡洗黑钱流水达到200多万元。魏某当时说自己没有办理过，对方就说是他人冒用了她的身份证办理的，现在办卡人已经被抓获，并承认是魏某卖给她的，现在要看所洗的钱款是否已经转到魏某的卡内。魏某说没有收到过钱款，对方便说魏某的银行卡是死期，让魏某去银行办理成活期才能看到。魏某办理后，对方说其没有参与洗钱，但需要缴纳5万元的取保候审保证金，如果不缴纳就会影响魏某的孩子以后考取公务员等。魏某按照对方的提示，将自己微信上的5万元转入银行卡内，对方又让魏某拍摄自己的头像发给他，随后魏某收到一条短信验证码，她又将验证码发给对方。之后，对方就让魏某删除所有的记录，让魏某保密，3天后会有人来找她，就挂断了语音电话。魏某感觉不太对劲，便拨打了语音电话过去，显示对方不是好友，于是魏某就去银行查询了自己的账户，发现银行卡内的16万元没有了，其这才发现自己被骗了，遂报警。

2023年10月3日，梅某收到一条可以办理贷款的短信，梅某正好资金紧张，于是点击了短信里的网址，下载了名为"还呗"的软件。梅某在该软件上注册登录并完善个人信息后，客服又推荐其下载"酷聊"的软件。这个软件上的业务员小陈让梅某将姓名、电话、银行卡发给他，随后对方告诉梅某其账户被冻结，需要转款到指定银行账户才能解冻。梅某害怕征信出现问题，于是按照对方指示操作，向对方指定银行账户转账 25 000 元。转账后，对方还让其继续转账 75 000 元，梅某才意识到被骗了，遂报警，损失 25 000 元。

无论是什么方式的诈骗，离开了银行的转账确实都难以实现，那么银行就没有责任吗？这是很多人疑惑的问题。国内首例网上银行盗窃案历时 3 年之久才有了判决结果：温州市中院驳回中国农业银行的上诉，维持永嘉县法院原判，即中国农业银行永嘉支行赔偿储户 90% 的损失，储户承担 10% 的损失。

虽然有专家认为，银行应当为网银钱财丢失"买单"，但在大部分网银被盗案中，由于网银用户无法举证银行的责任，打赢官司的概率为零。某银行曾有 400 多名储户的网上银行钱财被盗，但因储户无法举证，全部无法索赔。

绝大多数网民认为，网银钱财被盗，银行不能一推了之。有网友说：网银被盗首先是银行管理不善。网银也是银行推出的一个项目，银行有义务保护每个用户的存款。"我们是把钱存进银行后被盗的，难道银行就不应该为此负责吗？"网友"弱者的呼唤"表示：无论从哪个角度讲，对于网银的钱财银行都负有保管的义务，银行有必要反省，而不是一味地推卸责任。

对于防范网银"黑手"，绝大多数用户只知道些许皮毛。而层出不穷的隐蔽性极强的网银"黑手"，让一些专业的网络技术人员防不胜防。而一旦网银被盗，引发用户与银行之间的纠纷，银行往往会指责用户操作失当，法院也可能因为用户的过错，而免除银行方面的责任。

目前常见的网银陷阱有如下几类：

（1）克隆网站。不法分子大量克隆各家银行的网站，以假乱真。用户一旦输入银行卡卡号及密码，个人信息就会被非法网站记录、盗取。

（2）窃密冒领。用户马虎、保管不善或轻信他人，导致网银个人账户信息外泄。

（3）网络钓鱼邮件。不法分子以银行、金融机构或其他机构名义向用户发送电子邮件，以欺诈性信息诱骗客户包括银行卡密码在内的个人信息。

（4）木马病毒。木马病毒会监视受感染的计算机系统，如果发现用户正在登录网上银行，就会弹出伪造的登录对话框，诱骗用户输入登录密码和支付密码，并通过邮件将窃取到的信息发送出去。

资料来源 ［1］陈婧. 提防：网银"黑手"盗钱财［N］. 解放军报，2009-04-28.［2］桐梓县广播电视台. 速看！发生在桐梓的电信诈骗真实案例，别再上当！［EB/OL］.［2021-07-06］. https: //mp. weixin.qq.com/s? __biz=MzI0NzA2NjM3NQ==&mid=2651111976&idx=2&sn=0fb9a949c611b8654f804c8 306baf908&chksm=f245d840c5325156253aca393e45df66f6eade3f6f439b311a93fadd9e8bc5de0da5938332 d3&scene=27.［3］佚名. 警方发布：2023 年 10 月 11 日起最新电信网络诈骗典型案例［EB/OL］. ［2024-07-20］. https: //www.thepaper.cn/newsDetail_forward_25066010.

问题：

结合案例，试分析目前网上银行出现安全问题的主要原因。谈谈在这类安全问题上银行与客户之间的责任划分问题，以及在实际操作中我们该如何安全使用网上银行。

第4章

电话银行与自助银行支付

@ 教学目标与要求

1. 掌握自助银行的概念；

2. 掌握自助银行的主要设备；

3. 掌握自助银行的功能、类型；

4. 掌握 ATM 系统和 POS 系统的交易流程；

5. 了解电话银行的概念、功能以及系统组成；

6. 了解自助银行的安全保障措施。

@ 知识架构

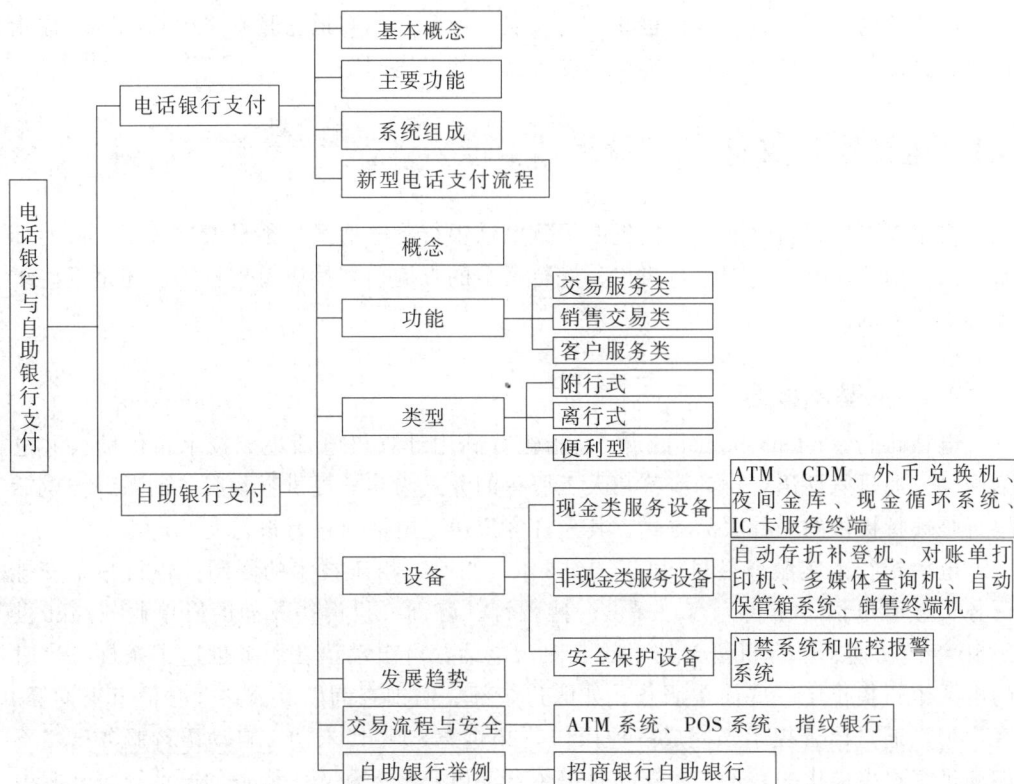

导入案例 　　　　　　　　　**智慧银行：建设银行智慧柜员机STM**

　　在物联智能时代，银行如何利用新技术进一步提升客户在网点的服务体验，成为建设"智慧银行"的聚焦点。传统的银行自助终端，如ATM、填单机等功能单一，大部分银行业务仍需要客户排队到柜台人工办理，服务效率低，体验难以提升。

　　由中国建设银行推出的、采用信步SV1-H8126C作为硬件平台的智慧柜员机STM，可以提供包括自助开户、信用卡、贷款、理财等类别在内的100多种服务，覆盖了银行网点80%的非现金业务；同时，采取"电子签名"等识别模式，使得自助操作更加便捷，非常受客户的欢迎。

　　中国建设银行智慧柜员机STM采用了信步创新设计的SV1-H8126C金融自助专用主板。信步SV1-H8126C基于Intel Haswell桌面平台，采用H81芯片组，支持第四代Core i3/i5/i7高性能桌面级处理器，主频2.7GHz~4.0GHz，可以保证STM系统在高负荷下保持流畅运行。

资料来源　佚名. 智慧银行：建设银行智慧柜员机STM［EB/OL］. ［2024-07-20］. https：//www.orangecds.com/case/66461.jhtml.

　　随着金融服务的日益完善，自助银行已经成为我们日常生活中不可缺少的一部分。人们已经习惯在自助银行办理存取款、缴费、查询等业务，非常方便。在5G技术逐渐成熟的今天，自助银行也在飞速发展。但是，你知道它具有多少功能吗？你能快速安全地使用自助银行吗？本章的内容将解答上述问题。

4.1　电话银行支付

　　在了解自助银行之前，我们先来了解电话银行。电话虽然很早就进入了人们的日常生活，但是用其来管理银行账户，进行资金的查询、划拨以及支付等，还是近些年才逐渐兴起的。

4.1.1　基本概念

　　电话银行（telephone banking）是指银行利用计算机电话集成技术，借助公共电话网络，通过电话语音自动应答和人工服务的方式为客户提供金融服务的系统。电话银行是银行提供的一种服务方式，其允许客户通过电话与银行进行交互。

　　电话银行人工服务最早出现于1956年。当时，由于技术的限制，银行只是安排话务员接听电话，主要为客户提供一些预订、咨询、投诉等方面的简单业务。20世纪80年代初期，计算机语音技术的成熟为电话银行自动语音服务创造了条件。这时的电话银行提供了一些简单服务，如账户余额、明细查询以及公共金融信息查询等。客户可以通过语音提示来完成各种操作。20世纪80年代末期，自动语音服务已经不能满足客户多样化的需求，能够同时提供自动语音服务和人工服务的电话银行呼叫中心应运而生。呼叫中心不仅功能更加丰富，而且更加人性化，符合当今社会以人为本的服务宗旨。

需要注意的是，电话银行支付与电话支付是有所区别的。通过电话支付的方式多种多样，如通过短信或WAP无线上网完成的手机银行支付、通过语音应答和人工坐席服务完成的电话银行支付，以及通过其他方式完成的电话支付。由于手机银行支付方式与其他移动终端设备支付方式类似，我们一般将手机银行支付归为移动支付范畴，利用电话进行的其他方式的支付则归为电话支付范畴。由此可知，电话支付与电话银行支付并非同一个概念，电话银行支付只是电话支付的一种重要方式。

4.1.2　主要功能

随着技术的不断成熟，电话银行的功能不断升级。用户无论走到哪里，只要拨打电话，就可以完成大部分的银行业务，省掉了去银行柜台的不便。具体而言，电话银行具有以下几方面的功能：

1.传统银行扩展类业务

传统银行扩展类业务包括开户、销户、设置/修改密码、账户查询（查询账户余额、明细）、转账、账户支付、账户挂失等。

2.代理业务

代理业务主要是代理缴费。通过与收费部门联网，客户使用电话银行可以缴纳各种费用，如移动、联通手机费用等。

3.投资理财业务

投资理财业务包括银证转账，银证通，银期转账，外汇、国债、基金买卖等。

4.其他功能

（1）金融业务咨询。客户可以通过电话银行查询公共金融信息，包括利率、汇率及银行业务介绍等。

（2）处理客户投诉。电话银行呼叫中心是面向全社会开放的一个客户与银行沟通的平台，客户可以随时通过电话对银行的服务工作进行投诉。

（3）金融产品营销。电话银行可以根据掌握的客户资料，使用外拨功能主动向潜在客户推介金融产品。

可见，电话银行为客户提供了较为完善的交易处理功能，客户只需一部电话就可以办理除现金交易外的各类金融业务。值得注意的是，除了查询类的业务以外，其他涉及账户操作的功能都要经过身份验证才可以进行。

4.1.3　电话银行系统的组成

电话银行系统的组成比较复杂，其中最核心的几大组成部分包括：自动呼叫分配系统、交互式语音应答系统、计算机电话集成服务系统、人工坐席系统、数据库服务器和应用服务器以及后台管理系统。

1.自动呼叫分配（automatic call distribution，ACD）系统

自动呼叫分配系统也称排队机，是呼叫中心的前台接入系统，完成对接入呼叫的转接和分配，即将接入呼叫中心系统的来电按特定规则自动转接到正确的坐席员或进

行其他自动处理，如排队或留言等。其性能的优劣直接影响到呼叫中心的效率和顾客的满意度，是呼叫中心有别于一般电话系统的重要标志。

2.交互式语音应答（interactive voice response，IVR）系统

交互式语音应答系统是一种功能强大的电话自动服务系统。通俗地说，它也称语音导航、欢迎词，通过预先录制或合成的语音对客户呼入的电话作出自动语音响应，为客户提供一种菜单导航的功能。客户可以根据提示，通过电话按键与电话银行系统进行信息交互。

3.计算机电话集成服务（computer telephone integration，CTI）系统

计算机电话集成服务系统是计算机系统与电话系统的结合，能够通过计算机自动完成复杂的通信任务。它的功能包括自动拨号、语音数据处理以及通过呼入信息在计算机屏幕上显示呼叫的相关信息等。

4.人工坐席（call-center service representative，CSR）系统

人工坐席系统是人工处理客户电话的系统，一般由坐席电脑、坐席软件、坐席耳麦、服务人员等组成。呼叫中心坐席通过坐席软件及硬件设备实现相关的控制功能，为客户提供服务。其基本功能如下：

（1）来电接听、外呼。人工坐席能够通过呼叫中心系统实现客户来电接听，并通过外呼功能实现回访等主动沟通。这是系统最基本的功能。

（2）示忙、示闲。若某坐席临时离开座位或者暂时不能接听电话，可将状态示忙，来电将不会被转入该坐席位置。

（3）转接。如果某坐席回答不了客户的问题，可将来电转接给其他坐席。

（4）坐席权限。根据角色可以设置不同级别的坐席，如组长坐席和普通坐席，他们相应的操作权限也将不同。

（5）通话保持、通话恢复。坐席在和客户通话过程中，需要暂时停顿（比如寻求组长坐席的帮助）和客户的通话时，可以给客户播放等待音乐，回来后再继续和客户通话。

5.数据库服务器和应用服务器

数据库服务器主要是提供系统的数据存储和访问功能。这里的数据包括客户的基本信息、账户信息、交易记录、银行内部资料等。应用服务器是介于客户和银行数据库服务器之间的服务器，其作用是提高呼叫中心的效率和安全性。

6.后台管理系统

后台管理系统也被称为内部管理系统，其是银行管理电话银行业务的主要途径。技术人员通过后台管理系统进行系统的日常管理和维护；客户服务中心管理人员利用后台管理系统进行业务统计和报表生成与查询，并通过技术手段对呼叫中心的工作人员进行有效的绩效考核。这不仅丰富了银行的管理手段，也为呼叫中心的运营管理提供了有效的技术手段。

4.1.4　新型电话支付流程

通过前面的介绍，我们已经对电话银行有了基本的认识，那么，电话支付是否就是电话银行支付呢？

从字面上讲，只要通过电话进行的支付应该都属于电话支付。实际上，通过电话支付的方式多种多样，如通过短信或WAP无线上网完成的手机银行支付、通过语音应答和人工坐席服务完成的电话银行支付，以及通过其他方式完成的电话支付。由于手机银行支付方式与其他移动终端设备支付方式类似，我们一般将手机银行支付归为移动支付范畴，利用电话进行的其他方式的支付则归为电话支付范畴。由此可知，电话支付与电话银行支付并非同一个概念，电话银行支付只是电话支付的一种重要方式。

当我们还在感慨电话银行支付给人们带来的种种便利时，一些更加方便安全的电话支付方式悄然而生。这些新型的电话支付方式已经不需要使用电话银行系统，甚至不需要打电话，如"固网支付"直接就将电话变成了一个可以刷卡的POS机，另外还有MOTOpay以及eBilling等电话支付模式。

1.固网支付

电话银行支付虽然可以随时随地进行，但是相对于刷卡消费来说，用户需要不停地输入卡号等个人信息，这使得电话银行支付的过程不仅比较复杂，而且存在安全隐患。那么，能不能避免输入卡号呢？通过电话刷卡的固网支付方式可以很好地解决这一问题。

（1）固网支付的概念和功能。固网支付是最先由中国银联和中国电信共同推出的一种基于固定电话进行刷卡支付的电子支付模式。由于其是在具有POS的电话机上进行的刷卡支付，所以我们也称之为电话POS。此模式要求用户具备一部智能终端刷卡电话，这部电话与POS设备相结合，相当于一个安放在家中的POS机。

固网支付提供的服务除了网上购物、机票订购之外，还包括自助缴费、电子订单支付和信用卡还款、银联卡跨行转账、余额查询等金融服务。用户只需开通固网支付业务，便可在固网支付终端上使用所有包括中国工商银行、中国农业银行、中国银行、中国建设银行等在内带有银联标记的信用卡和借记卡进行水、电、煤气、电话、手机等公共事业账单缴付；实现包括中国工商银行、中国农业银行、中国银行、中国建设银行等在内的所有带有银联标记的银联卡余额查询；支持多种信用卡还款和多家银行的跨行转账自助服务。

图4-1给出了固网支付的网络图。其中，POSP为"终端设备前置系统"。

（2）固网支付的优势。固网支付具有以下几方面的优势：

① 支付费用和商户扣率更加低廉。虽然各地政策的不同导致固网支付业务具有不同的费率以及标准，但是在大部分地区客户如果利用合作银行借记卡作为支付工具都可以享受费率优惠或者免费。而大部分使用固网支付的商户也可以获得比传统POS机更低的扣率，这无疑对小型商铺具有更大的吸引力。

② 支持跨行支付。固网支付是银联推出的服务，可以使用银联的跨行结算、清算网络，这意味着客户可以使用任何一种带有银联标识的卡片作为支付工具，支持借记卡对异行信用卡的还款等跨行支付交易，这大大提高了终端客户使用的便捷性。

③ 操作简便。固网支付的操作相对于网络支付更加简单，而其使用的便捷性与商场刷卡消费一样，符合人们的消费习惯。

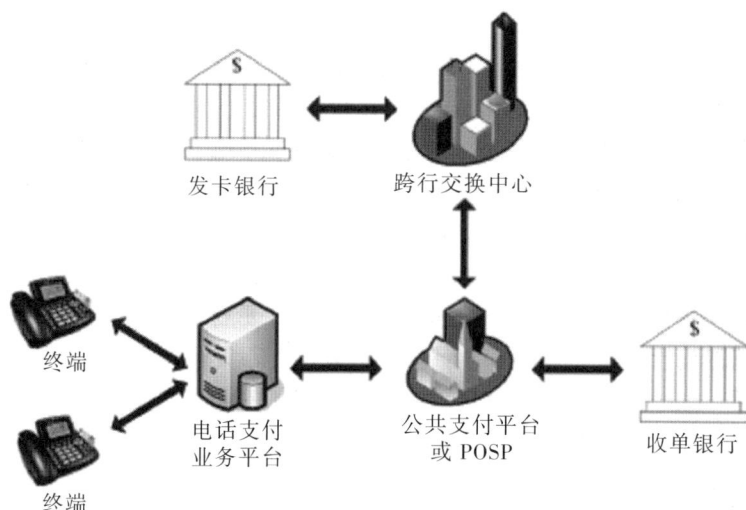

图4-1　固网支付网络图

④ 安全性更高。与开放的互联网相比，固网拥有天然的安全优势。在固网支付中，账户信息通过电信光缆进行传送，与公网开放式的传送相比，被盗刷的概率几乎为零；当客户刷卡时，磁条信息自动被PCM（一种信息加密格式）加密，即使出现信息泄露，被盗走的信息也只是一堆乱码，无法辨认；在交易过程中，客户无须输入卡号，只要刷一下银行卡并输入密码即可进行支付。另外，固网支付还设置有自毁功能的PSAM卡（终端安全控制模块），能够防止木马等网上攻击行为。

（3）固网支付的流程。固网支付流程与一般刷卡支付方式有一定的区别：客户有可能是在网上购物，刷卡终端——电话POS并不一定在商家手中。因此，客户在网上下订单并选择电话刷卡后，系统会提示输入电话号码和客户的名字，然后该账单会发送到刚才输入的电话号码对应的电话机上，此时，客户才可以在电话POS上刷卡支付。图4-2给出了网上购物通过固网支付的具体流程。

① 下单。与其他电话支付方式一样，持卡人首先要选择商品，然后提交订单，并且选择支付方式。

② 选择固网支付方式。持卡人选择固网支付方式后，需要输入一个可以用来刷卡支付的电话号码和用于识别账单的姓名。

③ 支付账单发送到持卡人固网电话终端。商家确认账单后，将支付账单发送到刷卡电话POS上，刷卡电话则会接收到刚才的账单信息，这时，电话POS会显示收到一笔新的业务，包括具体交易明细等项目。

④ 持卡人在固网电话POS上支付。持卡人根据账单信息提示按下电话POS上的"支付"键，根据提示进行刷卡，然后输入密码进行支付。

⑤ 支付信息加密传送到发卡行。电话POS将持卡人的账号及密码信息打包送往发卡行，数据经过电话支付平台、POSP以及银联卡跨行信息交换系统CUPS逐级传送。

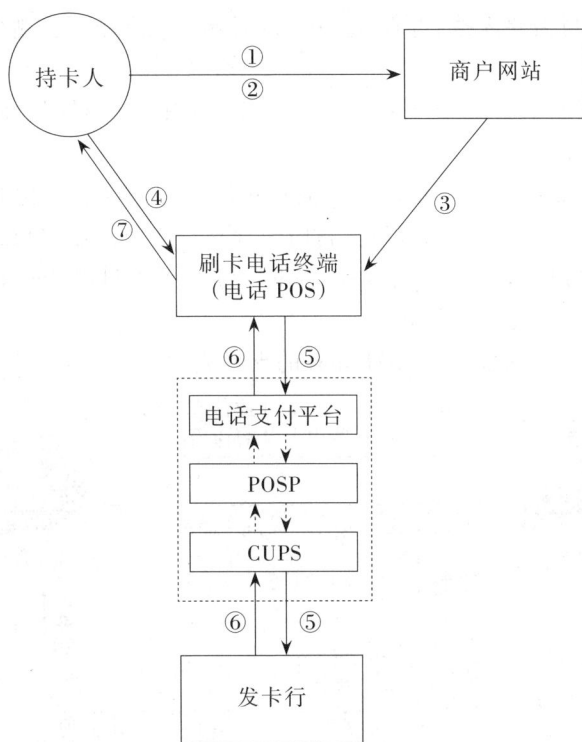

图4-2 固网支付流程

⑥ 发卡行验证支付卡信息。发卡行验证持卡人账号、密码信息，检查持卡人账户余额是否能够进行支付，并将信息返回到电话POS（同样经过CUPS、POSP、电话支付平台逐级传送）。

⑦ 在电话POS上显示支付成功信息，持卡人确认支付成功。

2.MOTOpay支付

MOTOpay（mail order and telephone order payment）是信用卡无卡支付系统，是我国领先的第三方电子支付企业"网银在线"推出的线下支付服务产品，是一种专门针对信用卡的电子支付方式。消费者只需通过电话、传真或邮件等形式将信用卡卡号和有效期报给商家，就可以实现从咨询、预订到支付的全程服务，3秒之内即可完成支付。MOTOpay具有非面对面、脱离网络等特点，这不仅帮助银行扩充了信用卡消费渠道，更重要的是彻底解决了长期困扰电子机票、酒店预订、电视购物、网上购物等行业的一大难题：商户无法通过电话等非面对面的手段受理信用卡支付业务，而消费者又不方便上网支付。MOTOpay有效提升了持卡用户的刷卡率及消费金额。

（1）MOTOpay的特点。与之前介绍的电话银行支付相比，MOTOpay具有以下几个特点：

① 针对信用卡用户。MOTOpay主要针对信用卡用户，而电话银行支付主要针对借记卡用户。

② 支付更方便。使用MOTOpay只需信用卡卡号和有效期即可完成支付，见不到实体卡也可以进行信用卡支付，并且只需要一个电话就可以完成购物、支付的全过

程。而电话银行支付需要先拨打商家电话（或者网上）下单，挂断后再拨打电话银行才能完成支付。

③ 没有支付金额限制。MOTOpay支付不受支付限额的限制，而电话银行支付需要受到当日单笔额度的限制。

④ 商户可跟踪支付过程。MOTOpay商户可以跟踪购物、支付的过程，一旦发现问题能够及时解决。而采用电话银行支付时，商户是无法控制支付过程的。

⑤ 服务更加周到。MOTOpay实现从咨询、预订到支付的全程服务，解决了因支付环节导致销售过程不完整的问题。

（2）MOTOpay的支付流程。MOTOpay的支付流程，如图4-3所示。

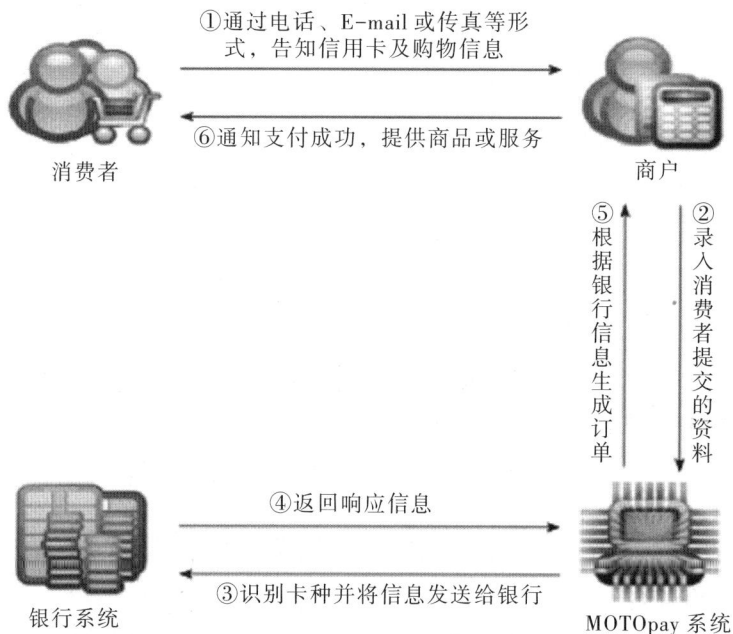

图4-3　MOTOpay支付流程

3.eBilling支付

电子支付方式可谓百花齐放，仅以电话为工具的支付方式就有很多种类。在比较这些支付方式后，我们会发现尽管它们在便捷、安全程度方面各有千秋，但在用户进行小额支付（如购买网游点卡、电子图书，下载或在线点播音像作品）时，还是显得有些麻烦，需要使用银行卡、认证身份、支付手续费等。eBilling支付给人们带来了小额支付的快捷体验。

eBilling是由韩国第一大电信运营商——韩国电信——旗下的Softfamily公司在1998年研发的互联网付费系统，由上海凯翼悌信息技术有限公司率先引入我国。它是一种电话支付系统，适用于固定电话和移动电话。

互联网用户在使用收费内容时，无须进行银行转账，更无须记录卡号、密码，只要提交付费申请，简单拨打一个电话即可完成付费。也就是说，不需要开通任何电子支付业务，不需要绑定任何银行账户，只需要一部电话就可以完成支付。用户在网上消费的收费内容直接从电信、移动的电话账单（信息使用费）中扣除，由运营商代收该使用费。

（1）eBilling支付的优点。电话小额支付虽然不是网上消费的主流支付方式，但是可以在小额支付领域大放异彩。它主要有以下一些优点：

① 方便。拨打一个电话即可完成整个操作，十分方便。

② 快捷。从网上输入付费电话到拨打客服号码确认付费成功，只需20秒即可完成。

③ 安全。无须输入其他个人资料，即使电话号码被泄露，也无须担心被盗用。

④ 最成熟的电话付费服务。该技术在韩国已有多年的运营经验，是十分成熟的电话支付服务。

（2）eBilling的支付流程。eBilling的支付流程，如图4-4所示。

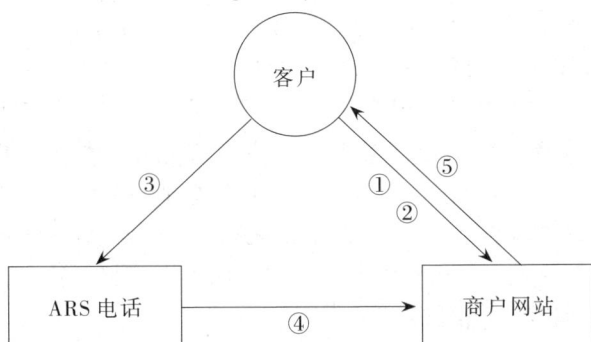

图4-4　eBilling支付流程

① 用户登录网站，点击需要购买的内容，选择eBilling支付。

② 用户在网站上输入用于付费的电话号码。

③ 用户根据页面提示拨打ARS[①]电话号码，并确认付费。

④ 认证通过，支付完成。

⑤ 网站提示用户支付成功。

目前，我国电话的普及率相当高，国家统计局的数据显示，2023年，全国电话用户净增3 707万户，总数达到19亿户。其中，移动电话用户总数17.27亿户，全年净增4 315万户，普及率为122.5部/百人，比上年末提高3.3部/百人。电话已经成为人们日常生活中不可或缺的一部分。因此，使用电话作为金融交易的载体显然十分方便。但随着移动支付的普及，固定电话普及率则保持逐年下滑趋势，电话银行支付方式也逐渐被其他移动支付方式替代，下面将为大家介绍另外一种支付方式——自助银行支付。

4.2　自助银行支付

在了解电话银行支付后，我们再来了解银行的另外一种支付方式——自助银行支付。自助银行（self-service banking）又称无人银行，属于银行业务处理电子化和自动化的一部分，其利用现代通信和计算机技术，借助现代化的自助服务设备，采用

---

① ARS（automatic response system，自动响应系统）电话是声讯电话的一种。

"人机对话"方式，为客户提供智能化程度高、不受银行营业时间限制的全天候金融服务。其全部业务流程在没有银行人员协助的情况下完全由客户自行完成，极其方便、快捷。

4.2.1　自助银行简介

自助银行有狭义和广义之分。中国人民银行制定的《商业银行设立同城营业网点管理办法》第三条规定："自助银行是指商业银行在营业场所以外设立的自动取款机（ATM）、自动存款机（CDM）等通过计算机、通信等科技手段提供存款、贷款、取款、转账、货币兑换和查询等金融服务的自助设施。自助银行包括具有独立营业场所、提供上述金融业务的自助银行和不具有独立营业场所，仅提供取款、转账、查询服务的自动取款机（ATM）两类。"这是狭义的自助银行定义。广义的自助银行，除此以外还包括网上银行、电话银行以及手机银行等主要以自助形式实现金融服务的方式。我们一般所指的自助银行是狭义的自助银行，因此，本书所讲的自助银行也是指狭义的自助银行。

20世纪六七十年代，自助银行首先在国外得到应用。当时，银行客户和业务不断增多，柜台客户流量迅速增长。为了分流办理简单业务的客户，提高对优质客户的高端服务能力，同时缩减营业网点大量增加带来的高额成本，自动取款机应运而生，接着又扩展到自动存款机、外币兑换机、夜间金库、自助保管箱、存折补登机、信息查询机等一系列自助银行设备。

20世纪80年代初，自助银行登陆我国市场，中国香港中银集团电脑中心首先开发了ATM应用系统并投入使用；1988年，中国银行深圳分行推出国内第一台联机服务的ATM；1994年，中国银行又在广东、湖南、福建等开通了"中国通-银联"网，海内外客户开始在华南地区的ATM上办理取款及查询业务。在开始阶段，国内各家银行自成系统，各发各银行卡，各用各设备，自助银行设备的利用效果很不理想。

2000年以后，随着银联卡的普及、银行网络的扩展完善、自助银行设备的增加、人们观念的改变，自助银行的发展势头迅猛。目前，国内各大银行都推出了不同规模、不同层次的自助银行，实现了7×24小时全方位的金融电子服务，自助银行业务规模不断扩大，成为银行开展个人零售业务的主要渠道。作为高科技产品的自助银行，也已经成为商业银行现代化的一个重要标志。中国银行业协会发布的《中国银行卡产业发展蓝皮书（2023）》显示，截至2022年末，我国银行卡累计发卡量达93亿张，2022年当年新增发卡量0.5亿张，同比增长0.60%。2022年，ATM机具数量继续出现下降态势，年末存量为89.59万台，相较2021年末减少5.19万台；全国每万人拥有的ATM机为6.35台，同比下降5.42%。

4.2.2　自助银行的功能和类型

不同类型的自助银行为用户提供了安全、舒适的自助服务环境，客户可以方便、快捷地完成多种自助金融业务。

1.自助银行的功能

从服务形式看，自助银行的功能有以下三类：

（1）交易服务类功能。交易服务类功能是指银行提供的一些传统服务，包括存款、取款、转账、修改密码、余额查询、存折补登、对账单打印等。

（2）销售交易类功能。销售交易类功能包括信用卡授权、IC 卡圈存圈提、银行卡申请等。这类功能能够吸引更多的用户，提高银行的业务量，带来更多的利润。

（3）客户服务类功能。客户服务类功能是指对客户提供咨询、理财等类型的服务，如多媒体信息查询、利率查询、客户理财指南、银行业务介绍等，可以帮助银行树立良好的社会公众形象。

自助银行的功能，具体见表 4-1。

表 4-1   自助银行功能

功能	描述
账户余额查询	为客户提供查询信用卡、储蓄卡或存折上的余额的服务
存折补登打印	为客户提供查询以往交易流水的服务，并提供自动翻页打印设备，将全部未打印的交易流水打印到存折上
现金存款	为客户提供现金存款服务，可以自动识别钞票的真伪和面额，并实现实时入账，增强客户的心理安全感
现金取款	为客户提供快速提取现金的服务
账户互转	为客户快速实现储蓄卡之间、信用卡与储蓄卡之间、信用卡或储蓄卡与特定账户之间、特定账户之间的转账
夜间商业存款	主要是为了方便商界人士夜间存款而设置的功能，其存款袋可接受大额或小额的纸币、硬币
外币兑换	方便客户将外币如美元兑换成人民币等
客户信息打印	打印信用卡客户的对账单等
公共事业缴费	方便客户缴付各种公共事业费用，如电话费、水费、电费、煤气费等
对公客户服务	对公账户的结单打印和查询功能，以及公司卡有关的业务查询
其他信息服务	1.利用地图漫游银行各个营业网点、浏览银行所提供的各项服务的详细内容 2.各类储种利率的查询 3.银行自身的广告宣传 4.其他相关商家的广告宣传 5.多媒体通信的远程专家咨询服务 6.可视电话、电话号码查询、保险销售、数据库访问、代收费用的明细查询等 7.城市地图服务 8.铁路部门的列车时刻表及运行情况 9.劳动部门的招工情况 10.航空时刻表、运行状况及预订服务 11.旅游信息 12.网络商品订购 13.售票等服务

资料来源　根据北京富通联合科技有限公司的相关资料整理而得.

2.自助银行的类型

自助银行主要有三种类型，分别是附行式自助银行、离行式自助银行和便利型自助银行。

（1）附行式自助银行。附行式自助银行是指在现有的银行分支机构的营业大厅内划分出一个区域，放置各种自助式电子设备，提供24小时的自助银行服务。该区域在日常营业时间内与营业大厅相连通，能够分担网点的部分银行业务，缓解柜台压力；在柜台营业时间外，营业大厅关闭，该区域与营业大厅隔离，又变成了独立的自助银行。

（2）离行式自助银行。离行式自助银行又称全自动自助银行，是指完全独立于传统营业网点的自助银行。其规模较大，功能完备且设施齐全，一般设置在城市中心、繁华的商业地段等人口密集的区域。这种自助银行是传统营业网点的延伸，能够节省开办营业网点的巨大开支。

（3）便利型自助银行。便利型自助银行是指在需要频繁使用银行自助设备的场所配备的自助服务设备，如在机场、宾馆等放置的ATM、外币兑换机等，在商场放置的ATM和夜间金库等，在高级住宅区放置的多媒体查询机、自动保管箱等，以方便客户存款和提款，满足客户的理财需求。

4.2.3 自助银行设备及其配置

自助银行设备，也就是自助银行服务终端。自助服务终端是以"24小时自助服务"为系统设计理念，可以缓解传统营业大厅人流量过大的问题，弥补原有营业时间上的不足，避免顾客在营业大厅办理业务的烦恼，使顾客感受到轻松、便捷、体贴的服务。营业大厅的自助服务终端，是对营业大厅服务的延伸与补充。

近年来，随着科技的飞速发展和消费者对于金融服务需求的不断增长，银行自助服务终端设备（ATM、CRS、VTM等）在我国市场得到了广泛应用。

1.自助银行设备

根据服务功能，自助银行设备主要可分为以下三类：

（1）现金类服务设备。现金类服务设备包括自动柜员机、自动存款机、外币兑换机、夜间金库、现金循环系统、IC卡服务终端等。

① 自动柜员机（ATM），又称自动取款机，是最普遍的自助银行设备。在自动取款机上，除了自动取款以外，还可以进行账户查询、密码修改等业务。ATM的普及率和利用率高，交易量大，适用于小额取款交易及查询、转账功能，可以大大减少柜台储蓄工作量。

② 自动存款机（CDM）。自动存款机能够实时将客户的现金存入账户。在存款过程中，自动存款机能够自动识别钞票面值并判断真伪。客户存款能够实时入账，并可以马上查询到交易处理结果，不必担心交易过程出现意外。CDM相对ATM而言，其普及率低、交易量小，适用于小额存款交易。

③ 外币兑换机（foreign exchange machine，FEM）。外币兑换机的主要服务对象为外国游客和有外汇收入的居民，其能够识别多种不同的货币，在兑换过程中自动累计

总数，然后按照汇率进行兑换。

④ 夜间金库。夜间金库主要是为了方便营业到很晚的商户存款而设置的。商户先到银行申请夜间商业存款服务，银行会提供客户钱包或一次性夜间储蓄袋。需要存款时，用户将整理好的钞票或硬币放入袋中，然后凭卡在 ATM 上发送存款指令，ATM 打开存款保险门，用户将袋子置于其中。商户存入的袋子可由银行代为保管，也可由银行直接清点入账。如果由银行清点入账，为了避免发生存款商户与银行之间的纠纷，商户与银行之间必须预先签订一份协议，规定双方的责任和权利，商户必须信任银行，存款的金额以银行工作人员的实际点算为准。

⑤ 现金循环系统（cash recycling system，CRS）。现金循环系统能够提供实时存取款交易，同时具备查询、转账、缴费功能。在存款中，该系统可以进行钞票的真伪识别，未被认可或被拒绝的钞票退回客户，认可的存款金额实时入账。CRS 同时具备自动存款机和自动取款机的功能。

⑥ IC 卡服务终端。IC 卡服务终端为作为电子钱包和现金卡使用的 IC 卡提供存、取款服务。

（2）非现金类服务设备。非现金类服务设备包括自动存折补登机、对账单打印机、多媒体查询机、自动保管箱系统、销售终端机等。

① 自动存折补登机（automatic passbook utility，APU）。自动存折补登机是一种方便客户更新存折记录信息的自助服务终端设备。它通过存折感受器和页码读取设备的配合，进行自动打印和向前、向后自动翻页。客户将存折放入补登机后，设备自动从存折上的条码和磁条中读取客户的账户信息，然后将业务主机中的客户信息打印到存折上，打印结束后，设备会发出声音提示客户取走存折。其普及率和利用率较高，适用于代发工资及代收费的明细查询以及存折补登等工作。

② 对账单打印机。一些自助银行提供信用卡对账单打印功能，客户将信用卡插入，按照提示操作就可以打印一张对账单。

③ 多媒体查询机（multi-media service inquiry）。多媒体查询机利用触摸屏技术提供设备说明、操作指导、金融信息、业务查询等多种服务，提供外汇牌价、存贷款利率等信息。不少自助银行还配有大屏幕及时提供各类公共信息。它能够较好地宣传和介绍银行业务，内容可以经常更新，可以介绍自助银行设备的功能及使用方法，使客户在无人指导的情况下掌握各种设备的使用方法。

④ 自动保管箱系统（automatic safe locker system）。自动保管箱系统能够方便客户随时存取保管物件，由于该设备投资大，故使用率低。

⑤ 销售终端（POS）机。销售终端机是一种多功能终端，安装在银行卡的特约商户和受理网点中，与计算机联网，实现消费、预授权、余额查询和电子资金自动转账等功能。

（3）安全保护设备。安全保护设备主要指门禁系统和监控报警系统。

门禁系统仅允许合法持卡人进入自助银行服务网点，可以自动防止非法人员入内、自动摄取非法入侵者的图像资料、自动火灾报警、自动非法入侵报警等。监控报警系统则包括视频监控、防盗报警等子系统，保证自助银行环境内设备、客户及资金的安全。

随着科技的发展，各大银行还推出了超级柜员机（STM），可以受理银行卡及存折的取款、存款、大额取款、大额存款、混合面额取款、混合面额存款等交易；智能柜员机（ITM），可以受理开卡、开通电子渠道、查询、转账汇款、存折补登、投资理财、公司业务、生活缴费、个人外汇、个人贷款等交易。

2.自助银行设备配置

各家银行的自助银行配备的设备不同，同一家银行在不同地点的自助银行内配备的设备也可能不同。自助银行设备的配置根据银行的具体业务需求以及投资预算来决定，一般分为简单配置、基本配置、多功能配置和豪华配置四种，具体见表4-2。

表4-2 自助银行设备配置

配置类型	配置设备
简单配置	自动柜员机、自动存折补登机、多媒体查询机
基本配置	自动柜员机、自动存折补登机、自动存款机、多媒体查询机
多功能配置	自动柜员机、自动存折补登机、自动存款机、多媒体查询机、对账单打印机、夜间金库、外币兑换机、IC卡服务终端
豪华配置	自动柜员机、自动存折补登机、自动存款机、多媒体查询机、对账单打印机、夜间金库、外币兑换机、IC卡服务终端、无人管理的保管箱系统或机械人管理的保管箱系统、专家可视咨询服务、售票系统、网上银行、其他行业的代理业务等

资料来源 根据北京富通联合科技有限公司的相关资料整理而得.

4.2.4 自助银行的发展趋势

自自助银行出现以来，随着计算机技术、通信与网络技术的发展，提供7×24小时服务的自助银行呈现出与各种电子银行自助服务终端融合的发展趋势，出现了一些利用信息技术、安全性能高的自助银行。自助银行的主要发展趋势如下：

（1）开发功能更加齐全的自助（无人）银行。例如，美国NCR公司研发的一种"无人银行"，通过战略性的系统解决方案，既可以作为自助服务终端，帮助用户进行各种银行交易，包括快速提款、取款、转账、打印月结单、补登存折、兑现支票，以及购买彩票、邮票或电话卡等，在功能强大的硬件平台上，还能够帮助用户构建各种极具竞争力的系统管理软件方案，为用户提供决策支持。

（2）提供安全性更高的自助（无人）银行。例如，将视网膜识别系统与ATM系统终端集成的自助银行。该产品以识别用户的视网膜信息取代常规的密码验证方式。由于全球几十亿人的视网膜都不相同，因此，这种设备较PIN码更安全、可靠。用户只需将卡插入，安装在终端上的光学设备即可扫描、识别视网膜。如果视网膜数据与银行的记录相符，则ATM将允许用户进行操作而无须输入密码。

（3）提供"个性化"服务的自助（无人）银行。例如，美国 NCR 公司与合作伙伴挪威联合银行联合策划、设计的"明日银行"。客户一旦步入这家银行，便被作为特殊的个人对待。终端扫描其银行卡后，便会给出一个特别编号的排队票，该票直接与银行的数据仓库连接，瞬时识别用户，并送出一条是谁在等待的信息。根据对用户的分析，屏幕上会显示出按照用户特点剪辑的广告。比如，在数据仓库储存的交易信息表明，用户已经申请一项抵押贷款，屏幕上就可能出现一个家庭保险的广告。整个过程不用纸和笔，用户在电子键盘上与银行达成协议。挪威联合银行估计，仅表格一项每年就可节省 1 000 万美元。银行员工也不需要在每天结束工作前，花费一两个小时填写各种报表、跟踪贷款申请以及其他管理业务。"明日银行"的目标就是让一个银行成为事实上的成百上千个银行。这是在传统银行再无潜力可挖，而且运营成本过高的情况下产生的一项新的创意。通过为客户提供"个性化"服务，银行能够降低成本，继续保持强大的竞争力。

（4）自助服务终端设备加速智能化改造。虽然 ATM 机具保有量持续减少，但并不会彻底消失，未来设备智能化改造将是趋势，将现金机具的功能整合成新的金融智能终端。ATM 将向综合化的智能金融终端过度，银行可以实现无人化和少人化，减少网点占地面积，同时延伸银行的业务触点。通过嵌入式功能模式，未来 ATM 现金机具也可以和很多智能化城市设施相结合，成为全新的金融功能终端。比如，数字人民币未来可以和 ATM 机具融合，可以通过 ATM 将现金和数字人民币进行转换。

4.3 自助银行交易流程与安全

自助银行以其极大的优势改变了银行与客户之间的关系，使银行在经营理念、管理模式、业务流程和组织架构等方面发生了一系列的变化；同时，客户对银行提供的服务和产品功能的要求也随之提高，各家银行必须在业务流程、系统安全性、效率等方面不断改进和完善。

按照交易方式的不同，自助银行可以分为 ATM 交易和 POS 交易，即客户可以通过自助终端进行交易，也可以进行销售点终端交易。指纹银行则是一种自助银行的新模式。本节将对 ATM 系统、POS 系统以及指纹银行在交易流程、安全问题和相应的安全技术保障等方面进行介绍。

4.3.1 ATM 系统交易流程与安全

ATM 系统是利用银行卡在自动柜员机上执行取款、查询余额、修改密码和转账等功能的一种自助银行系统。该系统使银行可以将金融服务扩展到银行柜台和银行网点以外的地方，有效地提高了银行的效率，降低了银行的运行成本，是最早获得成功使用的自助银行设备。中国人民银行于 2023 年 3 月发布的《2022 年支付体系运行总体情况》显示，2022 年，我国 ATM 机具保有量跌破 90 万台，同比减少 5.19 万台至 89.59 万台。

1.ATM 系统交易流程

ATM 系统有前方交换型系统和后方交换型系统两种类型。

（1）前方交换型 ATM 系统的交易处理流程。前方交换型 ATM 系统交易经交换中心转发交易信息，通常为行内交易。下面以取款交易为例来说明交易流程，如图 4-5 所示。

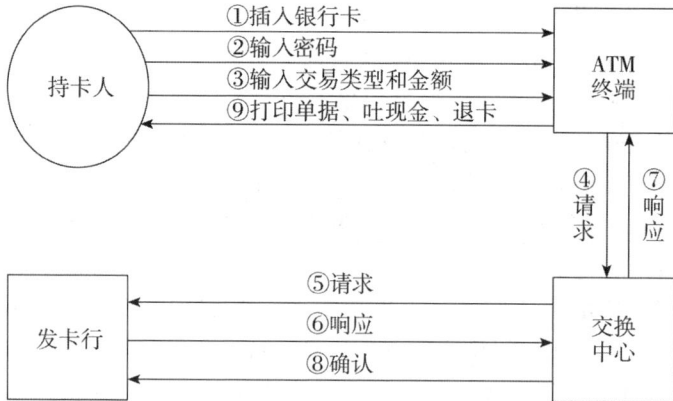

图4-5　前方交换型ATM系统交易流程图

资料来源　张波，孟祥瑞. 网上支付与电子银行［M］. 上海：华东理工大学出版社，2007.

一般来说，取款交易处理过程包括三个阶段：请求处理阶段、响应处理阶段和确认处理阶段。这三个阶段分别对应三种信息流，即请求信息、响应信息和确认信息。

① 请求处理阶段。银行卡持卡人将卡插入 ATM 内，根据屏幕界面提示输入密码、交易类型和交易金额后，由 ATM 终端启动请求信息，经交换中心发往相应的发卡行。

② 响应处理阶段。发卡行进行相应处理和账务处理后，发出响应信息给交换中心，授权其按指示向 ATM 发送指令。

③ 确认处理阶段。交换中心向 ATM 发出响应指令后，若非查询交易，还需要向发卡行确认信息；发卡行收到确认信息后，执行提交操作，修改数据库完成该笔 ATM 交易。

（2）后方交换型 ATM 系统的交易处理流程。后方交换型 ATM 系统交易包括行内交易与跨行交易，处理过程比较复杂，需要清算银行的介入才能完成跨行支付的清算工作。在这种 ATM 系统中，各成员行都拥有自己的 ATM；本行的持卡客户在自有银行的 ATM 系统上所作的交易留在本行处理；其他银行的持卡客户在共享的 ATM 系统上所作的跨行交易则经交换中心转发到相应的发卡行处理。后方交换型 ATM 系统取款交易过程，如图 4-6 所示。

① 请求处理阶段。银行卡持卡人将卡插入 ATM 内，根据屏幕界面提示输入密码、交易类型和交易金额后，由代理行 ATM 终端启动请求信息，请求经代理行、交换中心发往发卡行。

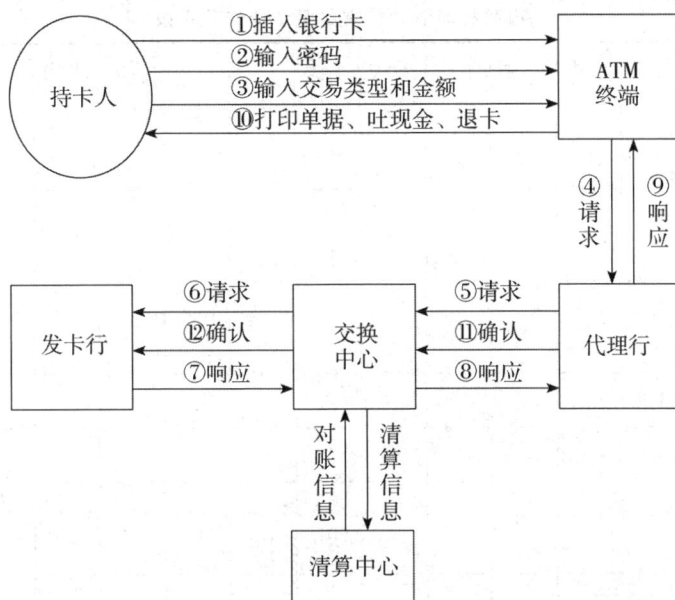

图4-6 后方交换型ATM系统交易流程图

② 响应处理阶段。发卡行接收到交换中心发来的交易请求信息后，检查银行卡和持卡人等的合法性、交易金额的合理性，并由发卡行启动响应信息，通过交换中心，授权代理行指令ATM按响应指令进行交易。与此同时，若发卡行授权代理行进行取款处理，则发卡行还要进行账务处理（包括持卡人的账务处理和与代理行之间的清算处理）和各种交易费用的计付处理。

③ 确认处理阶段。完成一笔交易后，由代理行启动确认信息，针对交易执行结果提出确认报告。发卡行接收到确认信息后，提交上述账务处理和交易费用计付处理结果，修改数据库中的相应数据。

日终时，交换中心要向清算银行（我国为中国人民银行）发送清算信息，由清算银行完成代理行与发卡行之间当日的资金清算。随后，清算银行通过交换中心向银行发送当天的对账信息。若对账无误，则最终完成一天所有的ATM交易。

如果是一笔余额查询业务，则只有请求处理阶段和响应处理阶段，而无须确认处理阶段。

2.ATM交易存在的安全问题

由于自助银行具有自助服务、无人值守和信息化程度高等特点，近年来，ATM交易中各种犯罪案件和纠纷时有发生，给银行和客户都带来了极大的风险。ATM交易存在的风险分为两类，即外部风险和内部风险。

（1）外部风险。外部风险主要表现为：不法分子为盗取客户资金，采取种种手段对ATM实施外部作案。表4-3列出了银行自助设备（主要是ATM）犯罪活动的12种常见手法和作案手段。

表4-3 ATM犯罪活动的常见手法和作案手段

手段	手法一	手法二	手法三	手法四	手法五	手法六	手法七	手法八	手法九	手法十	手法十一	手法十二
虚假提示	√	√		√				√				
人为制造 ATM 吐钞故障	√											
人为制造 ATM 吞卡假象		√							√			
加装工具盗取银行卡		√							√			
加装键盘盗取密码				√					√			
加装假插卡槽盗取卡信息					√							
隐藏摄像镜头偷拍密码输入						√	√					
门禁加装刷卡器盗取密码等信息								√		√		
转移客户注意力并盗取银行卡和密码			√									
存假币取真币											√	
利用外包服务管理漏洞窃取银行卡信息												√

手法一：不法分子冒用银行或发卡机构等金融部门名义，在ATM上粘贴"温馨提示"等虚假"通告"，然后将透明胶带塞进ATM吐钞口，使机器里的钞票无法正常吐出，前来取钱的客户不能取钞，情急之下就会拨打ATM上虚假"通告"提供的"服务热线"，被不法分子诱骗进行转账操作。

手法二：不法分子使用铁钩、镊子、胶带和假键盘等工具，如将一个特制的铁钩放入ATM插口，造成银行卡被吞的假象，诱骗客户按提示操作，泄露银行卡密码，等客户走后，犯罪分子再拉出钩子，取出银行卡窃取现金。

手法三：在客户使用ATM取款时，不法分子上前搭话，分散其注意力，设法窃取客户银行卡账户信息和密码，或调换客户银行卡。

手法四：不法分子在键盘上安装盗码器，粘贴在银行取款机的按键上，客户按下的密码会被自动记录下来并直接发射出去。

手法五：不法分子将假的ATM插卡槽固定在原来真插卡槽的位置，客户将银行卡插入后，假插卡槽内部设置的读写装置能够复制卡上的全部信息。

手法六：不法分子将微型摄像机隐藏在ATM旁边的广告夹里面，通过摄像机将键盘和荧屏上的信息拍摄下来，并传到自己手上。

手法七：不法分子在ATM上安装秘密摄像装置，窃取持卡人密码。同时，捡拾持卡人取款后遗弃的取款凭条，利用技术手段获取持卡人卡号，再利用电脑、读写器将卡号写入另一张磁卡上，变造银行卡后使用。

手法八：不法分子在自助银行自动门的刷卡器上安装自制的磁条读写装置，假冒成门禁系统以遮挡原来的门禁系统，并贴上"刷卡后请按密码确认"等提示语，误导客户操作，窃取银行卡卡号和密码，制造假卡行骗。

手法九：不法分子采用有记忆功能的键盘或类似塑料薄膜的物质覆盖在ATM键盘上，窃取持卡人密码，并利用吞卡装置取得持卡人银行卡。

手法十：不法分子利用胶水封堵自助银行自动门的刷卡器，在旁边安装另一个需要输入密码的刷卡器，里面有一张通信电话卡，只要持卡人刷卡后输入密码，其信息资料（卡号、密码）就会以短信的形式发往犯罪嫌疑人的手机上。

手法十一：不法分子利用一些ATM识别假币功能上的缺陷，先存入假币，后支取真币。有的不法分子则利用ATM出钞自动回吞功能，以最短时间取出现金并用假钞回填出钞口，替换真钞，制造现金延时未取而被ATM回吞的假象，然后要求营业网点工作人员进行错账处理，进而骗取银行资金。

手法十二：不法分子利用为银行ATM监控系统进行维护的便利条件，从该监控系统中备份出客户的银行卡号、姓名等信息，并存入个人携带的U盘中，之后以"123456"等为密码，测试出部分客户的银行卡密码，通过复制银行卡盗取客户资金。

商业银行作为金融机具的所有者和金融服务的提供者，应该针对这些诈骗手段，在ATM上采取有针对性的管理措施和技术手段进行防范。

另外，外部风险还表现为客户的自我保护意识不强。客户通常有随手丢弃存取凭条或交易凭证、在无保护状态下进行密码输入等情况，这样，账户密码极易被犯罪分子获得，为其变造、伪造、复制银行卡进而窃取资金提供了便利。有些客户的账户交易密码设置过于简单，有的为了避免忘记密码，将卡、折和密码一起存放。这些都会给犯罪分子留下可乘之机，并埋下风险隐患。

（2）内部风险。内部风险是指因银行内部管理不善给ATM的使用带来的风险。ATM的日常管理伴随着大量的现金及账单流动，与ATM相关联的部门也很多，不仅有保卫、信息技术、运营保障、会计结算等部门，还涉及设备保修公司、网络运营公司等。内部风险主要包括以下几个方面：

① 风险意识淡薄、警惕性不足。自助银行货币形态的电子化、服务方式的虚拟性、业务边界的模糊性、经营环境的开放性等特点，使银行得以在更大的时空范围内提高资源配置效率、更好地满足个人和企业客户的个性化金融服务需求，但同时也使银行面临诸多有别于传统业务的电子化风险。例如，运营和管理经验相对缺乏，对风险的认识和警惕性不足，在安全方面投入不足，对内部员工的风险警示教育相对薄弱等。传统的风险防控理念难以完全适应金融电子化、信息化快速发展的客观现实。因此，提高银行工作人员的认同感、归属性和责任感，控制其道德风险非常必要。

② 软件系统和日常维护管理不严。自助银行是高新技术的机电一体化和IT产品，业务在系统程序控制和人机交互作用条件下自动实现，并且具有高度的自助服务和自动运行特点。如果没有严格的风险控制和保密制度的约束，自助银行系统的程序存在代码泄露的可能性。

③ 银行卡产品技术设计上的缺陷，为犯罪分子提供了可乘之机。银行卡的密码控制一般采用卡磁道信息和后台校验双重控制方式，而目前有相当一部分银行卡的密码控制采用单一的后台控制方式。从技术上讲，采用双重控制的银行卡的磁条上存有一个密码偏移量，该参数在卡操作时作为一个重要变量被计算机提取，连同其他磁道信息一并被送上后台参与密码校验。而采用单一控制方式的银行卡并无此机制，其单一的后台控制方式使卡磁道信息与密码控制相分离。单一控制方式下的密码设计漏洞，给许多犯罪分子通过"卡复制"进行诈骗提供了方便。

④ 自助设备硬件上的风险。目前，各大银行的ATM涉及的品牌多、型号复杂，与各品牌相配的钞箱型号和配件也多种多样，存在相同型号的ATM上箱体钥匙通用、钞箱钥匙通用的现象，加大了管理的难度。

⑤ 服务响应风险。由于ATM的硬件维修、系统维护、数据库系统和应用软件维护以及网络通信服务依赖于各开发商和服务供应商，一旦出现设备故障、网络故障、系统瘫痪、数据库损坏、通信中断等情况，就可能存在这些外部公司不能及时提供服务响应和服务支持的风险。

与外部风险相比，内部风险的隐蔽性较高，一旦发生，造成的损失往往比外部风险要大得多。从许多案例来看，内部风险的防范比外部风险更为重要。

3.ATM系统安全保障措施

ATM系统的安全保障措施主要包括银行的安全技术保障措施和管理措施，以及客户采取的防范措施。

（1）银行的安全技术保障措施。为保障ATM系统的安全，银行应建立严密的技术防范机制，如系统管理、操作管理、级别控制、建立防火墙、灾难备份等。另外，银行还应采用数据加密、身份确认、纸币确认、机身保护等几个方面的安全保障技术。

ATM的数据加密就是要确保数据在ATM端与银行中央计算机处理系统之间进行传输的过程中不被泄露和盗取。目前比较安全的方法是使用三重加密标准，同时还必须经常转换解码密钥。

关于消费者身份确认，除了传统的银行卡密码认证外，还可以采用一系列先进的生物测定技术，比如利用虹膜认证技术，使得ATM能够通过识别用户独一无二的瞳孔形态而确认其身份，其他如视网膜识别、指纹识别、声音识别、人脸识别等技术，都可以有效实现对消费者身份的确认。

ATM的存款确认部分要有较强的纸币验证功能，要能够拒绝一切不符合相应条件的纸币。

ATM机身保护主要是推广体积更大及更重的保管箱，提供更可靠的安全锁、警钟以及更完备的闭路、开路电视监控装置。

（2）银行采取的管理措施。为保证 ATM 系统的安全，银行可以采取以下管理措施：

① 牢固树立风险防范与业务发展并重的思想。银行应切实将自助银行的风险防范工作摆到与业务发展同等重要的位置，并从金融电子化给银行业务带来的革命性变革这一现实出发，在强化安全意识的同时，树立包括业务风险、管理风险、市场风险、操作风险、应用风险、技术风险等在内的全面、系统的自助银行风险观念，倡导风险防范技术手段的开发和创新，学会利用现代金融理念分析、解决和防范金融电子化带来的新风险。

某著名机构对众多安全事件的统计结果表明，人为因素造成的安全事件占到所有安全事件的40%以上。不论安全制度体系多么完善，安全防护设备功能多么强大，一旦内部人员出现问题，如内外勾结作案、在系统程序中留有后门、修改安全配置等，就几乎没有安全可言了。因此，银行要不断加大对员工的风险警示和教育力度，组织相关人员认真学习相关法规，全面提高员工整体素质和职业道德水平，提高风险防范和安全意识，增强内部"免疫力"，以求从根本上防范和化解银行内部风险。

此外，银行也要进一步加大对自助银行业务的宣传力度，尤其要根据当前不断变化的金融犯罪特点，有针对性地对客户进行安全提示和告诫，以切实增进客户对自助银行业务的了解，增强自我保护意识。

② 理顺行内管理机制。自助银行系统在实际工作中极易形成多头管理或无人管理的局面。多头管理容易导致相互扯皮和推诿，对管理工作不利；无人管理不仅会直接影响业务的正常运行，造成大量的资源浪费，而且会危及银行信誉甚至直接带来业务风险。国内多数商业银行的分支机构并没有设立负责自助银行运营管理的专职部门，内部管理机制急需理顺。从目前情况来看，在二级分行设立自助银行的专职管理部门比较可行，通过建章建制和网点式的管理，可以使业务营销和发展更加规范。

③ 做好 ATM 设备的维护。系统和设备的维护工作事关自助银行业务的正常运行，而良好的维护需要以素质过硬的科技人才为支撑。为此，银行可以采取加强内部技术交流或通过与专业人员和外包公司联办培训等形式提高现有人员技术素养，为快捷、准确、及时排除自助银行故障奠定良好的人才基础。

自助银行多数不在行内，操作环境较为复杂，如果 ATM 安装不当，可能会给犯罪分子可乘之机，所以，银行在设置自助设备时，既要考虑到设备运行、使用和维护的方便，也要切实为客户利益着想，增加安全性措施。

自助设备属于计算机设备范畴，其性能的好坏取决于硬件和软件的性能，所以，对设备本身要坚持进行定期和不定期的维护保养工作，要建立一套严格的维护保养制度，加强预防性维护，防患于未然。另外，维护时要重点检查诸如"出钞模块""磁卡读写器"等关键部件，既要看部件是否处于正常状态，又要看是否存有异常装置，以防犯罪分子蓄意破坏或作案。

④ 慎选外包商，避免技术泄露。能否选择一个信誉高、实力强、经验丰富、专

业能力过硬的外包商,对于委托外包业务的成功与否非常关键。因此,外包商的专业化程度、行业经验、社会评价等企业内部潜质是必要的综合考虑因素。同时,银行还要根据金融企业对信息安全、数据管理等方面的特殊要求,加强对信息安全的风险预警和防范措施,如数据加密、灾难恢复、数据传输的安全性等方面的审计;在外包合作上,要确保在受控范围内授予外包商指定的信息。另外,银行还要以协议的方式,明确外包商的保密责任及相应罚则,以此提高外包商的保密意识和服务水准。

⑤ 完善制度保障。自助银行涉及多个技术和业务岗位,在制度的制定上,既要考虑实际业务流程的客观衔接需求,也要考虑各岗位操作之间的相互制约和监督,以实现"分工明确、责任明确、相互监督、互有配合"的管理目的,切实防范因分工不明确而出现的混岗操作风险和过失。

由于自助银行的很多维护工作需要离行作业,尤其ATM系统维护工作更是如此,所以要建立相应的监督检查机制。另外,ATM系统维护工作程序性强、风险环节多、控制难度大,引入计算机过程控制理论,不仅可以使管理工作更加科学、规范,而且可以更有效地实现各要害岗位之间的相互制约与风险控制。

⑥ 堵住产品开发和设计的漏洞。部分银行的银行卡采用单一的后台控制机制,虽然大大精简了办卡环节,但其潜在的风险已经对客户资金安全构成了极大威胁。银行应该严格按照《银行卡磁条信息格式和使用规范》的要求,改造磁道信息设置不规范的银行卡。在银行卡磁道信息中增加密码偏移量等关键性风险控制字段,采用密码校验的双重控制方式,降低"卡复制"风险,提高银行卡自身的安全性。

随着ATM系统的发展,其功能不断增强,银行许多中间业务也可以通过ATM系统实现。由于一部分中间业务的服务方式是由基层行处针对特定市场和客户的需求量身定做的,前置系统程序极不统一,各行对业务开发中的风险认识和具备的技术能力也参差不齐,为系统安全带来了风险。因此,针对中间业务功能的开发和运行,银行事前要做到全面的风险评估和安全设计,对于具有良好通用接口的程序开发,应尽可能由更高一级的管理机构上收,进行集中开发;对于那些特色显著、定制性极强,必须在二级分行开发的业务需求,也要有一套科学、严密的业务开发制度来约束,并经上级安全管理机构审核通过,以保证所开发的程序能够满足风险控制的需求,尽量减少软件开发和设计风险。

(3) 客户采取的防范措施。为保证ATM交易的正常、顺利进行,客户自身也应该注意以下几方面的事项:

① 记住银行卡密码,否则在ATM上连续几次输入错误,可能会被吞卡。持卡人必须凭吞卡凭条到银行被吞卡网点领卡,办理手续后才能重新使用,非常麻烦。

② 银行卡退出ATM后,应及时取回,否则超过30秒会被ATM吞卡。

③ 取款前先查看ATM的出钞口、插卡口是否有异常。

④ 在取款时注意身边有无其他人,输入密码时应当注意遮挡,不要轻易被他人看到。

⑤ 设置复杂一些的密码,不要设置易被猜出的密码。

⑥ 取完钱后不要轻易将取款凭条扔掉,应带走后妥善销毁,因为清单上有银行

卡的相关信息，一旦被不法分子拾获，将为其制造假卡提供便利。

总之，ATM 的安全关系到银行和客户的资金安全，是银行和客户共同关心的问题。因此，银行和客户之间应该加强交流，相互理解、信任，共同维护良好的 ATM 环境，保障资金安全。

4.3.2 POS 系统

1.POS 系统简介

POS 系统是利用计算机技术和现代通信技术使商户的 POS 设备与银行计算机系统相连接，实现持卡消费资金与银行卡账户自动清算的系统。POS 设备包括主控机、凭条打印机和密码输入器三个部分。POS 设备可同多个银行的计算机系统通信，客户购物时，将银行卡插入终端内，通过键盘输入个人标识码和交易额，POS 系统将这些数据以封包形式传送到相关的银行计算机系统，经核实确认无误后，即可成交。银行计算机系统将货款从持卡人账户转入商家账户，POS 系统终端为顾客打印账单收据，同时自动修改商店的存货清单和有关的数据库文件，全过程仅需要 5 秒左右。

POS 系统是计算机技术和通信技术高度发展的产物，也是银行卡业务发展的必备条件，于 20 世纪 70 年代后期在发达国家开始普及，现已成为货币支付的主要手段之一。我国在这一方面虽然起步较晚，但发展较快。截至 2023 年第三季度末，联网 POS 机具为 4 304.30 万台，较上季度末增加 691.43 万户，全国每万人拥有联网 POS 机具 304.89 台，环比增长 21.27%。银行 POS 系统的应用，使消费者与商家之间的现金及支票交易、商业服务行业与银行之间的业务结算变得轻松简便、安全有序，这大大加快了货币电子化的进程。

对于持卡人来说，POS 系统使其出门购物、消费无须携带大量的现金，只需输入密码就可以进行交易，而且如果设置了密码，即使信用卡丢失或被盗，他人也无法使用，从而增强了资金的安全性。

对于商户来说，POS 系统大大缩短了资金周转时间，提高了收款效率，实现了资金在流动中的增值。商户通过 POS 机可以及时掌握商品销售情况，进行商品购销的分析和管理，减轻管理、销售人员在汇总、盘库和清点时的劳动量；可以减少以往利用现金或支票付款时存在的差错及风险，同时提高信息处理效率，减少各类实物票据的流通量和处理量，确保信息处理准确、及时。同时，商户提供了便捷的支付方式，能够吸引更多的顾客。

对于银行来说，为商户提供 POS 服务，可以使银行业务深入到流通领域的各个环节，让"现金流""票据流"转化为"电子流"，使人们更加相信电子货币，提高了用卡频率，增加了银行的用卡结算手续费收入，提高了银行的信誉和竞争能力，进而获得了更多新的客户。

随着银行卡业务的迅速发展，POS 系统在大型商场、酒店等场所得到普遍应用，但在某些消费领域，由于受到场地和有线通信线路的限制，有线 POS 系统的应用受到制约。例如，配送收费，煤气、水、电等公共事业上门收费，大型商品展览会购物消费等具有移动特征的消费场景，持卡消费就很难实现。因此，无线POS系统逐渐兴起。无线POS系统基于GPRS、CDMA等无线网络，使传统POS系统摆脱电源和电话线的束缚，建立移动的商务模式系统，为客户提供了方便、可靠、随时随地可用的移动支付方案。无线POS系统极大地方便了持卡人，改善了用卡环境，有力地推动了银行卡业务的发展。与传统的有线POS系统相比，无线POS系统移动性强、使用范围广、连接传输速度快、安装简便快捷、费用更低。银行卡跨行支付系统联网商户是我国POS机的重要需求方。截至2023年第三季度末，银联跨行支付系统业务量保持增长。2023年第三季度，银联跨行支付系统处理业务837.93亿笔，金额70.27万亿元，同比分别增长21.37%和8.70%。

2.POS系统交易流程与环节

POS系统涉及多个实体对象，包括持卡人、成员金融机构、特约商户、清算中心和国外信用卡集团。各实体对象之间的交易处理关系，如图4-7所示。

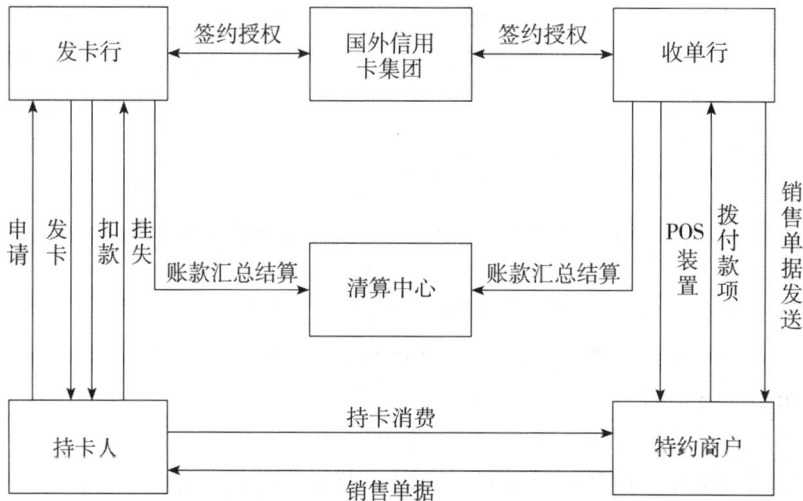

图4-7 POS系统各实体对象之间的交易处理关系图

资料来源 张波, 孟祥瑞. 网上支付与电子银行 [M]. 上海：华东理工大学出版社, 2007.

（1）持卡人，即消费者。他们持有可用于消费的银行卡。

（2）成员金融机构，即参与POS系统的金融机构。按执行业务的功能，可将成员金融机构进一步分为发卡行和收单行。发卡行是将其银行卡发行给消费者的银行。收单行是同特约商户签约，处理POS转账及相关事项的银行。参与POS系统的成员行，可同时兼具发卡行和收单行二者的功能。

（3）特约商户，即与收单行签约提供POS服务的商家。POS系统终端就安装在商户的经营场所。

（4）清算中心。它是负责执行参与POS系统成员行之间跨行账务清算的金融机构。

（5）国外信用卡集团，如发行Visa卡、MasterCard卡等的国际知名信用卡机构。国内金融机构若经过签约授权，也可以在国内发行和使用它们的银行卡。

涉及跨行 POS 系统业务的联网方式主要有直连和间连两种模式。

直连模式是指 POS 系统终端直接与银联相连，数据直接由当地银联分公司经银联总中心进行转接，经跨行清算后再返回商业银行，机具由各发卡行投放。

间连模式是指 POS 系统终端连接收单行主机系统。本行卡交易时，交易信息不通过银联，直接传送到收单行主机系统；跨行交易时，交易信息先传送到收单行主机系统，判断为跨行信息后传送到银联区域中心（区域中心是指银联在各地所属的负责进行当地银行卡跨行交易清算的部门）主机系统，区域中心再将相关信息传送到发卡行，信息流沿原路返回。

以间连模式为例，POS 系统的支付流程，如图 4-8 所示。

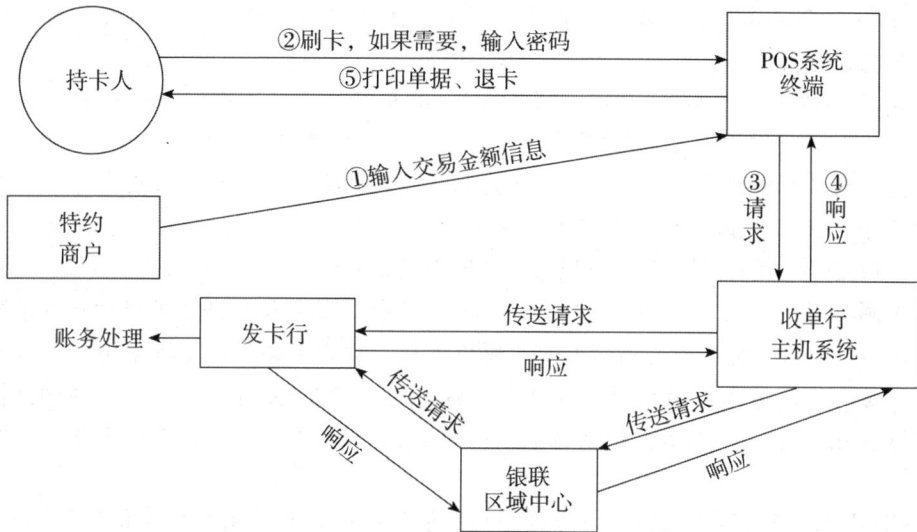

图4-8　POS系统支付流程图

（1）持卡人在特约商户持卡消费，操作员签到，将持卡人的消费金额输入 POS 系统。

（2）读卡器读取银行卡磁条或芯片中的认证数据，如果银行卡设置了相应密码，则持卡人输入密码。

（3）将前两步输入的数据送往收单行的 POS 服务器。

（4）POS 服务器收到请求信息后，区分银行卡为本行卡还是他行卡分别进行处理。

如果为本行卡，则上送本行业务平台，验证银行卡的合法性、持卡人密码等，并将处理结果数据实时返回 POS 系统终端。

如果为他行卡，则将数据转发给相应的发卡行或银联区域中心（区域中心再将相关信息发送到发卡行）；发卡行验证银行卡的合法性、持卡人密码等，并将处理结果数据沿原路返回 POS 系统终端。

在信息验证过程中，如果银行卡不合法，则返回 POS 系统终端提示要求做压卡处理。如果持卡人输入的密码同主机系统数据库中的密码不匹配，累计出错超过规定次数，则通过 POS 系统终端做压卡处理；如果密码有误，但累计不到规定次数，则返回信息要求持卡人重新输入密码；如果密码正确，就进行相应的账务处理。

（5）交易成功后，POS系统自动打印凭证，请持卡人在凭证上的签名条内签名，核对卡号。持卡人签名后，将客户联交给持卡人。

3.POS系统存在的安全问题

（1）对POS系统的攻击类型。随着业务应用范围的不断扩大，POS系统的安全性和保密性越来越受到关注。对POS系统的攻击多种多样，有无意的，有蓄意的，从其行为本身来看，有以下三种类型：

① 使用非法的POS设备。使用非法的POS设备，凭借部分合法信息，冒用合法操作员进行交易，以期进入系统。

② 冒充合法用户。冒用他人遗失的或盗窃所得的卡、设备，试图冒充合法用户进入系统，对系统进行实质上未经授权的访问。

③ 主动攻击。直接对POS设备与外部通信交换的信息流进行截听、修改等非法攻击，从中牟取利益或破坏系统。

（2）POS系统的安全。从上述分析可知，POS系统的安全不仅包括软件系统逻辑上的安全，还包括POS系统本身物理上的安全。所以，POS系统的安全分为三个部分：物理安全、用户的身份安全和通信传输中的信息安全。

① 物理安全。除了POS系统本身的物理安全外，其还包括防止外界对POS系统的物理攻击。POS系统本身的物理安全主要体现在其物理封装是否坚固耐用，是否能够承受一定程度的撞击而不致损坏，是否能够承受一定程度的化学、电气和静电损害。在实际使用中，POS系统还要能够承受电压不稳的影响，不致由此毁坏设备或外围电路。

② 用户的身份安全。POS系统的用户一般包括操作POS系统的操作员和持卡人，因此，用户身份安全就包括操作员和持卡人的身份安全。在处理POS交易前，要识别持卡人的身份，防止他人盗用合法持卡人的名义进行非法的POS交易，以保护消费者数据的完整性和安全性；还应当检查操作员的权限，防止无权操作。

③ 通信传输中的信息安全。POS系统的通信安全与保密和用户身份鉴别一样重要，甚至更加重要。在POS系统中进行任何交易，都要与银行主机进行通信，其相当于银行的一台终端，交换信息相对频繁。信息若被轻易地监听、分析，用户数据的安全也就荡然无存。一般来说，攻击者对信息的截获、更改手段主要有以下几种：修改、删除或添加信息的内容；改变信息的源点或目的点；改变信息元的顺序；重发曾经发送过的或存储的信息；篡改系统返回的信息。

4.POS系统安全保障措施

针对POS系统存在的上述安全威胁，我们可以分别采取一定的保障措施。

（1）保障POS系统的物理安全。为防止外界对POS系统的物理攻击，POS系统硬件应当具备以下几点：

① 采用带硬件DES加密的密码键盘（pinpad）保存银行的主密钥（master key），使之不可访问，任何企图打开后盖的行为都将导致CPU的自毁，从而使密钥更加安全。密码键盘和POS系统的键盘相分离，更符合安全管理的规范。

② 内部安装监控程序，防止有人对处理器/存储器数据总线和地址总线截听，非法对存储器的内容进行直接分析。

③ 存储器芯片外部涂上特殊材料，防止化学腐蚀、射线辐射等异常因素发生而修改或毁坏存储器的内容。

（2）保障用户的身份安全。

① 保障操作员的身份安全。对操作员应分级管理，将其分为设置操作员、超级柜员和普通柜员。设置操作员只允许设置 POS 系统，无操作交易的权限；超级柜员有权增加或删除柜员，但无权设置 POS 系统，同时允许操作交易；普通柜员只允许操作 POS 的交易。这样，将不同操作员的职责和职能分开，操作的安全级别更高。

操作员的检验应在主机上进行，且其密码在传输过程中应采用密文形式。每一笔交易都应校验 POS 系统终端和操作员的合法性，对其密码进行验证，以防止在操作员签到后，非法的 POS 系统终端冒用此操作员进行交易。

② 保障持卡人的身份安全。对持卡人身份的鉴别，也就是对持卡人个人密码的校验。为保障持卡人的利益，使持卡人的密码不被窃取，在所有数据交换的通信线路上，密码都不以明文出现，而是经过乱码处理后的密文。校验密码的过程由主机完成，乱码的处理一般采用密码技术（如 DES 算法）。此安全性主要体现在算法的保密和密钥的安全方面。

（3）保障通信传输中的信息安全。从 POS 系统的安全考虑，要保证 POS 机与主机通信中数据交换过程的有效性和合法性。具体而言，要保证信息交换过程中的完整性（integrity）、有效性（validity）、真实性（authenticity）和保密性（privacy）。完整性是指系统应能检测出系统交换信息是否被修改过（无论何种形式的修改）；有效性是指 POS 机与主机系统能够将合法的信息和非法的欺骗信息（包括重发的合法的报文）区分开来，保证正常合法的交易，尽可能防止诈骗行为；真实性是指 POS 机和主机系统都能够确信各自收到的信息的确是真实的对方发出的信息，而且自己所发的信息确实为真正的对方所收到的信息；保密性是指利用密码技术对关键数据进行乱码处理，通过加密的过程来防止非法授权者窃取所交换的信息。这四个特性互相协作，缺一不可，共同保证 POS 系统的安全。

4.3.3 指纹银行

随着现代化信息技术水平的不断提升，出现了自助银行的新模式——指纹银行。指纹银行凭借安全可靠的优势，大大改进了银行卡密码技术，在金融业中发挥着生力军作用，将自助银行支付带入了新的发展时期。

1.指纹银行简介

（1）指纹银行的定义。指纹银行（fingerprint banking）有广义与狭义之分。广义的指纹银行是指银行利用先进的现代生物识别技术——指纹识别，代替原有的卡、折等金融工具，进行存取款等综合业务操作的电子银行新模式。狭义的指纹银行是指一种应用了指纹识别技术的电子银行智能化 ATM 业务，客户在 ATM 上通过指纹操作，就可以按提示办理取款、缴费等业务。借助指纹识别，银行可以将各项业务全部整合成指纹账户，代替卡、折等金融支付载体，客户动动手指便可进行转账、缴费及预约存取款等银行业务。

（2）指纹银行的优势。指纹银行具有以下优势：

① 高稳定性。指纹是人类最稳定的生物特征之一。

② 高可靠性。指纹具有唯一性，其自身的复杂程度足以提供用于鉴别的证据，任何两个人指纹相同的概率小于十亿分之一。如果用户希望增强指纹识别的可靠性，只需登记更多的指纹即可。

③ 高便利性。在采集指纹时只要将手指平放在指纹识别器上，很快即可完成，免去了记忆密码等的烦恼。

④ 高安全性。伪造、假冒、攻击、破译指纹的难度相当大，现有的指纹识别系统的误识率小于百万分之一，能够储存数百万个指纹数据。

为进一步保障安全性，指纹银行目前采用的是"三保险"方式：第一，在采集指纹信息时要求客户左右手各留一个指纹，每个指纹要重复输入4次，以确保信息采集的准确无误；第二，为保证账户资金安全，交易时要求客户同时提供指纹信息和输入密码；第三，在客户预约存取款时，使用人脸识别系统对客户身份进行识别。

（3）指纹识别技术在银行的应用进展。现阶段，指纹识别技术已经成功地应用于中国工商银行、中国建设银行、交通银行的省级分行和各城市商业银行的业务实践中，在风险控制方面取得了很大进展。

① 在身份认证方面的应用。基于指纹识别技术的指纹银行可以为客户解决银行卡丢失、忘记密码等问题，同时，一个人的指纹可以下设多个银行账户，用其进行身份验证，具有很好的安全性、可靠性和有效性。

② 在内控管理中的应用。由于管理体制和技术方面的原因，金融系统中存在"飞卡现象"和"越权现象"，柜员权限卡被盗用和仿制、密码被泄露的事件时有发生。传统的基于卡片和密码的安全登录，没有和银行柜员本人的生物特征相关联，在实际操作中会出现柜员违规操作、非法委托他人进行授权的情况，对授权内容缺乏有效监督，给管理造成不便。基于指纹识别技术的指纹银行可以解决这些问题。

2.指纹银行的工作流程

与自助银行的支付流程相比，指纹银行的支付流程只是支付载体发生了改变，其他流程大致相同。

基于指纹识别技术的银行柜员内控管理系统主要有两种：外挂式（分布比对式）柜员管理系统和嵌入式（集中比对式）柜员管理系统。

（1）外挂式柜员管理系统。外挂式柜员管理系统的核心内容是用户输入指纹信息进行比对，指纹验证成功后，指纹仪将用户信息模拟成刷卡机的信号，将数据返回给业务系统，指纹验证失败后，指纹仪模拟刷卡识别信号。其工作流程，如图4-9所示。

```
                        ┌─────────────────────────┐
                        │    读卡指令/读指纹指令    │
                        └─────────────────────────┘
                                    │
                        ┌─────────────────────────┐
                        │   同时打开指纹仪和刷卡机  │
                        └─────────────────────────┘
                                    │
              ┌─────────────────────┼─────────────────────┐
              │         ┌───────────────────────┐          │
              │         │        发送指令        │          │
              │         └───────────────────────┘          │
              │                     │                      │
              │         ┌───────────────────────┐          │
              │         │   等待指纹或者刷卡输入 │          │
              │         └───────────────────────┘          │
              │              │             │               │
              │    ┌──────────────┐  ┌──────────────┐      │
              │    │  收到指纹输入 │  │  收到刷卡输入 │      │
              │    └──────────────┘  └──────────────┘      │
              │           │                 │              │
        失败  │       ╱───────╲         ╱───────╲   失败   │
    ──────────┤      ╱ 验证指纹 ╲       ╱ 合法性校验╲ ──────┤
              │      ╲         ╱       ╲         ╱         │
              │       ╲───────╱         ╲───────╱          │
              │        成功│                 │成功          │
              │    ┌──────────────┐  ┌──────────────┐      │
              │    │   关闭刷卡机  │  │   关闭指纹仪  │      │
              │    └──────────────┘  └──────────────┘      │
              │           │                 │              │
                        ┌─────────────────────────┐
                        │        验证完成          │
                        └─────────────────────────┘
```

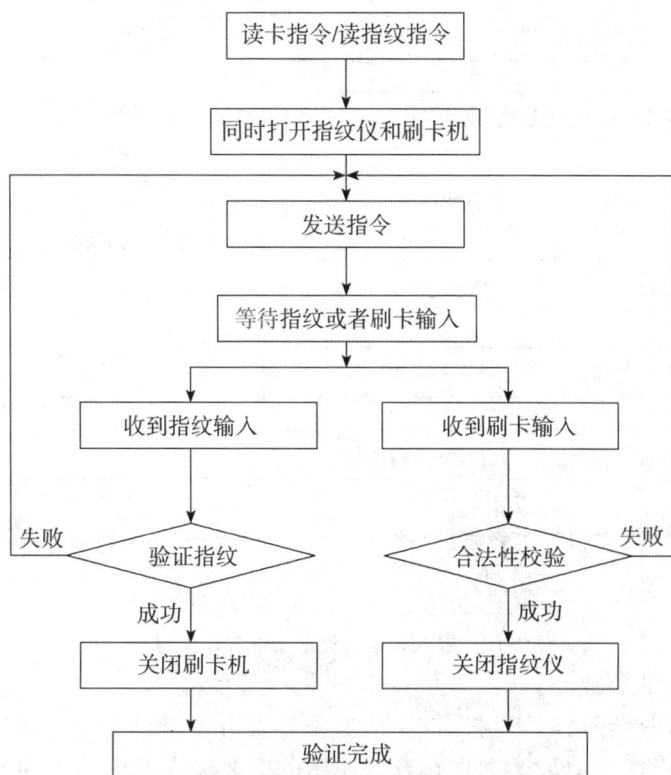

图4-9 外挂式柜员管理系统工作流程图

（2）嵌入式柜员管理系统。嵌入式柜员管理系统是更加完美的身份认证解决方案，其与外挂式柜员管理系统最大的不同是采用指纹完全替代基于密码、磁卡或IC卡的身份认证系统（或与之并存）。在嵌入式方案中，指纹认证作为第三方认证服务器存在于业务系统中，后台主机针对身份认证方式进行程序修改，需要进行身份认证时与指纹服务器进行通信，提出验证指纹的请求，指纹服务器在收到验证请求后，进行指纹验证，指纹验证完毕后将验证信息（成功或失败）直接返回给后台主机，中间不再有密码、磁卡或IC卡信息的存在。它的特点是：安全性高，管理灵活，真正实现指纹识别技术和银行业务的有机结合；可以完全改变目前的身份认证方式，但需要对银行的服务器软件和业务软件进行修改。其工作流程，如图4-10所示。

3.指纹银行的安全问题与保障措施

指纹识别技术虽然比较成熟，但仍然存在安全问题。采集指纹时，如果客户或柜员的手指过度干燥、潮湿、蜕皮、有瘢痕等，就会形成低质量指纹图像，如果按压力度不均衡，就造成指纹变形等，从而对指纹识别的准确率造成影响。如果指纹信息匹配率不够，客户办理业务时就可能会遭到拒绝，从而影响到客户使用指纹银行的信心。要解决这些问题，一方面，需要不断改进核心技术，提高指纹识别的准确率；另一方面，用户在采集指纹时需要尽量保持手指清洁、干湿适度、按压力度均衡。同时，用户在开通指纹银行时，可以采集多个手指的指纹，将其保留在银行的数据库中。在后期操作中，只需任意一只手指的指纹与数据库中的指纹数据匹配，就能够

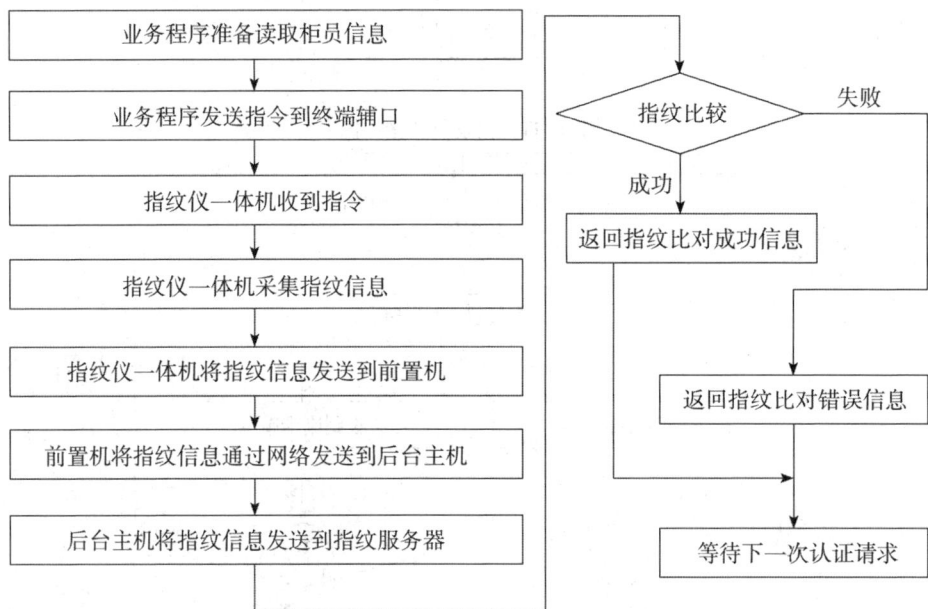

图4-10 嵌入式柜员管理系统工作流程图

成功地办理各项银行业务。

如果受到外界环境的影响,指纹图像采集设备及指纹银行业务办理设备都可能影响指纹数据匹配结果。和现在普遍使用的需要输入密码的ATM相同,指纹银行的设备及软件系统也需要定期维护、保养,以保障业务流程的顺畅和使用的便利。

4.4 自助银行举例

目前,我国各大银行都建立了自助银行,规模各不相同。下面详细介绍招商银行自助银行的情况。

自助银行是招商银行为客户提供24小时自助服务的营业场所。用户可以通过自助银行提供的各种设备,自行办理存款、取款、转账、证券买卖、外汇买卖、申请贷款、缴费、账务查询、补登存折、打印对账单以及修改密码等业务,还可以查询存贷款利率、外汇牌价和招商银行综合信息。自助银行包括自动柜员机、自动存款机、自助查询终端、自助服务电话。

1.招商银行自助银行服务特色

招商银行自助银行具有如下服务特色:

(1)适用范围广。招商银行自助银行适用于所有招商银行一卡通或招商银行信用卡的储户以及非招商银行的储户。

(2)突破时空限制。招商银行自助银行提供自助式、全天候的服务,不受银行营业时间和空间的局限。部分闹市区设有招商银行离行式自助银行,储户在购物、休闲时可以通过身边的自助银行办理存款、取款、查询、修改密码等个人理财业务和进行电话咨询。

（3）功能强大。

① 自动柜员机提供活期账户的取款服务；

② 自动存款机提供整存整取、零存整取、教育储蓄的存款服务；

③ 自助查询终端提供账户查询及部分功能的操作服务；

④ 自助服务电话提供24小时的业务求助、咨询以及电话银行自助服务。

2.招商银行自助银行使用流程

（1）自动柜员机操作流程。招商银行自动柜员机操作流程，如图4-11所示。

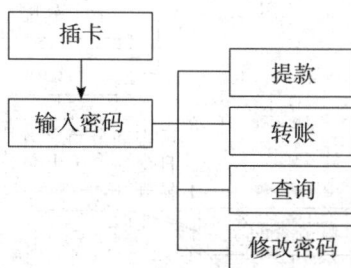

图4-11 招商银行自动柜员机操作流程

（2）自动存款机操作流程。招商银行自动存款机操作流程，如图4-12所示。

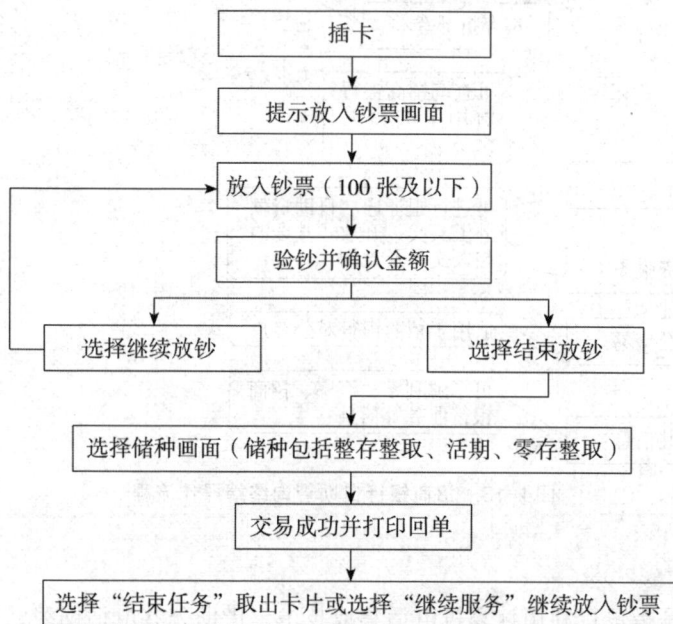

图4-12 招商银行自动存款机操作流程

（3）自助查询终端操作流程。招商银行自助查询终端操作流程，如图4-13所示。

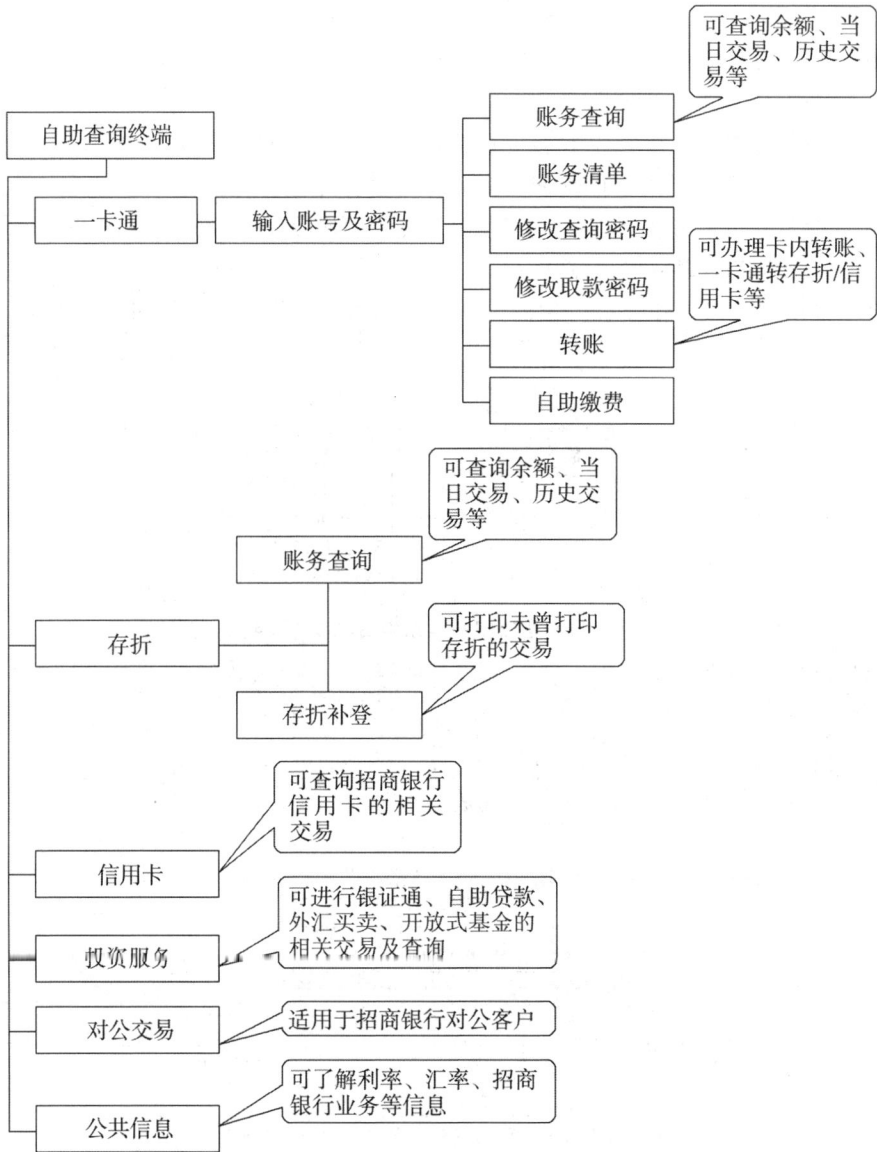

图4-13　招商银行自助查询终端操作流程

@ **本章小结**

电话银行是指银行利用计算机电话集成技术，借助公共电话网络，通过电话语音自动应答和人工服务的方式为客户提供金融服务的系统。它与手机银行是两个不同的概念。电话支付具有使用方便、不受时间和空间限制、实时性强、安全性好等特点，近些年受到广大消费者的欢迎。电话支付主要包括以语音自动应答为主要方式的电话银行支付和固网支付、MOTOpay支付、eBilling支付等新型电话支付方式。

自助银行有狭义和广义之分。我们一般所指的自助银行是狭义的自助银行，是指商业银行在营业场所以外设立的自动取款机（ATM）、自动存款机（CDM）等通过计算机、通信等科技手段提供存款、贷款、取款、转账、货币兑换和查询等金融服务的自助设施。

从服务形式来看，自助银行的功能分为交易服务类功能、销售交易类功能、客户服务类功能。自助银行主要有三种类型，分别是附行式自助银行、离行式自助银行和便利型自助银行。

根据服务功能，自助银行设备主要可以分为现金类服务设备、非现金类服务设备和安全保护设备，主要包括ATM、CDM、外币兑换机、夜间金库、现金循环系统、自动存折补登机、对账单打印机、多媒体查询机、自动保管箱系统、销售终端机、门禁系统和监控报警系统。自助银行设备的配置依据银行的具体业务需求以及投资预算，一般分为简单配置、基本配置、多功能配置、豪华配置四种。

自助银行并不是几台自助设备的简单堆积，而是需要在业务、形象、安全、结构等几个方面进行整体、精心细致的设计，以达到提升银行形象、降低服务成本、提供全天候服务并提高服务质量的目标。

按照交易方式的不同，自助银行分为ATM交易和POS交易，即客户可以通过自助终端进行交易，也可以进行销售点终端交易。两种交易各有自身的交易流程、安全问题及相应的安全保障措施。随着现代化信息技术水平的不断提升，出现了自助银行的新模式——指纹银行。指纹银行凭借安全可靠的优势，大大改进了银行卡密码技术，将自助银行带入了新的发展时期。

@ 关键术语

电话银行；电话支付；自助银行；ATM；POS；指纹银行

@ 习题

一、选择题

1.在电话银行系统组成中，（　　）是前台接入系统，完成对接入呼叫的转接和分配。

A.交互式语音应答系统　　　　　　B.自动呼叫分配系统

C.计算机电话集成服务系统　　　　D.人工坐席系统

2.（　　）是最先由中国银联和中国电信共同推出的一种基于固定电话进行刷卡支付的电子支付模式。

A.固网支付　　　　　　　　　　　B.eBilling支付

C.MOTOpay支付　　　　　　　　　D.手机银行支付

3.在机场、宾馆等放置的ATM，属于（　　）。

A.附行式自助银行　　　　　　　　B.离行式自助银行

C.便利型自助银行　　　　　　　　D.其他自助银行

4.（　　）不属于自助银行的主要设备。

A.ATM　　　　　　　　　　　　　B.CDM

C.POS机　　　　　　　　　　　　D.网络线路

5.自动存折补登机属于（　　　）。

A.非现金类服务设备　　　　　　　　B.现金类服务设备

C.安全保护设备　　　　　　　　　　D.网络设备

6.实现消费者在商户持卡消费，并与银行卡账户自动清算的系统是（　　　）。

A.ATM　　　　　　　　　　　　　　B.CDM

C.POS机　　　　　　　　　　　　　D.夜间金库

7.（　　　）是自助银行的新模式。

A.POS机　　　　　　　　　　　　　B.自动保管箱

C.指纹银行　　　　　　　　　　　　D.多媒体查询机

二、简答题

1.电话支付有哪些功能？

2.谈谈你对自助银行概念的理解。

3.试论述ATM面临的安全问题及相应的解决方法。

4.试论述POS机刷卡购物面临的安全问题及相应的解决方法。

5.试论述指纹银行的发展过程及未来的应用趋势。

三、讨论题

了解有关使用银行ATM取款遭遇欺诈等的安全事故，请思考、讨论发生这些安全事故的主要原因有哪些，应该从哪些方面采取防范措施。

@ 案例分析

便捷、智能、安全：银行自助服务终端行业的三大支柱与市场机遇

近年来，随着科技的飞速发展和消费者对于金融服务需求的不断增长，银行自助服务终端（ATM、CRS、VTM等）在我国市场得到了广泛应用。

中国银行自助服务终端市场经历了快速发展阶段，目前已经成为全球最大的自助服务终端市场之一。市场上主要的自助服务终端包括自动取款机（ATM）、存取款一体机（CRS）、视频柜员机（VTM）等。这些自助服务终端为消费者提供了便捷、高效的金融服务，降低了银行的运营成本。

中国银行自助服务终端市场规模呈现出稳步增长的态势。随着经济的发展和金融科技的进步，银行自助服务终端在我国得到了广泛应用，市场规模逐年扩大。2015年，中国银行自助服务终端市场规模相对较小，但随着消费者对自助服务的接受程度不断提高以及银行对自助渠道的重视，市场规模迅速增长。到2022年，市场规模已经达到了相当可观的水平。

这一增长主要得益于以下几个方面：首先，我国经济的持续增长推动了金融行业的发展，银行业作为金融行业的重要组成部分，对自助服务终端的需求不断增加。其次，消费者对便捷、高效的金融服务的需求不断增长，自助服务终端能够满足这一需求，提供24小时不间断的服务。此外，随着科技的进步和创新，自助服务终端的功能不断完善，用户体验不断提升，进一步推动了市场规模的扩大。

中国银行自助服务终端市场竞争激烈，主要参与者包括国内外知名厂商和银行机构。这些企业通过不断创新技术、优化产品性能、拓展业务领域等方式来提升市场竞争力。此外，政策环境、行业标准等因素也对竞争格局产生了一定影响。

资料来源　博思数据研究中心. 便捷、智能、安全：银行自助服务终端行业的三大支柱与市场机遇［EB/OL］.［2024-07-03］. https：//www.bosidata.com/news/O62853JQDJ.html.

问题：

谈谈你对自助银行的看法，你认为哪些因素会影响银行自助服务终端市场的竞争格局，并试着论述中国银行自助服务终端未来的发展趋势。

第5章

移动支付

@ 教学目标与要求

1.掌握移动支付的概念；

2.掌握移动支付的类型、价值链及运营模式；

3.了解远距离移动支付的接入方式；

4.掌握近距离移动支付的功能和流程；

5.了解移动支付可能存在的问题；

6.了解移动支付的安全保障技术；

7.了解移动支付的发展方向。

@ 知识架构

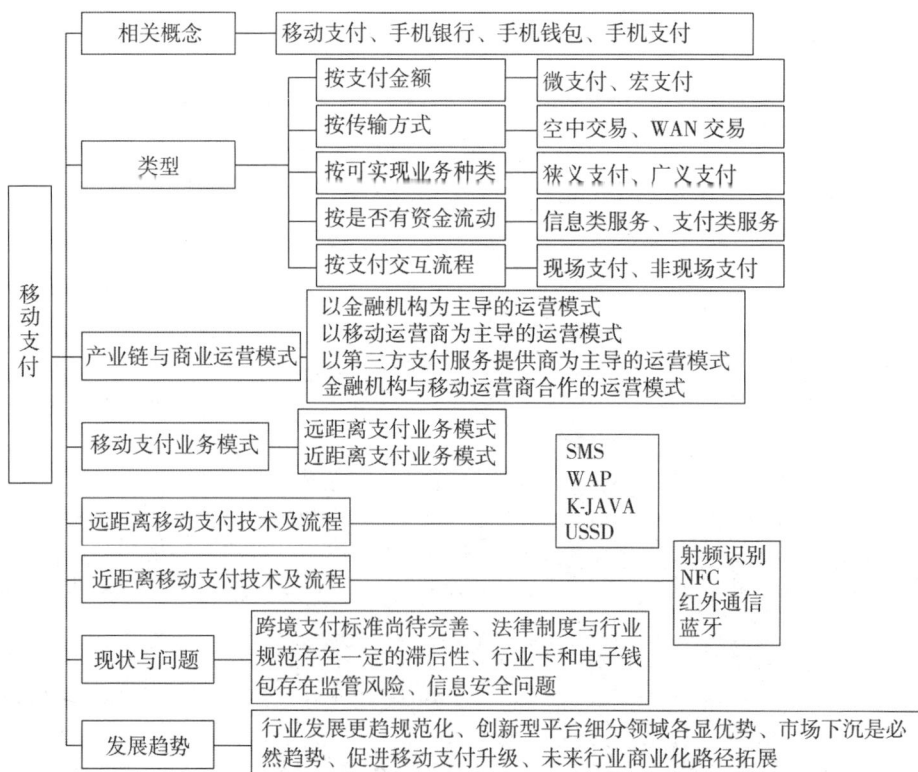

　　　　　　　　　移动支付便利外籍来华人员在华旅居

　　2024年3月7日，国务院办公厅发布《关于进一步优化支付服务提升支付便利性的意见》，该意见旨在为老年人、外籍来华人员等群体提供更加优质、高效、便捷的支付服务，推动移动支付、银行卡、现金等支付方式并行发展、相互补充。所谓移动支付，就是人们在日常消费活动中不需要支付现金，可以选择使用手机闪付、手机扫码等方式付费。此项措施可以提高居民消费便利化程度，加速商品流通。

　　2024年1至2月，外籍人员入出境共计294.5万人次，环比增长2.3倍。我国免签政策效应显现，客观上要求丰富供给、便利支付。为便利外籍来华人员在我国使用支付服务，中国人民银行提出了"大额刷卡、小额扫码、现金兜底"的工作思路。

　　在移动支付方面，要求、指导主要支付机构提高外卡绑卡效率。在切实保护个人信息安全的同时，简化外籍来华人员身份验证流程。提高外籍来华人员使用移动支付的交易限额，单笔交易限额由1 000美元提高到5 000美元，年累计交易限额由1万美元提高到5万美元。推出"外卡内绑""外包内用"以及云闪付旅行通卡等产品。相关数据显示：对比外卡服务升级之前，微信支付3月外卡业务日均交易金额增长超过3倍，日均交易笔数增长超过4倍。2024年1至2月，超90万入境人员使用移动支付，实现交易2 000多万笔，金额30多亿元。

　　2024年3月14日，中国人民银行发布了中英文版《外籍来华人员支付指南》，向外籍来华人员介绍各类支付服务的获取方式和使用流程。各地结合会展、论坛等契机，向外籍来华人员介绍移动支付及最新的便利举措，帮助他们更好适应在我国的旅居。外籍来华人员通过使用移动支付实现餐饮、打车、订酒店、买门票等操作，体验更加便捷的中国生活。

　　资料来源　佚名. 支付服务优化 便利性提升［N］. 人民日报，2024-04-08（2）.

　　随着移动通信技术和通信设备的快速发展，特别是智能手机的快速普及和移动支付方式的智能化发展，移动支付越来越受到广大消费者的欢迎。本章主要介绍移动支付的基本概念、商业运营模式，以及我国目前使用的近距离移动支付模式和远距离移动支付模式及其存在的问题和发展趋势。

5.1　移动支付概述

　　中国互联网络信息中心（CNNIC）发布的第53次《中国互联网络发展状况统计报告》显示，截至2023年12月，我国网络支付用户规模达9.54亿人，较2022年12月增长4 243万人，占网民整体的87.30%，网络支付用户规模连续十年保持增长态势，交易金额显著增长。

　　2024年4月19日，中国支付清算协会发布了《2023年移动支付个人用户使用情况调查报告》。该报告显示，根据对所收集的2.2万余份有效问卷的研究分析，2023年每天使用移动支付的用户占比为85%，移动支付的使用频率进一步提升，较2022

年提升了一个百分点，保持高位和增长势头。2024年2月5日，中国银联发布的《2023年移动支付安全大调查报告》显示，调查分析中近72%的受访者会在支付时使用密码、短信验证码、生物识别（指纹、面部识别）等支付验证方式来提高验证强度，以进一步保障账户资金安全。调查显示，愿意使用"小额免密"支付方式的用户中近50%的用户可以接受的支付免密限额为100元及以下，他们倾向于低免密限额。支付安全成为用户使用移动支付的首要诉求。

5.1.1 移动支付相关概念

1.移动支付

关于移动支付（mobile payment，简称M-Payment）的概念，业界存在着不同的观点，主要差别有以下两个方面：

（1）移动支付的工具。一部分学者认为移动支付工具包括手机、PDA、移动PC等移动设备，另一部分学者认为移动支付工具就是手机。

（2）移动支付的支持网络。一部分学者认为移动支付通过移动通信网络实现支付，另一部分学者认为移动支付通过无线通信网络实现支付。

另外，一个专业从事移动支付相关研究的全球性组织——移动支付论坛——对移动支付的定义是：交易双方为了某种商品或服务而通过移动设备交换金融价值的过程。综合上述观点，我们认为移动支付可以从广义和狭义两个方面进行界定：狭义的移动支付主要指利用手机进行的支付；广义的移动支付除包括手机支付外，还包括利用其他移动通信设备进行的支付。本书采用广义的移动支付的概念。

综上所述，移动支付就是通过移动设备利用无线通信技术转移货币价值以清偿债权债务关系的一种支付方式，其中"移动设备"包括手机、PDA、移动PC等，无线通信技术包括各种近距离无线通信技术（如红外线、射频识别、蓝牙等）和远距离无线通信技术（如短信、WAP等）。

手机是目前移动支付中使用最普遍的移动设备，利用手机进行的支付方式通常称为手机支付。手机支付最早出现在美国，但是美国和欧洲的移动运营商都没有给予太多的重视与关注。在日本和韩国，手机支付的发展最为迅速。目前，我国手机支付的普及情况在世界范围内处于领先水平，随着各大平台对日常生活场景和下沉市场覆盖的加强，未来手机支付将普及更大规模的人群。另外，以电子钱包方式支付的各种智能储值卡在交通、购物、校园等领域也日益普及，我国一些大城市已经全面推广一卡通项目，智能储值卡应用也成为移动支付领域的一个重要分支。

移动支付具有方便、快捷、安全、低廉等优点，日益受到电子商务商家和广大消费者的青睐，是一种具有良好发展前途的电子支付结算方式。

2.手机银行

手机银行是通过移动通信网络与移动通信技术实现手机与银行的对接，通过手机界面操作或者发送短信完成各种金融服务的电子银行创新业务产品，是手机支付的一种实现方式，也是目前移动支付中使用比较普遍的一种支付方式。手机银行作为一种结合货币电子化与移动通信的服务，不仅可以使人们随时随地处理多种金融业务，而且可以极大地丰富银行服务的内涵，使银行能够以便利、高效而又较为安全的方式为客户提供传统和创新服务。

早在 2000 年 5 月，中国工商银行、中国银行就推出了基于 SIM 卡①技术的手机银行，后来，中国建设银行推出了基于 BREW（binary runtime environment for wireless，无线二进制运行环境）技术的手机银行。之后，各大银行基本都推出了基于 WAP 技术的手机银行，客户可以利用手机浏览器进入自己的账户进行查询、支付、转账、缴费等操作。WAP 版手机银行界面不太灵活，为满足高端手机用户的需求，招商银行等部分商业银行针对 iPhone 等手机又推出了基于 XHTML1.0、CSS2.0、JavaScript 等 Web 技术的网页版手机银行。目前，中国工商银行、中国农业银行、中国银行、中国建设银行、交通银行等大型国有银行、全国性股份制商业银行，部分城市商业银行和农村商业银行，以及少数新型农村金融机构和农村信用社都推出了适配于不同系统的手机银行客户端，进一步提升了客户服务体验。

随着智能手机的不断改进和无线通信技术的发展，手机银行与网上银行在功能上的差距越来越小，甚至有人将手机银行称为"网上银行的手机版"或"移动银行"。

3.手机钱包

手机钱包是手机与电子钱包的结合。正如本书第 2 章 2.3 节所述，电子钱包包括智能储值卡式电子钱包和纯软件式电子钱包。手机既可以通过与智能储值卡的物理融合成为电子钱包，也可以作为移动终端通过使用电子钱包软件成为手机钱包。目前，人们所称的手机钱包多指前者，即手机与智能储值卡的融合。

中国移动、中国银联、联动优势科技有限公司联合各大银行率先在我国推出了软件式手机钱包服务，通过将客户的手机号码与银行卡等支付账户进行绑定，使用手机短信、语音、WAP、K-JAVA、USSD 等操作方式，随时随地为客户提供移动支付通道服务。客户使用该通道服务可以完成手机缴费、手机理财、移动电子商务付费等类别的个性化服务，具体包括查缴手机话费、动感地带充值、个人账务查询、手机订报、购买数字点卡、电子邮箱付费、手机捐款、远程教育、手机投保、公共事业缴费等多项业务。

目前，人们直接刷手机乘坐公交车、地铁以及出入门禁等现象在各大城市已经随处可见，这种智能卡式手机钱包的发展呈现出蓬勃生机。

4.手机支付

如前所述，凡是通过手机进行的支付都应该属于手机支付，其既包括类似手机银行这种支付双方互不见面的手机远程支付，也包括支付双方面对面的手机现场支付。手机支付是我们平常所说的"移动支付"的代名词（狭义的移动支付），但中国移动的"手机支付"业务则仅是一种业务名称，仅指利用手机进行远程支付的方式，该公司的手机现场支付业务被称为"手机钱包"业务。

中国移动手机用户在开通手机支付业务后，可以通过短信、WAP、互联网等多种接入方式进行网上购物、存缴话费、生活缴费、手机订票、手机投注等各种远程消

① SIM 是 subscriber identity module（客户识别模块）的缩写，SIM 卡也称为智能卡、用户身份识别卡。

费，还可以进行提现、查询、收付款、账户管理等多种操作。

5.1.2 移动支付的特点

移动支付属于电子支付的范畴，具有电子支付的特征，但因其与移动通信技术、无线射频技术、蓝牙技术、互联网技术等相互融合，又具有自己的特征。

1.支付设备的移动性

相较于常规的支付工具，以手机为代表的移动终端具有更强的用户黏性，携带更为方便，支付更加便利。用户随身携带移动设备，消除了距离和地域的限制，信息获取更为及时。用户可以随时随地获取所需的服务并完成整个支付与结算过程，增强了交易服务的及时性。

2.账户管理的方便性

这是移动支付区别于传统卡类支付的重要特点。智能手机已经成为业界的主流，用户通过手机使用移动互联网，可以随时随地查询账户余额和交易记录、转账、修改密码等，管理自己的移动支付账户，还可以通过手机客户端或者UTK菜单对离线钱包进行充值，避免了到营业厅或者充值点充值的麻烦，充分体现了移动支付方便性的特点。

3.账户形式的多样性

移动账户可以集合多种账户形式，实现集第三方账户、银行账户（借记卡、信用卡）、移动支付专用账户等多账户于一体的形式，用户可以通过一个移动终端实现线上远程支付与线下现场支付。

4.交易服务的综合性

移动支付不仅为用户提供了移动电子商务的远程支付功能，也可以满足用户对公交、食堂等小额支付场景的需要，还可以提供门禁、考勤等服务。

5.服务场景的丰富性

移动支付涵盖了线上线下多种支付场景。移动近端支付所提供的服务场景包括公交、商场、超市、食堂等众多传统卡业务所支持的场景，远程支付可以完成互联网支付所支持的绝大部分服务，如图5-1所示。

5.1.3 移动支付的分类

根据不同的分类标准，移动支付可以分为不同的种类：

（1）按照支付金额的不同，移动支付可以分为微支付和宏支付两种。根据移动支付产业论坛的定义，微支付是指交易额少于100元的支付行为，通常指购买移动内容业务，如游戏、视频等；而宏支付是指交易金额大于100元的支付行为，如在商场购物或者进行银行转账。两者之间最大的区别就是安全要求级别的不同。对于宏支付方式来说，通过可靠的金融机构进行交易鉴权是非常必要的；而对于微支付方式来说，使用移动网络本身的SMI（serial management interface，串行管理接口）鉴权机制就足够了。

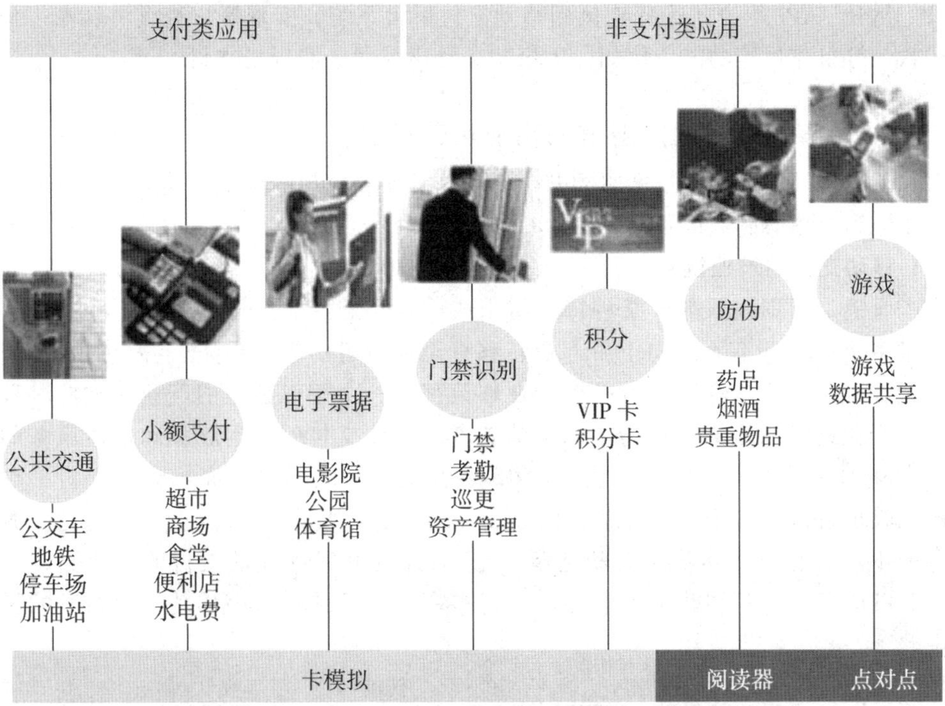

图5-1 移动支付应用场景

（2）按照传输方式的不同，移动支付可以分为空中交易和WAN（广域网）交易两种。空中交易是指支付需要通过终端浏览器或者基于SMS/MMS（短信/彩信）等移动网络系统；WAN交易则是指移动终端在近距离内交换信息，而不通过移动网络，如使用手机上的红外线装置在自动贩售机上购买饮料。

（3）按照可实现的业务种类，移动支付可以分为狭义支付和广义支付两种。狭义支付主要指通过手机实现的现金类商业活动，包括手机购物、手机订票、手机缴费等；广义支付主要指通过手机实现的交易类商业活动，包括移动拍卖、移动银行、移动股票、移动保险等。

（4）手机与银行卡绑定后，按照是否有资金的流动，移动支付可以分为信息类服务和支付类服务两大类。信息类服务包括用户银行卡信息（余额）查询、银行卡账户变化短信通知、对账通知、到账通知、话费查询等，主要实现对银行卡资金变动情况的监控；支付类服务包括缴纳公共事业费、缴纳话费、购买各种卡（手机缴费卡、游戏卡等）、手机投保、网上购物等，主要通过手机完成交易。

（5）按照支付的交互流程，移动支付可以分为现场支付和非现场支付两类。现场支付也称近距离支付，是指用户使用内置支付芯片/功能的近距离接触消费终端，通过运营商提供的储值账户或银行账户直接实现支付的方式。它分为大额支付和小额支付两种。大额支付需要用户授权和认证，而小额支付无须授权和认证，主要应用在公交、校园、超市、商场等场景，实现单次金额或月度累计金额低于某一限额的现场支付。非现场支付即远距离支付，是指支付方和受付方不在同一现场，而是通过短信、

WAP、IVR、APP等方式远程连接到移动支付后台系统，实现账户查询、转账、信用卡还款、订单支付等功能。例如，手机购买铃声就属于非现场支付。

5.1.4 移动支付的产业链与商业运营模式

移动支付属于典型的技术驱动型业务，这类业务成功的基础是建立一个基本成型的产业链和合理的商业运营模式。

1.移动支付的产业链

产业链是指围绕服务于某种特定需求或进行特定产品生产的目标，一些相关资源通过多个产业环节不断向下游产业转移直至消费者的纵向链条。各个产业环节之间互为基础、相互依存，而且每个产业环节都是一个相对独立的产业。据此，移动支付的产业链可以定义为：为了满足消费者对移动支付的基本服务和增值服务的需求，由移动支付服务提供商（发卡机构）、移动支付应用服务商、移动支付平台运营商、收单机构等多个产业环节共同组成（如图5-2所示），实现相关资源从上游到下游的不断转移并到达消费者的链条。[1]只有建立并完善移动支付的产业链，才能使产业链中各成员获得最大的利益，实现多赢，从而推动我国移动支付市场的健康发展。

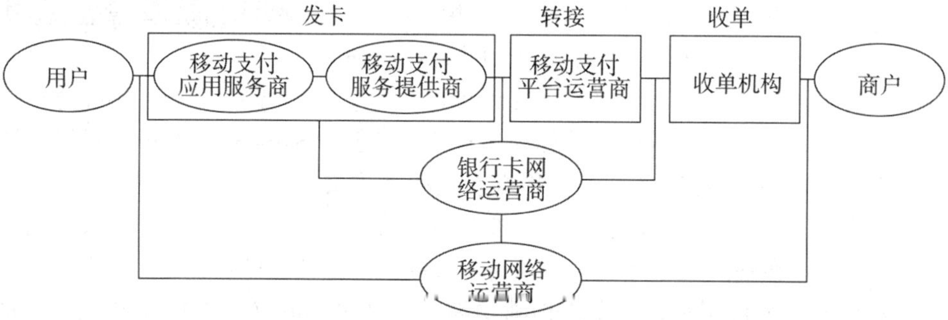

图5-2　移动支付产业链的构成

（1）移动支付服务提供商（发卡机构）。此处的发卡机构包括银行卡、储值卡（公交卡等）和虚拟卡（如QQ币）的发卡主体以及移动运营商。移动支付服务提供商向用户提供用于移动支付的载体。当然，这个载体已经摆脱了传统意义上的卡介质而完全数字化，用户凭此载体进行支付。

（2）移动支付应用服务商。移动支付应用服务商向移动支付服务提供商提供支付产品的销售和管理平台，向用户提供挑选合适支付产品的卖场，如移动设备提供商。因此，从某种意义上讲，移动支付应用服务商是移动支付服务提供商和用户之间的重要桥梁。移动支付应用服务商是面向用户的直接窗口，能够快速、及时地掌握用户对支付产品的需求及变化等信息，并将这些信息向上游企业传递。

（3）移动支付平台运营商。移动支付平台运营商的直接客户是各类发卡机构和收单机构，而最终客户则是用户和商户。其主要职责是跨行信息的转接和清算。目前，移动运营商和发卡机构凭借现有的网络基础都可以进行移动支付平台的运营，成为移

---

① 刘磊. 国内移动支付产业的协作模式 [D]. 北京：北京邮电大学，2008.

动支付平台运营商。

（4）收单机构。收单机构主要为特约商户（包括实体商户和网上商户）受理支付产品（包括银行卡）提供授权和结算、交易后的对账查询和差错处理、监控收单交易等服务。收单机构包括金融机构以及有资质的专业化收单机构。对远程移动支付而言，发卡、转接和收单的界限并不明显，尤其是收单环节可以与转接环节合为一体。

商户和用户虽然不包含在产业链中，但他们是移动支付的最终服务对象，商户提供产品和服务，用户进行移动支付。商户的数量及提供产品的丰富程度，用户的使用习惯和接受程度，都是决定移动支付发展快慢的重要因素。

相对于其他新兴支付产业链，移动支付产业链的最突出特征就是主要环节之间的关系更为复杂。一方面，现场移动支付和远程移动支付所涉及的产业环节、盈利模式甚至利益分配格局具有很大差异。在远程支付业务方面，移动通信网络具有天然的联网通用特性，并且移动运营商已经拥有较为完善的计费系统，具有一定的优势；在现场支付业务方面，发卡机构已经投入大量人力、物力和财力，并已初步建成全国性的受理网络，具有优势。另一方面，移动运营商和银行为掌控用户资源（特别是用户的消费信息）的主导权展开争夺，因为谁掌握用户的消费信息，就意味着谁可以展开有针对性的个性化增值服务（如产品营销）。

2.移动支付的商业运营模式

移动支付商业运营的主要模式有以下几种：以金融机构为主导的运营模式、以移动运营商为主导的运营模式、以第三方支付服务提供商为主导的运营模式、金融机构与移动运营商合作的运营模式。

（1）以金融机构为主导的运营模式。这种运营模式提供支付服务的金融机构主要是银行。在该种运营模式下，银行独立提供移动支付服务，消费者和银行之间利用手机借助移动运营商的通信网络传递支付信息。移动运营商不参与运营管理，只负责提供信息通道。消费者将手机与银行账户进行绑定，直接通过语音、短信等形式将货款从自己的银行账户划转到商家银行账户，完成支付（如图5-3所示）。

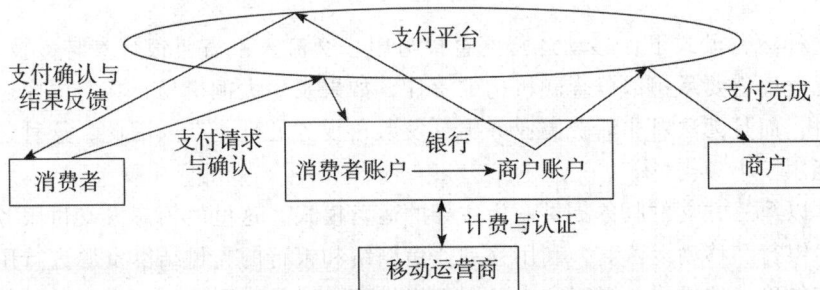

图5-3 以金融机构为主导的运营模式

在这种运营模式下，银行的收益主要来自以下方面：①手机银行账户上的预存金额，可以增加存款额度；②对移动运营商、商户的移动支付业务利润的分成；③降低银行支付渠道（如网点、ATM）的经营成本；④通过移动支付业务提高银行卡的使用率，巩固和扩展客户群。

在这种运营模式下，各银行只能为本行用户提供手机银行服务，移动支付业务在银行之间不能互联互通；各银行都要购置自己的设备，通过与移动运营商搭建专线等通信线路，自建计费与认证系统，因而会造成较大的资源浪费；对终端设备的安全性要求很高，用户需要更换手机或STK（SIM tool kit，用户识别应用工具）卡。

（2）以移动运营商为主导的运营模式。这种运营模式以移动运营商代收费业务为主，银行完全不参与其中。消费者对其话费账户预先充值，当采用手机支付形式购买商品或服务时，将话费账户作为支付账户，交易费用直接从话费账户中扣除。这样，货款先从电信话费中扣除，最后由商家和移动运营商进行统一结算。典型的例子包括：中国移动推出的话费支付官方购物网站——聚U惠——的购物支付方式；日本移动运营商NTT DoCoMo推广的i-mode FeliCa手机电子钱包服务等（如图5-4所示）。

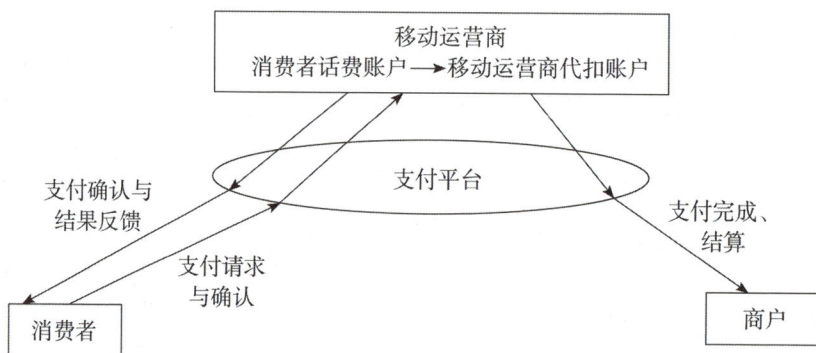

图5-4　以移动运营商为主导的运营模式

在这种运营模式下，移动运营商主要从以下几个方面获得利益：①服务提供商（商户）的佣金；②带来基于语音、SMS、WAP的移动支付业务，增加业务收入；③移动支付业务可以刺激用户产生更多的数据业务需求，同时稳定现有用户，并吸纳新的用户。

在这种运营模式下，移动运营商直接与用户交流，不需要银行参与，技术简单，但移动运营商需要承担部分金融机构的责任，如果发生大额交易，将与国家金融政策发生抵触，而且无法对非话费类业务出具发票，税务处理复杂。因此，这种运营模式一般只能用于小额支付。

（3）以第三方支付服务提供商为主导的运营模式。这里的第三方支付服务提供商指独立于银行和移动运营商，利用移动通信网络和银行的支付结算资源进行用户身份认证和支付确认的机构。第三方支付服务提供商可以是中国银联，也可以是其他手机支付平台，它们需要构建移动支付平台，并与银行相连完成支付，同时充当信用中介，并且为交易承担部分担保责任。货款通过第三方提供的移动支付账号进行划转，如通过上海捷银支付、联动优势科技的移动门户支付、财付通等平台进行的支付（如图5-5所示）。

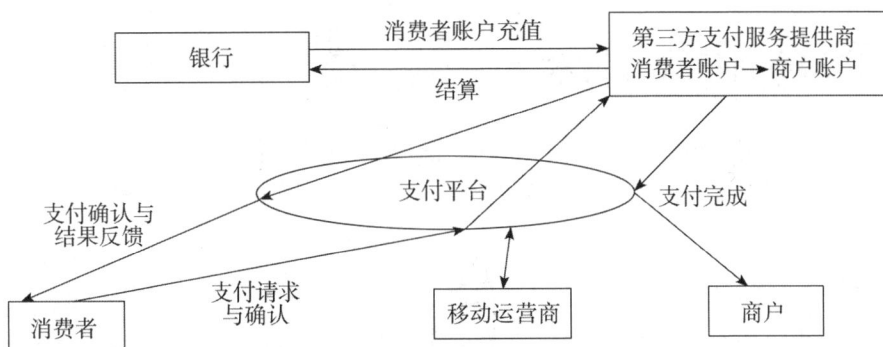

图5-5　以第三方支付服务提供商为主导的运营模式

在这种模式下，第三方支付服务提供商的利润主要来源于向移动运营商、银行和商户收取的信息交换佣金。

该种运营模式具有以下特点：①银行、移动运营商、第三方支付服务提供商、商户之间分工明确，关系简单；②第三方支付服务提供商发挥着"插转器"的作用，将银行、移动运营商等各利益群体之间错综复杂的关系简单化，从而大大提高了商务运作的效率；③实现了跨行支付；④第三方支付服务提供商可以平衡移动运营商和银行之间的关系；⑤对第三方支付服务提供商在技术能力、市场能力、资金运作能力方面的要求很高。

（4）金融机构与移动运营商合作的运营模式。在这种模式下，金融机构和移动运营商发挥各自的优势，在移动支付安全技术和信用管理领域强强联手，综合了以金融机构为主导和以移动运营商为主导这两种运营模式的优点（如图5-6所示）。

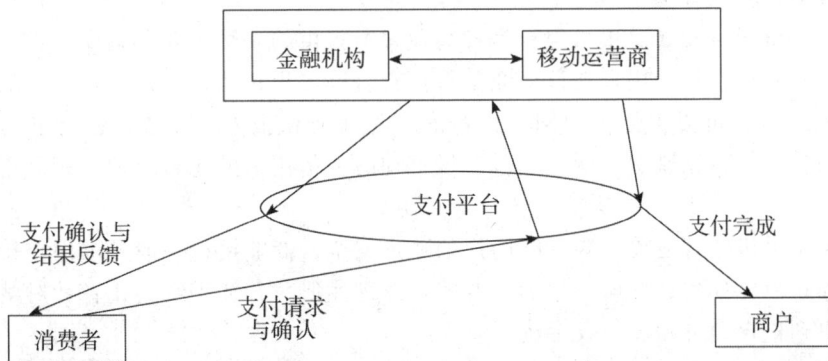

图5-6　金融机构与移动运营商合作的运营模式

在这种模式下，移动运营商与金融机构关注各自的核心产品，形成一种战略联盟关系，合作控制整条产业链，在信息安全、产品开发和资源共享方面的合作更加紧密，移动运营商需要与各银行或银行合作组织（如中国银联）建立联盟关系。

随着中国人民银行对电子支付服务提供商实行"牌照制"，移动支付的市场秩序逐步得到规范和整顿。在产业利益的驱动下，最好的运营模式将是以金融机构和移动运营商紧密合作为基础，以第三方支付服务提供商的协助支持为推动力的整合商业模式。

5.2 移动支付模式与技术

前文已经提到，按照支付的交互流程的不同，移动支付可以分为远距离支付和近距离支付，如图5-7所示。不同类型的支付技术具有不同的业务模式和支付流程。

图5-7 移动支付的两种传输方式

资料来源 杨坚争. 电子商务安全与电子支付［M］. 北京：机械工业出版社，2007.

5.2.1 移动支付业务模式

1.远距离支付（远程支付）业务模式

远距离支付是通过无线移动网络进行接入的服务。消费者在购买商品或服务时，可以采用短信、WAP或客户端软件等方式将支付信息传递到支付平台的后台服务器，支付平台在相应账户中扣除相应的费用，并且向商家发出支付确认信息，商家收到支付确认信息后发货或提供服务。远距离支付通常用于网上消费，其业务模式目前在我国主要分为以下几种类型：

（1）手机银行模式。手机银行是各商业银行提供的一种主要移动支付方式。其一般对用户有两项要求：用户在该商业银行拥有合法账户；用户手机支持相应的技术和协议。手机银行可以提供类似网上银行的各种功能和服务，如各种银行卡的账户管理、自动转账、自助缴费、网上支付、投资理财，信用卡的还款管理和积分管理等增值业务。

在使用手机银行之前，为保障用户的账户安全，商业银行一般要求用户持有效身份证件和账户凭证到账户所在地的营业网点办理注册、开通手续，或者针对某些功能要求用户到柜台办理相关协议手续。

使用时，用户通过手机浏览器访问银行特定的手机银行网站或者直接登录客户端（APP）。招商银行手机银行使用流程，如图5-8所示。

（2）后台账户（包括话费账户）模式。移动运营商为每个手机用户建立一个与手机号码绑定的后台支付账户，用户为该账户充值后，即可在远程合作商户购物，并可通过Web、短信、语音等方式利用该账户进行支付。移动运营商将用户消费的金额从该支付账户中扣除，服务提供方则通过与移动运营商的结算来获得收益。

与手机号码绑定的后台支付账户也可以是该手机号码的话费账户，这种模式主要适用于图铃下载、游戏等移动增值业务费用的缴纳。

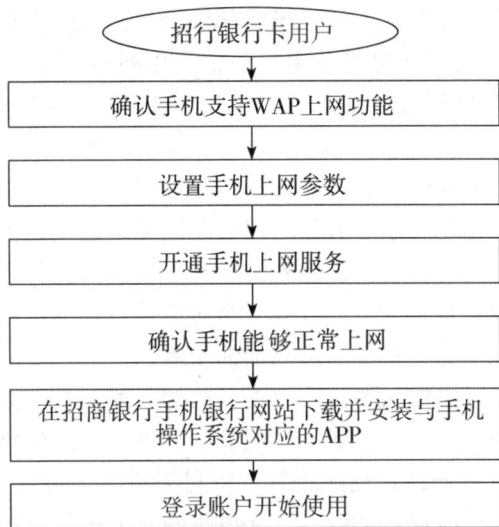

图5-8 招商银行手机银行使用流程

为后台支付账户充值时，用户可以通过营业厅现金充值，也可以利用充值卡充值，在这种情况下，整个支付过程中没有银行的参与；另外，也可以通过银行卡转账进行充值，这就需要银行与移动运营商进行结算。

（3）银行卡绑定模式。这是一种移动用户通过手机号码和银行卡业务密码进行支付的业务模式。这种模式要求移动用户将银行卡与手机号码事先绑定，在移动支付过程中，手机号码代替了定制关系对应的银行卡，用户只需要输入银行卡业务密码就可以完成支付。中国银联和大多数的第三方移动支付服务提供商采用的都是这类业务模式。

在这种业务模式下，移动运营商只为银行和用户提供信息通道，并不参与支付过程。银行为用户提供交易平台和付款途径，并提供相应的安全机制。

（4）虚拟账户模式。这是一种移动用户使用在第三方支付机构开设的网上虚拟账户进行支付的业务模式。这种模式要求用户预先将资金转账或充值到后台服务器的虚拟账户内，或者将该虚拟账户与银行卡账户关联，在消费时使用该账户进行支付。使用时，用户在手机上安装第三方机构推出的具有第三方支付接口的手机客户端，通过该客户端操作虚拟账户并完成支付。2010年10月19日，支付宝联合手机芯片商、系统方案商、手机硬件商、手机应用商等60多家厂商成立了"安全支付产业联盟"，并针对移动互联网发布业内新一代的无线支付产品——"手机安全支付"，为手机应用开发者提供了一个开放式隐形平台。根据该方案，手机用户在安装带有支付宝接口的APP之后，就可以在手机上通过支付宝账号完成该APP的所有付费操作。2013年8月5日，财付通与微信合作推出了微信支付。随着我国一系列政策法规的出台，第三方支付逐步规范化发展，业务领域得到不断拓展，移动用户可以通过支付宝、微信等第三方支付机构在购物、餐饮、公共交通、教育、医疗等各个领域实现支付场景的应用。中国支付清算协会发布的《2023年移动支付个人用户使用情况调查报告》显示，2023年，在线上和线下支付场景中，用户较常使用的产品是支付宝、微信和云闪付，渗透率超过70%，其中，支付宝在线上场景的渗透率更高，微信在线下场景中更具优势。手机扫码或出示二维码支付仍是用户最常使用的支付方式，渗透率高达92.7%。越来越多的用户支付时选择跳转支付宝、微信等支付机构客户端支付，渗透率达到63.7%。

2.近距离支付（现场支付）业务模式

近距离支付不通过移动网络，而是利用近距离无线通信技术（如红外线、射频识别、蓝牙等技术）进行支付，包括接触式支付和非接触式支付。这种支付方式也就是储值卡式电子钱包支付，每个电子钱包有一个对应的后台支付账户。典型的例子包括刷卡或刷手机乘坐公交车、支付停车费或加油费等。

消费者在储值卡发行机构（如公交公司、商场、加油站、商业银行等）预存资金并获取储值卡（相应地建立与该储值卡对应的后台账户），在购买商品或服务时，通过刷卡完成支付，支付的处理在现场进行，支付完毕，消费者即可得到商品或服务。当储值卡内资金较少时，消费者可以通过充值机构对卡进行充值。这种业务模式也被称为"电子钱包"模式。

近年来，这种电子钱包与手机加速融合，通过在手机终端内置NFC（近距离通信）芯片，植入银行卡号等用户信息，将储值卡或银行卡功能集成到手机卡中，以手机作为储值卡的载体，用户通过刷手机就可以乘坐公交车、地铁、出租车等交通工具，还可以进行公共事业缴费、超市购物、门诊缴费、社保缴费等功能操作。这种电子钱包与手机的融合方式主要有两种：一是贴片卡方式，将储值卡经过特殊工艺加工成异形，贴在手机SIM卡上；二是改造传统SIM卡，形成具有RFID卡和SIM卡两种功能的双界面智能RFID-SIM卡方式。

5.2.2　远距离移动支付技术及流程

1.远距离移动支付的技术基础

（1）移动通信技术。移动通信（mobile communication）是移动体之间的通信，或移动体与固定体之间的通信，即通信双方至少有一方处于移动状态。移动体可以是行人，也可以是汽车、火车、轮船、收音机等运动中的物体。移动通信技术主要有移动性、电波传播条件复杂、噪声和干扰严重、系统和网络结构复杂、要求频带利用率高、设备性能好等特点。移动通信系统由空间系统和地面系统两部分组成。20世纪80年代，移动通信系统诞生，到2024年经过6代发展历程，分别是1G、2G、3G、4G、5G、6G。2024年4月18日，2024年一季度工业和信息化发展情况发布会召开，工业和信息化部副部长表示，我国基础设施支撑能力持续增强，"双千兆"网络部署稳步推进，截至2024年4月，我国已累计建成5G基站364.7万个，5G用户普及率突破60%。党的二十大报告指出，优化基础设施布局、结构、功能和系统集成，构建现代化基础设施体系。习近平总书记就5G发展多次作出重要指示，强调要加快5G等新型基础设施建设，丰富5G技术应用场景。"十四五"期间，我国将建成系统完备的5G网络，5G垂直应用的场景将进一步拓展。

第一代移动通信（1G）系统指模拟制式的移动通信系统，提出于20世纪80年代，世界上第一个 1G 系统是由美国推出的 AMPS，其充分利用了 FDMA（频分多址）技术来实现全国范围的语音通信。

第二代移动通信（2G）系统起源于 20 世纪 90 年代初期，是包括语音在内的全数字化系统，即风靡全球十几年的数字蜂窝通信系统。第一个商业运营的 2G 系统是全球移动通信系统（global system for mobile communications，GSM）。位于第二代和第三代移动通信系统之间的 2.5G 技术，即通用分组无线业务（general packet radio service，GPRS）是在 2G 的基础上提供增强业务，通过利用 GSM 网络中未使用的 TDMA（时分多址）信道，提供中速的数据传递。GPRS 突破了 GSM 网络只能提供电路交换的思维方式，通过增加相应的功能实体和对现有的基站系统进行部分改造来实现分组交换，这种改造的投入相对来说并不大，但得到的用户数据速率却相当可观。

第三代移动通信（3G）系统，即移动多媒体通信系统，又称 IMT2000，提供的业务包括语音、传真、数据、多媒体娱乐和全球无缝漫游等。1996 年，日本电信电话公司和瑞典爱立信公司着手开发 3G。国际电信联盟（ITU）于 1998 年推出 WCDMA 和 CDMA2000 商用标准。我国于 2000 年推出的 TD-SCDMA 标准，于 2001 年 3 月被 3GPP（3rd Generation Partnership Project，第三代合作伙伴计划）接纳。第一个 3G 网络于 2001 年在日本运营。

第四代移动通信（4G）系统的用户速率达到 20Mbps，是真正意义上的高速移动通信系统，其用户速率支持交互多媒体业务、高质量影像、3D 动画和宽带互联网接入，是宽带大容量的高速蜂窝系统。2005 年初，NTT DoCoMo 演示的 4G 移动通信系统在 20km/h 下实现了 1Gbps 的实时传输速率，该系统采用了 4×4 天线 MIMO 技术和 VSF-OFDM 接入技术。

第五代移动通信（5G）系统具有高速率、低时延和大连接等特点，是实现人机物互联的网络基础设施。国际电信联盟定义了 5G 的三大类应用场景，即增强移动宽带（eMBB）、超高可靠低时延通信（uRLLC）和海量机器类通信（mMTC）。增强移动宽带主要面向移动互联网流量爆炸式增长的趋势，为移动互联网用户提供更加极致的应用体验；超高可靠低时延通信主要面向工业控制、远程医疗、自动驾驶等对时延和可靠性具有极高要求的垂直行业应用需求；海量机器类通信主要面向智慧城市、智能家居、环境监测等以传感和数据采集为目标的应用需求。2016 年 11 月 16 日，在我国浙江省嘉兴市乌镇举办的第三届世界互联网大会上，美国高通公司带来的可以实现"万物互联"的 5G 技术原型入选 15 项"黑科技"——世界互联网领先成果。高通 5G 向千兆移动网络和人工智能迈进。中国（华为）、韩国（三星电子）、日本、欧盟都在投入大量的资源研发 5G 网络。2017 年 12 月 21 日，在国际电信标准组织 3GPP RAN 第 78 次全体会议上，5G NR 首发版本正式冻结并发布。2018 年 2 月 23 日，沃达丰和华为完成首次 5G 通话测试。2023 年 6 月，在 2023 年 MWC 上海世界移动通信大会上，中国信息通信研究院副院长表示，我国 5G 网络建设遵循适度超前原则，网络建设全球领先。我国已建成全球规模最大、技术最先进的宽带网络基础设施。工业和信息化部发布的《2023 年通信业统计公报》显示，2023 年，我国 5G 移动电话用户达到 8.05

亿户，占移动电话用户的46.6%，比上年末提高13.3个百分点。

第六代移动通信（6G）系统是在5G技术基础上发展而来的新一代移动通信系统，被设计用于提供更高的数据传输速度、更低的延迟、更大的网络容量和更可靠的连接，以满足未来对移动通信的需求。与5G相比，6G预计将进一步推动虚拟现实、增强现实、物联网、远程医疗等技术的发展，并为智能交通、智能城市、智能工厂等新的应用场景提供支持。目前，6G技术仍处于研发阶段，世界各国已投入大量资源进行研究和开发。2021年6月6日，中国信息通信研究院IMT-2030（6G）推进组正式发布《6G总体愿景与潜在关键技术白皮书》，提出了沉浸式云XR、全息通信、感官互联、智慧交互、通信感知、普惠智能、数字孪生、全域覆盖的未来6G八大业务应用场景，以及内生智能的新空口和新型网络架构，增强型无线空口技术、新物理维度无线传输技术、新型频谱使用技术、通信感知一体化技术等新型无线技术，分布式网络架构、算力感知网络、确定性网络、星地一体融合组网、网络内生安全等新型网络技术的6G十大潜在关键技术方向。2021年11月1日，工业和信息化部发布《"十四五"信息通信行业发展规划》，提出要开展6G基础理论及关键技术研发。2024年1月29日，工业和信息化部等七部门发布《关于推动未来产业创新发展的实施意见》，提出前瞻布局6G。

（2）SMS技术。SMS是GSM phase1的一部分。我国提供基于SMS移动支付的典型代表是中国工商银行，该行在2004年正式在全国范围内推出基于短信的手机银行服务，为个人网上银行用户提供增值服务。

在以金融机构为主导的移动支付运营模式中，用户必须将手机原有的SIM卡换为STK卡。STK卡与SIM卡一样都能够在普通手机上使用，但是STK卡具有更大的存储量，能够运行应用软件。基于STK卡的支付方式与基于SMS移动支付的流程相似。中国银行、中国建设银行、招商银行等都曾提供过STK手机银行，但在随后的发展中，多数被其他类型的手机银行代替。

短信服务器使移动电话（包括pocket PC phone）能够使用GSM网络发送短信，一条短信能够发送70～160个字符（偶数二进制），但限于欧洲各国语言、中文和阿拉伯语，因此，该系统在欧洲、亚洲被广泛使用。

SMS是一种存储和转发服务。也就是说，短信并不是直接从发送人发送到接收人，而是始终通过SMS中心进行转发，如果接收人处于未连接状态（例如，电话已关闭），则信息将在接收人再次连接时发送。SMS具有信息发送确认的功能，这意味着SMS与寻呼不同，用户不是简单地发出信息后相信信息已发送成功，而是信息发送者可以收到信息回执，并通知他们短信是否已发送成功。

SMS是通过信令频道传输的，并不占用独立的频道，因此，信息的发送和接收可以在GSM网络上与语音、数据和传真等服务同时进行而不会对彼此产生任何干扰。SMS还可以支持国内和国际漫游，移动用户可以使用短信服务向全球任何其他使用GSM系统的移动用户发送短信。此外，基于GSM、CDMA和TDMA的PCS网络也同样支持SMS，所以可以说，SMS是名副其实的全球性移动数据服务。

SMS系统框架和生命周期，如图5-9所示。

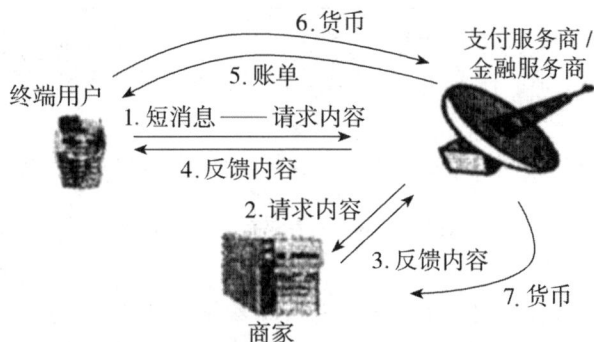

图5-9　SMS系统框架和生命周期

图5-9中，"1"为终端用户至支付服务商/金融服务商，终端用户通过短信形式来请求内容服务，如发送××到××来查询天气预报、新闻等；"2"为支付服务商/金融服务商至商家，支付服务商/金融服务商收到请求内容后认证终端用户的合法性及账户余额，如为合法用户则向商家请求内容，如为不合法用户则返回相应错误信息；"3"为商家至支付服务商/金融服务商，商家收到支付服务商/金融服务商的内容请求后，认证支付服务商/金融服务商，如合法，商家发送请求的内容给支付服务商/金融服务商，如不合法，则返回相应错误信息；"4"为支付服务商/金融服务商至终端用户，支付服务商/金融服务商将收到的内容转发给终端用户；"5""6""7"为支付服务商/金融服务商从终端用户的账户中扣除相应内容的费用转账给商家。

在SMS系统中，费用是从用户的话费中扣除的，账户的处理是由支付服务商/金融服务商来完成的。通常情况下，支付服务商/金融服务商是指移动运营商，即SMS系统一般不会涉及银行的参与。SMS系统的安全性取决于短信的安全性。该系统的优点是费用低廉。移动运营商通过发送一条短信完成一笔交易一般只需花费0.1元，而使现有手机附带银行服务的功能，只需将原先的SIM卡换成STK卡，成本也很低，并且还能保留原有的电话号码。这符合手机使用群体期望以低成本享受高质量金融服务的需求。SMS系统只适用于小额支付，主要是电子服务，如购买天气预报信息等。

基于SMS支付方式的支付流程，如图5-10所示。

① 用户通过短信形式向移动支付平台请求内容服务；

② 移动支付平台收到请求内容后认证用户的合法性及账户余额，如果合法则向增值服务提供商请求内容，如果不合法则返回相应错误信息；

③ 增值服务提供商收到移动支付平台的内容请求后，认证移动支付平台的合法性，如果合法则将增值服务提供商发送请求的内容给移动支付平台，否则返回相应错误信息；

④ 移动支付平台从用户的账户中扣除相应费用，然后将收到的内容转发给用户，同时告知用户付款结果；

⑤ 移动支付平台通知增值服务提供商转账成功。

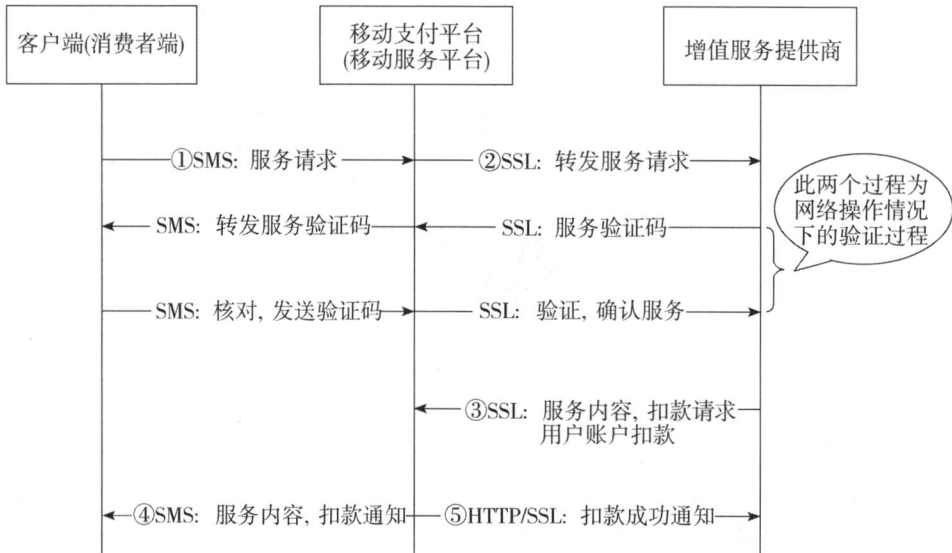

图5-10 基于SMS支付方式的支付流程

资料来源 周筱瑜. 移动支付安全机制研究〔J〕. 电脑与电信, 2012（7）.

（3）IVR技术。IVR系统是一种功能强大的电话自动服务系统，用预先录制或合成的语音进行自动应答并为客户提供菜单导航功能，可以提高呼叫服务的质量并节省费用。客户只需用手机或固定电话拨打自助热线，即可感受IVR系统提供的各种语音服务，并可根据提示进行进一步的操作。IVR技术的前身是固话声讯。在一体化呼叫中心平台上，IVR系统首先是一个子系统，其与其他子系统协同实现一个呼叫中心平台的标准功能；其次是一个可以单独运行、维护和升级的独立系统，可以在只需要IVR的场合单独使用。随着技术的进步，IVR系统也有了一系列的发展，可以根据用户输入的内容播放有关的信息，可以是操作提示，也可以是具体的信息内容。

在Internet电话中使用的IVR技术，经历了从集中到分布的过程。分布式IVR采用加入智能网关的功能，使得原本需要远程发送的语音提示信息可以在本地发送，这样，既减少了开销，又提高了服务质量。

IVR系统主要有以下功能：

第一，为企业处理大量的日常业务时无须通过业务代表，可以提供每周7天、每天24小时的服务。顾客通过按键或语音选择，向企业主机输入信息，在允许范围内访问各类企业数据库（通过ODBC），自动得到多种服务，使业务代表有更多的时间服务于有特别要求的顾客。

第二，可以同时处理多路来话，并且拥有遇忙自动处理流程，可以极大地降低顾客听到忙音或中途放弃的概率，提高顾客满意度。

第三，可以同时运行多个不同应用，例如，可以同时为企业内部人员和企业客户提供完全相互独立的信息系统应用。当其处理一路来话时，通过询问一些相关信息，如内部ID、供应商ID、代理商ID等，就可以自动选择应该启动哪个应用。

第四，既可以是呼叫中心整体流程的先导，也可以是主控者。顾客来电可以自由在人工坐席和 IVR 系统之间转移，在转移过程中携带顾客数据及相关信息。例如，业务代表可以要求 IVR 系统验证顾客 ID 或播放咨询信息，并在结束后收回控制权。

此外，IVR 系统还可以从各个方面照顾来电客户。在呼叫分配方面，既可按照最优算法自动分配，也可根据用户指示处理呼叫；在容错方面，遇忙可自动处理，遇线路故障可自动报警等。IVR 系统还可以支持多种语言，根据用户需求利用不同语言播放提示信息或资讯。

IVR 系统可以运用于许多行业，企业顾客可以在任何时间打来电话以获取他们希望得到的信息，而无须等到上班时间或联系某个固定负责人。IVR 系统使电话成为顾客与企业或机构联系的桥梁，有效地提高了企业或机构的运营效率。例如，储户可以拨打银行的自助服务电话进行账户查询、信用认证、利率查询等业务；保户可以拨打保险公司的自助服务电话进行投保信息查询、索赔资格认证、保单申请等业务；旅客可以拨打铁路或航空公司的自助服务电话预订车票/机票、查询车次/航班等。

（4）WAP 技术。WAP 是一个在数字移动电话、Internet 以及 PDA 与计算机应用之间进行通信的开放性全球标准。WAP 由一系列协议组成，从上到下依次为：WAE（wireless application environment，无线应用环境）、WSP（wireless session protocol，无线会话协议）、WTP（wireless transaction protocol，无线事务协议）、WTLS（wireless transport layer security，无线传输层安全协议）、WDP（wireless datagram protocol，无线数据协议）。其中，WAE 层含有微型浏览器、WML、WMLScript 的解释器等功能；WTLS 层为无线电子商务及无线加密传输数据提供安全保障。WAP 技术将移动网络和 Internet 以及企业的局域网紧密地联系起来，提供了一种与网络类型、运营商和终端设备独立的、无地域限制的移动增值业务。通过这种技术，无论客户身在何地、何时，只要通过 WAP 手机，即可享受无穷无尽的网上信息资源。

WAP1.0 是 WAP 的第一个版本，于 1998 年 5 月通过。这一版本推出了 WAP 的核心内容、i.e.WAP 协议条款、WML 以及 WMLScript 等。WAP1.1 版本于 1999 年 6 月推出，这是 1.0 版本的改良版，是对以前版本进行归纳反馈的结果。WAP1.1 是第一个商业版，这一版本中的主要变化仍然是利用 XHTML 对 WML 进行编排以得出 W3C（万维网联盟）的详细说明。这一版本支持 WBMP 格式的图像操作，从而提高了无线电话应用（WTA）规格以及 WML 的所有标记，现在其已用小写取代了大写。WAP1.2 版本采用了 WAP 推进架构、用户代理结构（UAPROF）、WDP 通道，提高了无线电话应用（WTA）规格以及包括支持附加的用户网络技术。

WAP2.0 于 2001 年 8 月正式发布，其是为加强 WAP 的实用性而设计的，迎合了市场的需求，并且适应了更高的带宽、更快的数据传输速度、更强大的接入能力和不同的屏幕规格等新的行业发展趋势。利用先进的网络和新增的服务功能，支持 WAP2.0 的终端可以接入各种基于互联网的内容、应用和服务。

WAP 系统框架，如图 5-11 所示。

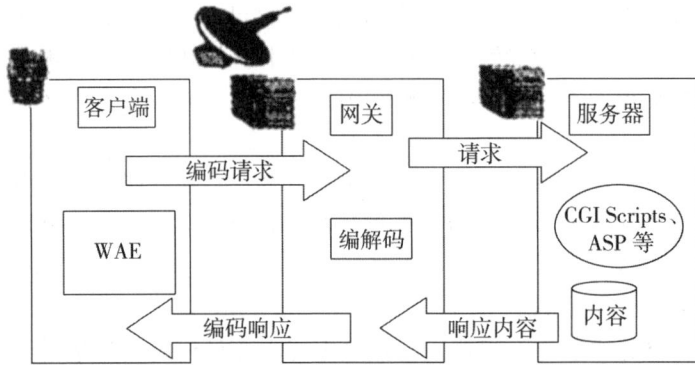

图5-11 WAP系统框架

由于WAP的设计采用了"瘦客户机"的思想,将大部分的处理功能留给了网关,所以,客户端无须实现很复杂的功能。

从图5-11中可以看出,WAP终端发送的请求在网关经协议转换后,再向内容服务器传送;而从内容服务器返回的信息,经网关编码后,转换成较为紧凑的二进制格式,返回移动终端(客户端)。WAP网关用来连接无线通信网和万维网。其中,客户端是无线通信网的一部分,服务器端是万维网的一部分。WAP网关实现的功能除了上述的协议转换和消息编解码这两个功能之外,还具有以下两个功能:

① 将来自不同Web服务器上的数据聚合起来,并缓存经常使用的消息,减少对移动设备的应答时间;

② 提供与数据库的接口,以便使用来自无线网络的信息(如位置信息)为某一用户动态定制WML页面。

基于WAP的移动支付系统安全性是建立在WAP基础上的,目前这种系统还存在以下缺点:

① 移动终端只能通过B/S(浏览器/服务器)方式访问Internet。WAP是一种分层协议,其中底层是无线WDP和WTP等传输层协议,基于底层的应用层中的WAP微浏览器只能访问WML脚本,而不是主流的HTML,也不能显示复杂格式的图形。

② WAP1.X解决方案需要移动终端手机通过WAP网关访问Internet。由于WAP网关的存在不可避免地会带来新的安全隐患,如中间人的攻击等,因此,直到WAP2.0采用TLS才保证了端到端的安全性。

③ WAP解决方案不能访问终端设备本地存储区,需要运行于在线环境中。大量数据的交换增加了服务器的负荷,并且增加了数据被窃听的可能性。

(5)K-JAVA技术。我国提供K-JAVA方式手机银行服务的典型代表是兴业银行和中国工商银行上海分行。兴业银行K-JAVA手机银行提供的服务主要包含两大类:外汇和银证。与基于短信方式的手机银行相比,基于K-JAVA方式的手机银行界面更友好、输入输出更方便、网络传输更快;而与基于WAP方式的手机银行相比,这种方式存在必须先下载客户端的劣势。

第一,K-JAVA及其规范。K-JAVA即J2ME(java to micro edition),是Sun Microsystems公司专门用于嵌入式设备的Java软件。利用K-JAVA编程语言为手机开

发应用程序，可以为手机用户提供游戏、个人信息处理、电子地图、股票等服务程序。J2ME将所有的嵌入式装置大体上区分为两种：一种是运算功能有限、电力供应也有限的嵌入式装置（如PDA、手机等）；另一种是运算能力较佳并且在电力供应上比较充足的嵌入式装置（如冷气机、电冰箱等）。针对这两种嵌入式装置，引入了两种规范：将上述运算功能有限、电力供应也有限的嵌入式装置规范为connected limited device configuration（CLDC）规格；将另外一种装置规范为connected device configuration（CDC）规格。

第二，基于K-JAVA接入方式的移动支付流程，如图5-12所示。

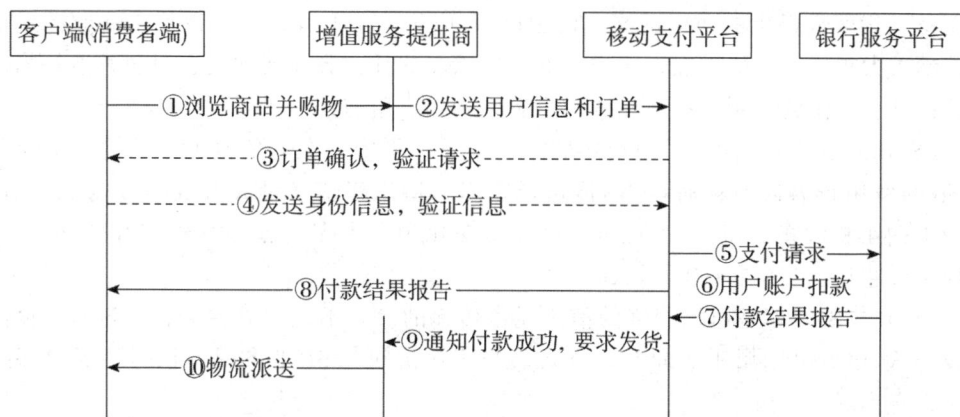

图5-12　基于K-JAVA接入方式的移动支付流程

① 用户挑选商品后，由商家服务人员录入所购买商品的详细信息，并按固定格式形成订单。用户核对订单信息后，告诉服务人员手持设备的号码。

② 商家对该订单和手持设备（如手机号）加密、签名后，通过安全Internet通道（SSL）发送给移动支付平台。

③ 移动支付平台收到消息后确认消息的来源，如果消息确实来自指定商家，则对消息处理（如加密、签名）后发送给移动用户。

④ 用户收到移动支付平台发来的消息后，进行验证，输入PNI码，同意使用移动支付系统，然后确认所购买的商品、消费额、商家标识及消息来源，如果消息正确，则同意支付。对消息处理后，传送给移动支付平台。

⑤ 移动支付平台确认消息正确后，向银行发起转账请求。

⑥ 银行处理支付。

⑦ 移动支付平台收到转账成功的消息。

⑧ 用户收到电子发票或收据。

⑨ 商家收到支付成功的通知。

⑩ 商家为客户提供服务。

（6）USSD技术。USSD是unstructured supplementary service data的缩写，即非结构化补充数据业务，是一种基于GSM网络的、实时在线的新型交互式数据业务。它基于SIM卡，利用GSM网络的信令通道传送数据，是在SMS技术基础上推出的新业务，在业务开拓方面的能力远远强于SMS技术。

USSD技术单独使用或与SMS技术、GPRS技术相结合，可为客户提供种类繁多的增值业务，如移动银行、移动电子商务、证券交易、手机话费查询、气象信息预报和查询、收发电子邮件、航班查询、网上订票、民意测验、在线互动游戏等。USSD在交互式会话中可以提供直观的菜单操作，方便用户使用。在信息服务中，只需拨打服务电话，即可按照菜单提示进行下一步操作，可以建立类似WAP的门户网站来提供电信增值服务。采用USSD对原有系统结构的影响较小，并且运营商还可以针对本地网的具体情况灵活地推出功能业务，方便地为移动用户提供各类数据业务。另外，利用移动运营商提供的通信网络，USSD也可应用于工业领域，可以使工业监控通信的范围大大扩展，功能增强，成本降低。所以，这种业务在新加坡、中国香港等国家和地区已有广泛的应用，在我国内地也有广阔的应用前景。

USSD和GPRS适合不同的用户群。在工业环境中，在通信量不大的情况下使用USSD的费用较为低廉；而GPRS传送带宽高，适用于信息量大的数据传输。目前，市面上的手机大多支持USSD服务。在工业应用中，大多具有SMS和GPRS功能的通信模块或芯片也支持USSD服务。

USSD与SMS都是通过网络的信令通道传递的。其不同之处在于，SMS属于存储转发方式，USSD则属于面向对话方式。当用户访问USSD业务时，该对话通路保持连接，直到对话结束。

总体来讲，USSD具有如下特点：

① 快速。在交互式应用中，USSD只需建立一次连接，可以避免多次建立信令连接的时延，来回一次的响应时间比短信业务短，最短的只有短信的1/7。

② 便捷。用户无须逐级选择菜单，而是直接输入USSD命令字串。

③ 支持漫游。USSD的每一条命令都要经过归属位置寄存器（home location register，HLR），因此用户漫游时，以基于USSD业务的同样方式运行。

④ 广泛适用。USSD可以在所有的GSM手机上运行。

⑤ 功能强。USSD能够以对话方式和信息业务菜单方式提供服务。

USSD本身也存在局限性。例如，USSD命令字串较难记忆，但用户可将常用的USSD字串存入手机电话本，以降低记忆和输入难度。

基于USSD接入方式的移动支付流程，如图5-13所示。

2.远距离移动支付的技术方案

按照所使用的技术类型，远距离移动支付的技术方案主要包括短信支付、客户端（无卡）支付、智能卡支付和移动终端外设支付四种。

（1）短信支付。

① 实现方案。短信支付指的是用户通过编辑并发送短信完成的支付业务。在短信支付过程中，包含支付信息的短信指令从用户的移动终端（一般指手机）发送到短信处理平台，经过识别、审核和交换后，支付信息被转发到移动支付接入平台与账户管理系统完成相关业务。

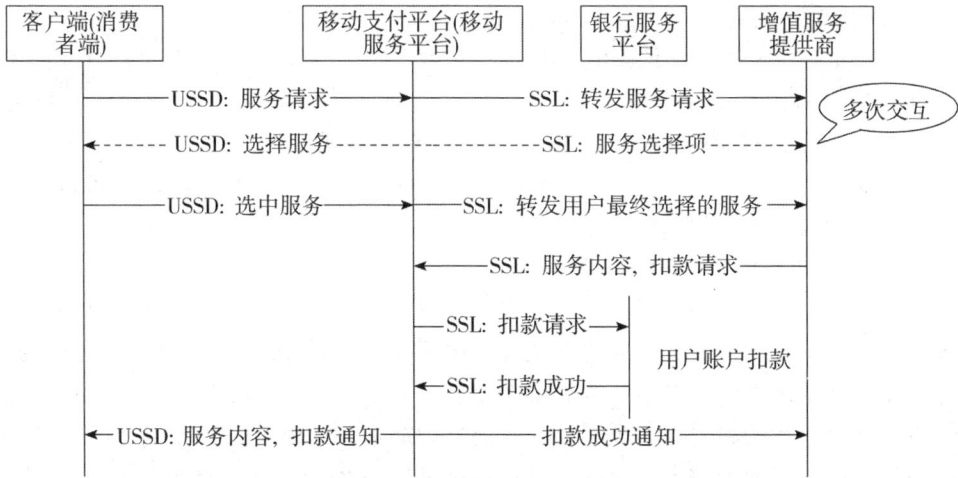

图5-13 基于USSD接入方式的移动支付流程

短信支付的技术架构很简单，主要通过短信处理平台与移动支付接入平台交互完成支付处理，如图 5-14 所示。

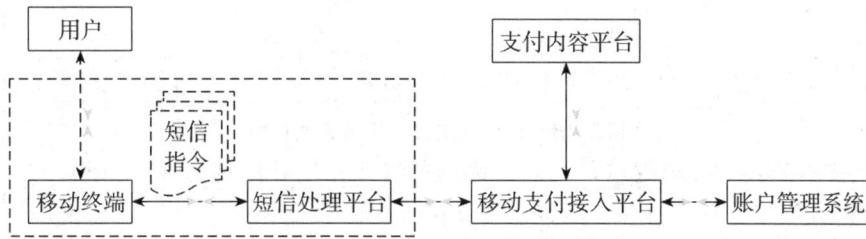

图5-14 短信支付技术架构图

短信处理平台由移动运营商建立和管理，依照约定的格式，在移动终端和移动支付接入平台之间进行短信转发。为保障短信支付的安全性，短信的传输应当采用安全可靠的通信传输协议，保证传输可靠性，而且不能在一条短信中同时出现账号、密码等敏感数据。

② 技术特点。短信支付的方案实施简单、方便快捷、使用门槛低，而且现有的手机和通信网络环境无须进行任何改造就能实现，业务实施成本低。但短信支付方案的用户交互体验不够好，并且无法保障短信的可靠传输，因此难以承载需要复杂交互的支付业务。

③ 典型业务。典型的短信支付业务有中国电信上海公司和付费通公司合作推出的"手机缴费"业务和肯尼亚电信运营商推出的 M-PESA 业务等。

"手机缴费"是一项基于天翼手机的电子支付产品，用户通过短信、WAP 等方式，足不出户就可实现支付电信账单、电信手机充值、公共事业费账单支付等服务，还可以订阅账单，享受人性化的账单缴费提醒服务。在该业务中，用户首先将自己的手机号码与一个支付账户（比如付费宝）绑定，并针对需要缴费的业务申请开通手机缴费功能。每月该业务账单生成后，系统向用户发送账单信息（包括条码号、金额等）；用户可以编辑并发送短信到特定的支付服务接入号，发起手机缴费。其具体流程为：用户提交支付请求→系统响应支付请求→用户确认支付→系统反馈回执提示绑定→用户响应绑定请求→系统反馈绑定信息。

M-PESA在肯尼亚当地的斯瓦希里语中，就是"移动货币"的意思，M-PESA是肯尼亚电信运营商Safaricom推出的全球首个由移动运营商独立开发和运作、传统商业银行不参与运营的新型移动银行业务。M-PESA是一种虚拟的电子货币，用户开通M-PESA业务后，只需要发送短信就可以完成转账，并且汇款人和收款人都不要求拥有银行账户，收款人持收到的转账短信即可到M-PESA代理点兑换现金。

（2）客户端（无卡）支付。

① 实现方案。客户端（无卡）支付是指用户使用移动终端访问支付内容平台，选择商品后发出支付请求，由客户端软件接受用户的支付请求，并通过移动支付接入平台将支付请求发送给后台服务器，由账户管理系统进行资金转移的操作，然后将操作结果通知移动终端和支付内容平台，完成支付的业务。整个过程在线完成，不需要其他现场受理终端的参与。客户端支付的应用系统架构，如图5-15所示。

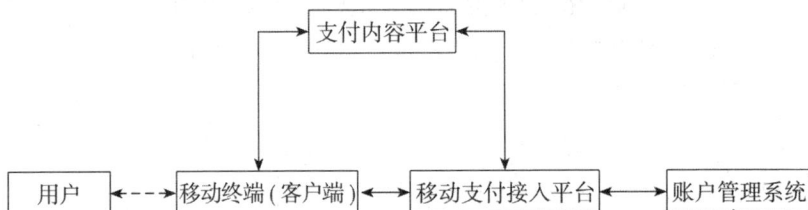

图5-15　客户端支付应用系统架构图

② 技术分类。客户端软件可以分为浏览器和专用客户端两种，因此，客户端支付也可以分为浏览器支付和专用客户端支付两种技术文案。

浏览器支付：用户通过移动终端的浏览器连接移动互联网，与移动支付接入平台和支付内容平台进行交互完成支付。浏览器支付无须安装客户端软件，可以通过浏览器或双因子验证方式完成支付操作。

专用客户端支付：用户使用专用的移动终端客户端软件连接移动互联网，与移动支付接入平台和支付内容平台进行交互完成支付。专用客户端支付是专门针对某类支付业务设计的，功能强大，流程灵活，用户体验较好，并且可以端到端加密。

③ 典型业务。典型的客户端支付业务有客户端版手机银行业务等，如中国工商银行推出的手机银行客户端，如图5-16所示。

中国工商银行的用户可在装有iOS、Android、Windows Phone等操作系统的智能手机或平板电脑中下载安装中国工商银行手机银行客户端，使用银行卡或信用卡账号登录后，可以办理银行账户查询、转账汇款、信用卡还款、充值缴费、申购/赎回基金及理财产品等多种金融应用，实现了"移动互联时代，银行随身带"。

中国工商银行手机银行客户端具有如下功能：

自助注册：用户可以通过输入本人的银行卡（账户）及个人基本信息自助注册中国工商银行手机银行，办理账户查询、投资理财等业务。

账户管理：实现账户余额、明细查询，添加、删除注册账户，办理账户挂失，设置手机银行默认账户等功能。

图5-16　中国工商银行手机银行客户端

转账汇款：用户可以办理注册账户之间转账，向本行、他行账户转账汇款，查询转账汇款交易明细，管理收款人信息等业务。

手机充值：用户可以办理手机充值业务。

基金业务：用户可以办理基金购买、基金定投及管理、查询持有基金份额等业务。

贵金属：用户可以办理美元账户黄金、美元账户白银、美元账户铂金、人民币账户黄金、人民币账户白银、人民币账户铂金等多种账户贵金属的即时交易。

工银信使：提供注册账户余额变动提醒服务。

（3）智能卡支付。

① 实现方案。智能卡支付是指用户通过存储支付数据的智能卡进行经安全认证的远程支付。智能卡支付技术以具有安全芯片的智能卡作为银行卡、电子钱包、电子现金等支付账户的载体，提供基于 PBOC 规范流程的安全计算和存储，实现身份验证、交易数据保护、交易数据完整性和不可抵赖性的技术支持，从而保证支付交易的整体安全。智能卡支付的应用系统架构，如图5-17所示。

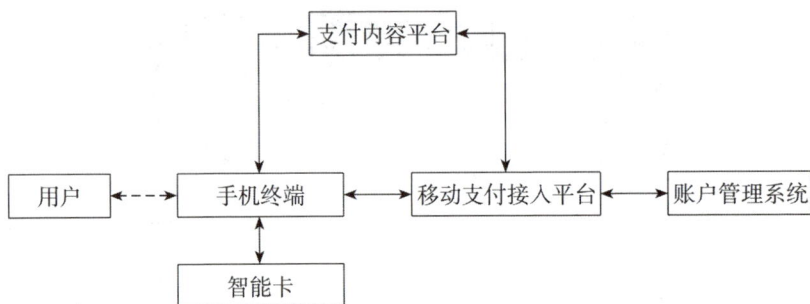

图5-17 智能卡支付应用系统架构图

用户通过手机终端访问支付内容平台，选择相应的商品并发起支付请求，订单生成后，手机终端与智能卡进行交互，读取并认证卡内的支付账户后，将交易请求发送至移动支付接入平台，并最终转发至账户管理系统完成支付交易授权。

智能卡支付具有安全、高效的特点，可以全方位支持各类支付交易，不必使用"签约绑定"等额外安全手段，而且可以使用客户端，为用户带来良好的交互体验。

② 典型业务。使用智能卡远程支付的典型业务有银联 UP Cards 业务和银联 SD 卡远程支付业务等。

UP Cards（银联标准卡）是银联第三代移动支付标准应用，支持银联标准卡（磁条）应用和 PBOC2.0 借贷记应用。UP Cards 基于银联的 CUP Mobile 手机支付系统，通过将银行卡绑定到智能卡上，实现银行磁条卡 IC 化，从而完成远程支付流程。使用智能卡进行远程支付时，用户首先选择需要支付的业务，后台系统生成订单后，发送数据短信给手机智能卡，激活其中的 STK/UTK 支付菜单，用户在菜单中输入密码后，手机智能卡通过加密的数据短信发送银行卡磁条信息和支付密码到移动支付后台系统，后台系统验证通过后完成支付。

（4）移动终端外设支付。

① 实现方案。移动终端外设支付指的是通过移动终端的外接设备完成刷卡支付的业务。该方案在移动支付的总体架构基础上，增加外接读卡器模块和移动终端客户端，用户通过移动终端发起支付请求，并通过移动终端的外接设备进行刷卡或账户访问操作，再由移动互联网与支付平台交互完成支付。

移动终端外设支付将移动终端改造为支付受理终端，大大拓展了银行卡等设备的受理环境，而且成本低廉，部署便捷，适合有收款需求的小型商户，但在收单门槛降低的同时也存在安全隐患。例如，存在非法商户恶意收集用户银行卡等账户信息的风险。对个人用户而言，用户必须同时携带手机和外接读卡器，没有其他移动支付方式便捷。

② 典型业务。典型的移动终端外设支付业务有国内的拉卡拉和国外的 Square 支付产品。拉卡拉手机刷卡器全称为"拉卡拉考拉手机刷卡器"，是北京拉卡拉网络技术有限公司推出的拥有自主知识产权的个人刷卡终端，是一款通过音频进行数据传输的刷卡外设终端，支持各类主流手机以及 Pad 产品。它主要提供信用卡还款、转账汇款、在线支付等便民生活、便利支付的金融服务。

拉卡拉手机刷卡器主要具有体积小、易携带、不受时间地点限制、用户自主操作、无须通过网银、无须开办及登录等烦琐手续，并且安全便捷等特点。此外，拉卡拉手机刷卡器还解决了高单价产品支付上限问题。拉卡拉手机刷卡器的实物，如图5-18所示。

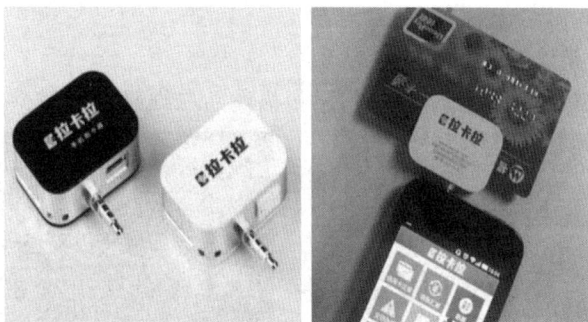

图5-18　拉卡拉手机刷卡器实物图

拉卡拉手机刷卡器主要实现了以下功能：

查：用户可以进行银行卡余额查询、收款到账业务查询、汇款转账业务查询以及终端交易查询。

还：信用卡还款，提供跨行还款服务，支持多家银行发行的信用卡，用户可以使用任意一张银联借记卡完成还款；个人贷款还款，支持指定的银行个人账户贷款还款业务，用户也可使用任意一张银联借记卡完成账户还款。

转：通过手机端即可完成全国范围跨行转账汇款等业务。

收：拥有收账功能，可以通过支付宝等直接进行收房租、收欠款等第三方收款，简单安全、方便灵活。

缴费：提供包括缴纳水费、电费、煤气费、话费、宽带费在内的数十项便民服务，让用户在掌上一键便可轻松完成。

5.2.3　远距离移动支付技术案例——微信支付颠覆掌上体验

1.微信支付简介

微信支付是由腾讯知名的即时通信应用程序微信（WeChat）及腾讯旗下第三方支付平台财付通（TenPay）联合推出的互联网创新支付产品。2013年8月5日，腾讯发布微信5.0版本，该版本正式加入了支付、游戏、二维码扫描条形码报价、扫描英文翻译、封面、街景等功能。腾讯携微信正式进军移动支付领域。

用户只需在微信中关联一张银行卡，并完成身份认证，即可将装有微信APP的智能手机变成一个全能钱包，之后即可购买合作商户的商品及服务。用户在支付时只需在自己的智能手机上输入密码，无须经过任何刷卡步骤即可完成支付，整个过程简便流畅。目前，已经开通接口的银行包括中国银行、中国工商银行、中国农业银行、中国建设银行、交通银行、招商银行、宁波银行、中国光大银行、中信银行、广发银行、浦发银行、平安银行、兴业银行、中国民生银行等绝大部分银行。微信支付打破了财付通原有的支付体验，根据移动场景全新设计，"变身"成为用户的随身小钱包，成为服务大众移动生活的新助手。

微信支付提供了扫描二维码支付、微信公众号支付、第三方APP微信支付三种支付方式，由于更加贴合应用场景，因而受到广大线上线下商家的青睐。2023年第三季度，微信支付的交易量达到67.81万亿元。借助微信生态圈，微信支付丰富拓展了其支付应用场景。

2.微信支付使用流程

（1）首次使用，需用微信"扫一扫"扫描商品二维码，如图5-19所示。

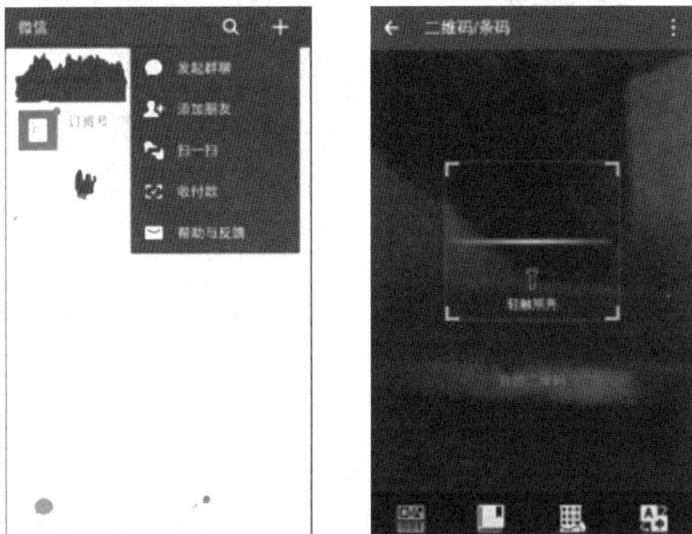

图5-19 扫描商品二维码

（2）首次支付，需要添加银行卡，如图5-20所示。

图5-20 添加银行卡

（3）填写相关信息，验证手机号码，如图5-21所示。

图5-21 填写相关信息并验证手机号码

（4）设置支付密码，添加成功，如图 5-22 所示。

图5-22 设置支付密码并添加成功

根据 2024 年 3 月 14 日中国人民银行发布的《外籍来华人员支付指南》，外籍来华人员在使用微信进行移动支付前需要注意的是，微信支付目前支持绑定 Visa、Mastercard、American Express、JCB、Diners Club、Discover 等银行卡，绑定银行卡的过程与支付流程与上述流程一致。

3. 微信支付应用情景

（1）线下扫码支付。用户扫描线下静态的二维码，即可生成微信支付交易页面，完成交易流程。

（2）Web 扫码支付。用户扫描 PC 端二维码跳转至微信支付交易页面，完成交易流程。

（3）公众号支付。用户在微信中关注商户的微信公众号，在公众号内完成商品和服务的支付购买。

4.微信支付安全保障

微信作为一种社交工具，在安全上距离金融级别的要求还有很大差距。和QQ一样，很多微信用户都遇到过账号被盗的问题，利用微信直接绑定银行卡后，一旦账号被盗，后果不堪设想。因此，安全性是微信支付的一大硬伤，很多媒体和公安系统的官方微博经常对微信的安全性作出预警。针对用户最关心的支付安全问题，微信支付以五大安全保障为用户提供安全防护。

（1）技术保障：微信支付后台具有腾讯的大数据作为支撑，借助海量的数据和云计算能够及时判定用户的支付行为是否存在风险。基于大数据和云计算的全方位的身份保护，能够最大限度地保证用户交易的安全性。同时，微信安全支付认证和提醒能够从技术上保障每个交易环节的安全。

（2）业态联盟：微信支付受到多个手机安全应用的保护，如腾讯手机管家等，这些应用与微信支付一同形成安全支付的业态联盟。

（3）安全机制：微信支付从产品体验的各个环节考虑用户心理感受，形成了整套的安全机制和手段，包括硬件锁、支付密码验证、终端异常判断、交易异常实时监控、交易紧急冻结等。这一整套的机制将对用户形成全方位的安全保护。

（4）赔付支持：如果出现账户被盗被骗等情况，经核实确为微信支付的责任，微信支付将在第一时间进行赔付；对于其他原因造成的被盗被骗，微信支付将配合警方，积极提供相关的证明和必要的技术支持，帮助用户追讨损失。

（5）客户服务：7×24小时客户服务，加上微信客服，及时为用户排忧解难。同时，微信支付开辟了专属客服通道，以最快的速度响应用户提出的问题并作出判断和处理。

5.微信支付发展理念

微信支付一直以来持续打造"智慧生活"，将企业责任与更多行业及用户的需求关联，提供更多的商业和用户价值。

（1）带来便捷的交易与沟通。创新的产品功能（转账、红包、找零、支付+会员等），不仅方便了用户的交易，提高了效率，而且让很多传统的生意和习俗更有新意，在交易的同时，带来更多的乐趣，社交支付甚至成为情感交流、传达爱意的新方式。

（2）智慧高效的生活体验。线上线下场景的覆盖，给用户提供零售、餐饮、出行等生活方面面高效智慧的体验，让用户更加自在、有安全感地生活和出行，用户从此告别钱包、告别排队、告别假钱、告别零钱。

（3）推动产业升级、商业价值输出。微信支付携手各行各业的商户共筑"智慧生活"，为传统行业带来智慧解决方案，帮助传统行业转型，让传统行业搭上"互联网+"的直通车，推动传统行业产业升级，带来新的机会和转变，输出更多商业价值，引领行业共建智慧生活圈。

（4）生态链延伸，价值共享。微信支付创新的技术和开放的平台，与各行各业一起共享价值，引领行业共同构建完善的智慧生活生态链，基于生态链的延伸孵化出新兴的产业机会。微信支付的服务商遍布全球各地，他们与微信支付一起努力为商户和用户带来智慧生活，共同成长，携手推动智慧生活进程。

总而言之，微信支付颠覆了掌上支付的体验，让支付变得更加安全和便捷。同时，微信支付以微信为基础重新定义了移动电商的生态模式。

5.2.4 近距离移动支付技术及流程

近距离移动支付被视为移动支付中最重要也是最容易实现的一种支付方式。

1. 近距离移动支付技术基础

（1）射频识别技术。射频识别（radio frequency identification，RFID）技术是 20 世纪 80 年代发展起来的一种自动识别技术，不需要人工干预，操作方便快捷，并且具有可识别高速运转的物体及可同时识别多个标签的特点。

一套完整的 RFID 系统由读取器（reader）、电子标签（TAG）（也就是应答器 (transponder)）及应用软件系统三个部分组成，其工作原理是：reader 发射特定频率的无线电波能量给 transponder，用以驱动 transponder 电路将内部的数据送出，此时 reader 依序接收、解读数据，送给应用程序进行相应的处理。

① RFID 技术的工作模式。RFID 标签分为被动、半被动（也称为半主动）、主动三类。

被动式标签没有内部供电电源。其内部集成电路通过接收到的电磁波进行驱动，这些电磁波是由 RFID 读取器发出的。当标签接收到足够强的信号时，可以向读取器发出数据。这些数据不仅包括 ID 号（全球唯一标识 ID），还包括预先存在于标签内 EEPROM 中的数据。由于被动式标签具有价格低廉、体积小巧、不需要电源的优点，因此，目前市场上的 RFID 标签主要是被动式的。

半被动式标签类似于被动式标签，不过其多了一颗小型电池，电力恰好可以驱动标签 IC，使得 IC 始终处于工作的状态。这样的好处在于天线不用承担接收电磁波的任务，而专门作为回传信号之用。相较于被动式标签，半被动式标签具有更快的反应速度、更高的效率。

与被动式标签和半被动式标签不同的是，主动式标签本身具有内部电源供应器，用以供应内部 IC 所需电源以产生对外的信号。一般来说，主动式标签拥有较长的读取距离和较大的存储器容量，可以用来储存读取器传送的一些附加信息。

② RFID 工作频率范围及特性。目前定义 RFID 产品的工作频率有低频、高频和超高频三种频率范围，不同频率范围内有符合不同标准的不同产品，而且不同频段的 RFID 产品会有不同的特性。

低频 RFID 工作频率为 125kHz～135kHz。除了金属材料外，该频段的波长能够穿过任意材料的物品而不降低其读取距离。低频读写器在全球没有任何特殊的许可限制。相对于其他频段的 RFID 产品，该频段的数据传输速率比较慢，主要应用于畜牧业管理系统、汽车防盗和无钥匙开门系统、马拉松赛跑系统、自动停车场收费和车辆管理系统、自动加油系统、酒店门锁系统、门禁和安全管理系统等。

高频 RFID 工作频率为 13.56MHz。除了金属材料外，该频率的波长可以穿过大多数的材料，但是往往会降低读取距离，标签需要离开金属 4 毫米以上。其抗金属效果在几个频段中较为优良，主要应用于图书管理系统、酒店门锁系统、大型会议人员通道系统、固定资产管理系统、医药物流系统、智能货架管理系统等。

超高频 RFID 工作频率为 860MHz ~ 960MHz，其通过电场来传输能量。电场的能量下降得不是很快，但是读取区域不是很好定义。该频段的读取距离比较远，无源标签可达 10 米左右，主要是通过电容耦合的方式实现。该频段的波长无法穿过许多材料，特别是金属、液体，以及灰尘等悬浮颗粒物质，可以说环境对超高频段的影响是很大的。其主要应用于供应链、生产线自动化及航空包裹管理等。

（2）NFC 技术。NFC 是 near field communication 的缩写，即近场通信，又称近距离无线通信，是一种短距离的高频无线通信技术，允许电子设备之间在 10 厘米（3.9 英寸）内交换数据。它由 RFID 演变而来，由飞利浦半导体事业部（现为恩智浦半导体）、诺基亚和索尼共同研制开发。NFC 标准兼容了索尼的 FeliCa 标准，以及 ISO 14443A/B，也就是使用飞利浦的 Mifare 标准。其标准在业界被称为 Type A、Type B 和 Type F，其中，Type A、Type B 为 Mifare 标准，Type F 为 FeliCa 标准。NFC 论坛由飞利浦联合诺基亚、索尼于 2004 年成立，其创立的宗旨是通过开发基于标准的规范确保各个设备和各项服务之间的互操作性，鼓励使用规范来开发产品并向全球市场讲解 NFC 技术，从而推广 NFC 技术的使用。

NFC 手机内置 NFC 芯片，比原先仅作为标签使用的 RFID 增加了数据双向传送的功能，这项进步使其更加适用于电子货币支付，特别是 RFID 所不能实现的相互认证、动态加密和一次性钥匙（OTP）的功能，都能够在 NFC 上实现。NFC 技术支持多种应用，包括移动支付与交易、对等式通信及移动中信息访问等。

NFC 的工作模式有三种：卡模式、点对点模式、读卡器模式。卡模式具有一个极大的优点，那就是卡片通过非接触读卡器的射频场来供电，即便是寄主设备（如手机）没有电也可以工作。在这种模式下，它可以在很多应用场景中替代现在大量的 IC 卡（包括信用卡），如商场、公交、门禁、车票、门票等。在点对点模式下，它可以用于数据交换，虽然传输距离较短，但是传输速度快、功耗低。通过 NFC，多个设备（如数码相机、PDA、计算机和手机）之间都可以交换资料或者服务。在读卡器模式下，NFC 是作为非接触式读卡器使用的。

NFC 的基本标签类型有四种，以 1 至 4 来标识，各有不同的格式与容量。

第一类标签（Tag 1 Type）：基于 ISO 14443A 标准，具有可读、重新写入的能力，用户可将其配置为只读。此类 NFC 标签简洁，成本效益较好，适用于许多应用场景，通信速度为 106Kbps。

第二类标签（Tag 2 Type）：基于 ISO 14443A 标准，和第一类标签类似，也具有可读、重新写入的能力。其基本内存大小为 48 字节，但可被扩充到 2K 字节，通信速度也为 106Kbps。

第三类标签（Tag 3 Type）：基于 Sony FeliCa 体系，目前具有 2K 字节内存容量，数据通信速度为212Kbps，适用于较为复杂的应用场景。

第四类标签（Tag 4 Type）：与ISO 14443A/B标准兼容，制造时被预先设定为可读/重写或者只读。其内存容量可达32K字节，通信速度介于106Kbps～424Kbps之间。

第一类与第二类标签是双态的，为可读/重写或者只读。第三类与第四类标签则是只读的，数据在生产时写入或者通过特殊的标签写入器来写入。

（3）红外通信技术。红外通信技术利用红外技术实现两点之间的近距离保密通信和信息转发，属于无线通信技术的一种。由于其不需要实体连接并且操作简单，因而广泛应用于小型移动设备互换数据和电气设备控制，如笔记本电脑、移动电话之间进行数据交换等。从早期的IRDA（115 200bps）到ASKIR（1.152Mbps），再到VFIR（16Mbps），红外线接口的速度不断提高，使用红外线接口和电脑通信的信息设备也越来越多。由于其波长较短，对障碍物的衍射能力较差，只适用于短距离无线通信的场合，进行"点对点"的直线数据传输，因此，在小型的移动设备中获得了广泛应用。它具有保密性强、信息容量大、结构简单和方向性良好的特点，比较适合于国防边界哨所之间的保密通信。

由于红外通信早期存在标准不统一的问题，许多公司研发了属于自己的一套红外线标准，因此其缺乏兼容性。1993年，惠普（HP）、康柏（Compaq）、英特尔（Intel）等多家公司成立了红外数据协会（Infrared Data Association，简称IRDA）。1年以后，IRDA的第一个红外数据通信标准——IRDA 1.0——发布，又称SIR（Serial Infrared），这是一种基于HP开发出来的异步、半双工的红外通信方式。但是，IRDA 1.0的最高通信速率只有115.2Kbps，适应于串行端口的速率。1996年，IRDA发布了IRDA 1.1标准（Fast Infrared，FIR）。FIR采用了全新的4PPM调制解调技术，最高通信速率达到4Mbps，这个标准是目前运用得最普遍的标准。继IRDA 1.1之后，IRDA又发布了通信速率高达16Mbps的VFIR（Very Fast Infrared）技术。

（4）蓝牙技术。"蓝牙"一词是古北欧语"Blåtand"的一个英语化变体，它的标志是"ᚼ"（Hagall）和"ᛒ"（Bjarkan）的组合。该技术最初由爱立信研制，其发明者希望为设备之间的通信创造统一的标准化规则，以解决互不兼容的电子设备之间的通信问题。1999年5月20日，索尼爱立信（Sony Ericsson）、国际商业机器（IBM）、英特尔（Intel）、诺基亚（Nokia）及东芝（Toshiba）等业界龙头公司创立了"特别兴趣小组"（special interest group，SIG），即蓝牙技术联盟的前身，其致力于推动蓝牙无线技术的发展，为短距离连接移动设备制定低成本的无线规范，并将其推向市场。2006年10月13日，Bluetooth SIG（蓝牙技术联盟）宣布联想取代IBM在该组织中的创始成员位置，并立即生效。

蓝牙技术最初是应用在移动电话和免提设备之间的一种无线通信技术，后来发展为支持设备短距离通信（一般在10米内）的无线电技术，能够在移动电话、PDA、无线耳机、笔记本电脑、相关外设等众多设备之间进行无线信息交换，在汽车领域也有广泛的应用。例如，车主可以通过蓝牙配对，将这些便携设备中的信息与CUE系统实现共享，读取手机或多媒体播放器中的音乐文件。

截至 2024 年 4 月 1 日，蓝牙技术共有 14 个版本，即 1.0、1.1、1.2、2.0、2.1、3.0、4.0、4.1、4.2、5.0、5.1、5.2、5.3、5.4 版本。1999 年，1.0 版本推出以后，蓝牙并未立即得到广泛的应用。当时对应蓝牙功能的电子设备种类较少，蓝牙装置也十分昂贵。1.1 版本的传输速率为 748Kbps ~ 810Kbps，容易受到同频率电子产品的干扰。1.2 和 1.1 版本的传输速率相同，但是加上了抗干扰调频功能。无论是 1.1 版本，还是 1.2 版本，都只能以单工的方式工作。2.0 版本是 1.2 版本的改良版，传输速率为 1.8Mbps ~ 2.1Mbps，可以有双工的工作方式，即一方面可以作为通信工具，另一方面可以用来传输高品质图片。当时支持内置蓝牙 2.0 版本的手机很少，需要利用外加配件才能实现蓝牙 2.0 通信。

2009 年 4 月 21 日，蓝牙技术联盟正式颁布蓝牙核心规范 3.0 高速版。蓝牙 3.0 在传输大量数据时会消耗更多能量，但由于引入了增强电源控制（EPC）机制，实际空闲功耗明显降低。另外，蓝牙 3.0 具有更高的数据传输速率，通过集成 802.11PAL（协议适应层），最高速率可达 24Mbps，是 2.0 版本速率的 8 倍，可以轻松用于录像机至高清电视机、PC 至 PMP（便携式媒体播放器）、UMPC（超便携个人电脑）至打印机之间的资料传输。

蓝牙技术联盟于 2010 年 4 月 20 日表示，蓝牙 4.0 技术规范基本成型，其包括三个子规范，即传统蓝牙技术、高速蓝牙技术和新的蓝牙低功耗技术。高速蓝牙技术主攻数据交换与传输；传统蓝牙技术以信息沟通、设备连接为重点；新的蓝牙低功耗技术以不需占用太多带宽的设备连接为主。其大大拓展了蓝牙技术的市场潜力，为以纽扣电池供电的小型无线产品及感测器，并进一步为医疗保健、保安及家庭娱乐等市场提供了新的机会。蓝牙 4.0 最主要的特征就是省电，并且其传输速率要高于 3.0 版本。蓝牙 4.1 在传输速率和传输范围上变化很小，但在软件方面有着明显的改进。此次更新目的是让 Bluetooth Smart 技术最终成为物联网（Internet of Things）发展的核心动力。4.1 版本加入了专用的 IPv6 通道，蓝牙设备只需要连接到可以联网的设备（如手机），就可以通过 IPv6 与云端的数据进行同步，满足物联网的应用需求。4.2 版本的传输速率更快，比上一代提高了 2.5 倍，其可容纳的数据量相当于上一代的 10 倍左右。蓝牙 4.2 设备可以直接通过 IPv6 和 6LoWPAN 接入互联网。这一技术允许多个蓝牙设备通过一个终端接入互联网或者局域网，这样，大部分智能家居产品可以抛弃相对复杂的 Wi-Fi 连接，而改用蓝牙传输，让个人传感器和家庭之间的互联更加便捷、快速。

5.0 版本在低功耗模式下具备更强的传输能力，传输速率是 4.2 版本的 2 倍（速率上限为 2Mbps），有效传输距离是 4.2 版本的 4 倍（理论上可达 300 米），数据包容量是 4.2 版本的 8 倍。2019 年 12 月 31 日，Bluetooth SIG 董事会正式批准蓝牙核心规范 5.2 版本。5.2 版本针对低功耗蓝牙增加了 3 个新功能，包括 LE 同步信道（LE isochronous channels）、增强版 ATT（enhanced ATT）及 LE 功率控制（LE power control）。2021 年 7 月 13 日，蓝牙技术联盟推出了蓝牙规范 5.3 版本。5.3 版本完善了前一版本的周期性广播、连接更新、频道分级功能，进一步提升了传输效率、安全性和稳定性。2023 年 1 月 31 日，蓝牙技术联盟批准了蓝牙核心规范 5.4 版本。5.4 版本新增了广播数据加

密、广播编码选择、带响应的周期性广播、LE GATT安全等级特征四个特性，在核心
规范层面为下一代蓝牙音频的正式推出打下了基础。

2.近距离移动支付技术方案

（1）NFC手机方案。

① 实现方案。NFC功能芯片和天线与手机的其他部分及SIM卡相互独立，但
NFC与手机共用一块电池。电池有电时，NFC模块可以在主动、被动和双向三种模式
下工作。在被动模式下，启动NFC通信的设备，在整个通信过程中提供射频场
（RF-field）。它可以选择106Kbps、212Kbps或424Kbps其中一种传输速率，将数据发
送到另一台设备上。另一台设备即NFC目标设备（从设备），不必产生射频场，而使
用负载调制（load modulation）技术，可以相同的速率将数据传回发起设备。此通信
机制与基于ISO 14443A、Mifare和FeliCa的非接触式智能卡兼容，因此，NFC发起设
备在被动模式下，可以利用相同的连接和初始化过程检测非接触式智能卡或NFC目
标设备，并与之建立联系。图5-23为NFC主动通信模式。

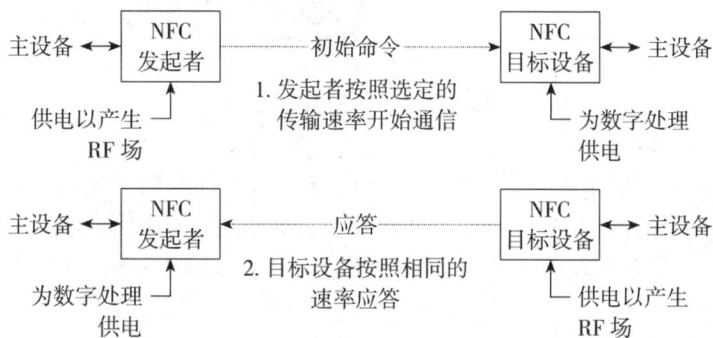

图5-23　NFC主动通信模式

手机开关机对NFC模块并无影响，即在手机关机时也可以使用NFC功能。其实
现方式有两种：一是定制手机，将天线集成在手机电池或主板上，使NFC应用与手
机融为一体。在这种方式下，工作稳定可靠，但需要更换手机。二是将天线与NFC
芯片直接相连，然后紧贴在电池与手机后盖之间，用户不需要更换手机（如图5-24
所示）。

② 技术特点。NFC是一种提供轻松、安全以及快速通信的无线连接技术。由于
NFC采取了独特的信号衰减技术，具有距离短、带宽高、能耗低的特点，并与现有非
接触式智能卡技术兼容，因此得到了越来越多厂商的支持。NFC技术支持多种应用，
包括移动支付与交易、对等式通信及移动中信息访问等。通过NFC手机，人们可以
在任何地点、任何时间，通过任何设备与他们希望的服务交易相连接，从而完成付
款，并获取信息。

NFC全终端安全芯片由于无法和手机终端相分离，业务初始化、更新管理并不方
便，而且用户更换手机时，所有业务都必须转移到新手机上，因此业务流程比较长且
较为麻烦。

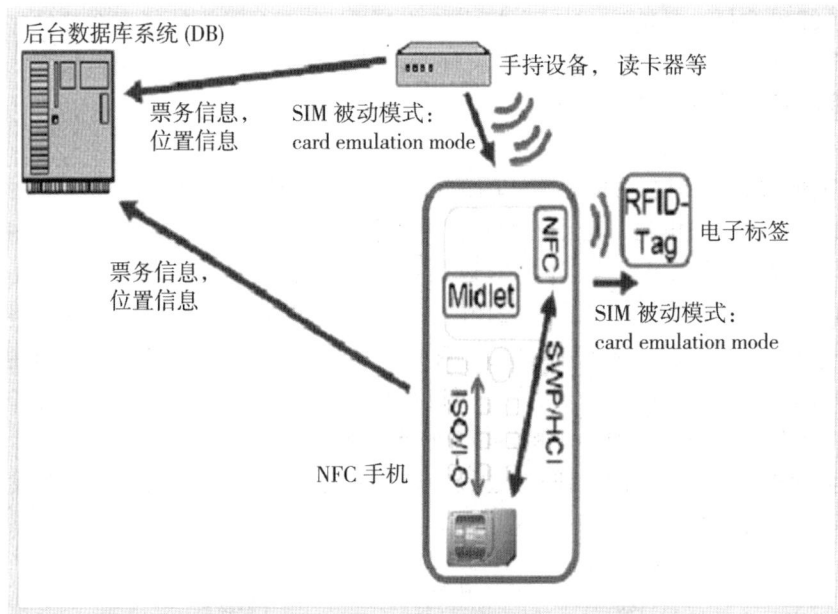

图5-24 NFC功能实现方式

（2）双界面SIM卡方案。

① 实现方案。双界面SIM卡是由北京握奇数据系统有限公司按照移动支付市场的需求开发的移动解决方案。它采用外挂天线，在原有SIM/UIM上直接集成非接触式智能卡，并将天线布置在手机背板上或者单独叠放在电池上，SIM/UIM卡与外接界面通过触点接触。它采用具有双界面通信功能的CPU芯片卡，同时具有接触式（ISO 7816标准）及非接触式（Mifare或T=CL标准，即ISO 14443标准）通信接口，支持Type A和Type B两种通信协议。将双界面SIM卡插到手机的SIM卡槽中，接触界面实现SIM应用，完成手机卡的正常功能。其功能框，如图5-25所示。

接触式 接口	GSM 应用（SIM）	支付、门禁等 应用	非接触 式接口
	多功能卡片操作系统（COS）		
	多功能智能卡芯片		

图5-25 双界面SIM卡功能框

双界面SIM卡具备很高的安全系数，只有具备相同授权的读卡器才能读取到卡上的信息，卡内存有持有人的基本信息，读卡器据此作出逻辑判断，决定该卡是否合法，并且根据权限判断该卡是否可操作。

② 优缺点。双界面SIM卡具有很明显的技术优势，它的成本较低，只需对手机进行较少的修改；安全性比较高；用户可以直接查询交易明细、余额，并且稳定性较好。其不足之处是占用C4、C8触点，和国际标准中的大容量SIM卡应用冲突，需要对手机进行终端设置；天线接口与大容量SIM高速接口标准（ETSI TS 102 600）冲突；较NFC方案缺少reader和P2P功能；支持单一厂家。

③ 应用。双界面 SIM 卡以非接触方式交易，适用于人流量大的影院、公共汽车、校园一卡通等应用场景。其使用灵活，可以通过 SIM 卡提供的 OTA（空中下载）功能进行卡端应用的更新，如查询钱包余额、交易记录等。

（3）eNFC 方案。

eNFC（enhanced NFC）即增强型 NFC，其是基于 SWP 协议对 NFC 技术的一个改进方案，与现有的 NFC 技术标准完全兼容。它以 SIM 卡为核心实现了业务逻辑层与射频层分离，其中逻辑层由 SIM 卡管理，射频层由内置于手机的 NFC 芯片进行管理。采用此种方案可以很容易地将已经在 Java 卡上实现的行业应用部署在 SIM 卡上。eNFC 技术构架以 SIM 卡为中心，非接触应用运行在 SIM 卡上，NFC 完全由 SIM 卡控制，并且 eNFC 只需要 SIM 卡提供一个引脚，不会浪费有限的硬件资源。NFC 手机使用 NFC 芯片以及天线等模块完成与非接触受理终端之间的通信，并将信号通过 SIM 卡的引脚转入 SIM 卡中进行应用层的处理。在 SIM 卡中完成金融交易的处理后，将处理结果传输至手机的 NFC 通信模块，并反馈给受理设备（如图 5-26 所示）。

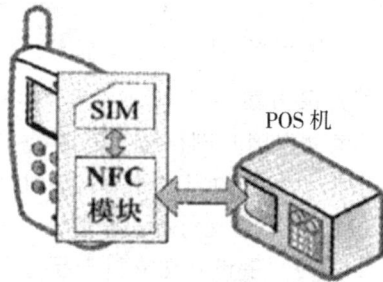

图5-26　eNFC方案实现方式

SIM 卡容量比较大，并且是移动用户必不可少的身份识别模块，可将重要信息（信用卡账号、员工卡号等）存储在 SIM 卡中。此外，SIM 卡与终端分离，用户更换手机不会影响移动支付业务的继续使用，灵活性较高。但是，eNFC 技术的推广还存在许多问题，如需要对手机进行定制、规范化等。另外，NFC 模块和 SIM 卡之间需要高速传输，保证实时性和操作的快捷性，但这种通信协议目前尚未标准化。最重要的一点是，目前只有少数厂家掌握核心专利技术，产业链尚不成熟。因此，该技术的商用还存在较大障碍。

（4）2.4G RF-SIM/UIM 卡解决方案。

① 实现方案。2.4G RF-SIM/UIM 卡是集成了 2.4GHz 频率的射频芯片的 SIM/UIM 卡。使用 2.4G RF-SIM/UIM 卡，基于距离控制算法等技术，不需要天线，也不需要更换手机，即可实现现场刷卡功能。2.4G RF-SIM/UIM 卡硬件架构，如图 5-27 所示。

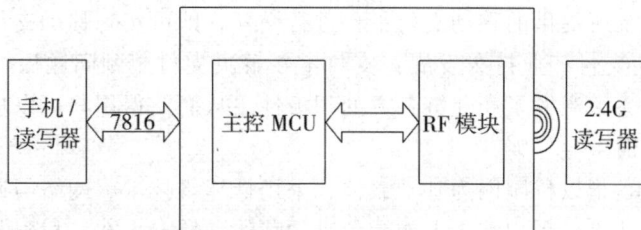

图5-27　2.4G RF-SIM/UIM卡硬件架构

其中，主控芯片完成基础通信和存储射频应用的功能，支持两种通信接口：与手机终端连接，遵循 ISO/IEC 7816 系列标准要求，实现通信业务处理以及射频功能管理；与 2.4G RF 芯片通过内部接口连接，通过 2.4G RF 通道满足射频应用及其他应用的数据交互需求。2.4G RF 芯片集成在 RF-UIM 卡套上，提供 2.4G 射频通信通道，负责将数字信号转换成 2.4G RF 信号，并通过 2.4G 天线发送给 2.4G 读写设备；同时，2.4G RF 芯片接收 2.4G 读写设备发出的 RF 信号，并将其转换为数字信号，与主控芯片进行通信。

② 技术特点。2.4G 技术方案作为新兴的移动支付解决方案，具有以下特点：采用高频技术，穿透性比较好，可以适配市面 95% 以上的手机终端；用户不需要换手机，只需要换卡，发展用户的门槛低，现阶段已经形成规模。

2.4G 技术主要基础专利掌握在国内厂商手中，原创厂家主要有厦门盛华电子科技有限公司和深圳国民技术股份有限公司，其是国内对移动支付领域一次重要的基础应用创新，采取规模生产，可以减少国外厂商对国内应用市场的专利控制。

5.2.5 近距离移动支付技术案例

1.支付宝：手机安全支付产品方案

2010 年 10 月 19 日，支付宝（中国）网络技术有限公司主办的"支付与移动互联网峰会"在北京举行。支付宝携手到会的国内外知名手机芯片商、手机制造商和手机应用商等 60 多家厂商共同成立了"安全支付产业联盟"。

会上，支付宝同时发布了名为"手机安全支付产品方案"的开放式支付方案。此方案实施后，手机用户将可以安装带有支付宝接口的应用软件，通过支付宝账号完成软件中所包含的支付请求。手机用户不需要使用电脑或其他设备，而只需安装带有支付宝接口的应用软件，之后就可以通过支付宝账号完成该应用软件的所有付费操作。该方案具有第三方手机开放平台开发利用支付宝的优势，无须换卡，降低了用户的使用门槛，有利于整体市场的发展。

支付宝作为网上支付领域的领军者，将业务延伸至手机支付，从侧面证明了移动支付未来广阔的发展前景。支付宝的"手机安全支付产品方案"具备多种优势：

① 拥有庞大的资源：支付宝是市场占有率最高的电子支付平台，庞大的用户群以及品牌的认可度，都是支付宝得以顺利推广的原因。

② 效率高：第三方移动支付平台起到信息中心的作用，将运营商、金融机构等利益群体之间的复杂关系简单化，大大提高了商务运作的效率。运营商、金融机构只需要分别同支付宝所提供的移动支付平台进行交互，即可实现移动支付。

③ 推动移动支付产业持久发展：支付宝在解决支付瓶颈问题后，其建立的产业联盟从中受益，大大激发了产业链各方的积极性，从而使得用户可以从中受益。

2.校园一卡通

高校信息化是指以校园网为基本载体，采用计算机技术、网络与通信技术、数据库技术和卡识别技术，利用特定卡作为信息的载体，持卡人在其权限范围内，能够实现校园的商务消费、身份识别和认证、社会应用、财务结算和自助服务等活动的综合系统。随着校园管理现代化意识的不断增强，基于卡片应用的计算机管理系统日益普及，校园一卡通将传统意义上的学生证、图书证、就餐消费证、上机证等融为一体，动态掌握每个持卡人的情况，极大提高了学校的管理水平，也方便了广大师生的生活。

校园一卡通系统的建设，意义重大：

① 形成学校统一管理的信息平台，促进教育信息的标准化，构建优良的数字空间和信息共享环境，学校进一步实现教学资源数字化、数据传输网络化。

② 实现统一的电子支付和费用收缴管理，彻底解决学校各类费用收缴难、管理乱的问题。

③ 借助校园一卡通系统提供的基础数据，整合和带动学校各类管理信息系统的建设，为各管理部门提供综合信息服务，全面提高学校管理效率。

④ 促进学校网络应用基础平台的建设，逐步完成校内应用系统的升级，实现统一身份认证，以一卡代多卡。

校园一卡通具有消费结算和身份识别两方面的作用，是校园内主要的消费支付手段和身份识别介质，并可通过短信、WAP等方式实现排课、会议、图书借阅等信息的互动查询，为师生提供极大的方便。

① 校园管理功能。校园卡具有在食堂、超市、书店、图书馆、复印中心、体育中心、水房、浴室等各类收费应用场所的脱机消费功能。校园卡内记录了持卡人个人身份资料、图书借阅资料、门禁控制信息、计算机房管理信息等内容，可以实现如考勤、个人身份认证、图书借阅、语音教室使用、计算机上机操作等各项校内管理功能。

小知识　我国移动支付技术解决方案

② 金融服务功能。学生持由银行特制的借记卡可以实现银行卡的各种服务。学生及其家长可以充分利用银行业提供的全国通存通兑的服务，将生活费、学杂费等直接在异地存入校园卡中，免除了学生携带现金、家长每月汇款和学生每月取款的不便。除此以外，学校师生还可通过校园卡的基本存款账户办理水电费、学费、管理费、奖学金、助学金等代收代付业务。

③ 自助查询。为了使学生可以随时了解校园卡的使用情况，在学校门口、宿舍区、图书馆等人流量大的场所放置多媒体自助查询终端，学生可以完成有关校园卡账户余额、交易明细、奖贷学金、借书等综合信息的自助查询，真正实现"一卡在手，走遍校园"，大大提高了校园生活质量。

5.3　国内外移动支付发展现状与发展趋势

20世纪90年代初期，移动支付业务首先出现在科技产业发达的美国，随后在日本、韩国等国家相继出现并得到迅速发展。我国业界对移动支付的尝试始于1999年，由中国移动与中国工商银行、招商银行等金融机构合作，在北京、广东等地开始移动支付业务试点。

5.3.1 国外移动支付发展现状

1.全球移动支付的发展拉动社会经济

根据全球移动通信系统协会（GSMA）发布的《2024年移动支付行业状况报告》，2023年，全球注册移动支付账户达到17.5亿个，比2022年增长12%；移动支付交易额同比增长23%。2013年至2022年的10年间，拥有移动支付服务的国家的国内生产总值（GDP）比没有移动支付服务的国家高出6 000亿美元，相当于移动支付使GDP增加约1.5%。

环顾全球，移动支付的发展从实现基本的交易功能向更多样化的服务转变，应用场景与功能也在不断丰富拓展，其中国际汇款是移动支付增长最快的应用场景之一。2023年，商户移动支付的交易额达到740亿美元，同比增长14%。尽管移动支付的账户和交易增长率有所放缓，但在2022年9月至2023年6月期间，每名移动支付用户的平均收入增长40%，这体现了全球移动支付服务的巨大商业潜力。近年来，我国移动支付在数量和广度上呈现爆发性增长，不仅交易规模领跑全球，在行业发展方面也呈现百花齐放的态势。除了在我国市场拥有高行业集中度的支付宝、微信支付两大移动支付巨头外，云闪付、京东数科等在支付市场上亦有优异表现。中国互联网络信息中心公布的数据显示，截至2023年12月，我国网络支付用户规模达9.54亿人，较2022年12月增长4 243万人，占网民整体的87.3%。

2.美国迎来电子钱包时代，但发展态势落后于发展中国家

2015年秋季，美国苹果公司发布手机支付功能Apple Pay。2017年，PayPal与Android签署合作协议，正式启动Android Pay移动支付服务。2018年，基于79%的互联网渗透率和电商市场、网络服务市场的优异表现，美国的移动支付行业展现出良好的发展势头。2023年，美国移动支付市场规模达到6 126亿美元。

基于规模经济效益的重要性，美国支付服务巨头近年来的并购活动较为活跃。2019年，美国金融科技服务商富达国民信息服务公司（Fidelity National Information Services，FIS）、费哲金融服务公司（FISV）和支付技术服务提供商环汇公司（Global Payments）分别对全球支付巨头WorldPay、美国支付服务商第一资讯公司（First Data）和美国完全系统服务公司（Total System Services）完成了350亿美元、220亿美元和215亿美元的收购。截至2023年底，美国移动支付用户常用的应用程序包括Apple Pay、Google Pay、PayPal、Cash App、Venmo、Samsung Pay等。总体来说，美国用户在支付方式的选择上，对信用卡、借记卡、现金和支票的倾向程度还是较高，相较于中国等发展中国家对支付宝和微信支付的使用情况，美国移动支付的使用率明显偏低。

3.非洲移动支付发展呈现异军突起的态势

非洲的银行业较为落后，拥有银行账户的人群比例远远低于其70%的手机渗透率。银行渗透率较低、手机渗透率较高的环境，使得移动支付在非洲不仅拥有先发优势，而且发展迅猛，有异军突起之势。国际数据公司（IDC）的数据显示，2023年第四季度，非洲智能手机市场的出货量同比增长12.5%，达到1 980万部。来自我国深圳的传音控股采取"全球化视野，本地化执行"的策略，在近60个非洲国家立足二、三线城市，通过本土化产品解决消费者痛点，满足非洲消费者的需求。根据Counterpoint Research的最新报告，2023年，传音控股旗下品牌Tecno、Infinix和iTel在非洲智能手机市场的占有率为48%，超越三星和苹果，占据了非洲智能手机销量的首位。其中，Tecno以26%的市场份额领跑，Infinix和iTel的市场份额则分别为12%和10%。非洲智能手机的发展进一步推动了移动支付在非洲国家的应用。在许多非洲国家，移动支付被人们广泛接受，在常用的支付方式中排名第二，仅次于现金。全球移动通信系统协会（GSMA）公布的数据显示，2023年，非洲移动支付注册账户数量达到8.56亿个，同比增长19%，移动支付交易量620亿笔，交易额9190亿美元，同比分别增长28%和12%。撒哈拉以南非洲地区的移动支付账户数量增长明显，注册账户的份额实现两年连续增长，2023年达到47%，是2019年以来的最高水平。2023年，撒哈拉以南非洲地区占全球注册账户增长总量的70%以上。

4.欧洲国家的支付服务商较为活跃，但移动支付普及率仍较低

欧洲主要国家的移动支付基础设施覆盖率很高。以德国为例，高达90%的零售类商户，包括超市、百货公司、餐厅、面包店、肉店等都能接受G Pay、Fidor Bank、Volksbank、Apple Pay等主流移动支付平台。2020年5月，来自法国、丹麦、意大利和瑞士的欧洲四大支付机构Ingenico、Nets、Nexi和Worldline组建了欧洲数字支付产业联盟（EDPIA），旨在进一步完善数字支付市场、提高数字支付领域的技术水平、增强欧洲数字支付产业的全球影响力。2019年，欧洲七个独立的移动支付系统Bancontact Payconiq Company（比利时）、Bluecode（德国、奥地利）、MobilePay（芬兰、丹麦）、SIBS/MB WAY（葡萄牙）、Swish（瑞典）、TWINT（瑞士）和VIPPS（挪威）联合成立了欧洲移动支付系统协会（EMPSA），以促进合作和国际支付。截至2024年4月，11个移动支付系统已经加入欧洲移动支付系统协会，联合了超过9000万移动支付用户、超过100万商户受理点和数百家欧洲银行，每年处理数十亿笔交易。然而，欧洲用户对移动支付的接受程度在全球范围内依然很低，2023年的数据显示，银行卡仍然占据欧洲支付方式的主导地位。

欧洲移动支付的发展缓慢主要缘于以下几点：第一，欧洲金融业尤其是银行信用卡领域发展成熟，基础设施和市场完善，发展移动支付的替换成本高，不符合银行对短期利益的需求，因此，欧洲银行的态度并不积极；第二，信用卡使用便利，各银行都推出了相应的优惠政策，欧洲民众习惯于在各类信用卡的优惠之间进行选择，加上对移动支付的安全性还存有疑虑、对用户隐私比较重视等原因，他们对移动支付的兴趣不大；第三，欧洲银行的金融利益链较为复杂，视移动支付为竞争而非合作。

5.3.2 我国移动支付发展现状

1.产业规模领跑全球并呈健康有序发展态势

智能手机在全国范围内的普遍应用和移动网络的高覆盖率，为我国移动支付的快速和全面发展奠定了坚实的基础。国际数据公司（IDC）的数据显示，2023年第四季度，我国智能手机市场的出货量约为7363万台，同比增长1.2%。根据Counterpoint

Research发布的报告，2023年，我国智能手机市场占有率前六的品牌为Apple、vivo、OPPO、Honor、Xiaomi、HUAWEI，市场份额分别为17.9%、16.9%、16.2%、15.7%、14.4%、12.1%。从2003年支付宝创建起，我国移动支付历经了快捷支付（2011年）、余额宝支付（2013年）等阶段，并在2013年以后实现快速覆盖。目前，我国移动支付市场呈现出既快又稳的发展态势，微信支付和支付宝作为移动支付市场的领航者一路领跑，其他的支付服务商，如云闪付、京东数科、华为支付、小米支付等也凭借其独特的优势不断发展。中国人民银行发布的《2023年支付体系运行总体情况》显示，2023年，我国移动支付业务共计1 851.47亿笔，金额555.33万亿元，同比分别增长16.81%和11.15%。我国移动支付的规模，无论是用户数、技术水平，还是交易金额及其增长率，均稳居世界第一位。总体来说，我国的移动支付体系呈现良性、平稳发展态势，消费者交易规模持续扩大。

2.生物识别技术、区块链和B端企业用户是我国移动支付新时代的特征

第一，生物识别技术快速发展。移动支付的发展周期和特点与技术的发展密不可分。在生物识别技术方面，我国的技术应用和大规模商业化水平领先全球。2014年6月，支付宝通过华为Mate 7迈出了指纹支付的第一步，比美国苹果公司iPhone 5s的Touch ID技术提早了4个月左右。2017年9月，支付宝正式推出了刷脸支付技术，并在1年后实现了大规模商业化。在民营企业拥有优异表现之后，"国家队"也重拳出击，中国银联与商业银行合作研发并成功发布了"刷脸付"。目前，人脸识别应用已在智能手机中得到普及。2021年8月，微信支付开始内测"刷掌支付"。2023年5月21日，微信刷掌支付正式发布，用户可以在刷脸设备上进行刷掌操作。2023年9月1日，支付宝公布其申请的"基于生物识别的支付方法及装置"专利，涉及掌纹特征图像和目标人脸特征图像等。

第二，区块链技术在支付行业逐渐实现规模应用。区块链支付的优势是可以跳出传统结算、清算体系，解决买卖双方相互不信任的问题。EDT区块链跨界支付平台、Ripple和VEEM等区块链支付项目，都是具有较大发展潜力的领域。

第三，移动支付消费者开始由C端用户向B端用户升级。交通运输、制造等行业已经开始应用移动支付平台提供的综合性支付服务。微信乘车码、支付宝乘车码逐渐在全国普及，说明了向企业提供服务是移动支付下一步的发展方向。

3.移动支付市场的开放进入战略机遇期

我国自2010年建立支付业务许可制度以来，金融开放不断深化，移动支付市场的开放亦进入战略机遇期。2018年初，中国人民银行宣布向外国第三方电子支付公司开放国内市场。2019年12月，美国支付服务商PayPal完成对国付宝（GoPay）70%股权的收购，成为首家正式进入我国移动支付服务市场的外资机构。德国支付公司Wirecard AG亦在等待中国人民银行的批复，有望以投资我国持牌支付机构商银信支付的方式进入我国市场。

在跨境支付方面，近年来，我国取得了显著发展，这与我国经济增长和对外开放政策密切相关。2017年至2022年，我国跨境支付行业市场规模从0.47万亿元增长至1.98万亿元。2023年8月17日，支付宝在2023年合作伙伴大会上宣布推出全新国际版，支付宝国际版支持绑定如 Visa、Mastercard、Diners Club、Discover、JCB 等主流国际卡组的银行卡，并提供翻译和汇率换算等工具，支持英文等多语种客服，提升境外来华人员的移动支付体验。2024 年 3 月，境外旅客通过支付宝在国内的累计交易金额同比增长近 10 倍，交易笔数同比增长近 8 倍，活跃用户数同比增长近 6 倍。截至 2024 年 3 月，入境后使用支付宝绑定国际银行卡的外国游客来自全球近 200 个国家和地区。随着数字经济的发展和共建"一带一路"倡议的深入实施，移动支付迎来发展新机遇。

5.3.3 我国移动支付面临的主要问题及安全防范措施

1.我国移动支付面临的主要问题

现阶段，我国移动支付仍然面临一些问题：

（1）跨境支付标准尚待完善。随着全球经济一体化程度的加深，跨境支付成为越来越普遍的需求。然而，目前跨境支付标准相对不完善，缺乏统一的国际标准和协议，给跨境支付带来了一定的挑战。为了保护用户权益和促进行业健康发展，需要加强跨境支付标准的制定和推广，促进国际支付的便捷和安全，规范支付行为和交易流程。

（2）法律制度与行业规范存在一定的滞后性。随着移动支付技术的不断创新和应用，移动支付的业态不断延伸，法律制度与行业规范的出台未能及时跟进最新业态，存在一定的滞后性。法律法规的制定应与移动支付行业的发展保持协调同步，以确保法律的适用性和有效性。这需要加强政府与行业的沟通和协调，及时了解和应对新技术带来的法律挑战和问题，为技术创新提供合理的法律框架和支持。

（3）行业卡和电子钱包存在监管风险。由于发行电子钱包本身类似于吸储，形成的沉淀资金在管理上存在一定风险，大多数国家对电子钱包发行机构的资质有所要求，一般规定只有银行、信用机构以及接受监管的其他金融机构才有资格发行电子钱包。目前，国内不符合上述规定的具有预付款性质的行业卡和电子钱包大量存在，而且一些行业卡的预付资金数量巨大，且不计利息、不兑现，如果这些沉淀资金的管理、运用出现问题，将会出现支付危机，扰乱金融秩序。

（4）信息安全问题。移动支付涉及支付用户资金的安全和相关信息的保密等问题，开展移动支付需要面对来自移动通信系统和互联网的安全风险，用户对移动支付的安全性仍然存在疑虑。具体问题及防范措施参见下面的内容。

2.移动支付的安全问题

移动支付的安全问题主要存在三个方面，即无线链路、服务网络和终端。具体而言，主要包括以下问题：

（1）窃听。窃听是最简单的获取非加密网络信息的方式，这种方式可以同样应用于无线网络。由于无线网络本身的开放性特点，以及短消息等数据一般都是明文传输的，这使得通过无线空中接口进行窃听成为可能。攻击者通过窃听有可能了解支付流程，获取用户的隐私信息，甚至破解支付协议中的秘密信息。

（2）重传交易信息。攻击者截获传输中的交易信息，并将交易信息多次传送给服务网络。多次重复传送的信息有可能给支付方或接收方带来损失。

（3）终端窃取与假冒。攻击者有可能通过窃取移动终端或SIM卡来假冒合法用户，从而非法参与支付活动，给系统和交易双方造成损失。通过本地和远程写卡方式，攻击者还有可能修改、插入或删除存储在终端上的应用软件和数据，从而破坏终端的物理或逻辑控制。

（4）中间人攻击。如果攻击者设法使用户和服务提供商之间的通信变成由攻击者转发，那么，该中间人可以完全控制移动支付的过程，并从中牟利。

（5）交易抵赖。当移动支付成为普遍行为时，就有可能存在支付欺诈问题。用户可能对发出的支付行为进行否认，也可能对花费的费用及业务资料来源进行否认。随着开放程度的加深，来自服务提供商的抵赖可能性也会有所增加。

（6）拒绝服务。攻击者破坏服务网络，使得系统丧失服务功能，影响移动支付的正常运行，阻止用户发起或接受相关的支付行为。

3.移动支付的安全防范措施

为解决移动支付面临的安全问题，满足移动支付的安全需求，从管理上讲，一般采用限额控制（设定一定的支付限额）和签约机制（客户在享受手机银行服务时需要与银行签订服务协议）；从技术上讲，一般采用访问控制技术使支付中的交易信息不被非法用户获取和篡改，采用身份认证技术实现对交易各方的身份认证，采用数字签名技术实现信息的保密等。与一般的网络传输相比，移动支付安全在身份认证技术和数字签名技术上具有新的特点。

（1）移动支付身份认证技术。在移动电子商务中，每一次交易活动都会涉及不少于两个交易实体之间的对话，所以，移动支付安全性的一个关键方面，就是能否对交易实体的身份进行认证。

第一，移动支付身份认证体制的要求。一个安全的身份认证体制至少需要满足下列要求：

① 互相认证性：服务提供者和用户的相互认证。

② 可确认性：已定的接收者能够校验和证实信息的合法性、真实性和完整性。

③ 不可否认性：消息的发送者对所发的消息不能抵赖，有时也要求消息的接收者不能否认所收到的消息。

④ 不可伪造性：除了合法的消息发送者之外，其他人不能伪造合法的消息。

为了满足上述安全需求，身份认证体制往往需要引入可信的第三方，这样，身份认证主要由用户实体、提供信息服务的网络和可信的第三方三个方面组成。

对于传统应用领域，如有线电子商务，身份认证体制往往采用认证中心作为可信的第三方，由认证中心发放和管理数字证书。数字证书是一种数字信息附加物，由证书权威机构颁发，该证书证明发送者的身份并提供加密密钥。PKI（public key infrastructure）提供了与加密和数字证书相关的一系列技术，成为有线电子商务等领域身份认证或访问控制安全模块的首选。

移动支付应用领域的身份认证技术因为移动环境和移动终端的特殊性而提出了更高的要求。在无线通信环境下，PKI无法实现无线终端和有线设备之间的互通，同时，移动终端计算能力非常有限以及数据流速率低的特点，也使得传统的 PKI 体制无法成为移动安全支付的合理解决方案。WPKI（wireless public key infrastructure），即无线 PKI，是 PKI 结合移动环境特点的产物，它的出现和发展为解决移动安全支付的身份认证问题提供了合适的选择。

第二，无线公钥基础设施（WPKI）技术。WPKI 并不是一个全新的 PKI 标准，它是传统的 PKI 技术应用于无线环境的优化扩展。其采用证书管理公钥，通过第三方可信机构——认证中心——验证用户的身份，从而实现信息的安全传输。

在移动支付过程中，存在无线网络和有线网络之间的链接问题。无线应用协议（WAP）解决了这个链接问题，但在其实现过程中需要 WPKI 的支持。

WPKI 的工作流程主要包括两个部分：一是完成 WPKI 证书的发放；二是实现 WAP 的安全链接（如图 5-28 所示）。

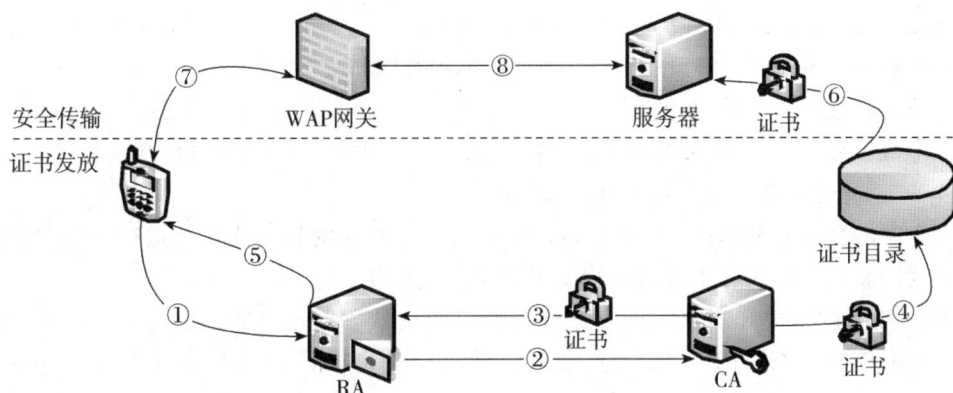

图 5-28　WPKI 工作流程图

资料来源　李峰. 移动支付安全研究［D］. 济南：山东大学，2008.

① 用户向注册中心（RA）提交证书申请；

② RA 对用户的申请进行审查，审查合格将申请发送给认证中心（CA）；

③ CA 为用户生成一对密钥并制作证书，将证书交给 RA；

④ CA 同时将证书发布到证书目录中，供有线网络用户查询；

⑤ RA 保存用户的证书，针对每一份证书产生一个证书 URL，将该 URL 发送给移动终端；

⑥ 有线网络服务器下载证书列表备用；

⑦ 移动终端和 WAP 网关利用 CA 颁发的证书建立安全链接；

⑧ WAP 网关与有线网络服务器建立链接，实现移动终端和有线网络服务器的信息安全传送。

除了上述工作流程之外，WPKI 体系还规定了其他内容，包括证书的格式、证书的撤销和更新机制等，这些内容与对应的有线环境下所采用的 PKI 体系的内容是一致的。

WPKI 不仅可以用于移动支付，还可以用于电子邮件等其他移动电子商务领域。美国、日本和欧洲各国的 WPKI 体系均已具备完整的协议体系，并且已经在无线数据业务中得到实际应用，国内厂商对WPKI技术的研究和开发也取得了一定程度的进展。但是，WPKI还存在不少问题，需要进一步研究，主要包括证书的互操作性、交叉认证技术、桥接技术和弹性CA技术等问题，还没有得到很好的解决。

总之，WPKI是移动支付的关键安全技术，在无线领域具有很广阔的应用前景，但是，WPKI目前的认证方案还不是系统级的安全认证，需要深入研究。

（2）移动支付数字签名技术。在移动支付应用领域，数字签名技术除了需要满足数字签名的基本条件之外，还需要结合移动终端计算能力和存储能力弱的特点，选取更加合适的公钥密码算法。椭圆曲线密码体制算法正好能够满足这些要求。

椭圆曲线数字签名协议的实现过程包括两个主要步骤：密钥的产生、签名的生成与确认。假设商家和移动支付平台两个主体要实现数字签名，商家在密钥产生之前，必须选定一个七元组T=（q，FR，a，b，G，n，h）作为椭圆曲线域的参数，并确保其有效。其中，q为有限域Fq；FR为域表示法；a、b为方程中的系数；G为基点；n为大素数并且等于点G的阶；h为小整数，称为余因子。

随后，进行以下步骤的操作：

① 密钥的产生。商家随机选择区间［1，n-1］内的一个随机数或伪随机数d，计算Q=dG。此时，商家的公钥是Q，私钥是d。

商家的公钥Q和私钥d生成之后，还必须经过特定的算法或协议进行公钥和私钥的有效性证明，才能够正确地进行签名的生成与确认。

② 签名的生成和确认。商家拥有了特定的域参数七元组T=（q，FR，a，b，G，n，h）和有效的密钥对（d，Q）之后，就可以利用自己的私钥d对消息进行数字签名。

移动支付平台必须首先得到域参数T=（q，FR，a，b，G，n，h）和商家的公钥Q，并对其有效性进行确认，然后利用商家的公钥Q对接收到的消息签名进行确认。

椭圆曲线数字签名协议无论是在安全性还是在实现效率方面，都具有其他签名算法不可比拟的优势，具有广泛的应用空间。在安全性方面，椭圆曲线数字签名协议基于椭圆曲线离散对数问题和单向散列函数的安全性，比其他公钥密码算法要高得多。在实现效率方面，椭圆曲线数字签名协议使用的是一些简单的位运算，其运算速度比较快、运行效率比较高。

5.3.4 我国移动支付发展趋势

1.移动支付相关政策频繁出炉，行业发展更趋规范化

支付属于货币流通环节，对国家金融稳定和安全产生重要影响，但目前移动支付行业以市场为主导，第三方支付企业占据行业主导。政府相继出台条码互联、试点数字货币DECP等措施，目的是以官方资质加强市场监管和市场规范化，因此，数字货币的出台可能给移动支付市场带来冲击。目前，第三方移动支付平台在市场普及和应用方面仍有较大优势，双方互为补充，推动我国移动支付市场规模稳定扩大。

2.支付宝和微信支付占据市场主导，创新型平台细分领域各显优势

现阶段，我国第三方移动支付市场以支付宝和微信支付占据主导，两大平台凭借

各自的流量优势和场景覆盖完善程度成为用户主要选择。艾媒咨询分析师认为，虽然市场头部企业拥有较大领先优势，但两大平台优势主要体现在全面性上，细分支付领域和场景仍然具有发展机会。以苏宁支付、云闪付为代表的创新移动支付平台未来将更多挖掘细分领域机会，如连接 B 端企业、专注生活服务等，在各自优势领域发挥作用。

3.移动支付场景覆盖日渐完善，市场下沉是必然趋势

在第三方支付平台的推动下，移动支付对日常生活场景的覆盖已经趋于完善，其轻便、高效的特点和高普及率为普惠金融注入活力。随着行业竞争的日益激烈、领先支付平台的优势难以撼动以及人口红利的消失，行业的增量相对有限。因此，未来市场下沉是移动支付行业的必然趋势。

4.物联网技术的发展，促进移动支付升级

随着物联网技术的普及，越来越多的智能设备能够连接到互联网，并具备支付交易的功能，移动支付迎来升级。物联网技术的发展，使得支付不再局限于智能手机等传统终端设备，智能家居设备、智能穿戴设备、智能汽车等物联网设备都有潜力成为支付终端，从而拓展了支付的应用场景。物联网的全面发展，将为移动支付带来新的发展机遇，移动支付与智能设备的融合或为用户提供更加智能、便捷和安全的支付体验。

5.支付平台探索更多盈利模式，未来行业商业化路径拓展

移动支付行业未来商业化路径将更趋多元化。首先，通过支付积累的海量用户，将成为继社交平台后另一个重要廉价的流量入口，为综合型互联网平台所用。其次，在移动支付应用场景更广泛的情况下，消费行为的大数据挖掘的价值更加珍贵。最后，平台能够以支付为触点，发展信贷等金融服务。

5.3.5　国外移动支付发展前景

1.代替纸币虚拟化

美国移动支付公司 Square 的出现引领了一场支付方式革命——抛却烦琐的现金交易和各种名目繁多的银行卡，用户只需要一部智能手机或平板电脑即可完成付款。正如 Square 的宣传语一样，整个交易过程"无现金、无卡片、无收据"。包括 Square 在内，Google Wallet、PayPal 以及其他 NFC 支付技术带领人们走向了一个无纸质货币时代。

2.银行服务移动化

Simple 又名 BankSimple，是一个专注于移动银行业务的全方位个人理财工具。通过其 iPhone 应用，用户就能够完成存取款、转账等各种操作。存取票据利用手机拍照保存即可，客户再也不用亲自跑到银行取号排队办理业务。通过与全美最大的无中介费 ATM 网络组织 Allpoint 合作，Simple 的所有操作都不需要任何手续费用。其 CEO Joshua Reich 称："目前的银行系统最大的利润来自各种各样让客户迷惑不解的手续费，而非银行服务本身。Simple 的宗旨就是让客户的银行业务简单明了，每一笔钱花在哪里都一清二楚。"

3.理财工具贴身化

Planwise是一款免费的个人理财软件，其能够让普通消费者为不同的财务目标创建不同的理财计划，并根据实际消费随时进行调整。其创始人 Vincent Turner有着10多年的金融互联网行业经验，他希望通过 Planwise 让消费者清楚掌控自己的财务状况。"个人理财应用是主流需求，却由于需要登录银行账号而不受人们欢迎，但大多数人又需要知道自己有多少钱，并且需要有个'顾问'告诉他哪些钱该花哪些钱不该花。仍在继续发展完善的个人理财工具就将成为这个'顾问'，并通过实时数据，比如历史交易、线上/线下支付等帮助人们作出更正确的财务决策。"

@ 本章小结

随着无线通信技术的发展和智能终端的不断升级，移动支付逐渐受到人们的关注和青睐，其应用领域也越来越广泛。

移动支付是通过移动设备转移货币价值以清偿债权债务关系的一种支付方式。移动支付包括广义和狭义两种概念。与移动支付密切相关的三个概念是手机银行、手机钱包和手机支付。根据不同的分类标准，移动支付具有不同的分类，其中，按照传输方式将移动支付分为远距离支付和近距离支付是比较常用的一种分类方式。

移动支付属于典型的技术驱动型业务，这类业务成功的基础是建立一个基本成型的产业链和合理的商业运营模式。移动支付的产业链主要由移动支付服务提供商（发卡机构）、移动支付应用服务商、移动支付平台运营商、收单机构等多个产业环节共同组成。移动支付商业运营的主要模式有四种：以金融机构为主导的运营模式、以移动运营商为主导的运营模式、以第三方支付服务商为主导的运营模式、金融机构与移动运营商合作的运营模式。

移动支付的业务模式分为远程支付的手机银行模式、后台账户（包括话费账户）模式、银行卡绑定模式、虚拟账户模式和现场支付的电子钱包模式。

远距离移动支付的接入方式主要包括基于SMS方式、基于IVR方式、基于USSD方式、基于WAP方式、基于K-JAVA方式；近距离移动支付的接入方式主要包括NFC、红外通信、蓝牙、射频识别等技术。不同的支付技术具有不同的支付流程。

电信运营商和金融机构纷纷在移动支付领域开疆拓土，展开激烈竞争，但竞争的同时，也逐渐认识到合作的必要性，并积极开展合作。移动支付业务已经进入融合远程支付与现场支付的第三代支付阶段，业务功能不断丰富，操作更加安全便捷。

我国移动支付目前面临诸如跨境支付标准尚待完善、法律制度与行业规范存在一定的滞后性、行业卡和电子钱包存在监管风险、信息安全问题等多方面的问题。移动支付中面临的安全威胁主要包括无线链路威胁、服务网络威胁和终端威胁。为此，管理上一般采用限额控制和签约机制。技术上一般采用访问控制技术，使支付中的交易信息不被非法用户获取和篡改；采用身份认证技术，实现对交易各方的身份认证；采用数字签名技术，实现信息的保密等。WPKI和椭圆曲线数字签名技术是适合移动支付特性的安全技术。

我国移动支付产业呈现出以下发展趋势：移动支付相关政策频繁出炉，行业发展更趋规范化；支付宝和微信支付占据市场主导，创新型平台细分领域各显优势；移动支付场景覆盖日渐完善，市场下沉是必然趋势；物联网技术的发展，促进移动支付升级；支付平台探索更多盈利模式，未来行业商业化路径拓展。

@ 关键术语

移动支付；手机支付；手机银行；电子钱包；手机钱包；远程支付；现场支付；NFC；RFID-SIM

@ 习题

一、选择题

1.移动支付中使用的移动设备包括（　　）。

A.手机　　　　　　　　　　　　B.固定电话

C.PC　　　　　　　　　　　　　D.PDA

2.下列选项中，不属于移动支付价值链构成部分的是（　　）。

A.发卡机构　　　　　　　　　　B.商家

C.移动支付平台提供商　　　　　D.收单机构

3.下列选项中，属于移动支付近距离支付技术的是（　　）。

A.基于短信（SMS）方式的支付　　B.基于WAP方式的支付

C.基于K-JAVA方式的支付　　　　D.蓝牙

4.下列选项中，不属于移动支付商业运营的主要模式的是（　　）。

A.以金融机构为主导的运营模式

B.以移动运营商为主导的运营模式

C.金融机构与移动运营商合作的运营模式

D.以移动设备提供商为主导的运营模式

5.下列选项中，属于近距离移动支付业务模式的是（　　）。

A.手机银行　　　　　　　　　　B.基于后台账户的支付

C.基于话费账户的支付　　　　　D.手机钱包

二、简答题

1.简述移动支付、手机银行、手机钱包的概念。

2.简述移动支付的分类。

3.简述移动支付的业务模式和接入技术。

4.列举与现实生活相关的五个远程支付实例。

5.移动支付面临哪些主要问题？

6.简要列举移动支付安全策略。

7.什么是WPKI技术？

8.结合自己手机银行支付的经历，谈谈你所使用的手机银行具有哪些功能，采取了哪些安全技术。

三、讨论题

1. 登录中国移动手机支付网站（http：//cmpay.10086.cn），了解其手机支付业务、手机钱包的使用流程及业务范围。

2. 利用商场提供的预付款性质的磁条式购物卡支付是否属于近距离移动支付？为什么？

3. 如何看待我国的移动支付发展前景？你会在日常生活中使用移动支付吗？如果会，请简单描述你的使用经历；如果不会，请说明你的理由。

@ 案例分析

银联跨境二维码支付网络互联互通 双向支持出境和来华人士移动支付

随着我国银联国际与柬埔寨央行签署合作备忘录，银联国际与境外特别是东南亚国家二维码支付网络互联互通再提速。至此，已有斯里兰卡、韩国、越南、马来西亚、柬埔寨5国本地二维码网络与银联国际的双向开放项目"落子"。

2022年底以来，银联国际通过"网络互联互通"合作模式，加快境外银联二维码业务布局。在此背后，既有东南亚国家探索银行卡转接系统跨境互联应用的行业趋势，也有银联国际基于卡组织"四方模式"和境内移动支付受理优势，不断突破商业模式的探索。这意味着，境内银联钱包产品能够在这些国家的二维码商户中实现全面受理，这些国家的钱包产品也可以在包括中国在内的全球银联二维码商户便捷使用。

从刷卡消费到手机支付的出境游客

截至2023年7月，境外180个国家和地区、超3 800万家线下商户和176万台ATM受理银联卡。基于日益完善的线下受理网络，银联国际加快移动支付业务布局，让国内消费者除了可以在境外ATM和商家POS终端选择使用银联卡外，还能使用熟悉的银联二维码支付产品进行付款，提升消费体验。

近期，不少出境游客在社交媒体上表示，"银联移动支付在境外越来越好用"。不断延伸的受理范围、持续丰富的应用场景和日益多元的使用方式，为银联移动支付产品赢得了消费者的口碑。最新数据显示，境外98个国家和地区、超1 600万个受理网点已经支持银联移动支付服务。

随着跨境人员流动逐步恢复，受理银联移动支付成为境外旅游目的地欢迎中国游客的重要手段。在柬埔寨，该国央行主导的二维码标准（KHQR）已经基本覆盖当地所有二维码商户。针对这一市场特点，银联国际与柬埔寨央行约定，共同推动KHQR二维码聚合银联支付信息，从而实现银联标准二维码钱包直接在当地KHQR受理商户使用，快速、大规模提升银联产品在当地二维码商户的受理范围。

移动支付受理网络范围不断延伸的同时，银联国际结合消费者支付习惯改变，持续推动移动支付场景建设生态化、体系化发展，在交通出行、餐饮零售等民生类场景形成服务特色。在游客关心的交通出行场景，中国港铁线路、日本福冈地铁全线已经支持银联卡持卡人刷手机过闸，马来西亚吉隆坡机场快铁、吉隆坡机场支线以及全球多个知名旅游目的地的公交、停车场等，均支持扫码或"挥"手机支付。

境外各市场支付习惯各异，商家提供的支付服务存在显著差别。而银联移动支付产品多元化的特点，能够更好地帮助商家和消费者解决这一痛点。截至 2023 年 7 月，银联已经推出云闪付 APP、银联手机闪付等移动支付产品，出境游客可以根据自身习惯和当地市场环境，灵活选择二维码或手机 Pay 支付。

银联国际还充分发挥"四方模式"下的平台优势，将境外拓展的二维码受理网络、多元化应用场景，通过"云闪付网络支付平台"向接入的商业银行 APP 开放，进一步丰富出境消费者支付选择。目前，境内已有多家商业银行 APP 接入并支持跨境二维码支付功能。

为境外人士来华支付提供"银联方案"

在服务国人"走出去"的同时，银联国际也不断提升对境外人士"走进来"的支付服务能力。在便利境外人士来华支付方面，早在 2004 年，银联卡首次在境外发行。截至 2023 年，境外 78 个国家和地区已经累计发行超 2 亿张银联卡，其中超 80% 的发行在"一带一路"沿线，这些卡片均可在境内 ATM 和商户 POS 终端便捷使用。

近年来，顺应全球持卡人消费习惯变化趋势，银联国际凭借自身产品、技术和服务优势，为境外人士来华支付提供具有多元化特点的"银联方案"：除了推动境外发卡机构发行银联实体卡外，还与主流银行、支付机构等开展基于 APP 的移动支付合作，境外机构自有钱包可以绑定银联卡或发行银联虚拟卡，从而实现在包括中国在内的全球银联网络使用。

对境外用户而言，"银联方案"具有五大显著优势：一是支付体验"无缝衔接"，消费者直接使用本地支付工具即可在中国境内使用，无须开户或另行下载境内 APP，流程更便捷；二是无额外成本，与使用银行卡在国内消费的费率一致，无须另外支付手续费；三是应用场景广泛，支持非接、二维码和线上支付，一部手机即可实现全场景支付；四是隐私保护更完善，用户在本地机构完成身份验证即可，无须向第三方平台提供个人隐私等敏感信息；五是严格遵循"四方模式"，与发卡机构、收单机构、钱包等各方合作，具有国际通用的业务规则和技术标准，完善的差错处理及风险管理机制，能够更好地履行客户风险识别，跨境交易更安全。

截至 2023 年 7 月，境外 30 多个国家和地区已经落地了 170 余个银联标准钱包。在泰国，开泰银行旗下电子钱包 K+ 是当地消费者最常用的移动支付工具，用户规模位居市场前列。当地用户只需打开 APP，即可在中国境内银联二维码商户使用。

助力大湾区金融"软联通"

日益丰富的银联支付产品，也为粤港澳大湾区互联互通支付网络建设提供助力。大湾区支付具有"一个湾区，三种货币"的特点，随着跨境支付需求的不断增长，银联凭借便捷的使用体验，成为区域内往来人员青睐的支付品牌。

大湾区主要城市已经实现银联支付产品受理全覆盖，港澳所有 ATM、商户均受理银联卡，超 11 万家商户支持银联二维码，本地累计发行超 3 000 万张银联卡。在此基础上，银联依托境内移动支付发展经验，于 2018 年推出港澳版"云闪付"，支持港澳居民绑定本地发行的银联卡，可以在本地、回内地及跨境使用。近年来，港澳版"云闪付"用户人数不断增长，并带动 20 余个本地钱包接入银联网络，其中包括香港居民最熟悉的八达通钱包、BoC Pay，以及澳门"聚易用"网络内的 8 个钱包也已接入。这些钱包用户只需绑定银联卡，或在APP内申请银联卡虚拟卡，即可像港澳版"云闪付"一样，在包括内地在内的全球银联网络支付。

加快打造互联互通的移动支付生态

双向支持中外交流人员往来的同时，银联国际通过不断创新合作模式、开放网络和场景，与境外机构共同做大蛋糕，寻找共赢机会，吸引越来越多不同领域的机构，加入银联移动支付生态圈。

在受理网络方面，银联国际在完善自身移动支付受理网络的同时，凭借在标准、技术、服务等领域的优势，推出二维码"网络互联互通"合作解决方案，双向支持银联产品和境外钱包在对方网络中使用。韩国移动支付ZeroPay、斯里兰卡国家支付网络LankaPay等合作项目，均通过该模式落地。通过这一创新业务合作模式，境外支付网络可以"低成本、高效率"提升对国际消费者的服务能力，只需在后台进行技术改造，无须商户换码，即可大规模支持银联产品和服务。

为了助力合作机构高效率、低成本开展银联数字化业务，银联国际还将技术能力转化为实实在在的业务能力，先后建成场景服务平台、云发卡平台等20多个开放技术平台。以场景服务平台为例，已经建设银联标准钱包的境外机构可以通过这一平台快速接入缴费、交通、生活服务、娱乐等多元商户，一站式获取丰富的增值服务，提升钱包用户使用体验。

资料来源 佚名. 银联跨境二维码网络互联互通版图再扩 双向支持出境和来华人士移动支付 [N]. 金融时报，2023-07-11（6）.

问题：

我国移动支付发展十分迅速，你认为移动支付在跨境支付领域的应用前景如何？此外，你认为移动支付还有哪些创新性的应用场景？

第6章

跨行支付

@ 教学目标与要求

1. 了解跨行支付的需求；

2. 掌握跨行支付系统的组成、职能；

3. 了解我国跨行支付系统的发展现状；

4. 掌握CNAPS的职能及业务流程；

5. 了解SWIFT；

6. 了解CHIPS；

7. 了解FEDWIRE；

8. 了解TARGET。

@ 知识架构

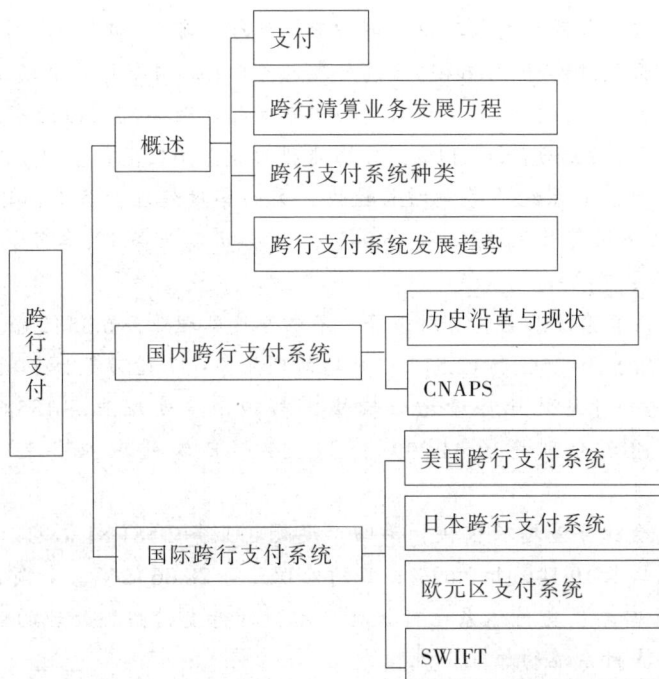

@导入案例　　　　　　　　2023年第四季度支付体系运行总体情况

2023年第四季度，我国支付系统共处理支付业务3 537.99亿笔，金额3 085.95万亿元，同比分别增长20.99%和14.24%。

（一）中国人民银行清算总中心系统

2023年第四季度，中国人民银行清算总中心系统共处理支付业务55.51亿笔，金额2 295.36万亿元，同比分别增长3.59%和18.04%；日均处理业务6 085.57万笔，金额35.81万亿元。

大额实时支付系统业务量有所增长，第四季度处理业务1.03亿笔，金额2 164.62万亿元，同比分别增长0.72%和18.41%；日均处理业务163.29万笔，金额34.36万亿元。

小额批量支付系统业务量增长较快，第四季度处理业务12.05亿笔，金额49.75万亿元，同比分别增长11.52%和13.89%；日均处理业务1 310.00万笔，金额5 408.12亿元。

网上支付跨行清算系统业务量小幅增长，第四季度处理业务42.41亿笔，金额74.74万亿元，同比分别增长1.60%和8.44%；日均处理业务4 610.06万笔，金额8 124.24亿元。

境内外币支付系统业务量增长较快，第四季度处理业务137.82万笔，金额8 820.44亿美元（折合人民币约为6.25万亿元），同比分别增长16.57%和54.39%；日均处理业务2.22万笔，金额142.27亿美元（折合人民币约为1 007.62亿元）。

（二）其他支付系统

银行行内系统业务笔数增长较快，第四季度处理业务57.61亿笔，金额555.69万亿元，同比分别增长20.40%和2.16%；日均处理业务6 261.74万笔，金额6.04万亿元。

银联跨行支付系统业务量有所增长，第四季度处理业务836.89亿笔，金额65.06万亿元，同比分别增长29.60%和2.11%；日均处理业务9.10亿笔，金额7 071.77亿元。

城银清算支付清算系统业务量增长较快，第四季度处理业务1 144.09万笔，金额1.08亿元，同比分别增长36.53%和36.94%；日均处理业务12.44万笔，金额117.50亿元。

农信银支付清算系统业务量有所下降，第四季度处理业务6.05亿笔，金额6 678.12亿元，同比分别增长39.25%和12.57%；日均处理业务657.32万笔，金额72.59亿元。

人民币跨境支付系统业务量增长较快，第四季度处理业务185.68万笔，金额34.99万亿元，同比分别增长41.29%和34.22%；日均处理业务2.77万笔，金额5 222.19亿元。

网联清算平台业务量增长较快，第四季度处理业务2 581.81亿笔，金额133.09万亿元，同比分别增长19.14%和9.62%；日均处理业务28.06亿笔，金额1.45万亿元。

从2023年第四季度支付体系运行状况来看，跨行支付系统处理的业务增长迅速。本章将介绍跨行支付系统的原理、流程。

资料来源　中国人民银行. 2023年第四季度支付体系运行总体情况［R/OL］.［2024-07-19］. http://camlmac.pbc.gov.cn/goutongjiaoliu/113456/113469/5314668/20240328152247 26913.pdf.

6.1 跨行支付系统概述

6.1.1 支付

在现代经济生活中，经济行为人，包括消费者、工商企业、金融市场上的经营商和交易商、从事吸收存款和发放贷款业务的商业银行以及政府各职能机构，为了生产、生活以及各种社会活动的需要，每日都要进行大量的交易活动。交易各方以货币（现金或银行存款）或者信贷的形式，清偿商品和劳务交易所引起的债务，这就是支付（payment）。

支付是社会经济活动引起的货币转移行为。经济活动产生的债务的清偿，是通过在各经济交易方之间转移货币所有权来实现的。在现代经济中，充当货币的资产主要有三类：一是现金，包括纸币和铸币；二是经济行为者在商业银行体系中拥有的存款（商业银行货币）；三是中央银行货币，即商业银行体系在中央银行拥有的准备金账户存款。现金货币是广大消费者普遍接受的一种货币收付手段，在零星、小额的交易活动中发挥重要的作用。在商品和劳务交易引起的支付中，利用在商业银行体系中的存款作为结算媒介，比使用现金具有更高的效率和便利性。非银行经济实体在商业银行开立结算账户，资金的转移通过记录结算账户便可即刻完成。同时，商业银行还向客户和同业银行提供信贷服务，付款人即使手头暂时缺少资金，也可以按期履行支付义务，商业银行的流动性支持，可以保证支付活动的顺利进行。因此，在现代经济中，商业银行存款已经成为经济行为者用于清偿债务的主要货币手段。商业银行为客户提供在银行之间转移资金的服务，以及商业银行本身在金融市场上的活动，产生了商业银行同业之间的债权债务关系。中央银行货币为商业银行之间的债务清算提供了最终货币清偿手段，支付得以最终完成。

支付处理通常划分为国际社会普遍接受的三个标准化过程：交易（transaction）、清算（clearing）和结算（settlement）。其中：交易过程包含支付的产生、确认和发送；清算过程包含在收付款金融机构之间交换支付工具以及计算金融机构之间待结算的债权；结算过程是完成债权最终转移的过程，包括收集待结算的债权并进行完整性检查、保证结算资金具有可用性、结清金融机构之间的债权债务以及记录和通知有关各方。

支付全过程分两个层次完成：下层是商业银行与客户之间的资金支付与结算；上层是中央银行与商业银行之间的资金支付与清算。两个层次支付活动的全过程，将经济交往活动各方与商业银行、中央银行联系在一起，构成支付系统。

银行支付体系是实现货币转移的制度和技术安排的有机组合，主要由支付系统、支付工具、支付服务组织及支付体系监督管理等要素组成。其中，支付系统是支撑各种支付工具应用、实现资金清算并完成资金转移的通道，包括中央银行建设并运行的跨行支付系统、商业银行行内资金汇划系统以及同城票据交换系统等。由于各商业银行的分支机构必须在中央银行开立准备金账户完成清算，因此，绝大部分支付业务的最终清算实际上是通过中央银行建立的跨行支付系统完成的。

支付系统的管理者负责制定支付系统的运作规章，维护支付系统的日常运作。一般来说，由中央银行充当这样的管理者，也有民间组织作为管理者的情况，如国际资金清算系统（SWIFT）、纽约清算所协会（NYCHA）经营并运行的纽约清算所银行同业支付系统（clearing house interbank payment system，CHIPS），以及维萨（Visa）国际组织、万事达卡（MasterCard）国际组织等。各国中央银行对本国支付系统的参与有两种情况：一种是基本不参与，如加拿大、英国，其支付系统完全由私营机构经营与管理；另一种是积极参与支付系统的管理，包括从制定支付规则到提供支付服务，典型代表是法兰西银行和美联储，中国人民银行对支付系统的参与也属于这一种。1913年，美国根据《联邦储备法》建立美联储作为美国的中央银行，并授予其管理美国银行业活动的广泛权力，包括发行货币、经营美国的支付系统、银行监管以及制定与实施货币政策。欧洲中央银行和法国中央银行也将支付系统的稳定高效运作作为自身的三大任务之一。根据《中华人民共和国中国人民银行法》第四条的规定，中国人民银行将履行依法制定和执行货币政策、发行人民币、管理人民币流通、维护支付、清算系统的正常运行等职责。

6.1.2 跨行清算业务的发展历程

在物物交换和现金结算时期，收付、清偿行为一次完成，不存在清算业务。在同一商业银行开户的各个存款客户之间的直接转账，也不存在清算业务。清算是经济发展和支付结算工具创新的产物，是为了完成客户之间的转账支付结算委托而发生在金融同业之间的货币收付、清偿行为，是对跨行转账结算业务的再结算。

1.早期的跨行清算

1770年，英国伦敦出现了跨行转账结算的中心机构——票据交换所（clearing house），但这时的票据交换所仅是提供跨行现金清算的场所，丝毫不参与跨行清算业务活动。银行雇员每天聚集到票据交换所交换支票，由各家银行分别用现金办理差额清算。各家银行在票据交换所与其他银行用现金相互办理差额清算以后，再回去分别与其存款客户办理转账结算。

后来，欧美的一些大商业城市纷纷建立了票据交换所，逐渐地由票据交换所负责组织各家商业银行用现金办理总差额清算，即先由每家银行提交应收款的支票，然后票据交换所根据每家银行对其他各家银行的应收、应付总额计算出差额，付差行需要将应付的现金交给票据交换所出纳处，收差行可以到票据交换所出纳处领取现金。各家银行在票据交换所用现金办妥总差额清算以后，再回去分别与其存款客户办理转账结算。

2.中央银行支持的跨行清算

此后，尽管各国的金融组织体系和支付清算安排构成不同，跨行清算也都不再使用现金，而是通过中央银行清算账户的最终清算来实现。

1854年，英国的中央银行即英格兰银行采取了对跨行结算差额每日进行账户清算的做法，成为英国银行业的票据交换中心。后来，其他国家相继效仿。这时，各家商业银行之间的结算总差额也不需要用现金支付，而是每家商业银行和票据交换所均在中央银行开立用于清算的活期存款账户，其差额均用中央银行支票办理支付。付差行需要签发中央银行支票交给票据交换所，由票据交换所提交给中央银行，中央银行则从付差行的清算账户将相应的金额转入票据交换所的清算账户。随后，票据交换所向收差行签发中央银行支票交给中央银行，中央银行则从票据交换所的清算账户将相应的金额转入收差行的清算账户。

在实际操作中，上述流程后来逐渐演变成由票据交换所书面通知当地中央银行，借记付差行的清算账户，贷记收差行的清算账户。随着通信技术及计算机技术的进步，许多国家的中央银行拥有并经营国家支付系统，直接参与跨行支付清算业务。虽然有的国家支付系统由私营机构拥有，但中央银行一般会向这些系统提供必要的服务，例如，提供日间流动性或结算账户。

3.中央银行支持跨行清算的积极意义

与商业银行之间两两直接进行现金清算相似，银行同业账户清算也可以由商业银行之间两两直接进行转账清算。由于一个银行不可能在许多银行开设代理账户，商业银行之间两两直接进行账户清算既不经济，也存在风险，因此，大多数国家的中央银行组织、参与和管理全国的跨行清算，为众多商业银行开立清算账户，各银行业金融机构之间的清算通过其在中央银行的清算账户进行转账、轧差。

中央银行提供跨行支付清算服务可以维护跨行支付清算系统的平稳运行，使各银行之间的债务清偿及资金转移顺利完成，对整个社会经济生活的正常运行具有十分重要的作用。这一方面大大提高了跨行支付清算和转账结算的效率，加速了资金周转；另一方面为中央银行分析金融流量、加强反洗钱统计监测提供了条件。鉴于中央银行支付清算职责的重要性，许多国家都在关于中央银行的立法中明确规定，中央银行负有提供跨行支付清算服务、维护跨行支付清算系统稳定运行的法律义务。

6.1.3　跨行支付系统的种类

一个高效的支付体系包括稳定的支付机构（如银行和清算机构）、有效且便利的支付工具和高效稳定的清分结算系统，同时拥有一套运作规章和法律法规作为保证。由于各国法律环境、经济环境以及历史习惯不同，其支付系统也呈现出多种不同的形式。

1.按结算方式分类：实时全额结算系统和定时净额结算系统

当前世界范围内，很多经济体已经建成了各自的跨行支付系统，从本质上看，各种支付系统的处理机制可以归结为实时全额结算（real time gross settlement，RTGS）处理机制和定时净额结算（designated-time net settlement，DNS）处理机制。

RTGS处理机制是在整个营业日内连续逐笔对支付指令进行转账，因此，一旦商业银行接到收款信息，则表明结算是无条件且不可撤销的（专业术语为"结算最终性"，即"settlement finality"）。在RTGS系统中，一旦商业银行接到收款信息，则不会承担来自交易对手的信用风险和流动性风险。RTGS系统的设计更侧重于考虑安全和效率问题，在很好地解决了结算风险的同时，往往要求商业银行在发出（付款）支付指令时其准备金账户必须留有足够的资金，使参加系统的商业银行承担了较高的流动性成本。

DNS处理机制是在一定的时点对支付指令进行轧差，然后只对轧差后的应收应付净额进行最终结算，举例见表6-1。由于DNS系统采取的轧差机制可以在双边或多边的基础上将应收应付款项进行对冲，因此其可以极大地减少商业银行的流动性需求，从而相应地减少商业银行的流动性成本。不过，由于DNS系统采用定时结算机制，在资金最终结算之前，商业银行将面临来自交易对手的信用风险和流动性风险。如果缺乏适当的风险控制，参与DNS系统的商业银行将面临意外的流动性短缺或者信贷损失，从而导致系统性风险。

表6-1　　　　　　　　　　DNS系统差额清算情况举例　　　　　　　　单位：亿元

应付行 \ 应收行	A	B	C	D	应收总额	应付差额
A	0	80	140	70	290	
B	50	0	150	75	275	15
C	130	100	0	170	400	
D	90	110	60	0	260	55
应付总额	270	290	350	315	1 225	
应收差额	20		50			70

注：A银行应从其他三家银行收款计290亿元，应向其他三家银行付款计270亿元，两数相抵应收差额20亿元；其他依此类推。

在上述两种主要的跨行支付系统处理机制中，RTGS系统结算风险小但对商业银行的流动性要求高；相反地，DNS系统能够节约商业银行的流动性但结算风险较高。在20世纪80年代之前，DNS系统是各国跨行支付系统的主要形式。随着各国中央银行风险意识的增强，RTGS系统于20世纪90年代得到迅速发展，目前已经成为绝大多数国家大额（重要）支付的主要形式，而DNS系统则更多地运用于小额、非紧急的支付。

2.按交易金额分类：大额支付系统和小额支付系统

大额支付系统处理的业务一般是金额大、时间要求紧急的跨行市场、证券市场或批发市场所发生的支付，这些市场参与者的要求是可靠性、安全性、准确性和及时性。因此，大额支付系统是一个国家银行支付体系的主动脉。由于RTGS系统能够在营业日内连续地逐笔实现资金转账的最终结算，因此其可以通过提供强有力的机制来限制银行之间结算过程中的结算和系统性风险。目前，欧盟各国及其他许多国家的大额资金转账系统都已采取实时全额结算系统，诸如美国联邦电子资金转账系统（FEDWIRE）、瑞士跨行清算系统（SIC）、泛欧实时全额自动清算系统（TARGET）。

　　小额支付系统是满足个人消费者和企事业单位在经济交往中一般性支付需要的支付服务系统，主要用于支撑电子化的非现金支付工具。由于支付金额较少，时间紧迫性较弱，这类系统采用批量处理、净额结算转账资金的方式。小额支付系统处理的支付交易金额不大，但支付业务笔数很多（占总支付业务笔数的80%～90%）。

　　此外，部分国家除了运行采用RTGS处理机制的大额支付系统外，还同时保留部分采用DNS处理机制的大额支付系统。这类系统一般被称为混合型系统。例如，美国的CHIPS就是一个兼有DNS和RTGS两种处理机制的系统。

3.按结算时效分类：实时支付系统和非实时支付系统

　　所谓结算时效，是指以某一支付工具发出指令后资金从某人转给其他人或从某账户转到其他账户所用的时间长短。所用的时间越长，时效性越差；所用的时间越短，时效性越好。支付系统按时效性可以分为实时和非实时两种。实时支付系统的时效性是最理想的，当一方发出支付指令时，结算同时完成（实时）。在非实时支付系统中，从系统收到支付指令到完成结算之间有一定的时间间隔。此间隔的长短，随支付系统的不同而有所差异。时效性的好坏与结算方式有着密切的关系。

4.按系统的管理者分类：中央银行管理的支付系统和民间机构管理的支付系统

　　管理者是支付系统顺畅运行的重要因素之一，由谁负责支付系统的运行是由历史、经济、政治等多方面因素决定的。从这一角度来分类，各个国家（地区）的支付系统一般可以分为由中央银行管理和由民间机构管理两种。从理论上讲，由中央银行负责支付系统的运行更为科学。这是因为中央银行不存在信用方面的风险，而民间机构不论其实力多么雄厚，总会存在信用风险。因此，由中央银行管理关键性支付系统是未来的发展趋势。

6.1.4　跨行支付系统的发展趋势

　　近年来，随着金融体系的发展与技术创新步伐的加快，现代化支付系统朝着低成本、高效率的混合模式演化。RTGS处理机制的设计主要是针对安全与效率问题，在很好地解决了结算风险的同时，使系统参与者承担了较高的流动性成本；DNS由于采用轧差机制，因而能够大大节省参与者的流动性成本，但其非实时支付的特点使结算风险仍然存在。将这两种系统的优势结合起来开发和建设混合支付系统，已经成为跨行支付系统发展的主要趋势。其中一种方式是在全额实时支付系统中引入抵销（轧差）机制，通过设计一种算法，搜寻支付队列，随时进行抵销。一旦一对或一组指令满足相关标准，它们就执行全额结算。尽管所有支付均建立在实时全额结算基础上，但日间流动性准备将会大大减少，因为许多支付能够在结算时相互抵销。这类系统在流动性节约方面所获得的收益是以一定的结算延迟为代价的，即一对或一组支付符合相关标准所花费的时间。还有一种方式是在净额结算系统中提供更快的结算或持续结算，可称之为持续净额结算系统。在整个营业日内，系统参与者不断地向结算机构发送支付信息，并进入排队序列。通过设计一种算法，系统持续地搜寻支付信息，随时获取可以相互抵销的支付，一旦找到一定数量的可抵销集，就进行结算。这种设计能够大大缩短从支付信息提交到支付最终结算之间的时差，从而使大量的结算很快完成，解付风险也大大降低。同时，系统所固有的轧差机制仍得到发挥。美国的CHIPS升级版采用了这种结算机制。

另一个值得关注的发展趋势是欧盟于2003年开始建设，并于2007年正式投入运行的第二代泛欧实时全额自动清算系统（TARGET 2）。在流动性管理方面，TARGET 2提供了两种形式的流动性储备池（liquidity pooling）：一种是虚拟账户方式；另一种是合并信息方式。二者均支持系统参与者以群组的形式储存它们的备付资金。在虚拟账户方式下，一个账户群组的所有成员的可用流动性都集中在一个流动性储备池中，群组内任一账户持有者都可以通过其自己的账户支付最高可达该群组账户所能提供的日间流动性总水平的资金。在合并信息方式下，提供给账户群组的只有合并信息，支付处理仍然在单个账户的层次上独自完成。另外，TARGET 2还提供了在同一支付平台上的各种抵销算法。目前，欧洲中央银行正在进行TARGET 2和T2S的整合，旨在通过合并技术平台，进一步提升系统效率和降低运营成本，提供更为统一高效的支付和证券结算服务。除此以外，欧盟计划于2024年11月推出欧元体系抵押品管理系统（ECMS），取代欧元区各国中央银行的现有系统来管理欧元体系信贷业务，开发服务于整个欧元区工作的通用平台系统，以进一步巩固和简化市场基础设施服务，确保现金、证券和抵押品在整个欧洲能够自由流通。

6.2　我国国内的跨行支付系统

支付体系的发展状况取决于经济金融总体发展水平，以及科学技术特别是信息技术在经济金融领域的应用情况。与经济发展相适应，我国国内传统的跨行支付系统也经历了由手工处理到电子化支付的发展过程。

6.2.1　国内支付系统历史沿革

1953年，中国人民银行借鉴苏联的结算模式和经验，建立了全国联行往来制度。20世纪80年代初期，我国国内的人民币异地结算和清算业务基本上仅由中国人民银行办理。中国人民银行自1984年专门行使中央银行职能以来，作为支付清算系统的组织者、管理者、监督者，一直致力于推动我国跨行支付清算系统建设。

1.同城清算所

中国人民银行、中国工商银行、中国农业银行于1986年4月召开全国银行同城票据清算工作经验交流会之后，在全国2 500多个县级以上城市陆续建立了同城票据交换所。中国人民银行作为同城跨行清算的支付中介，集中为同城范围内各种代收代付银行机构最终清算资金，成为我国重要的跨行支付系统。有的城市还建立了同城实时清算系统。

2.异地跨行清算

中国人民银行制定的《关于改革全国银行联行制度的实施办法》于1985年4月1日起施行，其基本内容是：中国人民银行、中国工商银行、中国农业银行、中国银行自成联行系统，跨行直接通汇，相互发报移卡，及时清算资金。这一阶段，各专业银行相继建立了行内的分支机构之间的支付清算系统，即"手工联行往来"，银行本系统的通汇行之间的资金账务直接往来，跨行清算业务实行相互代理。这项改革对中国人民银行与专业银行（国内商业银行未完成商业化之前的称呼）严格分清资金、加强信贷规模控制起到了促进作用，但出现了一些新的问题和技术性差错。

1987年4月1日，中国人民银行对联行清算和跨行清算办法又作出进一步改革，确定跨系统汇划款项一律划交有关行转汇。各专业银行的大额汇划款项通过中央银行转汇和清算资金时，按中央银行和专业银行机构设置情况，分别采取"先横后直""先直后横""先直后横再直"等转汇划款方式进行核算处理。这样，进一步分清了专业银行之间的资金，对强化货币和信贷的宏观控制发挥了重要的作用，减少了清算差错，提高了工作质量，但增加了联行转汇的环节。

3.电子联行跨行清算

1989年，经国务院批准，中国人民银行着手建设卫星通信专用网，同时开发了全国电子联行系统。该系统于1991年4月1日投入试运行，并逐步实现了"天地对接"和"业务到县"，异地跨行资金通过电子化手段进行汇划，资金周转速度明显加快。这次联行清算制度改革，由中国人民银行控制汇差资金，建立了中国人民银行清算中心，以电子联行代替手工联行，专业银行跨系统和系统内大额汇划款项全部通过中国人民银行清算中心汇划并清算，全国电子联行系统成为我国银行业异地跨行资金汇划的主渠道。

全国电子联行系统采用卫星通信技术，在全国总中心主站和中国人民银行各分支行的小站之间传递支付指令，处理全部异地跨行支付、商业银行行内大额支付以及中国人民银行各分支机构之间的资金划拨等业务。中国人民银行各分支行以及所有在中国人民银行分支行开设账户的商业银行分支机构，都可以参加全国电子联行系统。在业务处理上，沿用了传统手工联行的基本做法，但仅办理贷记支付业务。

由于利用了卫星通信，传送支付信息的速度迅速加快，但各卫星小站接收电子联行业务以后需要将电子信息转换成纸质凭证信息，通过人工方式传递到商业银行，这就存在"天上三秒、地下三天"的问题。为此，20世纪90年代后期，中国人民银行开始进行电子联行"天地对接"工作，将电子联行小站主机与商业银行终端机构相连接，实现了商业银行直接发送电子联行业务，资金在途时间从7~10天减少到2~3天，加快了业务处理，加速了资金周转。鼎盛时期，全国电子联行系统的通汇网点达到1 924个，系统平均每天转发往来账超过17万笔，金额超过1 500亿元，成为当时我国金融机构办理异地资金汇划的主渠道。

但是，全国电子联行系统也有其缺陷：由于技术问题，全国电子联行系统只能处理贷记业务，不能处理借记业务，无法完全取代手工联行系统；全国电子联行系统虽然具有一定的现代化水平，但自动化水平相对较低，"天地对接"没有完全实施到位，速度仍较慢；全国电子联行系统未与金融市场有机结合，不能有效支持货币政策的实施；全国电子联行系统运行不够稳定，设备老化，故障时有发生。

4.银行卡跨行支付系统

2002年3月，中国银联股份有限公司在上海挂牌成立，推行统一"银联"标识卡，解决了多年来困扰我国银行卡联合发展的运营机制问题，真正实现了"一卡在手，走遍神州"的目标，银行卡逐步成为我国个人使用最广泛、最频繁的非现金支付工具。

根据中国人民银行发布的《2023年第四季度支付体系运行总体情况》，截至2023年第四季度末，全国共开立银行卡数量达97.87亿张，环比增长0.63%。其中，借记卡在用发卡数量达90.20亿张，环比增长0.82%；信用卡和借贷合一卡在用发卡数量共计7.67亿张，环比下降1.51%。全国人均持有银行卡6.93张，其中，人均持有信用卡和借贷合一卡0.54张。

5.现代化支付系统跨行清算

随着我国经济的快速发展，不同经济主体和不同地域之间的资金流通日趋频繁，急需快捷、高效、安全的支付清算服务。中国现代化支付系统（China national advanced payment system，CNAPS）是中国人民银行按照我国支付清算需要，利用现代计算机技术和通信网络技术自主开发建设的，能够高效、安全地处理同城、异地各种跨行支付业务及其资金清算和货币市场交易资金清算的应用系统。它主要包括大额实时支付系统、小额批量支付系统、网上支付跨行清算系统、全国支票影像交换系统、电子商业汇票系统和境内外币支付系统等。

其中，大额实时支付系统的建成运行，实现了我国跨行资金清算的"零在途"，完成了我国异地跨行支付清算从手工联行到电子联行再到现代化支付系统的跨越式发展和历史性飞跃。这不仅是我国支付体系改革和发展的重要里程碑，也是我国金融发展史上的一件大事。与此同时，近年来各政策性银行、商业银行都相继建设运行了以计算机网络技术为手段的行内系统，进行了不同程度的数据集中。

中国人民银行通过建设现代化支付系统，逐步形成一个以中国现代化支付系统为核心，商业银行行内系统为基础，各地同城票据交换所并存，支撑多种支付工具的应用和满足社会各种经济活动支付需要的中国支付清算体系。

中国现代化支付系统不仅是金融技术发展的必然趋势，也是实现党的二十大报告提出的各项经济社会发展目标的重要途径。通过不断改进和发展中国现代化支付系统，不断推动高质量发展，为金融科技的创新和产业升级提供基础平台，减少系统性金融风险，增强金融安全，提升国际竞争力，为实体经济提供更加高效、便捷的支付结算服务，缩小城乡金融服务差距，推动普惠金融发展保障民生需求，为实现全面建设社会主义现代化国家的宏伟蓝图提供有力支持。

6.2.2　国内支付系统现状

国内目前仍在运行的支付系统可以划分为如下几个分系统：

1.大额实时支付系统

大额实时支付系统（high value payment system，HVPS）也称大额支付系统，是中国人民银行为信用社、商业银行与中国人民银行之间的支付业务提供最终资金清算的系统，为各银行跨行汇兑提供快速、高效、安全的支付清算服务。它实行逐笔实时处理，全额清算资金，是目前国内最快捷的结算手段之一，通过各商业银行办理异地跨行汇兑业务可以实现1分钟内实时到账，并且费用更低。建设大额实时支付系统的目的，就是给各银行和广大企业单位以及金融市场提供快速、高效、安全、可靠的支付清算服务，防范支付风险。同时，该系统对于中央银行更加灵活、有效地实施货币政策具有重要的作用。该系统处理同城和异地、商业银行跨行之间和行内的大额贷记及紧急的小额贷记支付业务，处理中国人民银行系统的贷记支付业务。

2. 小额批量支付系统

小额批量支付系统（bulk electronic payment system，BEPS）也称小额支付系统，是我国的一个双边净额支付系统，其基于中国现代化支付系统的基础设施，用来处理小额（低于2万元人民币）的电子支付。它在一定时间内对多笔支付业务进行轧差处理净额清算资金。建设小额批量支付系统的目的是为社会提供低成本、大业务量的支付清算服务，支撑各种支付业务的使用，满足社会各种经济活动的需要。该系统处理同城和异地纸质凭证截留的商业银行跨行之间的定期借记和定期贷记支付业务，中央银行会计和国库部门办理的借记支付业务，以及每笔金额在规定起点以下的小额贷记支付业务。小额批量支付系统采取批量发送支付指令，轧差净额清算资金。

3. 全国支票影像交换系统

全国支票影像交换系统（cheque image system，CIS）是指运用影像技术将实物支票转换为支票影像信息，通过计算机及网络将影像信息传递至出票人开户银行提示付款的业务处理系统，其是中国人民银行继大、小额支付系统建成后的又一项重要金融基础设施。全国支票影像交换系统定位于处理银行机构跨行和行内的支票影像信息交换，其资金清算通过中国人民银行覆盖全国的小额支付系统处理。支票影像业务的处理分为影像信息交换和业务回执处理两个阶段，即支票提出行通过影像交换系统将支票影像信息发送至提入行提示付款，提入行通过小额支付系统向提出行发送回执完成付款。

4. 境内外币支付系统

境内外币支付系统（China domestic foreign currency payment system，CDFCPS）由中国人民银行牵头建设，由清算总中心集中运营，由直接参与机构等单一法人集中接入，采用"Y"形信息流结构，由外币清算处理中心负责对支付指令进行接收、清算和转发，由代理结算银行负责对支付指令进行结算。外币清算处理中心的主要功能包括：外币支付报文收发；圈存资金和授信额度管理；对外币支付进行逐笔实时清算；对可用额度不足的外币支付进行排队管理；对清算排队业务进行撮合；管理清算窗口；分币种分场次向代理结算银行提交清算结果。代理结算银行的主要功能包括：为参与者开立外币结算账户；提供日间授信；管理圈存资金和授信额度；根据清算结果进行记账处理，日终对账。代理结算银行由中国人民银行指定或授权的商业银行担任，资格实行期限管理，3年一届。外币支付系统日间运行时间为9：00至17：00。

5. 电子商业汇票系统

电子商业汇票系统（electronic commercial draft system，ECDS）是经中国人民银

行批准建立，依托网络和计算机技术，接收、存储、发送电子商业汇票数据电文，提供与电子商业汇票货币给付、资金清算行为相关服务的业务处理平台。电子商业汇票（简称电子票据）是出票人依托电子商业汇票系统，以数据电文形式制作的，委托付款人在指定日期无条件支付确定的金额给收款人或者持票人的票据。电子商业汇票又分为电子银行承兑汇票和电子商业承兑汇票。与纸质商业汇票相比，电子商业汇票具有以数据电文形式签发、流转，并以电子签名取代实体签章两个突出特点。电子商业汇票系统支持7×12小时运行，每日系统运行时间为8：00至20：00。2023年第四季度，上海票据交易所电子商业汇票系统承兑723.20万笔，金额10.22万亿元，同比分别增长7.83%和47.28%。

随着各类新兴电子支付工具的发展壮大，以及小额支付系统银行本票业务和银行汇票业务的推广，客户的结算方式偏好选择发生变化，由选择银行汇票转向选择其他更方便、快捷的支付工具，银行汇票业务有所分流，电子商业汇票处理系统业务发展呈逐步下滑趋势。电子商业汇票系统根据中国人民银行第二代支付系统的具体要求进行改造，完善汇票业务资金清算的应急处理，采用实时逐笔清算的方式替代手工、批量轧差清算。

6.农信银支付清算系统

农信银支付清算系统面向全国农村金融机构，办理实时电子汇兑业务、银行汇票业务的异地资金清算和个人存款账户通存通兑业务的资金清算等业务。2023年第四季度，农信银支付清算系统处理业务6.05亿笔，金额6 678.12亿元，同比分别增长39.25%和12.57%；日均处理业务657.32万笔，金额72.59亿元。

7.中央债券综合业务系统

中央债券综合业务系统（central bond gross system，CBGS）是由中央国债登记结算有限责任公司开发、管理并运作的计算机应用系统。该系统包括政府债券簿记系统、中国人民银行债券发行系统、中国人民银行公开市场业务操作系统，以及统计分析系统等，是一个安全性很高的广域网应用系统。中央国债登记结算有限责任公司是政府债券、各种金融债券和其他债券的全国性托管结算中心，是债券业务的金融中介服务机构。它为银行间债券市场的托管结算、国债及全国性债券的发行和中央银行公开市场业务操作提供服务。

2023年，债券市场共发行各类债券71.0万亿元，同比增长14.8%。其中，银行间债券市场发行债券61.4万亿元，国债发行11.0万亿元，地方政府债券发行9.3万亿元，金融债券发行10.2万亿元，同业存单发行25.8万亿元，公司信用类债券发行14.0万亿元，信贷资产支持证券发行3 485.2亿元。截至2023年末，债券市场托管余额157.9万亿元，同比增长9.1%，其中，银行间债券市场托管余额137.0万亿元。①

8.同城清算所

同城清算所（local clearing house，LCH）开发建设分散，浪费资源，模式多样，

---

① 中国人民银行．2023年金融市场运行情况［R/OL］．［2024-04-19］．http://www.pbc.gov.cn/goutongjiaoliu/113456/113469/5221498/index.html.

业务处理不规范，存在支付风险隐患。为规范业务处理，防范风险，节约资源，统一运行、维护支付清算系统，中国人民银行办公厅于2000年发出通知：支付系统城市处理中心覆盖同城业务；停建同城清算系统，已建的保障稳定运行，但不得更新改造；支付系统取代同城清算系统；个别比较规范的同城清算系统，经批准可以与支付系统城市处理中心连接。

近年来，我国支付服务参与者规模不断扩大，以中国人民银行为核心、银行业金融机构为基础、特许清算机构和非银行支付机构为补充的多元化支付服务组织不断丰富。其中，银行业金融机构仍为主力。根据中国银行业协会发布的《2023年中国银行业服务报告》，截至2023年末，据不完全统计，银行业金融机构离柜交易笔数达4 914.39亿笔，同比增长9%；银行业机构优化主要业务流程3.38万个，培训厅堂服务人员312.74万人次、理财师227.7万人次、客服热线人员75.95万人次、信用卡热线人员153万人次；银行业金融机构客服从业人员4.17万人，全年人工处理来电7.23亿人次。我国银行业聚焦提升客户服务体验，加快服务转型升级，规范服务行为，创新服务手段，强化员工培训，多角度、全方位、深层次提升从业人员服务素质，赋能网点高质量发展。

9.网上支付跨行清算系统

为提高网上支付的跨行清算效率，提升商业银行网银服务水平，更好地履行中央银行的支付清算职责，网上支付跨行清算系统（internet banking payment system, IBPS）于2010年8月30日在全国正式上线运行。网上支付跨行清算系统是中国人民银行建设的又一个人民币跨行支付系统，该系统主要处理客户通过在线方式提交的零售业务，包括支付业务和跨行账户信息查询业务等。网上支付跨行清算系统具有的业务功能包括网银贷记业务、网银借记业务、第三方贷记业务、跨行账户信息查询业务。其业务运行模式与小额支付系统相似：7×24小时连续运行，采取定场次清算的模式，设置贷记业务金额上限；与大额支付系统共享一个清算账户等。其业务处理采用实时传输及回应机制，客户在线发起业务后可以及时了解业务的最终处理结果。网上跨行支付系统实现了网银跨行支付的直通式处理，满足了网银用户全天候的支付需求，有效支持商业银行提升网上银行服务水平，并促进电子商务的快速发展。同时，该系统支持符合条件的非银行支付服务组织接入，为其业务发展和创新提供公共清算平台。

10.集中代收付中心业务系统

集中代收付中心业务系统是集中进行水电煤气费、工资、养老金和保险等代收代付业务信息的收集、转发等信息处理的业务系统。集中代收付中心以特许参与者的身份接入小额支付系统。各收付款单位可以通过与集中代收付中心连接，将其发生的代收付业务经小额支付系统转发给商业银行办理跨行代收代付业务。

11.互联网支付服务组织业务系统

互联网支付服务组织业务系统是以互联网为依托，采用第三方支付方式，可以安全实现从消费者、金融机构到商家的在线货币支付、现金流转、资金清算、查询统计等功能的业务系统。

12.网联清算平台

2010年，中国人民银行发布《非金融机构支付服务管理办法》，许可非金融机构开展支付业务。自此，非银行支付特别是网络支付业务飞速发展。网联清算平台建立以前，我国非银行支付机构采用典型的代理清算模式，115家从事网络支付业务的支付机构分别与上百家银行系统连接，存在较大风险隐患。

按照互联网金融风险专项整治工作部署，2016年10月，中国人民银行着手组建非银行支付机构网络支付清算平台（简称"网联清算平台"），并于2017年3月底启动试运。2017年6月，中国人民银行发布《关于支付机构客户备付金全部集中交存有关事宜的通知》，规定自2018年7月9日起，按月逐步提高支付机构客户备付金集中交存比例。从2018年6月30日起，支付宝、财付通等第三方支付公司受理的、涉及银行账户的网络支付业务，都必须通过中国人民银行新推出的"网联支付平台"处理。

网联清算有限公司（Nets-Union Clearing Corporation，NUCC）是经中国人民银行批准成立的非银行支付机构网络支付清算平台的运营机构。在中国人民银行指导下，由中国支付清算协会按照市场化方式组织非银行支付机构以"共建、共有、共享"原则共同参股出资。

网联清算平台作为全国统一的清算系统，是我国金融基础设施的重要组成部分，主要处理非银行支付机构发起的、涉及银行账户的支付业务，实现非银行支付机构以及商业银行一点接入，提供公共、安全、高效、经济的交易信息转接和资金清算服务，组织制定并推行平台系统及网络支付市场相关的统一标准规范，协调和仲裁业务纠纷，并将提供风险防控等专业化的配套及延展服务。网联清算平台本着"共建、共有、共享"原则，采用分布式架构体系搭建。建设网联清算平台有助于优化支付清算市场资源配置，整治支付市场乱象，防控金融风险，维护支付市场健康发展。

网联清算平台的推出显著改变了我国第三方支付行业的运作模式。在网联清算平台成立之前，第三方支付机构如支付宝或微信支付等，采取与各家银行直接连接的方式进行跨行资金清算。这种直连模式意味着支付机构需要在每家合作银行开设账户，用于处理客户的备付金，并在此基础上完成商户的资金结算。例如，当用户使用工行卡通过某支付平台向建行账户支付100元时，这笔款项首先会从用户的工行账户转入支付平台在工行开立的账户，然后由该平台转移到收款方的建行账户。

网联清算平台成立以后，所有第三方支付机构的线上支付交易都必须通过网联进行。网联作为一个统一的清算平台，接管了由各个支付机构与银行直接进行的清算功能，简化清算流程，提高效率，增强了监管力度，降低了系统性风险，使得监管机构能够更好地监控和管理第三方支付行业，确保金融市场的稳定运行，结束了支付机构与银行的直连模式，实现对第三方支付交易信息的统一监管，提高了支付系统的效率和安全性。

网联清算平台推出前后，我国第三方支付行业运作模式，如图6-1和图6-2所示。网联清算平台推出以后，原第三方支付机构的清算功能由网联清算平台接手。

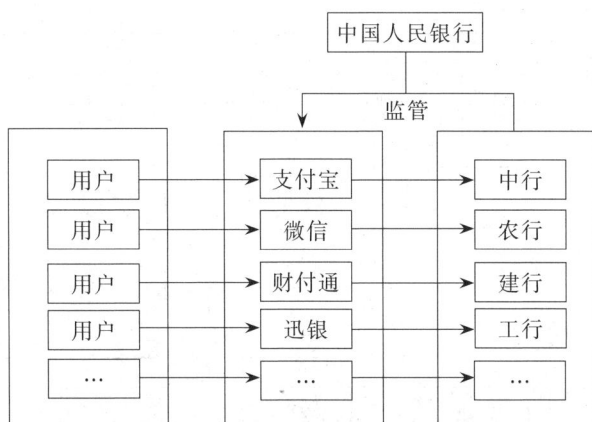

图6-1 网联清算平台推出前第三方支付模式

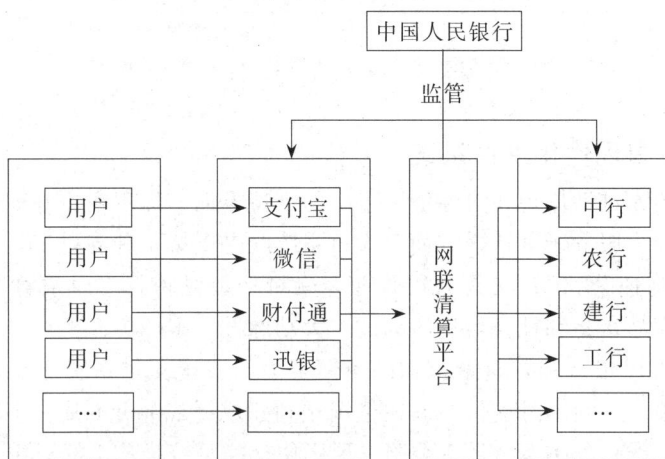

图6-2 网联清算平台推出后第三方支付模式

2021年6月，网联专家参与制定的《第三方支付服务信息系统的安全目的》ISO标准正式发布，将我国网联技术方案作为重要案例，从需要保护的资产、资产面临的威胁及组织安全策略等方面进行了详细分析，确定了支持第三方支付服务信息系统的安全目的，以作为制定第三方支付服务安全技术方案的出发点和落脚点，为建设开放银行提供参考，同时也兼顾了在全球使用的直连模式，具有广泛的适用性。[①]

综合来看，2023年，网联清算平台保持平台高效平稳运行，平台连接3 000余家银行、100余家支付机构。2023年，网联清算平台处理业务8 950.55亿笔，金额497.90万亿元，同比分别增长16.04%和10.52%；日均处理业务24.52亿笔，金额1.36万亿元。[②]

目前，我国已经基本形成以大额支付系统为核心、商业银行行内系统为基础、其他支付结算系统为补充的支付清算网络（如图6-3所示），支付清算体系的整体效率和安全程度大大提高。

---

① 全国金融标准化技术委员会. 中国专家牵头制定的第三方支付服务信息系统的安全目的ISO标准正式发布实施［EB/OL］.［2024-04-18］. https: //www.cebnet.com.cn/20210809/102765677.html.
② 中国人民银行. 2023年支付体系运行总体情况［R］. 北京：中国人民银行，2024.

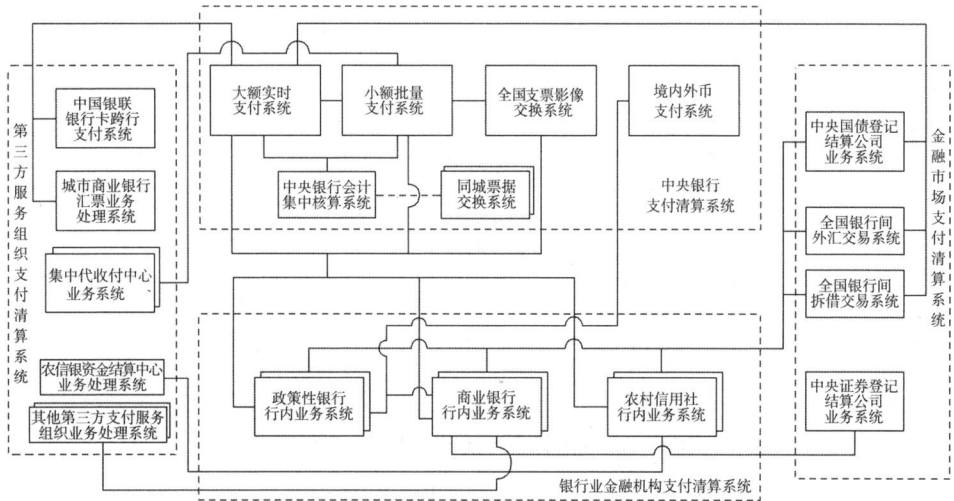

图6-3 我国支付清算网络

6.2.3 中国现代化支付系统

支付系统的先进性体现在对经济、金融的支持方面，体现在更好地服务于金融业务、服务于企业、服务于全社会方面。支付系统既是支持各种支付工具的应用和加速资金流动的"高速公路"，又是为银行业金融机构提供跨行支付清算服务的公共平台，也是连接商品交易和社会经济活动的"大动脉"。

经过中国人民银行和各金融机构的不懈努力，我国支付系统建设取得了重大进展。2005年6月，大额实时支付系统在全国顺利建成；2006年6月，小额批量支付系统在全国推广上线；2007年6月，全国支票影像交换系统推广上线。中国现代化支付系统（CNAPS）基本覆盖了全国办理支付结算业务的银行业金融机构。

CNAPS是建立在中国国家金融通信网（China national financial network，CNFN）上的，由CNFN提供应用软件开发平台、标准接口及联机事务处理（OLTP）环境等。为便于开展国际金融业务，CNAPS的信息格式基本上采用SWIFT的报文格式标准。

CNAPS能够高效、安全处理各银行办理的同城、异地支付业务及其资金清算，能够有效支持公开市场操作、债券交易、同业拆借、外汇交易等金融市场的资金清算，并将银行卡信息交换系统、同城票据交换所等其他系统的资金清算统一纳入支付系统处理，是中国人民银行发挥最终清算者和金融市场监督管理者职能的金融交易与资金清算的应用系统。

总体来讲，CNAPS的建设目标是成为我国金融业跨行、跨部门的综合性金融服务系统。它集金融支付服务、支付资金清算、金融经营管理和货币政策职能于一体。

1.CNAPS物理结构

中国现代化支付系统建有两级处理中心，即国家处理中心（NPC）和全国省会（首府）及深圳城市处理中心（CCPC）。国家处理中心分别与各城市处理中心连接，其通信采用专用网络，以地面通信为主，卫星网备份。CNAPS的物理架构拓扑结构，如图6-4所示。

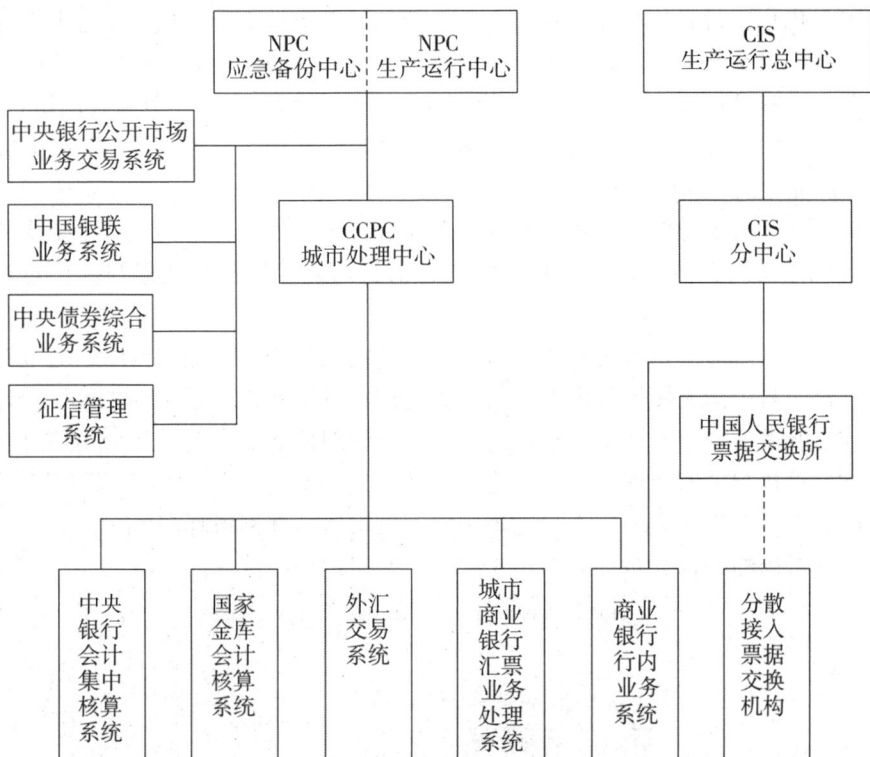

图6-4 CNAPS物理架构拓扑结构图

政策性银行和商业银行是支付系统的重要参与者。各政策性银行、商业银行可以利用行内系统通过省会（首府）城市的分支行与所在地的支付系统CCPC连接，也可由其总行与所在地的支付系统CCPC连接。同时，为解决中小金融机构结算和通汇难问题，允许农村信用合作社自建通汇系统，比照商业银行与支付系统的连接方式处理；城市商业银行汇票业务的处理，由其按照支付系统的要求自行开发城市商业银行汇票处理中心，依托支付系统办理其银行汇票资金的移存和兑付的资金清算。

中央银行会计集中核算系统（ABS）是中国现代化支付系统运行的重要基础。为有效支持支付系统的建设和运行，并有利于加强会计管理，提高会计核算质量和效率，中央银行的会计核算也将逐步集中，首先将县支行的会计核算集中到地市中心支行，并由地市中心支行的会计集中核算系统与支付系统CCPC远程连接。地市级（含）以上国库部门的国家金库会计核算系统（TBS）可以直接接入CCPC，通过支付系统办理国库业务资金的汇划。为有效支持公开市场操作、债券发行及兑付、债券交易的资金清算，中国人民银行公开市场业务交易系统、债券发行系统、中央债券簿记系统在物理上通过一个接口与支付系统NPC连接，处理其交易的人民币资金清算。为保障外汇交易资金的及时清算，外汇交易中心与支付系统上海城市处理中心连接，处理外汇交易人民币资金清算，并下载全国银行间资金拆借和归还业务数据，供中央银行对同业拆借业务进行配对管理。

2.CNAPS应用系统组成

中国现代化支付系统主要由核心业务系统和辅助支持系统组成。核心业务系统包括大额实时支付系统、小额批量支付系统和全国支票影像交换系统。辅助支持系统包括清算账户管理系统（SAPS）和支付管理信息系统（PMIS）等。中国人民银行对大、小额支付系统实行统一管理，对大、小额支付系统的运行及参与者进行管理和监督。

CNAPS的各个组成部分具有不同的功能划分，其核心业务系统主要负责处理具体的支付业务，所支持的核算业务系统则主要进行账务处理；辅助支持系统支撑核心业务系统完成支付业务处理，并且进行支付信息的统计分析和数据挖掘，对其加以利用。

目前，大、小额支付系统和清算账户管理系统运行于支付专用网络，通过跨网安全交互平台，与中国人民银行内部联网的其他信息系统建立联系。中央银行会计集中核算系统与所属的城市处理中心建立连接，支付管理信息系统、支付信用信息查询系统（PCIS）直接与国家处理中心建立连接。

全国支票影像交换系统并不运行于中国人民银行内部网络环境。

各信息系统的逻辑分布，如图6-5所示。

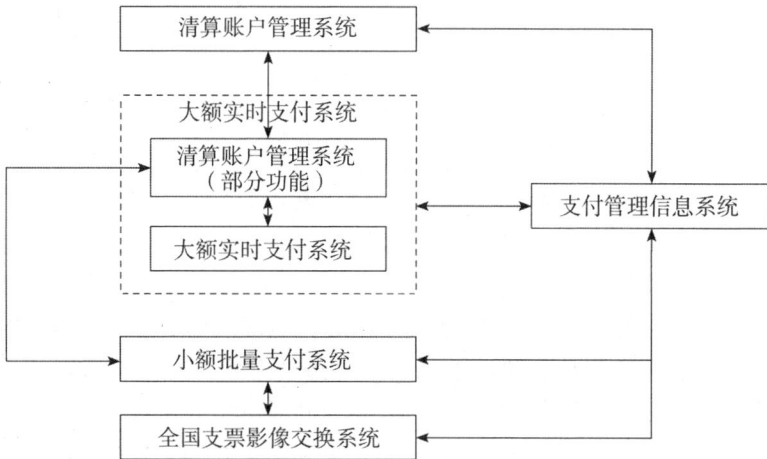

图6-5　各信息系统的逻辑分布

大额实时支付系统、小额批量支付系统和全国支票影像交换系统已在前面6.2.2中进行了介绍，这里不再赘述。

清算账户管理系统是中国现代化支付系统的核心支持系统，通过集中存储清算账户，处理支付业务的资金清算，并对清算账户进行管理。金融机构清算账户物理上摆放在国家处理中心，逻辑上由所在地的中央银行会计集中核算系统管理，非清算账户分散在全国341个ABS中。

支付管理信息系统是中国现代化支付系统的重要辅助系统之一，通过与国家处理中心和城市处理中心连接，采集大额实时支付系统、小额批量支付系统和全国支票影像交换系统数据，实现基础数据管理运行控制、行名行号管理、统计分析、实时监控和计费管理等功能，为业务部门强化清算纪律、规避支付风险、分析支付清算规律、了解支付清算概况和实时监控清算系统运行情况提供了行之有效的手段。

3.CNAPS系统参与者

（1）直接参与者。其是指中国人民银行地市以上中心支行（库）以及在中国人民银行开设清算账户的银行和非银行金融机构。直接参与者与城市处理中心直接连接，通过城市处理中心处理其支付清算业务。

（2）间接参与者。其是指中国人民银行县（市）支行（库）和未在中国人民银行开设清算账户而委托直接参与者办理资金清算的银行以及经中国人民银行批准经营支付结算业务的非银行金融机构。间接参与者不与城市处理中心直接连接，其支付业务通过行内系统或其他方式提交给为其清算资金的直接参与者，由该直接参与者提交支付系统处理。

（3）特许参与者。其是指经中国人民银行批准通过支付系统办理特定业务的机构。外汇交易中心、债券一级交易商等特许参与者在中国人民银行当地分支行开设特许账户，与当地城市处理中心连接，通过连接的城市处理中心办理支付业务；公开市场操作室等特许参与者与国家处理中心连接，办理支付交易的即时转账。

4.CNAPS支持货币政策实施

从发达国家的支付系统演变历程来看，中国现代化支付系统的不断发展已使之逐渐演变成为服务于货币政策和支持金融市场资金清算的重要手段。有效支持货币政策的实施和金融市场的资金清算是中国人民银行建设中国现代化支付系统的重要目标之一。

CNAPS支持中央银行公开市场操作、债券发行与兑付，支持债券交易市场的资金清算，支持外汇交易市场的资金清算，支持同业拆借市场的资金清算。

下面简要介绍CNAPS的自动质押融资和日间透支机制以及对公开市场操作业务的支持。

（1）自动质押融资和日间透支机制。支付系统在运行中可能会遇到商业银行流动性不足的情况，影响支付和清算。为及时调节商业银行流动性，降低支付风险，提高清算效率，中国现代化支付系统引入了自动质押融资和日间透支机制。

自动质押融资是当商业银行清算账户日间不足支付时，由中央银行对其流动性进行调节的机制。中央银行与有关清算成员银行事先签订自动回购协议，并由中央银行指定可以办理此项业务的债券类型或券种清单；清算账户遇头寸不足时，根据设定，由NPC自动向中央银行公开市场业务交易系统发起申请融资指令；公开市场业务交易系统对申请人资格进行检查后，自动向中央债券簿记系统发起访问债券信息，接到质押债券回执后向支付系统发起支付清算指令提供资金融通；待清算成员银行来账资金补足头寸时，于当日或隔日债券自动解押并归还中央银行资金。

日间透支机制也是当商业银行清算账户日间不足支付时，由中央银行对其流动性进行调节的机制。日间透支已为较多国外中央银行所采用，能够有效解决商业银行的日间资金清算问题，提高支付清算和系统运行效率。

中央银行根据商业银行的资信情况和日间支付业务量，核定其清算账户的日间信用透支额度，商业银行可在其清算账户余额加日间透支限额内支付。对日间透支限额的管理可由中国人民银行总行对分支行给予一定的授权额度，分支行根据商业银行的资信情况、资金清算量及其规律，对商业银行给予一定额度的授信；也可由中国人民银行总行对商业银行法人核定总的授信额度，再由法人对其分支机构核定透支额度。具体的方法可以根据管理的需要而定。采用自动质押融资机制风险较小，技术实现较容易，在弥补清算账户余额不足时，在清算的顺序选择上，应先对商业银行采用回购机制，对于质押债券不够的商业银行，可以启动日间透支机制。同时，要对商业银行的日间透支予以计息，通过利率杠杆的作用促使商业银行优先采用自动质押融资机制。

（2）公开市场操作业务。公开市场操作业务是依托中央国债登记结算有限责任公司运行的中国人民银行公开市场业务交易系统来实现的。中国人民银行通过该系统向一级交易商招标进行债券回购和现券买卖，该系统已经成为中央银行吞吐基础货币的主渠道。

连接方式：公开市场业务交易系统通过中央债券综合业务系统的物理通道与支付系统NPC直连。

交易方式：每次公开市场业务招投标结束后，该系统根据中标书自动生成以中央银行为一方、中标交易商为另一方的结算指令，经过双方确认后，通过中央债券簿记系统办理债券结算过户。

资金清算方式：公开市场业务交易系统通过中央债券综合业务系统（CBGS）的物理接口，向支付系统发起第三方支付指令，由国家处理中心办理即时转账，完成公开市场业务的资金清算，并通过中央债券簿记系统同步完成债券过户，实现DVP（券款对付）清算。图6-6是大额支付系统支持公开市场操作流程图。

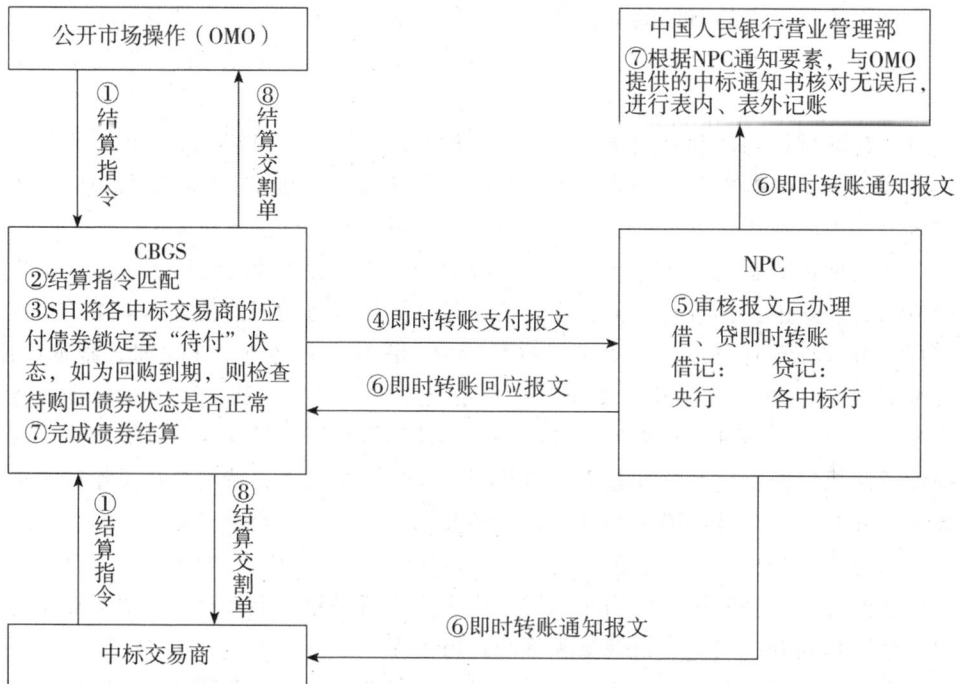

图6-6　大额支付系统支持公开市场操作流程图

6.3 其他国家或地区的典型跨行支付系统

发达国家或地区的银行业都已建立了运行效率高、较为完善可靠的支付系统。尽管各个国家或地区支付系统中的支付工具有所不同，支付方式各异，经营机构也不尽一致，但主要的功能相同，即主要用于银行间资金调拨、清算账户和证券交易的清算等。由于各个国家或地区经济、历史发展情况不同，各个国家或地区支付系统的构成各有特点，因此其有很多值得借鉴之处。

6.3.1 美国跨行支付系统

美国的支付体系是一个高度发达的系统，已经形成一个规模庞大、结构科学、高效稳定、功能齐全的综合体系。美国的支付体系具有以下特点：其一，除银行外，拥有众多的金融机构提供支付服务。美国有包括商业银行、储蓄与贷款协会、信用社在内的2万多家存款机构为客户提供不同形式的支付服务。其二，私营清算组织众多，这些私营清算组织既包括众多的从事支票托收、经营自动取款机网络及现场销售网络的地方性同业银行组织，又包括经营全国性信用卡支付网络及大额资金转账系统的私营机构。其三，规范支付活动及金融机构支付服务的法律、法规众多，既有联邦、州一级的法律，又有大量私营清算组织为其成员清算活动制定的规定。这些法律、法规共同作用，形成制约美国支付活动的基础。另外，各清算体系具有相应的规章以保证其正常运作。其四，中央银行在支付系统中发挥主导作用，中央银行既是支付法规的制定者与金融机构支付服务的监管者，又向金融机构提供支付服务，经营小额与大额支付系统。其五，可供消费者、金融机构选择的支付工具众多，既有建立在纸质实物基础上的支付工具，又有各种不同类型的电子支付工具。图6-7显示了美国支付体系的全貌。

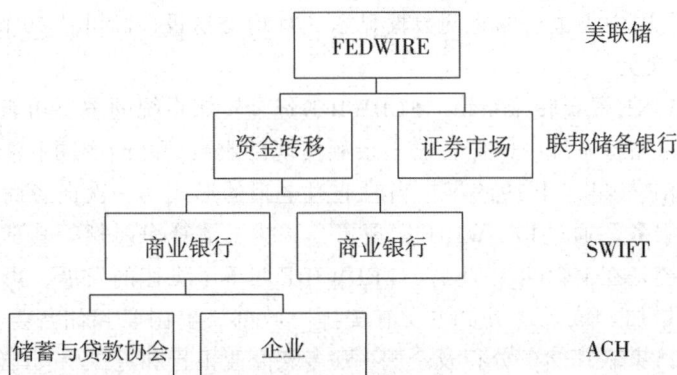

图6-7 美国支付体系的全貌

美国的支付系统由大额支付系统和小额批量支付系统构成。在小额批量支付系统中，根据经济行为者的不同需求，美国银行体系提供了现金、支票、贷记支付工具、借记支付工具、银行卡支付工具等。其中，支票和信用卡是美国最普遍使用的小额批量支付工具。目前，美国约有10.6亿张信用卡正在使用，这一统计数据反映了信用卡的巨大市场渗透率，为广大客户提供了既方便又安全的支付手段；贷记支付工具主要用于支付房租、煤气费、水电费、电话费、工资、社会福利金等；直接借记工具则通常用于周期性的固定支付业务；现金仍然是人们进行日常购物的一种支付手段，但其在支付业务中所占的比例呈逐渐下降趋势，逐步被各种更加方便、快捷、自动化的支付工具取代。

美国的大额支付系统主要包括联邦电子资金转账系统（FEDWIRE）、清算所银行同业支付系统（CHIPS）、美联储支票清算体系、自动清算所体系以及电子数据交换系统。

在美国，绝大部分的大额美元支付由两大资金转移支付系统处理：其一是FEDWIRE；其二是CHIPS。通常，金融机构及其客户利用这两大系统在全球范围内进行大额的、以美元为单位的、对时间性要求高的资金转账或簿记债券的转让。此外，金融机构可以利用独立的通信系统向相关机构发送支付指令并获得相应的资金，或启用FEDWIRE或CHIPS完成支付。这两个系统都属于大额支付系统，通过它们能够实现全美80%以上的大额资金转账。因此，这里重点对这两个系统进行介绍。

1.FEDWIRE

FEDWIRE是由美国联邦储备系统开发与维护的电子转账系统，是一个贷记支付系统。FEDWIRE提供电子化的联邦储备资金和债券转账服务，是一个实时大额清算系统，在美国的支付机制中发挥重要的作用。

FEDWIRE从1918年开始通过自己专用的摩尔斯电码通信网络提供支付服务，从每周结算逐渐发展到每日结算，联邦储备银行安装了一套仅供其使用的电报系统来处理资金转账。20世纪20年代，政府债券也开始利用电报系统进行转让。直到70年代早期，美国国内资金、债券的转移仍然主要依赖此电报系统。通过与美国国内约10 000家金融机构合作，该系统每天为超过5万亿美元的支付和清算提供便利。截至2024年2月，美国中央银行的官网数据显示，日均交易量最高可达79.1万笔，日均交易额约4.5万亿美元。①

（1）FEDWIRE资金转账系统。FEDWIRE资金转账系统的主要功能是通过各商业银行在美国联邦储备系统中的储备账户余额实现商业银行之间的同业清算，完成资金调拨。FEDWIRE最早建于1918年，当时通过电报的形式第一次向各商业银行提供跨区的票据托收服务，通过FEDWIRE实现资金调拨、清算净差额。其真正建立自动化的电子通信系统是在1970年，此后，FEDWIRE获得了飞速的发展，由其处理的各类支付业务逐年增加。该系统成员主要有美国财政部、美国联邦储备委员会、12家联邦储备银行、25家联邦储备分行及全国1万多家商业银行和近2万家其他金融机构。

FEDWIRE资金转账系统是实时、全额、连续的贷记支付系统，即支付命令随时来随时处理，而无须等到既定时间统一处理，且每笔支付业务都是不可取消和无条件的。交易业务量大的FEDWIRE用户往往采用专用线路与FEDWIRE相连，中等或较

① FRBservices. Fedwire® funds service – Monthly statistics［EB/OL］．［2024-07-19］．https://www.frbservices.org/resources/financial-services/wires/volume-value-stats/monthly-stats.html.

小业务量的FEDWIRE用户则通常采用共享租赁线路或拨号方式与FEDWIRE连接，而只有一些业务量非常小的用户通过代理行或脱机电话方式向FEDWIRE发送支付指令。

FEDWIRE资金转账系统是一个高速的电子支付系统，归联邦储备银行所有，并处于其操作与控制之下。FEDWIRE参与者利用该系统发送、接收以中央银行货币进行的最终支付指令，完成相互之间的支付或代理客户之间的支付。在营业日内，FEDWIRE分别处理支付指令，并完成清算。发送方银行提交的支付命令都将在当日完成，完成支付一般只需几分钟。接收方银行通过FEDWIRE获得的支付是最终的、不可撤销的。

通常，利用FEDWIRE进行资金转账采用在线方式提交支付指令，即通过美联储的通信网络访问FEDWIRE，也可以使用非在线方式，通过电话服务提交支付指令。大量收发信息的参与者一般都使用在线方式，通过特定的接入服务软件访问。FEDWIRE资金转账系统具备很高的直达处理能力和办公自动化水平。这类软件也能够支持金融机构使用FEDWIRE，且不必通过美联储的认证。美联储在符合风险管理的条件下，广泛向参与者提供接入服务。根据美国法律和中央银行政策规定，满足以下条件的机构可以接入FEDWIRE：一是《联邦储备法》定义下的存款机构；二是1978年《国际银行法》第1（b）条规定的外国银行在美国的分支机构；三是根据理事会H条例进入美国联邦储备系统的州成员行；四是由联邦法规特别授权的财政部和其他将美联储用作财政代理人或存款人的机构；五是《联邦储备法》的指定机构；六是根据《联邦储备法》设立的埃奇法公司；七是经执委会批准的外国央行、货币当局、政府及国际组织。

（2）FEDWIRE证券转账系统。FEDWIRE证券转账系统建于20世纪60年代末，其主要功能是实现多种债券（如政府债券、企业债券、国际组织债券等）的发行、交易清算的电子化，以降低成本和风险。它是一个实时的、交割与支付同时进行的全额贷记转账系统。

具体实施时，由各类客户（如金融机构、政府部门、投资者等）在吸收存款机构开立记账证券账户，而各吸收存款机构在储备银行建立其相应的记账证券账户，清算交割时通过各吸收存款机构在储备银行的记账证券账户来进行。目前，已有近98%、约20万种可转让政府债券通过该系统进行处理。

（3）FEDWIRE风险管理策略。

① 对大额清算系统日间透支的收费（daylight overdraft fees）。日间透支是指一个金融机构在一个营业日内其储备账户余额为负。从1994年4月起，美联储对金融机构平均每日透支进行收费，包括由FEDWIRE资金转移及记账证券转移两部分产生的合并透支额。其计算方法是对FEDWIRE营业时间内每分钟的最后时间金融机构储备账户的负值加以总计（正值不予计算），再将总透支额除以当日FEDWIRE运行的总分钟数得到金融机构每日平均透支额。美联储对每日平均透支额减去相当于银行资本的10%后的部分征收费用。

② 透支上限（net debit caps）。透支上限的制定一般以信用度为基础。为限制金

融机构在储备账户上当日透支的总量，美联储为透支上限的计算制定了统一的标准。一个金融机构的最大透支额等于该机构一定时间内的平均透支额乘以一个透支类别乘数。美联储为各金融机构设定了5个透支类别。

③ 记账证券交易抵押（collateral）。美联储对金融机构当日透支的计算是将金融机构的资金转移透支和记账证券转移透支合并计算。对于一些财务状况比较健康，但由于记账证券转移造成超过最大透支额的金融机构，美联储要求其对所有的证券转移透支提供担保。风险管理策略一般不要求金融机构对所有的日间透支进行抵押担保。从2001年5月30日起，美联储允许金融机构由于某些原因通过抵押担保申请超过透支上限的透支服务。另外，对于财务状况欠佳或面临危机的金融机构，美联储要求其必须提供抵押才能进行日间透支。

④ 对金融机构支付活动的监测（condition monitoring）。美联储对金融机构支付活动的监测一般在事后进行。如果一个金融机构当日净借记头寸超过其最大透支额，美联储就应将该金融机构的负责人召来，与其讨论应采取的减少该金融机构当日透支额的措施。美联储有权单方面减少该金融机构的最大透支额，要求金融机构提供抵押或维持一定的清算余额。对于美联储认为经营不佳并在美联储产生超过正常透支额的金融机构，美联储对其头寸情况进行实时跟踪，如果该机构的账户余额超过美联储认为正常的水平，美联储可以拒绝或延迟对该机构的支付命令。

2.CHIPS

（1）CHIPS简介。CHIPS（Clearing House Interbank Payment System）是全球最大的私营支付清算系统之一，主要进行跨国美元交易的清算。参加CHIPS的成员有两大类：一类是清算用户，它们在联邦储备银行设有储备账户，能够直接使用该系统实现资金转移，目前共有23个；另一类是非清算用户，其不能直接利用该系统进行清算，必须通过某个清算用户作为代理行，在该行建立代理账户实现资金清算。参加CHIPS的单位可以是纽约的商业银行、埃奇法公司（Edge Act Corporation）、投资公司以及外国银行在纽约的分支机构。

CHIPS是一个净额多边清算的大额贷记支付系统。20世纪60年代，纽约地区资金调拨交易量迅速增加，纽约清算所协会于1966年研究建立CHIPS，于1970年正式创立。最初与该系统直接联机的银行只有15家。当时，采用联机作业方式，通过清算所的交换中心同9家银行的42台终端相连。1982年，成员行共有100家，包括纽约当地银行和美国其他地区银行以及外国银行。直到20世纪90年代初，CHIPS发展为由12家核心货币银行组成、有140家金融机构加入的资金调拨系统。该系统采用Unisys Al5多处理机，有23台CP 2 000高性能通信处理机及BNA通信网，以处理电子资金转账和清算业务。目前，CHIPS是世界上最大的私营部门美元清算系统，全球95%左右的国际美元交易通过该系统进行清算。截至2023年，其已结算约500 000笔付款，每天清算和结算1.8万亿美元的美国国内和国际支付。以前的CHIPS每天只有一次日终结算，其最终的结算是通过FEDWIRE储备账户的资金转账来完成的。2001年，采用新系统以后，CHIPS已经逐步成为实时清算系统。2021年，纽约清算所协会对CHIPS和其他电子支付系统进行整合，构建一个统一的平台，增强数据处理能力和实时处理能力，进一步提升支付效率和降低操作成本，增加与新兴支付技术，如区块链和数字货币的兼容性。

CHIPS提供了双边及多边信用限额来控制信用风险。所谓双边信用限额，是指清算成员双方根据信用评估分别给对方确定一个愿意为其提供的信用透支额度；所谓多边信用限额，是指根据各个清算成员对某清算成员提供的双边信用限额，按比例（如5%）确定该清算成员的总信用透支额度。清算时，只要双边及多边信用限额不突破，则CHIPS根据支付命令对其清算成员行进行相应的借记、贷记记录，如果超出限额，则拒绝执行其支付命令。自1990年起，CHIPS规定在一天清算结束时，若有一家或多家银行出现清偿问题，且这些银行找不到为其代理的清算银行，则被视为倒闭，这时造成的损失由其余各成员行共同承担，以确保一天清算的完成。这些风险控制措施，不仅控制了成员行的风险，而且控制了整个系统的信用风险。因此，我们可以说CHIPS为国际美元交易支付提供了安全、可靠、高效的系统支持。

CHIPS电子支付系统从1970年开始运行，代替了原有的纸质支付清算方式，为企业间、银行间的美元支付提供了清算和结算服务。从1998年起，CHIPS归CHIPCo公司所有。所有CHIPS的参与者都是CHIPCo公司的成员。CHIPCo公司由一个包含10人董事会进行管理。根据CHIPS参与者的交易量，董事会中有4人从其中选出，其余6人由清算所（clearing house）任命。CHIPS作为一个私营的支付清算系统，在以美元进行的交易清算和结算方面，已经成为一种国际通用系统，对FEDWIRE有着很强的替代性。

从CHIPS开始运行起，其支付处理结构发生了数次改变。CHIPCo公司将CHIPS从日终的、多边净额结算系统转变为一个新的系统：在营业日内，当指令从CHIPS支付队列中释放出来以后，该系统就为这些指令提供实时的终结性结算。当营业时间结束时，那些已在CHIPS支付队列但仍未结算的指令将首先通过多边净额结算进行处理，若仍无法结算，才取消指令。

商业银行机构以及满足CHIPS规则中第19款要求的埃奇法公司，可以称为CHIPS的参与者。CHIPS的参与者受到州或联邦银行的监管，而CHIPS也要接受州或联邦银行的年度检查。如果一家非参与者机构希望通过CHIPS进行支付，其必须聘请一个CHIPS的参与者作为其支付代理。目前，CHIPS的清算用户共有23个。

通过CHIPS进行的支付转账通常与跨国银行间的交易相关，包括由外汇交易（如当期合约、货币掉期合约）而产生的美元支付，以及欧洲美元的流入与流出。此外，人们利用CHIPS调整往来账户的余额，进行与商业相关的支付、银行贷款以及债券交易。

CHIPS系统具有很高的可靠性。它维护着两个数据中心，两者之间通过光纤电缆连接，可以在5分钟内从主系统切换到备份系统，保证支付指令和数据的安全存储与备份。

CHIPS系统还支持电子数据交换（EDI），每次付款时可以向客户提供客户编码、发票号、折扣等信息。这不仅减少了信息传送错误，而且提高了效率，促进了合作。

（2）CHIPS的运行。从2001年1月起，CHIPS已经成为一个实时的、终结性的清算系统，对支付指令连续进行撮合、轧差和结算。CHIPS的营业时间为7：00至16：30，资金转移的最终完成时间为18：00，遇到节假日则营业时间适时延长。对支付指令的处理通常只需几秒，85%的指令可在12：30以前完成清算，这极大地提高了流动性。一般来说，新系统为从CHIPS队列中释放的支付指令提供实时的最终结算，支付指令的结算有3种方式：利用CHIPS簿记账户上正的资金头寸进行支付；由反方向的支付来对冲；同时采用以上两种方式。

为实现这一处理，联邦储备银行建立了一个CHIPS预付金余额账户（prefunded balance account）。在结算是实时的、终结性的安排下，每个CHIPS参与者都有一个预先设定的起始资金头寸要求（pre-established opening position requirement），通过FEDWIRE资金账户向此CHIPS账户注入相应的资金后，就可以在这一天当中利用该账户进行支付指令的结算。如果参与者没有向CHIPS账户注入这笔资金，未达到初始头寸要求，则不能通过CHIPS发送或接收支付指令。东部时间0：30，CHIPS和FEDWIRE开始运行以后，这笔规定的资金头寸就可以随时转入CHIPS账户，但不能晚于东部时间9：00。

在CHIPS运行时间内，参与者向中心队列提交支付指令，该队列由CHIPS维护。在不违反CHIPS规则中第12款规定的前提下，通过优化算法从中心队列中寻找将要处理的支付指令。当进行某一次结算时，优化算法将相关的支付指令从中心队列中释放出来，对支付指令进行连续、实时、多边匹配轧差、结算，根据结果在相关参与者余额账户上利用借记或贷记方式完成对支付指令的最终结算，同时标记CHIPS记录反映资金头寸的增减变化。在系统关闭前，东部时间17：00，参与者随时可以从队列中撤出指令。对当前头寸的借记、贷记只是反映在CHIPS的记录中，并未记录在联邦储备银行的簿记账户中。按照纽约法律和CHIPS的规定，支付指令的最终结算时间是从CHIPS队列中释放的时间。

东部时间17：00，CHIPS试图进行撮合、轧差和结算，并尽可能多地释放尚在队列中的指令，但不允许某个参与者出现负头寸。当这一过程结束以后，任何未释放的指令将通过多边轧差的方式进行处理。因而，对每一个参与者而言，轧差后的净头寸与其当前头寸（为零或为正）相关，若轧差后的头寸为负，其数值是参与者的"最终头寸要求"（final position requirement）。

拥有"最终头寸要求"的参与者必须将所要求的资金转入CHIPS账户，这可以通过FEDWIRE来完成。当所要求的资金转账以后，资金将贷记到参与者的余额中。当所有的FEDWIRE资金转账收到以后，CHIPS就能够释放余下的支付指令，并对其进行结算。这一过程完成后，CHIPS将账户中尚存的余额转账给相应的参与者，日终时将其在CHIPS账户中的金额减为零。

由于预付资金数量相对较少，并且对支付指令的清算和结算是在多边匹配轧差的基础上进行的，所以，预付资金240万美元就可以进行超过12亿美元的支付，1美元资金的效率乘数达到500以上。这加速了资金再循环，减少了流动性需求和日末流动性短缺的风险。

（3）CHIPS的风险管理。作为最大的私营运作的支付系统，CHIPS必须处理支付清算风险问题。

清算风险（settlement risk）涉及信用风险（credit risk，到期一方不能履行承诺的支付义务）、操作风险（operational risk，给资金接收方的支付指令可能被颠倒）和流动性风险（liquidity risk，由于缺乏流动性到期支付指令不能执行）。

美联储要求银行同业支付清算系统和其他私营批发转账系统保证清算的顺利进行，防止主要参与者不履行支付义务的情况发生。CHIPS 具有一个处理两家最大参加者清算失败的程序。尽管其风险涉及国际清算，但迄今为止，CHIPS 还没有未清算的交易。

信用风险是指借款人因各种原因未能及时、足额偿还债务或银行贷款而违约的可能性。

① 经济运行的周期性。处于经济扩张期时，信用风险降低，因为较强的盈利能力使总体违约率降低。处于经济紧缩期时，信用风险增加，因为盈利情况总体恶化，借款人因各种原因不能及时足额还款的可能性增加。

② 对公司经营有影响的特殊事件的发生。这种特殊事件的发生与经济运行周期无关，但对公司经营有着重要的影响。

操作风险是指由不完善的或有问题的内部程序、人员及系统，以及外部事件所造成损失的风险。对银行而言，操作风险指的是操作实际绩效低于预期绩效的可能性。

CHIPS 在风险控制方面一直处于领先水平，1990 年，国际清算银行（BIS）在制定跨国、多币种净额结算方面的规定时，就采用了 CHIPS 的风险管理模型。现在，CHIPS 对风险的控制接近 RTGS 系统的水平，超过了 BIS 的兰佛鲁西标准（Lamfalussy Standard）。

CHIPS 要求参与者在每天交易开始前存储一定数量的资金。在系统运行时间内，只有参与者当前的资金头寸足以完成借记，CHIPS 才会释放支付指令，而且任何参与者当前的资金头寸都不得小于零。对接收方的参与者而言，从队列中释放的支付指令都是终结性的。为保证 CHIPS 参与者可以获得信贷来源，并有足够的流动性以迅速应对每日初始和最终的资金头寸要求，CHIPS 为参与者提供了信贷限额。若一家机构要成为参与者，其必须接受纽约州银行或联邦银行规章制定机构的管理，以确保其接受定期的检查，并且运行稳定。此外，它还需要接受 CHIPCo 公司的信用评估。CHIPS 参与者也需要向 CHIPCo 公司董事会提交财务情况方面的文件，接受董事会的定期问询。

（4）CHIPS 基于 Internet 的新服务。2003 年 11 月 4 日，CHIPS 对系统接入方式进行调整，并且提供基于 Internet 的管理报告和更高效的清算处理，参与者和其他用户可以利用 Internet 更加方便地使用该系统。

首先推出的网上服务是追加资金（supplemental funding），其允许参与者追加资金并指定某些支付指令优先处理，立即清算。CHIPS 作为具备终结性的多边净额结算系统，对多个参与者的支付指令进行匹配，然后进行实时的清算和结算。大部分指令的清算在 15 秒内完成，但有时银行会希望某些指令具有更高的优先级，能够立即清算。通过这项服务，银行就可以在网页上控制这一过程，根据需要更改支付指令的处理顺序。

此外，CHIPS 提供在线的管理报告，而以前该报告只能在客户端生成。现在，金融机构在登录后就可以看到自己与交易对象的相对头寸，查询支付状况，进行与 CHIPS 相关的管理。

追加资金和管理报告这类网上服务为 CHIPS 的参与者提供了更大的便利。以前，CHIPS 提供新服务后，参与者必须调整自身的系统才能享受到新服务。而现在 CHIPS 调整了自身的系统，并通过网络提供这些服务，这样，参与者的维护费用下降了，而且很快就可以利用这些服务。

6.3.2 日本跨行支付系统

日本的银行间支付结算体系主要包括 4 个系统，其中 3 个由私人部门运营，分别是：汇票和支票清算系统（bill and cheque clearing system，BCCS），用于对提交到同城清算所的汇票和支票进行清算；全银数据通信系统（Zengin data telecommunication system，Zengin System），用于零售贷记转账交易的清算；外汇日元清算系统（foreign exchange yen clearing system，FXYCS），用于外汇交易中日元部分的清算。另外一个是由日本银行负责运营的日本银行金融网络系统（bank of Japan net funds transfer system，BOJ-NET），主要用于结算银行债务，包括私营清算系统清算后产生的净债务。2001 年，该系统由 DNS 系统升级为 RTGS 系统，不同类型的证券由不同的机构存管。日本银行作为日本政府债券（Japan government bond，JGB）的中央证券存管机构（central securities depository，CSD），参与证券结算系统的运行；日本证券存管中心（Japan securities depository center，JASDEC）是股票的中央证券存管机构。其他类型的债券没有 CSD，它们与为数众多的证券登记机构和日本债券结算网络（Japan bond settlement network，JB Net）一起组成了公司债券和其他证券的结算系统。各种债券以及交易所股票交易的结算，均采用券款对付（DVP）的结算方式。

1. 汇票和支票清算系统

汇票和支票清算系统（BCCS）主要为同一地区的金融机构提供汇票和支票的交换清算服务。日本曾经最大的票据交换所是东京票据交换所，成立于 1887 年，随着电子支付方式的日益普及，其交易额逐年下降。2023 年，东京票据交换所的官网数据显示，其日均处理交易仅为 4 万笔，金额 500 亿日元，与 2016 年日均处理交易 8.44 万笔和金额 9 000 亿日元形成鲜明对比。随着支付领域的持续发展，东京票据交换所需要不断适应新的市场需求，优化其服务和技术，以维持其市场地位和服务质量。

大中型金融机构，包括银行和外国银行在日本的分支机构，都是 BCCS 的直接参与机构。小型金融机构通过直接参与机构间接地加入系统进行清算。日本主要的清算所由各地银行家协会负责管理，例如，东京清算所由东京银行家协会（Tokyo Bankers Association，TBA）负责运营。

BCCS 的结算量近年来有明显的下降，其原因是传统的汇票和支票融资正被银行信贷取代，这类资金的支付结算因而也转向 Zengin System。日本银行家协会（JBA）正在致力于开发一个通用区块链平台，用于该国银行的核心流程的审核及汇款业务。

截至 2024 年 4 月，根据相关的官网信息显示，JBA 有 114 个正式成员，3 个银行控股公司成员，75 个准会员，49 个特别会员以及 1 个次级准会员，其总部设在日本，成员包括全资银行、银行控股公司、银行家协会，还包括 52 家外资银行。值得注意的是，JBA 也是 Zengin System 的运营商，该系统是支持日本国内银行间资金转移的全国支付结算平台。作为日本国内资金转移系统的运营商，日本银行家协会正在研究新的金融创新，特别是区块链技术。2016 年 11 月，3 家被称为日本 "megabanks" 的银行进行了区块链行内转账试验。在经历了 9 个月的概念认证试验之后，由东京 bitFlyer 开发的 "miyabi" 区块链平台被证明能够实现每秒记录 1 500 笔交易，击败了行内有线系统能够到达的 1 400 笔/秒的速度。

2. 全银数据通信系统

全银数据通信系统（Zengin System）是一个日本国内银行间资金转账的小额清算系统，于 1973 年开始运行。另外，很多小型金融机构，如信用金库、信用合作社、劳工信用协会以及区域性银行团体等，都有它们自己的银行间清算系统。这些清算系统的结构都与 Zengin System 相似。

银行以及外国银行在日本的分支机构等金融机构直接参与 Zengin System 的清算。小型金融机构参加 Zengin System，则分别通过它们各自与 Zengin System 连接的清算系统来实现。几乎所有的日本国内银行都接入了全银数据通信系统。截至 2023 年末，超过 1 300 家金融机构参加全银数据通信系统，日均处理交易约 6 000 万笔，金额 150 万亿日元。2023 年 1 月 4 日，中国银行正式开始通过 Zengin System 处理日本境内日元收付款业务。

3. 外汇日元清算系统

外汇日元清算系统（FXYCS）是于 1980 年建成的大额支付系统，用来简化跨境金融交易日元支付的清算过程。最初，该系统的运转是建立在处理纸质单据的基础上。为了适应外汇交易量的快速增长，1989 年，东京银行家协会对该系统进行了改造，实现了系统的自动化，并将经营权委托给日本银行。从此，外汇交易的日元清算就通过日本银行 BOJ-NET 进行。

FXYCS 的自动化系统是 BOJ-NET 的一部分。FXYCS 主要处理跨国金融交易，包括外汇市场交易、进出口贸易衍生的日元支付。该系统最初有定时净额清算和即时总额清算两种清算模式，自 2008 年 10 月起全面改为即时总额清算。

2023 年，外汇日元清算系统日均处理交易笔数 1.15 万笔，金额 110 万亿日元，相较于 2022 年，交易数量和金额存在轻微增长。

4. 日本银行金融网络系统

日本银行金融网络系统（BOJ-NET）由两个子系统组成：一个是用于资金转账的 BOJ-NET 资金转账系统；一个是用于 JGB 结算的 BOJ-NET JGB 服务系统。BOJ-NET 资金转账系统于 1988 年建成，是一个联机的电子大额资金转账系统，也是日本支付结算系统的核心。BOJ-NET 资金转账系统从建成起就为资金的结算提供了两种方式，即定时净额结算和实时全额结算。目前使用的系统为新 BOJ-NET（New BOJ-NET），是 2015 年 10 月 13 日上线的。新 BOJ-NET 是为应对金融交易全球化和信息技术加速创新而建立的，以满足日本经济发展的需求。2016年2月，其营业时间从19点延长到21点。

日本银行提供的大多数支付服务都可以通过BOJ-NET资金转账系统处理，它们包括：①同业拆借市场和证券交易所引起的金融机构之间的资金转账；②在同一金融机构的不同账户之间的资金转账；③私营清算系统产生净头寸的结算；④金融机构和日本银行之间的资金转账，包括在公开市场操作的交易。通过BOJ-NET资金转账系统进行的大多数资金转账都是贷记转账，但机构内部的资金划拨也可以通过借记转账来进行。经过数次改造后的新BOJ-NET，具有款券同步交割、实时全额结算及流动性节省机制等功能。

6.3.3 欧元区支付系统

欧元区的支付结算系统分为两类：一是大额支付结算系统。它主要包括泛欧实时全额自动清算系统（TARGET）以及欧洲银行业协会（EBA）的EURO1系统。此外，还有3家区域性的大额净额结算系统，分别是芬兰的POPS系统、西班牙的SPI系统、法国的巴黎净额结算系统（PNS）。二是跨境零售业务支付系统。欧元区的零售业务支付系统大多依赖于各成员国内的零售业务支付系统。涵盖整个欧元区并对所有银行开放的跨境零售业务支付系统，为欧洲银行业协会（EBA）的STEP3系统。

在证券领域中，欧盟各国的中央银行建立了中央银行结算代理模式（CCBM）。在CCBM中，中央银行互为代理行，用于货币政策操作，欧洲中央银行体系日间信贷的证券可以实现跨境转账。随着欧元证券跨境转让的需求不断上升，欧盟各国的证券结算系统（SSS）也已实现相互连接，可用于证券跨境转账交易。

1.实时全额结算系统

泛欧实时全额自动清算系统是处理欧元交易的实时全额结算系统（RTGS）。该系统是一个分布式的系统，从1999年1月4日开始运行，欧盟约有1 700个机构加入了该系统。

（1）TARGET系统结构。TARGET系统是一个非中心清算系统，支付信息在双方之间的传递不是通过某个中心机构，在营业时间内支付指令不会送往欧洲中央银行。它由15国的RTGS、欧洲中央银行的支付系统（EPM）和互联系统（interlinking system）构成，欧洲中央银行只提供很少的中心清算服务，如TARGET的日终（end-of-day）清算。

① 成员国内RTGS/TARGET互联系统。欧盟成员国包括加入欧元区的国家，以及未使用单一货币，但在欧盟发展到第三阶段之前已经是欧盟成员国的国家。后者只要能够在处理本国货币的同时处理欧元，就可以与TARGET系统相连。欧洲中央银行的支付系统（EPM）负责发布TARGET目录，维护检测中心，进行日终管理。互联系统将EPM以及各国RTGS互联为一个整体。互联系统建立了各国中央银行的往来账户，记录各国之间因资金流动而产生的资产与负债，实时传送支付信息。

② 信用机构。信用机构通过本国的RTGS接入TARGET系统，接口由该国的中央银行确定。若要进行跨国支付，信用机构需要满足以下条件：是RTGS的直接参与者

或经直接参与者代理，或者是参与者的客户或中央银行的客户。

③ SWIFT。互联系统的逻辑与物理平台建立在 SWIFT FIN/SWIFTNet FIN 网络基础之上。各国的 RTGS 的用户界面通常也使用 SWIFT 的通用界面。成员银行发送支付指令时，采用本国的 RTGS 的标准信息格式。

欧盟成员国建立本国的 RTGS，并在本国的中央银行设立清算账户。TARGET 成员国间进行支付时，支付信息在相关两国的中央银行之间直接传送，通过往来账户上的借记、贷记操作完成结算。各国的 RTGS 在加入互联系统时，既要满足欧洲系统执行单一货币政策的需要，也要为各信用机构提供统一的服务平台，所以，必须在保持原有特色的基础上进行适当的调整。

跨国的 TARGET 支付指令通过本内的 RTGS 处理后，直接传递给相应各国的中央银行。所有的参与者通过银行标识码（BIC）进行识别，BIC 可以通过 SWIFT 获得。欧洲中央银行据此发布了 TARGET 目录，列出了与其相连的所有信用机构。

成员国国内的 RTGS 和 EPM 通过互联系统与 TARGET 系统连接，互联系统的通信网络通过区域接口将各个国家连接起来。这些接口使得成员国国内的支付数据可以在 TARGET 的标准数据格式与国内格式之间进行转换，这样各国的 RTGS 就可以通过这些接口处理跨国支付。成员国国内的 RTGS 以及互联系统的设计由各国的中央银行和欧洲中央银行负责，尽量使连接花费最小，满足必要的安全要求和运行要求。

欧洲中央银行维护着一个检测中心，这样欧洲中央银行和各国中央银行就可以检测它们的系统与互联系统之间是否运行平稳、互相协调。所有的相关软件和调整过的软件都必须在集成之前进行测试，然后进行系统联调，最后才可以在 TARGET 系统上实时运行。

（2）TARGET 系统的运行规则。管理 TARGET 系统及其运行的法规包括两类：一是《欧洲中央银行泛欧实时全额自动清算系统指导原则》（TARGET 系统指导原则）；二是参加 TARGET 系统的国家的 RTGS 及 EPM 的规则和处理流程（国家 RTGS 规则）。TARGET 系统指导原则于 1999 年 1 月 1 日，即欧洲经济与货币联盟（EMU）第三阶段开始时生效。

TARGET 系统指导原则适用于欧洲中央银行（ECB）和加入欧元体系的各国中央银行（NCB）。其具体内容包括：①对每一个加入或者连接到 TARGET 系统的国家的 RTGS 必须遵守的最低共同标准（如接入标准、货币单位、收费规则、运行时间、可以通过 TARGET 系统进行处理的支付交易类型、支付指令应被处理的时间或支付指令被认定为不可撤销的时间、日间信贷）作出规定；②通过互联系统进行跨境支付的协议安排；③ TARGET 系统的安全战略和安全条件；④建立 TARGET 系统审计框架的相关条款；⑤ TARGET 系统的管理。

1999 年 1 月 1 日，欧元体系和未采用欧元的欧盟成员国的中央银行达成协议，为欧元区以外的成员国中央银行与 TARGET 系统进行连接提供一套指导机制。鉴于欧元区外成员国中央银行的特殊情况，这些规则和流程一直处于修订和改进中。

2007 年，该系统正式升级为 TARGET 2 系统，实时全额处理欧元交易。目前，接入 TARGET 2 的直接参与者有 999 个，间接参与者约有 3 500 个，包括信用机构、政府机构和投资公司等。从 2017 年 11 月 21 日起，欧元区跨国转账不超过 1.5 万欧元可以实现实时到账。用户只需提供国际银行账户（IBAN）号码，在任何一个联网终端就可以一键操作，手续费比之前有所降低。欧盟支付委员会（EPC）鼓励更多国家参与。截至 2018 年 11 月，欧元区全部国家加入实时转账结算系统。欧洲中央银行表示，这一在整个欧元区建立的即时支付系统，可以让企业和公民在数秒内转账，这是该央行旨在加强欧元区金融一体化的新举措。

（3）TARGET 系统的参与者。根据指导原则，TARGET 系统只允许《银行协作 1 号指示》第一条第一段规定的在欧洲经济区（EEA）注册的受监管的信用机构作为直接参与者加入。下列机构在得到相关 NCB 的批准后也可以参与 RTGS：①活跃于货币市场的成员国中央或地方政府的财政部门；②得到授权可以为消费者持有账户的成员国公共部门的相关机构；③在 EEA 注册，得到公认的法定主管部门授权和监管的投资公司；④受法定主管部门监督，提供清算和结算服务的组织机构。

国家 RTGS 规则规定，申请加入 RTGS 的机构要根据欧元体系的统一法律评价"范围"提供详尽的法律评价意见书，并由相关的 NCB 对该意见书进行审查。在加入系统时，每个申请机构（不论是国内的还是国外的）还需提供资格认证意见书（以确定该申请机构能够合法地签订各种协议）。对于外国的参与机构，无论其是在 EEA 国家还是在非 EEA 国家注册，都需要提供外国参加者的管辖机构出具的国家意见书（以确定外国的法律条款不会对签署的协议产生不利的影响）。

所有加入了国家 RTGS 的信用机构都自动取得了使用 TARGET 系统跨境业务服务的资格。信用机构还可以远程接入 TARGET 系统。这表明在一个 EEA 国家注册的信用机构可以成为 TARGET 系统中另一个国家的 RTGS 的直接参与者，并可为此目的在那个国家的中央银行开设该信用机构的欧元结算账户，而不需要在该国成立分支机构或者子公司，但这种信用机构参加 TARGET 系统进行结算不能透支。

（4）TARGET 系统处理的交易类型。TARGET 系统是一个实时全额自动清算系统。成员国国内 RTGS 成员在该国的中央银行设立清算账户，支付命令发出方使用该账户中的资金来实现支付。TARGET 系统主要处理的交易包括：与中央银行实施的与货币政策直接相关的支付，以欧元为单位进行的大额净额清算、银行间支付、商业支付，以及欧洲中央银行系统的交易指令、日终结算等。

TARGET 系统支持以欧元为单位的所有类型的信用转账服务，可以处理欧洲客户间、银行间、客户与银行间跨国界的支付指令。TARGET 系统对交易金额上下限没有限制，对所有支付指令一视同仁，有助于实现欧洲的单一货币政策。

TARGET 系统采取实时、逐一处理的方式，支付信息在与之相关的两国的中央银行间直接传送而不通过某个中心机构进行双边支付。各国的 RTGS 规定，当支付命令发送方在 RTGS 中的账户被该国中央银行借记后，支付命令不可撤销，接收方在该国的中央银行账户被贷记后，支付即告终结。

（5）TARGET 系统的特点。TARGET 系统采用 RTGS 模式，系统在整个营业日内连续逐笔地处理支付指令，所有的支付指令均是最终的和不可撤销的，从而大大降低了支付系统风险，但对参加清算的银行的资金流动性有较高要求。

由于资金可以实时、全额地从欧盟一国银行划拨到另一国银行，不必经过原有的货币汇兑程序，从而减少了资金占用，提高了清算效率和安全系数，有助于欧洲中央银行货币政策的实施。

欧洲中央银行对系统用户采取收费政策，对大银行更加有利。此外，TARGET系统用户需要在欧洲中央银行存有充足的资金或备有等值抵押品，资金规模要求较高，加之各国中央银行对利用该系统的本国用户不予补贴，故与其他传统清算系统相比，TARGET系统的清算成本较高。

（6）TARGET系统的风险管理。TARGET系统考虑到大额支付的风险，同各国RTGS的操作基本一致，都是以连续的方式逐笔处理各个支付命令。当付款的信用机构在其本国中央银行的账户上存有足够的资金时，TARGET系统会对其所有的支付采用立即结清的方式，即提供即时的和最终的结算。也就是说，在记入信用发放机构账户的借方之前，不会记入收款机构的贷方，因此，收款机构从TARGET系统收到的资金一定是无条件的和不可撤销的，这样就可以保证收款机构在该业务中不会面临信用风险和流动性风险。针对每笔支付命令连续不断地对系统内的账户进行总额清偿，就可以清除清算过程中来自银行间的风险，有助于防范银行收、付款的系统性风险，且便于发现头寸短缺状况，并按照一定的结算规则防止结算风险的扩大。

（7）TARGET 2。2002年10月，欧洲中央银行管理委员会确定了新一代TARGET系统的主要原则。根据欧洲中央银行的官网数据显示，TARGET 2系统于2007年11月19日正式启用，于2007年11月19日推出，并于2008年5月完全取代了第一代TARGET系统，日均值达到373 468笔付款，金额1.8万亿欧元。该系统首批在德国、奥地利、卢森堡、马耳他、拉脱维亚、立陶宛、斯洛文尼亚和塞浦路斯8个国家推行，共有259家银行参与，截至2008年5月19日另有13个欧盟国家分两批加入。法国、德国和意大利3国共同开发TARGET 2系统，并代表欧元体系负责运营。法国、德国和意大利3国的中央银行联合宣布，TARGET 2系统首次运营日的表现良好，显示出较高的稳定性。

TARGET 2系统主要结算与欧元体系货币政策操作以及银行对银行和商业交易相关的付款。中央银行和商业银行可以向TARGET 2系统提交欧元支付指令，以中央银行货币（中央银行账户中持有的资金）进行处理和结算。每五天，TARGET 2系统处理的支付额接近整个欧元区的生产总值，使其成为世界上最大的支付系统之一。超过1 000家银行使用TARGET 2系统以自己或客户的名义发起欧元交易。考虑到分行和子公司，全球有超过43 000家银行及其所有客户使用TARGET 2系统进行支付。

TARGET 2系统最有意义的理念创新在于其整合了现有的分散技术设施的方式。创立一个共享的技术平台将带来以下成果：①通过SWIFT连接到TARGET 2系统的欧洲标准界面；②TARGET 2系统服务范围的完全标准化，从而保证全欧的信贷机构能够得到相同水准的优质服务；③欧元的国内和跨境支付实现无差别处理；④为欧洲所有参与者管理中央银行流动资金提供全面选择；⑤面向TARGET 2系统参与者的统一且更低的价格。

2.欧洲银行业协会的 EURO1 系统

（1）机构设置。EURO1 系统是欧洲银行业协会为在欧盟范围内的欧元贷记转账提供的一个按多边净额结算的大额支付系统。该系统由依据法国法律设置的 3 家机构进行管理。第一家管理机构是欧洲银行业协会（EBA）。EBA 是欧盟国家的商业银行和非欧盟国家的商业银行开设在欧盟国家的分支机构之间的合作机构。第二家管理机构是负责 EURO1 系统运营的 EBA 清算公司。该公司由 EBA 成立，在法国巴黎注册有办事处，它的股东都是清算银行，目的是负责 EURO1 系统的运营和管理。第三家管理机构是 EBA 行政事务管理公司。该公司提供各种行政事务管理服务，特别是为EBA 和清算公司提供人力、技术及其他支持服务。EBA、EBA 清算公司和 EBA 行政事务管理公司之间的关系，通过一个主协议进行规范。

（2）准入标准。EURO1 系统是一个国际性的系统，参与银行来自所有的欧盟成员国和部分非欧盟成员国（澳大利亚、日本、挪威、瑞士和美国等）。它们或是在欧盟国家注册的银行，或是在欧盟国家设有分支机构的银行。准入 EURO1 系统，需要满足法律、财务和运营 3 个方面的标准。

法律标准的规定：参加或申请参加 EURO1 系统的机构必须在经济合作与发展组织（OECD）的国家中设有经注册的办事处，并被 EBA 清算公司确认为是"有权限管辖"的机构。参加机构负责接入系统的运行部门即运行分支机构，或者满足某些前提条件的运行机构的子公司，必须设立在欧盟国家，而且这些分支机构（或子公司）还应该是 EBA 成员。参加机构（或申请机构）需要提供法律评价意见书，来证实自己有资格加入 EURO1 系统（资格认证意见书），而且 EURO1 系统的法律基础——单一债务构成方案（SOS）已经得到其所注册的国家或者其接入系统运行部门所在的国家的认可和执行（国家意见书）。国家意见书只需要提供一次，并且一经提供，这个国家就被加入到有权限管辖国家的名册中，该名册包括所有承认 SOS 的国家（"符合管辖权限"）。

财务方面的规定：参与机构所拥有的自有资金至少要达到 12.5 亿欧元，并且短期信用等级至少为 B2（穆迪投资者服务公司作出的评估），或是 A2（标准普尔评级服务公司作出的评估），或是 EBA 清算公司所认可的其他短期信用等级。

主要的运营标准包括：①任何一个参加者或申请者必须是已经连接到 TARGET 系统的某个欧盟国家 RTGS 的直接参与机构；②为加入 EURO1 系统，参加机构必须指定一个系统运营单位；③必须装备足够的并能够满足 EBA 清算公司制定的技术要求的技术和运营设施，而且其运行的可靠性和稳定性要得到 EBA 清算公司的验证；④金融机构必须向 EBA 清算公司通报其在欧盟国家所有通过清算银行以间接成员身份参加系统的分支机构、办事处或子公司。清算银行要为间接成员的业务活动负责，并保证其在技术和业务方面的运转符合规则的要求。是否接纳一个加入系统的申请，需要由清算公司的股东即清算银行投票决定。

（3）系统规则。EURO1 系统根据单一债务构成方案（SOS）原则运行，该法律方案受德国法律的管辖。根据该方案，所有参与者同意达成如下合同协议：在结算日内的任何特定的时间，每一个参与者只与作为共同债权人（或债务人）的其他参与者全体有一笔支付债务（或债权）。按照SOS原则，EURO1系统进行的支付处理将不会在参与者之间产生双边的支付债权或债务，也没有任何形式的、来自对参与者债权债务进行连续调整而产生的抵销、替代和轧差处理。SOS规则的目的是防止在交易日结束时因某一参与者违约无法偿还某一债务而引发的任何形式的解退处理。

（4）处理的交易类型。EURO1系统只处理贷记转账。尽管对支付的金额和发起行没有什么限制，但EBA计划将EURO1系统建设成为一个主要侧重于处理EBA成员间大额支付的系统。另外，EBA跨境零售贷记转账服务STEP1的差额将通过EURO1系统的参与机构进行结算。STEP1的建立使得加入EBA STEP1协议的银行能够向其他STEP1银行提交或从其他STEP1银行接受小额支付，并通过其加入EURO1的结算代理银行进行净额结算。

3.跨境零售支付系统

欧洲实施两项启动欧元电子货币跨境使用的计划。第一个实施的项目是"欧元电子钱包的跨境使用"（PACE计划）。它是一个可互操作性的电子货币系统，由负责运营mini-cash电子钱包系统的卢森堡电子转账中心（CETREL）、负责运营Geldkarte电子钱包系统的德国中央信用委员会（ZKA）及负责运营Moneo电子钱包系统的法国银行卡组织和欧洲电子货币协会（SEME）共同推出。欧洲委员会通过其IST（信息社会技术）计划为该系统提供资金支持。该项目从2000年7月开始实施，为了能够在卢森堡、德国和法国利用欧元进行电子支付，这3个国家本国的电子钱包系统必须先行互联，并逐步采用"通用电子钱包技术标准"（CEPS）。

第二个实施的项目是Ducato系统。建立Ducato系统的目的是在真实的环境中对CEPS技术进行检验，并利用事实对基于CEPS技术的各种电子钱包系统的可互操作性进行论证。

6.4 全球金融网络通信系统SWIFT

6.4.1 SWIFT的背景与发展

SWIFT的全称是Society for Worldwide Interbank Financial Telecommunication，中文名称是环球同业银行金融电信协会。为适应国际贸易发展的需要，20世纪70年代初期，欧洲和北美的一些大银行开始对通用的国际金融电文交换处理程序进行可行性研究。研究结果表明，应该建立一个国际化的金融处理系统，该系统要能正确、安全、低成本和快速地传递标准的国际资金调拨信息。于是，美国、加拿大和欧洲的一些大银行于1973年5月正式成立SWIFT组织，负责设计、建立和管理SWIFT国际网络，以便在该组织成员间进行国际金融信息的传输。1977年夏，环球同业银行金融电信协会网络系统的各项建设和开发工作完成并正式投入运营。

SWIFT发展过程中的重要年份及重大事件如下：

1970年，由7家欧洲银行提出建设共用国际金融通信网络系统的构想，银行界反应强烈。

1971年，60家银行合作进行被称为"信息交换"的研究，试图估计该系统的可行性、功能及成本。

1973年，SWIFT诞生。在比利时布鲁塞尔市中心40平方米的办公空间内，一群人聚在一起，抱着雄心壮志。在15个国家的239家银行的支持下，SWIFT成立。

1976年，建成了实时不间断的运行中心，即第一个OC（operating center）诞生，对即时交易的影响深远。SWIFT拥有额外的设备可以备份系统，以便保证系统的高效。SWIFT此时已经拥有来自17个国家的515个成员。

1977年，SWIFT继续成长，SWIFT系统正式投入使用。由当年比利时王子发出了第一份SWIFT电报，先期有比利时、法国和英国等22个国家的30多家银行使用。随后，该年度的网络正式用户增加至518家。

1980年，亚洲国家和地区实现第一次系统连接，中国香港和新加坡加入运营。

1982年，SWIFT运行稳定，实现第一次盈利。与宝来公司签订SWIFT2工程合同及ST200合同，SWIFT二期工程开始建设。

1995年，进入新时代。SWIFT开设了法兰克福办公室，更加接近德国用户。新的亚太会议显示了SWIFT向亚太地区扩张的需求，并在我国北京举行了会议。1995年，SWIFT在我国北京和上海设立了SWIFT访问点SAP（SWIFT access point），它们分别与新加坡和中国香港的SWIFT区域处理中心主节点连接，为用户提供自动路由选择。为了更好地为亚太地区用户服务，SWIFT于1994年在中国香港设立了除美国和荷兰之外的第三个支持中心。这样，我国用户就可以得到SWIFT支持中心的中文技术服务。

2005年，SWIFT支持工业转型，TARGET 2选择加入SWIFT。2005年底，全球有204个国家和地区的7 863家金融机构连接使用SWIFT，年处理电报量25.18亿份。

2007年6月，SWIFT的服务遍及207个国家，接入的金融机构超过8 100家。但是，随着全球金融科技水平的持续提升，传统的SWIFT系统面临威胁。

2016年4月25日，SWIFT通过路透社向用户发布警告，称"SWIFT意识到，在最近的几起网络事件中，恶意攻击者通过金融管理后台的本地端口连接至SWIFT网络，从SWIFT客户端获得了入侵SWIFT报文的权限"。根据SWIFT公布的数据，SWIFT的设计能力是每天传输1 100万条电文，这些电文划拨的资金以万亿美元计。如果SWIFT系统面临被攻击的威胁，那么，上万亿美金的跨境汇款均将面临风险。

SWIFT的gpi（global payments innovation，全球支付创新）项目通过概念验证，区块链技术的应用水平显著提升。根据当前的代理行服务模式，银行必须通过借记和贷记通知以及每天结束时的对账单来检查自身境外账户中的资金，其中涉及的维护和运营工作是跨境支付成本的重要组成部分。SWIFT的gpi项目旨在全面提升跨境支付的标准，作为该项目的一部分，2017年1月，SWIFT宣布正式启动gpi项目的概念验证，并邀请gpi成员银行申请参与概念验证，探索银行能否利用分布式账本技术（distributed ledger technology，DLT）实现更加高效的实时对账，全面提升跨境支付的标准。

2017年5月23日，SWIFT宣布，我国13家主要商业银行已经加入其gpi项目。这些银行包括中国银行、中国工商银行、中国农业银行、中国建设银行、交通银行、中国民生银行、上海浦东发展银行、中国邮政储蓄银行、浙江省农村信用社联合社、兴业银行、中信银行、平安银行和广发银行。这13家银行的跨境支付业务量大约占我国跨境支付金额总量的80%。

2017年10月16日，SWIFT宣布其gpi业务增长迅速，2017年9月处理超过200万笔支付。SWIFT gpi已经迅速成为跨境支付的新标准。

2018年3月8日，在经过了漫长的DLT概念验证后，SWIFT终于发布了最终结果——银行可以使用分布式账本进行实时交易。基于Linux基金会发起的超级账本（HyperLedger Fabric），SWIFT重点验证了银行往来账、银行在其他银行中持有账户的交易处理，利用DLT沙盒技术，SWIFT可以控制访问、定义和执行用户权限，实现保密数据的物理隔离和存储。在DLT强大的身份识别框架下，所有相关方在获得了自己的SWIFT Code和SWIFT认证签署的密钥后，交易即可进行。

2023年3月20日，ISO 20022跨境支付和报告消息传递标准（CBPR+）成功上线，标志着全球支付行业的一个重要里程碑。[①]ISO 20022即"金融服务-金融界通用报文方案"，由国际标准化组织于2004年制定发布。它是金融业与IT技术高度结合的产物，以可扩展标记语言（XML）技术为基础，提供了一种面向全球不同业务建立通用报文格式的解决方案，实现使用者之间通过单一标准与金融机构系统的无缝对接和跨产业协同运作。

根据SWIFT官网发布的数据，截至2024年4月，全球已有4 450余家金融机构加入了SWIFT的gpi项目，覆盖了150种以上货币，占SWIFT跨境支付总量的82%以上。

6.4.2　SWIFT的人事管理

1.SWIFT的监督结构

为了对SWIFT进行有效管理与监督，十国集团（G10）的中央银行作出对SWIFT进行监督管理的特定安排，比利时的国家银行（NBB）在SWIFT的监管中起到主导作用，G10的中央银行从旁进行协助。监管目的是保证系统的安全性和操作的可靠性，包括良好的系统结构、处理能力、风险管理与控制方式。NBB负责SWIFT的日常监管，支付清算委员会（CPSS）对检查的结果给出指示或建议，提示监管应当注意的问题。

2.SWIFT的管理结构

SWIFT以25名董事长领导下的执行董事会为最高权力机构，监督由CEO领导的执行部门的工作，董事会包括6个委员会，分别是：财务委员会，负责会计、财务报告与财务管理等；偿付委员会，评估公司绩效，负责董事会成员和其他主要主管的薪酬管理，雇员薪酬管理，津贴计划；两个商务委员会，分别负责银行与支付以及证券；两个技术委员会，分别负责标准与技术以及产品。SWIFT的具体组织结构，如图6-8所示。

① SWIFT. ISO 20022 in bytes for payments: A look ahead at 2023's important milestones [EB/OL]. [2024-04-19]. https://www.swift.com/news-events/news/iso-20022-bytes-payments-look-ahead-2023s-important-milestones.

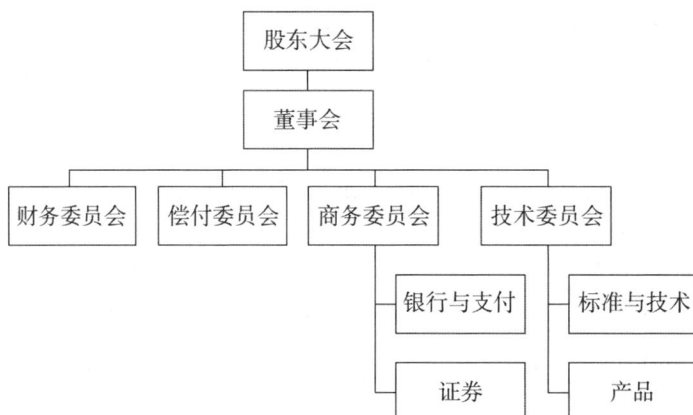

图6-8 SWIFT组织结构图

3.SWIFT的会员分类

SWIFT的会员分为持股者和非持股者。

持股者会员（shareholder member）包括银行、符合资格的证券经销商（eligible securities broker-dealers）以及符合规定的投资管理机构（investment management institutions），它们都可以持有SWIFT SCRL的股份。会员拥有董事选举权，当股份达到一定份额后，有董事的被选举权。

非持股者会员（non-shareholder member）主要分为非参股会员、附属会员以及参与者3类。

（1）非参股会员是那些符合成为参股人资格但是并未选择或不愿选择成为参股人的机构。

（2）附属会员是指持股者会员对该机构组织拥有50%的直接控制权或100%的间接控制权。此外，该机构组织还需满足附属会员条例中第8款第1节的要求，即必须和会员所参与的业务相同，但必须完全由参股人控制管理。

（3）参与者是主要来自证券业的各个机构，如证券经纪人和经销商、投资经理、基金管理者、货币市场经纪人等。他们只能获得与其业务相关的一系列特定服务，并且需要满足股东大会中为其设定的标准。参与者不能持股。需要特别指出的是，参与者的类型不同，能够享有的SWIFT服务与产品也有所不同。

6.4.3 SWIFT提供的服务

SWIFT扮演着国际银行业中枢神经系统的角色，担负着全球银行之间信息交流、资金流通的重任。SWIFT提供的服务分为四大类：接入服务、金融信息传送服务、交易处理服务以及分析服务与分析工具。

1.接入服务（connectivity）

SWIFT的接入服务通过SWIFT Alliance的系列产品完成，包括：①SWIFT Alliance Access and Entry，传送FIN信息的接口软件；②SWIFT Alliance Gateway，接入SWIFTNet的窗口软件；③SWIFT Alliance Web Station，接入SWIFTNet的桌面接入

软件；④File Transfer Interface，文件传输接口软件，通过SWIFTNet FileAct使用户方便地访问其后台办公系统。

SWIFTNet Link软件内嵌在SWIFT Alliance Gateway和SWIFT Alliance Web Station中，提供传输、标准化、安全和管理服务。连接后，其确保用户可以利用同一窗口多次访问SWIFTNet，获得不同服务。

2.金融信息传送服务（messaging）

SWIFTNet启用以后，传统的FIN服务转而在新的网络SWIFTNet FIN（已于2002年8月开通）上提供。SWIFT将传统的FIN服务与新开发的、交互性的服务进行了整合，开发了SWIFTNet信息传送服务以满足现代金融机构不断发展的需要。它包括以下4种服务：

（1）在金融信息传送方面：SWIFT的核心服务是FIN。它通过SWIFT网络接收、存储、转发各种金融业务处理中的数据。内置的冗余和分布式处理系统确保FIN服务安全、灵活、可靠。其增值处理服务包括：按SWIFT标准进行信息格式化，信息的保存与恢复，信息的管理及优先级控制。在交易指令传达给接收方之前，指令需要备份并通过第三方（如中央银行）的认证。FIN服务使SWIFT成为世界上使用最广泛的支付服务系统，各国银行的国际业务都对其产生依赖，其信息种类、格式和技术架构已经成为全球支付系统中的典范。

（2）SWIFTNet InterAct：提供交互（实时）与存储和转发两种信息传送方式，适合要求实时应答的金融业务。InterAct有3种不同的工作模式，分别是存储转发、实时报文、实时查询及响应模式。无论收报行联机与否，使用存储转发模式，当收报人准备好后，报文都会被立即分发出去。对于交易时处于联机状态的收报行，实时报文模式比存储转发模式更加快捷有效。实时查询及响应模式是一个典型的基于联机查询或报告的交互式服务系统，该模式通常和SWIFTNet Browse配合使用。

（3）SWIFTNet FileAct：提供交互与存储和转发两种文件自动传输方式，适合大批量数据的传输。通过SWIFTNet浏览器，用户可以方便地使用这两种服务。FileAct支持任何类型的字符集、任何内容的结构，可以使用SWIFT格式、集团内部格式或私有格式，最大可以传输250M大小的文件，适合大批量数据的传输。利用FileAct，所有的SWIFT成员紧密地联结在一起，快速地收发文件。无论是集中支付处理、支票影像交易、有价证券的附加信息，还是给中央银行的报告、内部机构报告，都可以利用FileAct完成，欧美多数的金融机构都已经从安全、可靠、低廉的文件传输交换中获得了利益。

（4）SWIFTNet Browse：以浏览器为基础，使用标准的Internet浏览器（如IE）和SWIFT Alliance Web Station访问Browse服务，其安全由SSL和SIPN保证。

针对特定行业的服务，SWIFT提供了以下支持：

① SWIFT为支持大额支付和证券相关交易中的清算、结算和净额结算，提供finance copy服务。

② 针对证券交易和相关信息的传送，SWIFT制定了专门的电子通信标准FIX（financial information exchange）协议。SWIFTNet FIX信息传送服务为投资经理、经纪

人/经销商、交易所提供了安全可靠的、统一的信息传送平台。用户只需与SWIFTNet连接,就能够与世界范围内的合作伙伴交换金融信息,包括利率指数(indications of interest,IOIs)、报价(quotes)、指令(orders)、执行报告(execution reports)以及资金划拨(allocations)。

③针对金融机构提供在线金融服务,SWIFT开发了TrustAct。TrustAct在SWIFT-Net与Internet之间建立通信的桥梁,金融机构通过其可以将SWIFTNet作为服务支持平台,同时提升自身的品牌价值。

3.交易处理服务(transaction processing)

交易处理服务也是通过SWIFTNet向外汇交易所、货币市场和金融衍生工具认证机构提供交易处理服务,具体包括:①交易处理匹配服务(accord matching);②实时报告的双边净额清算服务(according netting);③支持B2B商务中的端对端电子支付(e-payments plus)。

4.分析服务与分析工具(analytical services/tools)

SWIFT也向金融机构提供一些辅助性的服务,即分析服务与分析工具:①BIC Online和BIC Directory Update Broadcast,向金融机构提供最新的、世界范围内的金融机构代码(BIC)。②Traffic Watch,可以监测SWIFT当前传送信息的数量。③Transaction Watch,可以监测信息从发出到接收的全过程,获得各种参数,为提高证券系统和支付系统的效率提供分析数据。④STP Review,金融机构为提升自身的竞争力,直达处理(straight through processing,STP)能力变得愈加重要,SWIFT可以向用户提供独立、客观的STP评估。

6.4.4 SWIFT的网络结构

SWIFT的网络系统由操作转换中心、地区处理站、银行处理站和终端四层结构组成,如图6-9所示。SWIFT总部设在比利时布鲁塞尔,同时在荷兰阿姆斯特丹和美国纽约分别设立操作转换中心。这些操作转换中心由系统控制中心连成环形结构,并分别连接各地区处理站。地区处理站连接各自管理的银行处理站和终端,组成全球金融通信网络。少数较小国家可以共用一个地区处理站。

通常,一份电文经过一个操作转换中心转接时,其数据传输流程如下:源行通过调制解调器和国内租赁专线或电话线将电文发往所在的地区处理站;该地区处理站利用相应的交换中心约定的密钥将电文加密后发往相应的操作转换中心;该中心将电文解密后利用相同目标行所在的地区处理站约定的密钥重新将电文加密,转发到目标行所在的地区处理站;该地区处理站将收到的电文解密后,经过国内租赁专线将电文发往目标行进行交易处理。

6.4.5 SWIFT的特点

SWIFT组织从1973年成立至今,经过了近50年的成长,作为国际结算的平台,SWIFT系统兼具成熟与可靠的特点。近50年的实践成就了SWIFT的成熟,而详尽的安全架构使其非常可靠。详细地说,SWIFT具有下列几个特点:

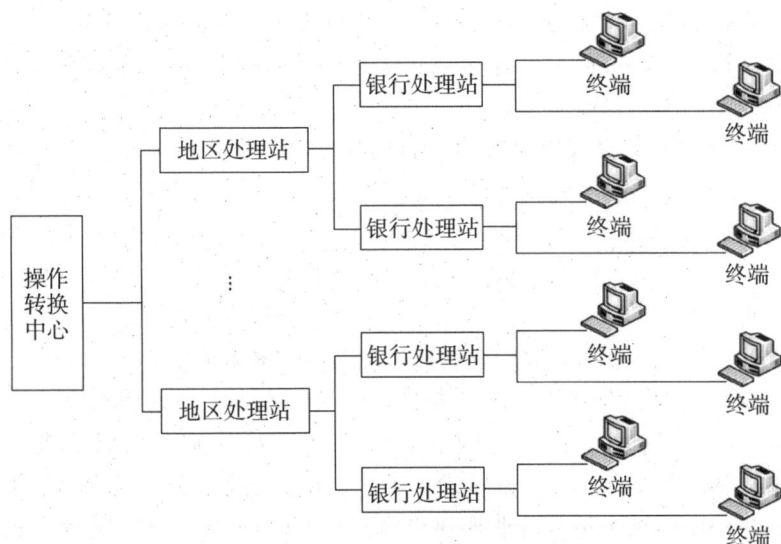

图6-9 SWIFT网络系统图

1.格式标准化

具体地说，SWIFT的标准格式分为两种：一种是基于FIN的标准MT；另一种是基于XML的新标准MX。目前，两种标准暂时处于共存状态。

（1）MT（Message Type，MTs通用表达式为MTnXX）。n（0~9）表示报文类型。XX表示在n类型中的分类：Category 0 - Common Group Messages（通用组报文）；Category 1 - Customer Payments & Cheques（客户的汇款与支票）；Category 2 - Financial Institution Transfers（银行头寸调拨）；Category 3 - Treasury Markets-Foreign Exchange，Money Markets & Derivatives（外汇、货币市场与衍生物）；Category 4 - Collection & Cash Letters（托收与现金运送单）；Category 5 - Securities Markets（证券买卖）；Category 6 - Treasury Markets-Precious Metals（贵金属）；Category 6 - Treasury Markets-Syndications（辛迪加）；Category 7 - Documentary Credits & Guarantees（信用证业务和保函）；Category 8 - Travellers Cheques（旅行支票）；Category 9 - Cash Management & Customer Status（银行账单及报表）。上述10类信息中，应用较多的有第1、2、3、5、7、9类。

（2）MX。1999年，SWIFT组织选择了XML编码作为新一代标准，同时决定最终应用新一代以XML为基础的标准（MX）。这将是一个漫长的过程，因为其在实现的难易程度以及需求上都有一定的挑战，暂时无法立即替代现有的以FIN为基础制定的MT。这使得MT和MX将有一段意义重大的共存期。

新型的MX标准由12类组成：账户管理（account management），acmt.xxx.xxx.xx；管理（administration），admi.xxx.xxx.xx；现金管理（cash management），camt.xxx.xxx.xx；支付清分与结算（payments clearing and settlement），pacs.xxx.xxx.xx；支付起始（payments initiation），pain.xxx.xxx.xx；证券（securities event），seev.xxx.xxx.xx；交易服务管理（trade services management），tsmt.xxx.xxx.xx；财资（treasury），trea.xxx.xxx.xx；

证券交易（securities trade），setr.xxx.xxx.xx；证券结算（securities settlement），sese.xxx.xxx.xx；证券管理（securities management），semt.xxx.xxx.xx；参考日期（reference data），reda.xxx.xxx.xx。

（3）MT与MX的共存及解决方式。目前，一个分两步的方法正在用来评估特定环境下的商业交易以及确定究竟如何才能解决共存现象。

步骤1：确保语义的完全。第一步用来评估现存的标准是否能够提供令人满意的端对端商业交易的支持。这个分析会考虑到账户服务的水平，并由一些特点诸如日期的丰富性、质量及时间方面等衡量。通过分析也许可以揭露出漏洞或者矛盾，比如丢失信息或者重复信息。被揭露的问题会通过发展标准来解决。

步骤2：决定使用的语法（MT或者MX）。第二步用来评估将在商业交易中采用的语法。假如以后的信息一直采用不同的语法，那么互用性以及STP的弊端所带来的风险将日益明显，所以，最终的目标就是在每个商业交易领域使用唯一的语法。随着标准的发展，XML将被采纳，除非商业交易只对MT有好感，或者并没有意愿转为采用XML。

2.传送量大、费用低

SWIFT每天信息的传送量很大，为国际结算提供强有力的支持。根据SWIFT官方网站的数据显示，2022年12月至今，SWIFT平均每天记录4 480万条FIN消息，于2021年11月30日创下了新的高峰日，共计5 030万条消息，比2021年2月26日的峰值高出8.5%。

SWIFT通信费是基于路由和通信量定价的，对通信量多的用户可以给予折扣，最高可以折让50%，对发展中国家则减半收费。SWIFT每年年底还根据经营情况向成员行返还部分（如20%）费用，并根据其业绩向成员行发放红利。

3.提高了金融通信和金融机构业务处理的效率

SWIFT提供了详细的金融机构业务处理记录，节省了金融机构结算、查账和控制的时间；Transaction Watch服务为金融机构监测信息传递过程、分析系统效率提供了方便；STP Review向用户提供STP评估，提高其服务质量。

4.提供了有效的安全措施和风险管理机制

SWIFT采取的安全措施主要有：储备系统中心备份，建立了两套独立、完整的设备和线路；日常的系统检测，在访问应用流程方面采取认证、入侵检查、信息流量的控制等。

在支付风险管理方面，SWIFT并不向金融机构提供直接的帮助，而是提供间接的帮助：为大额支付和证券交易的资金清算、结算以及净额结算提供FIN Copy，即在交易指令传达给接收方之前，指令需要备份并通过第三方（中央银行）的认证。

5.多元化的服务

SWIFT的服务对象范围在不断扩大。早期，SWIFT的会员主要是银行、证券机构等。现在，SWIFT向大量的金融服务机构提供信息传送和接入服务。而且，SWIFT正在逐渐吸收企业加入协会，这项措施对企业和会员银行都很有利，一方面提高了企业信息传输的效率和安全性；另一方面会员银行将吸引更多的客户，这会增加信息传输量，从而降低每笔业务的费用，而且可以提供种类更多、更为优质的服务。

SWIFT从4个角度服务金融市场——证券、贸易服务、财政及衍生物（treasury & derivatives）、支付及资金管理（payments & cash management）。具体产品及服务包括：

（1）SWIFT解决方案（SWIFT solutions），包括SWIFTNet Accord、SWIFTNet Affirmations、SWIFTNet Bulk Payments、SWIFTNet Cash Reporting、SWIFTNet CLS Third Party Service等服务。

（2）市场基础设施（market infrastructures），具体分为证券市场及银行市场两方面。

（3）会员管理式封闭用户组（member administered closed user groups，MA-CUG），能够让会员通过SWIFTNet为其客户提供金融服务，可用于支付、资金管理、财资、衍生工具、贸易服务和证券等各个市场，可用专用格式或国内格式，也可用SWIFT报文标准。

（4）信息传递服务（messaging services），包括SWIFTNet FIN、SWIFTNet FileAct、SWIFTNet InterAct、SWIFTNet Browse等。

（5）接入服务（connectivity），包括SPIN、SWIFTNet Link在内的各种直接与间接接入服务。

（6）交互式服务（interfaces），包括SWIFT Alliance系列产品，在信息传送方面拥有SWIFT Alliance Access、SWIFT Alliance Entry，在信息交流方面拥有SWIFT Alliance Gateway、SWIFT Alliance Starter Set，在桌面操作方面则有SWIFT Alliance Web Station、SWIFT Alliance Messenger。

（7）信息产品（information products），包括BIC查询服务等内容。

6.4.6　SWIFT的风险防范

SWIFT的安全威胁来自两个方面：一是支付风险；二是系统风险。

在支付风险方面，SWIFT并不向金融机构提供直接的帮助。利用SWIFT所提供的服务，金融机构可以有效控制支付风险。

在系统风险方面，SWIFT系统安全主要遭受以下几个方面的威胁：假冒；报文被截取（读取或复制）、修改、重播；报文丢失；报文发送方或接收方否认等。针对这些安全威胁，SWIFT系统提供了安全策略：

（1）安全登录和选择服务。用户通过Login/Select功能连接SWIFT系统，Login/Select的作用是鉴别和审核SWIFT的逻辑终端。这一功能是通过交换一次性的Session Key得以完成的。Session Key原来是通过使用印制在Login/Select表中的Login/Select序号和密钥产生的，以打印形式传递，需要进行手工处理。读卡器从智能卡中获得密码产生访问代码，这些密码只有IC卡和SWIFT安全系统知道，IC卡中密码被固化在内存中，只有IC卡自身才可以读出。智能卡技术的应用，使系统连接控制简单化。

（2）防止第三方冒充。通过报文验证代码（MAC）鉴别报文发送方的真实身份，从而准确地鉴别报文的来源，或者通过产生一次性的会话密钥确保用户与SWIFT系统正常连接。

（3）防止第三方截取报文。防止报文内容被未经授权的人阅读或复制，通过对报文进行加密从而使内容保密，即使第三方截获报文也难以理解报文内容，使其无法修改、替换报文内容，或者可以发现报文在传输过程中被修改。

（4）防止报文的重播和丢失。通过重复报文报尾PEM trailer、传送时限来防止报文重播和丢失。

（5）在系统内进行交换的报文被复制存储，与报文交换有关的各种活动及其发生时间均被记录。

（6）相关安全责任的分离。即一人不能负责多项安全事务，即使系统管理员也不能一人拥有所有的权限、管理所有的事务，而是由多个系统管理员分别管理各项功能。

6.4.7　SWIFT与中国

中国银行是我国银行业中的第一个SWIFT成员，于1983年2月率先加入SWIFT，并于1985年5月13日正式开通SWIFT，是SWIFT的第1 034家成员行，这是我国与国际金融标准接轨的重要里程碑。随后，中国工商银行、中国农业银行、中国建设银行、交通银行、中信银行等也相继加入SWIFT，并利用SWIFT系统开展国际金融业务。例如，中国建设银行的快速电子清算系统就是利用SWIFT Alliance Access的电子服务系统，通过SWIFT开发的PC-Connect软件与主机相连，为客户之间的国际结算提供服务。中国银行的环球收付清算系统以SWIFT通信网络为运行环境，与国外代理行计算机系统对接，集收付指令处理及资金清算为一体，将遍布22个国家和地区的554个海外分支机构连成有机整体，形成一条快捷、安全、高效的资金传递"高速公路"。

2007年6月7日，中国银行正式注册加入由SWIFT开发的贸易服务设施（trade services utilities，TSU）系统。作为我国银行业中的第一个SWIFT成员，中国银行的业务专家在包括开发推广TSU系统等工作过程中发挥了建设性作用。下一步，中国银行将积极应用TSU系统开展供应链管理和融资业务的实践与创新，为广大贸易企业提供优质高效的产品和服务。

2021年3月23日，中国人民银行宣布，SWIFT与中国人民银行清算总中心、跨境银行间支付清算有限责任公司、央行数字货币研究所以及中国支付清算协会合资成立金融网关信息服务有限公司，向用户提供金融网关服务，提升跨境金融网络和信息服务水平。这标志着我国跨境金融基础设施的建设取得又一重要进展，为人民币国际化增添新的助力，也为未来数字人民币实现跨境支付和流动探索可行的方式和路径。

SWIFT的优势在于批量支付，银行可以将原本需要多次发送的同类报文和文件打包进行一次性的处理，直接进行与清算中心、银行和企业用户之间的直连，从而降低运营费用。这对我国金融行业的发展具有借鉴作用。

@ **本章小结**

　　跨行支付的发展是与支付系统的演变、发展密切相关的。由于各家商业银行都拥有数目众多的分支机构，依据地域范围进行运作，因此形成了复杂而分割的支付环境。我国支付系统受到环境、文化、经济条件、基础设施等诸多因素的影响，可以划分为同城清算所、小额批量支付系统、大额实时支付系统、全国支票影像交换系统、电子商业汇票系统、境内外币支付系统以及网联清算平台等。

　　国际上较有影响力的跨行支付系统有：环球同业银行金融电信协会（SWIFT）、纽约清算所银行同业支付系统（CHIPS）、美国联邦电子资金转账系统（FEDWIRE）、泛欧实时全额自动清算系统（TARGET）。这些系统的支付、结算流程以及信息传输格式等，都值得我国金融行业借鉴和学习。

@ **关键术语**

　　支付系统；跨行支付；中国现代化支付系统；SWIFT；CHIPS；FEDWIRE；TARGET

@ **习题**

一、选择题

1.SWIFT 是（　　）。

A.美元国际支付系统

B.英镑票据清算系统

C.传递银行间金融交易的电信系统

D.欧元区各成员国中央银行的大批量实时清算系统

2.CHIPS 是（　　）。

A.美元国际支付系统

B.英镑票据清算系统

C.传递银行间金融交易的电信系统

D.欧元区各成员国中央银行的大批量实时清算系统

3.TARGET 是（　　）。

A.美元国际支付系统

B.英镑票据清算系统

C.传递银行间金融交易的电信系统

D.欧元区各成员国中央银行的大批量实时清算系统

4.以下属于由不同国家共同组建的跨国支付清算系统的是（　　）。

A.CHIPS　　　　　　B.CHATS　　　　　　C.TARGET　　　　　　D.CHAPS

5.RTGS 是指（　　）。

A.实时全额结算系统　　　　　　　　B.交换轧差结算系统

C.当天资金　　　　　　　　　　　　D.清算所自动转账系统

二、简答题

1.什么是同城清算系统？它的主要功能有哪些？

2.中国现代化支付系统包括哪几部分？

3.TARGET系统对欧盟国家之间的欧元结算有何重要意义？

4.简述小额批量支付系统的功能。

5.简述大额实时支付系统的功能。

6.简述SWIFT的服务内容。

三、讨论题

登录中国人民银行网站（http：//www.pbc.gov.cn），通过网站了解中国现代化支付系统的结构及各项业务，思考中国现代化支付系统的发展趋势。

@案例分析

全球货币支付格局不断发生变化

受到全球经济、政治和技术等多重因素的影响，全球货币支付格局正在经历深刻的变化。这种变化不仅反映了国际经济格局的演变，也体现了各国货币政策和金融市场的发展动态。

根据环球同业银行金融电信协会（SWIFT）公布的数据显示，2024年3月，通过SWIFT系统进行的全球跨境结算中，欧元交易比例为21.93%，环比下降1.32个百分点，而且远低于2023年底的24.40%，欧元的份额降至历史最低水平。实际上，2023年，欧元在国际支付中的份额几乎减少了一半。从历史数据来看，2023年1月，欧元结算的比例高达37.88%，而到2023年12月，这一数字则下降至22.41%。这一趋势无疑对欧元的全球地位构成了挑战，也反映了欧元区经济面临的一些困难和挑战。

与此同时，美元仍然稳居全球支付货币榜首，并且占比有所上升。2024年3月，美元支付占比环比2月上升0.81个百分点，达到47.37%，创下2023年12月以来最高水平，再次显现了美元在全球经济中的核心地位，以及其作为国际储备货币和国际交易货币的不可替代性。

在英镑方面，尽管其全球支付份额相对稳定，但在国际货币竞争中仍处于相对弱势地位。2024年3月，英镑在SWIFT交易中的份额为6.57%，略高于一些其他货币，但与美元和欧元等主要货币相比仍有较大差距。

值得注意的是，人民币在国际支付市场中的结算份额再次上升，并创下了新高，达到4.69%，再次超过排名第五位的日元（4.13%）。自2023年11月以来，人民币全球支付占比超越日元，升为全球第四大最活跃货币，已经连续第5个月处于该水平。这一成就不仅是我国经济实力和国际影响力的体现，也与我国政府推动人民币国际化的努力密不可分。

在我国开发了独立于SWIFT的自己的国际支付网络系统——CIPS（人民币跨境支付系统）后，在推动人民币国际化方面发挥了重要作用。该系统为各国金融机构提供了便捷、高效的人民币跨境支付服务，促进了人民币在全球范围内的流通和使用，人民币的国际地位将进一步得到提升。

资料来源 佚名. 全球货币支付巨变：欧元降到 21.93%，美元升到 47.37%！人民币呢？[EB/OL].［2024-04-25］. https：//new.qq.com/rain/a/20240419A0AJZJ00.

问题：

（1）如何评价美元在全球支付市场中的主导地位？进一步分析人民币在国际支付中地位提升的原因有哪些。

（2）查阅资料，了解不同时期下的全球货币支付格局，预测未来全球货币支付格局可能发生的变化。

第7章

中国银联支付

@ 教学目标与要求

1.了解中国银联的创建、发展历程；

2.掌握中国银联支付系统的组成、职能；

3.了解中国银联电子支付业务开展的现状；

4.掌握中国银联网上支付的职能及业务流程；

5.掌握中国银联网上代付的职能及业务流程；

6.掌握中国银联跨行转账的职能及业务流程；

7.了解银联电子支付与第三方支付的关系及竞争优势；

8.了解中国银联的手机支付产品。

@ 知识架构

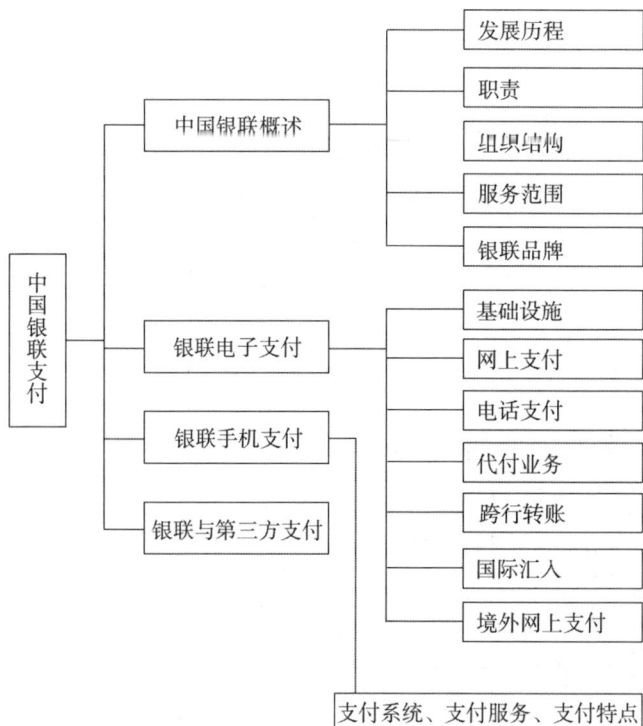

@ **导入案例**　　　　　澳门公交开通支持内地云闪付APP的乘车码

　　银联国际于2024年4月25日宣布，澳门本地两家公交公司旗下全线巴士已经开通支持内地云闪付APP的乘车码。内地游客可以使用熟悉的支付方式"刷码"搭乘当地公交，畅游澳门。港澳居民也可通过云闪付APP享受这一便捷服务。

　　银联乘车码是银联推出的创新交通支付解决方案，乘客只需扫码上下车，系统即可根据记录匹配行程并计费扣款。该方案已在内地和香港多个交通场景落地。2023年，澳门公交巴士为本地居民率先推出该服务。此次业务落地将惠及内地和香港游客，打开云闪付APP后，地区自动定位或选择"中国澳门"，点击首页"澳门乘车码"小程序，生成澳门公交乘车码后，即可在巴士电子收费机刷码付费，无须另行购买车票或充值当地交通卡，极大地便利了短期到访澳门的游客出行体验。

　　同时，银联还推出了"锦绣行动2024"，持续提升港澳居民北上支付便利性。在交通领域，港珠澳大桥、广深港高铁等跨境交通场景，内地41个重点城市的43个机场、100多个高铁火车站、36个重点城市地铁已经支持银联支付产品，港澳居民可以使用本地发行的银联卡或银联合作钱包便捷出行。工银澳门手机银行APP内还支持直接刷码乘坐珠海公交。北上港车或澳车也可以在广东省内多家停车场或高速ETC享受无感支付。

　　在港澳地区，银联卡基本实现商户受理全覆盖，超14万商户支持银联二维码。基于日益完善的受理网络，港澳本地发行的银联卡超3 000万张，落地包括港澳版"云闪付"、BoC Pay、澳门中银手机银行、澳门工银e支付、丰付宝等36个银联合作钱包。这些产品具有跨境通用的功能，可以在本地、内地和全球银联网络便捷使用。

　　资料来源：中国银联. 内地和香港游客今日起可使用云闪付APP在澳门刷码搭乘公交 银联大湾区金融支付一体化建设取得新成果［EB/OL］.［2024-04-25］. https://cn.unionpay.com/upowhtml/cn/templates/newInfo/7885004da382485e8bde5a0ba000fdd3/20240425151916.html.

7.1　中国银联概述

　　从20世纪50年代银行卡在美国诞生以来，银行卡业务迅速发展并衍生出众多周边产业。银行卡业务融合现代高新信息技术，将自身的功能和用途从简单的支付结算扩展到理财、外汇买卖和兑换、证券转账及托管等一系列综合金融服务，产生了银行卡组织、第三方专业服务机构等衍生组织和机构。

　　1979年12月，中国银行与东亚银行签署协议，代理其信用卡业务，这标志着我国银行卡产业的开端。经过多年的不断改革和发展，我国的银行卡产业从各个商业银行相互割据、各自为战的无序竞争发展到联合发展、资源共享，且在一定程度上形成了相对统一的银行卡业务规范和技术标准，这主要得益于我国政府和中国人民银行对银行卡产业的鼓励与大力支持、我国通信技术及互联网技术的发展，以及中国银联的成立。

7.1.1 中国银联的发展历程

1.中国银联的由来

我国银行卡产业从诞生到发展，大致可分为3个阶段：

（1）1979—1993年，是我国银行卡产业的起步阶段。1985年3月，中国银行珠海分行发行了我国第一张银行卡——"中银卡"，这是我国第一张自主品牌的银行卡，也是我国第一张信用卡。其后，各银行相继发行了自己的银行卡，我国银行卡产业竞争格局初步形成。在这一阶段，各发卡行单独分散地发行银行卡，基本没有跨行、跨地区提供服务，持卡人只能与发卡银行的本地机构进行交易、支付等活动，银行卡也只是作为各发卡行吸收存款、代理收付、稳定公司客户的手段。各家银行之间卡片和终端标准不统一，受理终端重复布局，"一柜多机"现象严重，交易成功率、受理效率低下和差错处理能力较差，导致银行卡的普及和应用比较缓慢。但各家商业银行投资进行电子化建设，为银行卡业务奠定了系统和网络基础。截至1993年底，全国各家商业银行共发行各类银行卡400余万张，交易额超过2 000亿元。

（2）1994—2001年，是我国银行卡产业的联网通用阶段。1993年6月，针对当时我国存在的大量现金的发行与流通、资金的体外循环以及经济犯罪等问题，为稳定金融秩序、加强国家对经济的宏观调控、深化金融改革、加速金融商贸现代化的建设，倡导在全民中推广使用信用卡，在全国范围内启动以电子货币应用为重点的各类卡基应用系统工程——金卡工程。

为了实现POS机与ATM网络资源共享，节约资源、提高效率、改善用卡环境，1994年，"金卡工程"正式启动实施。在北京、上海等12个城市建设网络服务中心和全国总中心，银行卡业务开始在这12个城市实行联网通用。随后，武汉、深圳等6个城市作为第二批试点城市也开始建设跨行信息交换中心。在这一阶段，各地银行卡发卡量、特约商户数量、POS机和ATM的数量和覆盖范围大大增加，全国范围内的跨行、跨地区的信息交流网络系统初具规模。1999年，中国人民银行颁布《银行卡业务管理办法》，明确了发卡行、持卡人和特约商户的权利、责任与义务，对银行卡产业健康、规范的发展起到了促进作用。2001年，中国人民银行发布《2001年银行卡联网联合工作实施意见》，明确了在全国范围内跨行、跨地区联网通用、联合发展的目标，各家商业银行也逐渐达成共识，决定从2004年1月1日起国内所有跨行、跨地区使用的人民币银行卡都要加贴"银联"标识。

2001年12月，温家宝同志到中国人民银行视察银行卡联网通用工作，明确提出了我国银行卡联网通用"314"目标，即2002年在全国300个以上城市实现本系统内银行卡联网运行、跨地区使用，100个城市实现银行卡跨行通用，40个城市推行跨银行、跨城市通用的银联卡；到"十五"末期，争取全面实现各类银行卡异地跨行通用。

（3）2002年至今，是我国银行卡产业走上国际化道路的阶段。2002年1月，北京、上海、广州、杭州、深圳5个城市首批发行"银联"标识卡，并逐步扩展到全国40个城市。

2002年3月13日，中国人民银行（银复〔2002〕64号）批准中国银联股份有限公司开业。2002 年 3 月 26 日上午，中国银联在上海浦东新区浦建路 500 号上海期货大厦开业揭牌。至此，经中国人民银行批准的、注册资本 16.5 亿元人民币，由 80 多家国内金融机构共同发起设立的中国银联正式成立。

2003 年 8 月，中国银联正式推出了具有自主知识产权、符合统一业务规范和技术标准的民族品牌银行卡——银联卡。中国银联还在受理环境建设、系统安全管理、银行卡跨行交易风险管理等多方面与商业银行和特约商户建立合作机制，并促使各家商业银行将竞争焦点由单纯地以占有更多的市场份额为目的，转化为向持卡人提供更多的增值服务，从而提高了银行卡业务的服务质量。银行卡的使用范围越来越广，航空、学校、医院、高速公路和公共事业缴费等领域都接受银行卡支付方式，方便了持卡人。2004 年 1 月，中国银联正式开展中国香港业务，随后中国澳门、美国、日本等其他地区和国家的业务也陆续开通，我国银行卡的民族品牌走上了国际化的道路。

中国银联自成立以来，得到了党和政府的高度重视和关心。温家宝同志先后两次视察中国银联。2007 年 5 月，温家宝同志视察中国银联时，充分肯定了中国银联在推进联网通用、自主品牌建设、银联国际化发展、银行卡支付创新等方面的成绩，并提出了新形势下开展银行卡工作的八字方针：安全、统一、创新、普及。2010 年 1 月，胡锦涛同志到中国银联视察时，称赞中国银联联合商业银行推出的银联卡促进了我国银行卡产业的发展，方便了人民群众，并指出银行卡产业是大有希望的产业，要不断扩大业务领域，提高服务水平，加快国际化进程，努力将"银联"打造成国际主要银行卡品牌。银联卡和支付服务走向全球，银联体系下的产品以全方位、高质量的服务，影响世界范围内数以亿计的持卡人、商户、机构，赢得了更广阔的市场认可。

中国银联在国际支付市场中的存在和扩展计划受到了行业内的挑战。2010 年 6 月，Visa 国际组织宣布从当年 8 月起，在中国大陆以外地区处理带有 Visa 标识的双币信用卡时，交易不得通过中国银联的清算通道，违者将面临重罚。此决策引起了广泛争议，最终双方有所缓和，确认中国香港和中国澳门的交易可以通过中国银联进行。这起争端反映了两大支付巨头之间的竞争。Visa 试图限制在境外使用银联网络以保护其市场份额，而中国银联则在国内拥有清算渠道的垄断地位。随着中国银联的国际扩张，其在全球市场的交易额逐年增长，到 2020 年已经成为全球最大的银行卡清算组织。这一事件不仅影响了银行的信用卡业务，还可能提高了境外消费者的交易成本。此事件突显了中国银联在国际支付市场的存在感和扩张欲望。尽管 Visa 试图限制银联卡在境外的使用，中国银联依然保持了其国际化战略的推进。这一冲突也间接验证了中国银联作为一个国际支付网络的能力和潜力，促使其进一步拓展国际市场。面对来自 Visa 的竞争压力，中国银联加快了自身技术和服务的升级，提高了交易的安全性和便利性，从而增强了自己的市场竞争力。这种压力实际上帮助中国银联改进并扩展其服务，尤其是在境外市场。中国银联在此事件中坚持持卡人有权选择支付通道，强调双标识卡提供更多选择权，这一立场有助于提升银联品牌的消费者信任度。通过维护持卡人利益，中国银联不仅提升了自身的品牌形象，而且强化了对消费者权益的保护。通过应对 Visa 的竞争挑战，中国银联不仅在我国国内市场占据了主导地位，而且在全球市场提升了自身的影响力。这一事件以后，中国银联境外交易额和网络覆盖面不断扩大，成为全球最大的银行卡清算组织之一。

2018年10月，银联卡境外发行突破1亿张，"一带一路"沿线市场成为银联卡新增发行的主要区域，30余个国家和地区累计发行了3 500余万张银联卡，比倡议提出前提升了20倍。2022年，中国银联秉持"联接创造价值"企业愿景，围绕数字化转型、网络四方模式建设等聚力开展第三代系统建设，打造"卡基+账基+信息"的互联网络，重塑网络四方模式；通过高新科技运用，建设敏捷高效、开放创新的服务化技术体系，构建数字时代金融服务底座，为客户、商户、金融机构、政府等提供资源整合、能力输出、共建共享、模式创新的可持续发展生态。目前，中国银联以"锦绣行动2024"为引领，继续发挥支付产业核心与枢纽作用，通过提升支付服务水平，不断为推动支付产业高质量发展、优化营商环境、实现国家高水平对外开放贡献力量。

2. 中国银联的现状

中国银联自成立以来，积极顺应国家社会经济发展和人民群众用卡需要，牢记产业使命，履行社会责任，充分发挥银行卡组织的职能作用，积极携手商业银行和专业机构等银行卡产业相关各方，探索出了一条具有中国特色的银行卡产业发展之路，有力维护了国家经济和金融的安全，推动我国银行卡产业实现了超常规、跨越式发展，使我国快速发展成为全球银行卡产业发展最快、最具潜力的国家之一。

为顺应我国经济社会发展需要，履行国家赋予的产业使命和社会责任，中国银联积极联合商业银行建设我国的银行卡自主品牌——银联卡。随着银联卡的普及与应用，银联品牌在我国民众中的知名度日益提高。

在中国银联与各家商业银行的共同努力下，我国银行卡的联网通用不断深化，中国银联网络不仅在东部地区和大中城市日益普及，更进一步加速向中西部地区、中小城市和广大农村地区延伸。2021年第一季度，全国在用银行卡发卡量为90.30亿张，其中借记卡82.45亿张，占银行卡总量的91%，2007—2020年的年均复合增速为13%。借记卡的在用发卡量与银行卡的发展历程一致。2007年，银行卡发卡量同比增长33%；2008—2009年，银行卡发卡量增速下滑，增速分别为21%和15%；2010—2011年，银行卡发卡量增速小幅反弹，增速分别为17%和22%；2012—2014年，银行卡发卡量的年均复合增速为18%；2015年，银行卡发卡量增速大幅下降8个百分点，降至10%；2016年，银行卡发卡量增速小幅提升至13%；2017—2020年，银行卡发卡量的年均复合增速下滑至6%。2008—2014年，我国信用卡发卡量年均复合增长率为26%，增速高于借记卡；但2015年首次出现负增长5%；2016年，信用卡发卡量增速转正为8%；2017—2020年，信用卡发卡量年均复合增长率为6%；2021年第一季度，在用信用卡（包括借贷合一卡）发卡量为7.84亿张，占银行卡总量的9%；2022年末，我国信用卡累计发卡量达7.98亿张；2023年第三季度末，信用卡累计发卡量降至7.79亿张，较年初减少近2 000万张，同比下降3.47%，环比下降1.00%。①信用卡发卡量增速的回落，一方面是因为互联网金融的发展使得用户透支的方式增多；另一方面是因为蚂蚁金服、京东等互联网公司推出的"虚拟信用卡"的广泛应

---

① 中国人民银行. 2023年第三季度支付体系运行总体情况［R/OL］.［2024-04-23］. http://www.pbc.gov.cn/goutongjiaoliu/113456/113469/5176461/index.html.

用，也分流了信用卡的部分份额。

为满足我国人民日益增长的境外商务、旅游、学习的用卡需要，以及将境内商业银行的服务通过中国银联网络延伸到境外，中国银联积极开展国际受理网络建设。截至2023年9月，中国银联境外受理网络已经延伸到180个国家和地区，覆盖超6 350万家线上线下受理商家。①与此同时，中国银联还积极在境外发行银联标准卡，截至2023年9月，中国银联在境外78个国家和地区发行银联卡，累计发行规模超2亿张。②这为境外人士到我国工作、旅游、学习提供了支付便利。银联卡不仅得到了我国持卡人的认可，而且得到了越来越多国家和地区持卡人的认可。

为满足人民群众日益多元化的用卡需求，中国银联大力推进各类基于银行卡的创新支付业务。人们不仅可以在ATM和POS机等终端使用银行卡，还可以通过互联网、手机、固定电话、自助终端、数字电视机顶盒等各类新兴渠道实现公用事业缴费、机票和酒店预订、信用卡还款、自助转账等多种支付。

2016年以来，中国银联充分发挥作为转接清算机构的平台枢纽作用，基于系统、业务、技术、风控等方面优势，积极推动产业各方加快"断直连"、备付金集中存管等监管政策落地，引导支付机构回归支付服务本源。同时，中国银联持续努力提升服务水平、产品体验、系统性能等各项能力，不断提升科技、数据能力，加快国际化步伐，推动业务向移动端迁移，在移动支付领域取得积极进展。

2017年5月，中国银联联合40多家商业银行，共同推出了银行卡的扫码支付业务。2017年12月，中国银联联合各家商业银行按照"统一接口标准、统一用户标识、统一用户体验""共商、共建、共享"的原则，打造银行业移动支付新入口——云闪付APP。

2018年6月，中国银联正式发布全球首款手机POS产品，率先将POS机从一个硬件终端产品转变成一款智能手机上的应用产品。

2018年8月，中国银联与智慧停车知名企业ETCP合作，在北上广深等全国140多个城市4 000余家停车场开通银联无感支付停车缴费。

2019年6月，中国人民银行会同中国银行保险监督管理委员会（现为国家金融监督管理总局）审查通过了中国银联的申请，向其颁发"银行卡清算业务许可证"，中国银联成为国内首家获批的转接清算机构。

2019年9月，中国银联成立云计算中心，与华为联合成立"金融网络科技实验室"，联合国家信息中心等5家单位共同建设并发布区块链服务网络。10月，携手中国工商银行、中国农业银行、中国银行、中国建设银行、交通银行等60余家机构，联合发布全新智能支付产品"刷脸付"。

2021年第一季度，中国银联移动支付总用户数、云闪付APP累计注册用户数分别超过4.8亿个、4亿个，银联网络年交易笔数、金额分别超过1 600亿笔、200万亿元，实现转接系统两地六中心分布式运转和秒级切换，核心系统处理能力提升至24万TPS（笔/秒）。

---

① 殷梅.银联加快完善欧洲受理网络 匈牙利新增上万家商户支持银联卡 [EB/OL]. [2024-04-22]. https://baijiahao.baidu.com/s? id=1778156275934977577&wfr=spider&for=pc.
② 殷梅.银联加快完善欧洲受理网络 匈牙利新增上万家商户支持银联卡 [EB/OL]. [2024-04-22]. https://baijiahao.baidu.com/s? id=1778156275934977577&wfr=spider&for=pc.

截至2023年12月，云闪付APP注册用户数已经超过5亿个，可以受理云闪付支付的商户超过3 000万家。中国银联在2023年还推出了新一代智能银行卡服务——智慧银行卡。智慧银行卡是基于云闪付APP开发而形成的智能银行卡服务，具备防伪、安全保护等功能。用户可以通过智慧银行卡进行各类消费和转账等操作，并享受更多的优惠权益。秉承"联接创造价值"理念，中国银联致力于与合作伙伴共建开放生态，共同为用户提供优质服务。后续，中国银联还将联合各大主流手机厂商陆续推出云闪付极速版，让用户享受实实在在的便捷支付服务。

7.1.2　中国银联职责

中国银联是中国银行卡联合组织，处于银行卡产业的核心和枢纽地位，是实现银行卡系统互联互通的关键所在。依托银联跨行交易清算系统，中国银联制定和推广银联跨行交易清算系统入网标准，统一银行卡跨行技术标准和业务规范，形成银行卡产业的资源共享和自律机制，从而对银行卡产业的发展起到引导、协调、推动和促进作用。

中国银联的主要职责是负责建设和运营银联跨行交易清算系统这一基础设施，推广统一的银行卡标准规范，为商业银行、特约商户、持卡人提供跨行信息交换、清算数据处理、风险防范等银行卡基础服务，推动银行卡产业集约化、规模化发展，同时联合商业银行，创建银行卡自主品牌。

中国银联从2002年成立伊始，通过三步走的方法，推动银行卡联网通用在全国的实现。

第一步，同城联网通用。通过城市银行卡信息中心，实现银行卡在中心城市的同城通用。

第二步，重点城市联网通用。实现联网通用"314"目标，实现银行卡在重点城市的跨银行、跨地区通用。

第三步，全国联网通用。在重点城市联网通用的基础上，逐步将网络覆盖到全国地级以上城市和发达地区县级城市，并通过农民工银行卡特色服务，将联网通用扩大到农村地区。

中国银联已经建成了具有自主知识产权、全国统一的银行卡跨行交易清算系统。与商业银行协同，初步建立了符合国际通用要求的银行卡标准规范体系，并在银联标准卡上集中应用这些标准规范。

自主品牌银联卡（银联标准卡，如图7-1所示）是商业银行（含信用社）按照中国银联的业务规范和技术标准发行的，采用中国银联国际BIN号，卡片正面的右下角带有"银联"标识，卡号前两位为"62"的银行卡。

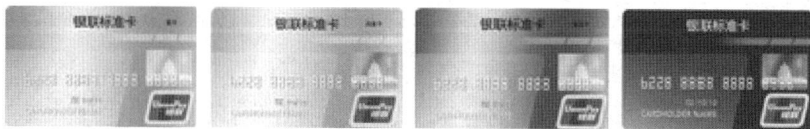

图7-1　银联标准卡

2021年第一季度，银联卡受理网络已经延伸至境外180个国家和地区，境内外受理总商户数达到5 500万个，境外70个国家和地区累计发行超1.5亿张银联卡，其中超过半数国家和地区支持银联移动支付服务。

中国银联不断加快其国际化进程，努力成为在国内具有权威性和公信力、国际上具有竞争力和影响力的国际性银行卡组织，将银联品牌建设成为不仅服务于中国，而且服务于越来越多国家和地区的、具有全球影响力的中国自主支付品牌。

7.1.3 中国银联组织结构

中国银联按照现代公司制度的要求，建立了规范的公司治理结构和组织架构，设立了股东大会、董事会和监事会，还设置了各类专业性的管理、协调和咨询委员会，如图7-2所示。

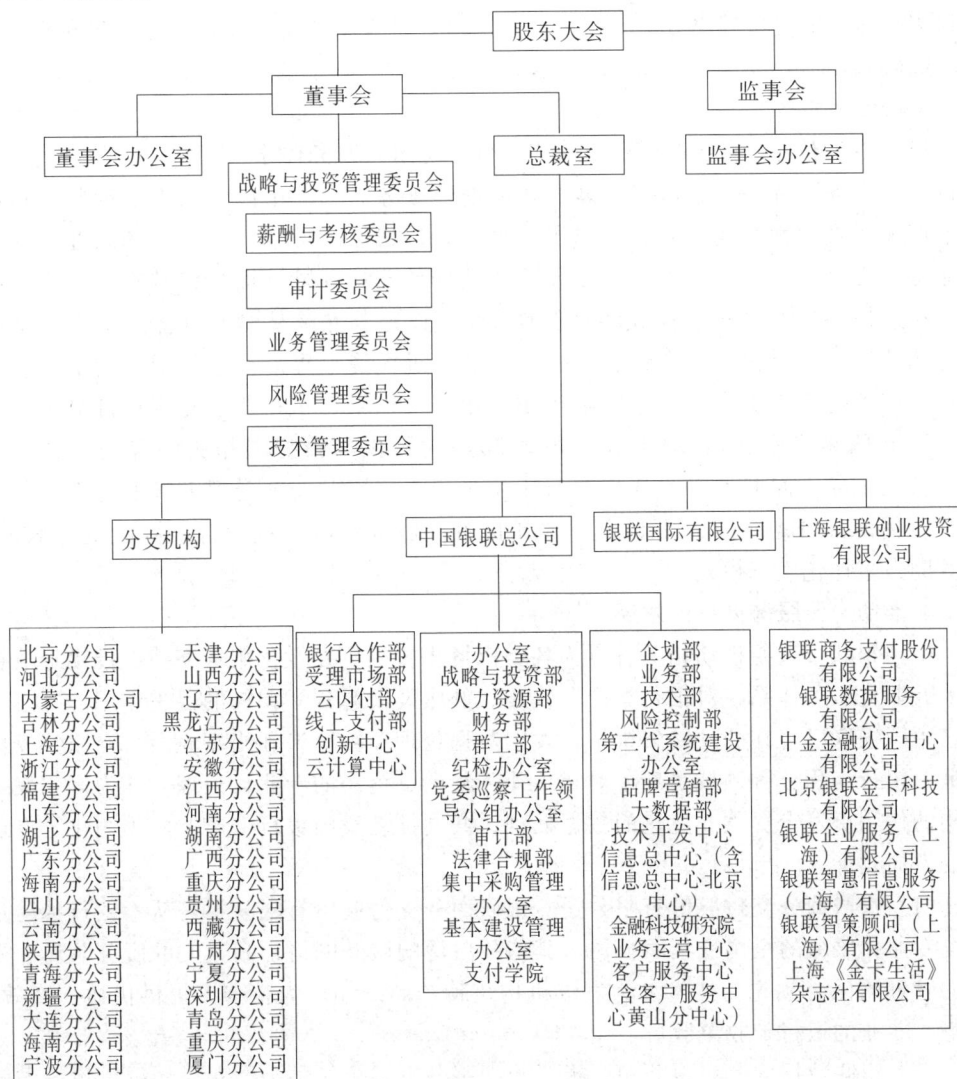

图7-2 中国银联组织结构图

7.1.4　中国银联服务范围

中国银联的基础性作用在于建设和运营银行卡跨行交易清算系统这一基础设施，推广统一的银行卡标准规范，提供高效的跨行信息交换、清算数据处理、风险防范等基础服务。同时，中国银联联合商业银行，建设银行卡自主品牌，推动银行卡产业自主、科学地发展，维护国家经济、金融的安全。

1. 银行服务

中国银联坚持"服务第一"的理念，为国内主要商业银行提供了集清算数据处理、技术支持、风险控制、数据分析、产品创新于一体的综合服务方案。

2. 商户服务

中国银联以银商合作共赢为出发点，为商户提供了配套的综合服务，努力为商户提供多种多样的支付解决方案，帮助商户解决支付应用方面的实际问题，实现商业运行的高效和便捷。

3. 持卡人服务

经过多年努力，中国银联不断建立、健全持卡人服务体系，探索建立了形式多样的持卡人服务平台，满足持卡人多样化的增值服务需求。中国银联不断创新，在银行卡产品研发方面与商业银行推出了多种类别的银联标准卡，深受市场欢迎；联合商业银行提供小额双免一键开关功能，并从硬件支持保障、商户终端管理、交易限额管控、风险监测分析、损失赔付补偿5个方面建立保障机制，确保持卡人在享受闪付便捷性的同时保证安全性；华彩俱乐部通过《爱卡惠》杂志定期更新信息，为银联标准卡持卡人提供专属的特惠折扣、积分、机场贵宾礼遇、商旅预订等一体化服务；银联客户服务热线95516，每天24小时提供与银行卡相关的咨询服务；境内、境外全年不间断地组织各类营销活动，让每位持卡人感受到银联卡的方便与快捷；疫情防控常态化背景下，发挥"非接触"服务优势，提供各类在线支付服务，有效助力多样化生态模式。

4. 推动产业服务体系的发展

中国银联带头并推动相关各方为各类市场主体提供专业化服务支持，推动形成银行卡专业化服务体系，对银行卡产业快速、健康发展起到了积极的促进作用。

中国银联已经在受理终端维护、发卡数据处理、银行卡和终端检测、互联网安全认证、银行卡积分等领域实现了对相关业务集中、统一的专业化处理，并为多家发卡机构的信用卡发卡提供专业化的数据处理，共同推动我国银行卡产业向集约化、专业化的方向发展。

（1）银联商务支付股份有限公司。银联商务支付股份有限公司是从事银行卡受理市场专业化服务的全国性集团公司。其依托广泛的服务网络、高素质的服务队伍、先进的管理团队、领先的技术，为发卡机构、特约商户和广大持卡人提供优质、高效、规范、专业的银行卡收单服务。

（2）银联数据服务有限公司。银联数据服务有限公司是为金融机构提供银行卡数据处理服务的专业化公司，集成和提供各类银行卡业务所需的解决方案、服务平台和网络基础设施。

（3）上海银联电子支付服务有限公司。上海银联电子支付服务有限公司是银行卡增值业务应用的专业支付公司，拥有面向全国的统一支付网关——网付通。其主要从事以互联网等新兴渠道为基础的网上支付、网上跨行转账、网上基金交易、自助终端支付等银行卡网上支付及增值业务。

（4）银行卡检测中心。银行卡检测中心是银行卡产品和机具的检测机构，拥有国家级检测中心资质以及符合国际标准的EMV检测实验室，对各种银行卡和受理机具等进行科学、公正的技术质量检测，确保银行卡交易通畅、安全。

（5）中国金融认证中心。中国金融认证中心（CFCA）是由中国人民银行和国家信息安全管理部门批准成立的互联网第三方安全认证机构，通过发放数字证书为网上银行、电子商务、电子政务提供安全认证服务。

7.1.5 银联品牌

"银联"，原义为"银行卡联网联合"，是我国银行卡产业的共有品牌。自2002年"银联"诞生以来，银联品牌的三色标识已经出现在全球超过84亿张银行卡上，持卡人可以享受便利、优惠的支付服务。

如图7-3所示，银联品牌的标识，以红、蓝、绿三种颜色的银行卡平行排列图案为背景，衬托英文"UnionPay"和汉字"银联"造型。三种不同颜色的银行卡紧密排列，象征着银行卡的联网通用和产业各方的联合发展。其中，红色象征着积极进取，蓝色象征着应用的广泛和深入，绿色象征着安全和高效。"UnionPay"英文字样，表明银联卡可在国际受理；其尾字符与汉字"银联"右上端首尾相连，寓意"银联"品牌从国内走向国际，并逐步发展壮大成为具有全球影响力的国际化银行卡品牌。

图7-3 银联标识

注：标识左侧为红色，中间为蓝色，右侧为绿色。

根据国际调研机构AC尼尔森公司的调查，银联品牌在中国大陆地区的品牌知名度高达99%，持续领跑中国银行卡市场。与此同时，伴随着银联卡受理网络的全球延伸，银联品牌正在服务于越来越多的国家和地区的持卡人。在中国港澳地区和新加坡等国家，银联卡已经成为中国持卡人当地用卡的首选品牌。在日本、韩国等多个国家和地区，已有近50家主流金融机构与中国银联合作发行了当地货币的银联卡。银联品牌逐步进入全世界人们的生活和视野中。

7.2 银联电子支付

7.2.1 基础设施

1.中国银联跨行交易清算系统——CUPS

中国银联跨行交易清算系统（China UnionPay Inter-bank Transaction Settlement System，CUPS），是一个跨系统、跨地区、跨国界的庞大金融网络系统。中国银联跨行交易清算系统是银联卡全球受理网络的"心脏"，是国家重要金融基础设施和现代化清算支付体系的组成部分，担负着银行卡跨行交易信息处理、资金清算的重要使命。中国银联第一代跨行交易清算系统于2004年12月正式投入使用。第二代跨行交易清算系统仍由中国银联自主研发设计，拥有自主知识产权，交易处理能力和安全性、稳定性均达国际同业领先水平，每日交易处理能力可达1亿笔，约为之前日均处理能力的5倍，实现了系统集中运营、资金集中清算和风险集中管理。较之第一代系统，第二代系统在实现性能实现超越的同时，还完成了服务范围、灵活性、安全性和可靠性的超越。该系统将服务范围从转接、清算服务延伸至支付综合服务，具有参数化、模块化的架构特点，可以根据客户需求，灵活定制服务内容，同时，"全冗余设计、双中心运行、无缝切换"的系统架构将力保系统运行的安全与可靠。

第二代跨行交易清算系统为加快我国银行卡产业发展、提高国际竞争力、满足多元化创新支付需求、增强客户服务能力等提供了技术支撑，为将中国银联打造成国际主要银行卡品牌提供了坚实的基础。

CUPS网络将是一个三级网络结构，其中的网络节点按照各自所处的层次不同，可以划分为：上海运行中心、北京灾备中心；区域中心、全国性入网机构和地方性入网机构（如图7-4所示）。

全国性入网机构，如全国性的商业银行在上海运行中心或北京灾备中心集中接入。本地有区域中心的地方性入网机构接入区域中心；本地无区域中心的地方性入网机构接入所在省的省会城市银联系统网络节点，或通过全国性入网机构接入银联系统网络，或直接接入上海运行中心或北京灾备中心。

处理中心和入网机构通过路由器接入银联系统网络，实现互联。通信线路的选择应视各地区具体情况确定，但每一个网络汇接点都应有备份通信设备和备份通信线路，防止通信线路的单点故障。

2.银联公共服务平台

中国银联提供的基于Internet的面向入网机构的服务平台，能够提供与转接业务相关的差错、报表服务等功能。

3.中国银联互联网安全支付系统——CUPSecure系统

中国银联互联网安全支付系统是中国银联自主创新、拥有知识产权、符合当前国内网上支付现状的互联网安全支付产品，建立了持卡人、发卡机构、收单机构和商户四方统一的操作流程、服务流程和结算流程，为互联网消费者提供了安全、有效、便

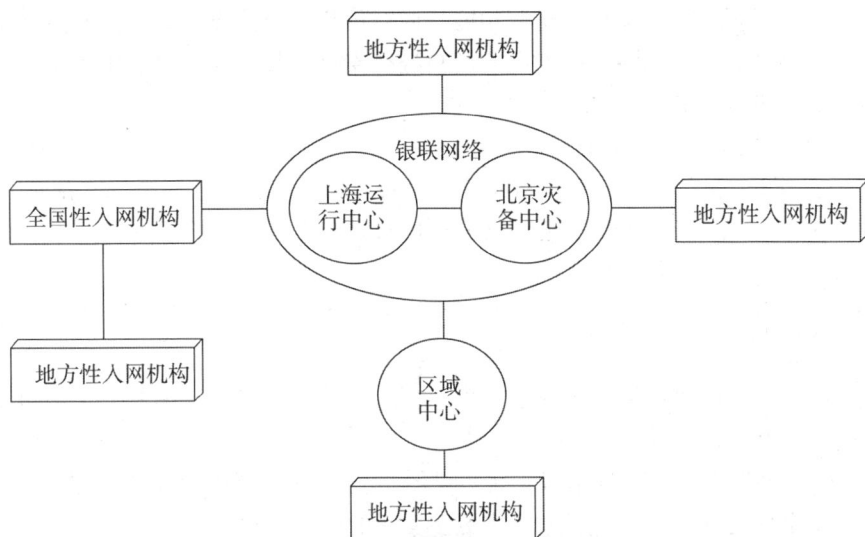

图7-4 CUPS网络拓扑结构

利的支付环境和服务，结束了电子商务支付环节长期以来无标准可言、无规范可施的局面。

CUPSecure系统是中国银联互联网支付验证和授权方案，它的内容覆盖了持卡人验证和交易授权两个部分，是中国银联互联网支付的重要核心。CUPSecure系统介于发卡系统、收单系统、跨行交换系统和持卡人终端之间，可视为中国银联跨行交易清算系统的互联网入口前置系统，如图7-5所示。

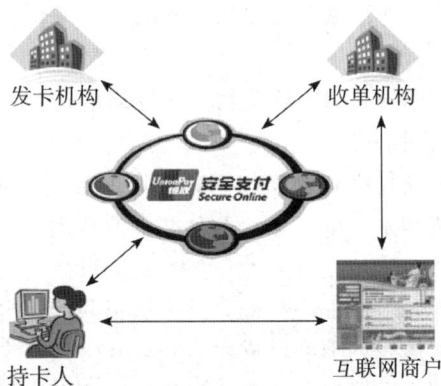

图7-5 CUPSecure系统介于各方之间

为了解决互联网支付的安全问题，中国银联自2005年开始建设CUPSecure系统，经过系统开发、集成测试、CUPS改造和测试、系统用户验收测试等环节，于2006年正式上线试运行。绝大多数成员机构认可CUPSecure系统业务，并陆续加入到中国银联CUPSecure体系中。

"银联互联网安全支付服务"是中国银联在跨行转接清算网络的基础上，为持卡人和商户提供的互联网安全认证和授权服务，CUPSecure系统是实现上述服务的技术系统的简称。简单来说，若商户网站有"银联安全支付"标志，说明银行卡所属的发卡银行已经开通了"银联安全支付"功能，同时用户已经按照发卡银行的要求开通了网上银行功能，即可使用该银行卡在此商户进行支付，其过程类似于在商场贴有"银联"标志的POS机上刷卡消费。

"银联互联网安全支付服务"的优势包括：

• 跨行支付平台：支持所有入网成员机构的加入，没有地域限制，覆盖面广。

• 更小的风险：提供详细的业务规则和技术规范支持，降低了过去由于无法互联而采用第三方支付平台带来的风险。

• 更低的成本：方便成员机构加入，在提高安全性的同时，降低了各成员机构加入的成本。

• 方便持卡人使用：增加了持卡人的认同，在支付过程中流程统一，便于记忆，容易接受，有利于风险控制。

• 方便发卡机构加入：发卡机构可以选择以传统方式快速接入（SC模式），也可以采用完全个性化的系统为持卡人提供更多元化的服务（SAA模式）。

• 方便收单机构加入：收单机构无须考虑发卡机构的加入模式，交易的处理流程相同。

• 方便商户市场拓展：一次接入即可支持所有加入的银行卡，流程单一，减少运营成本，易于管理和风险控制。

"银联互联网安全支付服务"的业务包括：

• 境外支付业务：随着银联卡境外受理市场的不断扩大，银联卡的支付范围也由传统的POS商户扩展为互联网商户，为持卡人提供更大范围的支付服务。

• 跨境互联网汇款：境外汇款人可以通过互联网方便快捷地完成资金向国内银联卡的划转。

• 国内互联网汇款：充分利用银联跨行交换网络的优势，为持卡人提供更加便利的互联网国内跨行汇款实时服务。

• 统一的互联网公共支付平台：增加新的互联网支付渠道，帮助持卡人"7×24"不受时间、地域的限制缴纳水、电、煤气等公共事业费用。

4.银联在线

银联在线（https：//www.chinapay.com）是中国银联涉足电子商务领域的平台。该平台已经开通多种业务，涉及网上商城支付、企业B2B账户支付、电话支付、网上跨行转账、网上基金交易、企业公对私资金代付、自助终端支付、信用卡还款、手机充值、公共事业网上缴费等银行卡网上支付及增值业务。其中，公共事业网上缴费和信用卡还款以及网上跨行转账等业务，在很大程度上能够吸引银联卡持卡人转化为"银联在线"的线上用户。而手机充值、网上商城支付等丰富的电子商务业务服务也将进一步增强用户的黏性，而且一站式服务模式将大大提升个人用户电子商务处理的便捷程度，具有良好的体验效果。各种业务项目只要有银联卡就能在线支付，这是最方便的地方，此外也没有额外的手续费，流程节奏也比较快。

依托中国银联全国统一的跨行信息交换网络，凭借中国银联的资源、技术实力和品牌影响力，"银联在线"在品牌、渠道和银行资源方面具有独特优势，有助于广泛争取银联卡持卡人成为其线上用户，通过业务创新形成多元化的支付服务体系，为广大持卡人和各类商户提供安全、方便、快捷的银行卡支付及资金结算服务。

7.2.2 网上支付

随着互联网技术的蓬勃发展，互联网高效、便捷、无时间地域限制的特点已经被众人所认同，同时也为商家提供了无限的商机，电子商务获得了蓬勃发展。全面、深入地运用网上支付技术，无论是对于新兴的电子商务企业，还是对于传统行业，都将显著提升企业的核心竞争力，成为各行各业新的业务增长点和必然的发展趋势。但是，资金的结算始终是一个瓶颈，阻碍着网上交易的实现。

中国银联全国统一的支付网关覆盖全国主要商业银行的银行卡，适用于各种B2C、C2C以及B2B的电子商务支付业务。

中国银联网上支付产品主要针对网上支付系统而设计，采用了先进的安全数据加密技术，可以同时为商户提供安全有效的网络连接，支持多种操作平台和支付工具，实现一站式的跨银行、跨地区的实时支付；针对不同的业务模式，可以量身设计支付结算方案，适用于各种电子商务支付业务；支持交易加密验证、转发、对账、查询等功能，方便商户快速入网、交易监控及事后处理等，适用于航空、票务、公益事业、网络游戏、零售业、媒体娱乐、制造业、综合性商城、体育、教育、旅游、网上商城、信息咨询、新闻金融服务等多行业的B2C、B2B等各类电子商务活动的网上支付。

1.银行卡网上支付

ChinaPay网上支付平台一次性连接多家商业银行和金融机构，支持我国主要商业银行发行的各类银行卡种。银行卡网上支付流程，如图7-6所示。

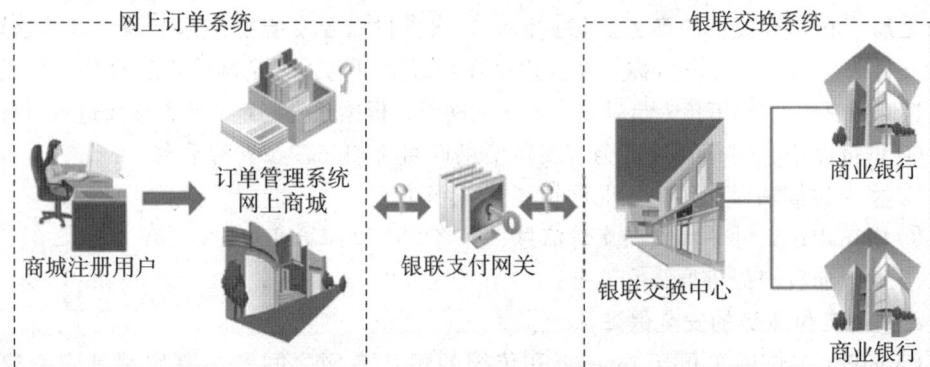

图7-6　银行卡网上支付流程

2.企业账户网上支付

随着互联网络的普及与应用，电子商务以其前所未有的迅猛势头在各行各业崭露头角。在许多行业中，都存在企业与企业之间的货款支付和资金清算问题。它们需要到银行柜面办理各种转移支付业务。这样的做法成本高、手续烦琐，且周转时间长，在一定程度上阻碍了企业电子商务和相关业务的发展。ChinaPay为企业账户网上支付带来完整而灵活的解决方案。客户/经销商只需登录商户网站选购所需的商品或服务，然后轻松点击ChinaPay企业商务支付，便可完成整个支付过程。对客户而言，只需一次性申请相应银行的企业网银和商务支付业务，便可进行网上的货款支付，省去到银行柜面的时间和精力，也没有其他手续。对商户而言，轻而易举地就能实现订单和支付货款的绑定，大量节约了传统模式中货款确认的成本。在保证资金安全的同时，将信息流和资金流有效地结合起来，规范并且简化了整个交易流程。

企业账户网上支付流程，如图7-7所示。

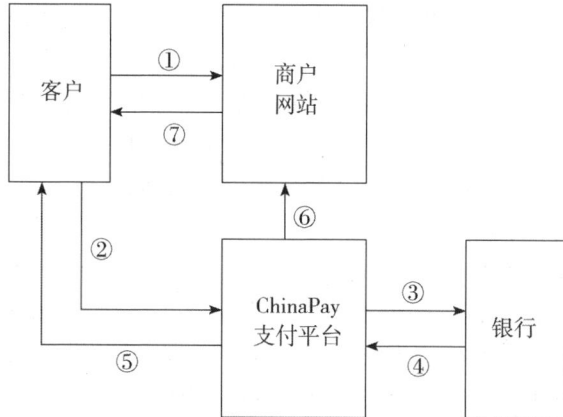

图7-7　企业账户网上支付流程

在企业账户网上支付流程中：

① 客户登录商户网站，订购商品和服务，生成订单。

② 客户确认支付后，即可连接到ChinaPay支付平台。

③ 客户选择支付银行，ChinaPay平台将自动连接相应的银行支付页面。客户的经办人员根据银行页面的提示，插入网银证书卡，输入企业用户名和登录密码。客户登录之后，在银行提供的商务支付页面（首次支付需要安装控件）上确认订单信息，选择支付账号和支付商户名称（在客户企业网银上可以预先定制管理员直接支付模式或审核支付模式等）。审核人员登录客户企业网银，根据预先制定的流程逐级进行审批。

④ 审批完毕，银行划拨资金，支付信息返回给ChinaPay支付平台。

⑤ 将支付信息通知客户企业网银。

⑥ ChinaPay支付平台收到支付信息，并将结果反馈给商户。

⑦ 商户向客户提供商品和服务。

3.网上支付业务的安全保障

ChinaPay支付网关位于Internet和传统的银行专网之间，主要作用是安全连接Internet和专网，将不安全的Internet上的交易信息传送给安全的银行专网，起到隔离和保护的作用。其主要功能有：将Internet传来的数据包解密，并按照银行系统内部的通信协议将数据重新打包；接收银行系统内部传回的响应消息，将数据转换为Internet传送的数据格式，并对其进行加密，即支付网关主要完成通信、协议转换和数据加解密功能，以保护银行内部网络。

银行卡信息和支付密码在交易中不经过网上商户系统，直接以SSL安全通道方式递交支付网关。递交银行卡信息时，采用支付网关公钥进行加密，密码算法和支付网关公钥随支付页面动态下载,采用 1 024 位非对称加密算法。支付网关在交易组装和转发时,网上支付密码的转换在硬件加密机中进行。这些措施都为网上支付提供了有力的安全保障。

在网上支付处理过程中,也有不成功的情况。失败原因可能是银行卡余额不足,或使用信用卡支付时未输入信用卡有效期,也可能是所使用银行卡不在 ChinaPay 目前开通的网上支付的银行卡范围内,或者是所持卡未在发卡行开通网上支付手续。在网上支付处理过程中,也可能因为技术问题而发生失败,如银联系统、网络服务商系统、支付发卡行系统、商户系统发生网络通信故障,或者由于客户端计算机系统问题(如浏览器设置不符合支付要求等)。若发生故障时用户网上支付银行卡已经扣账,但交易并未成功,则 ChinaPay 或 ChinaPay 的商户将从下一个工作日起进行退款处理。

4.网付宝

网付宝又称互联宝,是银联网络在有效加强网上支付的安全性的基础上,为解决网上支付的支付范围和支付限额问题,利用银行卡网上支付平台进行的业务及技术方面的创新。该业务通过增加刷卡终端,实现有磁、有密的网上支付,从而有效解决了电子商务活动的支付瓶颈问题。网付宝支付业务主要适用于票务、商品等的直销、代理销售等行业的 B2B、B2C 电子商务活动。

网付宝主要由一个读卡器和密码键盘构成,还必须在所连接的电脑中安装驱动程序。网付宝安装环境和技术条件要求不高,首先需要具备上网条件,在现有支付网关的基础上,增加一个终端刷卡、输密的功能,其系统结构如图7-8所示。网付宝终端通过数据接口接入用户主机后,根据语音提示完成刷卡、输密操作即可。

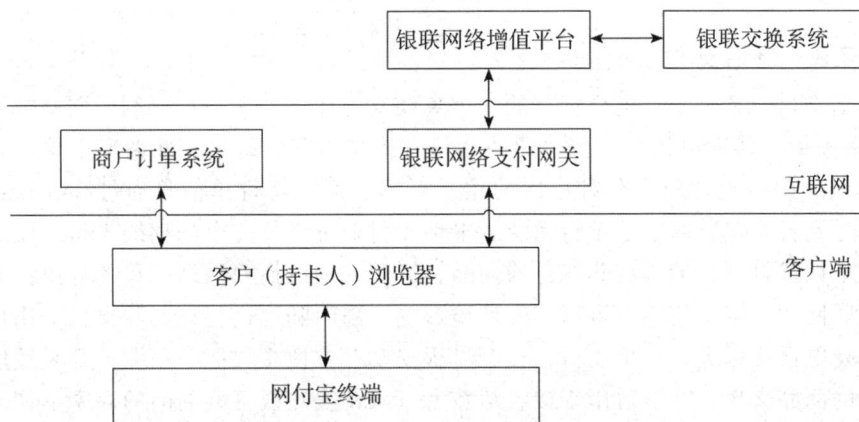

图7-8　网付宝系统结构

网付宝在易于维护、技术成熟的支付网关技术的基础上,增加了一个刷卡功能,创造性地实现了电子商务的网上支付模式,使用该系统终端进行网上支付将更有力地保障持卡人的银行卡信息安全,有效降低交易风险。支付系统与商户自有管理系统紧密结合,方便商户进行高效、快捷的交易信息管理。网付宝系统支持全国范围内各家银行发行的有银联标识的银行卡支付。持卡人无须办理银行卡网上支付申请手续,极大地便利了持卡人的网上支付,使能够进行网上支付的银行卡种大大增加。网付宝系统与传统POS机刷卡系统相比，能够更好地提高交易线路的利用率，降低商户的通信费用。

网付宝以网上支付平台为基础，通过刷卡提交持卡人的卡信息，开辟了易于维护、简便快捷的网上支付新渠道。

商户使用对称和非对称算法对交易订单数据进行加密和签名，并对支付结果的数据进行解密和验证签名。对称算法采用3DES算法，非对称算法采用RSA的1 024位算法，确保数据的安全性和不可抵抗性。商户的浏览器与服务网站之间采用SSL连接，为商户和持卡人提供了有效的安全保障。

5.开通网上支付功能

拥有营业执照，并且合法经营的独立法人企业即可申请开通网上支付功能，成为ChinaPay的网上支付商户。开通的流程如下：

（1）与ChinaPay签订"网上银行卡支付接入协议"，填写"商户加入上海统一支付网关登记表"，并支付相关费用。申请开通的周期，大约在一周之内。

（2）商户向ChinaPay提交营业执照复印件。

（3）商户在其网站上更新购物页面和查询页面，并获取商户端软件。

（4）安装软件，与ChinaPay进行系统调试。

（5）与ChinaPay的交易调试完成后，即可开通使用网上银行卡支付功能。

网上支付平台支持B2B、B2C等电子商务活动。银联网络已经为众多知名商户提供了安全、有效的网上支付服务，涵盖了航空、铁路、公用事业、网络游戏、体育、消费品、旅游、制造、金融等各个行业。

7.2.3 电话支付

电话支付业务是结合电话银行的一项离线支付业务。用户可以利用网站或者电话（如采用固话、移动电话）这些普通的通信方式作为支付终端，在商家下单。电话支付业务最大限度地适应了各种层次的用户群体。商家将订单信息通过ChinaPay支付平台传送到各个银行的电话银行系统。电话支付业务支持完全的离线支付，既支持用户通过电话拨打商户的销售热线订购商品，又兼容通过商户网站购买的订单，并且跳出了互联网的局限，使用户可以不受环境影响，随时随地进行订购和支付。用户通过拨打银行电话便可进行订单支付，整个过程安全、方便、快捷。该业务几乎适用于所有种类的商品交易，特别适用于接收消费者打入销售热线订购商品的商家，如航空电子客票订购、酒店预订、电视邮购等。

电话支付流程，如图7-9所示。

在电话支付流程中：

① 持卡人通过商户网站或拨打商户销售热线订购商品或服务。

② 商户平台根据用户下单信息生成订单，通过联机接口提交至ChinaPay电话支付平台。

③ ChinaPay电话支付平台将订单信息通过联机接口发送到各家银行。

④ 银行订单处理之后，回复ChinaPay处理结果。

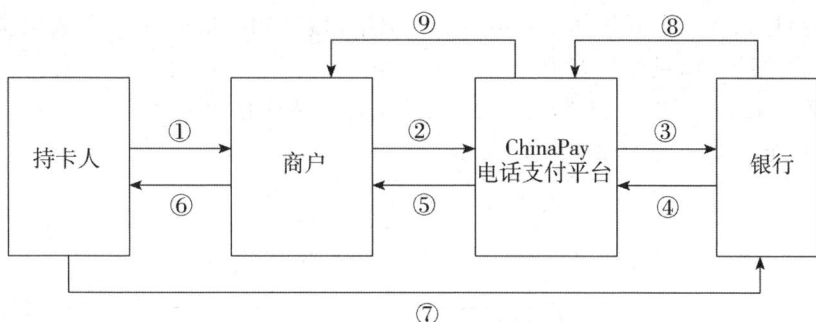

图7-9　电话支付流程

⑤ ChinaPay电话支付平台修改订单状态之后，将处理结果通过接口返回给商户。

⑥ 商户通过订单系统向持卡人反馈下单结果，并根据ChinaPay提供的支付说明和流程引导持卡人进行支付。

⑦ 持卡人拨打银行电话，根据电话银行语音流程进行支付。

⑧ 银行将支付结果通过联机接口反馈给ChinaPay电话支付平台。

⑨ ChinaPay电话支付平台修改订单支付结果状态之后，将支付结果通过联机接口反馈给商户平台。

7.2.4　代付业务

ChinaPay代付平台是ChinaPay为商户搭建的一项增值业务服务平台。通过该平台，按指定的格式，商户可以将存款文件提交给ChinaPay，ChinaPay可以根据商户的存款指令文件要求，将交易款项直接存入持卡人的银行卡账户。ChinaPay代付系统（ORA系统）基于Internet，用户只需登录ORA系统按要求上传存款指令文件，简化了代付业务的步骤，所有的银联标识卡都可以使用。

代付业务支付流程，如图7-10所示。

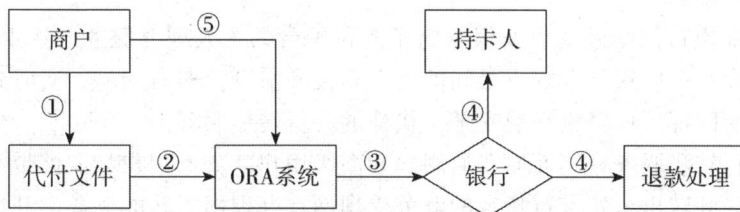

图7-10　代付业务支付流程

在代付业务支付流程中：

① 商户利用ChinaPay提供的签名工具对代付文件进行数字签名。

② 商户登录ORA系统，通过身份验证后，商户上传符合ChinaPay格式要求的代付文件，同时汇入代付资金及手续费。

③ ChinaPay根据交易要求，将代付指令发送到相应的银行，最后由银行完成解付处理。

④ 被成功送往银行的任何交易都将被视为成功交易，而对于银行处理失败的交

易，银行将以退单的形式发送给ChinaPay，退单信息再由ChinaPay相关人员录入到个人存款平台系统，以供商户查询。

⑤ 商户登录系统查询交易结果或交易明细，下载或打印报表。

代付业务主要功能，如图7-11所示。

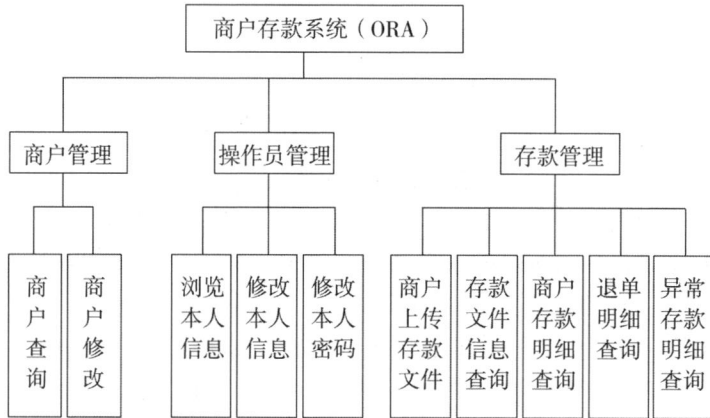

图7-11 代付业务主要功能

7.2.5 跨行转账

网上跨行转账是由中国银联支持开展的银行卡跨行交换业务，通过中国银联的互联网跨行转账平台，向持卡人提供实时的银行卡网上跨行转账服务，可以实现银行卡（账户）之间资金的实时划拨，网上银行卡余额查询，银行卡网上跨行转账交易明细查询，手机短信服务，网上汇款，购房、买车按揭跨行还款，在信用卡使用透支时及时还款等。利用互联网进行银行卡跨行转账服务，持卡人无须再为存取款而辛苦奔波，也无须再为携带大量现金而提心吊胆，在网络上便可轻松完成个人理财工作，不受时间、地域限制。

基于商业银行网络系统以及银联电子支付平台的个人理财服务，注重安全管理，瞬间即可完成在不同银行卡账户之间的资金划拨和清算，实时交易、实时到账，任何地方、任何时间都可以轻松享受安全、快捷的跨行转账服务。

网上跨行转账服务分别面向普通用户和高级用户。普通用户只需携带本人身份证件、转出卡，到转出卡发卡行指定的业务受理网点办理网上转账业务的开通手续，即可开通，然后登录https：//www.chinapay.com，选择网上转账平台普通用户注册功能，并进行转出卡和转入卡登记。转入卡无须到银行网点开通网上转账业务，直接登记即可。转账时，选择普通用户登录，通过认证后，进入普通用户服务页面，进行跨行转账。

对于跨行转账的高级用户来说，CD会员卡是必需的要件之一。中国银联ChinaPay CD卡又称"安全认证卡"，是中国银联下面的ChinaPay研制开发的新型终端安全产品，采用类似银行卡外形的CD卡作为介质，小巧易用，便于携带，能够满足用户对身份认证、信息安全、操作便捷、成本低廉等方面的要求。CD卡采用符合国家金融安全标准的加密认证技术，基于PKI安全体系，内含安全软件、数字证书等信息，可以确保用户个人信息、交易信息的保密性、完整性、唯一性、不可抵赖性。CD卡主要用于跨行转账或第三方转账服务，能够提高交易的安全性，降低交易风险。其加密的介质为CD光盘，在光盘内书写密钥等机密信息，具有交易唯一性和不可争议性等特点。CD光盘在每日转账超过5 000元时才需要。

客户需要到转出行的指定银行柜面购买CD卡，同时持有效证件、CD卡和作为转出卡的银行卡到转出卡的银行柜面进行绑定，在获取CD卡后，登录 https：//www.chinapay.com 下载CD卡用户客户端加密软件，进行CD卡的安装。在进行高级用户的跨行转账或网上支付交易（包括查询余额）时，都需要放入CD卡。

网上跨行转账业务流程，如图7-12所示。

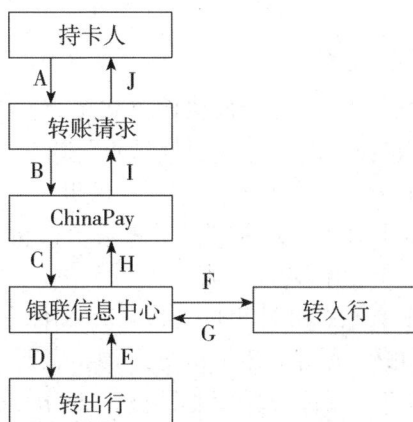

图7-12　网上跨行转账业务流程

注：A——转账请求；B——转账请求；C——转账请求；D——转出请求；E——转出请求应答；F——转入请求；G——转入请求应答；H——转账结果应答；I——转账结果应答；J——转账结果应答。

7.2.6　国际汇入

国际汇入是一种非贸易类的中小额个人国际快速电子汇款业务。汇款人可以通过国际汇款公司或银行，以现金或境外银行卡支付的方式，将不同的外币汇到中国大陆收款人的人民币银行卡账户。汇款人能够很方便地将现金汇入收款人的银行卡账户，收款人无须再到网点收款，这些使国际汇入业务更具竞争力。

7.2.7　境外网上支付

境外网上支付力图解决境外互联网商户在拓展中国消费市场时所涉及的货币转换及资金清算问题，在严格按照现行的我国外汇管理政策执行的基础上，实现了资金清算流程高效、便捷运行，并最大限度地保证了交易信息及清算资金的安全，使国内持卡人使用银行卡在境外商户购物时能够享受到良好的消费体验。

7.3　银联手机支付

手机支付的核心理念是将近距离非接触式智能卡和手机终端相结合，通过手机模拟卡片实现现场支付功能，并利用手机的网络通信实现远程支付功能，同时利用智能卡的高安全性来保障支付信息及支付过程的安全。手机支付具备易用、安全、快捷等特性。经过多年的市场培育，手机支付的技术成熟度不断提高，用户体验不断丰富，商业模式也日渐清晰，业务规模快速上升。

手机支付的产业链较长，参与方众多，手机支付在现在和未来都是一种重要的支付手段和支付渠道，对支付产业和商业模式的变革和影响也将是极为深远的。

7.3.1　银联试水手机支付

2010年3月18日，中国银联通过新闻稿的方式宣布：中国银联联合有关方面研发的新一代手机支付业务目前已经进入大规模试点阶段。2010年，试点地区还将进一步扩大。试点区域目前已经扩展至山东、湖南、四川、上海、宁波、深圳六个省份（直辖市）或城市。中国银联有关负责人列举了银联手机支付的优势，并称最大的手机现场支付商户群在银行卡产业内初步形成。

2010年5月，中国银联在成都开始手机支付全面商用试点，涉及水、电、燃气费的缴纳、充值，银行卡转账，信用卡还款，电影票、彩票、游戏币、QQ币的购买，以及机票购买和酒店预订等。成都农村商业银行、四川天府银行等纷纷推出了这些业务。

2010年9月28日，中国银联与成都市政府签署全面合作协议，推出"银联在线"电子商务综合门户，这一综合门户的手机版同时在成都、上海、济南、深圳、昆明五地推出。[①]目前，这一平台涵盖了公用事业缴费、话费充值、金融转账、信用卡还款、商旅预订等内容，下一步将围绕便民服务、金融理财、电子商城三大领域扩大其服务内容。

中国银联致力于引领国内支付技术的发展，自成立以来始终坚持通过不断的产品创新来满足持卡人、成员机构全方位的支付需求。随着非接触式智能卡技术的不断发展和移动通信技术的进步，新一代手机支付技术逐步具备了坚实的基础。随着市场对手机支付业务展现出的越来越高的需求，中国银联秉承给持卡人提供更加完善的支付手段的社会责任和银联自身发展的要求，积极研究应对措施，持续跟踪手机支付技术及市场的发展动态，早在2005年就开始成立专门的课题小组研究智能卡手机支付技术及相应的解决方案。经过前期的深入研究和论证，兼顾一定的先进性和可操作性，建成了中国银联在手机支付领域的全面解决方案，涵盖了手机支付业务系统、可信服务管理系统、手机支付商圈平台等，逐步掌握了新一代手机支付技术在移动支付终端和移动支付平台方面的核心技术。

---

① 李昱. 银联手机支付抢进成都［N］. 21世纪经济报道，2010-09-29（20）.

中国银联手机支付产品的目标是成为国内领先的一个安全、开放的手机支付平台，为手机支付产业提供一个公共的基础设施；积极推动手机支付业务健康有序发展，为成员机构和行业合作伙伴提供业务创新的物质基础；为持卡人提供创新的支付服务手段；力争使银联手机支付产品成为手机支付产业内各方首选的支付通道。

7.3.2 银联手机支付系统

1.系统架构

中国银联手机支付产品是一个开放的、具备一定兼容性的公共服务平台，同时具备现场支付及远程支付功能，可以灵活地接入各种类型的服务提供商，其系统架构如图7-13所示。

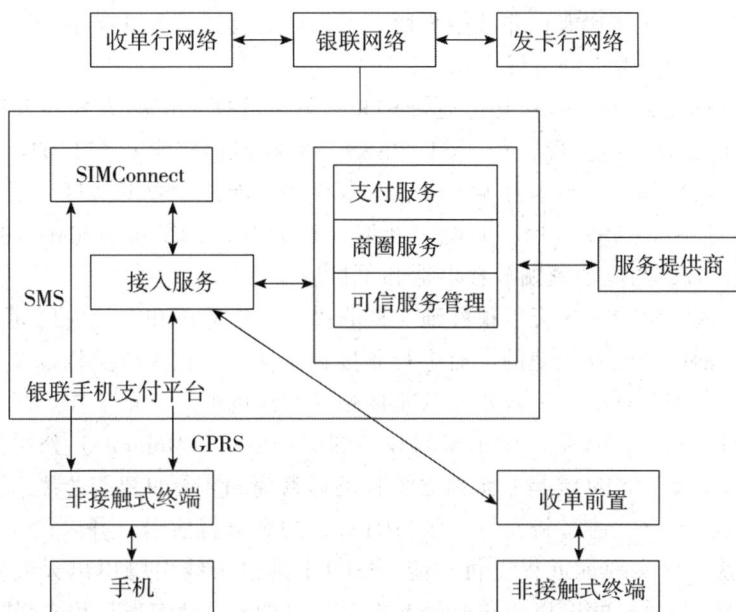

图7-13 中国银联手机支付产品系统架构

现场支付时，手机终端和非接触式终端通信，通过收单前置和银联手机支付平台连接；远程支付通过手机运营商网络接入银联手机支付平台，同时支持GPRS或SMS等通信方式。

2.支付终端

根据安全载体芯片及现场支付技术实现的不同，目前市场上在手机支付终端的解决方式上存在众多的解决方案，中国银联主要采用的手机支付终端方案有四种：智能SD卡模式、SIMPASS模式、iSIM模式和NFC模式。

（1）智能SD卡模式。智能SD卡是在传统的SD卡内嵌入金融级的安全芯片（SE）之后形成的新型金融智能SD卡。它在不改变手机本身硬件设计的前提下，使得市场上多数的手机只要具有SD卡插槽就具备手机支付的功能，有利于手机支付业务的拓展。

中国银联智能SD卡模式有两种解决方案：当前阶段采用双界面卡模式，天线采用外接的方式，金融应用存放在智能SD卡内，其他应用可以存放在智能SD卡内或SIM卡内；后期阶段，即NFC手机终端普及阶段，采用智能SD卡的NFC模式，智能SD卡通过SWP协议基于手机内置的NFC模块连接外部天线。

在智能SD卡模式下，远程支付通过客户端软件和GPRS数据通道实现，现场支付通过外接天线模拟卡片实现。

手机支付最终用户在拿到智能SD卡时，必须在开卡终端（配有SD卡读写槽及相应软件的金融POS）上进行初始化、个人化，并在银行卡信息下载之后才能使用。

（2）SIMPASS模式。SIMPASS是北京握奇数据股份有限公司的手机终端解决方案，采用双界面的多应用智能SIM卡代替传统的SIM卡来实现支付功能。SIMPASS卡片软质、超薄、可弯折，具有非接触和接触两个界面。接触界面上可以实现SIM应用，完成手机卡的通信功能；非接触界面上可以同时支持各种非接触金融应用，同时针对不同手机卡槽分为A型天线和C型天线。

在SIMPASS模式下，远程支付通过STK菜单以数据短信的方式实现，现场支付通过外接天线模拟卡片实现。由于SIMPASS非接触界面完全符合ISO14443的规范，需要一个附加的射频天线与卡片相配合，为卡片提供能量及数据信号。用户以原来的SIM卡更换一张SIMPASS卡片，并配套获取一根天线，天线将与SIMPASS卡片触点C4、C8直接连接，与电池紧贴放在电池和手机后盖之间。

手机开机时，SIMPASS可以很好地支持非接触金融应用和电信应用同时工作，即在拨打接听电话以及收发短信的同时进行非接触交易。而在手机关机以及手机电池没电的情况下，SIMPASS就像一张普通的非接触卡一样也可以正常工作。

（3）iSIM模式。iSIM是由中国银联和美国摩托罗拉（Motorola）公司共同研发的手机终端解决方案，iSIM卡是一张独立于移动运营商SIM卡的智能芯片卡。在用户不更换SIM卡的情况下，通过新发行一张iSIM形式的金融智能卡，并采取在SIM卡上贴片的形式，就可以实现远近程支付功能。iSIM卡通过天线引脚引出天线实现近程支付，通过SIM卡与手机的连接，在通信方式上利用STK短信实现远程支付。

iSIM业务模式表现为两种形式——纯远程iSIM和远近程iSIM。纯远程iSIM就是一张和SIM卡一样大小的薄膜卡贴，无天线引出。远近程iSIM和SIMPASS技术类似，采用一张薄型的双界面的SIM卡和手机原来的SIM卡贴在一个卡槽内，作为原SIM卡的桥接器，SIM卡和手机的所有通信信息必须通过iSIM卡过滤处理，如果是手机本身的命令则交由原SIM卡处理，否则就由iSIM卡处理。iSIM本身也是一张SIM卡，本身可以存储用于手机支付的STK菜单应用。在iSIM模式下，远程支付通过STK菜单和SMS实现，现场支付通过外接天线模拟卡片实现。

iSIM之前以PBOC2.0标准的金融IC卡应用为主，应用模块在卡片出厂前已经预制，并主要由银行进行发卡与开卡工作；对于磁条介质银行卡的绑定，必须通过磁条IC化写入iSIM卡，经历开卡流程（与SD开卡流程大致相同）后方可使用。开卡终端是配有IC卡读写槽且搭载相应的磁道信息下载功能的POS机。2013年2月，中国人民银行发布PBOC3.0标准，以适应银行卡业务发展的新要求，为金融IC卡进一步扩大应用奠定了基础，对推进金融创新和提升金融服务民生水平有着重要意义。从

2015年4月开始，新发行的金融IC卡需要符合PBOC3.0标准。

（4）NFC模式。NFC是近距离无线通信的缩写，是采用一颗支持近距离无线通信功能的芯片（NFC芯片）和负责装载应用的安全载体（SE），利用单线协议相连的一种手机支付终端解决方案，通信频率采用13.56MHz。由于NFC手机终端针对现场非接触式支付技术进行了专门的设计和优化，并且支持卡模拟、读卡器和点对点通信三种应用模式，所以其可支持手机支付、行业应用、积分兑换、电子票务、身份识别、防伪和广告等多种应用类型的服务和产品。

用于现场支付和远程支付的应用放置在安全性载体中。在NFC技术框架下，安全性载体可以是SIM卡，也可以是内置在手机中的智能卡或智能SD卡。NFC手机终端支付通过移动通信网络的数据通道（如GPRS）安全地进行空中应用的下载和管理（OTA）。如果安全性载体是SIM卡，并且SIM卡和手机终端同时支持BIP协议，也可以通过BIP协议建立数据通道来进行应用的下载和管理。

在NFC模式下，天线和手机内置的NFC芯片相连。在NFC芯片和安全性载体的连接方式上有两种模式：一种是单SWP模式，即NFC芯片只有单个SWP接口，SIM卡作为安全载体和NFC芯片相连；另一种是双SWP模式，即NFC芯片具有双SWP接口，分别连接SIM卡和智能SD卡。在NFC模式下，远程支付通过客户端和GPRS等实现，现场支付通过NFC连接的天线模拟卡片实现。

7.3.3 银联手机支付服务

1.远程交易

在远程交易上，手机支付产品主要提供包括大小额消费、跨行转账、公共事业缴费、账单支付、信用卡还款、商旅服务等各类金融支付服务，并将随着业务的不断发展而扩充功能。在操作界面和远程数据通道的连接上，具有以下两种模式：

（1）GPRS和客户端支付模式。智能SD卡和NFC两种模式提供了手机支付终端解决方案四种模式中最为友好、直观和便捷的可视菜单操作界面，用户可以点击各图标进行商品选购或功能操作，然后通过安全性载体中的支付应用选择需要的银行卡进行交易并完成支付过程。

（2）STK数据短信支付模式。SIMPASS和iSIM模式均采用STK菜单的方式提供用户使用界面，用户通过选择固化在STK中的菜单选项来浏览商品和服务并发起银行卡交易，也可通过第三方内容服务提供方提供的用户购物界面或WAP界面进行购物选择并提交订单，用户订单通过数据短信发送到后端应用服务器，然后通过短信的方式发送到用户手机，用户可以确认订单并最终完成支付过程。

2.现场交易

现场交易可以通过NFC手机或卡片自身引出天线的方式实现。支付应用有UPcard和PBOC两种模式，适用于大额支付和小额快速支付两种应用领域。

（1）联机交易。加载UPcard应用或PBOC借贷记应用，可以在附带非接触式读写器的POS机上进行非接触式联机交易，一般用于各消费场所的大额支付。

（2）脱机交易。加载PBOC电子现金应用，可以在附带非接触式读写器的POS机上进行非接触式小额脱机交易，适用于快速消费领域，如公交、地铁、加油站等。

3.信息查询

除了商品交易外，手机支付产品还可以提供信息查询功能，包括交易记录查询、商户的优惠信息及促销活动，如大众点评等。同时，未来的商户平台也可以加载SP的各种信息显示，为增值应用和服务提供了充分的可行性。

7.3.4 银联手机支付特点

银联手机支付产品最大的特点是安全性高、终端兼容性强，具备合作共赢的商业模式。

（1）高安全性。银联手机支付产品采用符合金融应用标准的智能芯片作为手机支付应用的安全性载体，软件和硬件都经过严格的检测和认证，可以确保交易信息和交易过程的安全。

（2）高兼容性。银联手机支付产品在设计时就充分考虑到手机支付终端的现状及未来的发展趋势。在当前阶段，考虑到金融应用的安全性和独立性，同时为了能够更快地在更大范围内推广手机支付业务，中国银联根据各试点地区的实际情况，主要选择以智能SD卡、iSIM贴片及SIM卡为安全性载体以及在非接触式标准上符合国际惯例的手机支付终端解决方案，同时，软硬件的兼容性将会随着各种技术的发展而不断完善。未来，NFC手机模式的普及将能够完全解决兼容性的问题。

（3）合作共赢的商业模式。中国银联在手机支付业务上的定位是提供支付服务和支付通道。通过对手机支付相关方的交互接口进行标准化和规范化的要求，以及构建可信服务管理系统和商圈系统，使得银联手机支付平台成为各方信赖和共享的共同支付通道。银联手机支付平台是一个开放、规范、灵活的移动支付运营平台，遵循市场驱动、平台开放、技术多样、规范发展的基本原则，使得参与手机支付业务的合作伙伴都可以充分发挥各自业务领域的优势，并且相辅相成、相互促进。"术业有专攻，各司其职"是银联手机支付产品商业合作模式的最佳写照。

现阶段，根据产品模式的特点，银联手机支付业务的商业模式大致可以分为银联主导和运营商主导两种。

由于智能SD卡和iSIM模式在物理上和运营商的关系较小，所以，目前产品主要由中国银联主导推进，相应的SD卡和iSIM贴片成本主要由第三方服务提供商、中国银联和手机支付用户按照一定的比例共同承担，但因为第三方服务提供商承担了用户发展或渠道拓展的职责，所以其将作为相应的用户发展方或渠道拓展方参与到交易分润中来。由于iSIM模式侧重PBOC现场支付功能，所以，对于加载不记名的纯电子现金应用的iSIM卡片，完全可以由银行单独发卡，并可基于自有资源，为银行高端持卡人量身定做相应的增值服务功能，突出了银行差异化竞争优势。另外，这两种模式也可以通过和运营商专网绑定来整合更多的资源。SIMPASS和NFC模式由于和移动运营商具有天然的紧密联系，所以，卡片成本主要由移动运营商承担，并由运营商主导产品的发展，用户只需要承担较少的费用购买或免费更换SIM卡即可拥有手机支付功能。但由于NFC手机成本较高，在没有形成一定的市场规模之前，只能由运营商以拓展增量定制机用户的模式推广,所以,运营商也将作为用户发展方或渠道拓展方参与到交易分润中来。

7.4 银联与第三方支付

7.4.1 第三方支付概述

随着电子商务的蓬勃发展,我国的第三方支付呈现快速增长的势头。2010年,我国第三方支付的规模为5.1万亿元,到2016年,这个数字迅速增长到57.9万亿元,复合增长率超过50%。2017年,我国已经成为全球第三方支付交易规模最大的市场。2019年,我国第三方移动支付交易规模达226.1万亿元,较2018年增加35.6万亿元,同比增长18.69%。2020年,我国第三方移动支付与第三方互联网支付总规模达271万亿元。① 到2022年,我国第三方移动支付市场交易规模已经达到309万亿元。②

传统的银行支付方式只具备资金的传递功能,不能对交易双方进行约束和监督,支付手段比较单一。交易双方只能通过银行指定的界面直接进行资金的划拨,或采用汇款方式,交易也基本采用款到发货的形式。在整个交易过程中,无论是货物质量方面、交易诚信方面,还是退换要求方面等环节都无法得到可靠的保证,交易欺诈行为也广泛存在。采用第三方支付模式可以相对降低网络支付的风险,解决交易诚信方面的问题。

第三方支付平台就是一些具备一定实力和信誉保障的第三方独立机构提供的交易支持平台。在通过第三方支付平台进行的交易中,买方选购商品后,使用第三方平台提供的账户进行货款支付,由第三方通知卖家货款到达和进行发货;买方检验商品后,就可以通知第三方支付平台付款给卖家,第三方再将款项划转至卖家账户。这些第三方独立机构往往与国内外各大银行签约,支持数十种银行卡,使得第三方机构与银行可以进行某种形式的数据交换和相关信息确认。这样,第三方机构就能够在持卡人或消费者与各个银行以及最终的收款人或者商家之间建立一个支付的流程。

相对于传统的资金划拨交易方式,第三方支付可以比较有效地保障货物质量、交易诚信、退换要求等环节,在整个交易过程中,都可以对交易双方进行约束和监督。在不需要面对面进行交易的电子商务形式中,第三方支付为保证交易成功提供了必要的支持,因此,随着电子商务在我国国内的快速发展,第三方支付行业也发展得比较迅速。

目前,我国国内的第三方支付产品主要有支付宝(阿里巴巴)、微信支付(腾讯)、快钱(完全独立的第三方支付平台)、百付宝(百度)、环迅支付、汇付天下等。其中用户数量最多的是支付宝,在我国拥有庞大的用户群体。

除了推动ATM、POS机等银行卡支付手段外,中国银联从2002年开始积极拓展

① 艾瑞咨询. 2021年中国第三方支付行业研究报告 [R/OL]. [2024-04-22]. https://report.iresearch.cn/report_pdf.aspx? id=3785.
② 易观分析. 中国第三方支付市场专题分析 [R/OL]. [2024-04-22]. https://baijiahao.baidu.com/s? id=1774443280498495172&wfr=spider&for=pc.

基于固话网、互联网、移动电信网等的各类新型支付方式，包括网上支付、跨行转账、电话支付、移动支付、E-POS支付等。银联电子支付承载了第三方支付服务组织的角色。

云闪付APP等银联移动支付产品持续集成各项新功能、新权益，提供了体验感良好的便民支付服务。截至2023年12月，云闪付APP注册用户数已经超过5亿个，可以受理云闪付支付的商户超过3 000万家，支持670多家银行借记卡余额查询、150多家银行信用卡账单查询及零手续费还款、60家银行Ⅲ类账户申请、超过70家银行入驻"云闪付分行"。此外，银联手机闪付产品功能持续升级，覆盖华为、小米、OPPO、vivo、魅族等主流手机品牌，双击手机主键即可快速完成支付，受到广大年轻人的喜爱。

7.4.2 中国银联的优势

随着第三方支付市场个人用户渗透率的进一步提升，第三方支付的应用已经不仅仅局限在互联网的商业模式中，其金融工具的属性越发明显。个人缴费市场和B2B市场的快速发展，将是未来第三方支付市场的主要推动力。

中国银联的电子支付依托中国银联的基础建设提供产品和增值服务，本身具有很多优势：基于银联本身基础建设的ChinaPay（银联在线）的即时跨行转账功能；通用性的支付网关；银联庞大的用户群体等。一旦中国银联致力于发展第三方支付市场，其依托这些优势将会争取到更多的市场份额。

1.强大的品牌认知度

在开放的市场环境中，竞争的核心便是品牌竞争。没有品牌就没有竞争优势，也就意味着没有市场。作为中国银联旗下的第三方支付公司——ChinaPay的最大优势是其被看作银联嫡系的支付企业，并且人们习惯性地认为其具有政府背景，因此造就了其最广泛的用户基础以及最卓著的信誉。著名的市场研究机构AC尼尔森公司在上海、北京、广州、武汉、成都、长春等城市针对18～54岁银行卡持有者进行的一次调查显示，中国银联在以上城市的公众中，提示后的品牌认知度已达82%，提示前的品牌认知度均超过70%。

2.用户的信任度高

出于固有观念，用户对第三方支付企业并不信任，认为安全系数低。《互联网周刊》的调查数据显示，在选择支付模式时，56%的商户表示愿意与银行直连，只有38%的商户选择与第三方支付公司合作。

ChinaPay作为中国银联旗下的互联网业务综合商务门户网站，具有强大的品牌认知度，很容易获得用户的信任度。

3.依托中国银联的基础建设提供产品和增值服务

第三方的增值业务应该是建立在中国银联和银行的基础建设之上的。中国银联的优势在于技术、人才、资源和清算业务渠道。依托已经建立的基础设施，在增值业务、市场、用户、信用卡发行量的争夺上，ChinaPay拥有非常好的平台与传统的银行合作。中国银联的优势就在于其与银行的天然联系，商户、银行与其互联互通，这种便捷和安全相比支付宝等第三方支付服务组织而言，使中国银联在开拓网络支付领域方面容易得多。

4.通用性的支付网关

现在整个电子支付行业可以分为通用性的支付网关和虚拟账户的支付网关两类。ChinaPay 采用的是一种通用性的支付网关，能够支持国内各家商业银行的银行卡进行跨银行、跨地区的在线支付；提供统一的接口和统一的清算对账渠道，资金 T+1 日结算，资金到账及时、安全；具有良好的通用性和扩展性，能够以最大的自由度支持不同类型的服务提供商的接入，接口支持当今流行的所有主流服务器，而且还能满足不断增加的新业务的需求；建立在直联 POS 网络基础上，具有标准 POS 业务的所有优势，支持多种银行卡支付。

5.庞大的银行卡群体

依靠庞大的银行卡群体是 ChinaPay 的又一大优势。ChinaPay 通过中国银联和各大银行联结，同时联结各大商户，这样，持卡人可以在网上支付的时候使用银联卡。中国银行业协会发布的《中国银行卡产业发展蓝皮书（2023）》显示，截至 2022 年末，银行卡发卡数量为 93 亿张，同比增长 0.6%。同时，人们对快捷支付的服务需求日益增长，网上支付还有很大的发展空间。

6.依靠中国银联的发展经验

中国银联本身就有线下业务的规则，经过长期的发展也积累了很多在支付、企业管理以及处理和银行的关系方面的经验。ChinaPay 是基于中国银联的第三方支付公司，中国银联的发展经验是可以借鉴的，运用这些经验可以使 ChinaPay 更好、更快地发展。

本章小结

中国银联处于我国银行卡产业的核心和枢纽地位，对我国银行卡产业发展发挥着基础性作用，各银行通过中国银联跨行交易清算系统，实现系统之间的互联互通，进而使银行卡得以跨银行、跨地区和跨境使用。

中国银联手机支付产品的目标是成为一个国内领先的安全、开放的手机支付平台，为手机支付产业提供一个公共的基础设施；积极推动手机支付业务有序、健康地发展，为成员机构和行业合作伙伴提供业务创新的物质基础；为持卡人提供创新的支付服务手段；力争使银联手机支付产品成为手机支付产业内各方首选的支付通道。

ChinaPay 是中国银联旗下的第三方支付公司，通过 ChinaPay 支付平台可以进行网上支付、跨行转账、电话支付、代付业务等。

在与其他第三方支付中介的激烈竞争中，ChinaPay 有其天然的优势。

关键术语

中国银联；电子支付；ChinaPay；手机支付；网上支付；第三方支付

习题

1.简述银联电子支付提供的支付业务。

2. 银联电子支付与其他第三方支付机构如支付宝等相比，有哪些竞争优势？

3. 简述中国银联的发展历程。

4. 如何理解中国银联的性质、职能及其在银行卡业务中的核心地位？

5. 简述中国银联手机支付产品的特点。

@ 案例分析

境外人士跨境购物支付更便利 京东支付与银联国际达成合作

手机、家电、电脑整机、电脑配件、食品饮料……近年来，越来越多的"中国制造""中国特产"出现在了境外消费者的购物车里，"反向海淘"渐趋在海外流行。

来自泰国的通猜就是"反向海淘"中的一位，通猜对我国的手机品牌如数家珍，对我国的电商平台也颇有研究。此前，为了购买心仪的中国手机，通猜不得不大费周折地研究付款，最近他惊喜地发现，在京东全球售利用境外发行的银联卡就能够完成快速支付。"整个付款过程很顺利，输入卡号就可以了。"通猜得以快速购买"中国制造"的背后是我国出口业务在支付领域的服务升级。近日，京东支付与银联国际达成合作，双方基于京东全球售平台，共同为境外消费者提供支付服务。用户在平台购买产品，选择"银联 UnionPay"支付方式，输入对应卡号就可以完成支付。

京东支付与银联国际合作，在京东出口场景下支持使用境外发行的银联卡。这一合作，为境外消费者带来了更多的支付选择。

京东支付与银联国际合作，搭建了一条连接境内境外的支付"高速通道"：一头连接境内，一头直达境外，实现支付的无须中转、一键直达。在境内，京东平台全量的中小微商家、出口企业可以通过"高速通道"进行收款，无须考虑如货币种类、收款政策等外卡收付问题，为货卖全球奠定了资金收付基础；在境外，上亿消费者通过"高速通道"快速付款，为购买全球提供了便捷支付服务。

双方的合作是外卡服务领域的里程碑，将共同为境外消费者提供更加便捷、安全的支付体验，进一步推动我国商品在全球市场的销售和影响力。同时，这也将为我国的支付服务机构提供更多的发展机会，促进我国支付产业的国际化进程。未来，双方将持续深化合作，推动跨境支付业务不断创新与发展，共同打造更加便捷、高效、安全的全球购物体验，满足境外消费者不断增长的需求。

资料来源：齐鲁壹点. 境外人士跨境购物支付更便利 京东支付与银联国际达成合作［EB/OL］.［2024-04-22］. https://baijiahao.baidu.com/s? id=1795277969014945038&wfr=spider&for=pc.

问题：

（1）京东支付与银联国际的合作有什么意义？

（2）银联国际与京东支付的合作将如何影响中国银联在国际支付市场的地位？

（3）你认为中国银联未来的发展路径是什么？

第8章

第三方支付

@ **教学目标与要求**

1. 掌握第三方支付的基本概念；
2. 掌握第三方支付的类型；
3. 了解第三方支付的优缺点；
4. 掌握第三方支付的流程；
5. 了解网联支付的新模式；
6. 掌握第三方支付存在的安全问题及预防措施。

@ **知识架构**

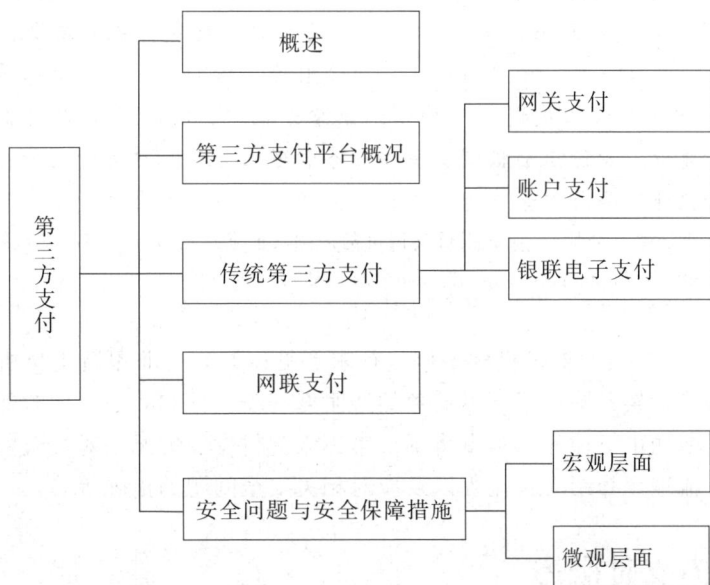

@ **导入案例**   **电子支付新的"办法"**

近年来发展起来的第三方支付以无与伦比的优势,既满足了社会的需求,为社会创造了价值,又为电子商务提供了强有力的支撑,受到越来越多企业和消费者的青睐。与此同时,网联的新模式也给第三方支付带来了新的冲击。2017年8月,《中国人民银行支付结算司关于将非银行支付机构网络支付业务由直连模式迁移至网联平台处理的通知》下发,该文件规定,非银行支付机构网络支付业务由直连模式迁移至网联平台处理,并要求截至2018年6月30日,所有网络支付业务全部通过网联平台处理。

随着时间的推移,我国第三方支付市场经历了飞速发展的过程,支付技术日新月异,但与此同时,既有的规范体系已经逐步落后于行业需求及监管要求,亟待作出更新。2021年1月20日,中国人民银行发布《非银行支付机构条例(征求意见稿)》,正式面向社会公开征求意见。该意见稿从主体、经营、市场等各方面强化了对非银行支付机构的监管,严格控制其设立与投资人准入,变革其业务经营规则,将给第三方支付行业的发展带来深远影响。与第三方支付行业的既往规范不同,《非银行支付机构条例(征求意见稿)》的位阶更高,凸显出了其重要性。可以预见的是,该条例落地后,后续一系列配套规范亦将随之出台。

此前,《非金融机构支付服务管理办法》以支付业务为主要着眼点,规定了支付业务的类型及"支付业务许可证"的申请与许可,在此基础上对"支付业务许可证"的申请人/被许可人进行监管。而该意见稿立足于非银行支付机构本身,规定其从事的业务类型,以及其设立、变更与终止。前述监管逻辑的不同,也意味着该意见稿对非银行支付机构的监管力度进一步加强。该意见稿中,支付业务规则着重于业务专营、机构制度建设、身份识别机制、核心业务管理、储值账户运营监管、支付账户管理、支付交易处理业务监管等,确保支付业务的合规性和安全性。

资料来源 邓学敏,饶梦莹.《非银行支付机构条例(征求意见稿)》核心要点解读[EB/OL].[2024-07-18]. https://m.thepaper.cn/baijiahao_12117337.

整体而言,《非银行支付机构条例(征求意见稿)》为非银行支付机构的运营提供了全面的法律框架,确保了支付业务的透明度、安全性和效率,同时保护了消费者权益,维护了金融市场秩序。本章将围绕第三方支付发展情况,对接入网联管理以及最新政策进行梳理,介绍支付流程以及应对相关安全问题的措施等。

8.1 第三方支付概述

电子支付在我国的发展始于1998年招商银行推出的网上银行业务,随后各大银行的网上缴费、移动银行业务和网上交易等逐渐发展起来。银行在初期完全主导着电子支付,大型企业用户与银行之间建立支付接口是最主要的支付模式。但银行在处理中小型商户的业务方面显得能力不足,于是,非银行类的企业开始介入支付领域,第三方支付平台应运而生。北京首信(现更名为北京首信易支付)、上海环迅、网银在线、支付宝等诸多具有较强银行接口技术的服务商，在银行基础支付层提供的统一平台和接口的基础上，提供网上支付通道，并通过与银行的二次结算获得分成。这类第三方支付模式是目前国内比较成熟的电子商务支付模式。

8.1.1 第三方支付的基本概念

在有关第三方支付的研究文献和书籍中，经常出现"第三方支付""第三方支付系统""第三方支付平台""第三方支付企业/机构""第三方网上支付中介"等一系列名词，它们有怎样的区别和联系？

1. 第三方支付

第三方支付是具备一定实力和信誉保障的独立机构，采用与各大银行签约的方式，提供与银行支付结算系统接口的交易支持平台的网络支付模式。在第三方支付模式下，买方选购商品后，使用第三方平台提供的账户进行货款支付，并由第三方通知卖家货款到账和发货；买方收到货物，并检验商品进行确认后，就可以通知第三方付款给卖家，第三方再将款项划转至卖家账户。

第三方支付是电子支付产业链中重要的纽带，一方面连接银行，处理资金结算、客户服务、差错处理等一系列工作；另一方面连接商户和消费者，使客户的支付交易能够顺利接入。由于拥有款项收付的便利性、功能的可拓展性、信用中介的信誉保证等优势，第三方支付较好地解决了长期困扰电子商务领域的诚信、物流、现金流问题，在电子商务的发展中发挥着重要作用。

第三方支付服务商与多家银行合作，提供统一的应用接口。这样，无须分别安装各大银行的专用接口，商家就能够利用不同银行的支付通道，在支付手段上为顾客提供更多选择。同时，第三方支付也帮助银行节省网关开发费用，创造了更大的利润空间。因此，第三方支付既可以节省买卖双方的交易成本，也能够节约资源，降低社会交易成本，有利于提高网上交易的效率，促进电子商务的拓展，创造更多的社会价值。

随着电子商务的快速发展，人们对电子支付的需求进一步提升，而第三方支付凭借其对交易过程的监控和交易双方利益的保障，获得了广大个人用户及商户的青睐。此外，企业逐渐开始利用第三方电子支付进行跨地区收款及各类资金流管理，行业应用逐渐普及。以互联网支付、手机支付、预付费卡、POS收单等为首的第三方支付业务蓬勃发展，截至2023年底，根据《中国第三方移动支付市场季度监测报告2023年第4季度》的数据显示，2023年，我国第三方移动支付交易规模达到271万亿元，第三方互联网支付交易规模为30.17万亿元。[①]

2. 第三方支付平台与第三方支付系统

第三方支付平台是指平台提供商通过通信、计算机和信息安全技术，在商家和银行之间建立连接，实现从消费者到金融机构以及商家之间货币支付、现金流转、资金清算、查询统计的一个系统，其本质是一个支付系统，即第三方支付系统。

---

① 易观分析. 中国第三方移动支付市场季度监测报告2023年第4季度 ［R/OL］. ［2024-04-22］. https：// baijiahao.baidu.com/s？id=1774443280498495172&wfr=spider&for=pc.

随着电子商务的蓬勃发展，网上购物、在线交易对消费者而言已经从新鲜的事物变成了日常生活的一部分。对网络商家而言，传统的支付方式如银行汇款、邮政汇款等，都需要购买者到银行或邮局办理烦琐的汇款业务，而如果采用货到付款方式，又会给商家带来一定的风险和昂贵的物流成本，因此，第三方支付平台在这种需求下逐步形成。第三方支付平台将交易信息和物流信息进行整合，为电子商务的资金流、信息流、物流三大瓶颈问题提供了一致的解决方案。通过第三方支付平台，商家网站能够进行实时的交易查询和交易系统分析，提供及时的退款和止付服务，便于客户查询交易动态信息、物流状态，以及对交易进行相应处理等。第三方支付平台拥有关于交易信息的详细记录，可以防止交易双方对交易行为的抵赖，也为售后可能出现的纠纷问题提供相应的证据，维护双方权益。

第三方支付平台是在网络安全平台之上建立的在线支付服务平台。作为买卖双方交易过程中的"中间件"，第三方支付平台旨在通过一定的手段为交易双方提供信用担保，从而化解网上交易风险的不确定性，有效防止电子交易中的欺诈行为，增加网上交易成交的可能性，并在交易后提供相应的增值服务。在第三方支付平台上，买卖双方的交易得以轻松地进行。它伴随着网上交易而来，只要拥有一个或多个在线支付平台账号，就能够在一个相对安全的网络环境中享受购物的乐趣。

3.第三方支付与第三方支付平台的区别和联系

通过上述对第三方支付与第三方支付平台的简单介绍，可以得出结论：第三方支付与第三方支付平台不是一个概念，但它们之间存在密切的关系。

首先，第三方支付是一种支付方式，或者说是一种支付渠道。在这种支付方式下，由第三方独立机构担当买卖双方的"信用中介"，同时提供与多家银行支付结算系统的对接，保障了买卖双方的合法权益。第三方支付平台则是一种由网络、技术、软件、服务等构成的实现第三方支付的平台系统。不同的第三方支付机构，可以建立不同的第三方支付平台。

其次，第三方支付平台是第三方支付这种支付方式得以实现所必需的媒介，或者说，第三方支付平台是看得见的第三方支付形式。没有第三方支付平台，第三方支付也就只能停留在理论层面，而不能付诸实施。正因为第三方支付平台和第三方支付之间存在如此紧密的关系，所以，人们在平时谈到第三方支付和第三方支付平台时，有时并没有对二者进行严格的区分。

综上，第三方支付实际上是第三方支付服务公司，第三方支付平台实际上是第三方支付系统。第三方支付系统由第三方支付服务公司来运营。

8.1.2 第三方支付服务特点

第三方支付服务主要有以下特点：

（1）支付中介。其具体形式是付款人和收款人不直接发生货款往来，而借助第三方支付平台完成款项在付款人、银行、第三方支付机构、收款人之间的转移。这种方式对于网上商户来说，可以不用安装各个银行的认证软件，简化其操作，降低开发和维护成本；对于银行来说，可以节省网关开发成本等。

（2）技术中间件。第三方支付平台通过连接多家银行，使银行系统与互联网之间能够加密传输数据，向商家提供统一支付接口，使商家不需要与各家银行一一谈判，就能够同时使用多家银行的支付通道。

（3）信用保证。运行规范的第三方支付平台，只向合法注册的企业提供支付网关服务，而不向个人网站提供服务，这在很大程度上避免了交易欺诈行为的发生，使消费者更有信心采用网上支付方式。对双方交易的详细记录，也可以防止交易双方对交易行为的抵赖，减少可能产生的交易纠纷。

（4）个性化与增值服务。第三方支付可以根据商户的业务发展和市场竞争情况创造新的商业模式，制定个性化的支付结算服务，如为航空商户提供的分账服务等。

8.1.3　第三方支付价值链

在完成第三方支付服务过程中，有众多的参与者，形成了第三方支付价值链。在支付价值链中，前端是在线商户和网络消费者（统称为第三方支付服务的消费者），中间是各个第三方支付平台，而后端是以银行为代表的金融机构，如图 8-1 所示。

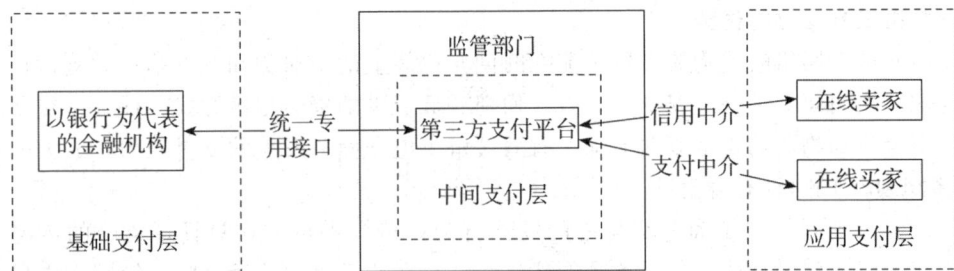

图8-1　第三方支付价值链

基础支付层：处在该层的主要是以银行为代表的金融机构，负责搭建基础的支付平台，实现银行层面的互联互通，并为第三方支付企业提供统一的网关。基础支付层的重点是提供安全、稳定的金融服务。

中间支付层：该层是具有较强银行接口技术的企业在基础支付层提供的统一平台和接口的基础上进行集成、封装等二次开发而形成的中间支付平台。中间支付平台可以承载很大的数据量，具有极高的支付成功率，银行和网上用户通过中间支付平台可以实现二次结算。

应用支付层：该层为第三方支付平台的终端用户服务，展现支付终端和页面。应用支付层终端用户强大的市场需求，推动了第三方支付价值链的发展。

8.1.4　第三方支付的参与主体

通过对第三方支付价值链的分析，可知第三方支付重要的参与者包括消费者、金融机构、第三方支付机构。

1.消费者

第三方支付的消费者主要包括用户和商户两种。

用户是指为满足生产、生活消费而需要购买、使用商品或者接受服务的个人客户群体和企业客户群体，是支付工具的被动接受者和使用者，只能选择满足其生活用品或服务需要的商户所提供的支付方式。

商户是指那些为用户提供其生产、销售、生活所需的商品或服务的经营群体，是第三方支付的直接客户，是电子支付服务的直接购买者。

2.金融机构

金融机构是指以银行为主体、其他非银行金融机构为补充的金融服务体。在网上支付领域，银行具有无法替代的优势，第三方支付离不开银行，必须以银行为基础。然而，银行与第三方支付机构合作，也能提升用户使用网上银行的频率。

3.第三方支付机构

第三方支付机构通过与银行合作，以银行的支付结算功能为基础，向政府、企业和个人提供个性化的支付清算与增值服务。它的存在为第三方支付价值链中的用户、商户以及金融机构带来了不可替代的价值。

8.1.5　第三方支付的优势与劣势

1.第三方支付的优势

（1）解决网络时代物流和资金流在时间与空间上的不对称问题。第三方支付在商家与顾客之间建立了一个安全、有效、便捷、低成本的资金划拨方式，保证了交易过程中资金流和物流的正常双向流动，有效缓解了电子商务发展的支付压力，成为解开"支付死扣"的一种有益尝试。

（2）有效减轻电子商务交易中的欺诈行为。传统支付方式只具备资金的传递功能，交易以款到发货或货到付款的方式进行，存在非常大的信用风险。第三方支付不仅解决了物流和资金流双向流动的问题，而且可以对交易双方进行约束和监督，增加了网上交易的可信度，在一定程度上消除了人们对网上交易和网上购物的疑虑，让越来越多的人相信并使用网络交易功能。另外，第三方支付平台可以对交易双方的交易进行详细记录，从而防止交易双方对交易行为可能发生的抵赖，并且为在后续交易中可能出现的纠纷问题提供相应的证据。

（3）节约交易成本，缩短交易周期，提高电子商务的效率。传统支付方式如银行汇款、邮政汇款等需要买家到银行或邮局办理烦琐的汇款业务，浪费时间，耗费精力。而第三方支付依托银行系统，只要通过互联网就可以完成支付的整个过程，大大缩减了电子商务的交易周期，节约了时间成本和办公成本。

（4）促进银行业务的拓展和服务质量的提高。作为金融服务的一种创新业务，网上支付不仅节约了银行成本，有利于银行业务处理速度的提高和服务业务的拓展，增加了银行中间业务的收入，更重要的是，第三方支付平台改变了银行的支付处理方式，使消费者随时随地可以通过互联网获得银行业务服务。

（5）能够较好地解决网上交易中出现的信用问题。第三方支付本身依附于大型的门户网站，并且以与其合作的银行的信用作为其信用依托，能够较好地解决网上交易中的信用问题，有利于推动电子商务的快速发展。

（6）操作简便可靠。第三方支付平台与银行的交易接口直接对接，支持多家银行的多卡支付，采用先进的加密模式，在银行、消费者和商家之间传输与存储信息资料，根据不同用户需要对界面、功能进行调整，更加个性化和人性化。同时，在第三方支付平台上，商家和客户之间的交涉由第三方来完成，使网上交易变得更加简单。

2.第三方支付的劣势

（1）用户不信任。在第三方支付模式下，第三方支付企业作为独立机构从事金融服务，用户出于固有观念，对其并不十分信任，认为安全系数低。《互联网周刊》的调查数据显示，在选择支付模式时，56%的商户表示愿意与银行直连，只有38%的商户选择与第三方支付企业合作。

（2）盈利少。第三方支付平台的企业运行维护成本高，没有很好的盈利模式，部分第三方支付平台甚至处于不盈利状态。

（3）银行依赖性强。第三方支付平台账户资金的流动依赖银行，同时，由于缺乏认证系统，为了支付信息的安全，第三方支付平台必须依赖银行的专业技术。

（4）结算周期长。由于各种原因，部分第三方支付企业不提供实时结算，结算周期长，进而引起商家资金流动不畅。第三方支付的一般结算方式有两种：一是直接结算到银行卡（部分支付公司已经停用）；二是结算到新开立的第三方支付账户，然后自提到银行卡。第三方支付的结算周期根据交易额度的不同，可分为T+0结算、T+1结算、T+3结算等。部分特殊行业和节假日，结算周期可能会延长。

（5）面临强势竞争。目前，国内提供网上支付的机构主要有各大商业银行、中国银联和第三方支付企业。国内各家商业银行都在大力推进网上支付，网上支付已经成为各大银行网上银行业务的新亮点。未来几年，网上支付将成为各大银行电子银行服务的主要竞争领域。银行由于专门从事金融服务，信誉和用户认可度高，并且资金和技术实力强。中国银联本身具有政府背景，银联电子支付方式也比较简单，消费者比较容易接受，并且大部分银行卡开通网上支付功能无须申请，方便快捷，同时可以受理外卡，接入费用较低。因此，独立的第三方支付平台面临着银行和中国银联带来的强大的竞争压力。

8.1.6 第三方支付的发展现状

1.市场规模

在我国，第三方支付机构是指提供支付服务的"非银行金融机构"。中国人民银行公布的数据显示，2010年，我国第三方支付的交易规模为5.1万亿元，到2016年，这个数字迅速增长到57.9万亿元，复合增长率超过50%。截至2017年底，我国已经成为全球第三方支付交易规模最大的市场。在网络购物、社交红包、线下扫码支付等不同时期不同推动力的作用下，我国第三方支付的交易规模经历高速发展。根据相关披露，移动支付的总规模在2023年达到555.33万亿元，同比增长9.17%。2020—2027年，我国第三方支付的交易规模发展情况，如图8-2所示。

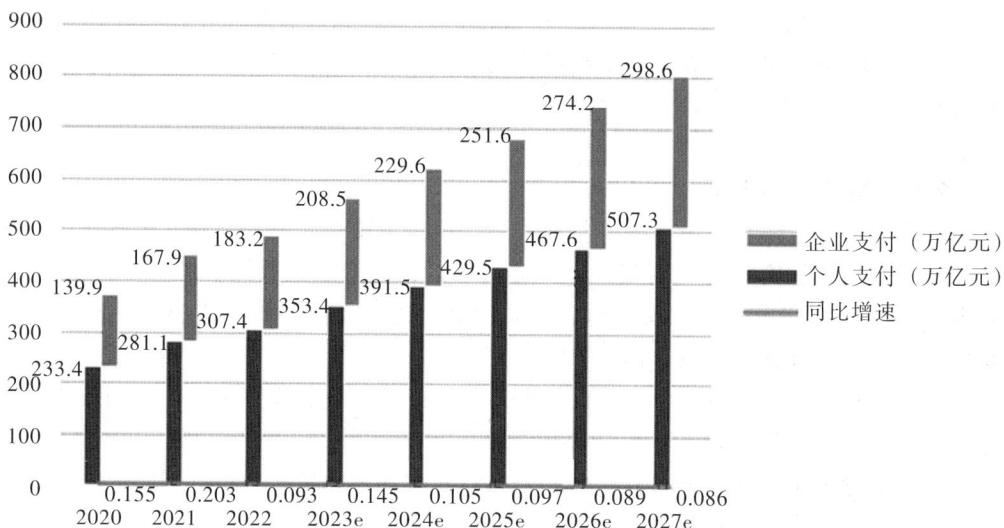

图8-2　2020—2027年中国第三方支付交易规模发展情况

资料来源　艾瑞咨询. 2023年中国第三方支付行业研究报告［R］. 上海：艾瑞咨询，2023.

2.发展历程

我国第三方支付发展至今已经有了20多年的历史，其发展的历程可以分为以下四个阶段。

第一阶段为起步阶段（1999—2004年）。在国家电子商务工程的带动下，1999年，国内第一家第三方支付机构"首信易"成立，并对网关支付进行了整合和发展，这一阶段主要以网关支付服务为特征，所以也被称为网关支付阶段。

第二阶段为野蛮生长阶段（2004—2010年）。2004年底，由阿里巴巴创建的第三方支付平台——支付宝——成立，标志着第三方支付进入账户支付的时代，之后，第三方支付随着电子支付的发展而高速扩张。

第三阶段为规范发展阶段（2010—2017年）。2010年，中国人民银行出台了《非金融机构支付服务管理办法》及其实施细则，规定非银行金融机构必须在获取"支付业务许可证"后才能提供相应的支付服务，这标志着第三方支付正式纳入央行的支付监管领域。之后，国家又出台了一系列的规章制度规范第三方支付行业，发放的支付牌照（"支付业务许可证"）从最初的270张下降到2017年的246张。由于支付牌照只有5年有效期，很多企业在重新审核的关卡被淘汰出局。

第四阶段为网联发展阶段（2017年至今）。2017年初，网联清算有限公司正式成立，中国人民银行为最大股东，这也标志着当前大量的第三方支付机构直连银行的传统直连模式将被切断，回归支付和清算相互独立的业务监管领域。

3.发展特点

我国第三方支付发展进程中呈现出以下特点：

（1）非独立的支付服务商（某一电子商务网站旗下提供支付服务的子公司）占主流地位。以支付宝、微信支付和银联商务为代表的非独立支付服务商目前在我国的第三方支付市场中占据绝对主流的地位。2019年，这三家支付服务商占我国第三方支付市场的份额超过90%，其中仅支付宝一家就已占领我国网上支付市场的半壁江山。非独立的支付企业的成功，在很大程度上借助了其背后集团企业强大的商业资源、技术背景以及品牌实力，这一点是很多独立第三方支付服务商（独立的、不隶属于任何电子商务网站的支付企业）在短时间内很难赶上的。

（2）支付服务商趋向行业细分化。随着网上支付市场的发展，第三方支付服务商行业细分化的趋势越来越明显，支付的行业化和专业化服务迹象已经出现，未来一些支付服务商很可能成为行业性的支付平台，针对不同的行业领域提供不同的专业支付产品。比如，目前易宝支付在机票行业、支付宝在购物行业、环迅支付在游戏行业、财付通在彩票行业、首信易支付在教育行业等都成为极具竞争优势的支付平台。未来，我国第三方支付平台的发展趋势必然是以行业支付需求为导向，逐步走向专业化。

（3）银行与支付服务商的竞争日益凸显。在目前第三方支付的产业链上，既有第三方支付企业之间为争夺商户和用户所展开的竞争，也有各大银行的网上银行服务不断改进和提升后形成的竞争，尤其是在网联清算有限公司成立之后，第三方支付的发展趋于规范和统一，竞争也更为激烈。

4.头部支付企业

第三方支付牌照是指中国人民银行颁发的允许非银行机构开展支付业务的许可证。根据《非银行支付机构条例（征求意见稿）》的规定，支付业务主要包括储值账户运营和支付交易处理。获得牌照的企业可以依法开展支付业务，但必须遵守相关法律法规，确保支付安全和效率。随着支付市场的快速发展，监管机构面临着确保支付安全、防范金融风险、促进市场公平竞争等挑战。《非银行支付机构条例（征求意见稿）》的发布，体现了监管机构对于规范市场、保护消费者权益的决心。对支付企业而言，合规经营是其持续发展的基础，也是赢得用户信任的关键。目前，支付行业处于赢者通吃的状态，头部支付企业占据了极大的市场份额，但也有新兴公司选择带着流量跨行业竞争。

支付宝是我国最早的第三方支付平台之一，目前是支付行业龙头，拥有庞大的用户基础和丰富的支付场景。支付宝不仅支持在线支付，而且扩展到线下支付、金融服务等多个领域。隶属于腾讯公司的微信支付依托微信庞大的社交用户群体，迅速成为我国移动支付市场的重要力量。微信支付覆盖线上线下多种支付场景，包括社交转账、电商购物、生活缴费等。微信支付、支付宝早在2011年5月3日就获得了支付牌照许可，业务类型涵盖互联网支付、移动电话支付、银行卡收单，并且也获得了最新一批的许可证延期。其中，支付宝业务更广，涉及预付卡发行与受理（仅限于线上实名支付账户充值）。云闪付是在中国人民银行的指导下，由中国银联携手各大商业银行、支付机构等产业各方共同开发建设、共同维护运营的移动支付APP，于2017年12月11日正式发布。目前，云闪付是占据市场份额第三位的支付平台，并且于2013年7月6日首次获得了支付牌照。

目前，市场上也有跨行获取牌照的华为、小米、苹果及其支付牌照huaweipay、mipay、applepay。其中，华为、苹果早在2014年7月、2011年12月获取了支付牌照。小米在2016年1月通过收购捷付睿通从而获取了支付牌照，可以从事相关行业。同时，随着支付市场的整合和优化，一些支付机构可能因为业务合并而注销支付牌照。在行业内部整合过程中，为了提升效率和竞争力，部分支付机构可能会选择合并，从而取消重复的支付牌照。例如，深圳市银联金融网络有限公司于2024年1月10日注销，有关业内人士指出，银联商务此举是为进一步合规作出的决定。根据《非银行支付机构条例（征求意见稿）》的规定，支付机构可能因为触发市场退出机制而被迫注销牌照，当支付机构无法维持最低运营资金要求或持续经营能力时，根据该条例，同一实际控制人不得控制两个及以上同一业务类型的非银行支付机构。近年来，银联商务旗下多张支付牌照转让或注销，均是为了满足新的监管要求。

支付宝、微信支付等头部支付企业，以及华为、小米等手机厂商的支付牌照现状，反映了我国支付市场的多元化和竞争性。在监管政策的引导下，这些企业通过支付牌照，不仅能够为用户提供更安全、更便捷的支付服务，还能够推动金融科技的创新，促进数字经济的发展。未来，随着技术的不断进步和市场需求的日益增长，支付牌照的价值将进一步凸显，支付市场也将迎来更广阔的发展前景。

8.2 第三方支付平台概况

8.2.1 第三方支付平台的发展概况

我国最早的第三方支付企业是成立于1999年的北京首信（现更名为北京首信易支付）和上海环迅，两家公司主要面向B2C的支付业务。2004年下半年，第三方支付开始受到市场的极大关注，国内各商家纷纷涉足。之后，各大C2C购物网站如淘宝网等分别推出了各自的第三方支付工具。2005年，美国PayPal与我国上海网付易合作建立了本土化支付产品——贝宝。与此同时，快钱、银联电子支付等国内专营第三方支付的平台纷纷出现，共同分享这一市场。

第三方支付牌照的发展历程如下：

2011年5月3日，央行正式发放首批第三方支付牌照，支付宝、银联商务、财付通、拉卡拉、易宝、钱袋、快钱、盛付通、快付通等共计27家企业获得支付牌照。

2011年8月29日，央行正式发放第二批第三方支付牌照，共计12家企业获得支付牌照，其中7家为预付卡企业（预付卡发行与受理），其余为支付企业（互联网支付及移动支付）。

2011年12月22日，央行正式发放第三批第三方支付牌照，其中包括中国电信、中国移动和中国联通在内的共计62家企业获得支付牌照。中国电信和中国联通的第三方牌照业务类型主要有移动电话支付、固定电话支付、银行卡收单，而中国移动的第三方牌照业务类型为移动电话支付、银行卡收单。

2012年6月至7月，央行正式发放第四批和第五批第三方支付牌照，此次获批的企业多为区域性、行业性的第三方支付企业，数量高达96家。值得注意的是，数字电视支付首获牌照，银视通信息科技有限公司是第一家从事电视支付的企业。

2013年1月6日，央行正式发放第六批第三方支付牌照，共计26家企业获牌。其中，20家企业的业务类型主要为预付卡发行与受理。该批获牌公司业务覆盖范围以所在区域为主。

2013年7月6日，央行正式发放第七批第三方支付牌照，共计27家企业获牌。首批两家纯外资的支付企业——上海索迪斯万通服务有限公司和艾登瑞德（中国）有限公司，获得了支付业务许可，并且从事的是预付卡业务。

2014年7月10日，央行正式发放第八批第三方支付牌照，此次获批企业共计19家。在19家公司中，包括广东8家，北京3家，山东3家，重庆、湖北、广西、陕西、新疆各1家。此次，央行除了发放3张省级预付卡牌照外，为帮付宝、商物通、合众易宝、北海石基等4家公司发放全国性预付卡发行与受理牌照。此外，拉卡拉、平安付等多家公司也在原有牌照基础上获得了全国性预付卡发行与受理的业务资质。

2015年3月26日，央行正式发放第九批第三方支付牌照，仅广东广物电子商务有限公司一家企业获牌，其主营业务为预付卡发行与受理。

2015年12月8日，央行正式发放第十批同时也是最后一张第三方支付牌照给予传化支付，其主营业务为互联网支付、移动电话支付、预付卡发行与受理。

自2011年央行签发首批第三方支付牌照以来，总计发出271张支付牌照。截至2023年9月底，持有"支付业务许可证"的机构有186家，已注销的机构达到85家。从注销的原因来看，主要有业务合并、严重违规、主动注销、不予续展四类。2021年5月，首批27家支付机构均向央行提出续展申请，24家机构顺利续期五年，3家机构因拟与其控股股东银联商务开展整合工作，向央行提交中止续展申请审查。2021年8月，第二批12家支付机构牌照到期，10家机构"支付业务许可证"获得续展，1家机构申请终止支付业务，1家机构被央行中止续展申请审查。2021年12月，51家支付机构所持"支付业务许可证"到期，央行续展40家机构。2022年6月，79家支付机构中，52家支付机构续展。2023年1月，12家支付机构成功续展，另有2家支付机构中止审查，还有4家支付机构未提交续期申请。

目前，我国第三方支付市场的集中度较高。中国顾客推荐度指数（C-NPS）发布《2023年第三方支付平台推荐度排行榜》，前三名分别为微信支付、支付宝、云闪付。移动支付已经结束自然高速增长期，并步入一个稳定增长期。因此，在强监管及巨头企业的绝对垄断之下，更多中小支付机构追寻的不再是短期内对交易规模的突破，而是转向更依赖通过支付科技创造新的支付业务模式、产品和服务，服务实体经济，助推经济转型。

智研咨询发布的《2021—2027年中国第三方支付行业市场运行状况及发展前景展望报告》显示，我国国内的第三方支付产品主要有支付宝、微信支付、百度钱包、PayPal、中汇支付、拉卡拉、财付通、融宝、盛付通、腾付通、通联支付、易宝支付、随行付支付、快钱、国付宝、物流宝、网易支付、网银在线、环迅支付、汇付天下、汇聚支付、宝付、乐富、云闪付等。第三方支付平台简介见表8-1。

表 8-1 我国国内的第三方支付平台简介

品牌	简介
支付宝	致力于提供"简单、安全、快速"的支付解决方案的第三方支付平台,旗下有"支付宝"与"支付宝钱包"两个独立品牌。自2014年第二季度开始,成为当前全球最大的移动支付厂商
微信支付	集成在微信客户端的支付功能,用户可以通过手机完成快速的支付流程。微信支付以绑定银行卡的快捷支付为基础,向用户提供安全、快捷、高效的支付服务。自2017年11月23日起,微信支付服务功能在中国铁路客户服务中心12306网站上线运行
百度钱包	现在一般指度小满钱包,是度小满金融(原为百度金融)旗下第三方支付应用和服务平台
PayPal	一个总部在美国加利福尼亚州圣荷塞市的在线支付服务商,致力于提供普惠金融服务,帮助个人及企业参与全球经济并获得成功
中汇支付	从事独立的第三方支付业务,业务领域深入B2C和B2B,为行业客户快速准确地制订支付解决方案,创新研发电子支付服务产品,推动各行业电子商务的发展
拉卡拉	我国领先的综合性金融科技集团,国内首批获得央行颁发牌照的第三方支付企业,旗下拥有支付服务、金融科技、产业基金等业务板块
财付通	腾讯公司于2005年9月正式推出的专业在线支付平台,其核心业务是帮助在互联网上进行交易的双方完成支付和收款,致力于为互联网用户和企业提供安全、便捷、专业的在线支付服务
融宝	天津荣程网络科技有限公司旗下第三方支付平台,专注于电子商务B2B领域,主要为大宗商品交易提供"高效、便捷、安全"的支付手段和相关服务,满足用户在线支付、在线分账、大额支付、在线交易管理、资金账户管理等需求
盛付通	国内领先的独立第三方支付平台,首创用户无须开通网银,只需要一张银行卡、一部手机便可简单快捷地完成支付。盛付通网站用户可以免费使用"账户管理、充值、提现、收付款、信用卡还款"等支付产品
腾付通	深圳腾付通电子支付科技有限公司推出的综合性金融服务平台,为商旅、网上零售、网游、彩票、基金、保险等行业提供互联网和移动终端支付功能;在支付平台的基础上,根据行业特性推出融资、对账结算、账户管理等综合性解决方案,全面解决企业和商家的资金流问题
通联支付	全称为通联支付网络服务股份有限公司,是在国家有关金融主管部门的支持下,由上海国际集团、上海国际信托有限公司、中国万向集团等机构共同出资设立的一家金融外包与综合支付服务企业,为中国支付清算协会副会长单位
易宝支付	我国支付行业的开创者和领导者,也是互联网金融(ITFIN)和移动互联领军企业

续表

品牌	简介
随行付支付	我国独立的支付及清结算服务平台，由北京随行付信息技术有限公司注资1.6亿元创建，已经获得央行颁发的全国范围银行卡收单牌照、互联网支付牌照、移动电话支付牌照
快钱	国内领先的信息化金融服务机构，致力于运用信息技术和颠覆式创新思维，降低金融服务门槛，提高金融服务效率，使千千万万的中国企业能够平等享有高效金融服务的机会，从而为企业的发展加速
国付宝	依托中国国际电子商务中心发起组建，针对政府及企业的需求和电子商务的发展，精心打造的独立第三方支付平台
物流宝	网达物流创建的国内领先的物流行业第三方支付平台，致力于为物流行业提供简单、安全、快捷的网上支付服务
网易支付	网易公司为方便用户进行网上交易推出的安全、稳定、快捷的在线支付平台，为用户提供多种方便的在线充值、交易管理、在线支付、账户管理、代收、提现等服务
网银在线	国内领先的电子支付解决方案提供商，专注于为各行业提供安全、便捷的综合电子支付服务
环迅支付	成立于2000年，是国内最早的支付公司之一，深受数千万持卡人信赖，月交易额不断攀升，成为国内支付领域的领跑者
汇付天下	我国领先的支付科技公司，基于聚合支付的数字化解决方案服务商，以数字化的技术与运营，为各类商户提供基于聚合支付的数字化解决方案，并提供数字化时代的支付处理和账户结算服务；保护客户数据资产安全，为客户持续创造价值
汇聚支付	广州汇聚支付电子科技有限公司旗下品牌，成立于2008年7月
宝付	漫道金服旗下的一家第三方支付公司，产品种类丰富，受众广泛，费率优惠，提供365天不间断的结算服务，帮助商户资金快速回笼，让电子商务与资金流安全无缝衔接，同时将"实时清算整体解决方案"作为核心商业模式贯彻落实，市场规模近两年来保持高速的增长势头
乐富	2011年7月在云南正式注册成立，注册资金1.05亿元人民币，在北京、广东、厦门、上海等地设有28个分公司，在全国范围内拥有3 000家服务商，签约商户数量200万家
云闪付	中国银联推出的移动支付应用，于2017年成立，支持扫码支付、手机闪付等多种支付方式。用户可以通过绑定银行卡进行转账、缴费、查询等操作，享受便捷的金融服务。其具有安全性高、覆盖面广等特点，是日常生活中常用的支付工具之一，并且迅速成为第三大支付APP

8.2.2　第三方支付平台的发展特点

1.进入成本低

随着商业银行网上银行业务的纷纷推出，第三方支付平台连接银行的成本越来越低（在技术、投入设备和商务谈判方面），进入门槛降低；第三方网上支付平台属于高风险行业，退出壁垒较高，因此，网上支付服务提供商并不能轻易退出，而是在行业内维持竞争状态。

2.竞争激烈

由于产业处于发展初期，出现了上下游之间、第三方网上支付平台之间对优质商户的争夺：

① 上下游互相渗透，产业链中的各方为争夺市场纷纷向上、向下渗透。大型商户向第三方支付渗透，网上银行直连优质大型商户，C2C的第三方支付向B2C发展商户。

② 差异化、专业化经营，市场日益细分。第三方支付在支付安全、快捷和方便方面发展出了具有中国特色的业务模式。针对行业特点，在航空客票、游戏点卡、公用付费、E-mail汇款、手机号汇款等方面纷纷推出了自己的特色业务。

③ 竞争加剧和市场广阔的矛盾。C2C获得爆发性发展，而B2C也迅速发展，但从行业和收入模式上都呈现出集中化与同质化倾向，各种业务模式很多，但能够达到规模实现盈利的较少，急需找到"蓝海"。

8.2.3　第三方支付平台现状

在我国，第三方支付市场已经发展成为一个成熟且高度竞争的行业。支付宝和微信支付是市场的主要玩家，它们不仅推动了支付技术的创新，而且极大地改变了人们的支付习惯。随着互联网经济的蓬勃发展，第三方支付平台如支付宝、财付通等在我国迅速崛起，成为连接消费者与商户的重要桥梁。为了规范这一新兴领域，2021年1月，中国人民银行出台了《非银行支付机构条例（征求意见稿）》，旨在加强对非银行支付机构的监督管理，确保支付安全，促进支付服务市场健康发展。根据《非银行支付机构条例（征求意见稿）》的规定，支付业务被明确分类为储值账户运营业务和支付交易处理业务，这是为了适应业务创新的需求，并防止监管套利。该条例所称的非银行支付机构，是指在中华人民共和国境内依法设立并取得"支付业务许可证"，从事下列部分或者全部支付业务的有限责任公司或者股份有限公司。

（一）储值账户运营业务

储值账户运营是指通过开立支付账户或者提供预付价值，根据收款人或者付款人提交的电子支付指令，转移货币资金的行为。法人机构发行且仅在其内部使用的预付价值除外。

储值账户运营业务具有"账户功能""存款特征"等特性，即在此类业务中，用户向非银行支付机构划转资金，并非基于特定的交易背景，并且在划转资金的时点，也并不必然存在明确的交易对手方，此种用户向非银行支付机构进行的资金划转，具有"存款特征"。相应地，非银行支付机构在此种情形下为用户提供的服务与"银行结算账户"的功能存在相似性。在此类服务下，非银行支付机构对资金的管控具有以下特征：从金额维度来看，不受交易规模限制；从时间维度来看，沉淀资金无明确的转出时点；从交易方向维度来看，可灵活双向交易，金额可收可付。

该条例根据从事储值账户运营业务的支付机构风险程度，确定相应的业务监管要求，具体如下：

（1）从事储值账户运营业务的非银行支付机构从用户处获取的储值资金应当及时等值转换为支付账户余额或者预付价值余额。

（2）从事储值账户运营业务的非银行支付机构应当按照中国人民银行的规定，根据用户要求及时等值向用户赎回其持有的余额。

（3）从事储值账户运营业务的非银行支付机构不得向用户支付与该用户持有支付账户余额或者预付价值余额期限有关的利息等收益。

（4）从事储值账户运营业务的非银行支付机构不得通过代理机构为用户开立支付账户并提供服务，应当对开立的支付账户采取充分的安全保障措施。

（二）支付交易处理业务

支付交易处理是指在不开立支付账户或者不提供预付价值的情况下，根据收款人或者付款人提交的电子支付指令，转移货币资金的行为。

支付交易处理业务仅针对特定交易中的支付需求进行处理，即在此类业务中，非银行支付机构参与资金收付的前提是存在特定的交易。支付机构以具体的交易为基础，为收付款双方提供支付服务。虽然在服务开展的过程中，支付机构也会收取资金进行转付，但其在功能上仅仅是特定交易中支付的过渡状态，并不具备类似"银行结算账户"的功能。在此类服务下，非银行支付机构对资金的管控具有如下特征：从金额维度来看，受交易规模限制；从时间维度来看，资金沉淀时间有限制，如现行法规对银行卡收单业务所要求的30个自然日；从交易方向维度来看，仅可单项操作，即仅可基于交易的特征为付款方代付或为收款方代收。

该条例根据从事支付交易处理业务的支付机构风险程度，确定相应的业务监管要求，具体如下：

（1）从事支付交易处理业务的非银行支付机构应当根据清算机构、银行、从事储值账户运营业务的非银行支付机构认可的安全认证方式访问账户，不得留存账户敏感信息。

（2）银行与非银行支付机构合作开展业务应当遵守账户管理规定。

这些分类和规定清晰了支付机构的业务范围和监管要求，加强了对资金流动和用户信息的保护。支付宝、微信支付和云闪付等支付行业龙头企业不断扩展其服务范围，从基本的支付处理扩展到金融服务、社交网络和其他商业服务。这些平台的战略包括通过提供综合支付解决方案深化用户参与度，并通过数据分析增强用户体验和服务个性化。第三方支付平台通过创新支付产品和服务，提升了用户体验，增强了市场竞争力。例如，云闪付APP的推广，提供了便捷、安全的支付服务，推动了移动支付便民工程建设。同时，第三方支付平台不断创新，如推出"手机号码支付"功能，提升了跨行支付的便捷性。展望未来，第三方支付平台将继续扩大服务范围，深化技术创新，提升服务质量。同时，随着跨境电子商务的发展，跨境支付服务将成为第三方支付平台新的增长点。此外，数字人民币的推广使用，也将为第三方支付平台带来新的机遇。

综上所述，我国的第三方支付市场经过多年的发展，已经形成几家大型企业主导的局面，同时伴随着严格而逐步完善的监管体系。在促进经济发展、改善民生、推动金融创新等方面，第三方支付平台发挥了积极作用。未来，随着监管体系的完善、技术的进一步发展和市场环境的变化，第三方支付平台将面临更多挑战，支付行业将继续面临创新与调整。由此，2023年12月17日，国务院颁发了《非银行支付机构监督管理条例》，将非银行支付行业的全链条全周期监管纳入法治化、规范化轨道，防范支付风险，推动非银行支付行业良性竞争和规范健康发展。

8.3 第三方支付的支付模式与流程

为规范非银行支付机构网络支付业务，防范支付风险，2015年12月，中国人民银行发布了《非银行支付机构网络支付业务管理办法》[①]。网络支付新规的出台明确了第三方支付机构的责任，对网络支付机构和账户实行分类分层监督，切实保护了当事人的合法权益。此后，《关于完善银行卡刷卡手续费定价机制的通知》《非银行支付机构分类评级管理办法》《条码支付业务规范（征求意见稿）》等监管文件相继出台，第三方支付行业的监管力度加强，市场更加规范化，第三方支付企业的发展方向和业务模式更加明确。

随着我国电子商务环境的逐渐完善，支付场景的不断丰富，以及金融创新能力的增强，互联网用户对在线完成快捷支付的需求增加，从而带动了第三方支付业务的快速发展。按照服务特色，第三方支付可以分为网关支付模式、账户支付模式和特殊的第三方支付。其中，账户支付模式是指用户在支付平台用E-mail或手机号开设虚拟账户，用户可以对虚拟账户进行充值和取现，并用虚拟账户中的资金进行交易支付。它按照是否具有担保功能，可以分为具有担保的账户支付模式（间付支付模式）和不具有担保的账户支付模式（直付支付模式），如图8-3所示。

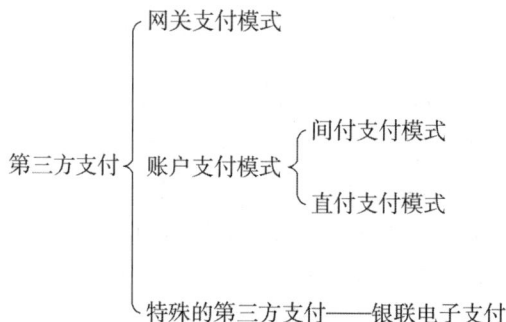

图8-3 第三方支付分类

---

① 非银行支付机构网络支付业务管理办法（中国人民银行公告〔2015〕第43号）.

从服务对象角度来说，支付宝、财付通和银联在线等第三方支付机构属于非独立第三方支付机构，目前在我国的第三方支付市场中占据绝对主流的地位；其他的则为独立第三方支付机构，不隶属于任何电子商务网站，不为特定的电子商务平台服务。

从服务特色来看，目前市场上的第三方支付企业都倾向于建立综合服务平台，提供的产品有属于网关支付模式的，也有属于账户支付模式的，因而，从服务特色角度对第三方支付进行分类时，针对的是具体的第三方支付产品。

8.3.1　网关支付模式

网关支付模式是指第三方支付平台仅作为支付通道将买方发出的支付指令传递给银行，银行完成转账后，再将信息传递给支付平台，支付平台将支付结果通知商户并进行结算。支付网关位于互联网和传统银行专网之间，其主要作用是安全连接互联网和银行专网，将不安全的互联网上的交易信息通过安全转换传送给银行专网，起到隔离和保护银行专网的作用。在网关支付模式下，第三方支付平台只提供了银行到用户的简单支付通道，将银行和用户连接起来。

在网关支付模式下，第三方支付机构的特点是：有独立的网关，灵活性大，一般都有政府背景或者行业背景，根据客户不同的规模和特点提供不同的产品，收取不同组合的年服务费和交易手续费，客户为中小型商户或者有结算需求的政企单位，集中在 B2B、B2C 和 C2C 市场上。但这类机构没有完善的信用评价体系，抵御信用风险能力较弱，增值服务开发空间小，技术含量不高，容易被同行复制。

该模式的典型应用有首信易支付网关支付、易宝支付网关支付等。网关支付模式下的支付流程与资金流向，分别如图 8-4 和图 8-5 所示。

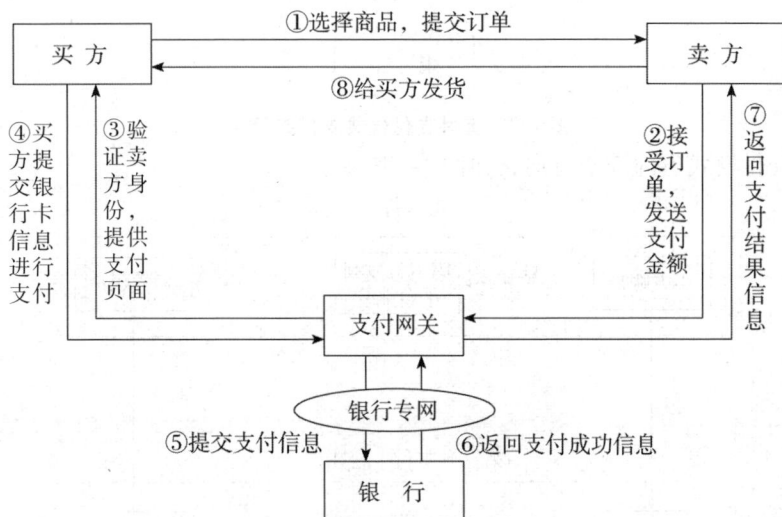

图8-4　网关支付模式支付流程图

银 行

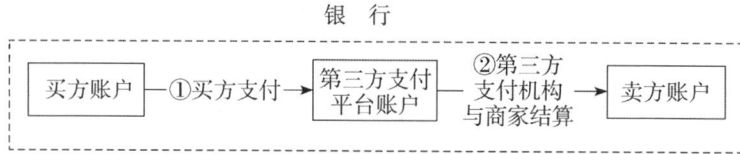

图8-5 网关支付模式资金流向图

8.3.2 账户支付模式

1.直付支付模式

直付支付模式支付流程与传统转账、汇款流程类似，只是屏蔽了银行账户，交易双方以虚拟账户资金进行交易付款。

这种模式的典型应用有易宝账户支付、快钱账户支付等。直付支付模式下的支付流程，如图8-6所示。

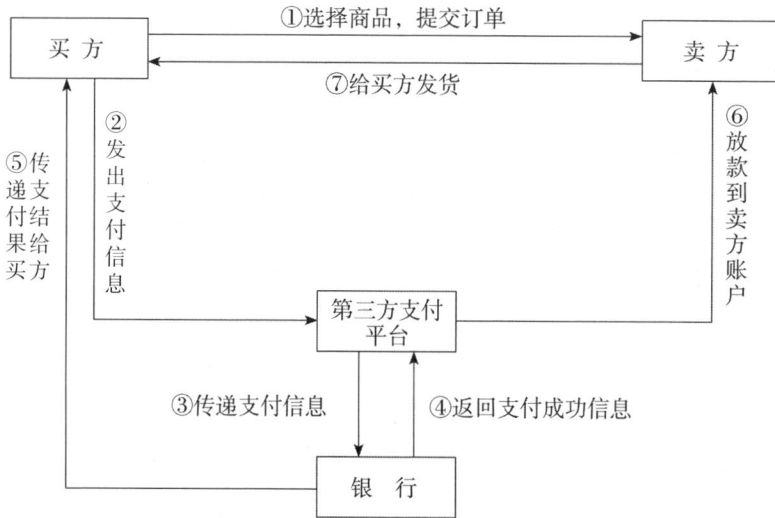

图8-6 直付支付模式支付流程图

直付支付模式下的资金流向，如图8-7所示。

银 行

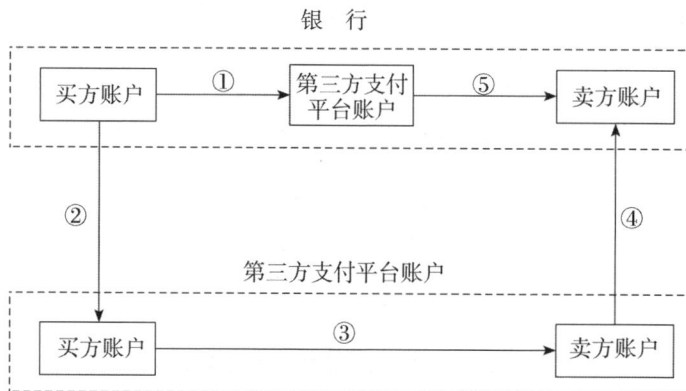

图8-7 直付支付模式资金流向图

在直付支付模式下：

① 买方向支付平台账户充值，实体资金流向。此时，实体资金是从买方银行账户转移到第三方支付平台用户清算银行账户。

② 买方向支付平台账户充值，平台虚拟资金流向。在买方充值成功后，第三方支付平台增加买方虚拟账户资金。

③ 进行交易时，买方向卖方支付货款资金流向。在买方向卖方支付货款时，实体资金不发生变化，发生的是支付平台虚拟资金的转移，减少了买方虚拟账户资金，增加了卖方虚拟账户资金。

④ 卖方取现时，平台虚拟资金流向。在卖方取现成功后，第三方支付平台减少卖方虚拟账户资金。

⑤ 卖方取现时，实体资金流向。在卖方发出取现指令时，实体资金从第三方支付平台用户清算银行账户转移到卖方银行账户。

2.间付支付模式

间付支付模式的支付平台是指由电子商务平台独立或者合作开发，同各大银行建立合作关系，凭借其公司的实力和信誉承担买卖双方中间担保的第三方支付平台，利用自身的电子商务平台和中介担保支付平台吸引商家开展经营业务。买方选购商品后，使用该平台提供的账户进行货款支付，并由第三方通知卖家货款到达、进行发货；买方检验物品后，就可以通知第三方支付平台付款给卖家，第三方再将款项转至卖方账户。

这种模式的典型应用是支付宝账户支付等。间付支付模式下的支付流程，如图8-8所示。

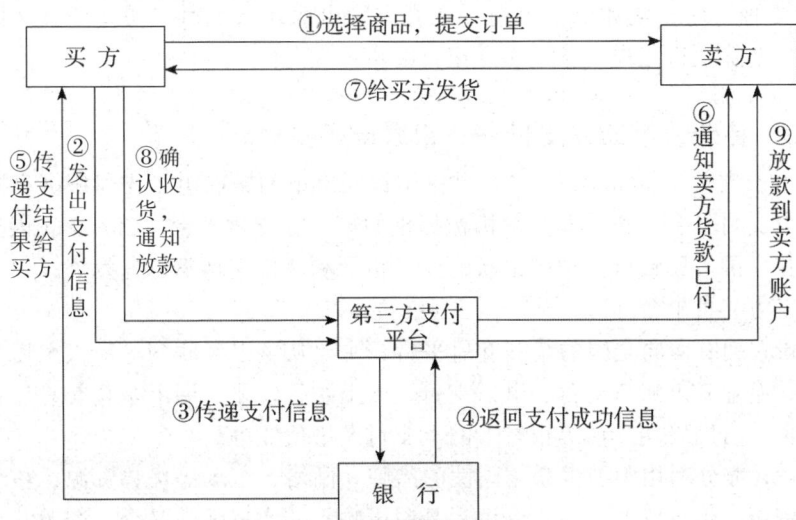

图8-8 间付支付模式支付流程图

间付支付模式下的资金流向，如图8-9所示。

在间付支付模式下：

① 买方向支付平台账户充值，实体资金流向。此时，实体资金是从买方银行账

户转移到第三方支付平台用户清算银行账户。

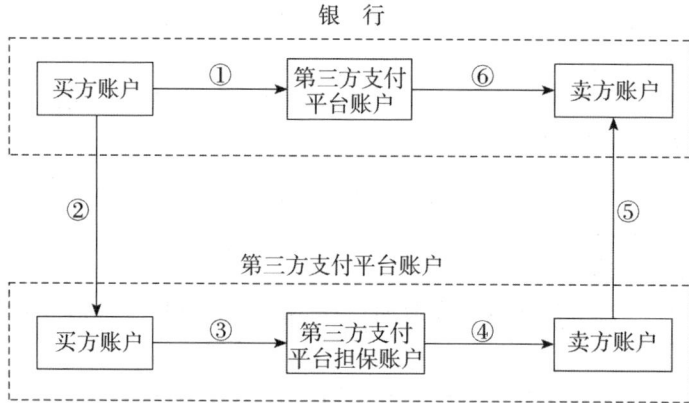

图8-9　间付支付模式资金流向图

② 买方向支付平台账户充值，平台虚拟资金流向。在买方充值成功后，第三方支付平台增加买方虚拟账户资金。

③ 进行交易时，买方向卖方支付货款资金流向。在买方向卖方支付货款时，实体资金不发生变化，而是支付平台虚拟资金发生转移，减少了买方虚拟账户资金，增加了第三方支付平台担保账户虚拟资金。

④ 买方收到货物，通知第三方支付平台放款时，实体资金同样不发生变化，只是虚拟资金从第三方支付平台担保账户转移到卖方虚拟账户。

⑤ 卖方取现时，平台虚拟资金流向。在卖方取现成功后，第三方支付平台减少卖方虚拟账户资金。

⑥ 卖方取现时，实体资金流向。在卖方发出取现指令时，实体资金从第三方支付平台用户清算银行账户转移到卖方银行账户。

8.3.3　特殊的第三方支付——银联电子支付

银联电子支付（ChinaPay）平台是中国银联旗下的银联电子支付服务有限公司提供的第三方支付平台。作为非金融机构提供的第三方支付平台，ChinaPay依托中国银联，而且在中国人民银行及中国银联的业务指导和政策支持下迅速发展，因此，它是特殊的第三方支付平台。

ChinaPay拥有面向全国的统一支付平台，主要从事以互联网等新兴渠道为基础的网上支付、企业B2B账户支付、电话支付、网上跨行转账、网上基金交易、企业公对私资金代付、自助终端支付等银行卡网上支付及增值业务。

ChinaPay充分利用中国银联全国性的品牌、网络、市场等优势资源，整合银联体系的系统资源、银行资源、商户资源和品牌影响力，实现强强联合、资源共享和优势互补，将先进的支付科技与专业的金融服务紧密结合，通过业务创新形成多元化的支付服务体系，为广大持卡人和各类商户提供安全、方便、快捷的银行卡支付及资金结算服务。

ChinaPay的专业产品OneLinkPay是银联电子支付专门研发的针对个人网上支付

的在线支付平台方案。它可以一次性连接多家商业银行和金融机构，支持国内主要商业银行发行的各类银行卡，可以实现跨银行、跨地区的实时支付。同时，它针对不同的业务模式，可以量身定制支付结算方案。它采用了先进的安全数据加密技术，可以同时为商户提供安全有效的网络连接、多种支付操作平台和支付工具。OneLinkPay的支付交易流程，如图 8-10 所示。

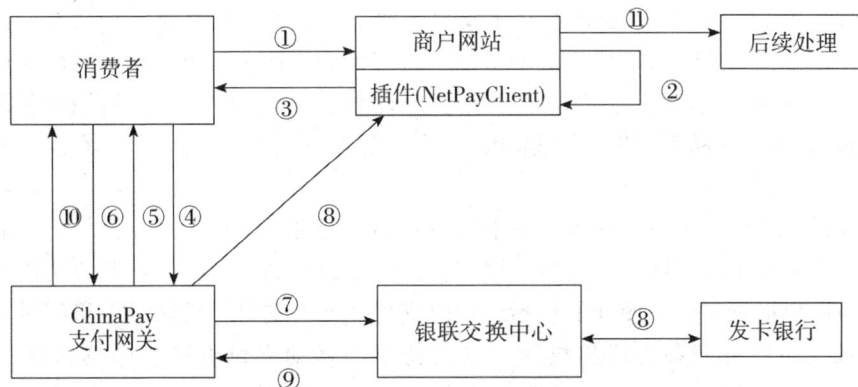

图8-10　OneLinkPay支付交易流程图

在银联电子支付模式下：

① 消费者浏览商户网站，选购商品，放入购物车，进入收银台。

② 网上商户根据购物车内容，生成付款单，并调用 ChinaPay 支付网关商户端接口插件对付款单进行数字签名。

③ 网上商户将付款单和商户对该付款单的数字签名一起交由消费者确认。

④ 一旦消费者确认支付，则该付款单和商户对该付款单的数字签名将自动转发至 ChinaPay 支付网关。

⑤ 支付网关验证该付款单的商户身份及数据一致性，生成支付页面显示给消费者，同时在消费者浏览器与支付网关之间建立 SSL 连接。

⑥ 消费者填写银行卡卡号、密码和有效期（适合信用卡），通过支付页面将支付信息加密后提交给支付网关。

⑦ 支付网关验证交易数据后，按照银联交换中心的要求转换数据格式后封装支付信息，并通过硬件加密机加密后提交给银联交换中心。

⑧ 银联交换中心根据支付银行卡信息将交易请求路由到消费者发卡银行，银行系统进行交易处理后将交易结果返回到银联交换中心。

⑨ 银联交换中心将支付结果回传到 ChinaPay 支付网关。

⑩ 支付网关验证交易应答，并进行数字签名后，发送给商户，同时向消费者显示支付结果。

⑪ 商户接收交易应答报文，并根据交易状态码进行后续处理。

图 8-10 中的 NetPayClient 是一个安装在 ChinaPay 商户会员一方的应用编程接口函数库（API.LIB），它与商家网上柜面系统相集成，可以实现消费者、商户和银行之间的网上安全支付。它提供的功能主要有：商户对订单进行数字签名；验证加以应答；

按订单号查询交易；核对交易明细；核对交易总账等。

银联电子支付作为中国人民银行及中国银联等官方组织直接领导下的第三方支付平台，在向外推广时具有一定的局限性。由此，在中国人民银行的指导下，由中国银联携手各大商业银行、支付机构等产业各方共同开发建设了一款第三方支付APP——云闪付，于2017年12月11日正式发布。目前，其是占据市场份额第三位的支付企业，并且于2013年7月6日首次获得了支付牌照。相关官方信息显示，截至目前，云闪付APP已经支持757家银行借记卡余额一键查询，支持160余家银行信用卡还款和账单查询，转账、信用卡还款均零手续费。此外，云闪付APP还提供68家银行的1 100余款信用卡产品申卡服务，累计核发卡超过60万张。云闪付APP累计注册用户数已达到4.6亿个。

云闪付依托中国银联，作为统一清算系统的主导者这一极大的先天优势，通过聚合银行业资源与中国银联广阔网络，覆盖更广阔的服务场景，搭建更开放全面的服务平台，为用户提供安全、便捷的包括二维码支付、无卡支付、转账、手机闪付、乘车码等移动支付服务和各类优惠权益。它支持多种移动支付方式，包括银联云闪付HCE、银联云闪付Apple Pay、银联云闪付Samsung Pay等，覆盖线下非接触支付和远程在线支付。云闪付还包括与银行、国内外手机厂商、通信运营商等合作方联合开发的各类移动支付产品。同时，云闪付为进一步发展，其金融业务均向头部的支付宝看齐。云闪付的跨行银行卡管理服务非常强大，支持国内所有银联卡的绑定，用户可以在APP内完成申卡、交易管理、余额查询、账单查询、信用卡还款等金融服务。云闪付汇集各家银行的权益优惠到同一个APP内，也汇集各家银行及中国银联的促销资源，实现范围广、力度大、持续时间长的用户补贴，同时，在线上线下营销广告方面开疆拓土、广铺渠道。

8.3.4 第三方支付的余额管理

在现代金融科技领域，第三方支付工具已经成为电子支付系统的重要组成部分。这种支付方式通过一个电子平台，使得买方可以安全、高效地将资金转移给卖方。在这一过程中，第三方支付平台充当了资金的临时托管者，直到交易的最终确认。在这一过程中，资金来源和暂存就成了一个具有一定探究价值的问题。在支付工具的使用过程中，支付工具中的零钱、余额宝或直接使用银行卡内的资金都是完成支付的手段，但它们在操作流程、资金来源、安全性以及用户便利性等方面存在联系与区别。

支付工具中的零钱是指用户预先存放在支付工具账户中的资金，这些资金可能来源于用户通过银行卡转账、现金充值或其他方式转入支付工具账户的余额。微信支付和支付宝的零钱虽然可以用于支付和转账，但其实质上是由用户委托支付机构保管的预付价值，其所有权归属于客户，但不受《存款保险条例》的保护。这意味着，虽然用户对这些资金拥有所有权，但其并不等同于银行存款账户中的资金，后者通常受到更多的监管保护。而余额宝是一种货币市场基金产品，用户通过支付宝平台购买并持有该基金份额。它的特点是提供相对较高的收益，同时保持资金的流动性。余额宝的资金可以用于消费和快速赎回，但其本质上是一种投资产品，存在一定的投资风险。

虽然零钱与银行卡相比存在一定的劣势和风险，但同样也具有自身的优势。无论是使用支付工具中的零钱还是直接使用银行卡内的资金，支付工具都旨在为用户提供快速、便捷的支付体验。首先，银行卡的活期存款利率通常较低，而余额宝等货币市场基金产品可能提供更高的收益。其次，虽然银行卡内的资金也会流动，但余额宝等产品可能提供更快速的赎回服务，尤其是通过支付宝或微信支付这样的第三方支付平台进行的操作。值得一提的是，虽然银行存款受到存款保险的保护，具有更安全的基础设施，但时常出现银行内部人员盗窃、盗用等违法现象。反观微信支付和支付宝，零钱处于强大技术的保证之下，从根源上杜绝了丢失的问题。

在实际使用中，用户可以根据自己的支付习惯、安全性需求以及对资金流动性的要求，选择使用支付工具中的零钱或直接使用银行卡内的资金进行支付。综上所述，第三方支付工具通过提供一个安全、便捷的支付平台，极大地促进了电子商务的发展。随着技术的不断进步和监管环境的完善，未来，第三方支付将在全球金融交易中扮演越来越重要的角色。

8.4　网联支付新模式

8.4.1　网联的产生背景

网联全称"网联清算有限公司"，是由中国支付清算协会发起的一个线上支付统一清算平台。网联成立的主要目的是应对和解决第三方支付市场由支付清算混乱、信息透明度不高而产生的问题，对第三方支付公司资金流向进行严格监管。网联成立之前，第三方支付机构直接与银行相连，进行线上线下的支付业务，资金在其内部进行清算。网联运营之后，支付机构与银行之间必须通过网联进行对接，使监管机构能够了解到非银行支付机构的资金流向，防范和解决各种各样的监管漏洞和备付金风险的一系列问题，从而能够更好地规范第三方支付市场，促进第三方支付业务的稳健发展。

8.4.2　网联的发展历程

2017年1月13日，中国人民银行发布的《中国人民银行办公厅关于实施支付机构客户备付金集中存管有关事项的通知》要求，"自2017年4月17日起，支付机构应将客户备付金按照一定比例交存至指定机构专用存款账户"，首次交存的平均比例为20%，最终将实现全部客户备付金集中存管。这被业界看作中国人民银行"抑制第三方支付机构扩张客户备付金规模的冲动"之举，而这个"指定机构"，业内人士认为就是网联。

2017年1月17日，依据当时的国家工商行政管理总局企业注册局（现为国家市场监督管理总局）官网公布，"网联清算有限公司"名称已获（预）核准。

2017年3月31日，中国支付清算协会宣布启动网联试运行，首批接入的第三方支付机构有支付宝、财付通、网银在线等，而中国银行和招商银行等成为首批接入的商业银行。网联自2016年8月中国人民银行批复筹建后，从设计到研发、启动、试运行，仅仅花费了半年多的时间。

2017年6月30日，网联正式启动业务切量。截至当日，已有包括支付宝、财付通在内的9家机构接入，这些机构的网络支付和移动支付的交易规模合计占比超过96%。在银行接入方面，共有12家银行在6月30日前完成接入，接入银行所覆盖的个人银行账户数量超过市场份额的70%。

2017年8月29日，"网联清算有限公司"正式成立，注册资本为20亿元，股东为45家。网联清算有限公司的主要业务包括处理支付机构发起的涉及银行账户的支付业务，业务涵盖消费、消费退款、账单缴费、金融产品申购与赎回、个人转账、信用卡还款、商户提现等。

2017年9月26日，网联联合多家银行及支付机构针对高并发支付交易场景开展联合压力测试。这是行业史上首次多家银行及支付机构网络支付交易联合生产压测，参与的机构包括6家交易量较大的全国性商业银行和以支付宝为首的多个全国交易量靠前的第三方支付机构。

2017年10月30日，网联再次成功组织网络支付行业首次"多机构/多银行"大型联合生产压力验证，规模体量创下历史纪录，并全面检验了网联的业务处理能力。

2017年11月11日，网联"扛住"了"双十一"带来的支付峰值压力，"首秀"成功。

2018年4月16日，网联发布《关于非银行支付机构网络支付清算平台渠道接入工作情况通告的函》（网联函〔2018〕049号）。该函显示，截至2018年4月13日，共有462家商业银行和115家支付机构接入网联平台。

2020年5月13日，作为第一批倡议方，网联与国家发改委等部门发起"数字化转型伙伴行动"倡议。

2021年7月20日，中国人民银行发布《非银行支付机构重大事项报告管理办法》（银发〔2021〕198号），进一步规范了非银行支付机构的重大事项报告行为，提高了支付市场风险甄别、防范和化解能力，维护了支付市场稳定。

自2022年3月1日开始，落地执行《中国人民银行关于加强支付受理终端及相关业务管理的通知》，对银行卡受理终端、条码支付受理终端及特约商户加强管理，推动支付行业向合规转型，迎来了"成长的阵痛"。

2023年12月9日，国务院总理李强签署国务院令，公布《非银行支付机构监督管理条例》，将监管实践中行之有效的制度上升为行政法规，进一步夯实支付机构规范健康发展的法治基础。

8.4.3 网联的股权分布

网联清算有限公司主要是将第三方支付纳入央行的统一监管而成立的，所以，其股权的分布有着很强的央行统筹监管第三方支付机构的特点。网联上报的注册资金为20亿元，股东总数为45家，"央行系"为第一大股东，7家有央行或国家外汇管理局背景的股东合计持股37.00%，其余38家为第三方支付机构。网联的第一大股东是央行清算中心，持有12.00%的股权；第二大股东是梧桐树投资平台，为国家外汇管理局直属机构，持股比例为10.00%；蚂蚁金服的支付宝和腾讯的财付通并列为第三大股东，持股比例均为9.61%；京东旗下的网银在线是第四大股东，持股比例为4.71%。网联前十大股东中其他的都是央行有关机构。网联的股权分布如图8-11所示。

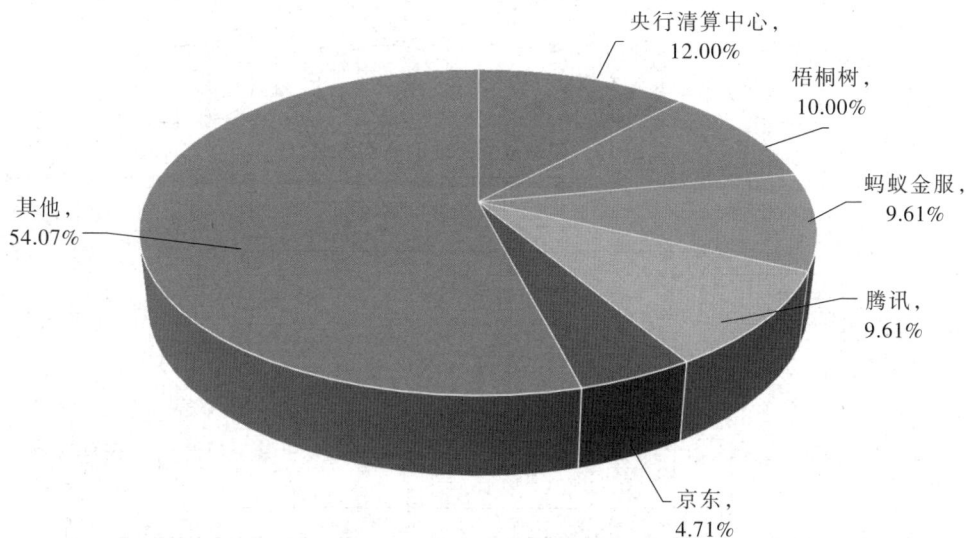

图8-11　网联的股权分布

8.4.4　网联的支付模式

2017年3月31日，第三方支付领域的四大巨头（支付宝、财付通、百付宝、网银在线）成为第一批接入网联的第三方支付平台。网联的首笔签约交易和跨行清算交易分别由京东旗下的网银在线和腾讯的财付通完成。支付宝也完成了相关的开发和联合调试工作。从2018年6月30日开始，支付宝和微信支付等各大第三方支付软件陆续接入网联，整个第三方支付的流程由国家监管，加强了资金的安全性。

网联的成立对支付清算产业链产生了一定的影响。虽然随着网联的出现，产业链被拉长，但支付清算的效率有所提高，支付产业链会更加稳定。网联的成立给整个产业链的结构和交互模式带来了一些变化。①网联成立之前的交互模式和网联成立之后的交互模式，分别如图8-12和图8-13所示。

---

① 周国光，温丽艳. 网联模式下第三方支付业务之会计处理——以支付宝为例［J］. 财会月刊，2018（5）：77-81.

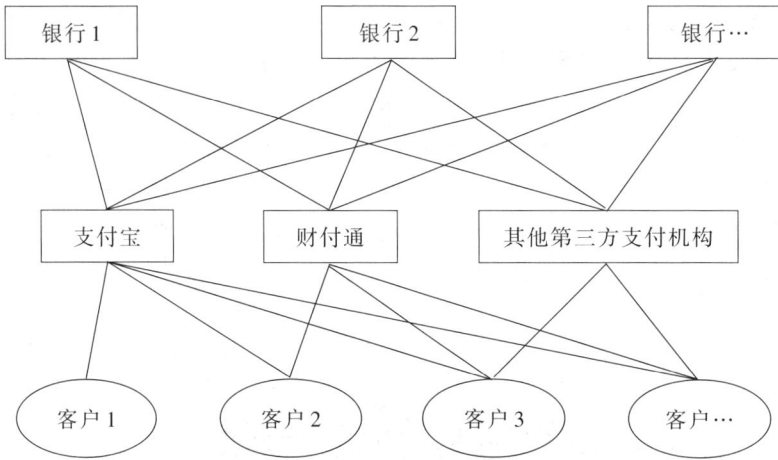

图8-12　网联成立之前的交互模式

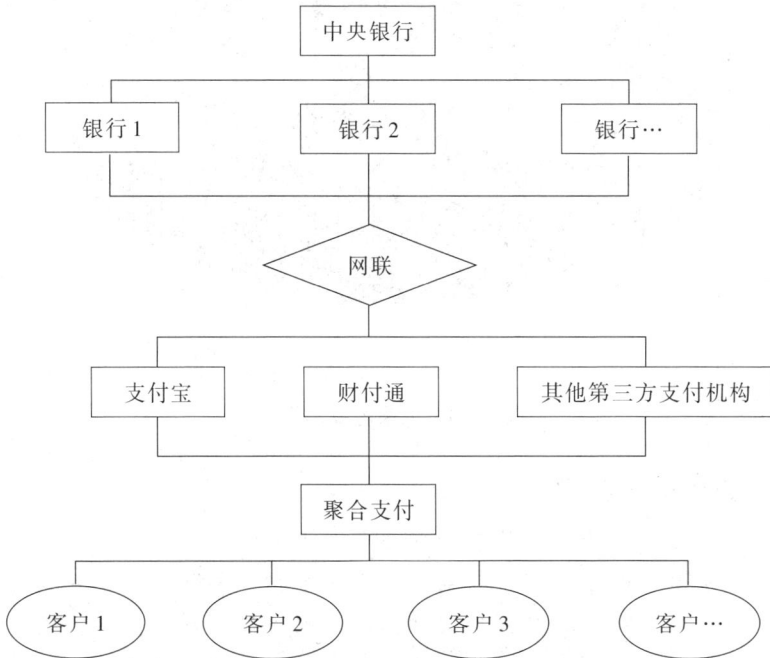

图8-13　网联成立之后的交互模式

8.5　第三方支付的安全问题与安全保障措施

8.5.1　第三方支付的安全问题

分析第三方支付面临的安全问题，主要是依据对第三方支付整个运作过程的考察，确定支付流程中可能出现的各种安全问题，分析其危害性，发现第三方支付过程中潜在的安全隐患和安全漏洞，从而使第三方支付的安全管理做到有的放矢。概括起来，第三方支付的安全问题主要涉及信息的安全问题、信用的安全问题、安全的管理问题以及安全的法律和法规保障问题。下面从宏观层次和微观层次分别进行分析。

1. 第三方支付宏观层次存在的安全风险

（1）信息不对称带来的违约风险。网络经济是一种虚拟的经济形态，交易者无法确切知道交易对手的真实情况和身份。在交易过程中，商品和资金的流动从时间、空间上都存在不对称的情况，这些都增加了人们鉴别信息的成本，使得买卖双方的博弈更加复杂，导致交易双方的安全感不足。

博弈论中有一个著名的理论，即无限重复博弈可以带来合作均衡，交易双方都不会违约，而有限重复博弈的均衡结果总是不合作的，即必然会有人违约，导致合同中断。这一理论的前提是违约的一次性收益大于合作的一次性收益，即如果只交易一次，行为人选择违约所得到的好处要大于选择遵守合约所得到的好处。按照这一理论，双方的交易应该建立在长期合作的基础之上；反过来，如果交易一方并不期望长期的合作，只追求眼前的高额短期利益而放弃诚信，利用网络的隐蔽性选择欺诈和违约也就不足为奇。按照这样的思路，面对网络对面不可测知的交易对手，交易者如果没有长期的交易愿望，则很可能会选择违约，得到不义之财后就消失在虚拟的网络中。

（2）安全技术风险。一方面，第三方支付服务的核心是在线提供支付服务，产业链中的任何一个环节出现了安全隐患，都有可能转嫁到支付平台上；另一方面，网络技术的变化日新月异，对于提供钱包支付的服务商，其安全级别不及银行的安全级别，需要不断投入、时刻监控，对各种纠纷进行应急处理等。根据国外已经取得的实际经验，支付的经营预算中有相当大的收入比例是用来解决安全纠纷的。国内第三方支付机构在几乎没有盈利的背景下，对这种不确定风险的抵御能力不足，经营压力增大。

如何保障交易数据安全是用户关注的焦点，也应是法律关注的焦点。当前，各第三方支付平台使用不同的技术方法获取庞大的用户数据，如个人档案、交易记录、银行授权资料等，如果没有相应的风险防范与救济手段，这些数据将处于极大的风险之中。提供支付服务的服务商，应对其提供的支付服务采取相当于银行的安全级别。

（3）道德信用风险。在虚拟空间内完成物权和资金的转移，信用问题就显得尤为突出。第三方支付平台存在的信用风险，主要是买卖双方对对方信用的怀疑和商家担心来自第三方支付平台的欺诈。买卖交易双方的行为受到必要的约束和控制，是交易顺利执行的前提。

之前，大多数第三方支付机构都采用了二次清算的模式，这就形成了客户资金在第三方支付机构账户中的沉淀，随着用户数量的急剧增长，资金沉淀量也会非常大，第三方支付机构可以直接支配交易款项，因而可能发生超越监管而越权调用资金的风险。一旦第三方组织携款出逃，对商家和消费者所造成的损失将是无法估量的。随着网联模式的推广，此类风险逐渐降低。

（4）涉及银行业务带来的安全问题。其包括：

① 沉淀资金。在传统第三方支付系统中，支付流程是资金先由买方到第三方支付平台，等买方确认授权付款或到一定时间默认付款后，再经第三方平台转给收款方。这样的支付流程决定了支付资金无论如何都会在第三方支付平台上进行一定时间

的支付停留。当下比较流行的第三方支付平台中，一般都有一个结算周期，时间为一个星期或一个月不等，无形之中加大了第三方支付平台中的资金沉淀，如果缺乏有效的流动性管理，则可能存在资金安全问题，并可能引发支付风险和道德风险。除了支付宝等少数几个支付平台不直接经手和管理来往资金，而是将其存放在专用账户外，其他公司大多代行银行职能，可以直接支配交易款项，这就可能出现非法占有和挪用往来资金的风险。

② 洗黑钱、信用卡套现等。第三方支付机构提供的非交易型支付平台账户资金划拨，以及交易型支付平台账户支付模式中的支付平台账户资金虚假划拨，很可能成为资金非法转移、套现以及洗钱等违法犯罪活动的工具。此外，在税收方面，也存在漏洞。如何加强风险监督、打击网上洗钱等犯罪行为，也是第三方支付市场面临的一个挑战。

（5）监管体系不健全。目前，对第三方支付的监管配套法规尚不健全、尚不完备，造成查处问题后定性难、执行难、处罚不严，甚至"以罚代管"等问题，使得监管执法大打折扣，难以产生应有的法律威慑力，明显弱化了监管的功效。此外，我国目前对银行监管的内容主要是机构的审批和经营的合法性，对第三方支付日常经营的风险性监管相对较弱，在此方面的立法较为滞后，给依法规范和管理市场、保护当事人合法权利、严惩支付违法和违规行为带来一定的困难。随着断直连、备付金100%集中缴存等政策的效应逐渐显现，我国对第三方支付的监管将进入稳定的常态化严监管阶段，监管环境平稳趋严。

2.第三方支付微观层次存在的安全风险

（1）卖家面临的安全问题，包括：

① 入侵者的破坏。入侵者假冒成合法用户来改变用户数据（如商品送达地址）、取消用户订单等。

② 竞争者的信息窃取。恶意竞争者以他人名义订购商品，从而了解有关商品的递送状况和货物的库存情况，或者冒名该企业，损害其名义。

③ 买家的恶意退货。尽管不存在产品质量问题，但部分买家收货后对货物不满意，找各种理由退货。卖家为了自己的信誉不得不接受退货，有时还要承担运费。部分买家虽然顺利收到货物，但在确认收货后不给卖家好评。

④ 虚假交易及交易诈骗。在B2C和C2C模式下，最常见的违约方式是个人在网上注册信息不真实，下虚假订单，或进行虚假拍卖，操纵交易结果。由于网站无法对个人的真实信息进行核实，最后的确认信息也只是依托用户已经申请的电子邮箱，而提供电子邮箱的网站也不会进行用户的真实信息确认，所以给一些居心不良的交易者以可乘之机，致使商家遭遇无效订货（查无此人）或送货地址不符等问题。从另一方面来说，有一部分交易者由于不信任网站对于隐私的保障，也不会完全将自己的真实信息提供给网站，这也为个人日后取消不想要的交易创造了条件。

（2）买家面临的安全问题，包括：

① 虚假信息。在网络这一新兴媒体中，发布信息不像传统媒体受到那么多的制约，从而一般消费者即使已经觉察到信息有误，也很难向发布信息的商家进行追究，

甚至根本就不知道商家的地址。而很多网站和支付平台为了吸引交易者,不断简化注册手续和验证程序。因此,一些不良卖家肆无忌惮地在网上发布各种虚假信息,对商品进行虚假宣传,致使商品品质、声音、色彩、形状等与实物存在较大差异,借此欺骗买家下订单。部分商家还制造虚假的商品销售排行榜、所谓的让利促销活动等,借此吸引买家或者创造更多的点击率,以扩大自己的商业影响,谋求经济效益。

②卖方不履行服务承诺。交易中,买家付款后收不到商品,或者即使卖方履行了交货承诺,但是在送货时间、方式或者售后服务、退货等方面没有按照网上的条款或者承诺进行。根据北京消费者协会的投诉统计,关于企业不履行服务承诺的投诉主要有经营者不提供票据、产品本身存在质量瑕疵、送货拖沓等方面。由于商品从卖方仓库发出到消费者手中要经过配送过程,而很多情况下配送由第三方物流企业执行,因此,关于产品污损等质量问题的纠纷解决比较困难。送货拖沓一方面可能是由于不可抗力造成的时间延迟,但更多的是卖方的诚信意识淡薄,而买方出于投诉成本的考虑对一定限度内的延迟并不会进行投诉,因此,卖方有意延迟发货的现象比较多见。

③机密性丧失。买家可能将秘密的个人数据或自己的身份数据发送给冒名为销售商的机构。同时,这些信息在传递过程中也可能受到被窃取的威胁。

8.5.2 第三方支付的安全保障措施

1.宏观层面采取的安全保障措施

(1)制度安全规范。第三方支付平台掌握了大量的用户数据,如身份资料、银行信息、交易记录,这些数据属于用户的隐私,而且可能影响到用户的人身与财产安全。相关监管部门与行业自律组织应对数据的收集、加密、存储、查询、使用、删除、备份等环节制定严格的制度规范或行业标准,确保用户信息不被非法收集与使用,其安全级别应与银行相当。根据《电子签名法》的规定,逐步在第三方推行第三方认证,通过权威的第三方认证中心(CA)对数据传输过程进行加密,保证用户数据不仅在服务器上不会被窃取或非授权使用,而且在开放网络传输过程中也不会被监听破译。在条件不成熟的情况下,应当规定第三方支付平台在提供支付服务时必须使用一定标准的加密协议,如SET、SSL,这种加密措施应当通过有关部门的验证审核。不仅如此,2005年颁布的《国务院办公厅关于加快电子商务发展的若干意见》,也指出了要建立健全我国电子商务的安全认证体系,并按照有关法律规定制定电子商务安全认证管理办法,进一步规范对密钥、证书、认证机构的管理,注重责任体系建设,发展和采用具有自主知识产权的加密和认证技术;整合现有资源,完善安全认证基础设施,建立布局合理的安全认证体系,实现行业、地方等安全认证机构的交叉认证,为社会提供可靠的电子商务安全认证服务。同时,为保证这些安全规范能够贯彻落实,应当规定民法、行政法、刑法上的责任,使商家和消费者权益能够得到有效的保护。2010年6月14日,中国人民银行正式公布了《非金融机构支付服务管理办法》,进一步规范支付服务,中国人民银行还同公安部等有关部委拟定相关配套措施,组织开展相关专项检查,形成合力,对非金融机构支付服务实施有效监管,切实维护支付服务市场的健康发展。2016年以来,我国第三方支付行业相关政策见表8-2。

表8-2   我国第三方支付行业相关政策

实施时间	政策名称	主要内容
2016年4月12日	《国务院办公厅关于印发互联网金融风险专项整治工作实施方案的通知》	非银行支付机构不得挪用、占用客户备付金，客户备付金账户应当开立在中国人民银行或符合要求的商业银行。中国人民银行或商业银行不向非银行支付机构备付金账户计付利息
2016年4月13日	《非银行支付机构风险专项整治工作实施方案》	开展支付机构客户备付金风险和跨机构清算业务整治，包括加大对客户备付金问题的专项整治和整改监督力度，建立支付机构客户备付金集中存管制度，逐步取消对支付机构客户备付金的利息支出，规范支付机构开展跨行清算行为，按照总量控制、结构优化、提高质量、有序发展的原则，严格把握支付机构市场准入和监管工作
2016年7月1日	《非银行支付机构网络支付业务管理办法》	第三方账户实名制及个人支付账户分Ⅰ、Ⅱ、Ⅲ类。保证账户安全，维护正常经济秩序，有效防止洗钱、恐怖融资等行为
2017年4月17日	《中国人民银行办公厅关于实施支付机构客户备付金集中存管有关事项的通知》	支付机构应将客户备付金按照一定比例交存至指定机构专用存款账户，该账户资金暂不计付利息
2018年6月30日	《关于将非银行支付机构网络支付业务由直连模式迁移至网联平台处理的通知》	从2018年6月30日起，支付机构受理的涉及银行账户的网络支付业务全部通过网联平台处理
2019年1月14日	《中国人民银行办公厅关于支付机构客户备付金全部集中交存有关事宜的通知》	到2019年1月14日，实现100%集中交存，交存时间为每月第二个星期一，交存基数为上一个月客户备付金日均余额。支付机构"备付金集中存管账户"的资金划转应当通过中国银联股份有限公司或网联清算有限公司办理
2021年2月19日	《关于进一步规范商业银行互联网贷款业务的通知》	主要针对商业银行，但该通知也对第三方支付机构提供了间接指导，要求加强与银行合作的互联网贷款业务的规范管理
2021年3月1日	《非银行支付机构客户备付金存管办法》	规范备付金集中交存后的客户备付金集中存管业务：规定备付金全额集中交存至中国人民银行或符合规定的商业银行；规定客户备付金的划转应当通过符合规定的清算机构办理

续表

实施时间	政策名称	主要内容
2021 年 7 月 20 日	《非银行支付机构重大事项报告管理办法》	进一步规范了非银行支付机构的重大事项报告行为，提高了支付市场风险甄别、防范和化解能力，维护了支付市场稳定
2021 年 10 月 12 日	《中国人民银行关于加强支付受理终端及相关业务管理的通知》	中国人民银行发布通知，要求支付机构加强对支付受理终端的管理，规范收款码的使用，以防止支付终端被用于非法活动
2022 年 3 月 1 日	《中国人民银行关于加强支付受理终端及相关业务管理的通知》	对银行卡受理终端、条码支付受理终端及特约商户加强管理，推动支付行业向合规转型
2023 年 12 月 17 日	《非银行支付机构监督管理条例》	将非银行支付行业的全链条全周期监管纳入法治化、规范化轨道，防范支付风险。推动非银行支付行业良性竞争和规范健康发展。引导非银行支付机构以服务实体经济为本，更好地保护用户合法权益，进一步发挥其繁荣市场经济和便利人民生活等积极作用

资料来源　根据智研咨询提供的相关资料整理而得.

（2）完善社会信用体系。个人的诚信调查和网上商户的诚信调查都是开展电子商务的前提条件。作为支付过程中公正的第三方，第三方支付机构起到了一个信用担保的作用。虽然个别的第三方支付平台搭建了自身的信用评级档案供用户参考，但是整体社会信用体系的完善和提高无疑将成为刺激电子商务进一步发展的强大动力。建立合理的信用评价指标和评价体系，根据第三方支付业务中涉及的资金和货物的转移，提供和公布的公允的信用评定方法，可以在一定程度上约束买卖双方的诚信意识。在第三方支付机构的引导和辅助下，建立多方合作的第三方评级机构，可以增加对网上交易的制约。

同时，应该加强对银行卡的管理。中国人民银行应当加快个人征信系统的建设，加强对发卡执行制度和服务准入的管理，注重对银行卡信息安全、数据加密、系统安全等方面的调研，对银行卡网络及其终端设备采取安全措施，堵塞漏洞。

此外，应该建立和完善社会信用体系。运用法律、经济、道德等各种方式来提升整个社会的信用水平，设立完善的信用体系，并制定和完善与之相适应的信用激励和惩罚制度。

小知识　社会信用体系

小知识　个人信用体系

（3）加强风险准备。第三方支付承担着保障交易安全与资金安全的责任，面对庞大的用户群体，其风险不再仅是企业的经营风险，还有国家的金融风险与经济风险，甚至会演变为社会风险。因此，第三方支付应当建立风险准备制度，以作为防范风险损失的最后防线和对生存的保障。目前，我国只有少数第三方支付机构拥有风险管理体系，但尚不完整，风险管理水平也不高。在这种第三方支付机构不能主动管理风险的情况下，只能由法律规定并强制执行风险准备制度。例如，按照其注册资本的百分比提取保证金存入监管部门指定的银行，保证金除了清算时用于清偿债务外，不得动用。这种风险准备是必要的，但不能套用银行的标准，可以参照同等规模的其他非银行金融机构（如证券公司）的标准执行。

（4）加强资金监管。对于滞留在第三方支付机构内部的客户资金，通过法规明确其所有权属于客户，严格区分客户自己的资金和第三方支付机构自身的资金，采取类似证券交易保证金账户的监管要求，实行银行专户存放和定向流动，禁止将客户资金用于第三方支付公司运营或者其他目的，明确第三方支付机构在破产等退出市场的情况下对客户资金的保全责任。通过立法明确商业银行在第三方支付市场中的代位监管义务，即对于第三方支付机构开立在银行的支付结算专户，商业银行必须履行相关监管职责，监控该账户的资金流动情况，确保资金的合法使用。

（5）严格市场准入。由于支付企业对移动支付场景的持续投入，第三方移动支付交易规模近年来呈现爆发性增长。2016年，第三方移动支付交易规模达58.8万亿元，2017年为120.3万亿元，2018年为190.5万亿元，2019年为226.1万亿元，2020年为249.2万亿元，2021年为310.3万亿元，2022年为348.06万亿元，2023年为346.01万亿元。同时，第三方支付发展的迅猛势头及市场潜力可能引发更多的竞争者加入，这也使得监管机构不得不加以重视。

在推行网联模式的情况下，第三方支付不再是无人监管的灰色地带，行业发展逐渐正规化，国家会严格规范和监管行业，加强市场准入的审核。严格的市场准入制度有利于网上支付市场环境的形成和对消费者权益的保护。

（6）明确法律地位。在电子商务中，第三方支付主体与买卖双方当事人的法律地位的根本区别是其在买卖关系中并不具有直接利害关系。它面向的不是特定的公众，提供的是一种公共性服务，但又区别于公共服务型的机构。它提供的这种公共服务是有偿的，而且其技术含量极高，具有自身的特殊利益要求，所以其是作为商业组织参与到一定的电子商务过程中。在这个过程中，它必须对电子商务的安全性、可靠性承担主要责任。在每一项第三方支付交易中，买卖双方对第三方支付主体具有不可分割的依赖性，因此，第三方支付主体不能等同于一般的商事主体，也有别于一般的公共企业。第三方支付主体所提供的服务与金融业务相关，是银行业务的补充和延伸。

2.微观层面采取的安全保障措施

（1）卖家诚信经营。卖家是第三方支付交易中实现诚信的主体，必须率先建立诚信自律机制。信誉对于企业的生存和成长至关重要。企业拥有良好的诚信记录，才可能与客户建立长期的合作关系。良好的信誉可以降低客户的搜索成本以及鉴别信息的成本，有助于整个社会资源的高效利用。市场经济从某种意义上讲就是品牌经济。电子商务第三方支付市场也一样，由于网络的虚拟性，消费者更愿意相信一些信誉好的商家。卖家应该避免短视行为，从长远发展考虑制定品牌战略，建立良好的商业信誉，诚实买卖、合法经营，为客户提供优质的产品和服务，将诚信原则渗透到每个经营环节，走良性循环的道路。

卖家在贯彻诚信经营的过程中，应当做到以下两点：

① 落实承诺。在第三方支付交易中，卖家履行承诺的能力就是对诚信最好的诠释。卖家应该按照与客户签订的电子合约履行交易，在规定时间内将商品送达客户手中，妥善处理投诉和退货，并在此过程中保证客户私人信息不被泄露。

② 提高网络技术水平。良好的安全技术保障措施也是促进信任建立的重要影响因素。有关研究显示，知名度不高的商家，必须利用良好的网页导航系统和高效的履约能力来获得买家的信任。企业应该建立方便易用的网页导航系统，增加页面的友好度，吸引消费者选择其网站商品，同时，可靠的安全保障技术也能增强客户的安全感。

（2）买家诚信消费。诚信消费是在人们诚实守信的基础上产生的。消费者除了要求卖家在交易中诚信经营外，自身也应该遵守诚信消费的原则，不注册虚假信息，不下虚假订单，注意保持自身良好的信用记录。

在网络购物过程中，要养成为卖家信用评分的习惯，将诚信信息传递给更多的消费者，同时，对于第三方支付交易过程中发生的欺诈行为，买家也应该树立自我保护意识，克服"贪便宜"的心理，要善于辨别虚假信息和消费陷阱，受到不法侵害时，要保留电子证据，及时投诉，让失信者受到应有的惩罚。

@ 本章小结

第三方支付是指具备一定实力和信誉保障的独立机构，采用与各大银行签约的方式，提供与银行支付结算系统接口的交易支持平台的网络支付模式。第三方支付平台是指平台提供商通过通信、计算机和信息安全技术，在商家和银行之间建立连接，从而实现消费者、金融机构以及商家之间货币支付、现金流转、资金清算、查询统计的一个平台。在第三方支付模式下，买方选购商品后，使用第三方支付平台提供的账户进行货款支付，并由第三方通知卖家货款到账和发货；买方收到货物，并检验商品进行确认后，就可以通知第三方付款给卖家，第三方再将款项转至卖家账户。第三方支付和第三方支付平台是两个不同的概念，但二者关系密切，第三方支付平台是第三方支付这种支付方式得以实现所必需的媒介。

第三方支付发展迅速，具有多方面的优势，但同时也存在一定的劣势。按照第三方支付所依托的第三方支付平台，第三方支付可以分为网关支付模式、账户支付模式和特殊的第三方支付3种类型。其中，账户支付模式又可分为直付支付模式和间付支付模式。每种类型的第三方支付具有各自的支付流程。为了更好地监管第三方支付公司的资金流向，解决第三方支付市场支付清算混乱、信息透明度不高等问题，2017年8月29日，网联清算有限公司正式成立。

第三方支付在宏观上存在信息不对称带来的违约风险、安全技术风险、道德信用风险、涉及银行业务带来的安全问题和监管体系不健全5个方面的问题；在微观上主要有商家面临的安全问题和消费者面临的安全问题。相应的安全保障措施也可以从宏观和微观两个方面考虑。

目前，获得第三方支付牌照的企业已有200多家，知名度较高的有20多家，其中比较知名的第三方支付平台有支付宝、微信支付、云闪付、翼支付、快钱、易宝支付、京东支付、苏宁支付等。特别是支付宝已经成为全球最大的电子支付平台之一，深受广大消费者和商户的喜欢。

@ 关键术语

第三方支付；第三方支付平台；网联支付；支付宝

@ 习题

一、选择题

1.在第三方支付领域，快钱支付属于（　　　）。

A.间付账户支付模式　　　　　　　　B.直付账户支付模式

C.网关支付模式　　　　　　　　　　D.银联电子支付模式

2.目前，国内第三方支付公司中，（　　　）的用户规模最大。

A.支付宝　　　　B.中国银联　　　　C.财付通　　　　D.易宝支付

3.网关支付模式中，（　　　）不属于B2C支付交易流程的主体。

A.卖家　　　　　B.支付平台　　　　C.购物网站　　　　D.买家

4.以支付公司作为信用中介，在买家确认收到商品前，代替买卖双方暂时保管货款的第三方支付模式是（　　　）。

A.间付账户支付模式　　　　　　　　B.直付账户支付模式

C.网关支付模式　　　　　　　　　　D.银联电子支付模式

5.在第三方支付方式中，（　　　）不是买家面临的安全问题。

A.卖方发布虚假信息　　　　　　　　B.泄露隐私信息

C.卖方不履行服务承诺　　　　　　　D.恶意退货

二、简答题

1.什么是第三方支付平台？什么是第三方支付？第三方支付的类型有哪些？

2.为什么银联电子支付是一种特殊的第三方支付？

3.第三方支付有哪些优势和劣势？

4.以支付宝为例介绍第三方支付的交易流程并绘制其流程图。

5.简述第三方支付中存在的安全问题及对策，谈谈自己的理解。

三、讨论题

1.登录淘宝网（https：//www.taobao.com）、当当网（http：//www.dangdang.com）等电子商务网站，亲身体验一下利用第三方支付平台进行交易的过程，谈谈自己的感受。

2.在第三方支付领域，支付宝在交易额、用户数和知名度方面都处于领先地位，试从微信支付、易宝支付、京东支付、快钱支付等第三方支付工具中选择一个，分析其得以继续存在的原因、提供的服务、采取的安全措施、企业的盈利方式、主要的使用人群以及特色等，并讨论第三方支付市场的发展趋势。

3. 就"支付宝套现"等支付宝使用中发生的具有争议的案例，分析这些行为的合法性及产生的原因。

4. 分析网联支付模式给第三方支付和行业竞争带来的变化。

5. 党的二十大报告中强调加快建设数字中国和推动数字经济发展，分析电子支付对我国数字经济发展的重要性。

@ 案例分析

案例1：

购电脑　5 600元汇款打"水漂"

2005年6月底，梁小姐在"易×网"上浏览时，发现了一家名为"免费数码"的笔记本电脑销售商店，于是她就对商店中的索尼笔记本电脑查询了一下，市场上价值上万的笔记本电脑，在这家网上商店中仅售6 000元。当时，梁小姐对这一低价还是心存疑虑的，于是她在汇款之前特意打电话给店主"Free"，他告诉梁小姐，自己的货物是从特殊渠道弄来的，质量没问题，价钱比较便宜。几次讨价还价之后，7月1日，梁小姐将5 600元汇入卖家的账户。汇款后的第三天，梁小姐发现笔记本电脑还没有邮寄到家，而且她竟然发现网上已经有不少用户反馈汇款后没有收到货物。此时，店主"Free"原先留下的电话号码已经无法打通。据梁小姐介绍，由于被店主"Free"欺骗的人数众多，一个QQ群中目前大概有20多人都声称自己被店主"Free"骗钱，汇款的数额也从5 000元到10 000元不等，涉案金额大概为10多万元。其中，还包括一些自称是在海外通过网络购买的买家，汇款时间也都集中在6月30日和7月1日两天。

案例2：

非法替换支付页面　冒充客服网络诈骗

天津市民邵先生从事网络软件的相关工作。2019年5月，他在某技术网站论坛上发布程序悬赏任务。很快地，有人准备接单，并与邵先生通过聊天工具商谈任务具体内容。对方提出为确保程序任务的适配性，要详细了解邵先生计算机的软硬件环境及配置，需要通过远程操控软件实施。

远程操控后，双方很快就以1 000元的价格达成一致意见。按照该技术网站论坛的规定，为确保交易安全，任务发布者要以保证金的形式向论坛平台缴纳任务悬赏金，待软件成功交付验收后，该保证金将作为赏金支付给接单客户。邵先生打开付款页面进行付款时，发现网页上无法显示支付的二维码，于是他根据页面上的提示，添加了论坛平台客服人员的QQ号，希望尽快解决支付问题。

客服人员回复邵先生说，网站充值有问题，给他发送了一个微信收款码，他完成支付后，再也没有收到任何回复。

面对不再回复的客服，邵先生心存疑惑，就用另一台电脑打开了这个论坛平台，发现收款方式和客服联系方式都不一样，他顿时觉得自己被骗了。邵先生报警后，警方迅速对案件展开侦查。通过对被害人电脑进行电子数据取证，警方提取出了木马病毒，发现该木马"劫持"HTTP协议类型网页数据，替换了论坛支付页面。嫌疑人在劫持交易网页之后，修改了网页上客服人员的QQ号，被害人在遇到支付问题的时候，就需要联系网站的客服人员，这时嫌疑人就冒充了网站的客服人员。

随后，警方调取大量数据，认真比对研究分析，锁定两名犯罪嫌疑人王某和张某，并于7月底将二人抓获归案。

资料来源 丁旭，王子鑫，刘馨屿，等. 非法替换支付页面 冒充客服网络诈骗［EB/OL］.［2021-08-02］. http://tv.cctv.com/2019/12/17/VIDEBcRMWf87XtKAURJzBbsu191217.shtml.

问题：

（1）结合案例2，分析邵先生被骗的原因。

（2）结合两个案例，分析电子支付在安全性上的变化。

（3）结合案例2，该技术网站是否应该对此负责？

（4）谈谈你所了解的第三方支付存在的问题。

第9章

支付安全技术

@ 教学目标与要求

1.了解电子支付的安全威胁；

2.掌握电子支付的相关安全需求；

3.了解保障支付安全的多种技术；

4.掌握对称加密技术原理；

5.掌握非对称加密技术原理；

6.了解数字签名的概念及原理；

7.掌握数字证书的主要内容及实现技术；

8.了解数字摘要、数字时间戳等安全技术。

@ 知识架构

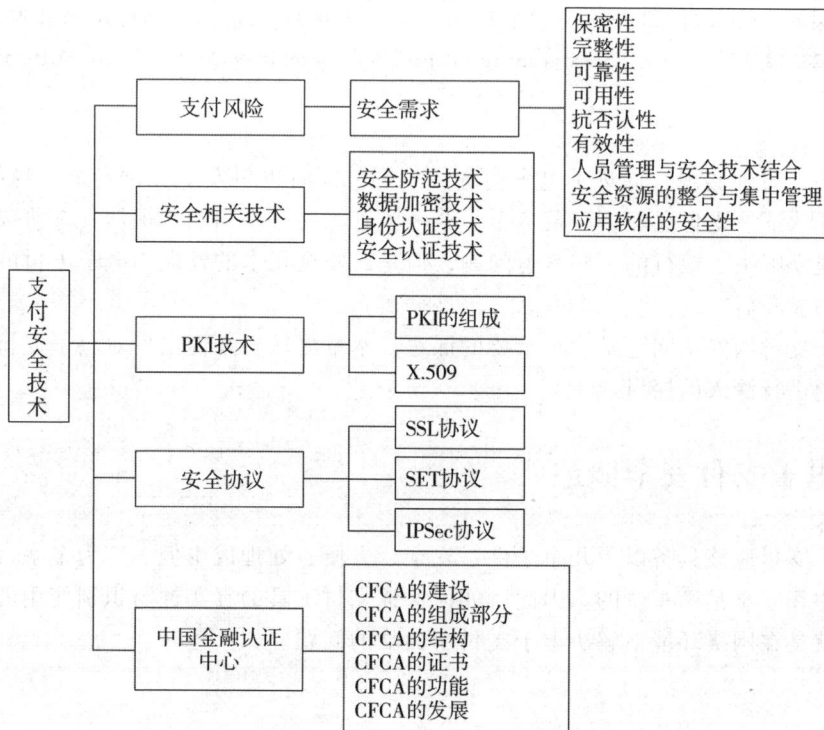

@ 导入案例　　中国支付清算协会组织召开2023年支付行业风险防范与协会工作座谈会

2023年12月7日，中国支付清算协会（以下简称协会）在上海组织召开支付行业风险防范与协作工作座谈会，会议采用现场与远程结合的方式召开。协会党委委员、副秘书长马国光出席会议并致辞，中国银联、网联公司、连通公司及部分银行和支付机构共36家会员单位负责支付业务风险管理的部门负责人或专家近80人参加会议。

座谈会上，中国银联、网联公司、连通公司专家分别从受理市场风险防范、电信网络诈骗资金链治理、跨境支付风险防范角度，介绍了组织开展交易信息质量专项治理、反诈拒赌等方面的管理实践、工作进展和成效，分享了涉赌涉诈资金转移的典型案例，同时，提出了后续风险防控工作建议。

商业银行、支付机构代表分别介绍了支付业务风险特征和变化趋势，分享了涉赌涉诈等风险以及非法转移资金等方面的防范治理经验和典型案例，并提出了有效防范支付风险的措施和意见建议。连连银通、支付宝专家还就跨境外贸业务和电信网络诈骗风险治理中存在的难点问题进行了阐述，供行业探索和思考。

本次座谈会的召开，为会员单位搭建了互动和沟通平台，推动了支付风险形势分析和防控措施共享，有效促进了支付清算行业风险信息交流与合作。下一步，协会将深入组织开展经验分享与研讨交流，帮助会员单位把握风险新形势、新变化，强化案例共享和行业联合惩戒，持续提升风险技防经验和能力，共同促进支付行业健康有序发展。

资料来源　中国支付清算协会. 中国支付清算协会组织召开支付行业风险防范与协作工作座谈会 [EB/OL]. [2023-12-15]. https://www.pcac.org.cn/eportal/ui? pageId=598261&articleKey=619552&colum-nId=595073.

电子支付的实现，促进了电子商务的发展，同时也引发了支付安全、身份认证、电子文件认证、支付立法，以及货币、金融监管等一系列问题。虽然安全协议和认证系统的建立解决了银行的一些紧迫问题，但是，安全技术的发展与电子支付的快速发展相比仍显滞后。

电子支付的安全问题是一个重要的课题，本章将从安全性出发对电子支付的若干关键问题进行深入的探讨。

9.1　电子支付安全概述

电子支付应该具备以下几个条件：安全、方便、处理成本低、广为金融市场所接受。其中，安全是第一位的。因此，如何保证支付工具的真实性与识别使用者的合法身份，就是在网络环境下解决电子支付所面临的问题。

9.1.1 电子支付的安全隐患

1. 来自银行合作单位的安全隐患

银行系统不断增加中间业务和服务功能，如代收电话费、代收保险费、证券保证金转账等业务，因此，其与电信公司、保险公司、证券交易所等单位实现网络互联。银行与这些单位之间的业务不同，信息系统的安全侧重点也有所差异，这使得银行网络系统存在来自这些业务关联单位的安全威胁。

2. 来自不信任区域的安全隐患

大部分银行系统都发展到了全国联网。一个系统分布在全国各地，而且各级银行都是独立核算单位，因此，对每个区域银行而言，其他区域银行都属于不信任区域，同样存在安全隐患。

3. 来自互联网的安全隐患

互联网具有广泛性、自由性等特点，银行系统与互联网相连，容易受到入侵者的恶意攻击。2024年，我国的"3·15"晚会曝光近年来AI诈骗频发，诈骗分子利用AI技术合成语音和视频影像，达到电信诈骗的目的。2024年2月15日，美国人工智能研究公司OpenAI发布Sora，其可以通过文字描述生成AI视频，给电子支付带来了新的AI挑战。用户在使用电子支付时，需要注意保护人脸、声纹、指纹等个人生物数据。

4. 来自内部网的安全隐患

根据调查统计，在已经发生的安全事件中，70%的攻击来自内部，因此，内部的安全风险更为严重。一方面，内部员工对银行系统比较熟悉，自己攻击或者泄露重要信息、内外勾结，都可能导致系统受到致命威胁；另一方面，内部工作人员越权操作、违规操作或者进行其他不当操作，特别是系统管理员和安全管理员出现管理配置的操作失误，都可能会造成重大的安全事故。

5. 管理安全隐患

管理安全包括管理技术安全和管理制度安全两个基本方面。如果员工安全意识薄弱，单位安全管理体制不健全，就存在很大的管理安全风险。健全的安全管理体制是系统安全得以保障的关键因素。如果缺乏健全的管理制度或者制度执行不力，就会给员工违规和犯罪留下漏洞。

9.1.2 电子支付的安全威胁

电子支付已经融入人们的商务活动和经济生活，电子支付的安全问题也成为人们所关注的焦点。基于开放性信息互联技术的电子支付系统具有一些漏洞，为不法分子非法获取、篡改信息，破坏信息服务提供了可能。美国国家安全局制定的《信息保障技术框架》（Information Assurance Technical Framework，IATF）将利用漏洞非法获取、篡改信息和破坏信息服务的行为，称为威胁。这个威胁就是信息安全面临的问题域。IATF将威胁分为主动型、被动型、内部型、接触型和发布型。由于IATF主要关注技术方面，所以没有考虑社会工程威胁，不过在其他的安全规范中对其有所提及。

电子支付面临的安全威胁主要有：

（1）以非法手段，如口令猜测、窃听、侦听等窃取信息或者对信道信息进行破译分析，使机密的数据内容泄露给未被授权的用户。

（2）篡改、删除、插入数据或者使数据在传输中出现错误、丢失、乱序，如损坏基础设施、破坏数据库、截取数据包等。

（3）伪造信息或者假冒合法用户的身份进行欺骗、伪造地址，进行非法连接，占有或者支配合法用户的资源。

（4）抵赖交易行为，否认交易结果。

（5）延迟消息的传送或者重发消息。

（6）系统安全漏洞、网络故障、病毒等导致系统被破坏。

（7）阻断服务，即非法用户阻止系统资源被合法管理和使用。

（8）社会工程攻击也是一种攻击行为，是攻击者利用人际关系发出的攻击。通常，攻击者如果不能通过物理入侵的办法直接取得所需要的资料，就可能通过电子邮件或电话等手段对所需要的资料进行骗取，再利用这些资料获取主机的权限以达到其攻击的目的。

小知识　"闪付"安全吗？

小知识　10类高发电信网络诈骗

（9）管理风险。电子支付系统作为一个软硬件集成的有机整体，除了采取一些安全技术手段对其予以保护外，还需要对其进行有效的安全管理，如果管理不当，再完善的安全措施也形同虚设。

（10）其他风险。其他可能危及电子支付中信息和系统安全的风险，也是需要考虑的问题。

9.1.3　电子支付的安全需求

1.保密性

保密性是指保证数据不受未授权的非法访问而导致失密，主要分为数据存储保密性和数据网络传输保密性。系统需要及时对传输信息进行加密处理，防止交易中信息被非法截获或者读取，也就是防止不法分子通过非法拦截会话数据获得账户、金额等有效信息。保密性意味着支付系统参与者之间的通信通道具有保密性，仅允许目标支付方能够看到支付数据。常见的保密技术包括防侦收、防辐射、信息加密、物理保密、信息隐藏等技术。

2.完整性

完整性是指数据不接受未授权的非法修改，保持未受损害的完整状态，主要分为数据存储完整性和数据网络传输完整性。系统需要防止未经授权者对支付信息的随意改动，防止支付信息在传输过程中丢失或者重复，并且保证信息传递次序的统一。完整性意味着在电子支付系统中的支付数据不能被未经授权的参与者修改或者破坏，保证一旦支付交易提交，支付数据就不能被非法修改，这同时也确定了支付数据的一致性。保护电子支付完整性的方法主要有协议、纠错编码、密码校验、数字签名、公证等。

3.可靠性

可靠性是指系统能够提供鉴别用户身份的方法，确保用户身份信息可靠与合法，实现系统对用户身份的有效确认，有效保护私有密钥和口令，防范非法攻击，防止不法分子假冒身份进行交易和诈骗，确保系统无故障和无差错。

4.可用性

可用性是指信息可被授权实体访问并按需求使用的特性。电子支付存在由于计算机病毒或者其他人为的原因造成对合法使用人拒绝服务的情况，也可能存在被他人滥用机器或者信息的情况。要解决这些问题，就要确保电子支付的可用性。电子支付的可用性与硬件的可用性、软件的可用性、人员的可用性、环境的可用性等方面有关。

5.抗否认性

抗否认性也称抗抵赖性，是指系统应该有效防止支付欺诈行为的发生，保证支付信用和行为的不可否认性，保证支付参与方对已做交易无法抵赖。

6.有效性

有效性是指电子支付系统要对网络故障、硬件故障、操作错误、应用程序错误、系统软件错误及计算机病毒的潜在威胁加以控制和预防，保证交易数据在确定的时刻、确定的地点是有效的。

7.人员管理与安全技术结合

目前，电子支付的安全管理大部分停留在数据应用层，对整体网络安全的考虑不足，针对组织或者流程的管理方法尚未和信息系统安全技术进行有机的结合，无法体现对整个系统安全链进行统一管理的思想。

8.安全资源整合与集中管理

虽然电子支付在网络通信、应用系统等方面使用了先进的加密设备和安全产品，如防火墙设备、可信操作系统、数字签名、身份认证、各种型号的加密机、支付密码器、VPN设备等，但是，仅依赖于某些安全产品，不可能有效保护系统的整体安全，还必须认识到只有将整个系统各方面和各层次的安全产品、分支机构、运营网络、客户等纳入一个紧密的安全链中，才能有效地保障系统安全。

9.应用软件安全性

通过对应用软件的评测发现，某些原因如软件编写缺乏严格的质量控制、程序设计人员对安全需求了解不足等，经常会导致一些严重后果，如非法用户可以绕过程序的风险管理限制对数据进行操作等，这些都要求增强应用软件的安全性。

在现实生活中，电子支付的安全需求是通过利用先进的信息安全技术和安全支付协议得到保证的。下一节将介绍与电子支付相关的安全技术。

9.2 电子支付安全相关技术

无论是在计算机上存储、处理和应用，还是在通信网络上传输，信息都可能被非法用户访问而导致泄密，被篡改、破坏而导致不完整，被冒充、替换而导致否认，也可能被阻塞、拦截而导致无法存取。这些破坏行为可能是有意的，如黑客攻击、病毒感染，也可能是无意的，如操作失误、程序错误等。

计算机网络安全是电子支付安全的基础，一个完整的电子支付系统应当建立在安全的网络基础设施之上。网络安全技术所涉及的方面比较多，如操作系统安全、防火墙技术、虚拟专用网（virtual private network，VPN）技术、入侵检测技术、漏洞检测技术、防病毒技术和加密技术等。为保证电子支付安全，需要采用各种加密技术和身份认证技术，创造值得信赖的电子支付环境。在现实中，不同的机构会采取不同的手段和方法来实现，这就要求具有一种统一的标准来支持不同的方式，保证广泛的电子支付活动的顺利进行。

9.2.1 安全防范技术

电子支付系统的安全防护是一种立体的防护，需要采取多项安全措施、多种安全技术，这是一个长期的建设和维护过程。针对存在的各种威胁以及电子支付应用的需求，在保证计算机系统自身安全的前提下，需要利用防火墙技术保证电子支付系统内部网络的边界安全，利用虚拟专用网技术实现电子支付信息跨越公网的传输安全，建立入侵检测系统将潜在的威胁扼杀在摇篮之中。

1.防火墙技术

防火墙技术是指通过对网络做拓扑结构和服务类型上的隔离来加强网络安全的手段。它的保护对象是网络中有明确闭合边界的一个网块，它的防范对象是来自被保护网块外部的威胁。所谓防火墙，是指综合采用适当技术在被保护网络周边建立的用于隔离被保护网络与外部网络的系统。防火墙技术适合在企业内部网中使用，特别是在企业内部网与公共网络互联时使用。

防火墙技术的实现是利用专用的安全软件、硬件以及良好的系统配置，对内外部网络之间往来的信息进行监测、控制和修改。防火墙事实上是一个访问控制系统，根据防御方式的不同，其可以分为三种：包过滤器、电路中继器、应用网关（或代理服务器）。

包过滤器通常是在路由器上实现，其工作在网络层，其按照一定的安全规则对进出的数据包进行分析以决定是否允许通过。包过滤器的安全规则是静态的，因此，系统的维护非常麻烦，也使一些应用受到限制。另外，其工作在网络层，对高层信息无法理解，因而不能防范高层协议上的安全威胁。

电路中继器工作在传输层，其在内部连接和外部连接之间来回拷贝字节，使连接似乎起源于防火墙，从而隐藏了受保护网络的有关信息。电路中继器能够保证用户安全使用基于TCP/IP通信协议的应用软件，如WWW、TELNET等，而不需要传送协议层上的任何指令。事实上，它是相关协议的代理，所有输入的连接在此结束，并被重新组成相对应的输出。它的缺陷是在使用之前，必须修改客户的应用软件。

应用网关工作在应用层，比电路中继器先进。其使两边的应用可以通过代理服务器互相通信，但它们不能穿过其进行通信，使得内部网络与外部网络之间不存在直接连接。它具有更强的身份验证、日志及审计功能，大大提高了网络的安全性。代理服务器的缺点是需要为每个应用进行设计和编写软件，工作量较大。

网络对外部呈现的安全水平依赖于所用防火墙系统的体系结构。一般将防火墙系统的体系结构分为以下几种：简单的边界路由器；带有安全中间网络的边界路由器（筛选性子网、安全子网）；带信息包过滤器的双归宿防御主机；带电路中继器的双归宿防御主机；带应用网关的双归宿防御主机；带无防卫区域（DMZ）的双归宿防御主机；级联的双归宿防御主机。其中，简单的边界路由器提供最低保护，级联的双归宿防御主机提供最高保护。

防火墙技术有很多优点，但其不能防范网络内部的威胁，也不能保护网络免受病毒或其他一些方式（协议欺骗等）的攻击，因此，必须结合其他技术和手段来提高网络的安全性。

2.虚拟专用网技术

虚拟专用网指的是依靠ISP（Internet服务提供商）和其他NSP（网络服务提供商），在公用网络中建立专用的数据通信网络的技术。在虚拟专用网中，任意两个节点之间的连接并没有传统专用网所需的端到端的物理链路，而是利用某种公用网络的资源动态组成的。所谓虚拟，是指用户不再需要拥有实际的长途数据线路，而是使用Internet公用数据网络的长途数据线路。所谓专用网络，是指用户可以为自己定制一个最符合自己需求的网络。虚拟专用网是对企业内部网的扩展。

由于传输的是私有信息，因此，VPN用户对数据的安全性非常关心。目前，VPN主要采用四项技术来保证数据的安全传输：隧道（tunneling）技术、加解密（encryption & decryption）技术、密钥管理（key management）技术、身份认证（identity authentication）技术。

隧道技术是VPN的基本技术，类似于点对点连接技术，在公用网络建立一条数据通道（隧道），让数据包通过这条隧道传输。隧道是由隧道协议形成的，分为第二、三层隧道协议。第二层隧道协议是先将各种网络协议封装到PPP（点对点协议）中，再将整个数据包装入隧道协议中。这种双层封装方法形成的数据包依靠第二层协议进行传输。第二层隧道协议有L2F、PPTP、L2TP等。第三层隧道协议是将各种网络协议直接装入隧道协议中，形成的数据包依靠第三层协议进行传输。第三层隧道协议有VTP、IPSec等。IPSec（internet protocol security）由一组RFC文档组成，定义了一个系统来提供安全协议选择、安全算法、确定服务所用密钥等服务，从而在IP层提供安全保障。

加解密技术是数据通信中一项较为成熟的技术，VPN可以直接利用现有技术。

密钥管理技术的主要任务是如何在公用数据网上安全地传递密钥而不被窃取。

身份认证技术最常用的是使用者名称与密码或卡片式认证等方式。

利用虚拟专用网的隧道技术、身份认证技术和加解密技术，能够在一种不可信、不安全的网络（如Internet）上的两个单独实体之间建立一条安全的、私有的专用信道。虚拟专用网可以帮助远程用户、企业分支机构、商业伙伴及供应商同企业的内部网建立可靠的安全连接，并保证数据的安全传输。通过将数据流转移到低成本的公用网络上，一个企业的虚拟专用网解决方案将大幅度地减少用户花费在城域网和远程网络连接上的费用。同时，这将简化网络的设计和管理，加速连接新的用户和网站。另外，虚拟专用网还可以保护现有的网络投资。

虚拟专用网具有优异的性价比和网络部署的灵活性等特点，因此，它是开展电子商务的一种十分理想的形式，而且其使用的隧道技术、加解密技术和身份认证技术可以大大提高电子商务的安全性。

3.存取访问控制技术

在不同的计算机之间实现资源共享，存在安全隐患。如果不实施一定的控制，所有的用户都可以对共享的资源任意进行访问，这将对系统造成巨大的破坏。因此，一个系统必须对用户访问其资源的权利（读、写、修改等）有所限制。为防止访问者滥用系统中不属于其权利范围的资源而对其权利予以适当的规范，允许访问者在适当的授权范围内任意地操作系统资源的做法，就是存取访问控制。它是用来保护系统资源免于被非法者故意删除、破坏或更改的一项重要措施。存取访问控制的本质就是对资源使用的限制。

为了有效地实现对资源的存取访问控制，需要制定存取访问控制策略。存取访问控制策略是指一套规则，用以确定一个主体是否对客体拥有某种访问权利。存取访问控制策略大致可分为以下两种：自主访问控制策略和强制访问控制策略。

自主访问控制策略是指由客体（如数据对象）自主地决定每个主体（如用户）对其资源的访问权限。操作系统中的文件系统大多采用这种方式，因为自主访问控制策略比较适合操作系统的资源管理特性。这种方式也存在一个缺点：其能够防止用户对资源的直接访问，但是避免不了用户利用访问的传递性对资源的间接访问。例如，A不能访问资源R，但A可以访问B，B同时又能访问资源R，则A可以通过访问B来达到访问资源R的目的。

强制访问控制策略是指按照主体（用户）和客体（数据对象）的安全级匹配原则来确定该主体是否被允许访问该客体。强制访问控制策略支持授权机构。授权机构为主体和客体定义固定的访问属性，只有授权机构才能够修改访问权限。例如，数据可以被划分为绝密、机密、秘密和一般等几种级别。用户的访问权限也可以进行类似的划分。拥有一般级别的访问权限的用户，只能访问级别低的数据。这样，就不会出现访问传递的现象。

常见的存取访问控制方式有存取访问控制矩阵、存取访问控制表、口令方式等。存取访问控制矩阵的基本思想就是将所有的访问控制信息存储在一个矩阵中进行集中管理，使用关系数据库来表示控制矩阵。每个关系代表一个主体对每一个客体的访问权限。当主体发出访问某个客体的要求时，系统会在访问控制矩阵中查找主体行所对应的该客体列的值，以判断访问是否合法。存取访问控制表的基本思想是每个客体各自将能够对自己访问的主体信息以列表的形式保存起来，当某个主体对客体进行访问时，根据该客体保存的信息来判断是否允许其访问以及拥有何种访问权限。口令方式是指在主体访问客体时需要提供预先设置的口令。

在电子支付过程中，需要采取适当的存取访问控制技术，以保证数据存取系统的安全，这是正常地进行电子支付的前提。

9.2.2 数据加密技术

加密技术是最基本的安全技术，是实现信息保密性的一种重要手段，其目的是防止合法接收者之外的人获取信息系统中的机密信息。所谓数据加密技术，就是采用数学方法对原始信息（明文）进行再组织，使得加密后在网络上公开传输的内容对于非法接收者来说成为无意义的文字（密文），而合法的接收者因为掌握了正确的密钥，可以通过解密过程得到原始信息。

列举一个最简单的加密例子——代换密码。代换密码就是将需要传输的数据信息采用另一种固定的数据代替。例如，将数字字符0、1、2、3、4、5、6、7、8、9分别使用a、b、c、d、e、f、g、h、i、j代替。如果需要传输的明文信息为"2097"，则加密后在信道中传输的密文为"cajh"。

通常情况下，人们将可懂的文本称为明文，将明文变换成形式上不可懂的文本称为密文。将明文变换成密文的过程，称为加密，其逆过程即将密文变换成明文的过程，称为解密。密钥是用于加解密的一些特殊信息，其是控制明文与密文之间变换的关键，可以是数字、词汇或语句。密钥分为加密密钥和解密密钥。完成加密和解密的算法，称为密码体制。

目前，加密技术可以分为以下两类：对称加密（symmetric cryptography）与非对称加密（asymmetric cryptography）。在对称加密系统中，加密所用的密钥与解密所用的密钥一般是相同的，密钥在保密通信中需要严密保护。在非对称加密系统中，加密所用的密钥与解密所用的密钥是不同的，加密所用的密钥可以向大家公开，而解密所用的密钥是需要保密的。

1.对称加密技术

如果进行通信的交易各方能够确保专用密钥在密钥交换阶段未曾发生泄露，则可以采用对称加密方法加密机密信息，并随报文发送报文摘要和报文散列值，来保证报文的机密性和完整性。对称加密技术工作原理，如图9-1所示。这种体系的加密算法运算速度快，所以在处理大量数据的时候被广泛使用，其关键是保证密钥的安全。典型的算法有DES及其各种变形（如Triple DES）、IDEA、RC4、RC5，以及古典密码（如代换密码和转轮密码）等。在众多的对称密码中影响最大的是DES密码，被ISO作为数据加密的标准。

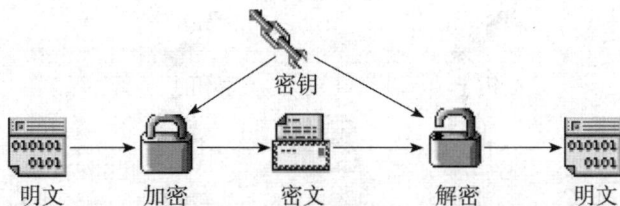

图9-1 对称加密技术工作原理

DES采用传统的移位和替换的方法进行加密，在56bit密钥的控制下，将64bit明文块变换为64bit密文块，加密过程包括16轮的加密迭代，每轮都采用一种乘积密码方式。美国国家标准学会于1977年7月正式采用该算法作为美国商用数据加密标准。1980年12月，美国国家标准学会正式采用这个算法作为美国商用加密算法。

随着计算机技术的发展和攻击者技术的提高，DES变得不那么安全，攻击者在几个小时之内就可以解密由DES加密的文件。为此，美国国家标准学会于1997年开始向全世界征集新的数据加密标准。通过层层筛选，由比利时的两名密码学专家Vinvent Rijmen和Joan Daemen合作设计的Rijindael加密算法脱颖而出。美国国家标准学会于2001年5月正式宣布该算法为新的美国商用数据加密标准，并将其命名为AES（advanced encryption standard），以取代原来的DES。AES的安全性比DES要高得多，它的密钥长度分为128bit、192bit和256bit三种级别，它们分别被称为AES-128、AES-192和AES-256。即使是AES-128，其可提供的密钥数也是DES可提供密钥数的10^{21}倍。即使存在一秒钟产生一个密钥的技术，攻击者想要破译由AES-128加密的文件，也需要1.49×10^{10}年。

对称加密技术具有加密速度快、保密度高等优点，但其缺点同样明显：

（1）密钥是保证通信安全的关键，发信方必须安全、妥善地将密钥护送到收信方，不能泄露其内容。如何才能将密钥安全地送到收信方，是对称加密技术的突出问题。可见，此方法的密钥分发过程十分复杂，所花费的代价很高。

（2）多人通信时密钥的组合数量会出现爆炸性增长，使密钥分发过程更加复杂，n个人进行两两通信，总共需要的密钥数为n（n-1）/2。

（3）通信双方必须持有同一密钥才能发送保密的信息。如果发信人与收信人是素不相识的，就无法向对方发送秘密信息。

2.非对称加密技术

非对称加密不同于对称加密，其密钥被分解为公开密钥和私有密钥。密钥对生成后，公开密钥以非保密方式对外公开，私有密钥则保存在密钥发布方手里。任何得到公开密钥的用户，都可以使用该密钥加密信息发送给该公开密钥的发布者，发布者得到加密信息后，使用与公开密钥相对应的私有密钥进行解密。非对称加密技术工作原理，如图9-2所示。公钥和私钥具有一一对应的关系，利用公钥加密的数据只有利用私钥才能解开，其效率低于对称密钥体系，典型的算法有RSA、背包密码、Elliptic Curve、ElGamal等。最有影响力的公钥加密算法是RSA，足够位数的RSA能够抵抗到目前为止已知的所有密码攻击。

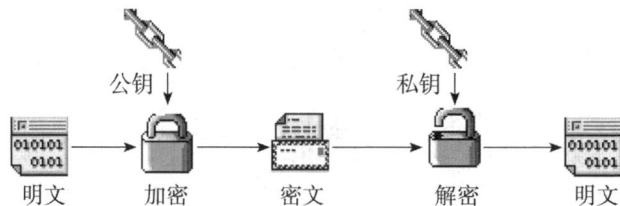

公钥↓　　　　　　私钥↓

明文　→　加密　→　密文　→　解密　→　明文

图9-2　非对称加密技术工作原理

RSA算法取自其创始人的名字：Rivest、Shamir 和 Adleman。该算法于 1978 年提出，至今仍没有发现严重的安全漏洞。RSA 基于数学难题，即具有大素数因子的合数分解。数论经验表明，这个问题是难解的。RSA 使用两个密钥：一个是公钥；另一个是私钥。RSA 加密时将明文分成块，块的大小可变，但不超过密钥的长度，再将明文块转化为与密钥长度相同的密文。首先选择两个秘密的相异质数 p、q，计算 n=pq，取 r 为与（p-1）（q-1）互质的数。这里的 r 便是私钥（SK）。接着找一个数 m，使得 rm==1mod（p-1）·（q-1）。根据欧几里得算法（a=bn+c，则 a 与 b 的最大公约数就等于 b 与 c 的最大公约数），这样的 m 一定可以找到。这里的 m 和 n 便是公钥（PK）。在编码时，假设资料为 A，将其分成等长数据 N 块，每块为 a<n。计算 b==a^m mod（pq），则 b 就是编码后的资料。至于解码，取 c==b^r mod（pq），则 c=a。黑客攻击时，如果想要得到 r，就必须对 n 进行因式分解，选择足够大的质数 p、q，便能阻止其分解因式。对于 p、q 的选择，一般来说是足够大的素数。对于大，并没有一个确定的界限，因为随着计算机技术的发展，破解能力逐步增强（根据摩尔定理，计算能力 18 个月就能翻一番）。一般来说，对安全等级高的，选取大的数；对安全等级低的，选取相对小的数。

在对称和非对称两类加密方法中，对称加密的突出特点是加密速度快（通常比非对称加密快 10 倍以上）、效率高，被广泛用于大量数据的加密。该方法的致命缺点是密钥的传输与交换也面临安全问题，密钥易被截获，而且若和大量的用户通信，难以安全管理大量的密钥，因此其大范围的应用存在一定问题。非对称加密则相反，很好地弥补了对称加密中密钥数量过多、难管理及费用高的不足，也无须担心传输中私有密钥的泄露问题，其保密性优于对称加密技术，但非对称加密算法复杂，加密速度并不理想。目前，在电子商务实际运用中常常是两者结合使用。

9.2.3　身份认证技术

身份认证是信息认证技术中十分重要的内容，一般涉及两个方面的内容：一个是识别；另一个是验证。所谓识别，是指需要明确用户是谁。这就要求对每一个合法用户都要有识别能力。要保证识别的有效性，就需要保证任意两个不同的用户都具有不同的识别符。所谓验证，是指认证方要对用户所声称的身份进行验证，以防假冒。一般来说，用户身份认证可通过以下三种基本方式或其组合方式来实现：

1.基于口令的身份认证

传统的认证技术主要采用基于口令的认证方法。系统为每一个合法用户建立一个用户名/口令。当被认证对象要求访问提供服务的系统或使用某项功能时，提供服务的认证方要求被认证对象提交自己的用户名和口令。认证方收到口令后，将其与系统中存储的用户口令进行比较，以确认被认证对象是否为合法的访问者。

然而，基于口令的认证方法存在下面几点不足：

（1）用户每次访问系统时都要以明文方式输入口令，这时很容易泄密。

（2）口令在传输过程中可能被截获。

（3）系统中所有用户的口令以文件形式存储在认证方，攻击者可以利用系统中存在的漏洞获取系统的口令文件。

（4）用户在访问多个不同安全级别的系统时，都要输入口令，用户为了记忆的方便，往往采用相同的口令。而低安全级别系统的口令更容易被攻击者获得，并且用来对高安全级别系统进行攻击。

（5）只能进行单向认证，即系统可以认证用户，而用户无法对系统进行认证。攻击者可能伪装成系统骗取用户的口令。

对于第（2）点，系统可以对口令进行加密传输。对于第（3）点，系统可以对口令文件进行不可逆加密。尽管如此，攻击者还是可以利用一些工具很容易地将口令和口令文件解密。

使用这种方法进行身份认证，简单、方便，但安全性极差。如果安全性仅仅基于用户口令的保密性，一旦约定的口令泄露或被截取，那么，任何非授权者都可以冒充。通常，用户使用的口令较短且容易被猜测出来，因此，这种方案不能抵御口令猜测攻击。

目前，在大多数计算机系统中，为了加强口令的安全性，一般都将用户的口令采用单向函数运算存储。在这种情况下，攻击者不可能利用口令的密文形式恢复出明文形式。

2.基于物理证件的身份认证

基于物理证件的身份认证是一种利用授权用户所拥有的某种东西来进行访问控制的认证方法。物理证件是一种个人持有物，其作用类似于钥匙，用于启动信息系统。使用比较多的是一种嵌有磁条的塑料卡，磁条上记录用于机器识别的个人信息。这类卡通常和个人识别号（PIN）一起使用。由于这类卡易于制造，而且磁条上记录的数据也易于转录，因而其安全性不高。为了提高卡片的安全性，现在普遍使用IC卡来代替传统的磁条卡。

IC卡又称智能卡，是通过在一块塑料基片中嵌入集成电路而制成的卡片。它的外形与磁条卡相似。根据卡片中所嵌入的集成电路的不同，IC卡可以分成存储器卡、逻辑加密卡和CPU卡三类。

使用IC卡进行身份认证，前提条件就是需要保证系统能够正确鉴别智能卡本身。目前，主要采用加密技术进行智能卡的鉴别。根据所采用的密码体制的不同，智能卡的鉴别主要分为两类：对称鉴别体制和非对称鉴别体制。智能卡的对称鉴别体制是智能卡常用的鉴别方法，其采用如DES这样的密码算法。在主机（或终端机）执行对智能卡的鉴别时，首先由主机产生一个随机数R，并发送给智能卡，智能卡收到主机传来的数据R，结合卡内存储的密钥K，进行加密运算f，产生密文X，然后卡片将X传送给主机，主机从密钥库中检索出该卡片的密钥K，利用K和X进行解密运算f，得到R_1。如果$R_1=R$，则说明智能卡是合法的。同样，如果智能卡需要对主机（或终端机）进行鉴别，也采用上述方法，只是数据流向相反，由智能卡产生随机数，并且在卡内判断主机的合法性。

3.基于人体生物学特征的身份认证

基于人体生物学特征的身份认证，主要指通过对指纹、视网膜、面型、声音等人体组织特征的识别进行身份认证。由于大部分人体组织特征具有信息量大、因人而异、特征稳定甚至终身不变等特点，因此，它们也被称为一种不需记忆且可随身携带的活口令。从技术上讲，上述几种组织特征都存在一些缺陷：或者误识率过高，或者使用不便，或者价格昂贵，或者难以防伪。

什么样的生物识别系统比较适合用来进行身份认证呢？首先，不易模仿、特征稳定是第一个重要条件。例如，声音识别对于使用者来说，虽然非常便利，但很容易因感冒或外在音源干扰而无法辨认。其次，准确性高、易于使用是第二个重要条件。目前，生物识别技术主要有指纹识别、脸部识别、眼球虹膜识别等。

9.2.4 安全认证技术

安全认证技术是为了满足电子支付系统的安全性要求而采用的一种常见的、必需的安全技术。安全认证的主要作用是进行信息认证。信息认证的目的包括以下几个方面：

（1）可信性：信息接收者能够确认所获得的信息不是由冒充者发出的。

（2）完整性：信息接收者能够确认所获得的信息在传输过程中没有被篡改、延迟和替换。

（3）不可抵赖性：信息的发送者不能否认自己所发出的信息，同样，信息的接收者也不能否认已收到的信息。

（4）访问控制：拒绝非法用户访问系统资源，合法用户只能访问系统授权和指定的资源。

1.数字摘要

数字摘要也称消息摘要或安全 Hash 编码或 MD5，其由 Ron Rivest 设计。交易双方在传送消息时，不仅要对数据进行加密，还要知道数据在传输过程中是否被改变，也就是要保证数据的完整性和有效性。数字摘要技术是采用单向 Hash 函数读取明文文件中若干重要元素进行某种运算，得到固定长度的摘要码，也就是数字指纹（finger print）。它在数学上保证，只要改动报文的任何一位，重新计算出的报文摘要就会与原先值不符，这样保证了报文的不可更改。在传输信息时将摘要码加入文件一起发送给接收方，接收方收到文件后，采用相同的方法进行变换计算，若得出的结果与发送来的摘要码相同，则断定文件未被篡改。

对数字摘要有以下几个要求：

第一，生成消息摘要的算法必须是一个公开的算法，数据交换的双方可以采用同一算法对原始明文经计算而生成的消息摘要进行验证。

第二，算法必须是一个单向算法，就是只能通过此算法从原始明文中计算出消息摘要，而不能通过消息摘要得到原始明文。

第三，消息摘要同明文是一一对应的，不同的明文加密成不同的密文，相同的明文其摘要必然一致。

Hash算法本身并不能保证数据的完整性，其必须与其他密码技术结合起来才能保证数据的完整性。在SET系统中，是将消息摘要用发送者的私有密钥加密，产生数字签名来保证数据的完整性；接收者收到加密的消息摘要，就用发送者的公开密钥解密，然后通过解密消息摘要就可以判断收到的消息的完整性。

2.数字签名

数字签名是只有信息的发送者才能产生而别人无法伪造的一段数字串，这段数字串同时也是判断发送者发送信息的真实性的一个有效凭证。它一般选用RSA算法作为公开密钥的密码算法。

在网络上传输数据之前，发送者将报文按双方约定的Hash算法计算得到报文的数字摘要值，然后将该报文的数字摘要值用私有密钥加密，最后将该密文同原报文一起发送给接收者，所产生的报文即为数字签名。接收方收到数字签名后，采用同样的Hash算法对报文计算摘要值，然后与用发送者的公开密钥解密得到的报文摘要值进行比较，如相等则说明报文确实来自发送者，因为只有用发送者的私钥加密的信息才能用发送者的公钥解开，从而保证了数据的真实性。同时，只要拥有发送方的公开密钥，就能够验证数字签名的正确性，但只有真正的发送方才能发送这一数字签名，从而完成对发送方身份的鉴别。这符合了签名的唯一性、不可仿冒性和不可否认性三大特征。数字签名工作原理，如图9-3所示。

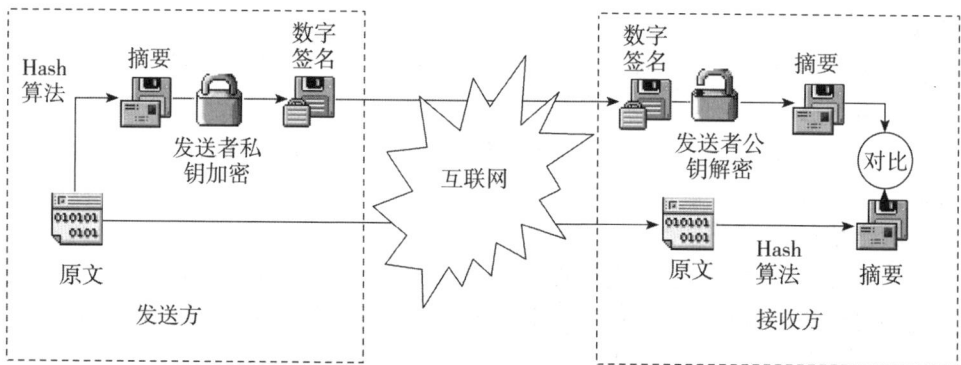

图9-3 数字签名工作原理

3.数字信封

数字信封是为了解决传送、更换密钥问题而产生的技术，其结合了对称加密技术和非对称加密技术各自的优点。其基本原理是：发送者使用随机产生的对称密钥加密数据，然后将生成的密文和对称密钥本身一起用接收者的公开密钥加密（加密的对称密钥就称为数字信封），再将密文及数字信封发送给接收者；接收者先用自己的私钥解密数字信封，得到对称密钥，然后用对称密钥解密数据。

数字信封是用消息接收方的公开密钥加密的，只能用接收方的私人密钥解密，别人无法得到信封中的对称密钥，因而确保了消息的安全性。数字信封的好处是提高了加密速度，避免了对称密钥的分发。

4.数字时间戳

数字时间戳（DTS）技术是数字签名技术的一种变种应用。在传统商务中，日期和时间是商务文件中的重要内容之一，需要加以确认与保护。同样，在电子商务中，也需要对交易文件的日期和时间信息采取安全措施，防止被伪造和篡改。数字时间戳服务专用于对电子文件发表时间的安全保护，由专门机构提供。

如果在签名时加上一个时间标记，这个签名就是有数字时间戳的数字签名。时间戳是一个经加密后形成的凭证文档，包括三个部分：需要加盖时间戳的文件的摘要、DTS 收到文件的日期和时间、DTS 的数字签名。

时间戳产生的过程为：用户首先将需要加时间戳的文件用 Hash 算法加密形成摘要，然后将该摘要发送到 DTS，DTS 在加入收到文件摘要的日期和时间信息后再对该文件加密（数字签名），最后送回用户。

书面签署文件的时间是由签署人自己写上的，而数字时间戳则不然，它是由认证单位 DTS 加入的，以 DTS 收到文件的时间为依据。

5.数字证书

数字证书是利用电子手段来证实一个用户的身份和访问网络资源的权限，是一个经证书授权中心数字签名的、包含证书申请者个人信息及其公开密钥的文件。在网上的电子交易中，可以通过交换的数字证书确认双方各自的身份，并且得到对方的公开密钥。由于公开密钥是包含在数字证书中的，所以可以确信收到的公开密钥是对方的，从而保证消息传送中的加解密工作顺利完成。数字证书的原理是利用一对互相匹配的密钥进行加密、解密。每个用户自己设定一把特定的仅为本人所知的私有密钥，用其进行解密和签名，同时设定一把公共密钥并由本人公开，为一组用户所共享，用于加密和验证签名。发送方发送一份保密文件时，使用接收方的公钥对数据加密，而接收方则使用自己的私钥解密。

数字证书的内部格式是由 CCITT X.509 国际标准所规定的，包含以下内容：数字证书拥有者的姓名、数字证书拥有者的公共密钥、公共密钥的有效期、颁发数字证书的单位、数字证书的序列号。

目前，数字证书有以下三种类型：

个人证书（Personal Digital ID）：仅为单个用户提供证书，用以帮助其个人在网上进行安全交易操作。个人身份的数字证书通常安装在客户端的浏览器内，并通过安全的电子邮件（S/MIME）来进行交易操作。

企业（服务器）证书（Server ID）：通常为网上的某个电子商务网站（Web）服务器提供证书，使其开展安全的电子交易。拥有证书的 Web 服务器会自动地将其与客户端 Web 浏览器通信的消息加密。

软件（开发者）证书（Developer ID）：通常为 Internet 中被下载的软件提供证书。该证书用于和微软公司 Authenticode 技术（合法化软件）结合的软件，使用户在下载软件时能够获得所需的消息。

上述三类证书中，前两类是常用的证书，第三类则用于较特殊的场合。

6.认证中心

在电子支付活动中，无论是数字时间戳还是数字证书，都不是由交易双方自己发放的，而是由一个大家都认可的可靠的第三方机构即认证中心（CA）签发的。认证中心类似于现实中公证人的角色，其具有权威性和公正性，是一个普遍可信的第三方，负责证书的颁发和管理。当通信双方均信任同一 CA 时，两者就可以得到双方的公开密钥，从而进行秘密通信、签名和检验。

CA 是一个可信的第三方实体，其主要职能是保证用户的真实性。它通过向电子商务各参与方发放数字证书，确认各方的身份，保证在 Internet 及内部网上传送数据的安全性，以及网上支付的安全性。本质上，CA 的作用同政府的护照颁发机构类似。网络用户的电子身份（electronic identity）是由 CA 来发布的，即其是被 CA 所信任的，该电子身份就是数字证书。因此，所有信任 CA 的其他用户同样也信任该用户。一个 CA 系统也可看作由许多人组成的一个组织。它负责制定网络安全策略，并决定组织中哪些人可以发给一个在网络上使用的电子身份。

CA 的任务是受理数字证书的申请、签发并进行管理。它的角色可分为几个部分：接收用户证书申请的证书受理者（RS），证书发放的审核部门（RA），证书发放的操作部门（CP），以及记录作废证书的证书吊销列表（CRL）。在证书申请被审核部门批准后，CA 通过登记服务器将证书发放给申请者。

CA 的一个重要应用与密钥机制相关。密钥管理是解决电子商务安全问题的重要环节，也形成了一套完整的解决方案，即公开密钥基础设施（public key infrastructure，PKI）。PKI 采用证书管理公钥，即结合一定标准的鉴别框架来实现密钥管理，通过 CA 将用户的公钥及其他标识信息捆绑在一起，在网上验证用户的身份，保证网上数据的保密性和完整性。电子商务 CA 体系包括两个部分，即"金融 CA 体系"和"非金融 CA 体系"（如 PKI CA 体系）。

9.3 PKI技术

公开密钥基础设施（PKI）是一种遵循既定标准的密钥管理平台，其能够为电子商务、电子政务等网络应用提供加密和数字签名等密码服务以及必需的密钥和证书管理体系，为用户建立一个安全的网络运行环境。PKI 能够有效地解决网络环境中信息传输的机密性、真实性、完整性、不可否认性和存取控制等安全问题。

PKI 是一种信息安全基础设施，具备了基础设施的主要特征。就像电力系统将电线拉到千家万户，并通过插座为用户提供能源，支持各种各样的电器工作，PKI 通过一个易于使用的接口，为需要安全保障的任何应用系统和对象提供安全服务支持。

从广义上讲，所有提供公钥加密和数字签名服务的系统，都可以称作 PKI 系统。PKI 的主要目的是通过自动管理密钥和证书，为用户建立一个安全的网络运行环境，使用户可以在多种应用环境下方便地使用加密和数字签名技术。公钥体制是目前应用最广泛的一种加密体制。在这一体制中，加密密钥与解密密钥各不相同，发送者利用接收者的公钥发送加密信息，接收者再利用自己专有的私钥进行解密。这种方式既能保证信息的机密性，又能保证信息具有不可抵赖性。

PKI 采用证书进行公钥管理，通过第三方信任机构（认证中心）将用户的公钥和用户的其他标识信息捆绑在一起，其中包括用户名和电子邮件地址等信息，以便在Internet上验证用户的身份。PKI将公钥密码和对称密码结合起来，在Internet上实现密钥的自动管理，保证网上数据的安全传输。

PKI发展的一个重要方面就是标准化问题，其也是建立互操作性的基础。目前，PKI标准主要有两个方面：一是RSA公司的公钥加密标准（public key cryptography standards，PKCS），它定义了许多基本PKI部件，包括数字签名和证书请求格式等；二是由Internet工程任务组（internet engineering task force，IETF）和PKIX（public key infrastructure X.509）工作组（PKIX-WG）所定义的一组具有互操作性的公钥基础设施协议。在今后很长的一段时间内，PKCS和PKIX将会并存，大部分的PKI产品为保持兼容性，也将会对这两种标准进行支持。

9.3.1　PKI的组成

一个典型的PKI系统包括PKI策略、软硬件系统、证书机构（CA）、注册机构（RA）、证书发布系统和PKI应用等。PKI的组成结构，如图9-4所示。PKI策略建立和定义了一个组织信息安全方面的指导方针，同时也定义了密码系统使用的处理方法和原则。它包括一个组织如何处理密钥和有价值的信息，根据风险的级别定义安全控制的级别。一般情况下，PKI中有两种类型的策略：一是证书策略，用于管理证书的使用。比如，可以确认某一CA是在Internet上的公有CA，还是某一企业内部的私有CA。二是证书操作声明（certificate practice statement，CPS）。一些由商业证书发放机构（CCA）或者可信的第三方操作的PKI系统需要CPS。这是一个包含如何在实践中增强和支持安全策略的一些操作过程的详细文档。它包括CA是如何建立和运作的，证书是如何发放、接收和废除的，密钥是如何产生、注册的，密钥是如何存储的，以及用户是如何得到它的等。

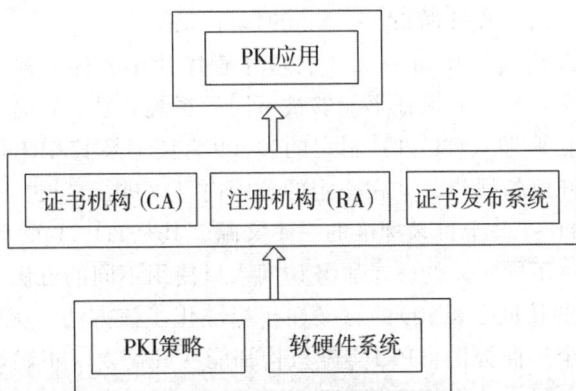

图9-4　PKI组织结构图

CA是PKI的核心执行机构，是PKI的主要组成部分。它管理公钥的整个生命周期，其作用包括：发放证书、规定证书的有效期和通过发布证书吊销列表确保必要时可以吊销证书。

RA提供用户和CA之间的一个接口，其获取并认证用户的身份，向CA提出证书请求。它主要完成收集用户信息和确认用户身份的功能。这里的用户，是指将要向CA申请数字证书的客户，可以是个人，也可以是集团或团体、政府机构等。注册管理一般由一个独立的注册机构来承担。它接受用户的注册申请，审查用户的申请资格，并决定是否同意CA给其签发数字证书。注册机构并不给用户签发证书，而只是对用户进行资格审查。

因此，RA可以设置在直接面对客户的业务部门，如银行的营业部等部门。当然，对于一个规模较小的PKI应用系统来说，注册管理的职能可以由CA来完成，而不设立独立运行的RA。这并不是取消了PKI的注册功能，而只是将其作为CA的一项功能。PKI国际标准推荐由一个独立的RA来完成注册管理的任务，这样可以增强应用系统的安全性。

证书发布系统负责证书的发放，可以向用户自己或者通过目录服务器发放。目录服务器可以是一个组织中现有的，也可以是PKI方案中提供的。

一个简单的PKI系统包括证书机构、注册机构和相应的PKI存储库。CA用于签发并管理证书；RA可以作为CA的一部分，也可以独立，其功能包括个人身份审核、CRL管理、密钥产生和密钥对备份等；PKI存储库包括LDAP（轻量级目录访问协议）服务器和普通数据库，用于对用户的申请、证书、密钥、CRL和日志等信息进行存储和管理，并提供一定的查询功能。

9.3.2 PKI和CA

1.数字证书与X.509

数字证书是一个经证书授权中心数字签名的包含公开密钥拥有者信息和公开密钥的文件。最简单的证书包含一个公开密钥、名称以及证书授权中心的数字签名。一般情况下，证书还包括密钥的有效时间、发证机关（证书授权中心）的名称、该证书的序列号等信息，证书的格式遵循ITU-T X.509国际标准。

（1）证书标准及格式。在Internet中，应用程序使用的证书都来自不同的厂商或组织，为了实现可交互性，要求证书能够被不同的系统识别，符合一定的格式，并实现标准化。国际电信联盟（ITU-T）制定的X.509为证书及其CRL格式提供了一个标准。它定义了一个开放的框架，并在一定的范围内可以进行扩展。

X.509规范是ITU-T关于目录标准的一个文献，其是ITU-T关于目录服务的X.509标准系列的一部分。不同实体的目录服务访问入口使用不同的方法来实现证书和证书吊销列表数据结构的访问。X.509的意义在于标准化了该方法。无论支持X.509标准的目录服务由哪一个厂商提供，PKI实施机构都能在其需要时正确地收回证书和证书吊销列表。目录服务虽未获得超大规模的应用，但ITU-T标准的出现使其成为PKI配置的重要组成部分。因此，在PKI的发展过程中，X.509规范对PKI起到了特别重要的作用。对目录访问控制的需要和某些环境下强迫认证的要求，促使X.509对证书和证书吊销列表格式以及其他的PKI概念作出详细规定。

当实体在很大程度上互不了解时，证书使公钥技术变得可行。于是，将PKI应用于跨国公司或上百万的Internet用户时，必须有一个可用的证书格式。为了在多种工具和应用软件中实现互操作性，证书的格式应当加以标准化并被广泛接受。

X.509规范定义并标准化了一个通用的、灵活的证书格式。它被广泛采用的事实也证明了其技术适用于多种环境。

X.509给出的鉴别框架是一种基于公开密钥体制的鉴别业务密钥管理。一个用户拥有两把密钥：一把是用户的专用密钥；另一把是其他用户均可利用的公共密钥。公共密钥加密系统有两种主要用途：密钥的分配与身份认证。用户可用常规密钥（如DES）为信息加密，然后利用接收者的公共密钥对DES进行加密并将其附于信息之上，这样，接收者可用对应的专用密钥打开DES密锁，并对信息解密。该鉴别框架允许用户将其公开密钥存放在其目录款项中。一个用户如果想要与另一个用户交换秘密信息，就可以直接从对方的目录款项中获得相应的公开密钥，用于各种安全服务。

为进行身份认证，X.509标准及公共密钥加密系统提供了数字签名的方案。用户可以生成一段信息及其摘要。用户用专用密钥对摘要加密以形成签名，接收者用发送者的公共密钥对签名解密，并将其与收到的信息摘要进行比较，以确定其真实性。

X.509的实用性还体现在其为证书版本3和版本2中的证书吊销列表定义了强有力的扩展机制。证书和证书吊销列表的内容可以根据需要被裁减以适用于特定的环境，或在其他特定的环境中不限制其可用性。

一个标准的X.509数字证书包含以下一些内容：

· 证书的版本信息。
· 证书的序列号。每个证书都有一个唯一的证书序列号。
· 证书所使用的签名算法。
· 证书的发行机构名称。命名规则一般采用X.509格式。
· 证书的有效期。现在通用的证书一般采用UTC时间格式，它的计时范围为1950—2049。
· 证书所有人的名称。命名规则一般采用X.509格式。
· 证书所有人的公开密钥。
· 证书发行者对证书的签名。

其标准的信息格式，如图9-5所示。

（2）CRL格式。X.509标准还提供了一种标准的CRL格式。证书吊销列表又称证书黑名单，为应用程序和其他系统提供了一种检验证书有效性的方式。任何一个证书被吊销以后，CA会通过发布CRL的方式来通知各个相关方。

（3）数字证书存放。数字证书作为一种电子数据格式，可以直接从网上下载，也可以通过其他方式获得。例如，使用IC卡存放用户证书，即将用户的数字证书写到IC卡中，供用户随身携带，这样，用户在所有能够读取IC卡证书的电子商务终端上都可以享受安全的电子商务服务；或者将用户证书直接存放在磁盘或用户的终端上，即用户将申请的证书下载或复制到磁盘或自己的PC机或智能终端上，当用户使用自己的终端享受电子商务服务时，直接从终端读入即可。CRL一般通过网上下载的方式存储在用户端。

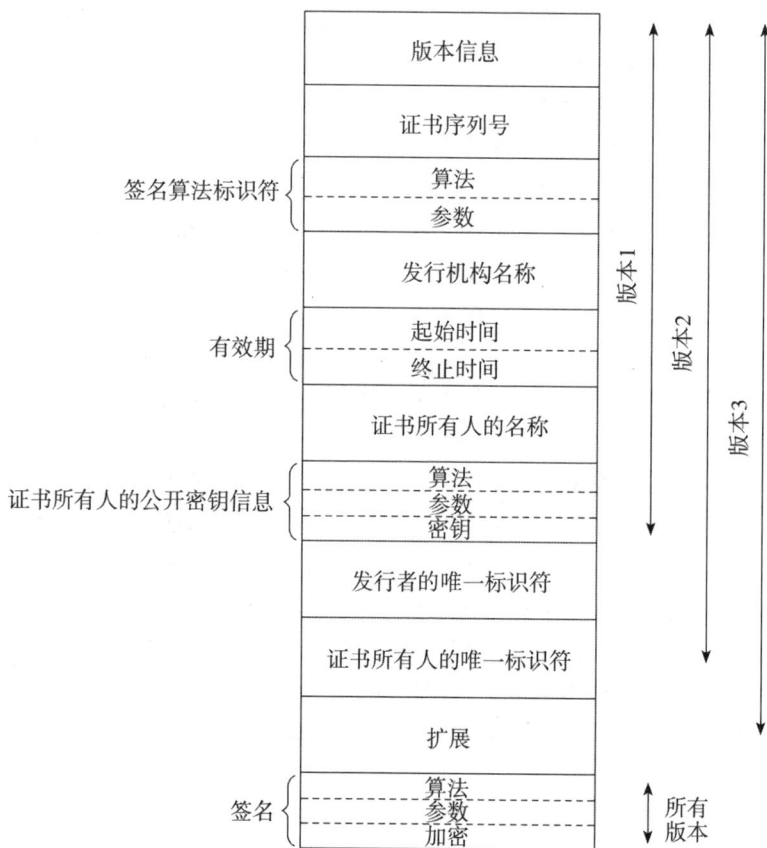

图9-5 X.509证书格式

2.CA框架模型

CA负责创建和发布证书，其通常为一个称为安全域（security domain）的有限群体发放证书。CA还负责维护和发布CRL，当一个证书，特别是其中的公钥因为其他原因无效时（不是因为到期），CRL提供了一种通知用户和其他应用中心的管理方式。

一个典型的CA系统包括安全服务器、注册机构、CA服务器、LDAP服务器和数据库服务器等。CA的系统结构，如图9-6所示。

（1）安全服务器。安全服务器面向普通用户，用于提供证书申请、浏览、证书吊销列表及证书下载等安全服务。安全服务器与用户的通信采取安全信道方式（如SSL的方式，不需要对用户进行身份认证），用户与服务器之间的所有通信，包括用户填写的申请信息以及浏览器生成的公钥均用安全服务器的密钥进行加密传输，安全服务器利用自身的私钥解密才能得到明文，这样可以防止他人通过窃听得到明文，保证证书申请和传输过程中的信息安全。

（2）CA服务器。CA服务器是整个证书机构的核心，负责证书的签发。CA首先产生自身的私钥和公钥（密钥长度至少为1 024位），然后生成数字证书，并且将数字证书传输给安全服务器。CA还负责为操作员、安全服务器以及注册机构服务器生成数字证书。安全服务器的数字证书和私钥也需要传输给安全服务器。

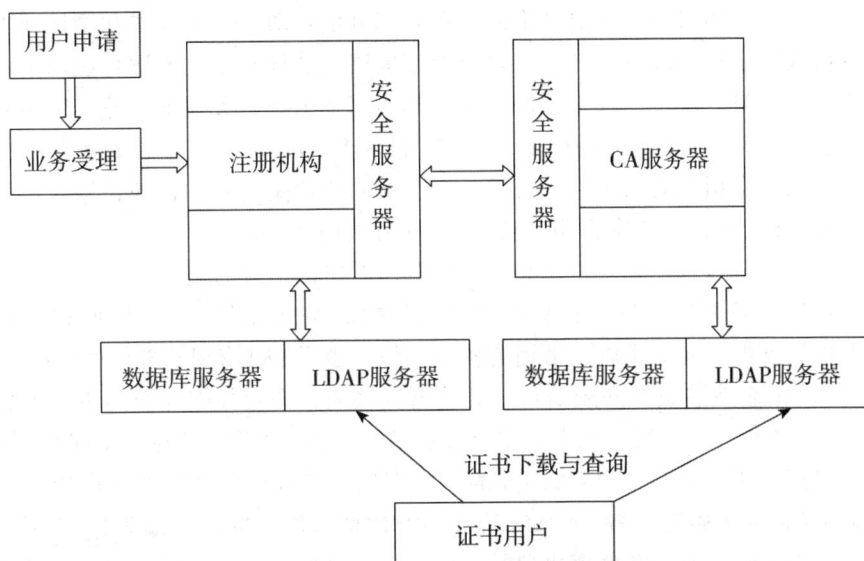

图9-6　典型CA系统结构图

CA服务器是整个结构中最为重要的部分，存有CA的私钥以及发行证书的脚本文件。出于安全的考虑，应将CA服务器与其他服务器隔离，对任何通信采用人工干预的方式，确保认证中心的安全。

（3）注册机构。注册机构服务器面向注册机构操作员，在CA体系结构中起到承上启下的作用：一方面向CA转发安全服务器传输来的证书申请请求，另一方面向LDAP服务器和安全服务器转发CA颁发的数字证书和证书吊销列表。

（4）LDAP服务器。LDAP服务器提供目录浏览服务，负责将注册机构服务器传输来的用户信息以及数字证书加载到服务器上，用户通过访问LDAP服务器能够查询其他用户的公钥数字证书。

（5）数据库服务器。数据库服务器是认证机构中的核心部分，用于认证机构中数据（如密钥和用户信息等）、日志和统计信息的存储和管理。数据库服务器应当采取多种措施，如磁盘阵列、双机备份和多处理器等，维护数据库的安全性、稳定性、可伸缩性和高性能。

3.证书申请

证书的申请有两种方式：一是在线申请；二是离线申请。在线申请就是通过浏览器或其他应用系统在网上申请证书，这种方式一般用于申请普通用户证书或测试证书。离线方式就是人员直接到证书机构受理点办理证书申请手续，通过审核后获取证书，这种方式一般用于比较重要的场合，如申请服务器证书和商家证书等。

4.密钥管理

密钥管理也是PKI中的一个核心问题，主要指密钥对的安全管理，包括密钥产生、密钥备份、密钥恢复和密钥更新等。

（1）密钥产生。密钥对的产生是证书申请过程中重要的一步，其中产生的私钥由用户保留，公钥和其他信息则交给CA中心进行签名，从而产生证书。根据证书类型和应用的不同，密钥对的产生也有不同的形式和方法。对于普通证书和测试证书，一般由浏览器或固定的终端应用产生，这样产生的密钥强度较小，不适合应用于比较重要的安全网络交易。对于比较重要的证书，如商家证书和服务器证书等，密钥对一般由专用应用程序或CA中心直接产生，这样产生的密钥强度大，适合于重要的应用场合。另外，根据密钥的应用不同，也可能会有不同的产生方式。比如，签名密钥可能在客户端或RA产生，而加密密钥则需要在CA直接产生。

（2）密钥备份和恢复。在一个PKI系统中，维护密钥对的备份至关重要，如果没有这种措施，一旦密钥丢失，将意味着加密数据的完全丢失，对于一些重要数据来说，后果将是灾难性的。所以，密钥的备份和恢复也是PKI密钥管理中的重要一环。

使用PKI的企业和组织必须确认：即使密钥丢失，需要加密保护的重要信息也能够恢复，并且不能让一个独立的个人完全控制最重要的主密钥，否则将引起严重后果。

（3）密钥更新。每一个由CA颁发的证书都拥有有效期，密钥对生命周期的长短由签发证书的CA来确定，各CA系统的证书有效期有所不同，一般为2~3年。当用户的私钥被泄露或证书的有效期快到时，用户应该更新私钥。这时，用户可以废除证书，产生新的密钥对，申请新的证书。

5. 证书获得

在实际应用中，为了验证信息的数字签名，用户首先必须获取信息发送者的公钥证书，以及一些额外需要的证书（如CA证书等，用于验证发送者证书的有效性）。获取证书有多种方式，如发送者发送签名信息时附加发送自己的证书，或者另外以单独信息发送证书，或者通过访问发布证书的目录服务器来获得，或者直接从发放证书的实体处获得。

9.4 安全协议

9.4.1 概述

目前，网络通信的安全协议有S-HTTP、IPv6、SNMPv3、S/MIME、SSL、SET等，其中，S-HTTP、SSL及SET与电子支付的安全性关系最为密切。

（1）S-HTTP。安全HTTP（S-HTTP）是HTTP的扩展，其在1994年由Commerce Net建议用于电子商务，后被IETF Web Transaction安全工作组采用。S-HTTP可以提供包括维护数据的机密性和完整性、客户机与服务器认证及请求/响应的不可否认性等功能。

S-HTTP处于Internet协议集的最顶层——应用层，其对HTTP定义了扩充部分，在HTTP框架上增加了安全功能。它采用多种方式对信息进行封装。封装的内容包括加密、签名和基于MAC的认证，并且一个报文可以被反复封装加密。此外，S-HTTP还定义了包头信息进行密钥传输、认证传输和相应的管理功能。S-HTTP可以支持多种加密协议，并且为程序员提供了灵活的编程环境。S-HTTP对于保障基于Web的安全性可以发挥重要作用。

（2）SSL。安全套接层（secure socket layer，SSL）协议是 Netscape 公司在1994年率先采用的进行安全信息传输的协议。SSL 采用 TCP 作为传输协议进行数据的可靠传送和接收。它建立在传输层和应用层之间，因此独立于高层应用，可以为高层协议提供安全业务。SSL 采用公钥和私钥技术，确保 Web 服务器和客户机通信的数据机密性、完整性和认证性。

SSL 由 SSL 记录协议和 SSL 握手协议构成。SSL 记录协议用于封装不同的上层协议；SSL 握手协议可以让服务器和客户机在传输应用数据之前协商加密算法和加密密钥，客户机提出自身能够支持的全部算法清单，服务器选择最适合其自身的算法。

SSL 安全服务器对用户和应用都是透明的，S-HTTP 则与 HTTP 集成。在 S-HTTP 中，安全业务通过交换包头进行协商，S-HTTP 业务仅对 HTTP 连接提供。S-HTTP 工作在应用层，而 SSL 工作在套接层，即传输层与应用层之间，将两者结合是一种很好的提高 Web 安全性的方法。

（3）SET。安全电子交易（secure electronic transaction，SET）是由 Visa 和 MasterCard 联合其他一些业界主流厂商制定的实现网上信用卡交易的模型和规范。从概念上，它是通用信用卡的自然延拓，保留了信用卡交易的一切特点，同时针对网上交易制定了一系列规范和协议。SET 协议的安全程度很高，其结合了数据加密标准（DES）、RSA 算法、S-HTTP 和 SSL，为每项交易都提供了多层加密。SET 协议主要是为了解决用户、商家、银行之间利用信用卡支付产生的交易问题而设计的，其能够保证支付信息的保密性、完整性，支付过程的完整性，商家及持卡人的身份认证，以及可操作性。SET 协议本身非常复杂，其详细、准确地反映了信用卡交易各方之间存在的各种关系。

9.4.2 SSL 协议

SSL 协议是 Netscape 公司在推出 Web 浏览器首版的同时提出的安全通信协议。它是国际上最早应用于电子商务的一种由消费者和商家双方参与的信用卡/借记卡支付协议。

1.SSL 协议概述

SSL 协议是在 Internet 基础上提供的一种安全通信协议，其能够对信用卡和个人信息提供较强的保护，其目标是保证两个用户之间通信的保密性和可靠性，可在服务器和客户机两端同时实现支持。目前，利用公开密钥技术的 SSL 协议已经成为 Internet 上保密通信的工业标准。现行 Web 浏览器普遍将 HTTP 和 SSL 结合，从而实现安全通信。

SSL 是对计算机之间整个会话进行加密的协议，采用了公开密钥和私有密钥两种加密方式，提供了两台机器之间的安全连接。Web 信息在传送端被加密，在接收端被解密，支付系统通过在 SSL 连接上传输信用卡号的方式来构建，并且 SSL 始终对服务器进行认证，还可以选择对客户进行认证。网上银行和其他金融系统，也可以构建在 SSL 系统上。SSL 被广泛应用的原因是，其被大部分 Web 浏览器和 Web 服务器内置，比较容易得到应用。

SSL 协议要求建立在可靠的传输层协议（TCP）之上，其优势在于其与应用层协议是独立无关的。高层的应用层协议（如 HTTP、FTP、TELNET 等）能够透明地建立于 SSL 协议之上。SSL 协议在应用层协议通信之前就已经完成加密算法、通信密钥协商以及服务器认证工作。因而，其后的应用层协议所传送的数据都会被加密，从而保证通信的安全性。SSL 的安全服务对象主要是 Web 应用，即客户浏览器和服务器。

SSL 协议提供的安全服务可以归纳为如下三个方面：

① 认证用户和服务器，确保数据发送到正确的客户机和服务器；

② 加密数据，以防止数据中途被窃取；

③ 维护数据的完整性，确保数据在传输过程中不被改变。

2.SSL 协议层次结构

SSL 协议主要用于在网络上实现两个通信实体之间通信的机密性、完整性和认证性，其建立在应用层和传输层之间，独立于应用层协议。SSL 分为两层：记录层和握手层，每层使用下层的服务，并为上层提供服务。SSL 协议的层次结构，如图9-7所示。

SSL 握手协议	SSL 改变密码规格协议	SSL 告警协议	HTTP	握手层
SSL 记录协议				记录层
TCP				
IP				

图9-7 SSL协议层次结构

SSL 协议由 SSL 记录协议和 SSL 握手协议两部分组成。

SSL 握手协议（SSL handshake protocol）：描述了安全协议的建立过程，在客户机和服务器之间进行相互的身份认证，并在传输应用层数据之前，协商确定加密算法和会话密钥。

SSL 记录协议（SSL record protocol）：用于对不同的高层协议进行封装，其定义了数据传输的格式。上层数据包括 SSL 握手协议建立安全连接时所需传输的数据，都通过 SSL 记录协议向下层传输。

应用层数据通过 SSL 协议层传送至 TCP 层时，数据已被加密，TCP 只需进行可靠的传送，从而弥补了 TCP/IP 协议安全性差的缺点。

SSL 在传输数据之前，将从上层接收到的数据分成便于处理的若干块，然后有选择地对数据进行压缩、MAC（message authentication code，消息认证码）计算、加密，之后传送处理的结果；接收时，对数据进行解密、校验、解压、重组后，再传送给高层用户。

SSL 协议中有两个重要的概念：SSL 会话和 SSL 连接。SSL 会话是指在客户机和服务器之间的关联。会话由握手协议创建，定义了一组可以被多个连接共用的密码安全参数。对于每个连接，可以利用会话来避免对新的安全参数进行代价昂贵的协商。SSL 连接是能够提供合适服务类型的传输（在 OSI 分层模型中的定义）。

对于 SSL，这样的连接属于对等关系，连接是暂时的，每个连接都和一个会话相关。一个 SSL 会话可以包括多个安全连接，而每个参与者也可同时参与多个会话。

3.SSL协议规范

(1) SSL记录协议。SSL记录协议建立在可靠的传输层协议（TCP）之上，为高层协议提供数据封装、压缩、加密等基本功能的支持。在SSL协议中，所有的传输数据都被封装在SSL记录中。所有的SSL通信，包括握手消息、安全空白记录和应用数据，都使用SSL记录层。SSL记录协议包括了记录头格式和记录数据格式的规定。

SSL记录协议需要进行如下操作：

第一步是分片，将从上层接收到的数据块分成小于等于214字节的记录段。

第二步是有选择地应用压缩，必须保证信息不丢失，并且增加的内容长度不能超过1 024字节（对于非常短的数据块压缩算法的输出可能长于输入），记录协议使用当前会话状态所定义的压缩算法进行压缩。

第三步是计算MAC，同样使用当前会话状态定义MAC的算法。

第四步是利用对称加密算法给添加了MAC的压缩消息加密，而且加密不能增加1 024字节以上的内容长度。

第五步是添加记录协议首部，得到SSL的PDU。

在SSL协议中，所有传送至传输层的数据都被封装在一个记录里，记录格式如图9-8所示。

8字节	8字节	8字节	16字节
内容类型	主要版本	次要版本	压缩长度
明文（压缩的明文）			
MAC			

图9-8　记录格式

记录格式中的各个字段说明如下：

内容类型（8字节）：用来处理这个封装的数据片的更高层协议。

主要版本（8字节）：指示使用SSL的主要版本。

次要版本（8字节）：指示使用SSL的次要版本。

压缩长度（16字节）：明文数据片以字节为单位的长度（若使用压缩，就是压缩数据片），其值≤2+2 048。

压缩的明文段和MAC段表示需要加密的添加了MAC的压缩消息，如果SSL记录以明文方式发送，则消息认证码MAC为0。

(2) SSL改变密码规格协议。协议由单个字节的消息组成，由SSL记录首部格式的内容类型字段所确定。

该协议用于从一种加密算法转变为另一种加密算法。加密算法的改变时机通常是在SSL握手协议结束时，也可以在任何时候。

(3) SSL告警协议。告警协议是SSL记录协议内容类型中的一种，用来为对等实体传递SSL的相关警告。告警报文给出了告警的描述和报文的严重等级。当告警报文中的级别为致命错误时，将立即终止当前连接，同一会话的其他连接也许还能继续，但肯定不会再产生新的连接。告警报文有关闭（close-notify）警报和错误警报两类。

关闭警报可以由参与会话的任何一方发起，在关闭警报后接收到的任何数据将被忽略。SSL的错误警报有"不适当的消息"（unexpected-message）、"不正确的MAC"（bad-record-mac）等11种。

（4）SSL握手协议。SSL握手协议允许服务器和客户机相互验证，协商加密和MAC算法以及保密协议，用来保护在SSL记录中发送的数据。握手协议是在任何应用程序的数据传输之前使用的。握手协议的报文格式，如图9-9所示，报文类型见表9-1。

图9-9　握手协议报文格式

表9-1　报文类型

报文类型	参数
hello-request	空
client-hello	版本、随机数、会话ID、密码规约、压缩算法
server-hello	版本、随机数、会话ID、密码规约、压缩算法
certificate	X.509证书链
server-key-exchange	参数、签名
certificate-request	类型、CA列表
server-hello-done	空
certificate-verify	签名
client-key-exchange	参数、签名
finished	哈希值

在SSL协议中，客户机和服务器之间建立逻辑连接的握手过程可以概括为以下四个阶段：

阶段1：建立安全能力。本阶段用来初始化逻辑连接，并建立与之相关的安全能力。交换由客户机发起，客户机发送client-hello消息，并包含以下数据：版本、随机数、会话ID、密码规约、压缩算法。之后，客户机将等待包含与client-hello消息参数一样的server-hello消息。其中，密码规约的第一个元素是密钥交换算法，支持的密钥交换算法有RSA、Diffie-Hellman、Fortezza。

阶段2：服务器身份验证和密钥交换。服务器可以发送证书、密钥交换和请求证书，以hello消息段结束。

阶段3：客户机验证和密钥交换。在这一阶段，客户机可以发送证书、发送交换密钥以及发送证书验证。

阶段4：完成。本阶段完成安全连接的建立，该消息并不被认为是握手协议的一部分，而是改变密码规格协议发送。此时，客户机和服务器完成了握手协议，可以开始交换应用层的数据。

握手协议的报文应该按其规定的顺序发送，不按顺序发送握手报文会导致致命错误。握手协议是对SSL记录协议的补充，在记录协议中，它们被封装在一个或多个SSL明文结构中，按当前活动的会话状态所定义的内容进行处理和传输。

4.基于SSL的电子支付

由于SSL协议实现简单并且独立于应用层协议，同时其被大部分的浏览器和Web服务器内置，因此便于在电子支付中应用。国际著名的CyberCash信用卡支付系统就支持这种简单加密模式，IBM等公司也提供基于这种简单加密模式的支付系统。

在电子商务中，采用SSL协议的电子交易过程，如图9-10所示。

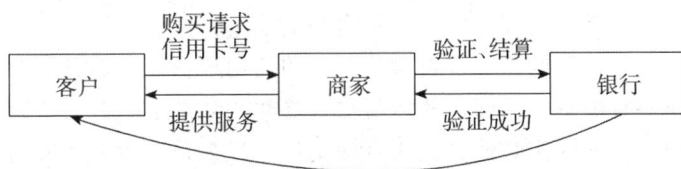

图9-10 基于SSL的电子交易过程

在交易中，客户（消费者）将购买的信息首先发往商家，商家再将信息转发给银行，银行验证客户信息的合法性后，通知商家付款成功，商家再通知客户购买成功。

可见，基于SSL的购物流程比较简单，只需通过一次"握手"过程建立连接，就可以在客户和服务器之间建立一条安全通信的通道，保证相互之间能够在以后安全交换数据。Netscape与Microsoft等公司的浏览器都支持SSL，因此对客户端没有特殊要求，而且SSL提供的安全服务对终端用户也是透明的。

但是，由于SSL不是专门为电子商务设计的，将其应用于电子支付必然存在一些缺陷。从SSL协议所提供的服务及其交易过程可以看出，SSL协议运行的基础是商家对消费者信息保密的承诺。信息的保密性由商家决定，这就有利于商家而不利于消费者。在电子商务初级阶段，由于运作电子商务的企业大多是信誉较高的大型公司，因此，这个问题还没有充分暴露出来。随着电子商务的发展，许多中小型公司也参与进来，电子支付过程中的单一认证问题就越来越突出。

虽然在SSL3.0中通过数字签名和数字证书可以实现浏览器和Web服务器双方的身份验证，但是SSL协议仍然存在一些问题，比如，只能提供交易中客户与服务器之间的双方认证，在涉及多方的电子交易中，SSL协议并不能协调各方之间的安全传输和信任关系。另外，客户可以声称没有进行购买，商家也可能会否认收到购买信息，SSL不能提供交易过程的证据。所以，SSL并没有实现电子支付所要求的保密性、不可否认性，而且多方相互认证也是很困难的。

在这种情况下，Visa和MasterCard两大信用卡组织联合其他业界厂商制定了SET协议，为信用卡网上支付提供了全球性的标准。

9.4.3　SET协议

安全电子交易是基于互联网的卡基支付，是授权业务信息传输的安全标准，其采用 RSA 公开密钥体系对通信双方进行认证，利用 DES、RC4 或其他任何标准对称加密方法进行信息的加密传输，并利用 Hash 算法来鉴别信息真伪、有无篡改。在 SET 体系中有一个关键的认证机构（CA），其根据 X.509 标准发布和管理证书。

1.SET协议运行的目标

SET 协议要实现的目标主要有以下五个：

（1）保证信息在互联网上安全传输，防止数据被黑客或被内部人员窃取。

（2）保证电子商务参与者的信息相互隔离。客户资料在加密或打包后通过商家到达银行，但是商家不能看到客户的账户和密码信息。

（3）解决多方认证问题。不仅要对消费者的信用卡认证，而且要对网上商店的信誉程度认证，还要有消费者、网上商店与银行之间的认证。

（4）保证网上交易的实时性，使所有的支付过程都是在线上完成的。

（5）效仿 EDI 贸易的形式，规范协议和消息格式，使不同厂家开发的软件具有兼容性和互操作性，并且可以在不同的硬件和操作系统平台上运行。

2.SET协议涉及的范围

SET 协议所涉及的对象有：

（1）消费者。

（2）网上商店。

（3）收单银行。

（4）电子货币。

（5）认证中心。

SET 协议的技术范围包括加密算法的应用（如 RSA 和 DES）、证书信息和对象格式、购买信息和对象格式、认可信息和对象格式、划账信息和对象格式、对话实体之间消息的传输协议。

SET 协议采用了对称密钥和非对称密钥体制，将对称密钥的快速、低成本特点和非对称密钥的有效性结合在一起，以保护在开放网络上传输的个人信息，保证交易信息的隐蔽性。

3.SET协议的密码技术

在 SET 支付环境中，金融数据信息的保密性和加密密钥的传递是通过数字信封技术实现的。SET 中的公钥加密算法采用的是 RSA 公钥密码体制，私钥加密算法采用的是 DES 数据加密标准。SET 协议是通过数字摘要技术和数字签名方案来保证消息的完整性和进行消息源的认证。

数字签名技术在 SET 中还有一处重要的特色应用，就是双重签名（dual signature）。在一项安全电子交易中，持卡人的订购信息（OI）和支付指令（PI）是相互对应的，商家只有确认了对应于持卡人的订购信息是真实有效的，才可能按订购信息发货；而银行只有确认了与该持卡人支付指令对应的订购信息是真实可靠的，才可能按商家的要求进行支付。为了预防商家在验证持卡人的认购信息时跟踪持卡人的交易活动（侵犯持卡人的隐私），又不影响商家和银行的合法验证要求，SET采用双重签名来达到这一目的。

双重签名的产生过程如下：

① 持卡人产生订购信息（OI）和支付指令（PI）的消息摘要H（OI）和H（PI）。

② 连接这两个消息摘要得到消息OP。

③ 生成OP的消息摘要H（OP）。

④ 利用持卡人的签名私有密钥加密H（OP），得到数字签名Sign（H（OP）），持卡人必须将另一消息的摘要包含在消息中以保证接收者能够认证，即持卡人发送给商家的消息为（OI，H（PI），Sign（H（OP））），持卡人发送给银行的消息为（PI，H（OI），Sign（H（OP）））。

双重签名的验证过程如下：

① 接收者计算所接收消息的消息摘要，即商家计算H（OI），银行计算H（PI）。

② 将计算得到的消息摘要和另一接收的消息摘要连接成新的消息OP′。

③ 生成OP′的消息摘要H（OP′）。

④ 利用持卡人的签名公共密钥解密收到的双重签名Sign（H（OP）），得到H（OP），比较H（OP）和H（OP′），若一致，则验证所接收的消息是有效的。

4.SET协议的工作原理

SET协议的整个工作程序可以分为七个步骤，图9-11是一个基于SET协议的网上交易流程说明。

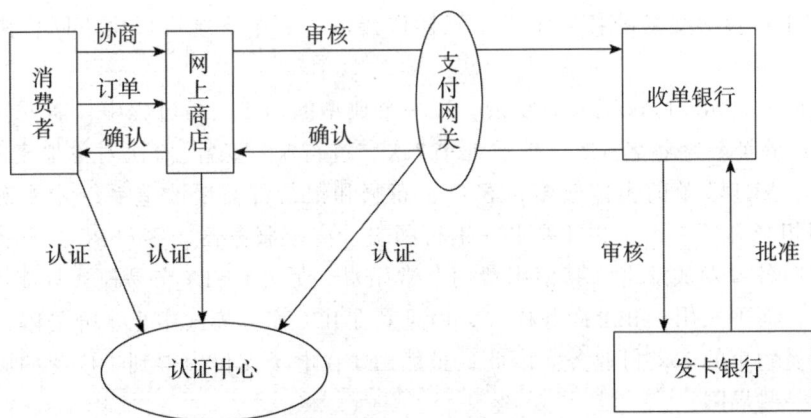

图9-11 SET协议网上交易流程

① 消费者利用自己的PC机通过互联网选定所要购买的物品，并在计算机上输入订货单，订货单上需要包括网上商店名称、购买物品名称及数量、交货时间及地点等相关信息。

② 消费者通过电子商务服务器与网上商店联系，网上商店作出应答，告诉消费者所填订货单的货物单价、应付款数、交货方式等信息是否准确，是否有变化。

③ 消费者选择付款方式，确认订单，签发付款指令，此时SET开始介入。

④ 在 SET 中，消费者必须对订单和付款指令进行数字签名，同时利用双重签名技术保证商家看不到消费者的账号信息。

⑤ 网上商店接到订单后，向消费者所在银行请求支付认可。信息通过支付网关到达收单银行，再提交给发卡银行进行确认。批准交易后，返回确认信息给网上商店。

⑥ 网上商店发送订单确认信息给消费者。消费者端软件可以记录交易日志，以备将来查询。

⑦ 网上商店发送货物或提供服务，并通知收单银行将款项从消费者的账号转移到商店账号，或通知发卡银行请求支付。

5.SET 协议的优缺点

SET 使用了各种密码技术，构建了完善的认证体系，定义了完备的电子交易流程。它较好地解决了电子交易各方复杂的信任关系和安全连接问题，确保了电子支付所要求的数据机密性、数据完整性、身份认证和不可否认性等安全需求。

SET 是专门为网上卡支付而建立的协议，为电子支付提供了足够的安全性，其具有许多优点：

① SET 对商家提供了保护自己的手段，使商家免受欺诈的困扰，并使商家的运营成本降低。

② 对消费者而言，SET 保证了商家的合法性，使自己的银行账号和密码等信息不被窃取。SET 帮助消费者保守了更多的秘密，使其网上购物更加轻松放心。

③ SET 帮助银行和发卡机构将业务扩展到 Internet 这个广阔的空间中，降低信用卡网上支付的欺诈概率，使其具有更大的竞争力。

④ SET 对参与交易的各方定义了互操作接口，一个系统可以由不同厂商的产品构筑。

与此同时，SET 协议庞大而复杂，在一个典型的 SET 交易过程中，需要验证数字证书 9 次，验证数字签名 6 次，传送证书 7 次，进行 5 次签名、4 次对称加密和 4 次非对称加密。SET 涉及的实体较多，客户、商家和银行都需要改造系统才能实现互操作，使用相当麻烦。由于 SET 要求在银行网络、商家服务器、客户 PC 上安装相应的软件，并向各方发放证书，其使用费用非常昂贵。另外，SET 交易模式只能用于 B2C 商务模式，而不能用于 B2B 商务模式，而且其在 B2C 商务模式中也十分受限，只能应用于一些受约束的卡支付业务。因此，虽然 SET 在电子支付中得到了广泛的应用，但其也存在一些局限：

① SET 报文消息太复杂。SET 定义了支付过程的报文消息及数据，由于其考虑的因素主要是美国的支付方式，对于其他国家来说报文消息显得过于复杂，造成 SET 应用软件设计复杂、价格高，影响了 SET 的普及。

② SET 涉及的实体较多。要实现 SET 支付，客户、商家、支付网关必须同时支持 SET，因而各方建设和协调的困难造成互操作性较差。

③ SET 没有解决交易中证据的生成和保留问题。SET 仅解决了支付信息的认证问题。交易后，客户和商家处理争议时，缺乏有效依据来划分责任，无法满足电子商务协议的公平性原则。

④ SET没有对交易过程作出状态描述。这可能使客户或商家对交易的状态难以把握。

9.4.4　IPSec协议

IPSec是IETF制定的网络层安全标准，其将几种安全技术结合在一起形成一个较为完整的体系，通过数据加密、认证、完整性检查，可以保证IP和IP层以上数据传输的可靠性、私有性和保密性。

IPSec提供了一种标准的、强大的以及包容广泛的机制，可以为IP及上层协议（如UDP、TCP和ICMP）提供安全保证。它用于在IPv4或IPv6上提供互操作、高质量、基于密码学的服务。IPSec可以支持各种应用，可以在IP层上加密或验证所有的通信量。这样，所有的分布式应用，包括远程登录、客户机/服务器、电子邮件、文件传输、Web访问等都可以保证安全。

IPSec支持的安全体系通常同操作系统相结合，集成在操作系统的内核中，成为协议本身的可选部分。

1.IPSec安全体系结构

IPSec安全体系结构的建立为IP层数据的传输提供多种安全服务，包括访问控制、数据起源验证、无连接完整性、数据机密性、防重播保护以及有限通信流量机密性，通过一整套的服务，有效地保护IP数据包的安全。

这些服务是依靠IPSec协议簇来实现的。IPSec协议簇由两个传输安全协议和一个应用层级的密钥管理协议组成。它们分别为：

（1）AH（authentication header）：IP认证头协议，提供访问控制、无连接完整性、数据起源验证和可选用的防重播功能。

（2）ESP（encapsulated security payload）：安全载荷封装协议，提供访问控制、数据机密性、有限通信流量机密性以及可选用的防重播功能。

（3）IKE（internet key exchange）：密钥管理协议，提供密钥的自动安全分发和更新。

其中，AH协议和ESP协议可以单独使用，也可以结合使用。每种协议都支持两种模式：隧道模式和传输模式。在传输模式中，协议主要是对上层协议如TCP和UDP进行加密，而隧道模式是将进入隧道的IP数据包封装在安全的IP帧中。在隧道模式下，信息封装是为了保护端到端的安全性，即在这种模式下不会隐藏路由信息。隧道模式是最安全的，但会带来较大的系统开销。

2.IPSec协议的优缺点

（1）IPSec的优点。

① 当IPSec在路由器或防火墙中实现时，可以应用于所有跨越网络边界的通信量的安全保证。内部通信量不会引起与安全处理相关的开销。

② IPSec低于传输层（TCP、UDP），对应用程序和最终用户是透明的。

③ IPSec用来在多个防火墙和服务器之间提供安全性。

（2）IPSec的缺点。

① IPSec在实际应用中需要公钥来完成，密钥分配相对复杂。

② IPSec需要已知范围的IP地址或固定范围的IP地址，因此在动态分配IP地址时不太适合使用IPSec。

③ 除了TCP/IP协议外，IPSec不支持其他协议。除了包过滤之外，其没有指定其他访问控制方法。

3.IPSec协议的应用

IPSec的特征使其最适合构建可信的LAN到LAN之间的虚拟专用网（VPN），即内部网虚拟专用网。基于PKI技术的IPSec协议已经成为架构VPN的基础，可以为路由器之间、防火墙之间或者路由器和防火墙之间提供经过加密和认证的通信。虽然它的实现过程比较复杂，但其安全性比其他协议要强。

IPSec也可用于连接其他层已经存在的通信协议，如支持SET协议和SSL协议。即使不用SET或SSL，IPSec也能提供认证和加密手段以保证信息的安全传输。

由于IPSec是IP层上的协议，因此很容易在全世界范围内形成一种规范，具有非常好的通用性，而且IPSec本身就支持IPv6。随着成熟的公钥密码技术越来越多地嵌入到IPSec中，该协议在网络安全领域将扮演越来越重要的角色。2024年4月，中央网信办、国家发改委、工业和信息化部联合印发《深入推进IPv6规模部署和应用2024年工作安排》，明确了2024年工作目标，要求到2024年末，IPv6活跃用户数达到8亿个，物联网IPv6连接数达到6.5亿个，固定网络IPv6流量占比达到23%，移动网络IPv6流量占比达到65%。[①]

9.5 中国金融认证中心

中国金融认证中心（China Financial Certification Authority，CFCA）于2000年6月29日挂牌成立，是经中国人民银行和国家信息安全管理机构批准成立的权威的国家级安全认证机构，是重要的国家金融信息安全基础设施之一，也是《中华人民共和国电子签名法》颁布后，国内首批获得电子认证服务许可的CA之一。

CFCA作为权威、公正的第三方安全认证机构，采用国际主流的PKI技术，通过发放数字证书确保网上信息传递双方身份的真实性，信息的保密性和完整性，以及网上交易的不可否认性，为网上金融、电子商务、电子政务等行业提供安全认证服务。

各家银行为开展网上业务也都相继成立了各自的认证机构。这些机构专门负责签发和管理数字证书，并进行网上身份审核，起到了权威的、公正的、可信赖的第三方的作用。这样，交易的双方在参加交易之前就已经通过了网络银行在互联网上的身份验证和确认，保证了双方身份的真实性，为安全的交易奠定了信任的基础。

9.5.1 CFCA的建设

为解决电子商务网上支付的安全问题，1998年9月，在首都电子商务工程领导小

① 央视网.中央网信办等三部门印发《深入推进IPv6规模部署和应用2024年工作安排》[EB/OL].[2024-04-19].https://news.cctv.cn/2024/04/19/ARTI6BS0wVZXwZFv2Jsagykl240419.shtml.

组第二次会议上，由中国人民银行牵头组织中国工商银行、中国农业银行、中国银行、中国建设银行、交通银行、招商银行、中信实业银行（现为中信银行）、华夏银行、广东发展银行（现为广发银行）、深圳发展银行（现为平安银行）、中国光大银行、中国民生银行等 12 家商业银行联合共建中国金融认证中心。1999 年 2 月 18 日，金融信息化领导小组第八次会议批准建设金融 CA 工程。该工程于 2000 年 6 月 29 日完成，中国金融认证中心挂牌成立，认证系统开通运行。

中国金融认证中心作为一个权威的、可信赖的、公正的第三方机构，专门负责为金融业的各种认证需求提供证书服务，包括电子商务、网上银行、支付系统等。在电子交易的各个环节，交易的各方都需验证对方数字证书的有效性，从而解决相互之间的信任问题。中国金融认证中心通过数字证书为各类实体（包括个人/持卡人、企业/商户、银行/网关等）提供在网上进行信息交流及商务活动的身份证明，为网上交易提供安全的基础，建立彼此信任的机制。CFCA 不仅满足电子商务的金融交易服务认证需求，而且在我国电子商务发展过程中组织并参与有关网上交易规则的制定，确立相应的技术标准，提供跨行网上支付的相互认证。

金融认证采用 PKI 技术，能够向各种用户颁发不同种类的数字证书来支持各成员行有关电子商务的应用开发。CFCA 以金融行业的可信赖性及权威性支持我国电子商务的应用、网上银行业务的应用以及其他安全管理业务的应用，打造电子认证、网络安全产品与服务、安全支付、互联网财经媒体等多个业务板块，搭建电子合同签署、电子数据存证与司法服务等核心平台，先后培育出无纸化、安心签、云证通、APP 检测等旗舰产品。

在系统建设初期，CFCA 规模不大，每年发放 15 万张 Non-SET 证书（其中，企业证书 3 万张，其余为 Web、SSL 证书等），10 万张 SET 证书（其中，企业证书 2 万张，个人证书 8 万张）。SET 证书支持 SET1.0 扩充版功能，既支持信用卡，又支持借记卡及 PIN 的处理。系统完善后，CFCA 扩大其应用范围，可以发放 S/MIME、VPN 及特制 X.509 证书，支持无线 WAP 协议的证书。2015 年，CFCA 数字证书发放量突破 1 亿张。2016 年，CFCA 成为我国唯一的根证书植入全球四大根证书库的机构，实现服务器证书自主可控。2017 年，CFCA 数字证书发放量突破 2 亿张。2022 年，CFCA 基础设施网络升级改造项目验收交付，升级原有网络基础架构，为二代系统云计算平台接入奠定了坚实的基础。

中国金融认证中心的建立对我国广泛开展电子商务活动以及建立网上银行、网上支付平台等现代金融、贸易活动起着巨大的推动作用，对我国金融市场的发展以及社会主义市场经济的完善具有重大的现实意义和深远的历史意义。在中国人民银行和中国银联的领导下，历经 20 多年的积淀，CFCA 已经发展成为以网络安全综合服务为核心的科技企业。展望未来，CFCA 致力于构建可信网络空间，依托开放平台实现生态协同发展，积极融入国家数字经济建设大局，践行企业社会责任，力争成为数字化时代网络安全的先导者。

9.5.2 CFCA的组成部分

CFCA主要由以下部分组成（如图9-12所示）：

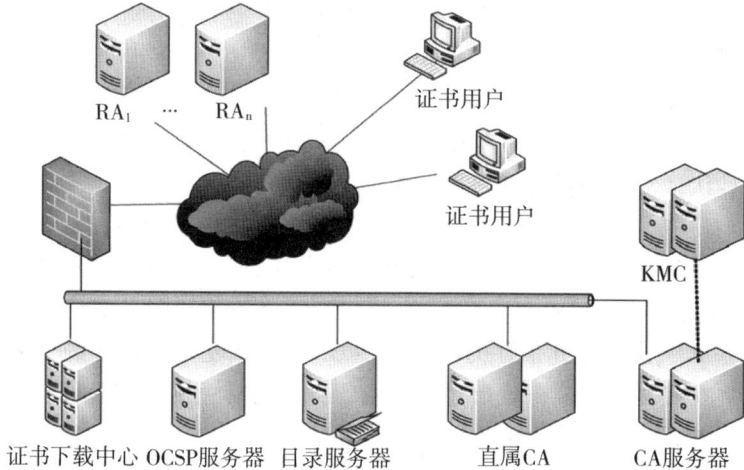

图9-12 CFCA组成部分

（1）CA服务器。这是CA的核心，是数字证书生成、发放的运行实体，同时提供发放证书的管理、证书吊销列表（CRL）的生成和处理等服务。

（2）证书下载中心。该中心连接在互联网上，用户通过登录CA网站访问证书下载中心，CA服务器生成的证书通过证书下载中心供用户下载。

（3）目录服务器。它的功能是提供数字证书的存储服务，以及数字证书和证书吊销列表的查询服务。该目录服务器的技术标准遵循LDAP。

（4）OCSP服务器。该服务器向用户提供证书在线状态的查询服务。

（5）密钥管理中心（KMC）。根据国家密码管理的相关规定，加密用私钥必须由权威、可靠的机构进行备份和保管。CFCA被授权建立KMC，以备份和保管用户的加密密钥。

（6）证书注册机构（RA）。它负责受理证书的申请和审核，其主要功能是接受客户证书申请并进行审核。RA主要是远程的，CFCA的RA部署在各家用户银行、税务机关或企业所在地。这样，一方面便于进行客户资料的审查，另一方面便于银行将证书与客户的账号进行绑定，以实现认证。即使RA部署在远程所在地，这些RA也仍然是CA的组成部分。

此外，CFCA还在其所在地部署了直属CA，为一些比较零散的、不适合或者不必建立RA的用户提供注册服务。

9.5.3 CFCA的结构

中国金融认证中心为了满足金融业在电子商务方面的多种需求，采用PKI技术，建立了SET和Non-SET两套系统，提供多种证书来支持各成员行及各应用单位对电子商务业务的开发以及应用。在业务模式上，CFCA全面支持电子商务的两种主要业务模式（B2B和B2C）。SET CA主要用于电子商务中的B2C业务模式的身份认证，而Non-SET CA则可同时支持B2B和B2C两种业务模式的身份认证。

1.Non-SET系统

Non-SET系统的逻辑结构对业务应用的范围没有严格的定义。它结合电子商务具体的、实际的应用，根据每个应用的风险程度不同，将证书分为低风险值和高风险值两类证书，即普通/个人证书和高级/企业证书。

Non-SET系统逻辑分为三层结构，第一层为根CA，第二层为政策CA，第三层为运营CA，如图9-13所示。针对运营的业务不同，在运营CA层中分别有普通证书、高级证书、设备相关证书。Non-SET CA签发的各种证书，其主要目标是支持广泛的电子商务式网上银行、网上证券以及电子政务等的应用模式。

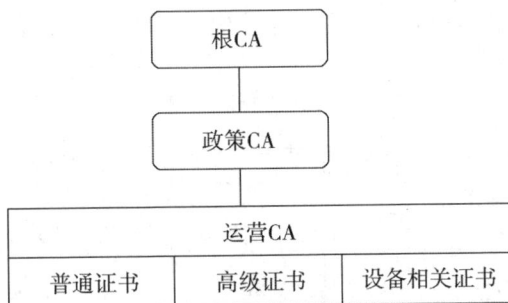

图9-13 Non-SET系统

（1）根CA。系统结构的第一层为根CA，即Root CA，简称RCA。RCA的职责有：负责制定和审批CA的总政策；"自签"根证书，并以此为根据为二级CA签发并管理证书；与其他PKI域的CA进行交叉认证。

（2）政策CA。系统结构的第二层为政策CA，即Policy CA，简称PCA。PCA的职责有：根据根CA的各种规定和总政策，制定具体政策、管理制度和运行规范；安装根CA为其签发的证书；为第三级CA签发证书；管理所发证书及证书吊销列表（CRL）。

（3）运营CA。系统结构的第三层为终端用户CA，也称运营CA（Operation CA），简称OCA。OCA的职责有：安装政策CA签发的证书；根据根证书及二级CA证书，直接为最终用户颁发终端实体证书，即支持电子商务各种应用的数字证书；管理所发证书及证书吊销列表（CRL）。

设计这种结构的初衷是，将CFCA作为全国性的金融CA，向公众提供服务，这样，根CA的作用主要是负责制定和审批CA的总策略，向政策CA发放证书，以及与国际其他PKI域的CA进行交叉认证；三个政策CA则分别负责制定和审批银行、证券、保险领域CA的策略，向运营CA发放证书；运营CA则负责颁发最终用户的证书。

由于三层结构CA的证书链较长，认证效率较低，而且认证业务并没有按原来所设想的方向发展，政策CA实际上只建立了一个，原来的初衷未能实现。因此，CFCA后来新建的CA系统全部采用RCA-OCA两层的扁平结构（如图9-14所示），省去了政策CA这一层。

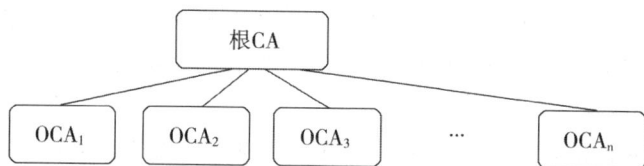

图9-14　扁平结构CA系统

2.SET 系统

SET协议使用PKI加密技术，能够保证信息的机密性和完整性，验证支付网关、商家和持卡人的真实身份。SET CA对其所签发的持卡人、商家和支付网关三种证书具有完善的证书管理功能。PKI SET CA系统一般为层次结构，总体上也分为三层。第一层为RCA；第二层为BCA（Brand CA），即品牌CA；第三层为ECA（End-User CA），即终端用户CA。PKI SET CA的总体结构，如图9-15所示。

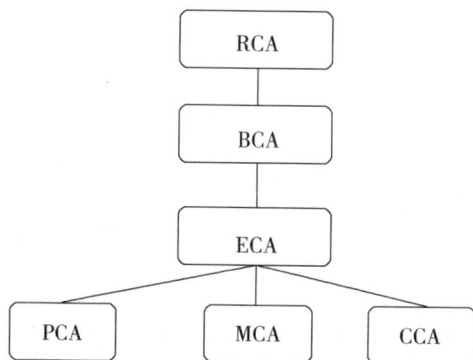

图9-15　PKI SET CA系统

（1）RCA。RCA的职责有：负责制定和审批CA的总政策；签发并管理第二层CA证书；与其他根CA进行交叉认证。

（2）BCA。BCA为各商业银行所发放的不同信用卡品牌发放证书。BCA的职责有：根据RCA的规定，制定具体政策、管理制度及运行规范；签发第三层证书并进行证书管理。

（3）ECA。ECA为参与SET电子商务各实体颁发证书，即为支付网关（payment gateway）、商家（merchant）及持卡人（cardholder）签发证书。签发这三种证书的对应CA为PCA、MCA及CCA。签发证书的目标是面向持卡人、发卡行、商家、收单行和支付网关。

9.5.4　CFCA 的证书

CFCA作为国内重要的认证体系，提供适用于企业和个人Web站点、VPN、电子邮件、手机应用等的10多种数字证书服务。CFCA采用的PKI技术为基础的数字证书技术，有效地解决了电子商务中的交易安全问题。我国于2005年4月1日正式颁布实施《中华人民共和国电子签名法》，从法律上确认了电子签名的法律效力。因此，由CFCA颁发的证书，必要的时候可以作为具有法律效力的证据。

目前，CFCA在各个行业领域具有广泛的应用，下面就其应用进行介绍。

1.CFCA个人证书

CFCA个人证书符合X.509协议，其面向个人用户，在网上信息传递过程中提供身份验证、信息加密和数字签名等功能。CFCA个人证书通常又可分为个人高级证书和个人普通证书。其中，个人高级证书适用于个人进行金额较大的网上交易，其安全级别较高，可用于数字签名和信息加密。个人普通证书适用于SSL、S/MIME，以及建立在SSL之上的应用，其安全级别较低，常用于小额的网上银行交易和网上购物。

根据X.509协议，CFCA个人证书中包含了用户身份信息（如身份证号码）、公钥信息、证书有效期等。CFCA个人证书支持多种存储方式，如U盘、硬盘等。

个人证书的使用需要结合具体的应用平台。比如，用户在银行申请网上转账服务，需要首先在指定银行申请个人证书。在网上银行的服务器端安装服务器证书，在用户端安装一张个人证书。进行网上转账时，网银系统会对证书有效性进行检查，只有双方证书均有效，才能建立安全传输通道。

CFCA为保证安全性，为个人证书设置了有效期，一般为两年。个人证书到期时，需要重新进行申请。CFCA也支持网上证书自动展期功能。

2.CFCA企业证书

CFCA企业证书面向企业用户，在网上信息传递过程中提供身份验证、信息加密和数字签名等功能。CFCA企业证书通常又可分为企业高级证书和企业普通证书。其中，企业高级证书适用于企业进行金额较大的B2B网上交易，其安全级别较高，可用于数字签名和信息加密。企业普通证书适用于SSL、S/MIME，以及建立在SSL之上的应用，其安全级别较低，常用于金额较小的网上交易。

与个人证书一样，CFCA企业证书支持多种存储方式。与个人证书不同的是，企业证书中除了公钥信息、证书有效期外，还包含了企业的一些重要信息，比如，企业身份信息（如企业营业执照号码）、企业法人、企业注册资金等。企业之间的交易涉及大额的资金交割，为确保证书的安全性，建议将企业证书存放在USB Key中。相对个人证书而言，CFCA企业证书提供了更高的安全性和更完善的支持服务。

企业证书的使用和验证方式同个人证书一样，都需要通过CFCA构建的验证体系进行严格的认证。系统会对证书有效性进行检查，只有双方的证书均有效，才能建立安全传输通道。在安全传输通道中，使用企业证书中的密钥对交易数据进行加密传输，确保数据的完整性；对交易的关键数据进行数字签名，确保交易的不可否认性。

为保证安全性，企业证书设置了有效期，一般为两年。企业证书到期时，需要重新进行申请。CFCA也支持网上证书自动展期功能。

3.CFCA Web服务器证书

CFCA Web服务器证书是面向Web服务器设立的，其目的是保证Web服务器不被假冒，可以在服务器提供金额较小的B2C网上交易时使用。若一个网站要提供B2B交易，则应申请Direct Server证书，并配合Direct Server软件来保证其安全性。Direct Server证书主要用于数字签名和信息加密。

Web服务器证书（以下称为Web Server证书）是Web Server与浏览器用户建立安全连接时所必须具备的证书。Web Server证书的密钥对由相应的Web Server产生和管理，申请证书时只需将 Web Server 产生的证书申请数据包提交给 CFCA 证书下载中心即可，密钥位长为 512 位（或 1 024 位）。按照 CFCA 证书申请和下载的流程，CFCA 证书下载中心返回证书应答，即可将证书装载到 Web Server 中。

目前，CFCA 能够签发 Netscape Web Server、Microsoft IIS Server、Apache Web Server 等 WWW 服务器的证书。

Web 服务器证书与个人证书和企业证书的使用目的和功能不同，因此，其证书中涉及的信息也不相同。Web 服务器证书包含了网站的服务器域名信息、公钥信息、证书有效期等。通过 Web 服务器证书，用户客户端能够对网站的真实性进行检查。同时，Web 服务器证书的加密机制可以将用户浏览器和服务器之间传输的信息加密，加密后的信息只有对应的服务器才能解密。

CFCA Web 服务器证书支持的 Web 服务器包括 IIS、iPlanet、Apache、IBM HTTP Server、BEA Weblogic、IBM WebSphere、Tomcat 等 WWW 服务器。

为保证安全性，Web 服务器证书设置了有效期，一般为两年。Web 服务器证书到期时，需要重新进行申请。

4.CFCA 手机证书

现有的 Web 资源可以随时随地接入，实现移动银行、移动证券、移动购物等各种形式的移动商务及服务，但无线模拟与数字信号传输仍是不安全的，无线数据通道可能受到攻击，需要解决其安全问题。

CFCA 手机证书支持无线 PKI 机制，提供基于 WAP 和短信等方式的手机证书。由于手机终端采用的平台和技术具有较大的差异等原因，CFCA 手机证书支持多种应用模式，提出针对性解决方案。例如，在短信模式的应用中，移动用户以短信的形式将请求及指令发往移动运营商，移动运营商将信息转换，使用 TCP/IP 协议发往移动商务平台，由该平台转发给对应的应用服务提供商，在此过程中采用证书机制能够验证移动用户、移动设备的身份，认证经加密发往各服务器的信息。

5.CFCA 安全电子邮件证书

在互联网的应用中，电子邮件已经成为一个普遍而重要的通信工具。正是由于其被广泛应用，随之而来的各种安全隐患也日渐暴露。首先，电子邮件端到端的传输过程是明文的，没有任何安全措施；其次，电子邮件系统具有开放性，用户邮件中的保密信息、个人隐私很容易被木马程序或者黑客窥视及修改；最后，所有邮件的投递都要经过邮件服务器，邮件服务器的安全性更是值得关注的焦点。

针对电子邮件的安全性要求，CFCA 安全电子邮件证书为邮件体系中的各个环节建立了安全、认证和防护能力。CFCA 专门为邮件用户发放数字证书。邮件用户使用数字证书对电子邮件进行数字签名并加密传输，以证明邮件发送者身份的真实性，保障邮件传输过程中不被他人阅读及篡改，并由邮件接收者进行验证，确保电子邮件内容的完整性。

CFCA 安全电子邮件证书遵循国际数字证书 X.509 V3 标准，采用对称密钥长度为 128 位、非对称密钥长度为 1 024 位的密码机制，确保证书在进行邮件加密时的高安全性。使用时，需要在 Outlook、Outlook Express、Foxmail 等邮件客户端软件上安装并设置申请好的CFCA安全电子邮件证书。

6.VPN设备证书

VPN应用于多种不同的场景：

（1）远程接入：可以让远程用户在需要时接入企业网络资源。

（2）分支机构办公：在远距离的办公室之间建立持久的VPN连接。

（3）广域网：在互联网上，让业务伙伴可以接入共同的资源。

VPN模式与传统专线和电话网拨号连接模式相比，具有更高的经济性、灵活性、开放性。VPN的接入需要专业的VPN设备，CFCA针对VPN设备提供了设备证书。设备证书保证数据安全合法，包括保证VPN设备的真实性、保证接入端的合法登录、保证信息传递的私密性。

CFCA VPN设备证书增强了VPN机制的安全性，为VPN机制提供了身份认证机制和数据加密能力。

9.5.5　CFCA的功能

CFCA是按国际通用标准开发建设的，其具有申请、审核、批准、签发证书以及下载、注销、更新证书等功能。证书符合ITU的X.509国际标准，满足具有世界先进水平的CA认证中心的全部需求。CA的核心功能就是发放和管理数字证书，归纳起来有以下几个方面：

1.证书的申请

CFCA的注册审核机构（RA）（各商业银行、证券公司等机构）面向最终用户，负责接受持卡人和商户的证书申请并进行资格审核，具体的证书审批方式和流程由各授权审核机构规定。

申请方式包括离线申请方式和在线申请方式。离线申请方式即面对面申请，用户（包括个人用户及商户）到商业银行受理点（LRA）及证书注册审批机构进行书面申请，填写按一定标准制定的表格，同时提供有关的证件，申请信息是手工录入的。用户申请银行支付网关证书时，只能到CFCA的RA申请，不能面对面申请。在线申请方式即用户在互联网上，通过自己的浏览器连接到银行主服务器上，下载标准表格，按内容提示进行申请，也可以通过电子邮件和电话呼叫中心传递申请表格的有关信息，以便进行审核。

2.证书的审批

RA接到用户（包括下级CA和最终用户）的证书申请时，首先将申请的内容存入数据库，并根据申请的内容验证用户的合法性，确定是否接受用户数字证书的申请。审批方式包括离线审核方式和在线审核方式。

经审批后，RA将审核通过的证书申请信息发送给CFCA，由CFCA签发证书。在Non-SET系统中，CFCA将同时产生的两个码（参考号、授权码）发送到RA系统。为安全起见，RA采用两种途径将以上两个码交到证书申请者手中：RA管理员将授权码打印在密码信封里当面交给证书申请者；将参考号发送到证书申请者的电子邮箱中。在SET系统中，由持卡人/商户到RA各网点直接领取专用密码信封。

3.证书的发放

在 CFCA 的所有功能中，最为重要的是证书的发放。CA 签发的证书格式符合 X.509 V3 标准。CA 对其签发的数字证书的全部内容，包括证书用户姓名标识、公钥信息、颁发者标识、证书有效期、签名算法标识等信息，进行数字签名，从而权威地证明了证书持有者和公钥的唯一匹配关系。

证书在本地生成，由 CFCA 颁发，用户私钥由客户自己保管。证书发放方式包括离线发放方式和在线发放方式。在线发放方式在明确给用户颁发何种类型的证书（个人证书、企业证书、服务器证书或其他证书）后，CFCA 利用自己的私钥对证书进行签名，然后将证书数据写入数据库。为保证消息的完整性，返回给用户的所有应答信息都要使用 CFCA 的私钥进行签名。

具体的证书发放方式，各个 RA 的规定有所不同。用户可以登录 CFCA 网站（http://www.cfca.com.cn）联机下载证书或者到银行领取。

4.证书的归档

证书过了有效期后将会被吊销，但是被吊销的证书不能直接丢弃，如果需要验证以前的某个通信过程中产生的数字签名，就需要查询吊销证书。基于此种考虑，CFCA 具备管理吊销证书和吊销私钥的功能，用于密钥和证书的恢复。

5.证书的吊销

证书的吊销有两种情况：第一种情况是证书的有效期已到，CFCA 自动将过期的证书吊销；第二种情况是用户的私钥泄密、丢失或是用户忘记保护私钥的口令等原因，造成用户证书被吊销。这时，用户需要向 CFCA 提出证书吊销的请求，CFCA 根据用户的请求确定是否将该证书吊销。CFCA 通过定期发布证书吊销列表（CRL），接收最终用户吊销数字证书的请求。

6.证书的更新

为提高系统的安全性，CFCA 可以定期更新所有用户的证书，或者根据用户的请求更新证书。这时，CFCA 重新生成新的密钥对并颁发新的证书，妥善处理作废的密钥和证书。证书的更新包括人工密钥更新和自动密钥更新。

7.证书吊销列表的管理功能

该管理功能包括证书吊销原因的记录、CRL 的产生及发布、企业证书及 CRL 的在线服务功能。

8.CA 的管理

CA 的管理包括规定根证书、个人证书、企业证书、服务器证书的密钥长度、有效期、是否备份等内容。

9.CA 自身密钥的管理

CA 自身密钥的管理，旨在确保其具备高度的机密性，防止其被伪造而颠覆 CA 的权威性。在 CFCA 中，根密钥被存放在安全的屏蔽机房，其访问受到严格的控制。CA 的密钥由通过国家认证的加密机产生，私钥一经产生则不能通过明文方式离开加密机。这些措施保证了 CFCA 根密钥的安全性与 CFCA 的权威性。

9.5.6 CFCA的发展

我国的PKI市场起步较晚，CFCA作为国内较早的运营CA，于2000年正式对公众提供服务。由于当时国内并没有成熟的CA软件提供商，经过严格的国际招标流程，CFCA选择采用Entrust公司的CA软件产品提供认证服务。在CFCA运营之初，Entrust CA软件由于其严谨的设计、强大丰富的功能，对CFCA业务的发展起到了积极的推动作用。

随着客户的增加，Entrust CA软件的弊端也不断暴露出来。由于其本土化能力有限，产品支持面临难题，困扰着CFCA的业务拓展。同时，其高昂的收费政策也影响了CFCA的持续发展。

随着国内CA产品的日渐成熟，以及国家对CA业务的重视程度不断提高，2002年，CFCA国产化CA项目被列入国家"863计划"，得到了中国人民银行、科技部、国家密码管理局和中国银联的高度重视和支持。经过各方努力，2004年底，CFCA国产化CA项目宣告完成，正式对外提供服务。2005年5月，该系统正式通过科技部"863计划"验收，并开始大规模应用。专家评价，CFCA国产化PKI/CA系统是我国银行业信息安全基础设施的一项重大技术成果，完全可以满足未来我国金融行业大容量用户和快速发展的业务需求，对于提升我国金融信息安全保障能力具有重要意义。同时，CFCA开发人员经过多年的开发和经验积累，不断向客户提供具有自主知识产权的丰富多彩的证书应用软件。

CFCA国产化系统，采用国际主流的PKI技术，提供10多种证书和各种信息安全服务，确保网上银行、网上证券、网上保险、网上税务、电子商务、电子政务、企业集团等的信息安全。为确保业务的可持续性，满足国家法律法规、国际认证要求，CFCA建立了高水准的异地灾难备份系统。同时，CFCA本身是严格按照现代企业制度建立起来的、采用国际标准管理体制的市场化运作企业，并于2004年12月通过了ISO 9000质量管理体系认证。它拥有稳定可靠的系统，先进成熟的技术，严密、规范的内部运作流程，完善的三级支持服务体系。自成立以来，CFCA已经建立了覆盖全国的认证服务体系。目前，CFCA的公司业务涵盖五大业务板块，即电子认证服务、互联网安全支付、信息安全产品、信息安全服务、互联网媒体及互联网金融产品。截至2022年，全国开通网上银行服务并使用数字证书的银行中，有97%的银行使用了CFCA的电子认证服务。2022年，CFCA预生产建设项目验收，是国内首个完全自主可控的专有云平台，具备分钟级资源快速交付能力，对提高客户服务能力和水平发挥了巨大的推动作用。

@ 本章小结

本章详细讨论了电子支付的风险及安全需求，指出信息安全技术在保障电子支付系统安全性方面所起的重要作用，介绍了防火墙技术、VPN技术、加密技术、身份认证技术以及SSL协议、SET协议等与电子支付密切相关的信息安全技术和安全协议。

CFCA作为我国金融领域权威、可信赖、公正的第三方安全认证机构，采用国际标准管理体制的市场化运作企业，通过了ISO 9000质量管理体系认证。本章具体介绍了CFCA的建设、组成部分、结构、证书、功能和发展方面的内容。

@ 关键术语

加密技术；数字签名；数字证书；CFCA；SSL；SET；PKI；CA

@ 习题

一、选择题

1.在采用RSA的公开密钥加密系统中，若A想给B发送一封邮件，并且想让B知道邮件是A发出的，则A应该选用的加密密钥是（　　　）。

A.A的公钥　　　　　　　　　　　　B.B的公钥

C.A的私钥　　　　　　　　　　　　D.B的私钥

2.非对称加密将密钥分解为一对密钥，即（　　　）。

A.一把公开的加密密钥和一把公开的解密密钥

B.一把秘密的加密密钥和一把公开的解密密钥

C.一把公开的加密密钥和一把秘密的解密密钥

D.一把公开密钥或加密密钥和一把专用密钥或解密密钥

3.SET协议通过（　　　）算法和（　　　）算法的结合使用，保证了数据的一致性和完整性，并可实现交易以预防抵赖。

A.DES　　　　　　　　　　　　　　B.RSA

C.MD5　　　　　　　　　　　　　　D.RC2

E.RC3

4.在CFCA体系中，证书的发放包括（　　　）和（　　　）。

A.离线方式　　　　　　　　　　　　B.在线方式

C.人工发放　　　　　　　　　　　　D.银行发放

E.个人申请

5.CA认证体系的实体大致可分为以下几个部分：接收用户证书申请的证书受理者（　　　），证书发放的审核部门（　　　），证书发放的操作部门（　　　），记录吊销证书的证书吊销列表（　　　）。

A.CA　　　　　　　　　　　　　　　B.CP

C.CRL　　　　　　　　　　　　　　D.RA

E.RS

二、简答题

1.简述网上支付可能存在的安全问题。

2.认证中心有哪些主要的职能？

3.简述数字签名的概念及作用。

4.在CFCA体系中，目前支持哪些类型的证书？

5. 保障网上支付安全的技术有哪些？

三、讨论题

1. 使用某个银行的网上转账系统，体验一下转账交易的整个业务过程。在 CFCA 体系中，分析整个业务环节的安全保障措施。

2. SSL 协议与 SET 协议有什么不同？它们各有什么特点？

@ 案例分析

何以筑牢金融安全防线？

第十三届中国反洗钱高峰论坛暨第三届陆家嘴国家金融安全峰会于 2023 年 11 月 17 日在上海召开。本届峰会以"未雨绸缪严监管 强本固基保安全"为主题，汇集了来自金融监管部门、国内外投资机构、高校等专家学者，为筑牢金融安全防线建言献策。

我国作为世界第二大经济体，金融安全是国家安全的重要组成部分。陆家嘴金融安全研究院副理事长吴斌表示，金融环境日趋复杂的今天，洗钱的环境、洗钱的风险也变得越来越大，各种洗钱的活动变得越来越隐秘和复杂，这不仅侵蚀经济基础、扰乱金融秩序，而且为各类犯罪活动提供资金支持，严重威胁国家安全和社会稳定。

中国人民银行反洗钱局副局长王静表示，金融是国家重要的核心竞争力，金融安全是国家安全的重要组成部分，维护金融安全是关系我国经济社会发展全局的战略性、根本性大事。反洗钱工作应当根据风险和形势变化，将"风险为本"作为核心原则，进一步加强监管制度建设，健全事前事中事后监管机制安排，提升监管科技水平，实现监管全链条全领域全覆盖，指导金融机构提高反洗钱合规水平和风险管理能力，推动反洗钱工作高质量发展。

近年来，上海不断强化国际金融中心核心功能，国际金融中心建设取得重要进展。上海市地方金融监督管理局副局长陶昌盛介绍，近年来，上海金融法治建设步伐明显加快，切实维护金融安全稳定，在全国率先设立金融法院，建立金融侦查、检察、审判专业化机制，不断健全信用与消费者保护体系。深入推进地方金融监管信息平台建设，加强多渠道风险信息共享联动，提升风险监测和预警的水平，健全风险警示宣传教育常态化的机制，牢牢守住不发生区域性系统性金融风险的底线。

金融机构是反洗钱工作的重要组成部分，海通证券董事会秘书裴长江介绍，近年来，公司积极开展合规内控文化建设系列活动，积极推进洗钱风险管理文化建设，不断优化完善反洗钱工作机制，探索大数据、人工智能等金融科技形成反洗钱的有效性。同时，公司总结反洗钱工作实践，协助行业协会拟定治理规则和示范实践，协助推动证券行业反洗钱工作

资料来源 中国新闻网. 何以筑牢金融安全防线？业界：提升监管科技水平实现全链条全领域全覆盖［EB/OL］.［2023-11-17］. https://www.chinanews.com.cn/cj/2023/11-17/10114004.shtml.

问题：

银行如何保证支付的安全性？可以采用哪些技术？

第 10 章
支付系统风险与管理

@ 教学目标与要求

1. 掌握支付系统风险的基本概念和主要类型；
2. 了解流动性风险形成的原因和机理；
3. 了解国外的支付系统风险管理办法；
4. 掌握我国现有的支付系统风险管理办法；
5. 掌握完善我国支付系统风险管理的措施。

@ 知识架构

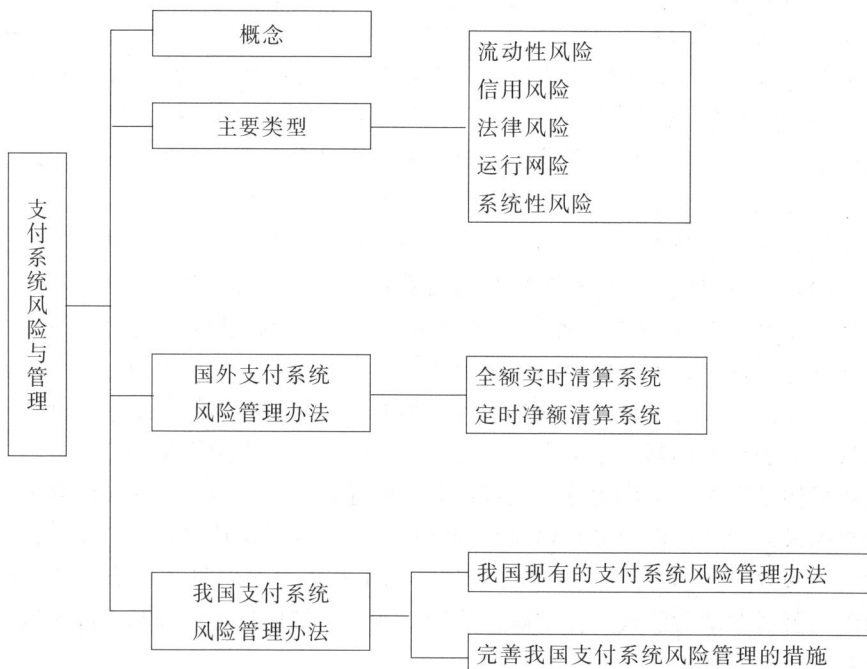

@ **导入案例**   移动支付攻防战

《2023年第二季度支付体系运行总体情况》显示，银行电子支付业务量有所增长。第二季度，银行共处理电子支付业务735.78亿笔，金额842.19万亿元，同比分别增长8.05%和11.65%。其中，网上支付业务236.45亿笔，同比下降5.79%，金额685.19万亿元，同比增长11.82%；移动支付业务460.42亿笔，金额138.96万亿元，同比分别增长19.52%和14.29%。

另外，中国银联发布的《2022年移动支付安全大调查研究报告》显示，参与调研的受访者平均消费总支出由移动支付完成的消费金额所占比例已经达到86.10%。具体来看，77.50%的手机用户每天都会使用移动支付，常用场景接近11个。同时，伴随着数字支付场景持续下沉，三、四、五线城市的居民对移动支付的依赖程度持续增长。此外，三分之二的受访者表示曾经遇到过电信诈骗，其中约三分之一的群体财产遭受损失。

某华东地区银行人士表示，移动支付大背景下，商业银行支付结算业务发展面临不少新的风险。一是数据安全及技术风险，数据安全是目前的关注焦点，在银行结算业务办理过程中，欠缺一定安全规范与开放标准，存在客户交易风险；二是与第三方机构的合作风险，支付结算业务交易往往涉及与多家机构的合作，基于业务共享的前提下，若是一家机构存在安全隐患，则整个链条将会受到波及影响。此外，银行机构目前的科技能力不同，中小银行数字化技术支撑能力有限，更容易导致移动支付平台存在安全漏洞，进而增加个人以及企业支付的风险。

为规避风险，同时强化消费者保护，银行机构应当自主或联合推动支付平台安全设计，提高系统安全防御能力，为支付结算业务办理提供保障。当遇到违法入侵情况时，应当通过大模型迅速识别并处理。

资料来源　慈玉鹏.银行卡盗刷频发：警惕公共Wi-Fi"陷阱"［N］.中国经营报，2023-11-27（6）.

电子支付的出现是网络化社会发展的必然趋势，这种趋势不是任何一个人决定的，也不是国家决定的，而是社会发展需要决定的。随着电子支付的发展和普及，除了电子支付行业需要加大安全保障力度，多方联手共创安全支付环境外，具有完善的法律法规来保障用户的权益也是关键。那么，电子支付系统中存在哪些风险？支付系统风险有哪些类型？国内外的支付系统管理办法有哪些？本章将介绍支付系统的相关基础理论，以便初步解答上述问题，理清思路。

10.1　支付系统风险类型

支付系统风险是指各种不利因素对支付系统稳定运行所产生的负面影响及损害。国际清算银行发布的《重要支付系统核心原则》第三条指出：系统应该清楚地定义信用风险和流动性风险的管理过程，说明系统操作者和参与者各自的责任，并提供适当的激励手段以管理和控制这些问题。该原则还认为支付系统中可能出现流动性风险、信用风险、法律风险、运行风险和系统性风险。这些风险之间有着广泛而紧密的联系，一旦一种风险出现并扩大，则极有可能导致另一种或多种风险，各种风险之间存在明显的传导性、方向性，构成一个完整的有机传递链条，如图10-1所示。

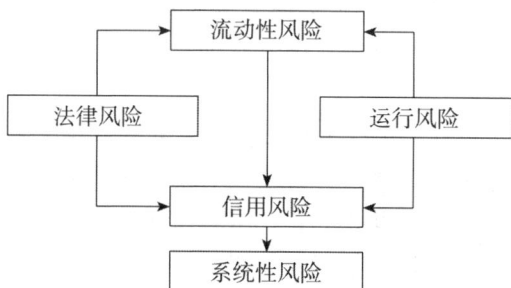

图10-1　支付系统主要风险结构图

金融在现代经济中的核心地位日益突出。伴随着金融活动的迅速增长，支付交易的业务量和金额空前增加，加之市场的全球化进程加快，中央银行、商业银行和支付系统的其他参与者所面临的流动性风险和信用风险急剧增加，支付系统扮演着金融危机潜在发源地的角色。因此，确保支付系统稳健运行已经成为中央银行的重要目标之一。下面详细介绍支付系统的主要风险类型、表现形式和成因。

10.1.1　流动性风险

1.流动性风险的定义及重要性

流动性风险是指拖欠资金的一方不能按时满足支付要求，由此影响到收受方不能按时收到本应收到的流动头寸。[①]虽然中国现代化支付系统在设计时考虑到流动性风险，而采取了自动质押融资和日间透支措施，但支付系统中的流动性风险依然存在，其往往由于风险的传染性和扩散性而导致金融机构的倒闭。事实上，流动性风险与支付系统之间存在直接的连带效应：所有参加银行的流动性管理水平在很大程度上影响支付系统的运行稳定性，如果所有银行都能够有效地管理自身的流动性，则势必能够对支付系统的稳健运行提供一个有力的保障；而支付系统的稳健运行，不仅对提高整个银行体系的流动性管理水平有很大帮助，而且为系统内部的资金流动性提供了一个外在的保障机制。所以，从这一意义上讲，银行体系的整体流动性管理水平能够直接体现和反映在支付系统运行的有效性上。显然，随着银行整体流动性管理水平的提高，支付系统的有效性也将提高，支付系统风险发生的概率自然也会降低。

2.流动性风险形成原因的分析

从支付系统参与者来看，引起流动性风险的因素主要有商业银行自身因素、金融机构管理机制与管理水平因素、宏观政策与市场环境因素，如图10-2所示。

（1）商业银行自身因素。

第一，商业银行流动性管理方式较为落后，即科学性有待提高。目前，商业银行

① 帅青红.电子支付结算系统［M］.成都：西南财经大学出版社，2006.

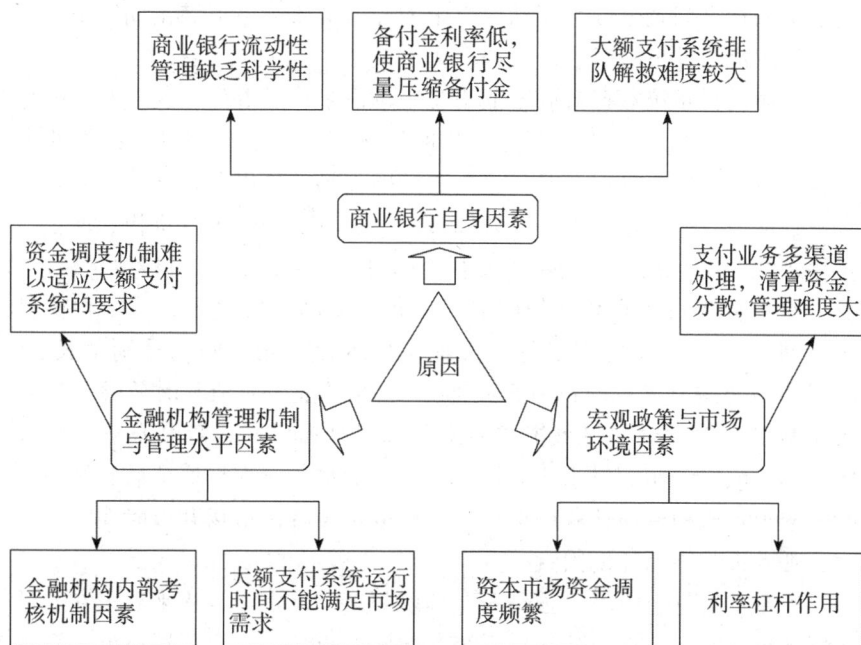

图10-2 流动性风险成因图

对备付金金额缺少科学的预测和安排，只能根据常规经验和往常惯例进行估算，而如今资本市场瞬息万变，突发情况时有发生，因此容易出现因资金分布不均衡而导致的资金头寸紧张，进而产生流动性风险。

第二，备付金利率较低直接导致商业银行压缩备付金。商业银行的主要职能是吸收存款和发放贷款，这无疑决定了商业银行对资金的吸收与运用策略。因为中央银行所规定的备付金利率较低，商业银行必将尽可能挤压资金头寸，将资金投放于其他高息资产，这容易导致支付系统流动性风险。

第三，大额支付系统排队解救难度较大。目前，我国大额支付系统采用了头寸不足支付时业务排队等待清算的方式。商业银行一般通过自筹资金和同业拆借调配资金解救排队，因资金缺口难以监控、头寸调配的自动化程度偏低，容易导致排队业务在日终集中处理，产生流动性风险。

（2）金融机构管理机制与管理水平因素。

第一，资金调度机制过于死板和复杂，难以适应多变的支付要求。为了便于管理，很多金融机构通常要求其下级机构在上午提出资金的使用要求，虽然这样有利于金融机构合理安排资金，但事实上这样的制度往往使资金缺口出现在下午的临近清算窗口时间。另外，虽然所有金融机构都可以实现资金调度，但是有些金融机构的资金调度环节过于复杂，调度一笔不算大额的资金也要花费几个小时，甚至有些金融机构的制度导致在关键时刻找不到经办人而无法进行操作。

第二，金融机构内部资金考核机制过于严格。部分商业银行上级行对下级行存款准备金的考核力度过大，核定二级行存款准备金余额过低，凡超过限额均要及时上划，引起上下级行之间资金频繁调动，有限的存款准备金不能满足偶发情况下的资金清算需要，导致流动性风险。

第三，大额支付系统运行时间不能满足市场需求。随着经济交易互联网化和国际贸易深度化，原来在固定地点、固定工作时段开展经济活动和资金结算的模式被打破，小微企业、民营企业等运营时间较为灵活的市场主体以及社会公众对随时随地支付的需求与日俱增。面对这一形势，各国央行、清算机构、银行机构、非银行支付机构积极运用现代金融科技，推动零售支付由卡基支付模式逐步向移动支付模式转型，实时清算、全天候支付的趋势愈加明显。以我国为例，2023年，非银行支付机构处理网络支付业务达到121.23万亿笔，金额340.25万亿元，同比分别增长17.02%和11.46%，成为支付清算体系的重要组成部分。①相关业务对清算时效性、流动性风险的防控要求较高，对大额支付系统在周末及节假日提供资金清算服务的需求日益增长。因此，需要顺应大额支付系统运行时间延长趋势，研究畅通节假日及工作日非标准工作时间的银行机构流动性获取渠道，如适度延长货币市场开放时间。②

（3）宏观政策与市场环境因素。

第一，资本市场资金吸引力强，资金调度频繁。从资金运用来看，在较低的利率水平下，资金也有较强的动力从银行系统流向资本市场。资金从银行流入资本市场的规模较大，自然会形成对流动性管理的挑战。

第二，利率差形成杠杆作用。一般情况下，商业银行上存资金利率和金融机构同业存放利率是高于中国人民银行超额准备金利率的，商业银行为追求利益最大化，必定会尽量减少超额准备金而将资金上存或存放同业，由此将造成商业银行备付金比例过低，资金流动性欠佳。

第三，支付业务多渠道处理，清算资金分散，管理难度大。中国人民银行总行组织建设大、小额支付系统并连接着相关的业务处理系统，为其提供资金清算服务。中国人民银行各地分支行组织建设当地的同城票据交换系统，商业银行组织建设行内联行系统，与大、小额支付系统相同，它们也连接着相关的业务处理系统，为其提供资金清算业务。所以，支付清算系统存在外围系统的资金清算、资金清算头寸匡算、流动性波动的困难。另外，条线管理致使商业银行人为地将支付业务按行内、行外和同城、全国分别处理，清算资金分散在中国人民银行和商业银行的不同层级账户，商业银行应对流动性波动的能力无法共享甚至会降低。

10.1.2 信用风险

1.信用风险的定义及重要性

信用风险是指在支付过程中，因一方拒绝或无力清偿债务而使另一方或其他当事者蒙受损失的风险，即"交易中的订约方既不能在法定时间内，也不能在法定时间以后的任何时间里全额结算其债务时所构成的风险"。③

---

① 中国人民银行. 2023年支付体系运行总体情况［R/OL］.［2024-03-28］. http://www.pbc.gov.cn/goutongjiaoliu/113456/113469/5314683/index.html.
② 王芳. 大额支付系统发展的国际比较与启示［J］. 金融会计，2020（10）：23-27.
③ 国际支付结算体系委员会. 国际清算银行十国集团支付系统［M］. 北京：中国金融出版社，1997.

值得我们注意的是，现代化支付系统的工作性质有所不同，它不再受任何地理位置的约束，其是无边界式的金融服务，因此，它对金融交易的信用结构提出了更高的要求。电子支付的信用风险专指交易方在到期日不完全履行其义务的风险。社会信用体系不健全是现代支付系统产生信用风险的根本原因，各金融机构之间不能实现信息共享，无法有效防范恶意透支、欺诈等行为，成为制约现代化支付业务甚至电子商务发展的重要因素。

2.信用风险的类型

中国现代化支付系统中的信用风险主要有两种形式：客户信用风险和商业银行信用风险。客户信用风险是商业银行在支付结算过程中为客户垫付资金而产生的风险；商业银行信用风险是中央银行在支付清算中因商业银行准备金账户不足不能透支清算而提供贷款产生的不确定性。另外，在系统的运行中，若一家银行不能履约支付，不仅会影响其自身信誉及经营成果，更重要的是会导致支付链条中既定链圈的脱落，进而引致整个链条的断裂，引发大范围的支付危机，引起社会恐慌。此外，信用风险通常又是引发支付系统其他风险的关键导火线，信用风险不仅极易导致流动性风险，也极有可能使支付系统面临系统风险的威胁。

3.中国现代化支付系统信用风险问题是四方博弈的结果

第一方是中央部门管理者。我国的经济转轨是政府主导下的体制变迁。政府的职能和角色是转轨经济中所有经济问题的核心。中央部门管理者行为目标的多重性，导致了处理信用问题时的两难困境。中央各部门对企业行为采取宽容的态度，并不是因为没有意识到信用问题恶化的后果，而是为了实现经济增长和保证就业的政策目标。为平衡银行利益，政府选择了承担最后的风险，并尽可能地推迟解决问题。政府方面有理由相信，利用承担信用问题所造成的金融风险的成本来换取经济转型期内政治稳定的收益，是一个就现实情况而言值得牺牲的博弈结果。

第二方是地方部门管理者。我国的经济改革是经济权利和政治义务同时下放的改革，地方政府享有充分的经济自主权，也必须承担保一方平安的政治义务。地方政府为了确保地方社会稳定和经济发展，无论是在争取金融资源上还是在帮助企业处理银行债务方面，都比较主动。地方政府要求当地企业扩大生产、安置就业，以满足其政绩需要。和银行博弈时，地方政府通常采取提供公共品便利和给予银行委托代理人某种特权的方式换取银行对当地企业的支持。

第三方是银行。在银行和政府的博弈中，企业的行为也成为博弈的砝码。银行向企业发放贷款，企业在遇到财政问题时会逃避银行债务，使银行面临风险。然而，银行深知政府是最终的风险承担者，并不担心信用问题，甚至为提高经营业绩，积极争取和配合政府驱动下的企业贷款。银行委托代理人在面对地方政府参与下的地方企业逃避债务的境况时陷入两难：一边是受到上级机构的约束，不能损害自身利益；另一边是不能忽视当地政府的利益，破坏银行与政府的关系。为了既不破坏地方和气又能够给上级一个交代，银行通常会选择外紧内松的方式。

第四方是企业。一方面，信用问题源于企业；另一方面，政府实施政策时，成本的支付者也是企业。在与中央政府和地方政府博弈时，企业为获得由政府信贷支持和市场保护等带来的收益，通常会选择放弃企业效率。信用问题直接表现在企业和银行两者的博弈之中。企业深知其与银行在所有权方面同质，将银行对企业的支持当作兑现企业与政府博弈时所应得的收益，不将贷款还本付息当作约束条件，进而逃避银行债务。

10.1.3 法律风险

随着信息技术在金融领域的广泛应用，支付系统的现代化建设发展迅速，从而引发了一系列的法律风险。也就是说，金融市场的快速发展在为银行业提供了更加广阔的发展空间的同时，也带来了诸多法律上的难题，而且是急需解决的难题。例如，电子支付和电子凭证的有效性，密码技术代替签章即数字签名的合法性；网上交易与支付中，电子票据和电子现金等新型支付工具的可用性、支付网关的规范性和可靠性、认证中心的可信度；与电子支付有关的纠纷、索赔、保险等。这些均需要法律上的严格界定与约束，否则将难以有效保障和约束当事人的权利与义务，甚至会引发社会动荡。

法律风险在实践中主要来自制度建设的滞后与不完善。近年来，中国人民银行总行虽然制定了《大额支付系统业务处理办法（试行）》《小额支付系统业务处理办法（试行）》《大额支付系统业务处理手续（试行）》《小额支付系统业务处理手续（试行）》《中国人民银行自动质押融资业务管理暂行办法》《中国人民银行金融消费者权益保护实施办法》《金融机构反洗钱和反恐怖融资监督管理办法》等，规范了业务处理和系统运行行为，确定了支付系统当事人和关系人的权利和义务，明确了造成资金损失的责任，但规定中未明确操作人员岗位职责，造成各地自行制定的岗位职责不统一，从而导致会计人员在办理实际业务时缺乏有效依据，不利于上级行对下级行实行统一、有效、严格的管理，如此，随之产生的就是安全支付系统隐患。

1.我国支付系统法律风险的主要表现

第一，相关支付系统法律法规滞后导致业务操作风险。例如，网上支付业务的开展缺乏相应的法律规范。《电子签名法》的实施虽然为网上支付业务提供了强有力的支撑，使网上支付发展空间得到进一步拓展，但由于相关的法律法规滞后，其发展并不规范。例如，网上支付的法律地位、相关机构，以及企业和个人的行为规范、收付问题等都成为制约其发展的瓶颈。再如，票据截留没有法律支撑，由于借记业务实时清算，持票人开户银行无法核对票据签章的真伪，只能将支付密码作为审核付款的唯一依据，如果票据发生问题引起纠纷或法律诉讼，缺乏正式法律支持的银行将面临败诉赔偿的风险，从而给实时清算业务的开展和发展带来极大的负面影响。另外，对跨国支付系统而言，由于系统的运行覆盖不同国家，国际法规的订立及法律冲突的解决也至关重要。从总体来看，相关的法律法规的制定必然滞后于当今发展迅猛的信息技术给金融业带来的巨大变革，就算是发达国家的金融业，电子商务的立法进程也普遍滞后于电子商务及网上银行业务的发展。

第二，不尽完善的大额支付系统制度导致连锁风险。《大额支付系统业务处理办法（试行）》第三十四条规定："清算账户禁止隔夜透支。在清算窗口关闭前的预定时间，国家处理中心退回仍在排队的大额支付和即时转账业务。对直接参与者清算账户仍不足的部分，由中国人民银行当地分支行按规定提供高额罚息贷款。"这样的清算安排势必会迫使中国人民银行成为最后的贷款人，也就自然承担了信用风险。同时，中国人民银行总行对各分支机构的短期流动资金贷款有信贷额度的限制，当为直接参与者提供的高额罚息贷款金额超过信贷额度时，便会使其资金头寸无法弥补、清算窗口无法关闭、全国其他系统参与者长时间等待，最终导致连锁风险的发生。

2.我国支付系统法律风险的主要原因

第一，我国没有关于支付系统的专门立法，支付系统的管理部门缺乏权威、有效的法律管理手段。目前，我国对支付系统的业务处理实施的制度办法及其法律层次都比较低。我国支付系统的管理维护部门是中国人民银行，主要参与者是各家商业银行、政策性银行及其他金融机构。中国人民银行和监管部门分设以后，中国人民银行对金融机构的管理、监督作用大为降低。由于我国支付系统正处于重要的发展和完善阶段，支付系统的建设及维护需要各方参与者与中国人民银行的积极配合、密切合作，而具有管理者身份的中国人民银行对参与者势必会缺乏约束力，管理的效果将不尽如人意。

第二，对于非金融机构清算组织的管理缺乏统一的法律规定。目前，我国存在的各类非金融机构是支付服务市场的重要补充力量，是金融深化、技术进步、分工细化的必然结果，小额支付系统推广以后，更多的非金融机构清算组织作为支付清算市场的参与者加入到支付系统中。但是，由于法律的空缺，我国对非金融机构清算组织的设立、监管、权利、义务和责任没有明确的规定，对加入支付系统的非金融机构清算组织没有基于信用度的评估标准，没有制定类似于违约支付安排、投资风险准备金以及损失分摊安排等用于防范风险的措施，这样必然会使风险抵抗能力本来就薄弱的非金融机构清算组织及其参与者面临更多的风险，同时也很容易将风险传递给支付系统，对其运行造成潜在的威胁甚至造成系统性风险，影响债权人利益和金融秩序的稳定。

第三，我国没有确定轧差安排的法律地位以及存在类似"零点法则"的司法解释。与国际上的轧差安排相比，我国尚未在有关的法律法规中明确规定轧差安排的法律地位，仅有关于轧差安排的制度办法规定，并且除了由中国人民银行对同城票据轧差净额提供高额罚息贷款外，并没有防范轧差结算风险的更为具体的规定。另外，我国存在类似"零点法则"的司法解释。"零点法则"是一些国家破产法律中关于破产机构被宣布破产之日零点起发生的交易被追溯为无效的规定。该法规的应用将会破坏支付系统的不可撤销性，并可能导致支付系统出现严重的流动性问题和潜在的系统性问题。由于我国也存在类似的司法解释，支付系统面临着在参与者破产的情况下，其已经完成结算的支付将受到质疑而被取消的风险。

10.1.4 运行风险

运行风险即导致或者恶化信用风险或者流动性风险的运行因素，比如技术故障或者运行错误所构成的风险。[①]支付清算系统所属各系统在建设之初，即从系统设计方面就考虑了防范系统运行风险，例如，开发系统自身平衡检查和数据核对功能，以防止账务处理出现差错；设计业务差错和异常情况处理机制；采用双机热备的系统构造等。同时，各系统参与者还在系统运行之后纷纷建立了快速维护机制，以及时妥善地处理可能出现的运行风险。

1. 支付系统所面临的主要运行风险

首先，各商业银行行内系统升级不同步，系统设计功能不能完全实现。各商业银行业务不断创新以及业务办理流程不断更新换代，必然导致行内各子系统版本升级频繁，而且各自进行升级和维护。各子系统版本频繁升级必定使得部分子系统之间的互联工作难以完成甚至无法进行，进而直接导致客户资金不能及时到位，系统功能不能完全实现。

其次，运行风险的防范技术落后以及越来越多的社会化公司的参与，使得支付系统在运行过程中发生风险的概率有所增加。它的主要表现在于：第一，从技术层面来说，支付或者取款行为的发生可能会依托一些常见的终端设备机具，而提供这些终端设备机具的公司也许会获得传输加密技术，因其存在泄露风险，最终可能导致支付系统内部的数据被窃取。第二，一般情况下，社会化公司的技术服务人员变动频繁，经营状况具有不稳定性，这也给银行卡业务稳定发展留下了巨大隐患，从而无法保证系统运行的安全性。第三，发卡行内部网络在受理银行卡业务的时间段成为开放式网络，受到攻击的渠道较多，难免在运行期间遭到黑客攻击，同时，部分发卡行对内部网络的访问控制不严格，部分口令设置过于简单，防火墙及入侵检测系统配备不完善，对银行网络安全造成威胁。第四，磁条银行卡存在易于仿制的固有弊端，直接影响银行卡业务的安全发展。中国人民银行规定，2015年1月1日以后，银行只发行芯片卡（金融IC卡）。第五，我国目前的个人信用数据库尚不完善，各金融机构之间尚未建立完全的信息共享机制，不能及时掌握跨机构、跨地区的恶意透支、诈骗黑名单，不利于信用卡诈骗行为的有效防范等。

小案例 10-1	运行风险

曾经某家银行（以下简称X行）的操作人员，在大额支付系统日终业务截止前5分钟，看到其账户上有1 000多万元的余额，于是发起了一笔与其余额相应的巨额支付业务，预备将余额划回X行的总行。按照该行的相关制度，为防止出现清算窗口，大额支付系统业务截止前半小时，其下级行不得随意发起往账业务，如果确实需要，必须向上级行申请，得到许可后方可发起业务。但在实际操作中，其下级行操作人员在未得到许可的情况下，于当天大额支付系统日终业务截止前5分钟发起了

---

① 柴小卉，靳力华. 加强中国现代化支付系统风险管理的思考 [J]. 金融研究，2006（3）：138-145.

一笔 1 000 万元的往账，从而导致该行账户余额少了 1 000 万元。而 X 行的操作人员在向总行划回资金时，过分信赖制度的效力，没有留意到此时账户余额已经发生变化，结果其支付业务由于 1 000 万元的缺口而无法完成，进入排队状态。城市处理中心发现排队的情况后，通知该行立即筹措资金或者撤销该业务。由于时间紧迫，已经来不及处理，于是清算窗口开启。由于该行的操作人员从未做过业务撤销的操作，在有限的时间内也无法找到撤销该业务的方法，只能申请并等待其总行调拨资金以便应急。由于应急准备不充分，该行的资金调拨申请手续烦琐，最终在清算窗口开启的时间内仍未能完成交易。所幸，该笔业务只是普通的借贷业务，最后被国家处理中心强行退回，没有造成后续更大的影响。如果发生的是同城轧差业务，则全国的支付系统处理中心都将等待该行筹措到足够的资金以完成支付业务，在这期间，全国的支付系统运行都将因此而停顿甚至产生更大的危害。

2.不够科学完善的支付系统配置隐含运行风险

第一，系统硬件不够完善，软件设计也不够严格、适用。支付系统参与者数量庞大，参与者之间的相互联系也十分紧密，其中某一参与者的子系统运行不稳定将可能危及整个系统的运行。基层金融机构运行环境和设施较为落后，其主要表现为：计算机房设计、安装达不到国家规定的计算机安全运行环境的有关标准；供电系统不稳定，后备电源不足；计算机及网络设计没有可靠接地，缺乏防雷防尘设备；计算机本身及相关设备、部件或元件等存在老化现象。系统软件设计不够严格、适用，其主要表现为：账户与户名不一致时仍能入账；对准备金账户一般存款余额无下限控制；操作界面无自动签退功能；系统设定节假日无自动顺延等功能缺陷。

第二，国家处理中心（NPC）和城市处理中心（CCPC）的灾难备份建设及完善速度较慢，难以满足突发事件的应急要求。倘若发生严重的自然灾害、战争、恐怖袭击等突发性事件，致使系统主机受到不可恢复的严重损害，而此时灾难备份系统也不能及时到位接替运行，系统数据无法在有效时间内恢复，将导致系统运行障碍，存在可怕的安全隐患。

第三，系统维护能力不强，外部支持不够完备，系统的安全运行难以保证。支付系统各级参与者的系统日常维护能力、突发性系统故障处理能力和应急技术力量相对薄弱，系统的安全稳健运行难以保证，大部分依赖社会外部市场的服务支持来解决内部的技术问题或管理难题，从而使系统风险主动暴露给外界，导致系统在运行过程中受到外部攻击的可能性增大。目前，存在有些支付清算系统的参与者子系统设备配置较低，设置算法简单、过时的防火墙甚至根本不用防火墙的情况，因此，系统内外的不法分子可以利用普通终端设备非法入侵业务系统并篡改业务数据，导致系统无法正常运行或者崩溃。另外，支付系统参与者（各金融机构）内部系统版本不断升级，使得部分子系统无法与支付系统互联互通，系统设计功能不能完全实现或无法与支付系统功能全部兼容，容易出现信息传输中断或速度降低的情况，影响客户资金的及时到位，诱发运行风险。

10.1.5 系统性风险

1.系统性风险的定义及重要性

系统性风险是指在支付系统运行中，因某一系统用户无法履行债务义务，而造成其他用户无法履约，使系统运行陷入困境。系统性风险的发生与信用风险和流动性风险的存在密切相关，发生信用风险和流动性风险的后果之一就是导致系统性风险的发生。

小知识 银行同业拆借

只要系统性风险发生，不论是对大额支付系统还是对小额支付系统，均可能造成巨大的物质和信誉损失甚至影响经济环境。对作为国家支付清算体系主干线的大额支付系统而言，其一旦发生系统性风险，利用大额支付系统进行清算的巨额资金将无法及时进行转移而实现支付，必定影响重要经济及金融活动的正常进行，其后果是不堪设想的。对主要处理零售业务的小额支付系统而言，其与社会公众的日常工作和生活具有直接联系，系统性风险所导致的系统运行障碍，不仅会造成系统用户的不便，更会造成公众对支付系统的质疑，有损于整个银行体系甚至整个支付体系的声誉。银行业的系统性风险表现为因一个或多个银行出乎预料倒闭，个别交易的清算或整体银行间资金转账系统的清算无法如期进行，而在整个银行体系中所触发的"多米诺骨牌效应"。此风险由信用风险与流动性风险共同造成，并大大影响了支付系统与整体经济的稳定。

现行的清算体系已经发展到多边清算水平，各种银行已经进入这种清算体系。银行间结算规模大幅增加，据统计，每天经由国际支付和清算系统处理的资金数额可达60 000亿美元。与此同时，银行同业拆借额也大幅增长，有时，隔夜透支额甚至大于银行的资本金。总之，现金流动的相互关联越为复杂，其造成的信用关联便越难分解。正是由于这样的现状及其涉及的大规模的信用风险敞口，银行业潜藏着系统性风险。

2.各类支付系统风险的相互作用最终导致系统性风险

根据本节对前述几类风险的详细介绍，不难看出它们之间存在紧密的联系和不同程度的相互作用。一种风险出现并扩大时，有可能导致另一种风险，各种风险之间存在明显的传导性、方向性，构成一个完整的传递链条。

流动性风险和信用风险在支付系统风险链中处于关键和核心地位。流动性风险对支付系统运行产生干扰，导致信用风险。法律法规缺位或不完善，应用软件设计缺陷、机器硬件和网络通信故障，以及操作失误和道德风险等因素对流动性风险和信用风险起到推波助澜的作用，信用风险普遍发生时会导致系统性风险。

下面简单分析这个风险传递的过程：首先，由于资金流动问题导致付款方延期支付，收款方必须在承担融资成本的前提下寻找弥补资金缺口的其他融资途径。然后，当资金缺口不能如期弥补时，收款方将不得不对其债权人进行延期支付。接着，这种连锁拖欠效应对整个系统的正常运行产生极大的危害，拖欠达到一定的程度，将会导致系统性风险。在这个过程中，中国人民银行可以提供日间透支，以暂时解决流动性不足问题。若贷款方在日终无法补足头寸，银行则会被动陷入信用风险的境地。在同样的转账支付条件下，由于支付命令和实际资金转移可能不同步，当支付命令发出而资金未按支付命令要求到位时，将导致支付过程中因一方拒绝或无力清偿债务而使另一方或其他当事人遭受损失的信用风险。纽约清算所银行同业支付系统的数据模拟显示，如果一家大的参与轧差银行无力支付，将会导致其他近一半的参与者无力结算，由于连锁反应，其他与此无力支付银行不相关的机构也会遭受影响。这种"多米诺骨牌效应"使信用风险和流动性风险在整个系统内扩散蔓延，容易造成系统性风险。

由此可见，支付系统风险链中的任一环节对金融的稳定都可能构成巨大威胁。任何一个环节出现问题，都可能影响其运行的平稳性、实行货币政策和为金融机构提供资金清算服务的有效性，使支付体系出现震荡。因此，各国支付系统的首要任务应当是在遵从基本的效率原则的前提下，通过制定运行规则来降低或消除支付系统的系统性风险，加强应对各种震荡情况的能力，从而消除各种安全隐患，维护系统的稳定性，促进社会经济发展。

10.2 国外支付系统风险管理办法

各个国家的支付体系由于其金融体制、法律制度、信用状况的不同而千差万别。根据清算方式的不同，支付系统大体归为两类：全额实时清算系统和定时净额清算系统。本书依照此分类，分析美国、加拿大和日本等发达国家支付系统防范、控制流动性风险和信用风险的主要做法。虽然各国的支付系统都在控制风险方面取得了进展，但它们采取的方法并不相同。这些经验反映了这些系统的历史沿革和不同的金融基础结构。评估它们孰优孰劣是困难的，因为

小知识　十国集团的兰佛鲁西标准

或许每个系统都是适合某个国家特定需求的最佳设计。不论它们有何不同，有一点是一致的，即每个系统都在保持流动性和控制风险之间进行平衡协调。

10.2.1 全额实时清算系统

相对于净额结算系统，全额实时清算系统（RTGS）中处理流程和资金转账指令的最终结算是实时连续发生的，没有轧差借记抵付贷记的转账系统，系统结算流程是基于中央银行资金的实时转账。RTGS可以减少甚至消除结算处理中基本的银行间风险，缩短信用周期，避免流动性风险的产生，这是中央银行在大额转账系统中采用RTGS的主要动机。

在发达国家，第一个自动化的RTGS是美国联邦电子资金转账系统（FEDWIRE），其现代化版于1970年投入使用。20世纪80年代末，十国集团中的荷兰、瑞典、瑞士、德国、日本、意大利等6个国家采用了RTGS工具建立大额转账系统。20世纪90年代，出现了新型的RTGS，一些原有系统也改善了风险管理能力以及系统架构，或从原先的净额结算系统转为RTGS。

1. 美国联邦电子资金转账系统

美国联邦储备系统是美国的中央银行，其参与了美国政府在政策制定、提供服务、监督管理、风险控制等多方面的清算安排，并在其中发挥了核心和主导作用，在

促进美国社会和经济发展的同时保障了美国金融体系的稳定运行。美国主要的支付系统包括联邦电子资金转账系统、清算所同业支付系统、自动清算所系统。联邦电子资金转账系统是由美联储所有的全美境内支付系统，是进行美元支付清算的主干道。清算所同业支付系统是一个私营跨国大额美元支付系统，是跨国美元交易的主要结算渠道。自动清算所系统是覆盖全美的电子清算系统，主要解决纸质支票的效率和安全问题。美联储对美国支付系统高度重视，不断对美国的主要支付系统给予技术支持和安全防护，使美国支付系统具备自动化、网络化、信息化、无纸化等特点，无论在处理能力上还是在效率上都处于世界前列。

FEDWIRE采用的是逐笔实时处理、全额清算的资金模式。FEDWIRE的系统风险控制措施是比较完善的，美联储还专门制定了支付系统风险政策。该政策主要有两个目标：一个是管理和控制因美联储介入清算系统而产生的信用风险；另一个是减轻支付系统的系统性风险。美联储的支付系统风险管理的核心是日间透支政策：对FEDWIRE的直接参与者在透支额度之外再给予有抵押的透支额度，美联储对日间透支额度收取一定的利息；对于资信状况不好的参与机构，则不予日间透支额度或取消其透支资格。FEDWIRE禁止隔夜透支，若某一系统参与者在营业终了无法平衡其头寸，清算账户仍为借方余额，美联储将为其提供高额罚息贷款。为有效监测参与者的流动性，美联储业务管理部门还在FEDWIRE主运行中心设有"账户余额监视系统"，对FEDWIRE处理业务引起的头寸变动进行实时监控。FEDWIRE的风险管理措施归纳起来主要有如下几点：

第一，限制存款机构在联邦储备银行的账户日间透支额度。通过设置限额，可以在一定程度上对存款机构的风险加以限制，从而有效地保护美联储。现在大多数存款机构所获得的都是免于申请的限额，此时，限额的大小主要取决于存款机构的自我评估。对这些机构设置限额有很大的弹性，只要它们能够向美联储证明其内部风险管理程序允许其安全地使用这个限额。这里的限额包括单日限额及每两周的日间最高透支金额平均（two-week average of daily peak daylight overdrafts）限额。限额的大小依据参加单位的风险性资本（risk-based capital）及财力（financial strength）决定，共分六项，财力体现为限额乘数，其分类情形见表10-1。

表10-1　　　　　　　　　　　日间透支限额乘数表

限额种类	限额乘数	
	单日限额	每两周平均限额
零限额	0	0
免申请限额	1 或 0.2	1 或 0.2
最低标准	0.4	0.4
平均	1.125	0.75
高于平均	1.875	1.125
最高等级	2.25	1.5

注：日间透支限额=风险性资本×限额乘数。

表10-1中，限额种类为最后四类的金融机构必须提出自行评估资料，向联邦储备银行申请限额。

为了获得日间透支额度，FEDWIRE参与者必须满足一项保证其资本充足率的标准，这就保证了只有非常安全的机构才能使用日间透支额度，但是，一个机构所持有的资产可能会发生很大波动。如果一个支付系统参与者在美联储认识到其资产条件恶化之前就获得了非抵押信贷，就会产生风险。由于美联储拥有银行监管职权，能够获得在其系统中开设账户的所有机构的资产健康信息，所以，上述风险一部分会被减轻。事实上，对于大多数机构来说，限额很少起到作用。

第二，制定日间透支计费机制。为了有效控制整个支付系统的风险，美联储想方设法降低金融机构日间透支金额，自1994年4月14日起，对各金融机构的储备与清算账户计算日间透支费用。利率是24个基点（年利率），1995年将其调整为36个基点。这样做的目的是减少支付系统参与者对透支额度的使用。事实证明，它确实发挥了作用，一年后平均日间透支金额就降低了40%。

小知识 基点

第三，设置账户余额监控系统（ABMS）。美联储通过账户余额监控系统即时监控各金融机构的清算账户余额。ABMS对两项主要余额进行监控，即日间透支余额和会计余额。日间透支余额依据交易过账规则计算，会计余额则包括日间透支余额及已被美联储处理为"仍无法动用的非FEDWIRE交易（ACH票据交换交易）余额"。美联储一般对其中一种进行监控，如果监控系统发现某个金融机构的余额不足以支付应转款项，系统可以采用拒绝或暂停的方式影响交易的实时进程，当然各个金融机构也可以通过相应的查询系统时刻关注自己的资金情况。

2.日本BOJ-NET资金转账系统

日本BOJ-NET资金转账系统采用逐笔实时处理、全额清算的模式。日本银行为提高BOJ-NET资金转账系统的效率和安全性，采用RTGS和民间结算系统，以定时轧差向其提交大宗结算时所需的流动性要求，主要采取有担保的日间透支和政府债券质押融资等措施提高流动性，对清算账户余额不足的付款通知提供排队机制和抵销机制。

日本银行提供的大多数支付服务都可以通过BOJ-NET资金转账系统处理。

3.澳大利亚支付系统

澳大利亚支付系统是建立在实时全额基础之上的清算系统。该系统采用RTGS处理银行间清算业务，拥有明晰的界面，在广泛的支付系统节点之间仅有一个狭窄的连接地带。澳大利亚支付系统在界面上定义了各银行和交易系统的节点。该节点是银行和交易系统连接在澳大利亚储备银行（Reserve Bank of Australia，RBA）开立的ES账户（外汇清算账户）进行大额支付清算的通道。RTGS从一个银行或交易系统中取得支付命令，通过ES账户进行清算，将款项付给第二家银行或将款项退还交易系统。RTGS不参与各银行内部的专业支付系统，也不参与各银行与其客户的业务，其仅在通过ES账户进行支付款项清算中起着积极作用。为利于各个参加行尽可能降低清算成本，该系统已经成为澳大利亚金融界的基础性系统。各个参加行可以免费加入该系

8

2/电子支付与结算

统，但须按业务量逐笔交费。

RTGS清算是通过各行在RBA开立的ES账户转账、起息而完成的，在该系统中，如果付款行账户余额充足，各银行需要清算的大额支付款项就可以通过各自的ES账户逐笔过账完成。这就意味着，在清算这一时点，从发出付款指示的银行到接收付款指示的银行形成终结的不可撤销的支付命令，其不允许ES账户在任何时候发生透支，因此，一些付款有时需要排队等待收款后才能付出。

澳大利亚支付系统对于风险的控制措施是非常积极有效的，其中之一就是关于银行的付款控制。银行的付款控制主要指银行发出的单边付款通过通道（或通过行业付款交付系统（PDSO））送到RTGS。澳大利亚银行必须直接负责全部外汇资金账户的运作，并负责全部记入账户的款项及账户余额的管理，保证支付所需的余额。同时，根据行业条例和市场规则，银行必须对其通过RTGS的大额支付活动负责。为了使银行承担相应的责任，RBA要求银行必须直接提供关于其外汇资金账户运作情况的清晰、详尽的资料，并提供实时联机的综合性资料，使银行通过RTGS付款的流程全面处于监控之下，主动防范可能发生的风险。

首先，保证联机账户资料的可用性。为在任何时间监控账户的余额并且掌握账户的支付情况，每个银行必须建立一个时刻保持联机状态的实时外汇资金账户数据库。该数据库的标准内容已经放在储备银行信息和交换系统（Reserve Bank Information and Transfer System，RITS）中，新的系统只需要通过RITS建立数据库，从而保证数据库的最大兼容性以及信息的清晰可用。

其次，加强付款流程的全面监控和规范化。每个银行必须对其自身和其客户通过RTGS的付款流程进行全面监控，包括从付款信息发出到通过其外汇资金账户进行清算的全过程。这种监控机制具有设定和修改每笔付款的状态，提供排队付款流程的监控手段，安排某笔付款进入系统或使某笔付款在支付日前释放进入系统并且在付款日进行清算等功能。标准的RTGS终端机将提供与上述功能相连接的支付命令和查询联机接口。

10.2.2　定时净额清算系统

净额结算可以分为双边净额结算和多边净额结算两种形式。双边净额结算是指证券登记结算机构对交易双方之间达成的全部交易的余额进行轧差，交易双方按照轧差得到的净额进行交收的结算方式。在这种结算方式下，交易对手就是交收对手。多边净额结算是指证券登记结算机构介入证券交易双方的交易关系中，成为"所有买方的卖方"和"所有卖方的买方"，然后以结算参与人为单位对其达成的所有交易的应收应付证券和资金予以冲抵轧差，每个结算参与人根据轧差所得净额与证券登记结算机构进行交收的结算方式。

轧差，并无专门的法律定义，在汉语中，与轧差意思相近的词语还有差额计算、对冲、净提等。轧差的法律机制是利用抵销、合同更新等法律制度，如市场交易者之间可能互有内容相同、方向相反的多笔交易，在结算或结束交易时，可以将各方债权在相等数额内抵销，并仅支付余额。轧差按照内容可以分为结算轧差（settlement netting）

和违约轧差（或称结束交易轧差）（close-out netting）。结算轧差是指交易正常结束时，交易各方进行的轧差操作。结算轧差通常在结算前首先轧净同种类的相互债务、债权。结算轧差的目的主要是减少结算风险，防止一方支付后，对方于支付前破产而造成损失。即使同日支付，也存在交割风险。结算轧差不仅适用于支付系统，而且适用于外汇、证券等的交割和结算。违约轧差是指交易一方违约，交易各方立即终止尚待履行合同的交易，对已交易的部分进行轧差操作，各个合同产生的损失和收益相互抵销后，一方向另外一方仅支付（或申报）余额。违约轧差的主要目的是减少一方于结算日前破产而给敞口合同带来的风险。

1.日本全银数据通信系统

日本全银数据通信系统（Zengin System）是一个日本国内银行间资金转账的小额清算系统，于1973年开始运行。另外，很多小型金融机构，如信用金库、信用合作社、劳工信用协会以及区域性银行团体等，都有它们自己的银行间清算系统。这些清算系统的结构与Zengin System相似。日本银行以及外国银行在日本的分支机构等金融机构，直接参与Zengin System的清算。小型金融机构分别通过它们各自与Zengin System连接的清算系统来参与清算。

Zengin System采用实时处理支付指令、定时轧差清算资金的模式。为加强风险管理，Zengin System将其参与者的净轧差额于每日16时15分提交日银系统进行清算，所有的账务处理是最终的和不可撤销的。为避免银行间净轧差不能清算的风险，每个参与者都要根据日均交易量的多少在日本银行放置一定的抵押品。

2.加拿大大额汇划系统

加拿大大额汇划系统（large value transfer system，LVTS）是一个既具有全额实时清算系统属性，又具有定时净额清算系统性质的支付系统。虽然该系统自1999年2月4日开始运行以来一直是一个实时净额清算系统，但是其在两个重要方面与RTGS类似：第一，其担保系统中所有支付结算的确定性；第二，其允许系统参与者通过系统实时地获得所有资金。但是，它为实现此功能所采取的方式，与标准的RTGS不同。加拿大大额汇划系统同样采用实时处理支付指令、定时轧差清算资金的模式。

在LVTS中，支付指令的传送有两种完全不同的模式。模式1采用"违约者支付"抵押机制（自行承担风险），与RTGS采用的方法类似：参与者自行确定其多边净借方限额，并对此限额完全抵押担保，因此，即使一个或多个参与者违约，系统也有充足的流动资金来结算该模式的支付。模式2采用"幸存者支付"抵押机制（共同承担风险），每个参与者都给其他参与者设定了双边净贷方限额，从而控制了其愿意为其他参与者承担的风险限额。同时，每个参与者还需要为该模式下的支付提供抵押，抵押限额是该参与者为每个对手提供的最大授信限额的一定比例（该比例被称为"系统范围百分比"），这被称为最大附加结算债务。参与者可以在全天范围内随时调整其设定的双边净贷方限额。

在出现违约的情况下，违约机构为模式2提供的抵押首先被征用，其余短缺部分由"幸存者"根据给予违约方的双边净贷方限额按照事先确定的比例进行补偿。由于分配给"幸存者"的最大限额就是他们的最大附加结算债务，因此，他们所需承担的风险就在限额范围内。同时，对于模式2，每个参与者都有一个多边净借方限额，等于该参与者被授予的所有双边净贷方限额之和乘以系统范围百分比。双边和多边限额的结合以及抵押担保共同确保系统可以处理持有最大净借方头寸的参与者无力偿债的情况。最后，由加拿大银行对结算提供担保，但是根据风险控制机制的设计，只有在极罕见的情况下才能用到这种担保。极罕见的情况是指，在一个交易日内不止一家直接参与者违约，违约者在模式2中持有净借方头寸，而且没有足够的抵押完成结算。

10.3　我国支付系统风险管理办法

随着我国改革开放的深入和市场化进程的加快，金融安全已经成为经济安全的重点，而金融安全中支付系统的安全又是十分关键的。保持支付系统安全、稳定、高效运行是维护金融稳定的重要保障。为此，党的二十大报告中提出：深化金融体制改革，建设现代中央银行制度，加强和完善现代金融监管，强化金融稳定保障体系，依法将各类金融活动全部纳入监管，守住不发生系统性风险底线。要保证支付系统有效运行，就需要找到解决系统中风险问题的有效管理办法，这一点同时也是全球经济学家、金融专家一直坚持的目标，尤其是我国新一代的经济学家、金融专家为此一直在努力。

伴随着经济、金融改革的不断深入，我国呈现出支付服务组织多元化、支付工具多样化以及支付系统混合运行的局面，需要处理的各类业务、技术和系统的运行管理必将更为复杂。显然，中国现代化支付系统（CNAPS）的建设中应该进一步加强组织领导，强化角色意识和责任意识，在确保支付系统安全运行的前提下不断向前稳步发展。

10.3.1　我国现有的支付系统风险管理办法

1.对重点防范流动性风险和信用风险所采取的措施

第一，系统设计了自动质押融资机制。自动质押融资是指银行业金融机构在支付系统清算账户日间头寸不足时，通过自动质押融资系统向中国人民银行质押债券融入资金弥补头寸，待资金归还后将质押债券自动解押的行为。自动质押融资是各国中央银行普遍采用的向支付清算系统提供融资便利的一种机制，是提高支付清算效率、防范流动性风险的重要措施。采用自动质押融资机制，当清算账户不足支付时，由支付系统国家处理中心自动向公开市场操作业务系统发起清算账户资金不足通知，由中国人民银行公开市场操作室根据协议和管理规定向支付系统发起支付指令，办理资金融通。

第二，系统设计了日间限额透支功能。对于采用了清算账户日间透支的商业银行，由中国人民银行当地分行根据该商业银行的资信情况和支付清算的资金量，设置其日间透支限额并发送到国家处理中心，商业银行发生日间透支的费用计算和利息扣收由国家处理中心直接处理。目前，一个清算账户在一定时限内只能在日间限额透支和自动质押融资中选择一种方式，但优先采用自动质押融资的方式。

第三，系统设计了清算窗口时间功能。清算窗口时间是指大额支付系统为清算账户余额不足的直接参与者在日终处理前预留的一段时间，以便其能够在这段时间内筹措资金，是支付系统对参与者提供的一种流动性管理手段。在清算窗口时间内，系统处理弥补透支和清算排队的业务，然后立即关闭清算窗口，进行日终处理。这样使得直接参与者拥有更多时间筹措资金，有利于支付系统进行清算。

第四，重点防范信用风险的措施。为规避信用风险，支付系统针对不同支付工具的特点，对发起行允许发起的支付业务种类进行了严格限制，在城市处理中心设置了发起行业务种类控制表，根据控制表对发起行发起的支付业务进行种类检查，对不允许发起的支付业务进行拒绝处理。同时，中国人民银行会计营业部门针对清算账户行的信用状况可以核定其日间透支限额，对经常出现日终不能清算的情况或信用较差的清算账户行，采取部分金额控制、借记控制等措施。

2. 设置 CNAPS 流动性风险监测机制

首先，查询清算账户的头寸。中国人民银行早已规定中国人民银行分支机构和各金融机构对支付系统清算账户的头寸和预期头寸进行关注查询。各金融机构的分支行可以随时查询下级行的清算账户余额情况，中国人民银行分支机构也可查询管辖范围内的金融机构的清算账户余额情况，但是下级行对上级行的查询以及不同行之间的查询是禁止的。

其次，查询排队业务队列。金融机构可以在 CNAPS 中查询本行清算账户中排队等待清算的支付业务，以便其根据排队情况及时筹措资金。

最后，使用中央银行会计集中核算系统（ABS）监视清算账户余额情况。ABS 提供清算账户余额监视功能，并可设定清算账户余额警戒值，当所管辖金融机构的清算账户余额达到警戒值时，系统将自动开启清算账户余额监视窗口通知监视人，金融机构弥补资金后，监视窗口将自动关闭，从而有效地预防风险。

3. 支付系统的最新监管条例

2023 年 12 月 9 日，国务院公布了《非银行支付机构监督管理条例》（以下简称《条例》），自 2024 年 5 月 1 日起施行。《条例》以国家立法的形式为支付行业提供制度保障，重点关注备付金管理、消费者保护与反洗钱领域，促进支付行业规范发展。《条例》具体包含以下四方面的监管要求：

首先，严格市场准入，规定设立非银行支付机构应当经中国人民银行批准，这使支付机构具有了"牌照价值"，并由此实现风险的自我抑制。

其次，强化备付金管理，非银行支付机构不得挪用、占用、借用备付金，不得伪造、变造支付指令，防范非银行支付行业风险。

再次，强化消费者保护，要求妥善保存用户资料和交易记录，不得将相关核心业务和技术服务委托第三方处理。

最后，强化反洗钱监管，支付账户实名开立，防范支付账户被用于非法集资、电信网络诈骗和洗钱活动；不得从事或者变相从事清算业务，业务系统可以满足交易溯源要求。

10.3.2 完善我国支付系统风险管理的措施

1.把握控制支付系统风险的基本原则

（1）从根本上健全支付系统风险控制相关法律法规，做到有法可依，有效防止风险。要有效防止支付系统风险，不能单靠信息技术的改进，还需要整个社会金融体系的积累以及社会法律和制度的严格约束。以新的方式产生新的效益，这是降低风险最有效，也是最直接的方法。一方面，要加快电子支付体系的进一步建设，当然允许一定的风险存在；另一方面，应该采取明确、强硬、有效的法律手段对那些破坏支付系统的不法分子进行严厉的制裁。支付系统所产生的新的风险主要来自极少数不法分子为牟取私利而不惜损害他人利益的行为，对这种情况应该加以严厉的惩罚，否则将给我国的经济社会发展带来不可估量的严重后果。我国目前应以防范风险、规范操作为主线，将各项内控制度的建设与新系统运行状态下的新增风险点结合起来，并与系统功能设计相结合，进一步整合、完善各项业务制度和操作流程，加强对重要环节和重要岗位的控制，确保将会计核算的各个环节、各个步骤纳入制度化轨道，实现风险管理的科学化和规范化。

首先，加快支付系统的立法进程。我国目前尚未出台针对支付系统的专门立法，关于结算最终性的规定仅体现在大额支付系统、小额支付系统、网上支付跨行清算系统的业务处理办法中，法律层级低于部门规章，而《企业破产法》中并没有支付系统业务豁免于"零点法则"的条款，因而存在潜藏的法律风险。支付、清算、结算是所有经济交易的基石，清晰明确的系统业务规则，是交易各方信任的最根本来源。针对支付系统专项立法，既是市场规模不断扩大、市场参与者日趋多样、市场竞争日益激烈的必然要求，也是国际货币基金组织、国际清算银行等国际组织历次评估指出的努力方向。[①]因此，国家应当加快立法进程，规定支付系统参与者的各项权利和义务，减少由于法律缺失造成的风险。

其次，制定和完善相关的法律法规和部门规章，并制定银行业金融机构和清算组织接入、退出支付系统的办法，防范系统风险，保障系统稳定。例如，《票据法》的修改；《银行卡业务管理办法》的出台，提升银行卡法律层次，加强对银行卡当事人合法权益的保护；完善网上支付等电子支付业务规则以及《支付清算组织管理办法（征求意见稿）》等相关配套规则的制定工作。

（2）在树立风险防范理念、增强风险敏感性的同时，以科技手段防范支付系统风险。支付清算体系的管理者、运行者和参与者都有责任和义务维护支付清算体系的正常运行：要增强责任意识，从贯彻落实科学发展观、全面做好金融服务工作的高度，深刻认识防范支付清算体系风险的重要意义和使命；要增强风险意识，通过开展广泛的风险教育和业务风险评估培养支付清算体系工作人员的风险意识，并将风险意识贯穿于日常工作之中；要把风险防范工作作为重点工作进行安排部署，做到三个"到位"，即认识到位、工作力度到位、防范措施到位。

---

① 侯鸿璠.支付清算系统的国际比较与启示［J］.金融纵横，2020（3）：27-35.

利用高科技手段防范支付系统风险的方法主要有：

① 完善支付管理信息系统（PMIS），整合支付清算体系信息资源，通过对现代化支付清算体系各个组成系统（尤其是 HVPS）所提供的信息进行收集、分析和整合，了解各种平衡流动性和风险的政策在实际操作过程中的效果，并像意大利等大多数发达国家的支付系统一样，注重数据分析，为制定更好的适合我国国情的管理流动性和风险的政策办法提供实证支持。同时，也可以像芬兰银行那样开发一个支付系统的模拟器 BoF-PSS2（Bank of Finland-Payment System Simulator 2）来进行相应的流动性、风险和速度的分析和模拟。

② 推广使用支票圈存系统，有效防范信用风险。支票圈存系统使持票人足不出户就可以实时查验支票真伪和账户是否有足够余额支付票款。其对防范支票的使用风险、保障存款人的资金安全、维护持票人的合法权益、维护正常的支付结算秩序、推动个人支票业务的发展具有重要作用。

③ 自主开发和掌握核心技术，提高计算机信息技术水平。自主掌握核心技术，避免受制于其他国家也是十分重要的。在系统的核心软件开发、系统集成等方面尽量依靠自己的力量；自己建设确有困难的，尽量寻找国内信誉、实力上乘的公司合作；系统维护要以自己为主，尽可能不依靠系统外的单位，以保障系统的安全可靠。另外，完善内部结算程序有利于降低支付系统操作风险，而先进的计算机信息技术有利于阻挡不合法的入侵，消除擅自改变参与者密码的隐患，保护参与者的账户和资金安全。

（3）营造良好的社会信用环境，从而正面引导支付系统参与者提高信用意识。加快社会和个人征信系统的完善和推广，宣传个人信用的道德和现实意义，努力营造一个社会公民自觉重视信用道德、主动防范信用风险的良好社会环境。良好的信用环境和完善的信用记录有利于促使支付系统参与者注重个体机构的信用，减少支付过程中的风险。同时，良好的信用环境和完善的信用记录有利于解决当今社会的个人信用问题，促使金融机构严格审查其客户的信用，间接解决支付系统参与者服务对象的支付风险问题。

2.继续加强对现代化支付系统的研究，进一步完善支付系统功能

目前，我国经济、金融领域的研究工作者对支付系统的研究内容还不够深入，研究范围还不够广泛，这对于中国现代化支付系统的未来发展存在一定的限制作用。作为发展中国家，我国的现代化支付系统虽然起步较晚，但发展速度很快，我们往往容易因此而忽略对其进行进一步的研究，尤其是对风险防范的研究。我们应该多参考、学习发达国家支付系统的结构和发展趋势，借鉴国外的相关研究成果以及成功实践经验，结合我国国情进行再创造，进而提高中国现代化支付系统的运行效率和安全性。

同时，为我国融入世界经济提供一套核心的支付系统原则和平台，有利于国家与国家之间的经济、金融来往，提高跨国支付的效率，减少支付的在途时间，降低支付过程中的风险。值得指出的是，在对中国现代化支付系统的研究中，我们应该从实际出发并且将研究成果应用于实际，而不是局限于理论研究，应该更多地进行实证分析、数据处理研究以及模型构造，从而消除系统所面临的安全隐患。

我国的现代化支付系统正处于快速发展和不断完善的关键阶段，日新月异的业务需求必将对支付系统的功能开发和完善提出更高的要求。随着经济和金融的发展，支付系统必须不断满足社会的多样化需求，提供尽善尽美的支付服务。例如，优化排队机制，提供合理的日间透支、质押融资功能，缓解参与者的流动性压力，减少支付命令的阻塞现象，提高资金的清算效率，但其前提是保证参与者有能力偿还透支数额。另外，网上支付和手机支付已经融入人们的日常生活，随着智能手机厂商陆续推出人脸识别功能，刷脸支付渗透到零售商超、餐饮等生活主要场景，呈现高速增长态势。此类支付将直接借用公共网络、手机网络、人脸数据库等完成支付，存在安全隐患和法律风险。如果发生纠纷，消费者权益很难得到保障。尤其是人脸识别支付，技术尚未成熟，不同场景/光线/角度下识别结果的准确性、面对伪装攻击时的分辨能力，以及个人隐私的安全性都是有待解决的问题。因此，进一步完善支付系统的功能迫在眉睫。我们应该借鉴国外的先进经验，抓紧完善连接到业务管理部门的支付系统业务监控子系统和支付管理系统，并将其分布到各类新型的支付系统中，加强对系统运行的业务监督和管理。同时，完善外币清算系统，为我国的支付清算系统提供更加强有力的支付清算工具，改善我国的支付清算环境，丰富支付清算手段。

3.对流动性风险和信用风险重点防范、有效控制

（1）不断改进和完善日间透支模式，提高支付效率。日间透支功能不仅可以有效弥补自动质押融资功能的不足，还具有适用范围广和效率高的特点，因此，支付系统提供的日间透支服务在发达国家非常普遍。我国在不断完善支付系统的过程中，应当向国际靠拢，提高效率，加强对日间透支管理的研究，并尽可能地向系统参与者提供日间透支服务，如同信用卡的透支功能，达到刺激消费、活跃市场的效果。

（2）创造或引进先进的流动性管理工具并执行高额罚息制度。例如，可以引入吞吐量指引工具。吞吐量指引是指支付系统参与者平均发送支付指令、合理使用系统资源的一种安排，使系统得到有计划和平均的使用，有利于防范流动性风险。同时，可以对制造清算窗口的直接参与者执行高额罚息制度，使透支商业银行或单个客户受到经济制约，提高参与者的风险意识与成本。

（3）对大、小额支付系统的清算制度进行合理优化。

第一，对大额支付业务和实时业务采用真正的全额实时结算，改革小额支付系统预先圈存资金的做法，对小额支付业务采用真正的延迟净额结算，将担保、授信、抵押等多种手段作为圈存资金的主要来源，从而有效替代备付金的占用。同时，设法创造更新的支付机制，使大、小额支付系统逐渐共同走向实时净额结算，并制定日间提早完成资金清算的激励机制，共享资金头寸。

第二，采取分类方式为商业银行提供在营业时间之后使用大额支付系统的权限，同时合理分类延长支付系统清算窗口开放时间，以便商业银行拥有充足时间筹措头寸弥补缺口。

第三，多渠道提供融资便利，提高商业银行筹资能力。出台高额罚息贷款和同业拆借的标准化合约，并将流程标准化，使其更加便于监控；启用高额罚息贷款功能，增加同业拆借模块，同时适当降低贷款利息。根据不同类型的业务需求提供各种时长的融资便利，如小时、日间等，尽量预设融资触发条件信息化处理，实现融资业务的自动化处理。同时，中国人民银行可以采取物质激励措施，采用软硬兼施的方式正面引导商业银行适当增加备付金。

第四，制定多样化的计费等方式，鼓励和引导商业银行在某几个营业时点集中进行处理，形成相对业务高峰以利于相互净额轧差和撮合，提高清算效率和一次性成功率。当然，这需要在系统的承受能力和监管能力范围内进行。

4.制定合理详尽的 CNAPS 损失分摊补救原则

损失的分摊一般是按照事先商定的原则进行的。在轧差净额业务中，支付指令的处理与实际上的资金划拨可能并不同步。因此，在支付系统进行清算处理时，若某个参与者发生流动性危机而无法划拨足够资金，资金清算受到阻碍，就可能造成资金损失，使系统无法完成结算。要对此情况进行补救，就需要此系统中其他参与者分摊损失，帮助系统完成最终结算，使系统不至于造成更大的风险。目前，我国流动性管理措施单一，中国人民银行面临着高额罚息贷款无法完全收回的风险，我国应该结合具体国情，借鉴国外先进的技术与经验，制定科学、适宜的损失分摊机制。

5.对商业银行进行流动性管理主体意识教育并成立国家清算银行，统一管理清算系统

为了让各个商业银行真正地明白自身才是流动性管理的主体，并且意识到流动性风险的巨大危害，中国人民银行应该运用合理的事实对商业银行进行流动性风险管理主体意识教育，引导商业银行积极主动地加强自身的流动性管理，最终形成真正的、商业银行和中国人民银行互相配合的流动性风险管理。同时，组建国家清算银行进一步促进支付系统的发展，规范管理各条线和各层次的支付系统，统一清算规则，合理平衡各方利益，实现支付系统和相关业务处理系统的贯通，支持各业务处理核算和清算一体化，确保业务处理简便易行，资金头寸系统共用，并易于监控和管理，这将对流动性管理产生积极作用。

10.3.3　金融机构改革监管的现状

1.中国人民银行职责机构调整

2023年10月12日，中国机构编制网发布《中共中央办公厅 国务院办公厅关于调整中国人民银行职责机构编制的通知》，将中国人民银行的职责、机构和编制进行调整。

在主要职责方面，主要进行以下调整：

（1）撤销国务院金融稳定发展委员会及其办公室，将其职责划入中央金融委员会办公室。

（2）将对金融控股公司等金融集团的日常监管职责，划入国家金融监督管理总局。

（3）将建立健全金融消费者保护基本制度职责，划入国家金融监督管理总局。

在机构设置方面，主要进行以下调整：

（1）将设在中国人民银行的国务院金融稳定发展委员会办公室秘书局，划入中央金融委员会办公室。

（2）中国人民银行不再保留金融消费权益保护局，原由其承担的协调推进相关普惠金融工作职责，划入金融市场司。

（3）宏观审慎管理局不再承担对金融控股公司等金融集团的日常监管职责。将金融市场司承担的统筹互联网金融监管职责、拟定并组织实施宏观信贷指导政策中涉及房地产金融领域的相关职责，划入宏观审慎管理局。

2.国家金融监督管理总局设立

2023年3月，中共中央、国务院印发《党和国家机构改革方案》，决定设立国家金融监督管理总局，履行对金融集团的日常管理、金融消费者保护、投资者保护等职责。

2023年，国家金融监督管理总局的工作重点包括监管架构体系建设和制度完善，将落实中央金融工作会议部署、出台配套制度文件放在首位。

根据国家金融监督管理总局对2024年的工作部署，金融监管重点工作分为八大目标。一是全力推进中小金融机构改革化险，健全金融风险处置常态化机制。二是积极稳妥防控重点领域风险，加大不良资产处置力度。三是落实强监督严监管要求。四是加强信息交流共享和重点任务协同。五是着力防范打击非法金融活动。六是坚定不移深化金融改革开放，引导金融机构聚焦主业，提升行业发展可持续性。七是精准高效服务经济社会发展，持续增强普惠金融服务能力，切实提升金融消保工作质效。八是平稳有序完成机构改革任务，稳步推进县域机构改革。

@ 本章小结

支付系统风险是金融风险中最值得关注的风险之一，其主要由流动性风险、信用风险、法律风险、运行风险以及系统性风险组成。本章对以上风险进行了较为详细的分析，包括其产生原因、表现形式及影响等。上述风险之间具有广泛而紧密的联系，一旦一种风险出现并扩大，极有可能导致另一种或多种风险，各种风险之间存在明显的传导性、方向性，构成一个完整的有机传递链条。

针对支付系统风险的特点，国内外支付系统管理机构提出和实施了各种风险管理办法。本章介绍了美国联邦电子资金转账系统、澳大利亚支付系统以及加拿大大额汇划系统等国外大型支付系统对风险的现行管理办法。

最后，根据中国现代化支付系统的现实情况和发展进度，分析了我国现行的支付系统风险管理方法，如自动质押融资、日间限额透支、清算窗口时间等，并且结合这些办法和国外支付系统所采取的办法，进一步提出了加强和改善支付系统风险管理的措施。

@ 关键术语

支付系统；流动性风险；系统性风险；运行风险；风险管理

@ 习题

1.什么是支付系统风险？

2.支付系统风险的主要类型有哪些？

3. 流动性风险和信用风险的主要差别是什么？

4. 请简述流动性风险的形成原因和机理。

5. 请简述支付系统各种风险之间的相互作用过程和结果。

6. 请举例介绍全额定时清算系统。

7. 我国现有的支付系统风险管理办法有哪些？现行管理办法的效果如何？

8. 请简述 CNAPS 损失分摊补救原则。

@ 案例分析

亮"收款码"反被扣钱？隔空盗刷新套路

2023 年 2 月，周某航（另案处理）找到周某科，两人商量着使用扫码枪偷扫商户付款码来盗取钱款。他们一拍即合，说干就干，周某科提供身份证、银行卡，周某航购买扫码枪、POS 机，并注册商家账户进行身份信息绑定。为拓展"业务"，周某科找到李某入伙，商定由李某找人提供身份证、银行卡并注册商家账户，李某可以从账户收款中分取提成。

筹备工作就绪，周某科等人开始在网上搜索商家，以购买宠物狗、麻将机等名义，添加对方为微信好友，并主动提出支付定金，但需要商家提供支付宝收款码。随后，他们通过微信视频方式联系对方，谎称该码无法使用操作失败，建议商家借用另外一台手机登录支付宝，他们可以通过视频的方式扫描支付宝收款码进行付款。商家打开支付宝收付款，首先跳出的是"付款码"，手动点击切换后，才是个人收款的"收款码"。而周某科早已开启手机录屏功能，记录下商家操作支付宝的所有流程，并通过录屏截图方式保留下付款码。

周某科等人利用扫码枪对截图的付款码进行扣款，利用被害人小额免密支付的习惯，每次盗刷 300 元到 900 元不等金额。据统计，周某科等人使用相同手法成功作案 20 余起，合计盗刷 11 000 余元，被害人涉及内蒙古、四川、安徽等多地。

县人民法院经审理认为，被告人周某科、李某窃取公私财物，数额较大，其行为已构成盗窃罪。根据被告人周某科、李某的犯罪事实、性质、情节和对社会的危害程度及悔罪表现，判处被告人周某科犯盗窃罪，判处有期徒刑八个月，并处罚金人民币五千元；被告人李某犯盗窃罪，判处有期徒刑六个月，并处罚金人民币两千元。

网上涉及金钱交易的，一定要谨慎对待，千万不要受陌生人引导而随意进行交易支付，更不要轻易暴露付款码等支付信息。支付宝、微信支付等软件一定要设置支付密码，适度增加一些手势识别、刷脸等安全验证方式，同时关闭免密支付，以免给不法分子留下可乘之机。

资料来源　佚名. 亮"收款码"反被扣钱？竟是因为这个隔空盗刷新套路！判了［EB/OL］.［2024-07-05］. http://fx.lncourt.gov.cn/article/detail/2023/09/id/7516483.shtml.

问题：

网上扫码支付有哪些潜在风险？消费者该如何防范这类风险？

案例使用说明

一、教学用途与教学目标

1.教学用途

本书中的思政案例适用于本科生电子支付与结算、互联网金融等课程内容的教学。

2.教学目标

提升学科价值认同：帮助学生理解相关专业知识，学会利用理论知识分析实际问题，树立终身学习的意识。

增强前沿意识：引导学生关注社会热点问题、时事新闻和政策变化，锻炼批判性思维。

增强社会责任感：引导学生深入社会、关注现实问题、了解国情，增强爱国主义情怀，激发民族自豪感和使命感，树立社会责任和担当意识，提高语言表达能力，培养乐于分享、善于合作的精神。

二、教学方法

为了确保课程思政的整体效果，教师需要根据实际情况，科学合理利用多种教学方法。本课程的思政教学以案例教学法为主，其他方法作为辅助。

1.案例教学法

以"第三方支付机构2023年收54张罚单，罚没总金额超过62.78亿元"等热点案例进行切入，引导学生深入分析讨论。以教材各个章节的具体内容为依据，将知识点与案例相结合。需要注意的是，在分析案例时，不可强行嵌入思政元素，需要找准时机，契合内容，逐步引入。

2.问题讲解法

本课程包含丰富的理论知识点，理论性非常强，教师在教学过程中，可以采用问题讲解法，一边提问一边教学，由专业课程教学中的主体问题引出思政内容，并转换为思政教学专题。

3.讨论教学法

教师可以选择讨论教学法，采取小组负责制，为学生提供讨论主题。尽量选取最近发生的和电子支付与结算相关的时事热点。教师要求学生提前收集和整理相关资料，确保资料与专业课程教学内容相匹配，充分挖掘思政元素。

三、教学组织

教师通过课前准备、课中实施、课后提升三个阶段整合电子支付与结算课程的价值模块和思政内容，通过课内讨论和课后实践，系统化打造本课程的思政元素，将学生的思政感悟进行时间上和空间上的拓展。

1.课前准备阶段

课前利用本校已经建设的SPOC课程及其他知名院校的优质精品MOOC资源，引导学生关注电子支付与结算发展现状，关心我国当下的社会变革，关注相关时事，增强社会责任感。例如，引导学生关注国内第三方支付机构在发展中存在的问题，以及国内目前对互联网金融平台等的监管途径，思考我国电子支付与结算的发展前景，对比国内外同类企业的发展，弘扬民族自豪感。

2.课中实施阶段

课中实施过程分两步进行：首先，发挥课堂"育人主战场"的作用，确定课堂的德育主题，利用真实案例进行教学，正面引导学生树立正确的价值观；然后，倡导学生采用分组方式围绕现实问题进行讨论，培养学生的批判性思维和独立性思维。

3.课后提升阶段

一方面，通过课后常规方式如布置课后习题、撰写案例分析报告等巩固理论知识；另一方面，采取"以赛促学"方式将各类大赛与课堂知识相结合，加强实践指导。例如，组织学生参与大学生互联网金融案例分析大赛等比赛，培养学生的专业精神和合作意识，践行"全人培养"的教学理念。

总之，课程思政要立足于培养大学生科学世界观、人生观、价值观的重任，在不改变专业课程原本属性的前提下，将思政内容"润物无声"地融入专业知识，从教学内容、教学组织、教学方法三方面进行改革，实现专业课程和思政课程"同向同行"的教学效果。

案例1 做好五篇大文章 推动金融高质量发展

一、案例背景

2023年10月30日至31日，中央金融工作会议在北京举行，会议强调，金融是国民经济的血脉，是国家核心竞争力的重要组成部分，要加快建设金融强国，全面加强金融监管，完善金融体制，优化金融服务，防范化解风险，坚定不移走中国特色金融发展之路，推动我国金融高质量发展，为以中国式现代化全面推进强国建设、民族复兴伟业提供有力支撑。

会议指出，党的十八大以来，在党中央集中统一领导下，金融系统有力支撑经济社会发展大局，坚决打好防范化解重大风险攻坚战，为如期全面建成小康社会、实现第一个百年奋斗目标作出了重要贡献。

第一，金融支持实体经济质效大幅度提升。党的十八大以来，我国金融部门深化对金融本质和规律的认识，将服务实体经济作为金融业立业之本，已经建成全球最大的银行体系，第二大保险、股票和债券市场，普惠金融走在世界前列。中国人民银行的数据显示，对实体经济发放的人民币贷款余额从2014年的81.43万亿元攀升至2023年9月的230多万亿元，年均增速保持在10%以上，与名义GDP增速基本匹配。直接融资渠道不断畅通，从2012年的不到30万亿元，到2023年9月已超150万亿元的托管余额，我国债券市场不断发展壮大。A股上市公司中，战略性新兴产业上市公司近2900家，对实体经济高质量发展起到有力的促进作用。当前，金融与实体经济良性循环逐步形成，为经济社会长期稳定健康发展提供了有力支撑。

第二，重点领域和薄弱环节金融服务不断加强。近年来，我国金融部门持续加大对制造业、科技创新、小微企业、乡村振兴、绿色发展等领域的支持力度，促进金融资源向重点领域和薄弱环节倾斜。金融管理部门的数据显示，截至2023年9月末，普惠小微贷款余额28.74万亿元，近五年年均增速约25%；绿色贷款余额、制造业中长期贷款余额、"专精特新"中小企业贷款余额、涉农贷款余额分别同比增长36.8%、38.2%、18.6%、15.1%，均远高于各项贷款增速。中国人民银行货币政策司司长邹澜表示，"服务经济高质量发展，调整和完善结构性货币政策工具体系，在激励和引导金融机构优化信贷资源配置方面发挥了积极作用"。

第三，实体企业融资成本不断下降。市场化利率形成和传导机制日益完善，贷款市场报价利率（LPR）改革成效不断显现，货币政策传导效率逐渐提升，推动社会融资成本明显下降。2023年9月，我国企业新发放贷款加权平均利率为3.85%，比上年同期降低14个基点，处于历史低位。

第四，有力有效防范化解金融风险。金融资产脱实向虚势头得到扭转。针对资金空转、套利等现象，开展市场乱象专项治理；全面实施资管新规，金融管理部门坚决清理脱实向虚、乱加杠杆等活动，类信贷影子银行规模较历史峰值压降约30万亿元，流向实体经济资金大幅增加。社会金融秩序基本实现"由乱到治"，《防范和处置非法集资条例》出台，齐抓共管、群防群治、各尽其责、通力协作的非法集资综合治理格局正在形成。我国非法集资新发案件数量、涉及金额和人数连续多年下降。深入推进P2P网贷专项整治工作，P2P网贷机构全部停止运营。在促进房地产市场平稳发展方面，多项金融政策共同发力，配合推出3500亿元保交楼专项借款、设立2000亿元保交楼贷款支持计划、设立1000亿元租赁住房贷款支持计划、合理优化首付比例和贷款利率要求、稳妥降低存量首套房贷利率等，多项措施共同促进房地产市场平稳健康发展。补齐监管短板，建立健全长效机制。从整治股东股权入手，加强金融机构公司治理；出台《金融控股公司监督管理试行办法》《系统重要性银行评估办法》《系统重要性保险公司评估办法》等法案，筑牢金融安全网。

第五，金融改革开放深入推进。金融监管体系不断健全，2023年5月18日，国家金融监督管理总局正式挂牌，新一轮金融监管机构改革迈出重要一步。组建中央金融委员会、中央金融工作委员会、国家金融监督管理总局等金融监管机构。同时，深化地方金融监管体制改革，中国证券监督管理委员会调整为国务院直属机构，2023

年3月，中共中央、国务院印发《党和国家机构改革方案》，其中多项涉及金融监管领域。金融领域制度改革不断推进，设立科创板并试点注册制，支持和鼓励"硬科技"企业上市；设立创业板改革并试点注册制，不断改进对创新创业企业的支持和服务；设立北京证券交易所，打造服务创新型中小企业主阵地，资本市场改革不断深化。金融开放稳步进行，启动沪深港通、沪伦通、内地与香港债券通、互换通，中国债券纳入全球三大债券指数，放开外资金融机构在华持股比例限制，大幅扩大外资金融机构业务范围，外资机构不断加大在华投入。截至2023年9月末，来自52个国家和地区的202家银行在华设立机构；2020年至2023年9月末，在华外资银行增（注）资总计达187.3亿元人民币。截至2023年9月末，共有1110家境外机构进入中国债券市场，持有中国债券3.3万亿元人民币。人民币国际化稳中有进。环球同业银行金融电信协会（SWIFT）的数据显示，2023年9月，人民币在全球贸易融资中占比为5.8%，同比上升1.6个百分点，排名上升至第二位。

二、案例中的思政元素

党的十八大以来，在以习近平同志为核心的党中央坚强领导下，我国坚定不移走中国特色金融发展之路，持续推动金融事业高质量发展。在习近平新时代中国特色社会主义思想指引下，各地各部门持续深化金融供给侧结构性改革，稳步扩大金融开放，统筹发展与安全，牢牢守住不发生系统性风险的底线，合力推进中国金融改革发展事业稳健前行。

1.提高政治站位，以金融高质量发展助力强国建设、民族复兴伟业

党中央把马克思主义金融理论同当代中国具体实际相结合、同中华优秀传统文化相结合，努力把握新时代金融发展规律，持续推进我国金融事业实践创新、理论创新、制度创新，奋力开拓中国特色金融发展之路，强调必须坚持党中央对金融工作的集中统一领导，坚持以人民为中心的价值取向，坚持把金融服务实体经济作为根本宗旨，坚持把防控风险作为金融工作的永恒主题，坚持在市场化法治化轨道上推进金融创新发展，坚持深化金融供给侧结构性改革，坚持统筹金融开放和安全，坚持稳中求进工作总基调。这些实践成果、理论成果来之不易。同时，要清醒看到，金融领域各种矛盾和问题相互交织、相互影响，有的还很突出，经济金融风险隐患仍然较多，金融服务实体经济的质效不高，金融乱象和腐败问题屡禁不止，金融监管和治理能力薄弱。金融系统要切实提高政治站位，胸怀"国之大者"，强化使命担当，下定决心从根本上解决这些问题，以金融高质量发展助力强国建设、民族复兴伟业。

2.加强党中央对金融工作的集中统一领导，是做好金融工作的根本保证

做好金融工作必须坚持和加强党的全面领导，以习近平新时代中国特色社会主义思想为指导，全面贯彻党的二十大精神，完整、准确、全面贯彻新发展理念，深刻把握金融工作的政治性、人民性，以加快建设金融强国为目标，以推进金融高质量发展为主题，以深化金融供给侧结构性改革为主线，以金融队伍的纯洁性、专业性、战斗力为重要支撑，以全面加强监管、防范化解风险为重点，坚持稳中求进工作总基调，统筹发展和安全，牢牢守住不发生系统性金融风险的底线，坚定不移走中国特色金融发展之路，加快建设中国特色现代金融体系，不断满足经济社会发展和人民群众日益增长的金融需求，不断开创新时代金融工作新局面。要完善党领导金融工作的体制机制，发挥好中央金融委员会的作用，做好统筹协调把关。发挥好中央金融工作委员会的作用，切实加强金融系统党的建设。发挥好地方党委金融委员会和金融工委的作用，落实属地责任。要坚持政治过硬、能力过硬、作风过硬标准，锻造忠诚干净担当的高素质专业化金融干部人才队伍。要在金融系统大力弘扬中华优秀传统文化，坚持诚实守信、以义取利、稳健审慎、守正创新、依法合规。要加强金融法治建设，及时推进金融重点领域和新兴领域立法，为金融业发展保驾护航。

3.高质量发展是全面建设社会主义现代化国家的首要任务，金融要为经济社会发展提供高质量服务

要着力营造良好的货币金融环境，切实加强对重大战略、重点领域和薄弱环节的优质金融服务。始终保持货币政策的稳健性，更加注重做好跨周期和逆周期调节，充实货币政策工具箱。优化资金供给结构，把更多金融资源用于促进科技创新、先进制造、绿色发展和中小微企业，大力支持实施创新驱动发展战略、区域协调发展战略，确保国家粮食和能源安全等。盘活被低效占用的金融资源，提高资金使用效率。做好科技金融、绿色金融、普惠金融、养老金融、数字金融五篇大文章。要着力打造现代金融机构和市场体系，疏通资金进入实体经济的渠道。优化融资结构，更好发挥资本市场枢纽功能，推动股票发行注册制走深走实，发展多元化股权融资，大力提高上市公司质量，培育一流投资银行和投资机构。促进债券市场高质量发展，完善机构定位，支持国有大型金融机构做优做强，当好服务实体经济的主力军和维护金融稳定的压舱石，严格中小金融机构准入标准和监管要求，立足当地开展特色化经营，强化政策性金融机构职能定位，发挥保险业的经济减震器和社会稳定器功能。强化市场规则，打造规则统一、监管协同的金融市场，促进长期资本形成。健全法人治理，完善中国特色现代金融企业制度，完善国有金融资本管理，拓宽银行资本金补充渠道，做好产融风险隔离。要着力推进金融高水平开放，确保国家金融和经济安全。坚持"引进来"和"走出去"并重，稳步扩大金融领域制度型开放，提升跨境投融资便利化，吸引更多外资金融机构和长期资本来华展业兴业。增强上海国际金融中心的竞争力和影响力，巩固提升中国香港的国际金融中心的地位。

4.全面加强金融监管，有效防范化解金融风险

切实提高金融监管有效性，依法将所有金融活动全部纳入监管，全面强化机构监管、行为监管、功能监管、穿透式监管、持续监管，消除监管空白和盲区，严格执法、敢于亮剑，严厉打击非法金融活动。及时处置中小金融机构风险，建立防范化解地方债务风险长效机制，建立同高质量发展相适应的政府债务管理机制，优化中央和地方政府债务结构。促进金融与房地产良性循环，健全房地产企业主体监管制度和资金监管，完善房地产金融宏观审慎管理，一视同仁满足不同所有制房地产企业合理融资需求，因城施策用好政策工具箱，更好地支持刚性和改善性住房需求，加快保障性住房等"三大工程"建设，构建房地产发展新模式。维护金融市场稳健运行，规范金融市场发行和交易行为，合理引导预期，防范风险跨区域、跨市场、跨境传递共振。

加强外汇市场管理，保持人民币汇率在合理均衡水平上的基本稳定。防范化解金融风险，要把握好权和责的关系，健全权责一致、激励约束相容的风险处置责任机制；把握好快和稳的关系，在稳定大局的前提下把握时度效，扎实稳妥化解风险，坚决惩治违法犯罪和腐败行为，严防道德风险；对风险早识别、早预警、早暴露、早处置，健全具有硬约束的金融风险早期纠正机制。

案例2　第三方支付监管从重从严

一、案例背景

"严监管常态化"是近年来支付行业的主基调。2023年，非银支付合规建设贯穿始终，第三方支付领域继续保持趋严的监管环境。从2016年开始，监管层对支付行业进行系统性梳理，其间出台多项法规，涉及反洗钱、收单等，逐步清除"灰色地带"，当前，迎来了对违规事件查处的关键时期。2023年，中国人民银行各分支机构（包括中国人民银行营业管理部）针对第三方支付行业开出的罚单金额已超62.78亿元。

1.第三方支付机构2023年收54张罚单，罚没总金额超过62.78亿元

《北京商报》根据中国人民银行各分行披露的信息统计，截至2023年12月28日，2023年年内第三方支付领域至少产生了54张罚单，罚没总金额超过62.78亿元。从被罚事宜来看，与反洗钱密切相关的商户管理、交易管理和清算管理依旧是重灾区，其中仅有一家机构因"未按规定办理变更事项"被罚。同时，超过六成罚单涉及"双罚"，即责任人一并被罚。

尽管罚单数量较上年相差较小，这一惩罚水平已经超过过往历年支付领域罚金总和。具体来看，2023年7月，支付宝（中国）网络技术有限公司与财付通支付科技有限公司遭遇巨额处罚，罚没金额分别达到30.3亿元和29.7亿元。若除去这两张罚单，剩余52张罚单共计产生近2.78亿元罚金，与上年同期的2.71亿元相比有小幅提升。2023年年内千万元、百万元级别大额罚单数量较上年也有明显增长，分别为7张以及24张，而年内仅有10张罚单受罚金额低于10万元。

金融科技专家苏筱芮表示，支付领域年内千万元、百万元级别大额罚单数量较上年有明显增长，反映出支付行业持续趋严的监管态势。一方面，支付领域的精细化监管举措不断推进，使得监管效率相较往年有所提升；另一方面，部分支付机构合规意识淡漠，在一些关键业务环节中反复踩到红线，致使其遭遇从重处罚。

罚单之外，支付机构迎来新规《非银行支付机构监督管理条例》（以下简称《条例》）。2023年4月18日晚间，头部收单机构拉卡拉公告自曝该公司收单业务"跳码"，即在收单业务中存在部分标准类商户交易使用优惠类商户交易费率上送清算网络，其已按照相关协议将涉及资金退还至待处理账户，引发轩然大波。随后，合利宝、嘉联支付、国通星驿、联动优势、海科融通等多家开展收单业务的支付机构，先后承认过往业务存在"跳码"，也由此扯下了这一行业痼疾的"遮羞布"。2023年下半年以来，一方面，收单支付机构对于入网商户的审核开始强化，纷纷表态将严格落实"一机一码、一机一户";另一方面,服务于收单机构的外包商备案工作稳步进行,不合规机构则被清退出局。2023年12月17日,中国人民银行正式对外发布《条例》,针对非银行支付机构的定义和设立许可、完善支付业务规则、保护用户合法权益以及明确监管职责和法律责任等四方面作出重点规定,并明确自2024年5月1日起施行。《条例》在注册资本、公司名称等方面提出的新要求,部分支付机构已经启动了调整事项。随着《条例》生效时间的逐步推进,非银支付领域将迎来一波更名潮、增资潮。

经过数十年发展,我国已经建立了以中央银行支付清算系统为中心,商业银行、清算机构、非银行支付机构等共同参与的广泛覆盖、安全高效的支付清算体系。自2011年开始,中国人民银行陆续对外发布了271张支付牌照,而当前市场上剩余支付牌照数量仅剩186家,2023年年内便有15家支付机构退出市场。非银行支付机构行业在逐步"出清"的过程之中,剩下的都是发展较好的机构。牌照重新分类后,行业竞争将更加公平,有利于部分中小支付机构在新领域展业。支付行业迎来"基本法"后,行业发展将提速。

中国人民银行副行长张青松则进一步强调,《条例》的出台,进一步厘清了支付产业各方权利义务和责任边界,赋予监管部门依法行政权力,有力夯实行业规范健康发展的法治基础,标志着支付行业发展进入崭新阶段。

2.被罚亿元刷新纪录,支付宝、财付通做了什么

2023年7月7日晚间,中国人民银行对支付宝、财付通开出巨额罚单。其中,针对蚂蚁集团的罚单(银罚决字〔2023〕26-33号,见表A-1)显示,支付宝(中国)网络技术有限公司被警告,没收违法所得83 091.414113万元,罚款223 115.389033万元,时任支付宝(中国)网络技术有限公司总经理葛某获等4人也收到央行罚单。支付宝的违法行为类型共7项:①违反支付账户管理规定;②违反清算管理规定;③违反防范电信网络新型违法犯罪有关事项规定;④未按规定履行客户身份识别义务;⑤与身份不明的客户进行交易;⑥违反消费者金融信息保护管理规定;⑦违反金融消费者权益保护管理规定。此外,蚂蚁科技集团股份有限公司因违反对公司治理的相关规定和违反关联交易管理规定,被罚1.75亿元。作为蚂蚁集团的控股股东,杭州君瀚股权投资合伙企业(有限合伙)和杭州君澳股权投资合伙企业(有限合伙)均因违反对资本实力的相关规定和违反对公司治理的相关规定,双双被罚2 500万元。

表A-1 银罚决字〔2023〕26-33号

序号	当事人名称	行政处罚决定书文号	违法行为类型	行政处罚内容	作出行政处罚决定机关名称	作出行政处罚决定日期	备注
1	支付宝(中国)网络技术有限公司	银罚决字〔2023〕26号	1.违反支付账户管理规定 2.违反清算管理规定 3.违反防范电信网络新型违法犯罪有关事项规定 4.未按规定履行客户身份识别义务 5.与身份不明的客户进行交易 6.违反消费者金融信息保护管理规定 7.违反金融消费者权益保护管理规定	警告,没收违法所得83091.414113万元,罚款223115.389033万元	中国人民银行	2023年7月7日	

续表

序号	当事人名称	行政处罚决定书文号	违法行为类型	行政处罚内容	作出行政处罚决定机关名称	作出行政处罚决定日期	备注
2	蚂蚁科技集团股份有限公司	银罚决字〔2023〕27号	1.违反对公司治理的相关规定 2.违反关联交易管理规定	罚款1.75亿元	中国人民银行	2023年7月7日	
3	杭州君瀚股权投资合伙企业（有限合伙）	银罚决字〔2023〕28号	1.违反对资本实力的相关规定 2.违反对公司治理的相关规定	罚款2500万元	中国人民银行	2023年7月7日	
4	杭州君澳股权投资合伙企业（有限合伙）	银罚决字〔2023〕29号	1.违反对资本实力的相关规定 2.违反对公司治理的相关规定	罚款2500万元	中国人民银行	2023年7月7日	
5	葛某获〔时任支付宝（中国）网络技术有限公司总经理〕	银罚决字〔2023〕30号	对支付宝（中国）网络技术有限公司以下违法行为负有责任： 1.违反支付账户管理规定 2.违反清算管理规定 3.违反防范电信网络新型违法犯罪有关事项规定 4.未按规定履行客户身份识别义务 5.与身份不明的客户进行交易	警告，罚款147.5万元	中国人民银行	2023年7月7日	
6	刘某〔时任支付宝（中国）网络技术有限公司支付收单服务部总经理〕	银罚决字〔2023〕31号	对支付宝（中国）网络技术有限公司以下违法行为负有责任： 1.违反支付账户管理规定 2.违反清算管理规定 3.违反防范电信网络新型违法犯罪有关事项规定	警告，罚款137.5万元	中国人民银行	2023年7月7日	
7	屠某威〔时任支付宝（中国）网络技术有限公司副总经理〕	银罚决字〔2023〕32号	对支付宝（中国）网络技术有限公司以下违法行为负有责任：未按规定履行客户身份识别义务	罚款5万元	中国人民银行	2023年7月7日	
8	唐某〔时任支付宝（中国）网络技术有限公司中台运营部总经理〕	银罚决字〔2023〕33号	对支付宝（中国）网络技术有限公司以下违法行为负有责任：与身份不明的客户进行交易	罚款5万元	中国人民银行	2023年7月7日	

　　另一家第三方支付巨头财付通也收到了央行罚单（银罚决字〔2023〕34-38号，见表A-2），央行罚单显示，财付通支付科技有限公司被警告，没收违法所得56 612.388789万元，罚款242 677.827882万元。时任财付通支付科技有限公司反洗钱

与风险控制部负责人吴某等4人也收到了央行罚单。财付通的违法行为类型共11项，分别为：①违反机构管理规定；②违反商户管理规定；③违反清算管理规定；④违反支付账户管理规定；⑤其他危及支付机构稳健运行、损害客户合法权益或危害支付服务市场的违法违规行为；⑥未按规定履行客户身份识别义务；⑦未按规定保存客户身份资料和交易记录；⑧未按规定报送大额交易报告或者可疑交易报告；⑨与身份不明的客户进行交易或者为客户开立匿名账户、假名账户；⑩违反消费者金融信息保护管理规定；⑪违反金融消费者权益保护管理规定。

表 A-2   银罚决字〔2023〕34-38号

序号	当事人名称	行政处罚决定书文号	违法行为类型	行政处罚内容	作出行政处罚决定机关名称	作出行政处罚决定日期	备注
1	财付通支付科技有限公司	银罚决字〔2023〕34号	1.违反机构管理规定 2.违反商户管理规定 3.违反清算管理规定 4.违反支付账户管理规定 5.其他危及支付机构稳健运行、损害客户合法权益或危害支付服务市场的违法违规行为 6.未按规定履行客户身份识别义务 7.未按规定保存客户身份资料和交易记录 8.未按规定报送大额交易报告或者可疑交易报告 9.与身份不明的客户进行交易或者为客户开立匿名账户、假名账户 10.违反消费者金融信息保护管理规定 11.违反金融消费者权益保护管理规定	警告，没收违法所得56612.388789万元，罚款242677.827882万元	中国人民银行	2023年7月7日	
2	吴某〔时任财付通支付科技有限公司反洗钱与风险控制部负责人〕	银罚决字〔2023〕35号	对财付通支付科技有限公司以下违法行为负有责任： 1.违反商户管理规定 2.违反支付账户管理规定 3.其他危及支付机构稳健运行、损害客户合法权益或危害支付服务市场的违法违规行为	警告，罚款120万元	中国人民银行	2023年7月7日	

续表

序号	当事人名称	行政处罚决定书文号	违法行为类型	行政处罚内容	作出行政处罚决定机关名称	作出行政处罚决定日期	备注
3	吴某［时任财付通支付科技有限公司支付平台产品部（微信支付）产品运营负责人］	银罚决字〔2023〕36号	对财付通支付科技有限公司以下违法行为负有责任：1.违反商户管理规定 2.违反清算管理规定 3.违反支付账户管理规定 4.违反消费者金融信息保护管理规定	警告，罚款99.6万元	中国人民银行	2023年7月7日	
4	陈某博［时任财付通支付科技有限公司支付平台产品部（基础支付）负责人］	银罚决字〔2023〕37号	对财付通支付科技有限公司以下违法行为负有责任：违反清算管理规定	警告，罚款6.5万元	中国人民银行	2023年7月7日	
5	许某爱［时任财付通支付科技有限公司总经理］	银罚决字〔2023〕38号	对财付通支付科技有限公司以下违法行为负有责任：1.未按规定履行客户身份识别义务 2.未按规定保存客户身份资料和交易记录 3.未按规定报送大额交易报告或者可疑交易报告 4.与身份不明的客户进行交易或者为客户开立匿名账户、假名账户	罚款16万元	中国人民银行	2023年7月7日	

二、案例中的思政元素

1.金融是现代经济的核心，金融安全是国家安全的重要组成部分，防范化解金融风险是金融工作的永恒主题

金融是国家重要的核心竞争力，金融制度是经济社会发展中重要的基础性制度。金融要为实体经济服务，满足经济社会发展和人民群众需要。金融活，则经济活；金融稳，则经济稳。经济兴，则金融兴；经济强，则金融强。经济是肌体，金融是血脉，两者共生共荣。打赢防范化解重大风险攻坚战，是保持经济社会大局稳定的战略之举，是推动实现高质量发展的关键之举，是落实"以人民为中心"发展思想的惠民之举，是提升金融业核心竞争力的务实之举。

2.有效防范和化解金融风险具有现实的必要性与紧迫性

当前，我们的经济社会仍面临包括金融杠杆率和流动性风险、银行资本充足性风险、影子银行风险、地方政府隐性债务风险、房地产泡沫化风险、互联网金融风险等在内的综合性风险。地方政府及金融系统各条战线迫切需要披坚执锐，争取一场场"治乱象""严监管""防风险"战斗的胜利。

"十四五"时期是我国全面建成小康社会、实现第一个百年奋斗目标之后，乘势而上开启全面建设社会主义现代化国家新征程、向第二个百年奋斗目标进军的第一个五年，我国将进入新发展阶段。"十四五"时期经济社会发展的主要目标之一是不断健全防范化解重大风险的体制机制，防范化解系统性金融风险是重中之重。受疫情常态化的影响，防范化解金融风险的任务将更加艰巨繁重。金融监管需要平衡市场的风险和效率的关系。理想的金融监管体制能够实现安全与效率并重，有效平衡金融发展与风险防范。宽严适宜的金融监管能够避免对投资者过度保护，促进整个市场的投资者更加成熟。要密切关注商业银行（特别是中小商业银行）、地方国企、房地产企业三类主体的金融风险，更需要高度聚焦防范金融风险在不同主体之间交叉共振剧烈扩散的潜在可能。

3.打好防范化解金融风险攻坚战是一项艰巨而复杂的任务

透过现象看本质，当前的金融风险是经济金融周期性因素、结构性因素和体制性因素叠加共振的必然后果。作为内生性风险的系统性金融风险，其演进可以基于时间维度和空间维度划分。流动性风险是时间维度系统性金融风险的潜在因素，集中体现在银行间市场或债券市场；空间风险则表现在房地产泡沫、影子银行风险、地方债务问题、产能过剩或资产负债表风险及内外风险共振等重点领域。加之，金融风险与实体经济活动密切联系，金融风险与财税改革滞后及其他产业政策不协调，传统金融机构监管尚有漏洞，互联网金融迅速发展背景下的网络贷款、现金贷、比特币等细分行业的金融乱象或欺诈行为，都使得金融风险具有复杂性、隐蔽性、突发性、传染性、危害性特点，防范化解金融风险更具挑战性。

4.回归本源，服从服务于经济社会发展

金融要把为实体经济服务作为出发点和落脚点，全面提升服务效率和水平，把更多金融资源配置到经济社会发展的重点领域和薄弱环节，更好满足人民群众和实体经济多样化的金融需求。

坚持市场与政府两只手一起抓，坚持市场在资源配置中的决定作用。建立长效机制，有效防止影响市场公平公正的现象，促进互联网支付行业的良序竞争格局的形成。非银行支付机构不得开展不正当竞争，妨害市场公平竞争秩序。建立市场垄断预防、规避与惩戒机制，采取市场支配地位预警措施，实现预警标准制度化。非银行支付机构未遵循安全、高效、诚信和公平竞争原则，严重影响支付服务市场健康发展的，反垄断执法机构应当采取停止滥用市场支配地位行为、停止实施集中、按照支付业务类型拆分非银行支付机构等措施。

更好地发挥政府的监管职能，以防范系统性金融风险为底线，丰富监管手段。一是强化支付领域反垄断监管措施，明确界定相关市场范围以及市场支配地位认定标准，维护公平竞争市场秩序。二是规范中国人民银行的检查权和检查措施，保障中国人民银行执法权的有效行使。三是明确支付机构股权质押、开展创新业务、重大事项变更等情况须向中国人民银行备案等监管要求。

以做好支付领域风险防范和处置、坚决打击违规活动、整治金融乱象为主旨，明确支付机构退出情形，加大对支付机构违规行为和违规人员的处罚力度，加大对持牌机构为无证经营支付业务的机构提供支付业务渠道行为的处罚力度。

案例3 数字人民币e-CNY的发展

一、案例背景

中国人民银行是主要经济体中第一家引入并试点官方数字货币的央行。我国数字人民币（e-CNY）是由中国人民银行发行，由指定运营机构参与运营并向公众兑换，以广义账户体系为基础，支持银行账户松耦合功能，与纸钞和硬币等价，并具有价值特征和法偿性的可控匿名的支付工具。

数字货币随着实践发展和技术创新不断扩展其内涵与外延，货币形态和应用场景愈发丰富。当前，数字货币主要有三类，即加密资产、数字稳定币和央行数字货币（Central Bank Digital Currency，CBDC）。加密资产是以加密技术和分布式账本技术（DLT）为特征的私人资产，具有数字支付手段的特征，但不受任何发行人或其他数字代币背书，如比特币。数字稳定币则是相对某特定资产或一篮子资产保持价值稳定的加密资产，一般被纳入加密资产监管框架，但由于其特殊性和重要性，其针对性立法也在近些年受到重视。这两种数字货币均不是由公共货币当局发行的，因此常被统称为私人数字货币。央行数字货币则是主权货币的数字表示，由一国货币当局发行并将其作为负债管理，分为批发和零售两个类别，分别服务于机构和公众。

近年来，越来越多的国家关注零售CBDC的国内应用，而多国开展的CBDC跨境合作则主要在批发领域展开。2022年，根据国际清算银行（Bank for International Settlements，BIS）的调查报告显示，86个国家或经济体的中央银行中约有93%已经开展数字货币研究，正在进行实验或概念验证的央行超过50%。2024年1月，中国工商银行发布的《央行数字货币全球发展态势及展望》报告显示，各国家和地区CBDC研发进展，见表A-3。

表A-3　　　　　　　　各国家和地区CBDC研发进展

国家或地区（所属大洲）	类型/用途	法定数字货币名称
已经正式推出CBDC的国家和地区		
巴哈马（北美洲）	零售型	Sand Dollar
牙买加（北美洲）	零售型	JAM-DEX
尼日利亚（非洲）	零售型	e-Naira
东加勒比经济和货币联盟（北美洲）	零售型	DCash
正在进行CBDC开发试点的国家和地区		

续表

国家或地区（所属大洲）	类型/用途	法定数字货币名称
中国（亚洲）	零售型	e-CNY
新加坡（亚洲）	批发型	Project Ubin⁺
印度（亚洲）	零售型	Digital Rupee
沙特阿拉伯、阿联酋（亚洲）	批发型	Project Aber
韩国（亚洲）	零售型	Digital Won
哈萨克斯坦（亚洲）	零售型	Digital Tenge
瑞士（欧洲）	批发型	Helvetia
俄罗斯（欧洲）	零售型	Digital Ruble
法国（欧洲）	批发+零售型	France CBDC/France wholesale CBDC
法国、突尼斯（欧洲、非洲）	批发型	Project Prosperus
加纳（非洲）	零售型	E-cedi
乌拉圭（南美洲）	零售型	e-Peso
处于CBDC概念验证阶段的国家和地区		
土耳其（亚洲）	零售型	Digital Lira
伊朗（亚洲）	零售型	Crypto-Rial
日本（亚洲）	零售型	Digital yen
泰国（亚洲）	零售+批发型	Thailand CBDC
老挝（亚洲）	零售型	Laos CBDC
马来西亚（亚洲）	零售型	E-ringgit
中国台湾（亚洲）	零售+批发型	Taiwan CBDC
中国香港（亚洲）	零售型	e-HKD
以色列（亚洲）	零售型	e-shekel
格鲁吉亚（亚洲）	零售型	Digital Lari
乌克兰（欧洲）	零售型	e-hryvnia
瑞典（欧洲）	零售型	e-krona
挪威（欧洲）	零售型	Norway CBDC
匈牙利（欧洲）	零售型	Hungary CBDC

续表

国家或地区（所属大洲）	类型/用途	法定数字货币名称
斯威士兰（非洲）	零售型	Digital Lilangeni
加拿大（北美洲）	批发型	Project Jasper
巴西（南美洲）	零售型	Digital Real
所罗门群岛（大洋洲）	零售型	Bokolo Cash
新西兰（大洋洲）	零售型	Hungary CBDC
处于CBDC研究阶段的国家和地区（仅展示2023年更新）		
白俄罗斯（亚洲）	零售型	Digital Ruble
印度尼西亚（亚洲）	零售型	Digital Rupiah
新加坡、马来西亚、韩国、澳大利亚	批发型	Project Mandala
英国（欧洲）	零售型	Digital pound
欧元区（欧洲）	零售型	Digital Euro
毛里求斯（非洲）	零售型	Mauritius CBDC
墨西哥（北美洲）	零售型	MDBC
美国（北美洲）	零售+批发型	Digital Dollar
哥伦比亚（南美洲）	零售型	Colombia CBDC
澳大利亚（大洋洲）	批发型	eAUD
不活跃或已取消CBDC的国家和地区		
菲律宾（亚洲）	零售型	Philippines CBDC
肯尼亚（非洲）	零售型	Kenya CBDC
芬兰（欧洲）	零售型	Avant
丹麦（欧洲）	零售型	E-kroner
海地（北美洲）	零售+批发型	Haiti CBDC
厄瓜多尔（南美洲）	零售型	Dinero electronico
委内瑞拉（南美洲）	零售型	Petro

推进数字人民币的研发是我国适应数字经济时代的重要金融变革举措，在央行数字货币领域，我国是较早开展相关业务的国家，中国人民银行高度重视央行数字货币的研究开发。2021年7月，《中国数字人民币的研发进展白皮书》发布，公布了我国数字人民币的研发历程。2014年，成立央行数字货币研究小组，开始对发行框架、

关键技术、发行流通环境及相关国际经验等进行专项研究。2016年，成立央行数字货币研究所，完成央行数字货币第一代原型系统搭建。2017年末，经国务院批准，中国人民银行开始组织商业机构共同开展央行数字货币（简称数字人民币，字母缩写按照国际使用惯例暂定为e-CNY）研发试验。目前，研发试验已基本完成顶层设计、功能研发、系统调试等工作，正遵循稳步、安全、可控、创新、实用的原则，选择部分有代表性的地区开展试点测试。

在数字人民币试点方面，截至2023年12月，数字人民币已经形成17个省市的26个试点地区，试点范围基本涵盖长三角、珠三角、京津冀、中部、西部、东北、西北等不同地区。2020年第一批（4+1）：深圳、苏州、成都、雄安以及北京冬奥会场景；2020年10月第二批：上海、长沙、海南、青岛、大连、西安；第三批：天津、重庆、广州、福州、厦门以及浙江省承办亚运会的6个城市（杭州、宁波、温州、湖州、绍兴、金华）；第四批：广东省、江苏省、河北省、四川省（第一批扩大至全省）以及新增济南、南宁、防城港和昆明、西双版纳傣族自治州。

当前，数字人民币的国内应用和国际合作持续推进。在国内应用方面，2022年，数字人民币在应用范围、试点城市和支付功能等方面均取得进展。自2022年初数字人民币（试点版）APP上架以来，国内主要的大型商业平台均已接入。如今，数字人民币已经在餐饮休闲、交通住宿、生活缴费等领域形成一批涵盖线上线下、可复制可推广的应用模式。在26个试点地区，数字人民币在批发零售、餐饮文旅、教育医疗、公共服务等领域形成一批涵盖线上线下、可复制可推广的应用模式。数字人民币的支付功能也在升级，"随用随充"和"元管家"成为新增亮点。随着数字人民币在经济中发挥越来越重要的作用，中国人民银行自2022年12月起将其纳入流通中货币（M0）的统计口径，截至2022年12月末，流通中数字人民币余额为136.1亿元。

在国际合作方面，继续推进中国人民银行数字货币研究所（简称人民银行数研所）、中国香港金融管理局、泰国央行、阿联酋央行与国际清算银行（香港）创新中心共同开展的多边央行数字货币桥（mBridge）项目。根据该项目组在2022年10月发布的报告，来自这四地的20家商业银行于2022年8月15日至9月23日期间，在mBridge平台上首次成功完成了基于四地CBDC的真实交易试点测试，CBDC跨境支付由实验阶段进入试行阶段。该平台发行了价值超过1 200万美元的CBDC，促成了超过160笔付款和外汇支付交易，交易总值超过2 200万美元，是迄今为止规模最大的跨境央行数字货币（CBDC）试点测试。

二、案例中的思政元素

教师可引导学生在以下三个议题以及与数字人民币相关的其他方面进行深入分析和探讨，并提出符合我国国情的政策建议。

1.数字人民币与人民币国际化

随着数字人民币的研发和试点工作的不断推进，社会各界对数字人民币表现出越来越浓厚的兴趣，其中一个重要的议题便是数字人民币的发行能否促进人民币国际化程度的提升。

针对这一议题，一些观点认为，未来数字人民币的发行不仅可以加快人民币国际化的进程，甚至可以挑战美元霸权，进而有利于改变现有的国际货币体系并推动全球金融治理体系的变革。也有观点认为，数字人民币的发行将主要促进我国零售端支付体系的改革，对人民币国际化的推动作用微乎其微，因此不应将数字人民币与人民币国际化进行联系。由此可见，社会各界就这一问题的探讨尚未达成一致结论。

2.数字人民币的优与劣

从国家货币论的角度来看，未来数字货币的发展会产生很大的积极影响。

第一，提升对货币运行监控的效率，丰富货币政策的手段。数字货币的发行将使货币创造、记账、流动等数据的实时采集成为可能，并且可以在数据脱敏以后，通过大数据等技术手段进行深入分析，为货币的投放、为货币政策的制定与实施提供有益的参考，并且为经济调控提供有益的手段。同时，央行数字货币也能够有效地在反洗钱、反恐融资方面提供一些帮助。

第二，有利于提升交易流程的智能化水平。央行数字货币不仅是货币的数字化，其还能够通过与智能技术的结合，通过智能合约的设计，较好解决交易双方的信任问题，以及信息流与资金流同步的问题，这一优势能够大幅度简化传统金融机构之间比较复杂的交易流程。

第三，切实提升支付特别是跨境支付的效率，建立开放的支付环境。从货币最基础的支付功能来看，通过运用法定的数字货币，可以使法定货币的流通网络极大地扁平化，实现支付系统底层全面的互联互通，大幅度减少兑换的环节，提高跨境资金的流动性，解决传统的跨境汇兑链条长、到账慢、效率低等问题。

当然，央行数字货币确实也面临一些困难和问题。

第一，技术实现的难度。央行数字货币在理论上存在很多的优势，但是受制于当前技术水平，确实还难以实现对海量的货币实时数据进行采集、监控和分析，也难以开展高效精准的可编程的操作。

第二，国际协调的难度。各国货币政策、汇率政策的协调在当前的汇率形势下是一个难题。央行数字货币运用以后，协调的难度会更大。正如各国对支付市场的监管差异很大，各国研究数字货币的出发点和目标也大不相同。目前，有的国家是支持的，有的国家是观望的，有的国家是明确禁止的。

第三，基础准备方面存在困难。从顶层设计来看，央行数字货币将对各类金融业务、金融服务的底层运作逻辑产生深刻而巨大的影响。金融体系的全面应用的基础准备严重不足，既缺乏相应的底层运作规范，也缺乏相应的监管机制。比如，是不是匿名、是不是计息等这些基础问题还在探讨当中。

3.如何健全金融体系、稳健货币政策

金融体系是一个国家经济发展的重要基石，而货币流通则是金融体系的命脉所在。因此，要建立健全金融体系，就需要保证货币在流通过程中是正常的、安全的。首先，做好与数字货币有关的立法工作。在全面依法治国的大框架下，修订与人民币有关的一些法律法规，法定化和法偿性能够使数字人民币从研发、试点到应用乃至将来的发行推广得到法治保障。其次，完善适应数字人民币运行的金融基础设施。我国

需要完善整个金融基础设施体系，以适应数字人民币的发行和应用。数字人民币经过立法确认之后，在配套的金融基础设施的助力下可以得到更广泛的应用，能够像血液一样渗入经济社会生活。最后，完善数字人民币配套制度。在做好数字人民币技术保障的基础上，需要进一步提供相关的制度保障。完善金融监管体系，进一步明确央行、国家金融监督管理总局等货币监管机构对于数字人民币货币的专属监管职责。

主要参考资料

一、文献资料

[1] 马梅若. 数字人民币"丝滑支付"赢点赞 [N]. 金融时报，2024-04-25（4）.

[2] 晏澜菲. 从入境到电子支付 外籍人士"纵享丝滑"[N]. 国际商报，2024-01-25（3）.

[3] 李秀强. 以党的二十大精神为指引 推动中央转移支付监管工作高质量发展 [J]. 中国财政，2023（14）：55-56.

[4] 唐祺，帅青红，何欣悦，等. 基于知识图谱的国内数字货币研究脉络可视化分析 [J]. 西南民族大学学报（自然科学版），2022（1）：102-112.

[5] 苏琳，廖晗杰，杨娜. 新经济时代中国移动支付监管问题研究 [J]. 改革与战略，2021（2）：109-116.

[6] 刘凯，郭明旭. 数字人民币与人民币国际化 [EB/OL]. [2024-08-03]. https://baijiahao.baidu.com/s？id=1731970061861110787&wfr=spider&for=pc.

[7] 刘晓明，夏天文. 支付机构刷脸支付技术应用现状及问题研究 [J]. 金融科技时代，2020（12）：59-63.

[8] 谢水旺. 中国银联董事长邵伏军：数字货币出现后，支付清算机构还在不在？[N]. 21世纪经济报道，2019-08-11.

[9] 周国光，温丽艳. 网联模式下第三方支付业务之会计处理——以支付宝为例 [J]. 财会月刊，2018（5）：77-81.

[10] 江瀚. 聚合支付 未来支付的前哨站 [J]. 金融博览（财富），2017（8）：65-67.

[11] 李涛. 聚合支付发展的风险及监管对策研究 [J]. 金融科技时代，2017（12）：67-70.

[12] 赵申. 网联问世 重塑支付市场格局 [J]. 中国信用卡，2017（12）：13-16.

[13] 帅青红，李忠俊，张赟，等. 电子商务基本原理 [M]. 北京：清华大学出版社，2023.

[14] SHUAI Q H, LI Z J, ZHANG Y. E-Commerce Industry Chain – Theory and Practice [M]. Springer, 2023.

[15] 帅青红，李晓林，马啸天，等. 商务数据分析及应用 [M]. 北京：人民邮电出版社，2023.

[16] 帅青红，李晓林，李忠俊. 互联网金融 [M]. 3版. 大连：东北财经大学出版社，2023.

［17］帅青红. 电子支付与安全［M］. 4版. 成都：西南财经大学出版社，2022.

［18］帅青红，李忠俊，王宇，等. 数字货币概论［M］. 北京：电子工业出版社，2022.

［19］帅青红，李忠俊，张赟，等. 电子支付［M］. 北京：高等教育出版社，2022.

［20］覃征，帅青红，王国龙，等. 电子商务学［M］. 北京：清华大学出版社，2022.

［21］覃征，帅青红. 中外电子商务教育与发展研究［M］. 西安：西安交通大学出版社，2022.

［22］帅青红，李忠俊. 电子商务：基础理论+案例分析+实践训练［M］. 北京：人民邮电出版社，2022.

［23］QIN Z, SHUAI Q H, WANG G L, et al. E-Commerce: Concepts, Principles, and Application［M］. Springer，2022.

［24］帅青红，李忠俊，张赟，等. 金融科技［M］. 北京：高等教育出版社，2020.

［25］帅青红，李忠俊，李成林，等. 互联网金融概论［M］. 北京：高等教育出版社，2019.

［26］帅青红，段江，夏可. 区块链+时代：区块链在金融领域的应用［M］. 成都：西南财经大学出版社，2018.

［27］周虹. 电子支付与网络银行［M］. 5版. 北京：中国人民大学出版社，2023.

［28］杨立钒，万以娴. 电子商务安全与电子支付［M］. 4版. 北京：机械工业出版社，2020.

［29］刘刚，范昊. 电子支付与网络金融［M］. 北京：科学出版社，2020.

［30］敖阳利. 让移动支付更好地向"老"包容向"外"兼容［N］. 中国财经报，2024-05-09（3）.

［31］李美丽. 优化支付服务让金融更有温度［N］. 农村金融时报，2024-04-29（A01）.

［32］彭扬. 中国人民银行、司法部：抓紧制定非银行支付机构监管条例实施细则［N］. 中国证券报，2023-12-29（A02）.

［33］徐阳晨. 数字人民币应用场景正向"普惠化"迈进［N］. 中国妇女报，2022-12-30（5）.

［34］周光友，杨洁萌. 全球视野下数字人民币PEST-SWOT分析［J］. 金融发展研究，2022（12）：3-12.

［35］杨雨淋. 数字货币视域下反洗钱监管法律制度修正［D］. 南昌：江西财经大学，2023.

［36］余致远. 金融科技平台特质、风险与监管研究［D］. 北京：北京邮电大学，2022.

［37］谢正娟．中国数字金融对区域技术创新的影响研究［D］．成都：四川大学，2021．

［38］黄靖雯，陶士贵．以金融科技为核心的新金融形态的内涵：界定、辨析与演进［J］．当代经济管理，2022（10）．

［39］黄国平．数字人民币发展的动因、机遇与挑战［J］．新疆师范大学学报（哲学社会科学版），2022（1）：129-138；2．

［40］薛熠，张昕智．数字经济时代金融科技推动金融业发展的机理研究［J］．北京师范大学学报（社会科学版），2022（3）：104-112．

［41］孙玉环，张汀昱，王雪妮，等．中国数字普惠金融发展的现状、问题及前景［J］．数量经济技术经济研究，2021（2）：43-59．

［42］丁晓蔚．从互联网金融到数字金融：发展态势、特征与理念［J］．南京大学学报（哲学·人文科学·社会科学），2021（6）：28-44；162．

［43］FATONAH S，YULANDARI A，WIBOWO F W．A review of e-payment system in e-commerce［C］．Journal of Physics：Conference Series．IOP Publishing，2018．

［44］HANCOCK D，HUMPHREY D B．Payment transactions，instruments，and systems：A survey［J］．Journal of Banking & Finance，1997，21（11-12）：1573-1624．

［45］DAHLBERG T，GUO J，ONDRUS J．A critical review of mobile payment research［J］．Electronic Commerce Research and Applications，2015，14（5）：265-284．

［46］AGARWAL S，ZHANG J．Fintech，lending and payment innovation：A review［J］．Asia-Pacific Journal of Financial Studies，2020，49（3）：353-367．

［47］LOH X M，LEE V H，TANG W H，et al．Switching from cash to mobile payment：What's the hold-up？［J］．Internet Research，2021，31（1）：376-399．

二、网站资源
［1］国际清算银行（http：//www.bis.org）．
［2］中国金融认证中心（http：//www.cfca.com.cn）．
［3］上海环迅（http：//www.ips.com.cn）．
［4］北京首信易支付（http：//www.beijing.com.cn）．
［5］银联电子支付服务有限公司（http：//www.chinapay.com）．
［6］翼支付（https：//www.bestpay.com.cn）．
［7］云闪付（https：//yunshanfu.unionpay.com）．
［8］网银在线（http：//www.chinabank.com.cn）．
［9］京东支付（https：//www.jdpay.com）．
［10］微信支付（https：//pay.weixin.qq.com）．
［11］易宝支付（http：//www.yeepay.com）．
［12］快钱（http：//www.99bill.com）．
［13］支付宝（https：//www.alipay.com）．
［14］财付通（https：//www.tenpay.com）．
［15］贝宝支付（http：//www.paypal.com/cn）．

［16］中国人民银行（http：//www.pbc.gov.cn）.

［17］中国工商银行（http：//www.icnbc.com.cn）.

［18］中国建设银行（http：//www.ccb.com）.

［19］中国农业银行（http：//www.abchina.com）.

［20］国家金融监督管理总局（http：//www.cbirc.gov.cn）.

［21］中国银联（http：//www.chinaunionpay.com）.

［22］中国银行（http：//www.boc.cn）.

［23］中国在线支付（http：//www.ipay.cn）.

［24］花旗银行（http：//www.citibank.com）.

［25］IBM公司（http：//www.ibm.com）.